합리적 의사결정을 위한
현 대 통 계 학

배영주 저

머리말

 통계학은 다양한 현상을 표현한 자료로부터 유용한 정보를 생성하고 합리적인 결론을 도출하는 방법에 대하여 연구하는 실용학문으로서 국가경영 및 기업경영의 각종 지표뿐만 아니라 경제학, 경영학, 공학, 자연과학, 농학, 교육학, 의학, 스포츠과학, 심리학 등 헤아릴 수 없이 많은 분야에 걸쳐 응용되고 있다.

 이와 같이 Data Science의 시대에 통계학은 특정 분야에서 응용되는 전문지식이 아니라 여러 학문분야의 과학적 탐구 방법들을 제공해주는 공통적 기반학문으로서 기초과목이나 일반교양과목으로 개설되는 추세이기도 하다. 그럼에도 불구하고 통계학을 고등수학으로 설명되는 어려운 학문으로 인식하는 경향이 있다. 다른 모든 학문분야와 마찬가지로 통계학에서도 핵심이 되는 기본적원리가 있으며 이러한 기본개념에 대한 이해와 적합한 해석방법의 본질적 이해를 통하여 쉽게 이해 할 수 있는 학문분야라고 생각한다.

 저자는 삼십년 이상 통계학을 배우고 가르쳐오면서 어떻게 하면 학생들에게 쉽고 흥미롭게 통계학을 가르칠 수 있을까? 에 대하여 많은 고민을 거듭 해오면서 나름대로 정립된 방법으로 이 책을 서술하였다. 기본적인 개념들을 쉽게 이해하고 다양한 응용분야에 적용할 수 있는 능력을 기를 수 있도록 하기 위하여 쉬운 개념설명과 현장감 있는 다양하고 풍부한 예제를 소개하고자 노력하였다. 또한 연습문제를 통해 심화된 실증적 문제를 접할 수 있도록 하였고 연습문제 정답 및 풀이를 첨부하였다. 또한 이 책에서는 통계학의 기본적인 원리를 개념적으로 이해하는데 역점을 두었으므로 통계처리 프로그램의 내용은 다루지 않았으므로 다른 서적을 참고하시기 바랍니다. 이 책의 구성은 다음과 같다.

 제1장에서 제2장까지는 통계학의 기본개념과 통계분석의 기초가 되는 자료의 요약 방법을 설명하였다. 제3장에서 제7장까지는 모든 통계 이론의 기초가 되는 확률개념과 기본적인 확률분포 이론을 소개하였고 제8장과 제9장에서는 통계분석의 핵심이라

고 할 수 있는 통계적 추론과정으로 추정과 검정을 설명하였다.

제10장부터 제12장까지는 분산분석, 상관 및 회귀분석, 범주형 자료 분석 방법을 소개하였고 마지막으로 제13장에서는 대표적인 비모수적 통계분석에 관하여 설명하였다.

본서를 대학 또는 전문대학에서 한 학기용으로 공부하기에는 힘들 것으로 판단된다. 이 책을 한 학기용으로 사용하는 경우 다음과 같은 방법을 생각 할 수 있다.

1장부터 9장까지는 통계학의 기초가 되는 내용으로 모든 분야에서 다루어야 한다고 생각하며 10장부터는 시간이 허용하는 대로 통계응용의 주제에 따라 선택하여 학습하는 것이 큰 무리가 없을 것으로 보인다. 특히 사회과학분야에서는 11장을 자연과학 분야에서는 10장과 12장을 우선하여 다루는 것이 좋다고 생각된다.

통계학을 쉽게 이해하는데 본 저서가 도움이 될 수 있다면 저자의 존재의 이유와 삶의 가치를 발견하는데 큰 힘이 될 것이며 본 저서의 부족한 설명과 뜻하지 않은 오류들은 지속적인 연구와 노력으로 보완해 나갈 것을 약속드립니다.

끝으로 이 책을 쓰는 과정에서 무언의 격려를 해 준 아내와 사랑하는 딸 유미, 아들 규호, 편집과 원고정리에 도움 준 강기호, 백용기, 정선영에게 고마움을 전하며, 아울러 이 책의 출판을 위해 애써주신 한올의 임순재 사장님과 최혜숙 실장님을 비롯하여 꼼꼼히 편집해주신 직원 여러분께 깊은 감사를 드립니다.

2017년 1월
검단골 연구실에서 저자 씀

차 례

제 1 장 서 론

1.1 통계학의 개요

오늘날 우리는 일상생활에서 합리적인 판단을 하기 위한 방법으로 여러 가지 형태의 통계를 활용하고 있다. 예를 들면, 주가지수, 일기예보, GDP, 물가지수, 제품의 부적합품률, 실업률, 생산성지수, 각 정당의 선호도에 대한 여론조사, 대학입시 경쟁률, TV 시청률, 야구선수의 타율, 공공부문·기업·가계의 운영을 위한 각종 지수등 일일이 열거할 수 없을 정도로 많다. 이와 같이 우리는 헤아릴 수 없이 많은 통계를 접하며 살고 있는데, 이렇게 다양한 형태로 존재하는 **통계**(statistic)란 용어를 어떻게 정의할 수 있을까?

통계는 우리가 필요로 하는 유용한 정보를 얻기 위하여 (통계분석의 목적) 어떠한 방법으로 자료를 수집하고, 수집된 자료의 진실을 정확히 파악하기 위해 어떠한 분석방법이 적합하며, 분석결과 생성된 정보를 근거로 합리적인 의사결정을 하기 위한 과학적 방법론에 관하여 연구하는 학문이라고 할 수 있다.

[통계(statistic)]

통계란 특정 분석대상의 집단에 대하여 관찰(observation)과 실험(experiment)을 하여 수집된 자료를 가공하여 표, 그래프, 수치로 요약한 표현 형태를 말한다.

이러한 통계는 우리에게 유용한 정보를 제공해 줌으로써 개인이 일상생활을 영위하는데 있어서나, 기업경영의 합리적 의사결정에 있어서, 그리고 국가의 정책결정에 있어서 중요한 역할을 한다.

또한 많은 연구 분야에서 연구자들의 주장을 입증하는데 필요한 객관적인 근거자료를 제시하는데 가장 많이 사용되는 방법이 통계이다.

그럼에도 불구하고 간혹 통계는 진실을 왜곡하고 상대방을 호도하기 위해 악용되는 경우도 있다. 이와 같이 통계는 양면성을 지니고 있다는 점을 인식하고, 통계분석에서 나타난 숫자의 함정에 빠지지 않고 숫자 뒤에 숨은 진실을 파악하는 노력이 필요하다.

오늘날 통계학은 우리 주변의 거의 모든 분야(정치, 경제, 공학, 경영, 농업, 생물학, 의학, 심리학, 사회학, 교육학 등)에 매우 중요한 영향을 미치는 학문이 되었다. 그 이유는 현대통계학이 불확실성하의 의사결정문제와 직접적으로 연관된 학문으로 발전되었기 때문이다. 우리 주변의 거의 모든 것이 불확실한 요소(변동성)를 포함하고 있으므로 불확실성을 다루는 통계학의 중요성이 강조된다.

통계학의 발전사를 놓고 볼 때, 가장 중요한 변화는 20세기를 기점으로 통계학의 초점이 자료기술의 방법론으로부터 현상의 일반화로, 다시 말해서 기술통계학으로부터 추측통계학으로 바뀌었다는 것을 들 수 있다.

또한 최근 PC, SNS, 스마트폰의 사용이 늘어나면서 실시간으로 데이터가 천문학적으로 만들어져, 이러한 빅데이터 기반의 데이터 시대에 기존 패러다임을 완전히 뒤집는 새로운 패러다임의 데이터 사이언스(data science)의 응용 방법이 거의 모든 분야에 걸쳐 광범위하게 첨단학문으로 진화 되고 있다.

1.2 통계학 연구의 의의

통계적 방법론은 이미 오래 전 인류가 국가형태의 체제를 유지하면서부터 효율적이고 효과적인 국가경영에 필요한 인구, 토지, 재산 등의 통계를 추정하여 활용해 오고 있다.

통계학(statistics)은 국가(state)를 의미하는 라틴어 Status'에서 유래되었고 18세기 중반 독일학자 Gottfried Achenwall에 의해 처음 지칭되었다고 한다.

오랫동안 통계학은 주로 자료들을 어떻게 효과적으로 표현하고, 요약 할 것인가 등의 방법을 다루어 왔다. 이와 같이 자료를 체계적으로 수집, 정리 하여 표나 그림으로 만들거나, 자료를 요약하여 대푯값이나 변동의 크기 등을 구하는 방법을 **기술통계학**(descriptive statistics)이라고 한다.

기술통계학이란 자료를 체계적으로 수집하고, 요약하고, 정리하는 데 필요한 방법론을 말하며, 기술통계학은 자료의 기술에 대한 모든 것을 포괄하지만 자료의 이면에 있는 어떤 것을 추론하는 것과는 관련이 없다. 예를 들어서 증권거래소에서 과거 10년간의 월 평균 종합주가지수를 계산하여 표로 제시한다면 이는 기술통계학의 분야에 속한다. 또 연도별 또는 월별 주가변화를 그래프로 보여주는 것도 기술통계학의 범주 내에 속하는 것이다.

그러나 우리가 만일 과거 10년간의 주가를 이용하여 향후 월별 주가지수를 예측하고자 한다면 이는 통계학의 다른 범주(추측통계학)에 속하게 된다.

추측통계학(inferential statistics)은 표본정보를 통하여 그것이 추출된 모집단의 특성을 추론하거나, 과거의 자료를 분석하여 미래를 예측하는데 필요한 지식적 체계를 말한다. 기술통계학은 여전히 통계학의 중요한 분야의 하나이며, 앞으로도 경영 및 경제의 제 분야에 널리 적용될 것이다. 그러나 대부분의 현실적 의사결정문제의 경우에 통계정보는 전체자료의 일부분인 표본으로부터 얻어지며 또한 이 자료들은 대개 과거에 발생한 사건의 결과이다. 반면에 우리가 분석하고자하는 관심의 대상은 종종 부분이 아니라 전체적 집단의 특성이며, 과거에 대한 기술이 아니라 미래에 대한 예측이다.

또한 사회구조가 복잡화됨에 따라 우리가 획득할 수 있는 자료의 양은 상대적으로 더욱 제한적일 수밖에 없다. 추측통계이론의 중요성이 점증하는 이유가 바로 여기에 있는 것이다. 추측통계학은 부분을 통하여 전체를 추론하려는 것이기 때문에 항상 불확실성이 내재하며 위험을 수반하게 된다. 예를 들어서 한 기업이 신제품을 시장에 출시하거나 설비확장을 계획할 때, 이 기업은 일부 잠재고객 또는 단편적인 시장정보에 근거하여 의사결정을 하게 된다. 그리고 그 의사결정의 결과는 불확실하며 상당한 위험이 수반된다. 그러므로 의사결정자에게는 이 위험의 정도를 구체적으로 측정할 수 있는 방법의 필요성이 제기되며, 추측통계학은 의사결정에 내재하는 불확실성의 정도를 과학적 방법에 의해 관측하고 조절 할 수 있는 체계적인 방법론을 제시하고 있다.

이제 지금까지의 논의를 토대로 통계학을 정의하여 보자.

[통계학의 정의]

통계학이란 분석의 대상이 되는 집단으로부터 자료를 수집, 정리, 요약하여 표, 수치척도, 그래프의 형태로 정보를 획득하기 위한 방법론(기술통계학)을 의미하며, 또한 표본을 추출하고, 표본정보를 통하여 그 표본이 추출된 모집단의 특성을 추론하며, 그 추론을 토대로 의사결정대안을 제시하는데 필요한 이론적 체계(추측통계학)를 말한다.

1.3 통계학의 응용분야

오늘날 일상생활에서 우리가 원하든 원하지 않든 어떤 현상에 대한 진실된 현황을 제대로 파악하여 합리적인 판단을 하기 위해 각종 통계(정보)를 활용하고 있다. 이러한 수많은 통계적 방법론들은 일일이 열거할 수 없을 정도로 많다. 다음의 몇 가지 예를 들어 보자.

(1) 한 제약회사에서 연구진이 항암치료제에 효능이 있는 새로운 약을 개발하였다. 임상실험을 통하여, 새로 개발된 약이 기존의 약보다 더 효과적인지를 검증해보아야 한다. 이때 두 종류의 항암치료제를 환자에게 투약하고, 그 결과에 대한 자료를 분석하여 항암치료제의 효과에 대하여 합리적 판단을 하는데 통계적 방법이 필요하다.

(2) 재배 단위당 생산량이 높은 새로운 품종을 개발하여 새로 개발된 두 종류의 품종을 재배하여 품종에 따라 생산량에 어떠한 차이가 있는지를 판단해야 한다. 그러기 위해서는 두 품종을 실험의 목적에 적합한 지역에서 재배하여 각각에 대한 수확량을 조사하고 그 결과를 분석하는데 통계적 방법이 필요하다.

(3) 공정에서 생산되는 제품의 품질은 일정한 수준으로 관리되어야 한다. 이 때 제품을 모두 검사하여 품질을 관리하는 것이 불가능하거나 비효율적인 경우가 많다. 예를 들어 스마트폰의 배터리 수명이나 전구의 수명을 검사할 때 표본조사를 통해서 실시해야 한다. 이럴 경우 통계적 이론에 근거하여 일정한 수준의 정밀도를 유지하도록 표본의 크기를 결정하고, 관측된 자료를 분석함으로서 제품 전체의 품질을 관리할 수 있다.

(4) 어떤 수중 유기물에 대한 연구를 하기 위하여 연못으로 부터 수많은 표본을 취하여 각 표본에서 유기물의 수를 세었다. 표본 당 평균유기물의 수는 몇 마리 인가하는 문제는 생물학자들에게는 큰 관심사일 것이다.

(5) 교육방법의 학습효과를 비교하기 위하여 모집단으로부터 랜덤 추출한 표본그룹을 여러 가지 학습방법으로 한 학기 동안 교육시키고, 동일한 평가기준으로 평가하여 제안된 학습방법 중 가장 효과적인 교육방법을 찾는데 통계적 방법이 필요하다.

(6) 표본조사를 통하여 5년 후 1인당 국민소득추정, 특정제품에 대한 고객만족도 조사를 하거나, 각 정당에 대한 국민의 지지도를 조사하거나, 대학생의 의식구조에 대한 조사를 하거나, TV드라마에 대한 시청률 조사를 하고자 할 때는 합리적인 표본설계를 통하여 정확한 자료를 수집해야 하며, 수집된 자료가 적합한 통계적 방법에 의해 적절하게 분석되어야만 그 자료에서 얻어진 결론의 신뢰성이 보장된다.

위의 유형이외에 통계학의 응용은 헤아릴 수 없이 많다. 또한 우리 인간의 삶과 관련된 거의 모든 분야에서 생성된 자료의 효율적인 자료 수집을 통하여 객관적인 정보를 얻고자 하는 경우에 과학적 방법론으로 활용하고 있다.

사회과학, 자연과학, 공학, 농학, 의학, 심리학, 등 응용분야에 따라 파생된 대표적인 통계학의 새로운 분야로는 다음 분야들을 꼽을 수 있다.

- 생물 통계(biostatistics)
- 경제 통계(econometrics)
- 경영 통계(business statistics)
- 공업 통계(engineering statistics)
- 보건 통계(medical statistics)
- 인구 통계(demography)
- 심리 통계(psychometry)

이들은 해당 분야와 통계학이 결합되어 창조된 새로운 응용분야들이며, 이들 이외에도 거의 모든 학문 분야에서 통계학의 원리를 이용하고 있다.

통계학을 어느 학문 분야에 응용하든 기본 개념은 동일하다. 단지 다른 점은 응용 분야에 따라 강조되는 통계 기법이 다를 뿐이다. 통계학을 지배하는 원리와 개념을 잘 이해하면 어떤 분야에서 나온 자료이건 자료를 해석하고 통계적 결론을 내리는데 큰 어려움은 없을 것이다.

1.4 통계학에서의 컴퓨터 활용

여러 학문분야에서 그렇듯이 컴퓨터의 발전은 통계학에도 많은 영향을 주었다. 그 결과 통계학자들이 연구대상으로 하는 영역 그 자체도 획기적으로 확장될 수 있었으며, PC활용이 보편화되면서 손쉽게 통계분석을 할 수 있게 되었다. 컴퓨터의 소프트웨어적인 측면에서 자료를 처리하고 분석해주는 통계 패키지의 발달로 인하여 많은 양의 자료나 매우 복잡한 통계분석도 신속·정확하게 처리 할 수 있게 되었다. 현재 일반적으로 이용되고 있는 대표적인 통계패키지(Statistical Package)로는 Excel, SPSS(Statistical Package for Social Sciences), SAS(Statistical Analysis System), R프로그램, MINITAB 그리고 BMDP(BioMeDical computer Programs) 등을 들 수 있다.

특히 컴퓨터를 이용하면 다음과 같은 일을 효율적으로 처리할 수 있다.

- 대량의 자료입력 및 저장
- 빠른 처리 속도
- 정확한 계산
- 통계분석비용의 절감

그리고 통계학의 여러 분야, 특히 모의실험(simulation)분야에서는 컴퓨터의 활용이 필수 불가결한 도구이다.

엑셀은 전문 통계분석 소프트웨어가 아니므로 간단한 통계분석도구로는 사용할 수 있으나, 전문성이 요구되는 통계분석에는 적절하지 않다. 따라서 전문성이 요구되는 통계분석은 SPSS, SAS, R 프로그램 등을 사용한다. 특히 R프로그램은 누구나 무료로 내려 받아 사용할 수 있다는 장점이 있고, MINITAB은 산업현장의 품질관리를 위한 팩키지로, BMDP는 의학 분야에서 주로 사용한다. 그러나 각 통계패키지에서 다루는 통계방법들은 처음 통계패키지를 만들 때에는 그 내용에 다소 차이가 있었으나, 그 후 수정·보완과정을 거침에 따라 지금은 실제적으로 거의 차이가 없게 되었다.

1.1 통계학 연구의 의의에 대하여 간단히 설명하시오.

1.2 통계학의 응용분야에 관하여 열거하고 간단히 설명하시오.

1.3 통계학에서의 컴퓨터 활용에 대하여 간단히 설명하시오.

제 2 장 자료의 수집과 정리방법

2.1 통계분석의 개요

통계분석의 목적이 명확히 설정되면 분석대상이 되는 집단인 모집단이 정의되고 정의된 모집단의 일부분인 표본을 관찰과 실험을 통하여 수치화된 자료(data)의 형태로 얻게 된다. 이때 자료를 수집함에 있어서 가장 중요한 것은 모집단의 특성을 대표 할 수 있는 올바른 표본추출과 정확한 측정이라고 할 수 있는데 측정과정이 충분히 조사되어 있지 못하면, 측정결과가 모집단의 실질적 특성이 나타내고 있는지를 알 수 없고 정확히 이해할 수 없다.

이와 같이 통계분석은 **"수집된 자료"**를 근거로 정보를 얻으므로 자료가 모집단의 특성을 잘 대표하도록 수집되어야 한다. 자료가 얻어지면 우리는 자료를 분석하여 전체적인 경향(패턴)을 파악하거나 새로운 진실을 알아내고자 한다. 그러나 단순히 나열된 자료를 보면서 경향을 파악하거나 새로운 진실을 알아내는 일은 불가능하다. 따라서 자료가 포함하고 있는 정보를 파악할 수 있도록 자료를 정리·요약 할 필요가 있는 것이다. 이 장에서는 통계분석의 일반적 절차, 자료의 수집방법, 자료의 형태, 시각적인 표현으로 자료를 정리하는 방법 및 자료를 객관적으로 설명할 수 있는 수치측도에 관하여 알아보도록 한다.

2.2 통계분석의 절차

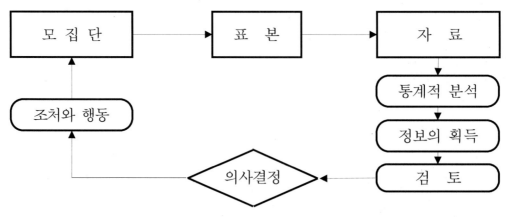

[그림 2-1] 통계분석의 일반적 절차

어떤 특정 대상 집단에 대해 통계분석을 통해 정보를 얻고자 하는 경우 통계분석의 일반적 절차는 〔그림2-1〕과 같다 통계분석에서 분석대상이 되는 모든 개체들의 집합을 **모집단**(population)이라고 한다 모집단을 구성하는 대상의 수가 유한 한가 또는 무한 한가에 따라 **유한모집단**(finite population)과 **무한모집단**(infinite population)으로 구분한다. 대부분의 통계이론은 무한모집단을 가정하는데 이는 유한모집단이라고 하더라도 구성 개체의 수가 무한 속성을 갖는 유한개이므로 통계적 처리에 큰 차이가 없기 때문이다.

모집단으로 부터 정보를 얻기 위한 가장 이상적인 방법은 모집단 모두를 조사하는 것이다. 그러나 대개의 경우 모집단 전체를 조사하는 것은 비용, 시간, 적시성, 현실적인 어려움 등으로 불가능한 경우가 많다. 따라서 모집단 전체를 조사하는 대신에 모집단을 대표 할 수 있는 모집단의 일부를 선택하여 분석하는데 이 선택된 모집단의 일부를 **표본**(sample)이라고 한다.

[모집단과 표본 : Population and sample]

정보획득 대상이 되는 모든 관측값 전체, 혹은 관측값을 얻을 수 있는 원소들 전체의 집합을 모집단이라 하며 모집단의 일부인 부분집합을 표본이라 한다.

(예제 2-1) 우리나라 대학생들의 한 달 용돈 사용액을 조사하기 위하여 전체 대학생 중에서 랜덤하게 1500명을 뽑아 조사 하고자 한다. 분석목적과 모집단 그리고 표본을 무엇이라고 할 수 있는가?

분석목적 : 우리나라 대학생들의 한 달 용돈 사용액 조사
모집단 : 우리나라의 전체 대학생
표본 : 임의로 선택된 1500명의 대학생

통계분석의 목적을 위해 모집단 혹은 표본을 분석하여 자료의 특성을 몇 가지 숫자로 요약하는데 모집단의 특성을 나타내는 양적인 측도를 **모수** (parameter)라고 한다. 일반적으로 모수는 상수(constant)로 희랍어를 사

용하여 표기하는데, 예를 들어 앞으로 다루게 될 모집단의 평균인 모평균 (population mean)은 μ로 그리고 모집단의 분산인 모분산(population variance) σ^2 과 같은 기호를 사용하여 나타낸다. 그런데 우리가 분석의 목적을 위해서는 모수를 알아야하는데 대개의 경우 실제로 가지고 있는 것은 표본인 것이다. 그렇다면 표본에서 모수에 대한 정보를 얻을 수 있는 그 무엇이 필요한데 그것이 바로 **통계량**(statistic)이다. 이는 표본으로부터 측정된 자료들의 함수로 정의 되며, 실제로 표본의 값들이 관측되었을 경우에는 상수가 되어 모집단에 대한 정보로서의 역할을 하게 된다. 통계량의 처리를 통하여 연구자가 원하는 분석목적을 위한 정보로 활용하게 된다. 통계량의 표기는 영어의 알파벳을 사용하는데, 예를 들어 표본의 평균(sample mean)$\bar{x}$로, 표본분산은 s^2로 표기한다. 모수와 통계량 사이의 관계는 아래 [그림2-2]과 같으며 제 7장에서 자세히 다루게 되므로 여기서는 생략하기로 한다.

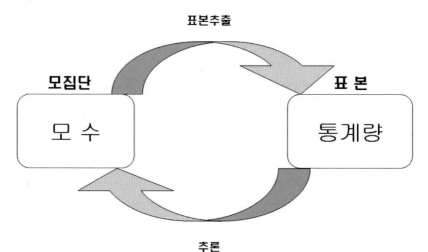

[그림 2-2] 모수와 통계량 사이의 관계

모집단의 특성을 나타내는 양적인 측도를 모수 (parameter)라 하며, 모수들은 전수조사를 통해 얻은 자료로부터 구해진다. 그리고 표본자료로부터 표본의 특성을 규명해주는 함수를 통계량(statistic)이라 한다.

(예제 2-2) 우리나라 대학생들의 평균 신장을 조사하기위해 1000명을 임의로 추출하여 조사하였더니 평균 신장이 174㎝이었다. 모집단, 표본, 모수, 통계량은 무엇인가?

　　　모집단 : 우리나라의 전체 대학생

　　　표본 : 임의로 추출된 1000명의 학생

　　　모수 : 우리나라 대학생 전체의 평균 신장

　　　통계량 : 표본으로부터 계산된 평균 신장의 값 174㎝

2.3 자료의 수집

　　모집단으로부터 자료를 수집하여 조사하는 방법을 **통계조사**(statistical survey)라고 하는데 통계조사방법으로는 그 집단의 개체 모두를 조사하는 **전수조사**(total survey) 방법과 대상 집단의 일부를 추출하여 조사하는 **표본조사**(sample survey)로 구분 할 수 있다.

　　대상 집단 모두를 조사하는 방법을 총조사(census) 또는 전수조사(total survey) 라고 하는데 통계청에서 매 5년마다 실시하는「인구 및 주택 총조사」와 같은 것이다. 그러나 이러한 총 조사는 많은 시간과 비용이 소요되므로 대부분의 조사는 표본조사를 실시한다. 여기에서 표본조사란 대상 집단의 일부를 관측하여 그 대상 집단 전체에 대한 정보를 구하는 과정을 말한다. 표본조사는 총 조사에 비하여 시간과 비용을 절감할 수 있을 뿐만 아니라 소수정예의 잘 훈련된 조사요원에 의한 조사를 실시함으로써 경우에 따라서는 총 조사보다 더욱 정확한 결과를 얻을 수 있다. 또한 새로 개발된 휴대폰의 수명실험 등 현실적으로 전체 대상 집단에 대한 자료를 얻을 수 없는 경우(파괴시험)가 있기 때문에 표본조사는 자료를 얻는 매우 유용한 방법이라고 할 수 있다.

따라서 모집단의 특성을 연구, 관찰하는 데는 모집단 전체를 조사하는 전수조사 방법이 바람직하다고 생각이 되겠지만, 현실적으로 꼭 전수조사방법이 좋은 것만은 아니다. 위의 예처럼 모집단을 구성하고 있는 원소의 수가 유한인 유한모집단에서는 전수조사가 가능하지만, 원소의 수가 무한인 무한모집단인 경우에는 전수조사가 불가능해진다.

또한 유한모집단인 경우에도 조사시간이나 비용과 정보가치의 적시성 고려할 때는 전수조사방법보다는 표본을 추출하여 조사하는 표본조사가 바람직한 경우가 많다. 이와 같이 대부분의 통계조사방법이 표본조사에 의하여 이루어지므로 표본추출시 오차없이 모집단을 대표 할 수 있는 표본을 오차 없이 추출하는 방법이 무엇보다도 중요하다. 표본추출방법은 확률추출법과 비확률추출법으로 나눌 수 있는데 연구자의 판단, 직관 및 재량에 의해 추출하는 비확률추출법은 일관성과 객관성이 떨어지는 방법이다. 반면에 확률추출법은 모집단의 각 개체들이 표본으로 추출될 가능성이 동일하므로 객관성이 확보 될 수 있는 표본추출 방법이다. 따라서 자주 사용되는 확률추출법 중에서 몇 가지 표본추출법을 설명하기로 한다.

---

(1)단순 랜덤 추출법 (simple random sampling)
　모집단을 구성하는 각각의 개체가 표본으로 선택될 확률이 동일하도록 추출하는 객관적인 방법으로 랜덤메카니즘을 이용하여 표본을 추출하는 방법

단순랜덤 추출법은 무작위 추출이라고도 하며 모집단이 N개의 원소로 되어 있고 그 중에서 n개(n≤N)의 표본을 추출하고자할 때, 각 원소에 1, 2, 3, ···, N 까지의 번호를 부여하고 그 중에서 n개의 번호를 랜덤메카니즘(난수표, 주사위, 컴퓨터난수발생 프로그램, 난수앱 등)을 이용하여 그 번호에 해당하는 원소를 표본으로 추출하는 방법이다. 예를 들어 10,000명으로 구성된 한국대학교에서 학생들의 강의 평가 방법에 대한 의견을 알아보기 위해 단순랜덤 추출법을 이용하여 500명의 학생을 뽑아 조사하고자 한다. 이런 경우 [부록12], [부록13] 을 활용하여 N=10,000에서 무작위로 n=500명을 뽑는 경우이므로 출발점을 53행 6열 이라고 가정하고, 밑으로 원수열을 만들면, 2897, 1410, 4827, 1299, 1996 7618, ···, 에서 4자리를 끊은 번호인 2897번째, 1410번째, ···,의 n=500명을 표

본으로 추출 한다.

> **(2)층별 추출법 (stratified sampling)**
> 이질적인 개체들로 구성되어 있는 모집단에서 동질적인 특성을 갖는 기준에 의해 몇 개의 층 또는 그룹으로 분류한 다음, 각 층으로부터 랜덤하게 추출하는 방법

층별 추출법에서 층을 어떻게 구분하는가에 따라 유용성이 결정되며, 층을 나누는 기준으로는 지역, 성별, 교육수준, 시간 등 분석목적에 따라 다양하게 적용된다. 예를 들어 앞의 예에서 한국대학교의 강의평가 방법에 대한 학생들의 의견 조사에서 만일 학년별로 의견이 서로 다를 것이라고 생각된다면 각 학년을 층으로 분류하여 각 학년에서 500/4 = 125명씩을 랜덤하게 추출하여 설문조사를 실시한다.

> **(3)계통 추출법 (systematic sampling)**
> 일련번호가 부여된 N개의 모집단에서 n개의 표본을 추출하고자 하는 경우 k(k=N/n)개씩 n개의 구간으로 나누고 각 구간에서 1개씩 일정 간격으로 표본을 추출하는 방법

무작위추출은 시간이 많이 소요될 수 있고, 표본이 어느 한쪽으로 편중될 가능성을 완전히 배제할 수 없다. 계통추출은 시간적으로 또는 공간적으로 일정한 간격을 두고 표본을 추출하는 방법이므로, 단순하면서도 모집단 전체에서 골고루 표본을 추출하는 방법이므로, 간편하게 모집단 전체에서 골고루 표본을 추출할 수 있는 장점이 있다. 예를 들어, 앞의 예에서 10,000의 학생으로부터 500명을 랜덤하게 추출하는 경우 k = 10000/500 = 20 이므로 20명그룹으로 부터 한 명씩 임의 추출한다. 만일 7번이 추출되었다면 다음에 27, 47, 67, · · · , 9987등으로 500개가 추출된다. 계통추출은 일정한 간격을 두고 자료가 추출되므로, 모집단의 자료가 주기성을 띠고 있는 경우에는 편중된 표본이 나올 수도 있는데 유의하여야 한다.

> **(4)집락추출법** (cluster sampling)
> 모집단이 여러 개의 집단이 결합된 형태로 구성되어 있고, 각 집단 내부에서 구성 원소들에게 일련번호를 부여할 수 있는 경우, 먼저 각 집단(집락, cluster)을 임의로 추출한 후 선택된 집단으로부터 일정 수 또는 전체를 추출하는 방법

집락추출법이란 이미 구분되는 집락을 이용하여 대표성을 갖는 표본을 선택할 때 유용한 방법이다. 예를 들어, 앞서 설명한 한국대학교의 학생 강의평가 방법에서 학제에 의해 구분되어 있는 단과 대학을 집락으로 하여 몇 개의 단과대학을 임의로 추출하고, 각 단과대학 내에서 학과를 다시 집락으로 하여, 몇 개의 학과를 선택하여 조사할 수 있다. 만일 학과 학생 전체를 조사하기 어렵다면, 선택된 학과에서 특정수의 학생들을 임의로 선택하여 조사할 수 있다. 한국대학교의 경우 5개 단과대학 40개 학과이고 또한 각 단과대학, 학과의 규모가 동일한 경우, 500명을 임의 추출하고자 할 때 단과대학 중 2개 단과대학을 랜덤하게 추출하고 추출된 2개 단과대학으로부터 각각 1개의 학과를 추출하여 각 학과로부터 250명 전체를 추출하여 표본을 만드는 방법이다. 집락추출은 다른 표본추출법에 비하여 표본추출 비용이 저렴하고 빠른 장점이 있지만, 대표성 있는 표본의 추출에는 약간의 문제가 있다.

표본조사에서 자료는 **관찰**(observation)과 **실험**(experiment)에 의해 수집된다, 관찰이란 수동적인 자료수집방법으로 관찰자는 관찰대상에 어떠한 조작도 가하지 않고 있는 그대로 자료를 수집한다. 반면에, 실험은 적극적인 자료수집방법으로 실험자가 실험대상을 가급적이면 완벽하게 통제한 상태에서 실험하여 자료를 얻는다. 주로 관찰이나 설문조사는 사회과학분야에서 자료 수집하는 방법이고, 실험은 자연과학분야에서 자료를 수집하기 위해 주로 사용하는 방법(비교실험:comparative experiment)이다.

2.4 자료의 형태

표본조사에서 관찰과 실험은 통계분석을 하기 위하여 자료를 수집하는 과정이다. 자료의 수집은 표본으로 추출된 원소들이나 실험단위로부터 주어진 목적에 적합하도록 관측하여 자료를 얻는다. **측정**(measurement)이란 추출된 표본을 관찰이나 실험하여 일정한 기준에 따라 숫자 또는 기호를 부여하는 것을 말한다. 즉 사람을 대상으로 측정하는 경우 그 사람의 키, 몸무게, 나이 등 숫자로 표현하는 방법과, 남자/여자 등과 같이 성별을 구분하는 방법, 그리고 두 제품에 대한 선호도를 비교하여 어떤 제품을 더 선호 하는가 등과 같이 자료의 측정에는 여러 가지 다양한 형태가 있다.

1. 측정의 의미

통계분석은 측정된 데이터에 근거하여 판단하므로 정확한 데이터의 수집과 분석이 매우 중요하다. 만일 측정된 데이터가 정확하지 못하고 측정과정이 충분히 조사되어 있지 못하면, 측정 시 발생하는 여러 가지 원인에 의한 오차로 인하여 측정결과가 모집단의 실질적 특성을 나타내고 있는지를 알 수 없고 정확히 이해할 수 없다. 따라서 측정시스템이 주어진 목적 하에서 자료를 측정하는 경우 측정도구와 방법은 **편의**가(bias)가 없어야 하고, **정밀도**(repeatability)와 **재현성**(reproducibility)이 있어야한다. 여기서 편의란 측정값과 참값의 차이를 의미하며, 정밀도란 동일한 대상을 동일한 측정도구 또는 방법으로 반복해서 측정할 때 동일한 또는 거의 동일한 값이 측정되어야 함을 의미하며, 재현성은 동일한 대상을 서로 다른 측정자가 동일한 측정도구 또는 방법으로 측정할 때 동일한 또는 거의 동일한 값이 측정되어야 함을 말한다. 이와 같은 측정 과정을 거쳐 얻은 측정결과를 **신뢰성**(reliability)이 있는 올바른 데이터라고 할 수 있다.

2. 측정의 척도

측정이란 분석대상들을 일정한 기준에 의하여 관측하는 것으로 관측하는 방법에 따라 정성적 측정과 정량적 측정이 있다. 측정방법은 측정대상이나 사건에 숫자나 부호를 부여하는 규칙인 척도(scale)에 따라 다음과 같이 네 가지로 구분할 수 있는데, 측정방법에 따라 자료의 형태가 다르므로 따라서 통계분석에서 적용되는 분석방법도 다르다.

(1) 명목척도(nominal scale)

측정대상이 어떤 범주에 속하는지를 분류하기 위해 사용하는 척도이다.

```
<예>  • 제품 (적합품(양품), 부적합품(불량품)) 구분
      • 성별(남, 여)구분
      • 출생지(서울시, 강원도, 경기도, …)구분
      • 직업(사무직, 농업, 서비스업, …)구분
```

(2) 서열척도(ordinal scale)

측정대상의 특성에 대한 서열관계를 나타내는 척도로 서열자료는 숫자의 크기에 따른 순서에만 의미가 있을 뿐 숫자간의 거리도 무의미하며, 절대적 원점(0)이 존재하지도 않는다.

```
<예> • 한 상품에 대한 선호도 조사
      1, 매우 싫어한다.  2, 싫어한다.  3, 그저 그렇다.  4, 좋아한다.
      5, 매우 좋아한다.
     • 성적평가 ( 1등 , 2등 , 3등,  4등 이상)
      학년 (1학년, 2학년, 3학년, 4학년)
      성적평가결과 (1등, 2등, …)
```

(3) 구간척도(interval scale)

측정대상이 가지고 있는 속성을 양으로 측정하여 측정결과가 숫자로 표현되나 해당 속성이 전혀 없는 상태인 절대적인 원점(absolute zero)이 존재하지 않으며 따라서 두 관측값 사이의 비율은 별 의미가 없다. 온도, 지수 등의 측정방법이 구간척도에 해당된다.

<예> • 온도의 측정을 섭씨(℃)와 화씨(℉)로 표현하면 다음과 같다.

섭씨 (℃)	0	50	100
화씨 (℉)	32	122	212

위의 표에서 섭씨 0℃는 온도가 없는 상태를 의미하지는 않으며 100℃는 50℃보다 50℃만큼 온도가 더 높다라고 하지만, 2배 더 뜨겁다는 것을 의미하지는 않는다. 이를 화씨로 표현하면 0℃는 32℉가 되고 100℃는 212℉, 50℃는 122℉가 되어 212/122=1.74로 두 배가 아닌 것을 알 수 있다.

(4) 비율척도(ratio scale)

측정대상이 가지고 있는 속성을 양으로 측정하여 측정결과가 숫자로 표현되며, 절대적인 원점이 존재하고 두 측정값의 비율이 의미가 있는 척도를 말한다. 무게, 키, 인장강도, 제품의 수명, 상품가격, 판매량 등 숫자로 관측되는 대부분의 자료가 비율척도에 해당된다.

<예> 무게의 측정에 있어서 0g은 무게가 전혀 없는 상태를 말하고 100g은 50g의 두 배에 해당된다.

자료의 형태는 특성에 따라 크게 **질적자료**(qualitative data)와 **양적자료**(quantitative data)의 두 가지로 나눌 수 있는데, 질적 자료는 다시 명목자료와 서열자료로 나누어지며, 양적 자료는 구간자료와 비율자료로 구분된다. 또한 자료는 자료의 계수가능성(countability)에 따라 **이산형 자료**와 **연속형 자료**로 나누기도 한다. 이산형 자료는 자녀의 수나 TV판매량 등과 같이 숫자를 하나하나 분리하여 헤아릴 수 있는 자료를 말하며, 연속형 자료는 일정 실수구간 내의 어떤 값이라도 가질 수 있는 자료를 말한다. 질적 자료는 모두 이산형 자료이며, 양적자료는 연속형 일수도 있고 이산형 일수도 있다.

[자료의 형태]

2.5 자료의 정리

수집된 자료의 불규칙한 나열 상태에서는 자료 분포의 특성을 파악하기가 어렵다. 따라서 자료의 전체적인 특성을 쉽게 파악할 수 있는 기초적인 자료 정리·요약 방법으로 막대도표, 원그림표, 도수분포표, 히스토그램, 줄기와 잎 그림(stem-and-leaf plot), 상자그림(box plot) 등이 있다.

1. 막대그래프와 원 그림

그림을 이용한 질적 자료의 시각적 표현방법은 막대도표(bar chart)과 원그림(pie chart)이 있다. 막대도표은 질적 자료에서 각 범주에 속한 관측도수를 막대로 표현하는 방법으로 막대의 크기에 의하여 상대적인 도수의 크기를 비교할 수 있다. 또한 원그림은 전체 조사대상자를 100%로 하여 각각의 범주비중이 높은 것부터 대개 시계의 12시 위치에서 시작하여 시계방향에 따라 나열하는 방법이다 예를 들어 [표 2-1]은 한국병원에서 2017년 4월 7일에 치료한 환자들에 대한 기록이라고 하자.

먼저, 한국병원에서는 이 날 어느 진료분야에 많은 환자가 왔었는지에 관심이 있다고 하자. [표 2-1]은 수집된 원자료(raw data)이므로 전체 자료의 특성을 파악하기위하여 [표 2-1]를 정리·요약하여 [표 2-2]와 같은 도수분포표를 작성한다.

이 표에 의하면 이 병원에는 내과환자가 가장 많고 외과, 소아과, 산부인과 환자순인 것을 알 수 있다. 이를 좀더 시각적으로 나타내면[그림 2-3]과 같은 막대도표(bar chart)을 그릴 수 있다.

[표 2-1] 한국병원의 환자기록 (2017년 4월 7일)

	도착시간	이름	성별	나이	진료분야
1	9.03	홍석준	남	5	소 아 과
2	9.08	차지연	여	29	산부인과
3	9.23	천성균	남	36	내 과
4	9.37	문경선	여	24	내 과
5	9.54	배희승	여	25	외 과
6	10.01	김영구	남	6	소 아 과
7	10.15	김소영	여	10	내 과
8	10.21	강기호	남	26	내 과
9	10.35	김복동	남	65	외 과
10	10.44	박영순	여	32	산부인과
11	11.10	최영자	여	28	산부인과
12	11.21	최희자	여	5	소 아 과
13	11.33	이영희	여	6	소 아 과
14	11.43	백용기	남	22	외 과
15	11.55	채인철	남	17	내 과
16	12.30	나준호	남	32	외 과
17	12.32	송병만	남	16	외 과
18	12.43	김숙희	여	16	내 과
19	12.54	이선희	여	19	내 과
20	1.05	김상희	여	35	산부인과
21	1.08	채규식	남	66	외 과
22	1.15	천영규	남	37	내 과
23	1.25	유영자	여	2	소 아 과
24	1.30	윤수희	여	4	소 아 과
25	1.45	배철수	남	15	외 과
26	1.55	전규환	남	55	내 과
27	2.20	신영희	여	32	산부인과
28	2.30	조숙자	여	33	산부인과
29	2.40	한인숙	여	31	산부인과
30	3.00	차동철	남	46	내 과
31	3.10	조장수	남	46	내 과
32	3.15	권창익	남	25	외 과
33	2.25	엄자영	여	18	내 과
34	3.36	염형수	남	23	내 과
35	3.45	김진영	남	55	외 과
36	4.00	박영호	남	5	소 아 과
37	4.10	백미례	여	6	소 아 과
38	4.20	추미자	여	19	내 과
39	4.25	김선길	남	44	내 과
40	4.28	장영철	남	54	내 과

[표 2-2] 한국병원 환자의 진료 분야별 도수분포표 (2017년 4월 7일)

진료분야	도수(환자수)
내 과	16
외 과	9
소 아 과	8
산부인과	7
합 계	40

이 그림은 환자의 분포를 시각적으로 보여주고 있지만 전체 환자 중 내과환자가 점하는 비율 등에 관해서는 쉽게 정보를 제공해 주지 못한다. 이를 위해서는 [표 2-2]의 각 도수를 총 도수인 40으로 나누어 상대도수(relative frequency)를 구한 후 [표 2-3] 같은 상대도수분포표(relative frequency table)를 작성하는 것이 좋다.

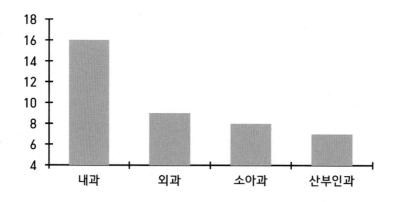

[그림 2-3]한국병원 환자의 진료 분야별 막대도표

<표 2-3> 한국병원 환자의 진료 분야별 상대도수분포표   (2017년 4월 7월)

진료분야	상대도수	백 분 율 (%)
내 과	0.40	40%
외 과	0.23	23
소 아 과	0.20	20
산부인과	0.17	17
합 계	1.00	100%

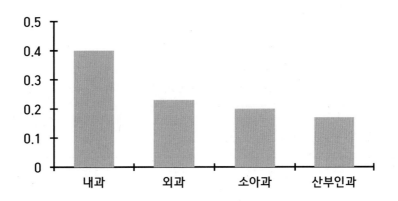

[그림 2-4] 한국병원 환자의 진료 분야별 상대분포

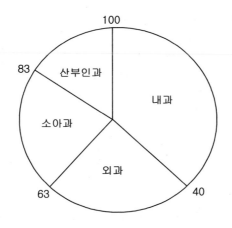

[그림 2-5] 원형그림 : 한국병원 환자의 진료 분야별 분포

여기서 상대도수분포는 [그림 2-4]와 같이 상대도수를 나타내는 막대도표로 보여주거나, [그림 2-5]와 같은 원형그림으로 표현할 수 있다.

2. 도수분포표

모집단에서 임의 추출된 n개의 자료는 관측된 순서대로 배열되어 있어별 다른 정보를 제공하지 못하지만 자료를 크기 순서로 배열한다면 최소 값 ($x_{\min}$)과 최대값 ($x_{\max}$)에 대한 정보를 얻게 된다. 따라서, 자료들을 크기 순서대로 나열하고 이들을 모두 포함하는 범위를 여러 개의 적은 구 간으로 나누어 놓으면 각 구간별로 최대값과 최소값 그리고 해당 구간에 속하는 자료의 수 등의 유용한 정보를 얻을 수 있게 되는데, 이러한 정보 를 하나의 표로 정리해 놓은 것이 **도수분포표**이다.

> **[도수분포표(frequency distribution table)]**
>
> 분석대상인 모집단으로부터 수집한 자료가 포함되는 전체 구간을 몇 개의 소구 간으로 분할하고, 각 소구간에 따라 분류된 자료의 빈도를 표현하는 표

 도수분포표는 자료의 구조와 산포도에 관한 대략적인 정보를 제공하고, 이 때 분할된 소구간을 계급구간(class interval) 이라 하며, 각 계급구간에 속하는 자료의 빈도를 도수(frequency)라고 한다. 그리고 도수분포표를 작 성하기 전의 자료를 정리되지 않은 자료(ungrouped data)라 하고, 도수분 포표로 작성된 자료를 정리된 자료(grouped data)라고 부른다. 도수분포 표의 작성절차는 다음과 같다

> **[도수분포표 작성 절차]**
>
> **[단계1]** : 범위 (range : R) 의 결정 : $R = x_{\max} - x_{\min}$
> **[단계2]** : 계급(class)수 k의 결정
> - 스터지스(H. A. Sturges)의 공식 : $k = 1 + 3.32 \cdot \log n$, n은 데이터 수
> - $k = \sqrt{n} \pm 3$, n은 데이터 수
>
> **[단계3]** : 계급간격 (class interval) I 의 결정 : $I = \dfrac{R}{k}$
>
> **[단계4]** : 계급한계 (calss limit) 의 결정
> - 제 1 계급의 하측경계값 $x_L = x_{\min} - \dfrac{1}{2}u$ (u는 데이터의최소단위)
> - x_L에 계급간격 (I)을 더하여 각 계급의 한계를 정함.
>
> **[단계5]** : 각 계급에 속하는 관측값의 개수를 세어 계급도수를 구함.
> **[단계6]** : 자료의 총도수로 계급도수를 나누어 상대도수 (relative frequency)를 계 산함.
> - 상대도수 $= \dfrac{\text{계급도수}}{\text{총도수}}$

이 때 각 관측값들은 반드시 하나의 계급구간에 속해야 하며, 구간들의 경계선에는 관측값이 없어야 한다. 그리고 각 계급구간의 작은 값을 계급하한(class lower limit)이라 하고 각 계급구간의 큰 값을 계급상한 (class upper limit)이라고 한다.

도수분포표를 작성하는데 있어 가장 중요한 것은 계급수의 결정이라고 할 수 있다. 왜냐하면 계급수가 결정이 되면 나머지 값들은 유일하게 결정되기 때문이다. 따라서 위에서 언급한 스터지스의 공식 이외에도 자료의 수에 따라 계급수를 결정하는 다양한 공식들이 소개되었으며, 이러한 공식들은 도수분포표를 작성하는데 있어서 좋은 지침이 된다. 그러나 도수분포표가 자료의 구조와 분포 형태를 알아보기 위하여 작성되는 만큼, 주어진 자료의 특성과 분포를 잘 표현할 수 있는 계급수가 사실상 최적의 계급수가 되는데, 이는 자료의 수뿐 아니라 자료의 특성에 따라서도 결정될 수 있다. 예를 들어, 자료가 학생들의 기말고사 성적이라면, 계급간격을 10점 또는 5점으로 하는 것이 8점 또는 4점으로 결정하는 것보다 자연스럽고 최종 학점을 확인하는 데도 도움을 줄 것이다. 따라서 주어진 공식을 지침으로 하여 과거의 경험 또는 자료의 특징에 따라 일반적으로 5~20개 정도의 계급수를 선택하여 도수분포표를 작성해 본 다음, 그것이 분석 목적을 잘 달성하는가를 확인하고 필요에 따라 계급수를 늘리거나 줄이는 것으로 최적의 계급수를 찾아가는 것이 바람직하다고 할 수 있다. 그리고 자료의 구조가 좌우대칭 형태인가를 파악하고자 할 때에는 계급의 수를 홀수 개로 만들어 주는 것이 편리하다. 그리고 여기서 주의해야 할 점은 계급수가 너무 적거나 많으면, 자료의 퍼짐에 대한 정보를 구하기가 힘들다는 것이다.

따라서 도수분포표를 작성하는데 있어서, 자료의 수 그리고 자료의 특성을 고려하여 주어진 분석의 목적을 가장 잘 표현할 수 있도록 하되, 한번에 원하는 도수분포표를 작성한다고 생각하기보다는 여러 가지 계급수를 이용한 도수분포표를 작성해 보고, 그중에서 가장 많은 정보량을 주는 도수분포표를 선택하는 방법이라고 할 수 있다. 그리고 각 계급구간을 균등간격으로 나누기가 불가능하거나 바람직하지 못한 경우는 불균등간격을 이용하는 경우도 있다.

도수분포표의 종류에는 앞 절에서 논의된 도수분포표에서 도수 대신 누적도수를 기입한 누적도수분포표(table of cumulative frequency distribution), 상대도수를 기입한 상대도수분포표(table of relative frequency distribution), 그리고 누적상대도수를 기입한 누적상대도수분포표 (table of cumulative relative frequency distribution)등이 있다. 이들을 하나의 표로 요약하면 [표 2.4]와 같다.

[표 2.4] 각종 도수분포표의 작성

계 급	계급값	도수	누적도수	상대도수	누적상대도수
$c_0 \sim c_1$	m_1	f_1	$F_1 = f_1$	$p_1 = f_1/n$	$C_1 = F_1/n$
$c_1 \sim c_2$	m_2	f_2	$F_2 = f_1 + f_2$	$p_2 = f_2/n$	$C_2 = F_2/n$
$\vdots$	$\vdots$		$\vdots$	$\vdots$	
$c_{i-1} \sim c_i$	m_i	f_i	$F_i = f_1 + \cdots + f_i$	$p_i = f_i/n$	$C_i = F_i/n$
$\vdots$	$\vdots$		$\vdots$		$\vdots$
$c_{k-1} \sim c_k$	m_k	f_k	$F_k = f_1 + \cdots + f_k = n$	$p_k = f_k/n$	$C_k = F_k/n = 1$
합 계		$n = \sum_{i=1}^{k} f_i$		$1 = \sum_{i=1}^{k} p_i$	

(예제 2-3)

10명의 나이자료 15, 42, 34, 27, 8, 46, 13, 56, 38, 25에 대해 다음 물음에 답하시오.

(1) 오름차순으로 배열하라.

(2) 내림차순으로 배열하라.

(3) 범위를 구하라.

(풀 이)

(1) 오름차순 배열 : 8, 13, 15, 25, 27, 34, 38, 42, 46, 56

(2) 내림차순 배열 : 56, 46, 42, 38, 34, 27, 25, 15, 13, 8

(3) 범 위 : : $R = $ 최대값$(x_{\max}) - $ 최소값$(x_{\min}) = 56 - 8 = 48$

(예제 2-4)

다음은 산업경영공학과 학생 60명의 통계학 기말성적을 번호순으로 기입한 것이다. 도수분포표를 작성하여 보자.

86	79	88	73	54	99	71	59	85	75
58	65	75	87	74	57	80	78	63	72
96	78	82	75	94	77	69	74	68	58
72	78	89	61	75	76	68	79	83	70
79	62	67	83	78	85	76	65	71	75
74	80	73	57	81	78	62	76	51	88

(풀 이)

도수분포표 작성절차에 따라 자료를 순차적으로 나열한 후, 범위, 계급의 수 그리고 계급간격을 계산하면 다음과 같다.

① 범 위 : $R =$ 최대값$(x_{max}) -$ 최소값$(x_{min}) = 99 - 51 = 48$

② 계급수 : $k = 1 + 3.32 \cdot \log_{10} n = 1 + 3.32 \cdot \log_{10} 60 = 6.90$, $\sqrt{n} \pm 3 = 5 \sim 11$

③ 계급간격 : $I = \dfrac{R}{k} = \dfrac{48}{10} = 4.8$

②에서 계산된 6.90을 기준으로 계급의수 k를 정하면 6 또는 7이 되지만 여기서는 분석의 현실적 정보를 얻기 위해 10을 선택하였다.

③에서 계산된 계급간격을 구별하기 쉬운 5로 반올림하고 고려되는 제 1계급의 하측 경계값은 $51 - \dfrac{1}{2} = 50.5$에서 50로 변환되고, 가장 큰 계급한계를 갖는 소구간의 계급상한은 원래의 최대값 99가 된다. 따라서 도수분포표는 다음과 같이 작성할 수 있다.

계 급	계급값	도수	누적도수	상대도수	누적상대도수
50이상~55미만	52.5	2	2	0.03	0.03
55이상~60미만	57.5	5	7	0.08	0.11
60이상~65미만	62.5	4	11	0.07	0.18
65이상~70미만	67.5	6	17	0.10	0.28
70이상~75미만	72.5	10	27	0.17	0.45
75이상~80미만	77.5	17	44	0.28	0.73
80이상~85미만	82.5	6	50	0.10	0.83
85이상~90미만	87.5	7	57	0.12	0.95
90이상~95미만	92.5	1	58	0.02	0.98
95이상~100미만	97.5	2	60	0.03	1.00
합 계		60		1.00	

3. 히스토그램

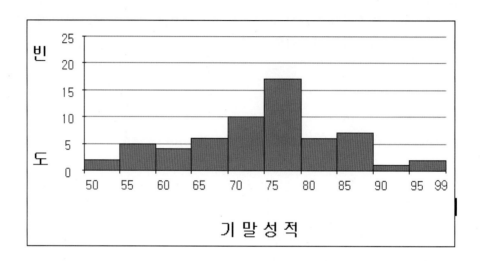

[그림 2-6] 히스토그램 (자료: 예제 2-4)

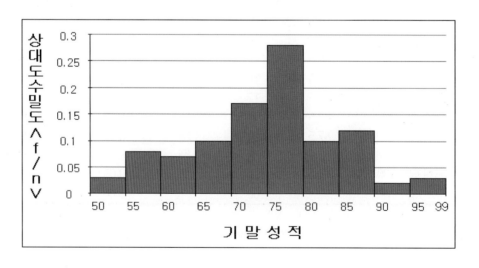

[그림 2-7] 상대도수분포 히스토그램 (자료: 예제 2-4)

히스토그램을 작성하는 경우에는 구간 경계선을 사용하여 계급과 계급 사이의 간격이 없도록 작도한다. 여기서 구간경계선 (class boundary)이란 어떤 계급의 상한값과 연속하여 이어지는 다음 계급의 하한값을 말한다. 앞의 (예제 2-4)를 히스토그램으로 나타내면 [그림 2-6]과 같다.

상대도수분포 히스토그램은 [그림 2-7]과 같으며 각 계급의 사각형 면적은 각 계급의 상대도수 p_i와 같고, 전체면적은 1이다.

4. 줄기 잎 그림

도수분포표와 막대도표는 자료의 전체적 분포를 일목요연하게 나타내주는 장점이 있으나, 원래의 자료가 나타나지 않기 때문에 정보의 손실이 발생하게 된다. 또한 원자료, 도수분포표, 막대도표를 따로 작성하여 유지해야 하는 불편이 따른다. **줄기-잎 그림**(stem-and-leaf diagram)은 원자료는 물론 도수분포표와 막대도표의 장점을 하나의 도표에 담을 수 있는 방법이다. [표 2-5]는 헤븐아이(주)에 근무하는 직원 60명의 나이자료이고, [그림 2-8]은 이 자료를 줄기-잎 그림으로 나타낸 것이다.

[그림 2-8]에서 수직선의 좌측에 보이는 숫자를 줄기라고 부르며 10단위의 숫자이고, 우측에 있는 숫자들은 잎에 해당하며 1단위의 숫자들이다. 줄기와 잎의 숫자를 결합하면 원자료가 된다. 이 그림은 도수분포표와 막대도표의 효과를 동시에 나타내주고 있다. 또한 원자료가 모두 나타나 있으므로 정보의 손실이 전혀 없다. [그림 2-8]의 줄기-잎 그림으로부터 직원 중 최연소자의 나이는 18세이며, 최연장자의 나이는 64세임을 알 수 있다. 또한 30대의 직원이 18명으로 가장 많이 분포되어 있다는 것은 물론, 전체적인 나이분포와 각 구간의 원자료 나이를 바로 파악할 수 있다. 이와 같이 줄기-잎 그림 작성을 통해 자료의 범위, 대칭성 여부, 집중도, 특이점의 여부 등 도수분포표와 히스토그램이 제공하는 자료의 특성을 탐색 할 수 있는 유용한 자료 표현의 방법 중 하나이다. 줄기-잎 그림의 작성방법을 요약하면 다음과 같다.

[줄기-잎 그림의 작성방법]

1. 원자료를 크기 순으로 나열한다.
2. 원자료의 숫자를 두 부분으로 나누어 앞부분은 줄기, 뒷부분은 잎으로 한다.
3. 줄기에 해당하는 숫자를 크기순으로 위에서 아래로 수직으로 배열한다.
4. 원자료의 수치를 해당 줄기의 우측옆에 잎부분만 기록한다.
5. 한 줄기에 기록된 잎의 수가 너무 많은 경우에는 두 줄로 나누어 잎을 기록한다. 예를 들어서 첫 줄에는 0, 1, 2, 3, 4를, 둘째 줄에는 5, 6, 7 8, 9를 기록한다.

[표 2-5] 헤븐아이(주) 종업원의 나이 자료

43	34	21	26	57	64	51	30	38	60
19	26	41	47	58	50	42	32	25	18
36	27	38	37	24	49	56	51	20	39
32	51	60	52	45	44	33	25	29	27
31	35	39	19	20	30	46	47	32	24
29	22	20	37	34	29	60	55	30	41

1	8 9 9
2	0 0 0 1 2 4 4 5 5 6 6 7 7 9 9 9
3	0 0 0 1 2 2 2 3 4 4 5 6 7 7 8 8 9 9
4	1 1 2 3 4 5 6 7 7 9
5	0 1 1 2 5 6 7 8
6	0 0 0 1 4

[그림 2-8] [표 2-5]에 대한 줄기-잎 그림

2.6 자료의 특성치

이제까지 우리는 수집된 자료를 요약하여 설명하는데 유용한 표와 그림의 이용방법을 설명하였다. 표와 그림은 자료 분포의 전체적인 형태를 시각적으로 파악하는 데는 대단히 유용하다. 그러나 표와 그림은 계급의 수나 줄기의 수 등 연구자의 판단에 따라 하나의 자료에 여러 개의 그림이나 표가 만들어 질수 있으므로 자료의 분석에 일관성과 객관성이 결여될 수 있다는 단점이 있다. 따라서 보다 의미 있는 방법으로 자료의 특성을 하나의 객관화된 수치척도로 요약할 필요가 있다. 자료의 특성을 나타내는 수치척도로는 자료가 어떤 값을 중심으로 분포되어 있는가를 나타내는 중심위치의 척도, 자료가 중심위치 값으로 부터 얼마나 흩어져 있는가를 나타내는 퍼진 정도의 척도, 어떤 특정한 자료 값이 자료 전체에서 어느 위치에 있는지를 알려주는 상대적 위치의 척도 등이 있다. 이밖에도 분포형태의 대칭여부를 판단하는 척도인 왜도(skewness)와 중심위치에 밀집여부를 판단하는 척도인 첨도(kurtosis)가 있다. 이절에서는 통계분석의 중요한 수치측도인 **대표값(중심경향)**과 **산포도(변동성)**를 나타내는 여러 가지 측도에 대해 알아보도록 한다.

1. 자료의 중심척도

자료를 요약하는 데 있어서 우리는 먼저 자료의 특성을 하나의 수치로 대표할 수 있는 값이 필요하다. 이와 같이 자료를 대표하는 특성치를 **대표값**이라 하는데, 대표값이란 용어 이외에 자료의 중심위치의 척도 (measure of central location) 라고도 한다.

(1) 평 균

평균(mean)은 가장 널리 사용되는 대표값 이다. 예를 들어 한 전구회사에서 생산되는 LED전구의 수명을 고찰하기 위하여 3개의 전구를 표본으로 추출하여 수명을 측정한 결과 26,500, 27,000, 26,000시간이었다고 하자. 이러한 경우 이 자료를 대표하는 값으로서의 대표값은 3개의 관측값으로부터 얻은 평균값 26,500시간을 사용할 수 있다. 따라서 평균은 관측값들의 특성을 하나의 숫자로 나타내는 대표값의 성질을 가지게 되며, 한편으로는 자료의 중심(center)의 위치를 나타낸다.

N개의 원소로 구성된 모집단을 전수조사한 결과 관측값이
$x_1, x_2, \cdots, x_n$ 일 때, 모집단의 평균인 모평균(population mean)은
다음과 같다.

$$\mu = \frac{\sum\limits_{i=1}^{N} x_i}{N}$$

(예제 2-5)

　9명의 대학원생들에 대한 통계학 성적을 조사한 결과, 모집단 자료가 79, 82, 91, 80, 84, 75, 78, 98, 81 이었다. 통계학 수강자의 모평균 u를 구하시오

(풀　이)

　모평균의 정의에 의하여 다음과 같이 구할 수 있다.

$$u = \frac{79 + 82 + \cdots + 81}{9} = 83.1$$

따라서 통계학 성적을 하나의 수치로 대표하는 대표값은 $u = 83.1$이다.

모집단으로부터 n개의 원소를 표본으로 추출하여 조사한
결과 $x_1, x_2, \cdots x_n$의 표본자료를 얻었다면 표본평균(sample mean)은
다음과 같다.

$$\bar{x} = \frac{\sum\limits_{i=1}^{n} x_i}{n}$$

　앞의 정의에서 알 수 있듯이 모평균과 표본평균의 차이는 모평균은 모집단 전체의 평균을 의미하며, 표본평균(산술평균)은 모집단에서 자료를 추출하여 얻은 표본자료의 평균이다. 따라서 자료가 전수조사(total survey)를 통하여 얻은 모집단 자료의 평균을 모평균이라 하고, 표본조사를 통하여 얻은 자료의 평균을 표본평균이라 한다.

　평균은 계산이 간편하고 관측치 하나 하나의 크기가 모두 반영되어 구해지

므로 자료에 포함되어 있는 정보가 모두 반영되는 장점이 있어서 대표값으로서 가장 널리 사용된다. 그러나 자료에 아주 큰 값이나 혹은 아주 작은 값들인 **이상값**(outlier)들이 포함되어 있는 경우, 평균은 이러한 이상값들에 의해 직접 영향을 받아 대표값으로서의 의미를 상실하는 경우도 있다.

예를 들어 (예제2-5)에서 9명의 대학원생 통계학 성적에서 첫 번째 학생의 성적이 0점이었다고 하여 보자. 이러한 경우 평균을 구해 보면 74.3으로서 원래의 평균 83.1과 크게 차이가 난다. 그러나 통계학 성적을 살펴보면 대다수의 학생들은 80점 이상을 받는 반면, 단 한 학생의 성적이 0점으로 다른 관측값들과 현저하게 다르므로 0이라는 값은 이 자료에서 이상값에 기인한다고 할 수 있다. 이와 같이 자료에서 일정비율만큼 큰 관측값이나 작은 관측값들을 포함시키지 않고 구한 평균을 **절사평균**(trimmed mean)이라 한다.

[절사평균(trimmed mean)]

자료 중에서 관측값의 양쪽에서 일정비율 α%만큼 버린 ($[n\alpha]$) 나머지 관측값들로 부터 구한 평균을 α% 절사평균(trimmed mean)이라 한다.

(예제 2-6)

어느 지역에서 11개 세대를 표본으로 랜덤하게 추출하여 각 세대의 월간 전기 사용량을 조사하여, 크기 순서로 정리한 결과 다음과 같았다(단위 : kW/m). 이 자료로부터 10% 절사평균을 구하여라.

5, 90, 104, 109, 118, 125, 127, 159, 166, 188, 830

(풀 이)

$n = 11, \alpha = 0.1$이므로 $[n \times a] = [1.1] = 1$이다. 따라서 양쪽 끝에서 1개의 최대값 830 과 최소값인 5를 버리고 난 후 평균을 구하면, 10% 절사평균은 다음과 같이 구해진다.

$$\frac{90 + 104 + \cdots + 188}{9} = 131.8$$

앞에서 설명한 평균의 방법은 관측값들의 중요도가 모두 같다는 것이 전제되어 있어 산술평균(arithmetic mean)이라고도 한다. 그러나 관측값 하나 하나

의 중요도나 비중이 같지 않은 경우 사용되는 평균으로 **가중평균**의 방법이 있다. 그리고 가중평균의 방법을 사용할 때 관측값들의 상대적 중요도를 반영하는 값을 가중치(weight)라고 한다. 따라서 앞에서 정의한 평균인 산술평균에서는 가중치가 모두 1인 경우에 해당되며, 절사평균의 방법에서는 사용된 관측값들의 가중치는 모두 1이고 사용하지 않고 버린 관측값들의 가중치는 모두 0인 경우에 해당된다. 특히 가중평균의 방법은 물가지수 등 각종 지수 등을 산출하는데 널리 사용된다.

> **[가중평균(weighted mean)]**
>
> 자료의 관측값 $x_1, x_2, \cdots, x_n$의 가중치를 각각 $w_1, w_2, \cdots, w_n$이라 할 때 가중평균은 다음과 같다.
>
> $$\overline{x}_W = \frac{\sum\limits_{i=1}^{n} w_i x_i}{\sum\limits_{i=1}^{n} w_i}$$

(예제 2-7)

　5개 상장회사의 주식가격이 150, 100, 30, 76, 145(단위 : 천 원)이고 가중치가 각각 0.25, 0.3, 0.1, 0.2, 0.15일 때 5개 회사 주식가격의 가중평균을 구하시오.

(풀 이)

$$\overline{x}_W = \frac{0.25 \times 150 + 0.3 \times 100 + 0.1 \times 30 + 0.2 \times 76 + 0.15 \times 145}{0.25 + 0.3 + 0.1 + 0.2 + 0.15} = 107.45$$

---

(2) 중앙값(중위수)

　자료에 이상값들이 포함되어 있는 경우, 평균은 대표값으로서 부적절하고, 절사평균의 방법은 몇 개의 자료를 버리는 단점이 있게 된다. 따라서 이러한 평균의 단점을 보완할 다른 대표값으로 **중앙값**(median)이 있다. 일반적으로 모집단의 중위수는 $\widetilde{\mu}$, 그리고 표본 중위수는 $\widetilde{x}$ 혹은 Me으로 나타낸다.

> **[중 앙 값 (median)]**
>
> 자료를 관측값의 크기순으로 배열하는 경우 중앙에 위치한 관측값을 중위수 혹은 중앙값이라 하고, 중앙값 위치는 $\tilde{x} = \dfrac{(n+1)}{2}$ 이다

(예제 2-8)

예제 2-6에서 주어진 자료에서 표본중앙값 $\tilde{x}$ 와 표본평균 $\bar{x}$ 를 구하여라.

(풀 이)

관측값의 수가 11개이므로 중앙에 위치하는 관측값은 6번째 관측값인 125가 되며 따라서 $\tilde{x}= 125$ 이다. 그리고 표본평균은 다음과 같다.

$$\bar{x} = \frac{5+\cdots+830}{11} = 183.73$$

중앙값은 평균과는 달리 이상값에 의하여 영향을 크게 받지 않는 장점이 있다. 따라서 자료의 분포 상태가 극도로 비대칭인 경우 중앙값이 평균보다 대표값으로서 더 큰 의미를 갖는다. 그러나 자료의 수가 많은 경우 자료를 크기순으로 재배열하여 중앙에 위치하는 관측값을 찾는 과정이 복잡하게 되는 단점이 있다.

중앙값을 구하는 데 있어서 관측값의 수가 홀수이면 중앙에 위치하는 관측값이 하나가 되므로 중앙값을 구하는 데 문제가 없다. 그러나 관측값의 수가 짝수이면 중앙의 관측값이 2개이므로 이러한 경우에는 중앙의 두 관측값을 평균한 값을 중앙값으로 한다.

(예제 2-9)

여러 종류의 담배가 포함하고 있는 니코틴양을 조사하기 위해서 6개피의 담배로부터 니코틴양을 측정한 결과(단위 : mg): 2.3, 2.7, 2.5, 2.9, 3.9, 1.9 이었다. 이 자료의 중앙값을 구하여라.

(풀 이)

관측값을 작은 값에서 큰 값 순으로 배열하면 다음과 같이 되고

$$1.9, \ 2.3, \ 2.5, \ 2.7, \ 2.9, \ 3.9$$

관측값의 수가 6개로서 짝수이므로 중앙에 위치하는 관측값은 2.5와 2.7 두 개가 된다. 따라서 표본중앙값은 다음과 같이 구해진다.

$$\tilde{x} = \frac{2.5+2.7}{2} = 2.6\text{mg}$$

---

(3) 최빈수

평균이나 중위수와 함께 자료의 대표값으로 사용되는 또 하나는 **최빈수**로 다음과 같이 정의된다.

[최 빈 수 (mode)]

자료 중에서 가장 많이 출현하는 관측값을 최빈수라고 한다.

예를 들어 10점 만점의 퀴즈시험을 실시하여 11명의 학생의 성적을 조사한 결과 9, 10, 5, 9, 9, 7 8, 6, 10, 9, 9의 자료를 얻었다고 하자. 자료 중에서 관측값 9가 5회로써 가장 많이 출현하므로 9는 이 자료의 대표값의 성질을 가지고 있으며, 이 대표값을 최빈수라고 한다. 그러나 평균과 중앙값과는 달리 최빈수는 존재하지 않을 수도 있으며 또한 존재하더라도 1개 이상 존재할 수도 있다.

(예제 2-10)

어떤 회사에서 12명의 사원을 임의 추출하여, 회사의 복지수준에 대하여 매우 불만족인 경우를 1로 하고, 아주 만족하는 경우를 5로 하여 5점법에 의한 만족도 조사결과 다음과 같은 자료를 얻었다.

5점법에의 만족도 조사자료 : 2, 3, 3, 1, 2, 3, 2, 5, 4, 3, 1, 4

이 자료의 최빈수를 구하여라.

(풀 이)

자료 중에서 관측값 3이 4회로 가장 많이 나타나므로 이 자료의 최빈수는 3이 된다.

그리고 자료 중에서 관측값이 모두 다른 경우에는 개개의 관측값이 모두 한 번씩 출현하게 되므로 이러한 경우에는 최빈수가 존재하지 않게 된다. 최빈수는 계산이 간편하며 또한 관측값의 수가 많은 경우에도 쉽게 구해질 수 있다. 그리고 최빈수는 무게나 부피 같은 양을 측정한 양적 자료(quantitative data) 뿐만 아니라, 위의 예제 2-10의 만족도조사와 같은 질적 자료(qualitative data)에도 사용할 수 있는 장점이 있다. 그러나 관측값의 수가 적은 경우에는 대표값의 의미가 제대로 반영되지 못하는 단점이 있다. 그리고 최빈수가 존재하지 않는 경우도 있고, 두 개 이상 존재하는 경우에는 어떤 값을 최빈수로 하느냐 하는 해석상의 어려움이 있으므로 대표값으로 널리 사용되지는 않는다.

(4) 기하평균과 조화평균

이 외에도 시간의 경과에 따라 변화하는 측정치의 평균(인구성장률, 경제성
장률, 물가상승률 등)을 구할 때 **기하평균**(geometric mean), 평균 속력을 구할
때 **조화평균**(harmonic mean)을 사용하며 각각 구하는 공식은 다음과 같다.

> **[기 하 평 균 (geometric mean)]**
>
> 자료의 관측값을 $x_1, x_2, \cdots, x_n$이라 할 때, 기하평균(G)은 다음과 같다.
>
> $$G = (x_1 \cdot x_2 \cdot \cdots \cdot x_n)^{\frac{1}{n}}$$

> **[조 화 평 균 (harmonic mean)]**
>
> 자료의 관측값을 $x_1, x_2, \cdots, x_n$이라 할 때, 조화평균(H)은 다음과 같다.
>
> $$H = \frac{1}{\dfrac{1}{n}\displaystyle\sum_{i=1}^{n}\dfrac{1}{x_i}}$$

(예제 2-11)

어느 회사에서는 올해의 봉급의 인상률을 결정하려고 한다. 협의 결과
과거 5년간의 봉급 인상률을 평균으로 인상하기로 결정하였다. 과거 5
년간의 봉급 인상률이 각각 5%, 3%, 2%, 7%, 5%일 때 평균 인상률을
구하시오

(풀 이)

$$\overline{x}_G = \sqrt[5]{1.05 \times 1.03 \times 1.02 \times 1.07 \times 1.05}$$

$$= (1.05 \times 1.03 \times 1.02 \times 1.07 \times 1.05)^{\frac{1}{5}} = 1.0439$$

따라서 평균 인상률은 4.39%이다.

---

(5) 자료의 위치를 이용하는 대표치

평균, 중앙치, 최빈치는 주어진 자료가 어떤 값을 중심으로 분포하고 있는지
를 측정하는 측도이다. 이중에서 중앙치는 자료를 크기순으로 배열했을 때,
정중앙의 위치에 있는 자료를 말한다. 하지만 때로는 정중앙이 아닌 다른 위
치에 있는 자료에 대한 정보가 필요한 경우가 있는데, 이런 경우 자료의 상대
적 위치를 나타내는 측도로 **백분위수** (percentile), **사분위수** (quartile), 십분위

수(decentile) 등이 있다. 백분위수 (percentile)란 주어진 자료를 크기순으로 배열한 후 백 등분하였을 때, 각 등분점에 위치하는 자료를 말한다. 예를 들어서 10번째 백분위수 P_{10} 은 주어진 자료 중에서 10%는 P_{10}보다 작거나 같고, 90%의 자료는 P_{10}보다 크거나 같은 위치에 있는 자료를 말한다. 백분위수 중에서 25번째 백분위수는 **1사분위수**는 (first quartile), 50번째 백분위수는 **2사분위수** 또는 중앙값, 그리고 75번째 백분위수는 **3사분위수** (third quartile)라고 부르기도 한다. n개의 자료가 있을때 1사분위수 (Q_1)와 3사분위수 (Q_3)는 다음의 방법에 의해서 결정할 수 있다.

[1 사 분 위 수 와 3 사 분 위 수 의 위 치]

$$Q_1의 위치 = \frac{[Me의 위치]+1}{2}$$

$$Q_3의 위치 = [Me의 위치] + \frac{[Me의 위치]+1}{2}$$

위에서 [ ]는 [ ]안의 수치에서 소수점 이하는 절사한다는 것을 의미하며, 중앙값의 위치는 $\frac{(n+1)}{2}$ 이다.

(예제 2-12)
　자료의 개수가 30인 경우와 43인 경우에 Q_1 과 Q_3의 위치는?

(풀　이)
　$n=30$의 경우 :
　중앙값의 위치는 $\frac{(30+1)}{2}=15.5$ 이다. 그러므로

　$Q_1의 위치 = \frac{[15.5]+1}{2}=\frac{15+1}{2}=8$

　$Q_3의 위치 = [15.5] + \frac{[15.5]+1}{2} = 15 + \frac{15+1}{2} = 23$

　$n=43$의 경우 :
　중앙값의 위치는 $\frac{(43+1)}{2}=22$ 이다. 그러므로

　$Q_1의 위치 = \frac{[22]+1}{2}=\frac{22+1}{2}=11.5$

　$Q_3의 위치 = [22] + \frac{[22]+1}{2} = 22 + \frac{22+1}{2} = 33.5$

---

2. 산포도

대표값은 자료분포의 중심측도를 나타내는 중요한 수치측도이다. 그러나 대표값만으로는 자료의 특성을 충분하게 요약할 수 없다. 왜냐하면 평균을 비롯한 여러 대표치는 수집된 자료의 중심위치만을 제시할 뿐, 자료의 흩어진 정도인 **산포도**(degree of dispersion)에 대해서는 아무것도 말해주지 않기 때문이다. 예를 들어서 [그림 2-8]의 두 자료는 똑같은 평균을 가지지만 자료의 분포상태는 전혀 다른 경우이다. 두 자료 모두 평균은 동일하지만 두 번째 자료가 훨씬 더 넓은 범위에 걸쳐서 흩어져 있다. 자료의 **변동성**(variability)을 나타내 주는 수치측도로 범위, 사분위수범위, 분산, 표준편차, 변동계수 등이 있다.

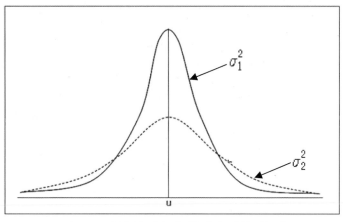

[그림 2-9] 평균은 같으나 분산이 다른 두 자료

(1) 범위

자료의 퍼짐정도에 대한 가장 단순한 값인 **범위**(range)는 다음과 같이 자료의 최대값과 최소값과의 차이를 의미하는데, 일반적으로 R로써 표기한다.

> ### [범위 (range)]
>
> **자료의 관측값 중 가장 큰 값인 최대값과 가장 작은 값인 최소값의 차이를 범위라 한다.**
>
> $$R = x_{max} - x_{min}$$

일반적으로 자료가 넓게 퍼져 있으면 범위도 커지므로, 범위는 자료의 퍼짐정도를 나타내기 위한 매우 단순한 척도가 된다. 그러나 평균과 마찬가지로 자료에 이상값이 존재하는 경우 산포도에 결정적인 영향을 받게 되는 단점이 있다. 이런 경우 이상값들의 영향을 받지 않는 산포도를 구하고자 할 때에 절사평균의 개념을 연장하여 사용하는 방법이 **사분위수 범위**(interquartile range)이다.

사분위수들은 절사평균, 혹은 중위수와 마찬가지로 자료에 포함되어 있는 이상값들에 의하여 영향을 크게 받지 않게 되며, 사분위수를 구할 때는 자료들의 크기가 직접 사용되지 않고 상대적인 크기인 관측값의 순위만이 반영된다. 그리고 제1사분위수와 제3사분위수 사이에 자료의 절반정도가 포함되어 있게 되며, 제3사분위수와 제1사분위수를 이용한 다음의 사분위수 범위가 자료의 산포도를 측정하는 계수로 사용된다.

[**사 분 위 수 범 위**(interquartile range)]

자료의 제1사분위수를 Q_1, 제3사분위수를 Q_3라 할 때 사분위수범위는 다음과 같이 정의되며 IQR이라고 표기한다.

$$IQR = Q_3 - Q_1$$

(예제 2-13)

한 병원의 중환자실에서 산소호흡기의 도움을 받아 소생한 환자 12명을 랜덤하게 추출하여, 소생하기 까지 산소호흡기 착용시간을 조사한 결과 (단위 : 시간) 다음과 같은 자료를 얻었다.

3, 37, 52, 90, 56, 58, 45, 66, 75, 36, 68, 100

이 자료의 사분위편차를 구하여라.

(풀 이)

관측값들을 크기 순위로 재배열하면 다음과 같고,

3, 36, 37, 45, 52, 56, 58, 66, 68, 75, 90, 100

관측값의 수는 $n = 12$이므로 관측값 56과 58의 평균값 57이 중위수 혹은 제2사분위수 Q_2가 된다. 그리고 3부터 56까지 6개의 관측값에서 중위수에 해당하는 $\dfrac{(37+45)}{2} = 41$이 제1사위분수 Q_1이 되며, 58부터 나머지 6개의 관측값에서 중위수에 해당하는 $(68+75)/2 = 71.5$가 제3사위분수 Q_3가 된다. 따라서 사분위편차 IQR은 다음과 같이 구해진다.

$$IQR = 71.5 - 41 = 30.5$$

---

(2) 분   산

자료의 퍼짐의 정도인 산포도를 측정하기 위한 방법으로 개개의 관측값들이 자료의 중심인 평균에서 얼마만큼 떨어져 있는가를 계산하여 모두 더할 필요가 있다. 그러나 N개의 원소로 구성되어 있는 모집단으로부터 x_1, x_2, $\cdots$, x_N 의 관측값을 얻은 경우, 각 관측값 x_i들이 평균 μ에서 떨어져 있는 크기인 편차(deviation) $x_i - \mu$를 직접 더하면

$$\sum_{i=1}^{N}(x_i - \mu) = \sum_{i=1}^{N}x_i - N\mu = 0$$

이 된다. 따라서 $x_i - \mu$를 직접 더하지 않고 제곱을 하여 더한 후 평균을 낸 값을 자료의 산포도로 사용하는 것이 적당하며, 이 값을 **분산**(variance)이라고 한다.

> ### [모분산(population variance)]
>
> $x_1, x_2, \cdots, x_N$ 이 모집단으로부터 전수조사 하여 얻어진 관측값일 경우, 모집단의 분산 σ^2은 다음과 같이 정의되며 간단히 줄여서 모분산이라고 한다.
>
> $$\sigma^2 = \frac{\sum_{i=1}^{N}(x_i - \mu)^2}{N}$$

(예제 2-14)

다음의 자료는 벤처회사인 (주)꽃길의 전 사원 9명이 6개월 동안 읽은 전문도서이다. 모분산은?

$$7, \ 2, \ 4, \ 6, \ 10, \ 1, \ 3, \ 5, \ 6$$

(풀 이)

$$\sigma^2 = \frac{\sum_{i=1}^{9}(x_i - 4.9)^2}{9} = 6.77$$

모분산과 표본분산을 계산하는 데 있어서 차이점은 모분산은 개개의 관측값들과 모평균의 차이인, 편차($x_i - \mu$)를 제곱하여 모두 더한 후 관측값들의 수인 N으로 나누어 계산된다. 그러나 표본분산의 경우에는 편차 제곱합인

$\displaystyle\sum_{i=1}^{n}(x_i - \bar{x})^2$을 관측값들의 수인 n으로 나누지 않고, $(n-1)$로 나누어 계산한다는 점이다. 이 점에 대해서는 8장에서 자세히 설명되므로 여기에서는 생략 하기로 한다.

[표본분산(sample variance)]

$x_1, x_2, \cdots, x_n$이 표본으로부터 얻어진 자료일 때, 표본분산 s^2은 다음과 같다.

$$s^2 = \frac{\displaystyle\sum_{i=1}^{n}(x_i - \bar{x})^2}{n-1}$$

(예제 2-15)

(주)칼텍의 동일제품에 대한 시장별 가격을 알아보기 위해 4개 지역을 랜덤하게 조사하였더니 가격이 각각 12, 15, 17, 20만원이었다. 제품가격의 표본분산을 구하여라.

(풀 이)

표본분산을 구하기 위하여 먼저 표본평균을 구하면 다음과 같다.

$$\bar{x} = \frac{12 + 15 + 17 + 20}{4} = 16$$

따라서 표본분산은 다음과 같다.

$$s^2 = \frac{\displaystyle\sum_{i=1}^{4}(x_i - 16)^2}{3}$$

$$= \frac{(12 - 16)^2 + (15 - 16)^2 + (17 - 16)^2 + (20 - 16)^2}{3} = \frac{34}{3}$$

모분산이나 표본분산은 관측값들의 편차를 제곱하여 계산되기 때문에 모분산이나 표본분산의 단위는 관측값들의 측정단위와 일치하지 않게 된다. 따라서 관측값의 측정단위와 같은 단위를 갖는 산포도로서, 분산의 양의 제곱근을 사용하는데 이를 **표준편차**(standard deviation)라고 한다.

표본분산 s^2을 계산할 때 위에서 정의한 식을 바로 사용하는 것보다 다음 식을 사용하는 것이 계산이 간편할 뿐만 아니라, 계산할 때 오차도 작아져서 보다 정확한 표본분산이 구해질 수 있다.

(증 명) $s^2 = \dfrac{\displaystyle\sum_{i=1}^{n}(x_i - \overline{x})^2}{n-1} = \dfrac{\displaystyle\sum_{i=1}^{n}(x_i^2 - 2\overline{x}x_i + (\overline{x})^2)}{n-1}$

$= \dfrac{1}{n-1}\left\{\displaystyle\sum_{i=1}^{n}x_i^2 - 2\overline{x}\sum_{i=1}^{n}x_i + n\overline{x}^2\right\}$

앞의 평균을 구하는 식에서 $\overline{x} = \dfrac{\displaystyle\sum_{i=1}^{n}x_i}{n}$ 를 대입하여 정리하면

$s^2 = \dfrac{\displaystyle\sum_{i=1}^{n}x_i^2 - 2(\overline{x})(n\overline{x}) + n\overline{x}^2}{n-1}$

$= \dfrac{1}{n-1}\left(\displaystyle\sum_{i=1}^{n}x_i^2 - n\overline{x}^2\right)$

$= \dfrac{1}{n-1}\left\{\displaystyle\sum_{i=1}^{n}x_i^2 - \dfrac{(\displaystyle\sum_{i=1}^{n}x_i)^2}{n}\right\}$

(예제 2-16)

(주) 국원 강재에서 생산되는 볼트를 8개 추출하여 지름을 측정한 결과 (단위 : cm), 다음과 같은 자료를 얻었다.

2.5, 2.8, 2.7, 2.4, 2.8, 2.9 2.5, 2.2

표본분산 s^2와 표준편차 s를 구하시오.

(풀 이)

$$\sum_{i=1}^{8} x_i = 2.5 + 2.8 + \cdots + 2.2 = 20.8$$

$$\sum_{i=1}^{8} x_i^2 = 54.48 \text{이므로}$$

$$s^2 = \frac{1}{7}\left\{54.48 - \frac{(20.8)^2}{8}\right\} = 0.057$$

$$s = \sqrt{0.057} = 0.239$$

(3) 변동계수

표준편차, 분산, 범위 등은 자료의 흩어진 정도를 나타내는 측도이다. 그러나 이러한 측도가 흩어진 정도를 비교하기에 적당하지 않은 경우가 있다. 예를 들면, 측정단위가 다르거나 중심위치가 매우 다른 두 개 이상의 자료군의 산포를 비교하고자 할 때, 이들 측도를 사용하는 것은 바람직하지 않다. 이러한 경우에, 상대적으로 흩어진 정도를 측정하기 위한 측도가 **변동계수** (coefficient of variation)이고 보통 CV로 표기한다. 변동계수는 평균에 대한 표준편차의 비율로 정의되고 주로 백분율 (%)로 나타내며, 계산된 값이 0에 가까우면 가까울수록 평균에 밀집되어 있음을 나타내고 산포가 작다는 것을 의미 한다 .

[변동계수(Coefficient of Variation)]

모집단의 변동계수 : $CV = \dfrac{\text{표준편차}}{\text{평균}} \times 100(\%) = \dfrac{\sigma}{\mu} \times 100(\%)$

표본의 변동계수 : $CV = \dfrac{s}{\bar{x}} \times 100(\%)$

(예제 2-17)

예제 2-16에서 볼트의 지름을 측정한 자료에서, 측정 단위를 cm로 한 경우와 mm로 한 경우의 변동계수를 각각 구하여라

(풀 이)

$$CV(\text{cm}) = \frac{0.239}{2.6} \times 100 = 9.2\%, \; CV(mm) = \frac{2.39}{26} \times 100 = 9.2\%$$

mm로 측정한 $\bar{x} = 26$, $s = 2.39$로서, 같은 자료임에도 불구하고 측정단위의 변화에 따라 표준편차는 10배나 증가하여, cm로 측정한 경우 자료의 퍼짐도가 마치 10배나 심한 것처럼 잘못 판단할 수 있다. 그러나 변동계수를 비교하면 서로 같아지게 된다. 이와 같이 변동계수는 측정단위가 서로 다른 여러 집단 자료들의 산포도를 비교하는 데 사용된다.

(예제 2-18)

A사의 지난 4개월간 주식가격은 평균 80천원이고 표준편차 5천원인 반면 B사의 주가는 평균 40천원이고 표준편차는 3천원이라고 할 때 두 회사의 주가변동을 변동계수를 구하고 해석하시오.

(풀 이)

A사의 $CV = \dfrac{5}{80} = 0.0625$, 즉 6.25%

B사의 $CV = \dfrac{3}{40} = 0.075$, 즉 7.5%

따라서 B사의 주가변동이 A사보다 더 크다고 말할 수 있다.

2.7 상자그림

상자 그림(box plot)은 자료의 크기 순서를 나타내는 5가지 순서통계량인 최소값, 1사분위수, 중앙값, 3사분위수, 최대값을 이용하여 자료를 요약정리 하는 그래프적 방법으로 주로 분포의 대칭성, 분포의 양 꼬리 부분의 집중도, 이상점들의 유무 등을 탐색할 때 많이 사용된다. 상자그림을 그리는데 필요한 몇 가지 용어들을 정의하면 다음과 같다.

  그리고 아래쪽 울타리와 위쪽 울타리 값을 각각 f_1과 f_2로 표기하고 자료의 관측값들 중 상자그림에서 울타리 바깥쪽에 위치하는 관측값들은 이상값이라고 판단하게 된다. 위에서 정의된 용어들과 이상값을 그림으로 나타내면 [그림 2-10]와 같다.

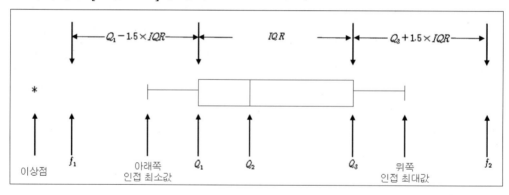

[그림 2-10] 상자그림의 구성요소

  상자그림의 작성 방법은 다음 순서에 따라 하면 된다.

> ### [상 자 그 림 작 성 방 법]
>
> ① 사분위수 Q_1과 Q_3를 연결하여 사각형 상자를 그리고 상자 속에 중위수의 위치를 수직선으로 표시한다.
> ② $IQR = Q_3 - Q_1$을 계산한다.
> ③ f_1과 f_2을 구한 후 양쪽의 인접값으로부터 상자의 중앙부분을 직선으로 연결한다.
> ④ f_1과 f_2를 벗어난 관측값을 이상값으로 판정하고 특별한 기호 (예를 들어 * ○, ×)로 표시한다.

여기서 우리는 상자그림을 통하여 자료의 특징을 파악하는 방법을 생각해 보기로 하자. 상자그림에서 상자의 길이는 사분위편차에 해당한다. 따라서 상자그림에서 상자의 길이는 사분위수범위로 측정한 자료의 산포도를 의미하게 된다. 그리고 중위수가 상자의 중심부에 위치하면 자료는 대략적으로 중심부분에서 좌우대칭의 성격을 갖는 대칭분포를 하게 되고, 중심부에 위치하지 않고 어느 한쪽으로 치우쳐 있으면 비대칭 분포를 하게 된다. 상자와 인접값을 연결하는 직선이 우측으로 길게 나타나는 경우에는 자료의 분포는 우측으로 꼬리부분이 길게 나타나는 분포형태가 되며, 좌측으로 길게 나타나는 경우에는 좌측으로 꼬리부분이 길게 나타나는 비대칭분포를 하게 된다.

또한 상자그림을 통하여 자료 속에 포함되어 있는 이상값의 개수 및 크기를 쉽게 파악할 수 있다.

앞의 예제 **2-4**를 이용하여 상자 그림을 어떻게 그리는지 알아보기로 하자. 상자 그림을 그리기 위해서는 자료들에 대한 사분위수 Q_1과 Q_3 그리고 중앙값을 구해야 한다. 앞에서 살펴본 중위수와 사분위수 구하는 식을 이용하여 $Q_1, Q_2(Me), Q_3$를 구하면 자료에서 $n = 60$이므로

$$Q_2(Me) = \frac{60+1}{2} = 30.5$$

$$Q_1 = \frac{[30.5] + 1}{2} = 15.5$$

$$Q_3 = [30.5] + \frac{[30.5] + 1}{2} = 45.5$$

중앙값 위치는 30.5번째 자료이므로 중앙값은 30번째 값과 31번째 값의 평균을 취한다.

$$Me = \frac{75 + 75}{2} = 75$$

위와 같은 방법으로 사분위수를 구하면 $Q_1 = 68$, $Q_3 = 80$, $Min = 51$, $Max = 99$ 이므로

사분위수 범위 $IQR = Q_3 - Q_1 = 80 - 68 = 12$

따라서 아래쪽과 위쪽의 울타리값 f_1과 f_2를 구하면

$f_1 = 68 - 1.5 \times 12 = 50$, $f_2 = 80 + 1.5 \times 12 = 98$

이상 계산한 기본적인 측도들을 가지고 상자그림으로 표현하면 [그림 2-11]과 같다.

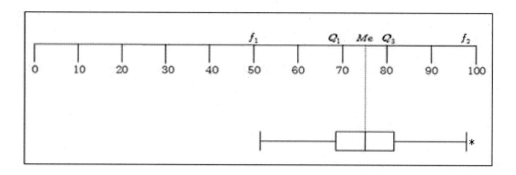

[그림 2-11] 상자그림

즉, 이 상자그림에서 중앙값의 위치는 3사분위수 쪽으로 약간 치우쳐 있으나 거의 대칭형 분포이다. 또한 이상점이 하나 있으며 이상점이 있을 경우에는 특별히 주의하여 자료 분석을 해야 하며, 이상점을 자료에서 제거한 후 분석하는 것이 바람직한 경우가 많다.

2.8 집단화된 자료의 평균과 분산

많은 양의 자료가 도수분포표와 같이 집단화된 자료형태로 주어졌을 때 평균과 분산을 어떻게 구하는지에 대하여 알아보고자 한다. 집단화된 자료에서의 평균은 가중 평균의 공식과 비슷하며, 개별적인 정확한 값이 아니라 계급구간의 중간값을 사용하여 계산하기 때문에 평균과 분산의 근사값을 구할 수 있다.

[집단화된 자료의 평균]

모두 k개의 계급 구간이 있다고 가정하자. 이 때

$m_i = i$ 번째 계급 구간의 중간값

$f_i = i$ 번째 계급 구간의 도수

$n = $ 관측값의 총수 $\left(= \sum_{i=1}^{k} f_i \right)$

$$\Rightarrow \bar{x} = \frac{\sum_{i=1}^{k} m_i f_i}{n}$$

아래 주어진 집단화된 자료로 부터 평균을 계산해보자.

[표 2-6] 어나더 월드(주) 종업원의 나이자료

계급 구간	m_i	f_i	$m_i f_i$
10 - 19	14.5	5	72.5
20 - 29	24.5	19	465.5
30 - 39	34.5	10	345.0
40 - 49	44.5	13	578.5
50 - 59	54.5	4	218.0
60 - 69	64.5	4	258.0
70 - 79	74.5	2	149.0
합 계		57	2086.5

이 표로부터, 평균은

$$\bar{x} = \frac{\sum_{i=1}^{k} m_i f_i}{n} = \frac{2086.5}{57} = 36.6$$

집단화된 자료의 분산 공식도 쉽게 유도해낼 수 있다. 분산은 편차들의 제곱을 합하여 $n-1$로 나눈 값이고, 그룹화된 자료에서는 계급 구간의 중간점이 관측값에 해당하므로

[집단화된 자료의 분산과 표준편차]

$$s^2 = \frac{\sum_{i=1}^{k}(m_i - \bar{x})^2 f_i}{n-1}, \qquad s = \sqrt{s^2}$$

여기서 $\bar{x}$는 집단화된 자료의 평균

위에서 정의된 분산 공식은 다음과 같이 쓸 수 있다.

$$s^2 = \frac{\sum_{i=1}^{k} m_i^2 f_i - n\bar{x}^2}{n-1}$$

실제로 계산할 때는 이 공식을 사용하는 것이 더 편리하다. [표 2-6]의 자료에서 분산을 계산해 보자. 도수표에 $m_i^2 f_i$에 대한 열을 추가하면 다음과 같은 표를 얻는다.

$$s^2 = \frac{\sum_{i=1}^{k} m_i^2 f_i - n\bar{x}^2}{n-1} = \frac{89724.25 - 57(36.6)^2}{56}$$
$$= \frac{13347.37}{56}$$
$$= 238.3459$$

계급 구간	m_i	f_i	$m_i f_i$	$m_i^2 f_i$
10 - 19	14.5	5	72.5	1051.25
20 - 29	24.5	19	465.5	11404.75
30 - 39	34.5	10	345.0	11902.50
40 - 49	44.5	13	578.5	25743.25
50 - 59	54.5	4	218.0	11881.00
60 - 69	64.5	4	258.0	16641.00
70 - 79	74.5	2	149.0	11100.50
합 계		57	2086.5	89724.25

도수분포표의 자료는 대체로 전체 자료의 수 n이 크기 때문에 대략적으로 Q_1은 0.25n번째 자료값 Q_3는 0.75n번째 자료값을 구할 수 있다.

일반적으로 집단화된 자료에서 $100p$번째 백분위수는 다음과 같이 구한다.

[집 단 화 된 자 료 의 $100p$번 째 백 분 위 수]

(1) 각 계급 구간에 대하여 누적 도수를 계산한다.

(2) np 값을 계산하고, 이 값이 속하는 계급 구간을 찾는다. 이 계급 구간을 $100p$ 백분위수의 계급이라 하자.

(3) $100p$ 백분위수의 계급의 시작점을 L이라 하고 $100p$ 백분위수의 계급 바로 전 구간의 누적 도수를 c로 표기한다. 그리고 $100p$ 백분위수의 계급의 도수를 f, 구간의 폭을 I로 나타낸다.

(4) $100p$번째 백분위수 $= L + \dfrac{I}{f}(np - c)$

예를 들어 앞의 (예제2-4)에서 $P = 0.9$ 백분위수를 구해보면 $np = 54$이므로 $85 + \dfrac{5}{7}(60 \times 0.9 - 50) = 87.85$가 된다.

즉, 통계학 성적이 88점 이상인 학생은 상위 10%의 그룹에 포함된다.

*

2.1 어느 도시에서 일년 동안 매월 신축된 5층 이상의 건물 수를 조사한 결과 다음과 같은 자료를 얻었다.

4 7 0 7 11 4 1 15 3 5 8 7

(1) 이 모집단 자료의 평균은 얼마인가?

(2) 자료의 중위수와 최빈수를 구하시오.

2.2 36명의 학생으로 구성되어 있는 반에서 통계학 시험을 실시한 결과 성적은 다음과 같았다.

53 94 78 67 90 47 85 60 70
91 82 61 42 86 79 83 39 95
64 86 60 88 82 95 54 80 91
91 78 90 90 60 48 76 88 81

이 모집단 자료를 이용하여 다음을 구하시오.

(1) 모평균과 모집단의 중위수, 그리고 5% 절사평균

(2) 범위와 사분위편차 및 분산, 표준편차는 얼마인가?

2.3 한국대학교 경영학과에서 졸업생의 평균학점을 조사하기 위하여 특정년도의 졸업생 중 20명을 랜덤하게 표본으로 추출하여, 학점을 조사하여 4.0만점으로 환산한 결과 성적은 다음과 같았다.

3 1.9 2.7 2.4 2.8 2.9 2.8 3.0 2.5 3.3
1.8 2.5 3.7 2.8 2.0 3.2 2.3 2.1 2.5 1.9

(1) 이 자료의 표본평균과 표본중위수는 얼마인가?

(2) 이 자료의 표본분산과 표준편차 및 사분위수범위를 구하시오.

(3) 변동계수는 얼마인가?

2.4 1.5cm 길이의 베어링을 만드는 공정에서 생산된 제품에 대한 정밀도 검사를 위해서 30개의 표본을 추출하여 실측한 결과가 다음과 같이 나타났다.

1.49	1.47	1.52	1.50	1.51	1.54
1.55	1.52	1.48	1.49	1.50	1.51
1.51	1.50	1.53	1.54	1.52	1.55
1.51	1.50	1.50	1.50	1.49	1.57
1.51	1.53	1.47	1.50	1.51	1.49

① 상대도수분포표와 상대도수 히스토그램을 작성하시오.
② 누적상대도수분포표와 누적상대도수 다각형을 작성하시오.

2.5 다음은 경영학과의 기초통계학 기말시험에서 학생들의 성적이다.

79	88	66	79	87	70	88
84	92	59	93	87	98	80
77	72	76	86	68	68	57
46	86	91	63	72	53	42
97	81	85	36	98	94	68

① 줄기와 나무-잎 그림을 작성하시오.
② 가장 많은 점수는 몇 점대인가?

2.6 중심경향측도인 평균, 중앙치 그리고 최빈치를 설명하시오.

2.7 산포의 다섯 가지 측도에 대해 설명하시오.

2.8 (주)나눔에서 내놓은 복권의 당첨금과 당첨자 수에 대한 내용은 다음과 같다.

1등 : 천만원(1명)	2등 : 오백만원(2명)
3등 : 백만원(5명)	4등 : 십만원(10명)
5등 : 천원(100명)	아차상 : 삼백만원(1명)

당첨금액의 중앙치, 최빈치, 평균을 계산하시오.

2.9 다음의 자료는 행복백화점에서 계산을 위해 기다리는 고객의 평균 대기시간 (단위 : 분)을 나타낸다.

```
2.6   3.4   4.3   4.2   3.5   2.7
4.0   2.6   2.3   2.6   2.1   2.5
2.9   2.3   1.9   2.2   2.5   3.0
1.8   1.9   3.1   3.8   3.0   2.7
2.4   3.7   3.3   2.6   2.7   3.4
```

① 평균, 중앙치 그리고 최빈치를 계산하시오.
② 범위, 1사분위수, 3사분위수를 계산하시오.

2.10 다음은 H회사에서 어떤 제품을 출고하면서 측정한 제품의 길이를 나타낸 것이다. 다음 물음에 답하시오.

```
54, 52, 46, 49, 51, 57, 60, 45, 64, 45, 49, 58, 46, 62, 53, 50,
51, 50, 52, 54, 63, 49, 45, 58, 50, 65, 53, 58, 49, 50, 54, 44,
53, 61, 48, 54, 50, 52, 58, 51, 39, 51, 58, 52, 50, 54, 48, 61,
66, 52, 46, 54, 50, 53, 48, 54, 50,53, 54, 60, 46, 64, 51, 57
```

① 위의 자료를 보고 급의 수와 급의 폭을 구하시오(급의 수는 H. A, Struges의 공식을 이용하시오).
② 위의 자료를 이용하여 도수분포표를 작성하고, 평균, 불편분산, 변동계수를 구하시오(제일 낮은 구간의 하한을 38.5로 하여 도수분포표를 작성하시오).

2.11 어떤 특정한 식물의 뿌리 무게를 조사하기 위하여 40개를 조사한 결과 다음과 같았다(단위 : g).

```
3.36   1.98   3.80   2.35   5.94   2.96   5.30   3.95   3.33   3.43
9.26   4.24   3.33   2.52   2.90   2.70   4.41   2.00   3.67   2.30
4.50   4.14   9.85   3.73   1.50   1.93   1.93   1.78   3.63   2.65
4.14   2.02   4.42   2.53   9.00   3.88   2.10   2.22   7.27   4.11
```

상자그림을 작성하고 이상값을 파악하시오. 그리고 자료의 특징을 요약하시오.

2.12 두 종류의 사료의 효과를 측정하기 위하여 각각의 사료를 20마리의 같은 종 류의 송아지에다 한달 동안 먹인 후, 송아지 무게의 증가를 측정하였다(단위 : kg).

사 료 A					사 료 B				
8.6	10.1	10.5	9.3	9.7	9.6	9.8	12.3	9.9	10.0
9.1	8.5	11.6	8.2	9.6	13.2	10.4	11.6	12.0	9.5
10.3	7.9	9.4	9.1	11.0	11.5	10.5	10.5	11.3	10.6
10.8	9.4	8.8	8.5	7.5	9.7	9.3	11.8	11.0	10.8

(1) 각각의 자료를 줄기-잎 그림을 이용하여 정리하시오.

(2) 두 자료에 대한 상자그림을 작성하고, 두 자료의 특징을 비교하시오.

제3장 확률

3.1 확률의 개요

통계학은 불확실한 현상을 대상으로 추출된 표본을 이용하여 통계적 추론을 통해서 모집단에 대한 과학적이고 합리적인 정보를 얻는다. 이처럼 불확실한 현상으로부터 표본의 정보를 가지고 모집단 전체에 대한 결론을 도출해 내는데 이론적 기준을 제시해주는 것이 확률의 개념이다. 확률이론을 바탕으로 정립된 통계적 방법을 사용하면 가능한 한 주관적인 판단을 줄이고 객관성을 확보 할 수 있다. 따라서 불확실성 하의 의사결정시 합리적인 의사결정을 위하여 확률이론에 대한 이해가 필수적이다. 확률은 불확실한 현상의 가능성의 정도를 객관적 수치측도로 나타내는 이론이다. 확률이론을 깊이 있게 다루는 것은 본서의 범주를 벗어나므로 이 장에서는 통계적 추론을 위해 필요한 확률의 몇 가지 기초적인 개념에 대하여 학습하고자 한다. 또한 확률이론은 집합의 개념을 이용하여 정의 되므로 기본적인 집합의 개념에 대해 먼저 학습 하고자 한다.

3.2 표본공간과 사상

통계학을 비롯한 여러 학문의 많은 분야에서 뿐만 아니라 우리는 일상생활 속에서도 확률이란 용어를 많이 사용하는데, 확률을 말하기 위해서는 먼저 실험이나 관측을 한 대상이 있어야 한다. **실험**(experiment)이란 동일한 조건하에서 어떤 결과를 얻기 위하여 소정의 절차를 수행하는 것을 말한다. 그러나 동일한 조건아래서 얻은 결과들이라 하더라도 결과는 항상 같지 않으며, 사전에 실험의 결과를 확실하게 예측 할 수도 없다. 이러한 실험을 **확률실험**(random experiment)라고 한다. 예를 들어, "내일 서울지역에 기온이 30℃ 이상 될 확률이 얼마인가"라는 물음에는 온도를 측정한다는 행위가 전제되어 있고, '동전을 던졌을 때 앞면이 나올 확률'을 생각하기 위해서는 동전을 던지는 실험을 대상으로 하고 있다. 이렇게 어떠한 실험이나 관측을 했을 경우 어떤 결과가 발생 할 확률을 정의하기 위해서는 먼저 표본공간과 사상을 정의하여야 한다.

[표 본 공 간 (sample space)]

실험이나 관측을 했을 때 출현가능한 모든 결과의 집합을 표본공간이라 하며, 표본공간의 개개의 원소를 표본점(sample point)이라 한다. 일반적으로 표본공간은 영어의 대문자 S 또는 Ω로 나타낸다.

(예제 3-1)
 다음의 각 실험이나 관찰로부터 표본공간을 정의해보자.

(풀 이)
 실험 1. 한 개의 동전을 한번 던져서 나타나는 면을 관찰할 때 앞면을 H, 그리고 뒷면을 T로 표시하면, 표본공간은 다음과 같이 된다.

$$S = \{H, T\}$$

그리고 표본공간의 하나 하나의 원소 H, T가 표본점이 된다.

 실험 2. Computer Discount 사의 월간 매출액을 집계하는 경리부서에서의 매월 매출액을 X라 하면, 표본공간은 다음과 같다.

$$S = \{X \mid 0 \leq X\}$$

 실험 3. 주사위를 한번 던지는 실험에서 주사위 눈이 나타나는 결과를 관찰한 표본공간은 다음과 같다.

$$S = \{1, 2, 3, 4, 5, 6\}$$

 실험 4. 새로 개발된 LED전구의 수명시험 시간을 관측한 결과

$$S = \{X \mid 0 \leq X\}$$

 실험 5. (주)미래에너지에서 경제성 있는 유전을 발견할 때까지 시추공 탐사횟수를 X라 하면 표본공간은 다음과 같다.

$$S = \{X \mid 0 \leq X\}$$

 앞의 실험에서, 실험 1, 3, 5와 같이 표본공간의 원소를 하나씩 셀 수 있는 표본공간을 이산표본공간(discrete sample space)이라 하고, 실험 2, 4와 같이 원소를 하나씩 셀 수 없는 형태로 무한히 많은 표본공간을 연속표본공간(continuous sample space)이라고 한다.
 통계조사에서, 조사자는 관측결과가 어떤 조건을 만족하는가에 관심이 있다. 즉, 어떤 조건을 만족하는 결과들의 집합에 대해 관심이 있는 것이

고, 그러한 조건을 만족하는 결과를 관측하게 되면 관심이 있는 사상이 일어났다고 한다. 이러한 뜻에서, 표본공간 S의 임의의 부분집합을 **사상** 또는 **사건**(event)이라 하며, 흔히 대문자 $A, B, C, \cdots$ 등으로 나타낸다. 특히, 한 개의 원소로 이루어진 사상을 **근원사상**(elementary event) 또는 **단순사상**(simple event)이라 한다. 또한, 사상 A의 한 원소를 관측하면 사상 A가 일어났다고 한다. 단순사상의 집합을 복합사상(composite event)이라고 한다. 예를 들어서 주사위 던지기에서 짝수가 나오는 것을 사상 A라고 할 때, 사상 A는 복합사상으로써 2, 4, 6을 원소로 하는 S의 부분집합 즉, $A = \{2, 4, 6\}$이 된다.

(예제 3-2)
동전을 한 번 던져서 나타나는 면을 관측하는 경우 표본공간 S와 사상을 모두 나열하여라.

(풀 이)
동전의 앞면을 H, 뒷면을 T로 표시하면 표본공간은
$$S = \{H, T\}$$
이고, S의 부분집합인 사상들은 다음과 같다.
$$\{H\}, \{T\}, \{H, T\}, \phi$$

2개의 사상, A, B에 대하여 공통으로 속해 있는 표본점으로 이루어져 있는 사상 C를 A와 B의 **결합사상**(joint event)이라 한다. 결합사상 C를 집합기호로 사용하여 나타내면 다음과 같다.

$$C = A \cap B$$

이며, 결합사상 C는 사상 A와 B가 동시에 출현하는 경우의 사상을 의미한다. 그리고 2개의 사상 A, B에 대하여 A아니면 B, 또는 B 아니면 A, 혹은 A, B 모두 같이 출현하는 사상을 **합사상**(union of event)이라 한다. 합사상 D를 집합기호로 사용하여 나타내면 다음과 같다.

$$D = A \cup B$$

결합사상과 합사상을 벤다이어그램으로 표시하면 [그림 3-1]과 같다.

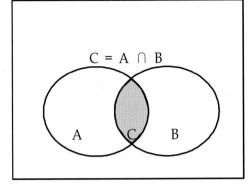
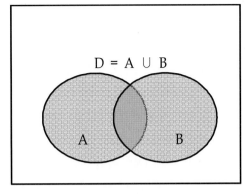

[그림 3-1] 결합사상 $C=A\cap B$와 결합사상 $D=A\cup B$

[배 반 사 상 (exclusive event)]

2개의 사상 A와 B의 결합사상이 공집합이면,
$$A\cap B=\phi$$
사상 A와 B는 상호배반사상, 혹은 간단히 배반사상이라고 한다.

[여 사 상 (complementary event)]

사상 A에 대하여, A에 포함되어 있지 않는 표본점들로 이루어져 있는 집합 A^c를 A의 여사상이라 한다.

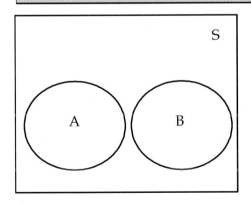
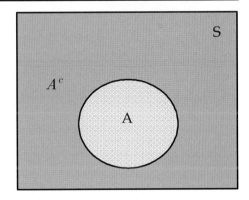

[그림 3-2] 배반사상과 여사상

[그림 3-2]는 배반사상과 여사상을 벤다이어그램으로 표시한 것이다

(예제 3-3)

제품을 1개씩 연속적으로 검사하여 부적합품이면 N, 적합품이면 G으로 표시하는 제품검사공정에서 검사한 3개의 제품 중 적어도 하나의 부적합품이 발견될 사상을 A, 3개 모두 적합품일 사상을 B라 하자. 그리고 첫 번째와 두 번째 검사한 제품이 부적합일 사상을 C, 두 번째와 세 번째 검사한 제품이 부적합일 사상을 D라 할때

(1) C와 D의 결합사상은 무엇인가?

(2) B와 C의 합사상은 무엇인가?

(3) 배반사상이 되는 사상들을 찾아보아라.

(4) D의 여사상 D^c는 무엇인가?

(풀 이)

각 사상들은

$A = \{(NNN), (NNG), (NGN), (GNN), (NGG), (GNG), (GGN)\}$

$B = \{(GGG)\}$

$C = \{(NNN), (NNG)\}$

$D = \{(NNN), (GNN)\}$이므로

(1) C와 D의 결합사상은 $C \cap D = \{(NNN)\}$

(2) B와 C의 합사상은 $B \cup C = \{(GGG), (NNN), (NNG)\}$

(3) $A \cap B = \phi$, $B \cap C = \phi$, $B \cap D = \phi$이므로 A와 B, B와 C, 그리고 B와 D가 배반사상이 된다.

(4) D의 여사상

$$D^c = \{(NNG), (NGN), (NGG), (GNG), (GGN), (GGG)\} \text{ 이다.}$$

그리고 집합의 연산법칙에 따라 각 사상들에 대해서 다음과 같은 성질이 있다.

표본공간 S에 속한 사상 A에 대하여 다음의 성질이 만족한다.

① $A \cap \phi = \phi$

② $A \cup \phi = A$

③ $A \cap A^c = \phi$

④ $A \cup A^c = S$

⑤ $S^c = \phi$

⑥ $\phi^c = S$

⑦ $(A^c)^c = A$

3.3 확률의 정의

확률은 "창업한 벤처기업이 성공할 것인가", "내일 눈이 올 것 인가", "구입한 복권이 당첨될 것인가", "나는 100세까지 살 수 있는 가" 등 불확실한 질문에 가능성의 정도를 나타내는 개념으로 가능성의 정도를 0과 1사이의 수치로 표현한다. 어떤 사건이 일어날 확률이 0이라는 것은 그 사건이 발생될 가능성이 전혀 없다는 것을 의미하며, 어떤 사건이 일어날 확률이 1이라는 것은 그 사건이 틀림없이 발생한다는 것을 의미한다.

예를 들어 고등학교 3학년인 한 학생이 한국대학교 경영학과에 지원하고자 할 때, 담임선생님은 그 학생의 내신등급과 모의고사성적 등을 고려하여 합격가능성을 예측한다. 즉 "합격가능성이 높다." 또는 "합격가능성이 매우 낮다." 라는 추상적 예측 보다 구체적으로 "합격가능성이 60%이다"와 같이 합격할 가능성을 객관적 수치로 표현하여 에측할 수 있다.이와 같이 확률은 어떤 사건이 발생할 가능성의 정도를 수치값으로 측정하는 척도이다.

> **[확 률 (Probability)]**
>
> 어떤 사건의 발생가능성의 정도 (degree of possibility) 또는 믿음의 정도 (degree of belief)를 0과 1 사이의 수치로 측정하는 것을 확률이라고 한다.

다른 예로 기상청의 일기예보에서 비가 올 가능성을 확률로 발표한다. 즉 "내일 서울지역에 비가 올 가능성이 80%이다"라는 발표는 내일 예상되는 모든 기상여건을 고려할 때 과거에 내일의 기후여건과 유사한 경우에 80%(즉 100번 중 80번)정도는 비가 내렸을 때 내일 비가 올 가능성이 80%라고 예측하는 것이다.

1. 고전적 확률

고전적 확률개념(classical concept of probability) 은 17세기 중엽 라프라스(p. Laplace)에 의하여 정립된 확률개념으로써 수학적 확률 (mathematical probability)이라고 하며 다음과 같이 정의된다.

N개의 상호배타적인(mutually exclusive) 원소로 구성된 표본공간 $S=\{o_1, o_2, o_3, \cdots, o_N\}$이 있을 때, 그리고 각각의 원소가 발생할 가능성이 모두 같을 때(equally likely), m개의 원소로 구성된 임의의 사상 A의 확률은

$$P(A)=\frac{m}{N}=\frac{\text{사상 } A\text{의 원소의 개수}}{\text{표본공간의 원소의 개수}}$$

으로 정의한다.

(예제 3-4)

유미 기획(주)은 송부된 우편엽서를 기재하여 회신한 사람 중 30명을 무작위로 추첨하여 상품을 증정한다고 한다. 마감일까지 회신된 엽서가 20,000장일 때, 엽서를 보낸 사람이 상품을 받을 확률은 얼마인가? 고전적 확률개념에 의하여 구하시오

(풀 이) $P(\text{상품을 받음})=\dfrac{30}{20{,}000}$

라플라스의 확률개념은 실험결과에 대한 경우의 수가 유한하고, 각 결과의 발생가능성이 동일한 경우에 한하여 적용이 가능하다. 그러나 경우의 수는 무한히 많을 수 있으며, 또한 동일 발생 가능성(equally likely)의 가정 그 자체가 확률의 문제에 해당한다. 예를 들어서 동전 던지기 실험에서 동전 앞면이 나올 확률을 측정한다고 하자. 고전적 확률개념에 따르면 실험결과의 가지수가 2이고 동일 발생 가능성의 가정에 의하여 앞면이 나올 확률은 $\dfrac{1}{2}$이 된다. 즉, 우리가 측정하려고 하는 것이 가정에 의해서 결정되는 것이다. 그러나 동전이 특수하게 제조되어 앞뒷면이 나올 확률이 다르다면, 고전적 확률에 의한 확률측정은 오류를 범하게 된다.

2. 상대도수개념에 의한 확률

> **[상대도수적 확률개념]**
> **(객관적 확률, 경험적 확률)**
>
> 실험을 n회 장기적으로 반복 시행할 때 특정 사상 A가 m회
> 발생하였다면, 사상 A의 확률은 상대도수의 극한값인
>
> $$P(A) = \lim_{n \to \infty} \frac{m}{n}$$
>
> 로 정의한다.

위 정의에서 '$n \to \infty$'는 실험을 무수히 많이 반복 시행함을 의미한다. 예를 들어서 동전던지기 실험에서 동전 앞면이 나올 확률을 측정할 때, 동전 던지기를 무수히 반복시행 (n회)한 후 앞면이 나온 횟수 (m)를 헤아려 m과 n의 비율인 $\frac{m}{n}$을 앞면이 나올 확률로 결정하게 된다. [그림 3-3]은 케릭(J.E Kerrick)이 시행한 동전던지기의 실험결과를 도표로 보여주고 있다. 동전던지기의 시행을 세 번만 하는 실험에서는 앞면이 한 번도 나오지 않을 수도 있으나, 시행의 횟수가 증가함에 따라 앞면과 뒷면의 발생 횟수가 고르게 발생하여 0.50 값에 점차적으로 수렴하게 된다. 이와 같이 상대도수적 확률정의에서 사상의 확률이란 시행의 횟수가 증가함에 따라 얻어지는 상대도수의 수렴값을 의미한다. 이처럼 상대도수 (relative frequency)의 개념을 가지고 정의된 확률을 **객관적 확률** (objective probability) 또는 **경험적 확률** (empirical probability)라고 한다.

(예제 3-5)

한 음료수 제조업체는 특정 마켓에서 고객이 그 회사 제품 중의 하나를 구입(사상 A)할 확률을 측정하려고 한다. 일정기간 동안 1,500명의 고객을 관찰한 결과 그 중 700명이 그 회사 제품을 하나 또는 그 이상 구입하였다. 이러한 정보를 기초로 할 때, 사상 A가 발생할 확률의 가장 적절한 수치는 무엇인가?

(풀 이)

$$P(A) = \frac{700}{1,500}$$

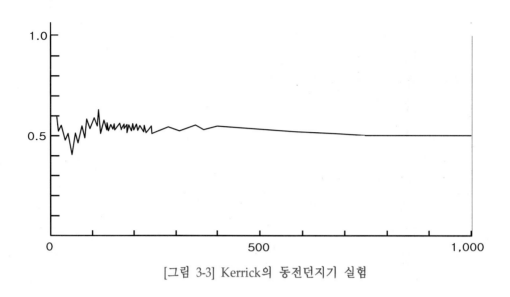

[그림 3-3] Kerrick의 동전던지기 실험

상대도수적 확률개념은 가장 흔히 적용되는 확률개념이다. 그럼에도 불구하고 이 개념에도 문제점이 없는 것은 아니다. 실험을 무수히 반복한다고 할 때, '무수히'라는 말이 얼마나 많은 것을 의미하는지 알 수 없으며, 또한 현실적으로 실험을 무수히 반복하는 것은 불가능하기 때문이다. 또한 상대도수적 확률개념은 실험의 반복시행 가능성을 가정하고 있으나, 모든 실험의 반복시행이 항상 가능한 것은 아니다.

3. 주관적 확률개념

주관적 확률(subjective probability)은 객관타당성이 있는 수학적 체계정립이 곤란하다는 이유로 오랫동안 무시되어 왔으나, 50년대 초반 새비지(Savage)의 연구 이후 점차 관심의 대상이 되어 왔다. 이 개념은 특정명제의 사실여부에 대한 개인의 신뢰정도로 확률을 측정한다는 견해이다. 즉, 주관적 확률은 개인의 지식, 정보, 경험, 가치관, 성격 등의 주관적 요소에 의하여 측정하는 방법이다. 따라서 동일한 사상에 대하여 개인의 성향이나 능력에 따라 상이한 확률을 제시하게 되므로, 일관성이 결여된 비과학적인 방법이라고 말할 수 있다. 그러나 단 한번 밖에 일어날 수 없고, 동일한 조건하에서 반복적 실험이 불가능한 상황에서는 주관적 확률이 확률측정을 위한 유일한 방법이다. 또한 주관적 확률의 비일관성도 평가자의 지식과 경험이 축적됨에 따라 객관성이 증가하게 된다. 베이지안 의사결정이론(bayesian decision theory)은 주관적 확률을 보다 합리적이고 체계적으로 측정하기 위한 다양한 이론과 방법을 제시하고 있다.

주관적 확률의 예로써 1988년에 우리나라에서 개최된 올림픽 게임을 들 수 있다. 우리나라에서 올림픽을 개최한다고 결정하였을 때, 이는 우리나라 사상 처음 있는 행사로, 즉 실험이 전무한 사상에 대한 의사결정이었다. 따라서 개인마다 올림픽의 성공여부에 대한 견해가 상이하였다. 어떤 사람이 올림픽이 성공할 확률로써 0.7을 제시하였다면, 이는 그 사람의 지식, 정보, 직관 등에 의해 평가된 주관적 확률이며, 다른 사람은 다른 견해를 가질 수도 있는 것이다. 또 다른 주관적 확률문제 예를 들면 새로 출시된 제품의 시장에서의 성공확률은 얼마인가 또는 우리민족의 통일 확률은 얼마인가 등 사회과학 특히 경영, 경제 분야 등의 많은 문제 해결에 활용되고 있다.

4. 공리적 확률

고전적 확률의 개념 혹은 경험적 확률개념에 의하여 정의된 확률은 모든 상황에 다 적용될 수가 없다. 따라서 이러한 문제점을 고려하여 확률을 하나의 수학적이며 논리적인 체계를 바탕으로 정의 하고자 한다. 러시아의 수학자 A.N Kolmogorov는 확률을 표본공간에서 확률변수로 얻어진 실수의 집합을 정의역으로 하고 [0,1]을 치역으로 갖는 일정한 규칙의 함수로 정의한 공리론적 접근을 통해 현대 확률이론을 완성시켰다. 이러한 정의로부터 확률은 다음과 같은 3가지 조건을 만족할 때 우리는 확률이라고 정의하며, 이러한 확률을 **공리적 확률**(axiomatic probability)이라고도 한다.

표본공간 S와 사상 A에 대하여 다음의 조건을 만족할 때 $P(A)$를 사상 A의 확률이라 한다.

(1) $0 \leq P(A) \leq 1$

(2) $P(S) = 1$

(3) $A_1, A_2, \cdots$들이 표본공간 S에서 정의된 상호배반사상들일 때

$$P\left(\bigcup_{i=1}^{\infty} A_i \right) = \sum_{i=1}^{\infty} P(A_i)$$

공리(1)은 어떤 사상의 확률값이든 0과 1 사이의 값을 갖는다는 것을 의미하고, 공리(2)는 매번 실험을 할 때마다 표본공간내의 원소중 하나가 반드시 발생한다는 것을 의미한다.

공리(3)은 동시에 발생할 수 없는 상호배반 사상의 합집합의 확률은 각 사상의 확률의 합과 같다는 것을 의미한다.

3.4 확률법칙

앞에서 정의한 확률의 3가지 조건을 사용하면 몇 가지이 유용한 확률법칙을 유도할 수 있다.

A와 B가 표본공간 S내에 정의된 임의의 두 사상이라고 할 때, 다음의 확률법칙이 성립한다.

1. $P(A^c) = 1 - P(A)$

2. $A \subset B$이면 $P(A) \leq P(B)$

3. $P(A \cup B) = P(A) + P(B) - P(A \cap B)$

위의 세 가지 확률법칙은 이들을 증명하는 과정이 집합이론과 확률의 개념을 보다 깊이 이해하는데 대단히 유용하므로, 세 가지 법칙에 대한 증명을 살펴보기로 하자.

(1) 법칙 1의 증명

여집합의 정의와 공리 2에 의하여 $P(S) = P(A \cup A^c) = 1$이 성립한다.

그러나 A와 A^c는 상호배타적이므로, 공리 3에 의해서

$$P(A \cup A^c) = P(A) + P(A^c) = 1$$

이 된다. 여기서 $p(A)$를 우변으로 이항하면 법칙 1이 성립한다.

(2) 법칙2의 증명

사상 B는 다음과 같이 표기할 수 있다.

$$B = A \cup (B \cap A^c)$$

그런데 A와 $(B \cap A^c)$는 상호배타적이므로,

$$P(B) = P(A) + P(B \cap A^c)$$

위 식에서 $P(B \cap A^c) \geq 0$ 이므로, 법칙 2가 성립한다.

(3) 법칙 3의 증명

법칙 3은 '덧셈의 일반법칙'이라고도 불린다. [그림 3-1]로부터 법칙 3이 성립하는 것을 명확하다 [그림 3-1]에서

① $P(A \cup B) = P(A \cap B) + P(A \cap B^c) + P(A^c \cap B)$
② $P(A) = P(A \cap B) + P(A \cap B^c)$
③ $P(B) = P(A \cap B) + P(A^c \cap B)$

에서 (② + ③) - ①하면 법칙 3이 성립함을 알 수 있다.

3.5 조건부 확률과 독립성

1. 조건부 확률

두 개 이상의 사상이 있을 때 어떤 사상 B가 이미 발생했다는 것을 확실히 알고 있을 때, 이를 이용하여 임의의 사상 A의 확률을 계산하는 방법을 알아보기로 하자. 즉, 사상 B가 이미 발생하였다는 사전 정보를 가지고 있을 때 사상 A의 확률은 어떻게 결정되는가?

주사위 던지기 실험에서 사상 A를 '주사위 던지기의 결과가 2인 사건'

이라고 한다면, 사상 A의 확률은 분명히 $\frac{1}{6}$이다. 그러나 주사위를 던진 사람이 얼핏 주사위를 보니까 숫자가 2인지 아닌지는 모르겠지만 '분명히 짝수였다'(사상 B)고 하자. 이 경우 사상 A의 확률은 얼마인가? 사상 B가 이미 발생한 것을 알고 있으므로 주사위 결과는 2, 4, 6 중의 하나임이 분명하다. 그러므로 사상 A의 확률은 $\frac{1}{3}$이 된다. 여기서 우리는 사전 정보가 [그림 3-4]에서와 같이 표본공간을 실질적으로 축소시키는 역할을 하고 있음을 알 수 있다.

사상 B가 발생하였다는 조건하에 사상 A의 확률은 $P(A \mid B)$로 표기하며 '사상 B가 주어졌을 때, 사상 A의 확률'이라고 읽는다. 만일 조건부 확률을 축소된 표본공간이 아닌 원래의 표본공간에서 바로 계산할 수 있다면 편리할 것이다. 이를 위해서 보다 일반적인 상황을 고려하여 보자.

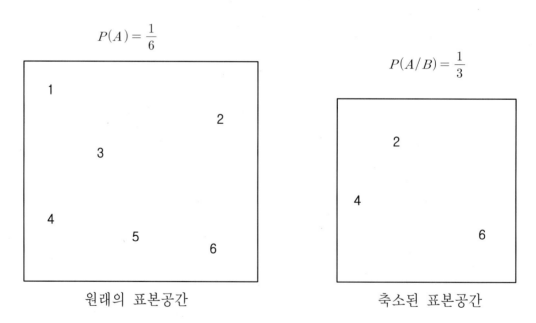

[그림 3-4] 조건부 표본공간

표본공간 S가 발생가능성이 동일한 n개의 원소로 구성되어 있다고 하자. 그리고 사상 A와 B가 각각 a개와 b개의 원소로 구성되며, A와 B의 교집합은 c개의 원소를 가진다고 하자. 그러면 $P(A \mid B)$는 방금 위에서 설

명한 바에 따라 $\dfrac{c}{b}$ 가 된다. 여기서

$$P(A/B) = \frac{c}{b} = \frac{\dfrac{c}{n}}{\dfrac{b}{n}} = \frac{P(A \cap B)}{P(B)}$$

가됨을 알 수 있다. 즉, 조건부 확률 $P(A \mid B)$는 A와 B에 대한 교집합의 확률을 B의 확률로 나눈 것으로 정의할 수 있다.

[조건부 확률의 정의]

$$P(A \mid B) = \frac{P(A \cap B)}{P(B)}, \ \text{단} \ P(B) > 0$$

$$P(B \mid A) = \frac{P(A \cap B)}{P(A)}, \ \text{단} \ P(A) > 0$$

만일 교집합의 확률이 알려져 있다면, 위 식을 이용하여 조건부 확률을 쉽게 구할 수 있다. 그러나 교집합의 확률을 모르는 경우가 종종 있으므로, 위 식을 약간 변형하여 교집합의 확률을 구할 수 있는 유용한 결과를 얻을 수 있다. 위의 정의 중 첫 번째 식의 양변에 $P(B)$를, 두 번째 식의 양변에 $P(A)$를 곱하여 정리하면, 다음의 식을 도출할 수 있는데 이를 곱셈의 일반법칙이라고 한다.

[곱셈의 일반법칙]

$$P(A \cap B) = P(B)P(A/B)$$

$$= P(A)P(B/A)$$

(예제 3-6)
한국대학교 졸업생 2000명을 대상으로 취업 실태를 조사한 결과 다음과 같은 자료를 수집 할 수 있었다.

	취업	미취업	계
남학생	960	240	1200
여학생	560	240	800
계	1520	480	2000

(1) 대학에서 취업한 학생 중 한명을 임의로 뽑아 축하 선물을 보냈다 선물을 받은 학생이 여학생일 확률은 얼마인가?

(2) 졸업생중 남학생 한명을 뽑을 때 그 학생이 미취업자일 확률은 얼마인가?

(풀 이)

사상을 정의해 보기로 하자

E : 뽑힌 학생이 취업자인 사상

U : 뽑힌 학생이 미취업자인 사상

M : 남학생일 사상

F : 여학생일 사상

(1) $P(F/E) = \dfrac{P(F \cap E)}{P(E)} = \dfrac{560/2000}{1520/2000} = 0.37$

(2) $P(U/M) = \dfrac{P(U \cap M)}{P(M)} = \dfrac{240/2000}{1200/2000} = 0.2$

(예제 3-7)

부적합품 10개, 적합품 90개로 구성된 로트 (lot)에서 임의로 1개씩 두 번 추출할 때, 2개 모두 부적합품일 확률을 구하여라. 단, 한번 꺼낸 것을 되돌려 넣지 않기로 한다.

(풀 이)

첫 번째 꺼낸 제품이 부적합품일 사상을 A, 두 번째 꺼낸 제품이 부적합품일 사상을 B 라 하면, 구하는 확률은

$$P(A \cap B) = P(A)P(B/A) = \frac{10}{100} \times \frac{9}{99} = \frac{1}{110}$$

예제 3-7에서와 같이 추출된 것을 되돌려 넣지 않고 추출해 나가는 방법을 **비복원추출**(sampling without replacement) 이라 한다. 이와는 달리, 추출된 것을 되돌려 넣고 추출하는 방법을 **복원추출**(sampling with replacement)이라 한다.

곱셈의 일반법칙은 보다 포괄적인 정리인 **총확률 정리** (total probability theorem)로 그 개념을 확장할 수 있다. 표본공간 S가 상호배타적인 사상 A_1, A_2, A_3, $\cdots A_k$에 의하여 분할되어 있다고 하자. 다시 말해서 표본공간 내의 각 원소는 k개의 A_i중 오직 하나의 사상에만 속해 있다. 그리고 사상 B가 표본공간 S내에 정의된 또 하나의 사상이라고 하자 ([그림 3-5)

참조). 여기서 표본공간 S가 $A_i \cap A_j = \phi (i \neq j)$이고, $A_1 \cup A_2 \cup \cdots \cup A_k = S$ 일 때, 사상 $A_1, A_2, A_3, \cdots A_k$로 **분할** (partition)되었다고 한다.

이제 총확률 정리는 다음과 같이 요약할 수 있다.

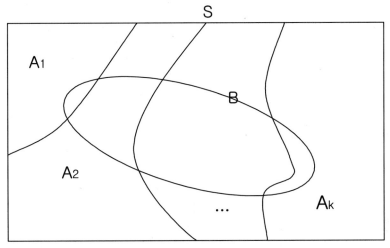

[그림 3-5] 표본공간의 분할

[총 확 률 정 리]

표본공간 S가 상호배타적인 사상 $A_1, A_2, A_3, \cdots, A_k$에 의하여 분할되어 있을 때, 임의의 사상 B의 확률 $P(B)$는

$$P(B) = \sum_{i=0}^{k} P(A_i) P(B/A_i)$$

총확률 정리는 임의의 사상 B의 확률을 k개의 조건부 확률에 의하여 계산하는 방법을 제시하는데, 실질적인 의사결정의 문제에서 그 활용도가 대단히 높은 개념이다.

(예제 3-8)

　　토이나라(주)는 장난감을 제조하는 전문기업이다. 이 기업은 세 개의 다른
공급업체 갑, 을 병으로부터 볼 베아링을 조달하여 장난감의 부속품으로
사용하고 있다. 구입하는 볼베아링 중 50%는 갑사로부터, 30%는 을사로부터,
그리고 나머지 20%는 병사로부터 조달 받는다. 과거의 경험으로 볼 때,
이 세 공급자의 품질관리 상태는 약간씩 차이가 있는데, 갑, 을, 병 세 공급업체가
생산하는 볼 베아링의 부적합품률은 각각 1%, 2%, 3%로 알려져 있다.
그렇다면 토이나라(주)가 구입한 볼 베아링 재고의 부적합품률은 얼마나 되
는가?

(풀　이)

　　우선 임의로 추출한 볼 베아링에 대하여 다음과 같이 네 개의 사상을
정의하여 보자.

A_1= 베아링을 공급자 갑으로부터 구입한 사상

A_2= 베아링을 공급자 을로부터 구입한 사상

A_3= 베아링을 공급자 병으로부터 구입한 사상

B= 베아링이 불량인 사상

그러면

$P(A_1) = 0.5, P(A_2) = 0.3, P(A_3) = 0.2$

그리고

$P(B \mid A_1) = 0.01, \ (B \mid A_2) = 0.02, (B \mid A_3) = 0.03$

이제 총확률 정리에 의해서 위의 확률들을 결합하면,

$$P(B) = P(A_1)P(B \mid A_1) + P(A_2)P(B \mid A_2) + P(A_3)P(B \mid A_3)$$
$$= (0.5)(0.01) + (0.3)(0.02) + (0.2)(0.03)$$
$$= 0.017$$

즉, 토이나라(주)의 베아링 재고 중 1.7% 부적합품이 존재한다고 볼 수 있다.

2. 독립성

　　우리는 위에서 어떤 사상이 발생했다는 추가적인 정보를 활용하여 주어
진 사상의 확률을 재평가하는 방법을 살펴보았다. 그러나 때로는 다른 사
상(B)이 발생하든 하지 않든 특정 사상(A)의 확률에 영향을 미치지 않는
경우도 있다. 즉, $P(B) > 0$일 때, $P(A \mid B) = P(A)$인 관계를 가지는 사상
들이 있다. 이와 같이 한 사상의 발생이 다른 사상의 확률에 영향을 미치
지 않을 때, 우리는 두 사상이 **상호독립**(mutually independent)하다고 한
다. 상호 독립한 두 개의 사상 A와 B는 조건부 확률의 정의에 따라 다
음의 관계가 성립한다.

$$P(A \mid B) = \frac{P(A \cap B)}{P(B)} = P(A)$$

또는

$$P(A \cap B) = P(A)P(B)$$

이상을 요약하면 다음과 같다.

> **[독 립 사 상]**
>
> 사상 A와 B가 독립이기 위한 조건은
> $P(A \cap B) = P(A)P(B), P(A) > 0, P(B) > 0$ 이므로, 이 조건이
> 만족될 때 다음이 항상 성립한다.
> $$P(A \mid B) = P(A)$$
> $$P(B \mid A) = P(B)$$

독립사상의 정의는 세 개 이상의 사상에 대하여도 마찬가지로 적용할 수 있다. 다시 말해서 사상 $A_1, A_2, A_3, \cdots, A_n$ 이 서로 독립이라면,

$$P(A_1 \cap A_2 \cap A_3 \cap \cdots \cap A_n) = P(A_1)P(A_2)P(A_3) \cdots P(A_n)$$

(예제 3-9)

어느 도시에서 화재가 났을 경우 소방차가 소방서에 대기하고 있을 사상을 A 라고 하면 $P(A) = 0.99$이고, 병원에 응급차가 대기하고 있을 경우의 사상을 B 라 하면 $P(B) = 0.95$라고 한다. 그리고 소방차가 대기하고 있을 사상과 응급차 가 대기하고 있을 사상이 서로 독립이라고 한다. 이 도시에서 화재가 발생하여 사람이 부상당하였을 경우 소방차와 응급차가 동시에 대기하고 있다가 출발할 수 있는 확률은 얼마인가?

(풀 이)

우리가 구하고자 하는 확률은 $P(A \cap B)$이고, A와 B는 독립사상이므로 다음과 같다.

$$P(A \cap B) = P(A) \cdot P(B) = (0.99) \cdot (0.95) = 0.9405$$

3.6 베이즈 정리

베이즈 정리는 이를 개발한 영국의 철학자 베이즈(Thomas Bayes)의 이름을 딴 것으로, 그의 사후 2년 뒤인 1763년에 발표된 논문의 내용이다. 이 정리는 조건부 확률의 정의를 약간 확장시킨 개념으로써, 의사결정이론(decision theory)의 가장 핵심적인 이론이라고 할 수 있다. 특히 베이즈 정리는 새롭게 얻어진 추가적인 정보를 기초로 통계적 의사결정을 하는데 매우 유용한 정리이다.

표본공간 S가 상호배타적인 사상 $A_1, A_2, A_3, \cdots, A_k$에 의하여 분할되어 있다고 하자. 그리고 사상 B가 표본공간 S내에 정의된 또 다른 하나의 사상이라고 하자([그림 3-5] 참조). 만일 $P(A_i) > 0$, $P(B) > 0$이라면, 조건부 확률의 정의와 곱셈의 일반법칙, 총확률 정리로부터 다음의 **베이즈정리**를 도출할 수 있다.

[베이즈 정리(Bayes theorem)]

표본공간 S가 k개의 사건 $A_1, A_2, \cdots, A_k$에 의하여 분할(partition)되어 있고 사건 B가 발생하였다. 이때 이 사건이 A_j에서 일어날 확률은 다음과 같이 계산한다.

$$P(A_j \mid B) = \frac{P(A_j \cap B)}{P(B)} = \frac{P(A_j \cap B)}{\sum_{i=1}^{k} P(A_i \cap B)}$$

$$= \frac{P(A_j)P(B/A_j)}{\sum_{i=1}^{k} P(A_i)P(B/A_i)}$$

$P(A)$가 존재하는 정보 하에 산정된 임의의 사상 A의 확률이었다고 하자. 그런데 만일 새로운 정보 B가 추가적으로 알려진다면, 추가적인 정보 B에 기초하여 사상 A의 확률을 수정할 필요가 발생한다. 추가적인 정보(사상 B)가 주었다는 조건하에 산출되는 사상 A의 확률은 조건부 확률 $P(A \mid B)$로, 베이즈 정리는 이와 같은 조건부 확률을 구하는데 유용한 공식이다. 여기서 $P(A)$는 추가적인 정보가 주어지기 전의 확률이므로 **사전적 확률(prior probability)**이라 하고, $P(A \mid B)$는 추가적인 정보를 토대

로 새롭게 정의되는 확률로 **사후적 확률**(posterior probability)이라고 부른다. 이러한 내용을 시각적으로 보여주면 [그림 3-6]과 같다.

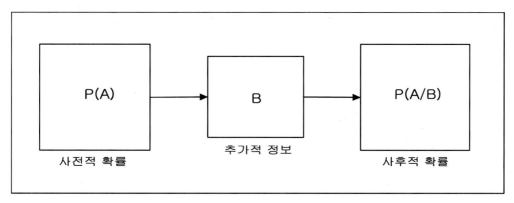

[그림 3-6] 사전적 확률과 사후적 확률

그러면 다음의 예를 통하여 베이즈 정리에 의한 사후확률의 도출과정을 살펴보기로 하자. 인도네시아의 어떤 지역에 대하여 유전가능성을 조사한다고 가정하자. 지질탐사 전문팀에 의하여 조사를 할 때 관련된 확률은 다음과 같다고 한다.

먼저 그 지역에 유전이 있을 가능성에 대한 사전확률 $P(O)$와 그렇지 않을 확률 $P(X)$는 각각 다음과 같다.

$$P(O) = 0.10, \ P(X) = 0.90$$

또한 유전이 있는 경우, 탐사팀이 유전이 있다고 올바르게 판단하게 될 조건부확률 $P(Y|O)$와 유전이 없다고 그릇된 판단을 할 조건부확률 $P(N|O)$는 다음과 같다.

$$P(Y|O) = 0.80, \ P(N|O) = 0.20$$

한편 유전이 없는 경우, 유전이 있다고 잘못 판단할 조건부확률 $P(Y|X)$및 유전이 없다고 제대로 판단할 조건부확률 $P(N|X)$는 각각 다음과 같다고 한다.

$$P(Y|X) = 0.30, \quad P(N|X) = 0.70$$

이상의 주어진 확률을 정리하면 [그림 3-7]과 같이 나타낼 수 있다.

유전의 유무	탐 사 결 과
$O : P(O) = .10$	$Y : P(Y \mid O) = .80$
	$N : P(N \mid O) = .20$
$X : P(X) = .90$	$Y : P(Y \mid X) = .30$
	$N : P(N \mid X) = .70$

[그림 3-7] 유전가능성에 대한 탐사팀의 판단능력

이상의 가정하에 탐사팀이 유전이 있다는 결론을 내린 경우, 실제로 유전이 있을 사후확인을 구해 보기로 한다. 이 확률은 다음과 같이 유전이 있다고 판단한 가정하에 실제 유전이 존재할 조건부확률 $P(O \mid Y)$로 나타내진다.

$$P(O \mid Y) = \frac{P(O \cap Y)}{P(Y)}$$

앞의 조건부확률식에서 분모, 즉 유전이 있다고 판단할 확률은 다음과 같이 실제 유전이 있는 경우와 그렇지 않은 경우에 대한 두 확률의 합으로 구해진다.

$$P(O \mid Y) = \frac{P(O \cap Y)}{P(O \cap Y) + P(X \cap Y)}$$

위의 분자 및 분모의 확률식은 제4절 조건부확률에서 다룬 바 있는 승법정리를 이용하여 다음과 같이 각각의 조건부확률식으로 나타낼 수 있는데, 이를 베이즈정리라고 한다.

$$P(O \mid Y) = \frac{P(O) \cdot P(Y \mid O)}{P(O) \cdot P(Y \mid O) + P(X) \cdot P(Y \mid X)}$$

이 때, 위 확률식의 모든 항은 이미 알려진 사전확률로 구성되어 있으므로 다음과 같이 확률값을 구할 수 있다.

$$P(O \mid Y) = \frac{(.1)(.8)}{(.1)(.8) + (.9)(.3)} = 0.23$$

그러면 유전탐사팀이 유전이 있다고 결론을 내렸으나 실제로는 유전이 없을 사후확률 $P(X \mid Y)$는 위에서 다룬 경우의 여사상이 되므로, 다음과 같이 확률값을 구하게 된다.

$$P(X \mid Y) = 1 - P(O \mid Y) = 1 - 0.23 = 0.77$$

이제 탐사팀이 유전이 없다고 판단한 경우, 그 판단이 옳을 확률 즉 실제 유전이 없을 사후확률을 구해 보기로 한다. 이는 앞에서와 마찬가지로 탐사팀이 유전이 없다고 판단했다는 가정하에 실제 유전이 없을 조건부확률 $P(X \mid N)$으로 표현되는데, 다음과 같이 그 확률값을 구할 수 있다.

$$P(X \mid N) = \frac{P(X \cap N)}{P(N)}$$

$$= \frac{P(X \cap N)}{P(X \cap N) + P(O \cap N)}$$

$$= \frac{P(X) \cdot P(N \mid X)}{P(X) \cdot P(N \mid X) + P(O) \cdot P(N \mid O)}$$

$$= \frac{(.9)(.7)}{(.9)(.7) + (.1)(.2)} = 0.97$$

그러면 앞의 여사상, 즉 탐사팀이 유전이 없다고 판단했다는 가정하에 실제로는 유전이 있을 조건부확률 $P(O \mid N)$은 다음과 같이 구해진다.

$$P(O \mid N) = 1 - P(X \mid N) = 1 - 0.97 = 0.03$$

이상에서 살펴본 바와 같이 베이즈 정리란 우리가 알고 있던 확률(사전확률)에 추가적인 정보를 이용한 사후확률을 가지고 판단함으로서 의사결정의 정도를 향상 하게 된다. 다시 말하여 유전이 있는 지 없는 지의 판단은 문제에서 가정한 일반적인 유전의 존재가능성인 10%와 그렇지 않을 가능성 90%에 의존할 수밖에 없었으나, 유전탐사팀의 능력을 이용하여 그 확률을 각각 23%와 97%로 상향시킬 수 있다는 것이다.

(예제 3-10)

예제 3-8에서 (주)토이나라의 베아링 재고품 중 하나를 뽑아 검사한 결과 부적합품 이었다고 하자. 이 부적합품이 병이 생산한 베아링일 확률은 얼마인가?

(풀 이)

$$P(A_3 \mid B) = \frac{P(A_3)P(B \mid A_3)}{\sum_{i=1}^{3} P(A_i)P(B \mid A_i)}$$

$$= \frac{(0.2)(0.03)}{(0.5)(0.01) + (0.3)(0.02) + (0.2)(0.03)}$$

$$= 0.3529$$

결핵의 감염여부를 측정하기 위하여 투베르클린 반응검사를 실시한다. 임상실험에 의하여 조사대상자 중에서 실제로 결핵에 감염된 사람의 비율은 10%이고, 결핵에 감염되지 않은 사람의 비율이 90%라고 한다. 결핵에 감염된 사람중에서 투베르클린 반응검사결과 양성(+)으로 나타나는 경우가 95%이고 결핵에 감염되지 않은 사람 중에서 투베르클린 반응검사결과 양성(+)으로 나타나는 경우가 10%라고 한다. 한 사람에게 투베르클린 반응검사를 실시한 결과 양성(+)반응이 나타났다고 할 때, 이 사람이 실제로 결핵에 감염되었을 확률은 얼마인가?

(풀 이)

결핵에 감염된 사람의 집단을 E라고 할 때, 주어진 조건에 의하여 다음 확률을 구할 수 있다.

$$P(E) = 0.1 \qquad P(E^c) = 0.9$$

$$P(+ \mid E) = 0.95 \qquad P(+ \mid E^c) = 0.1$$

따라서

$$P(E \mid +) = \frac{P(E+)}{P(+)} = \frac{P(E+)}{P(E+) + P(E^c+)}$$

$$= \frac{P(E)P(+/E)}{P(E)P(+/E) + P(E^c)P(+/E^c)}$$

$$= \frac{0.95 \times 0.1}{0.95 \times 0.1 + 0.1 \times 0.9}$$

$$= \frac{0.095}{0.185} = 0.51$$

이다. 즉 위의 조건하에서는 투베르클린 반응검사결과 양성인 경우에 있어서 실제로 결핵에 감염되었을 가능성은 약 51% 정도라고 할 수 있다. 다시 말하면 주어진 확률조건하에서는 투베르클린 반응검사결과 양성(+) 반응이 나타난 사람들 중에서 49%는 실제로 결핵에 감염되지 않았다고 볼 수 있다. 따라서 결핵의 감염여부를 검사하는 투베르클린 반응 검사는 예비검사의 성격이므로 양성반응이 나타난 사람은 정밀검사가 필요하다고 판단된다.

연 습 문 제

3.1 1에서 10까지의 정수로 이루어진 집합을 S라고 할 때,

$S = \{1, 2, 3, 4, 5, 6, 7, 8, 9, 10\}$

S의 부분집합 A, B, C를 다음과 같이 정의하기로 한다.

$A = \{2, 4, 6, 8, 10\}$

$B = \{1, 3, 5, 7, 9\}$

$C = \{1, 2, 3, 4, 5\}$

(1) $A \cup C$, $A \cap C$를 구하라.

(2) A^c를 구하라.

(3) 세 부분집합 A, B, C중에서 상호배반집합인 쌍을 구하라.

3.2 세 가지 사상 A, B, C 및 이의 결합사상의 확률이 다음과 같다고 한다.

$P(A) = .14$	$P(B) = .23$	$P(C) = .37$

$P(A \cap B) = .08 \quad P(A \cap C) = .09 \quad P(B \cap C) = .13 \quad P(A \cap B \cap C) = .05$

여기서 아래 사상의 확률을 구하시오

(1) $P(A \mid B)$

(2) $P(A \mid B \cup C)$

(3) $P(A \mid A \cup B \cup C)$

(4) $P(A \cup B \mid C)$

3.3 어느 신문보급소에서 100가구를 대상으로 신문대금 납부현황을 조사한 결과, 80가구는 매달 기한내에 납부하고 있었으며 나머지 20가구는 납부기일을 항상 넘기고 있었다고 한다. 이 때, 임의로 두 가구를 추출하였을 때 다음 사항의 확률을 구하시오.

(1) 한 가구는 기일을 지키며 다른 한 가구는 기일을 어긴다.

(2) 두 가구 모두 기일을 지킨다.

3.4 비행기가 너비 10km, 길이 20km 되는 직사각형 모양의 지역에 추락했다고 하자. 그 지역의 모든 점이 비행기의 위치를 동일하게 나타내는 것으로 가정하여 수색대원이 너비 4km, 길이 5km 되는 추락예상구역을 철저히 조사하려고 한다. 그 비행기를 발견할 확률을 구하시오.

3.5 미래테크(주)의 종업원의 10%는 고졸자이다. 종업원의 50%는 남자이고, 50%는 여자이며 고졸자 모두 남자라고 가정하자. 임의로 선택된 한 사람이 고졸자이거나 여자일 확률을 구하시오.

3.6 한국병원은 신생아들이 정신적 장애를 가지고 있는지를 검사하기 위한 장비를 갖고 있다. 이전의 기록으로부터 의사는 아기가 정신적 장애를 가질 확률이 0.003이라는 것을 알고 있다. 만약 아기가 정신적 장애를 갖고 있다면 테스트의 98%는 양성반응을 나타내고, 2%는 음성반응을 나타낼 것이다. 만약 아기가 정신적 장애를 갖고 있지 않다면 테스트의 99%는 음성반응을 나타내고, 1%는 양성반응을 나타낼 것이다. 이제 신생아에 대해 수행된 검사가 양성으로 나타났다고 할 때, 아기가 실제로 정신적 장애를 가질 확률은 얼마인가?

3.7 (주)미래넷은 2020년도 임금인상에 대한 종업원 투표를 실시하여 다음과 같은 결과를 얻었다.

구 분	찬 성	반 대
비노조원	7.8%	22.2%
노 조 원	18.2%	51.8%

(1) P(찬성)을 구하시오.

(2) P(찬성 | 노조원)을 구하시오.

(3) 종업원의 노조가입 여부와 투표결과의 독립성을 검정하시오.

3.8 한 전기 시스템의 안전장치는 다음 그림과 같이 두 개의 안전장치 A, B가 병렬로 연결되어 있다.

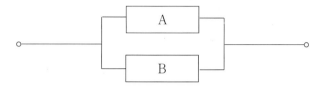

두 개의 안전장치가 연결되어 있을 확률은 각각 A가 90%, B가 95%라고 한다. 두 개의 장치 중 하나만 연결되어 있어도 안전장치는 작동된다고 할 때 이 안전장치가 작동될 확률은 얼마인가?

3.9 쥐에 있어서 한 특수한 유전인자가 나타날 확률이 20%라고 한다. 임의로 선택한 세 마리의 쥐를 관측하였을 때, 세 마리 모두에서 이 유전자가 나타날 확률은 얼마인가?

3.10 어느 자동차 회사에서 생산되는 자동차의 부적합품 비율은 20%라고 한다. 이 회사에서는 품질관리의 일환으로 품질관리기사를 고용하여 생산품을 검사하고 있는데, 이 기사의 제품 식별력은 90%의 정확도를 갖는다고 한다. 다음 물음에 답하시오.

(1) 어떤 제품이 품질관리기사에 의하여 부적합품으로 판정되었을 때, 실제 부적합품일 확률을 구하시오.

(2) 어떤 제품이 적합품 판정을 받았으나, 사실은 부적합품일 확률을 구하시오.

3.11 다음은 흡연과 출산에 관한 내용이다. 임산부 중 흡연자의 비율을 30%라고 가정한다. 또한 흡연자의 유산율은 40%이고, 비흡연자의 유산율은 20%라고 가정한다. 이 때, 다음 물음에 답하시오.

(1) D양이 무사히 출산하였을 때, D양이 비흡연자일 확률을 구하시오.

(1) 오늘 S양이 유산하였다고 할 때, S양이 흡연자일 확률을 구하시오.

제 4 장

확률변수와 확률분포 함수

4.1 확률변수

제3장에서는 확률의 기초적 개념과 실험의 결과로 나타나는 하나의 사상 또는 복합사상에 확률을 부여하는 방법에 대하여 알아보았다. 통계분석을 위한 확률실험의 결과는 수치적(quantitative) 자료 또는 알파벳이나 어떤 부호에 의해서 나타나는 질적(qualitative)자료로 나타난다. 그러나 통계분석은 기본적으로 수치자료에 대한 분석이므로, 실험의 결과를 수치자료로 바꾸어 주는 체계적인 방법이 필요하다. 이와 같이 실험의 결과를 실수에 대응시키는 함수 또는 방법을 **확률변수**(random variable)라고 한다. 본 장에서는 확률변수의 개념과 종류, 그리고 확률변수의 분포상태를 나타내주는 확률함수에 대하여 설명하기로 한다.

[**확률변수**(random variable)]

확률변수란 확률실험의 결과(또는 표본공간을 구성하는 개별원소)를 하나의 실수에 대응시키는 함수 또는 방법을 말한다. 확률변수는 대문자 알파벳 X, Y, Z등으로 나타내고, 이들 변수가 취하는 실수값은 소문자 알파벳 x, y, z등으로 나타내기도 한다.

(예제 4-1)

동전을 세 번 던지고 관측한 실험에서 표본공간 S는 다음과 같다.

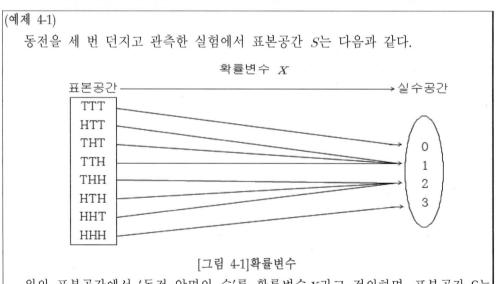

[그림 4-1]확률변수

위의 표본공간에서 '동전 앞면의 수'를 확률변수 X라고 정의하면, 표본공간 S는 확률변수 X라고 하는 함수 또는 방법에 의하여 [그림 4-1]과 같이 여러 개의 실수 값에 대응 된다. 즉, 확률변수 X가 취할 수 있는 실수는 { 0, 1, 2, 3 } 이다.

(예제 4-2)

   LED전구를 생산하는 공장에서 한 개의 전구를 추출하여 전구의 수명시간을 관측할 때, 표본공간은 0보다 같거나 큰 실수전체의 집합이 된다. 이때 확률변수 X가 제품의 수명시간을 나타낸다고 하면 각각의 수명시간이 표본점이 되며 그 자체가 확률변수 X의 값이 된다. 즉, S={$X | X \geq 0$} 이다

위의 두 가지 예제에서 살펴본 바와 같이 실험이나 관측의 결과가 실수공간과 어떻게 대응되느냐에 따라서 확률변수는 이산확률변수와 연속확률변수로 나눌 수 있다.

[이산확률변수와 연속확률변수]

확률변수가 취할 수 있는 값을 하나씩 셀 수 있을 때, 이산확률변수(discrete random variable)라 하고, 확률변수가 취할 수 있는 값을 셀 수 없고 주어진 실수구간 내에 속하는 모든 값을 취할 수 있는 확률변수를 연속확률변수(continuous random variable)라고 한다.

이산확률변수의 예 :

   ① 예제 4-1의 변수 X ; X=0, 1, 2, 3

   ② 하루 동안 사용한 카톡 회수 ; X=0, 1, 2, 3, …

   ③ 한 시간 동안 편의점에 방문한 고객의수 ; X=0, 1, 2, 3, …

   ④ 건설공사 현장에서 1개월 동안 발생한 안전사고 건수; X=0,1,2,…

연속확률변수의 예 :

   ① 예제 4.2의 변수 ; $0 \leq X < \infty$

   ② 전자부품인 PCB의 수명시간 ; $0 \leq X < \infty$

   ③ 집에서 회사까지의 운전시간 ; 만일 회사까지 운전하는데 걸리는 시간이 최소 20분에서 최대 1시간 30분 사이 라고 하면, $20 \leq X \leq 90$

   ④ 생산라인에서 출하되는 완제품의 부적합품률 ; $0 \leq P \leq 1$

4.2 확률분포

확률분포(probability distribution)란 확률변수 X가 취할 수 있는 모든 값 x와 이에 대응히는 확률함수 $f(x)$로 표현되는 것으로 표(table), 그래프(graph), 또는 함수(function) 형태로 표현할 수 있다. 확률변수가 실험의 결과를 실수에 대응시키는 함수인데 반하여, 확률함수는 확률변수에 대하여 정의된 실수(수치화된 자료)를 0과 1사이의 확률 값에 대응시키는 함수이다. [그림4-2]는 확률변수와 확률함수와의 관계를 보여준다. 확률함수는 그 대상이 되는 변수가 이산변수이냐 연속변수이냐에 따라 **이산확률변수이면 확률질량함수**(probability mass function) $P(X=x)$로 나타내고 연속확률변수이면, **확률밀도함수**(probability density function) f(x)로 분류하여 표현한다. 그러나 이들 두함수를 f(x)로 통합하여 표현하기도 한다. 이들 두 함수는 정의상 약간의 차이가 있으므로 따로 분리하여 설명하기로 하자.

[그림 4-2] 확률함수

1.이산형 확률분포

이산형 확률변수 X가 취할 수 있는 각각의 값 x_1, x_2, …에 대하여 확률값 $P(X=x_1)$, $P(X=x_2)$, …들이 대응되는데, 이러한 대응관계를 이산형 확률분포(discrete probability distribution)라고 한다. 예를 들어 1개의 동전을 계속하여 세번 던지는 실험을 하는 경우를 생각하여 보자. 이때 표본공간은 출현가능성이 모두 같은 8개의 표본점으로 이루어져 있는 S={(HHH), (HHT), (HTH), (THH), (TTH), (THT), (HTT), (TTT)}가 된다. 그리고 앞면H의 출현횟수를 X라 하면 확률변수 X는 0, 1, 2, 3의 값을 취할 수 있는 이산형 확률변수가 되며 확률값들은

$p(x=0)=P\{(TTT)\}=\dfrac{1}{8}$

$P(x=1)=P\{(HTT),\ (THT),\ (TTH)\}=\dfrac{3}{8}$

$P(x=2)=P\{(HTT),\ (HTH),\ (THH)\}=\dfrac{3}{8}$

$P(x=3)=P\{(HHH)\}=\dfrac{1}{8}$

이 된다. 아래 표에서 각각의 확률변수와 확률값과의 관계를 나타낸 것을 확률분포표 라고 하며, [그림4-3]과 같이 이산확률변수의 확률값을 막대로 나타낸 것을 확률막대그래프라고 한다.

x	0	1	2	3	계
P(X=x)	$\dfrac{1}{8}$	$\dfrac{3}{8}$	$\dfrac{3}{8}$	$\dfrac{1}{8}$	1

$$P(X=x)=f(x)=\frac{{}_3C_x}{2^3},\quad x=0,1,2,3$$

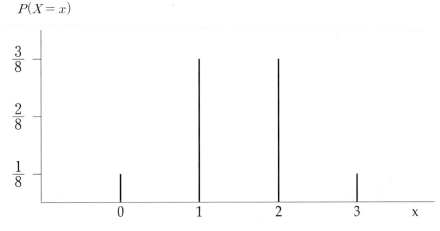

[그림4-3]확률변수 x의 확률막대그래프

이산형 확률변수 x가 $x_1,\ x_2,\ ...$의 값을 취할 때, 확률값 P(x= x_i)을 대응시키는 함수 $f(x)$를

$$f(x) = \begin{cases} P(X = x), & x = x_1, x_2, \cdots \\ 0, & 이외의\ 값 \end{cases}$$

확률변수 x의 확률질량함수(probability mass function)라고 한다.

확률질량함수값 $f(x_i)$는 확률변수 x가 x_i일 때의 확률 $P(X = x_i)$이므로, 확률의 정의에 의하여 음수가 될 수 없다. 그리고 모든 확률값은 더하면 1이 된다. 또 한 P(a≤x≤b)는 확률변수 x가 a보다 크거나 같고, b보다 작거나 같은 개개의 값에서의 확률을 더한 것이 된다. 따라서 이산형 질량함수는 다음 성질을 갖게 된다.

[확률질량함수의 성질]

① $f(x) \geqq 0$

② $\sum_x f(x) = 1$

③ $P(a \leq X \leq b) = \sum_{x=a}^{x=b} f(x_i)$

(예제 4-3)

1개의 동전을 4회 연속 던져서 나타나는 면을 관측할 때, 확률변수 X를 앞면의 출현횟수라고 하자. 확률변수 X의 이산형 질량함수를 구하여라

(풀 이)

확률변수 X가 취할 수 있는 값은 0, 1, 2, 3, 4이고, 전체 표본점의 수는 $2^4 = 16$이며 각 표본점들은 출현가능성이 모두 같다. 동전을 4회 던져서 $X=x$회만큼 앞면이 나타나는 경우의 수는 $_4C_x$ 이므로 확률질량함수 $f(x)$는 다음과 같다.

$$P(X = x) = f(x) = \frac{_4C_x}{16}, \qquad x = 0, 1,\ 2,\ 3,\ 4$$

따라서 X의 확률분포표는 다음과 같다.

X	0	1	2	3	4	계
$P(X=x)$	$\dfrac{1}{16}$	$\dfrac{4}{16}$	$\dfrac{6}{16}$	$\dfrac{4}{16}$	$\dfrac{1}{16}$	1

2. 연속형 확률분포

한 개씩 셀 수 있는 이산형 확률변수와는 달리 연속형 확률변수는 어떤 구간에 속한 모든 점에서 연속적으로 값을 취할 수 있다. 따라서 확률분포의 그림도 [그림4-3]과는 다르게 연속적인 곡선이 된다. 예를 들어 확률변수 X가 우리나라 성인 남자의 신장을 타나낸다고 하면, X의 확률분포는 양의 실수값 구간에서 연속적으로 분포하게 된다. 그리고 X의 분포가 평균 167cm를 중심으로 좌우대칭의 분포를 한다고 하면 [그림4-4]와 같이

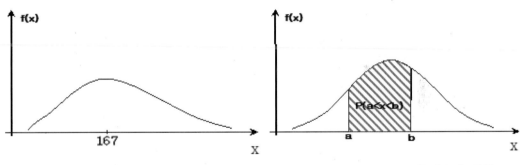

[그림 4-4] 연속형 확률변수의 확률분포   [그림 4-5] 연속형 확률변수의 확률

될 것이다. 따라서 연속형 확률변수 X가 a에서 b까지의 값을 취할 확률값은 [그림4-5]에서와 같이 확률분포함수의 a에서 b까지의 면적에 해당하게 된다.

그리고 확률의 성질에 따라 연속형 확률변수의 확률함수는 다음과 같이 정의된다.

[확률밀도함수(probability density function)]

확률변수 X가 구간[-∞, ∞]에서 정의된 연속형 확률변수이며, 이 구간 위에서 정의된 함수 $f(x)$가 다음의 성질을 만족할 때 $f(x)$를 X의 확률밀도함수(probability density function)라고 한다.

① $f(x) \geq 0$

② $\int_{-\infty}^{\infty} f(x)dx = 1$

③ $p(a \leq x \leq b) = \int_{a}^{b} f(x)dx$ (단 $-\infty < a \leq x \leq b < \infty$)

여기서 유의하여야 할 점은 이산형 확률변수의 확률분포함수를 확률질량함수, 연속적 확률변수의 확률분포함수를 확률밀도함수라고 부른다는 점이다.

확률변수 X가 연속형인 경우, 한 점 $X=a$에서의 확률값은 정의에 의하여

$$P(x = a) = \int_{a}^{a} f(x)dx = 0$$

이므로 P(x=a)=0이 된다. 따라서 구간의 끝점이 포함되는 경우나, 포함되지 않은 경우 모두 확률 값은 같게 된다.

$$P(a < X < b) = P(a \leq X < b) = P(a < X \leq b) = P(a \leq X \leq b)$$

그러므로 연속형인 경우에는 이산형인 경우와 달리 확률밀도함수의 한 점에서의 확률 값 $f(x)$는 존재하지 않으며, 반드시 면적이 존재해야 확률 값을 갖는다는 것을 유의하여야 한다.

(예제 4-4)

연속형 확률변수 X가 다음과 같은 확률밀도함수 $f(x)$를 가질 때

$f(x) = c(2-x)x,\ 0 \leq x \leq 2$

(1) 상수 c의 값을 구하여라.

(2) P(1<x<2)의 값을 구하여라.

(3) P(X≤1.5)의 값을 구하여라.

(풀 이)

---

(1) 확률밀도함수의 성질에 의하여 $\int_0^2 f(x)dx = 1$이 되어야 하므로

$$\int_0^2 c(2-x)xdx = \int_0^2 (2cx - cx^2)dx = \left[cx^2 - \frac{c}{3}x^3\right]_0^2 = \frac{4}{3}c = 1$$

이다. 따라서 $c = \frac{3}{4}$ 이다.

(2) P(1<X<2)$= \int_1^2 f(x)dx = \int_1^2 \frac{3}{4}(2-x)xdx = \frac{1}{2}$

(3) P(X≤1.5)$= \int_0^{1.5} f(x)dx = \int_0^{1.5} \frac{3}{4}(2-x)xdx = \frac{27}{32}$

3. 누적확률분포

확률의 계산에 있어서 확률변수의 특정 값 또는 특정구간의 확률 값뿐만 아니라 특정 값 이하의 모든 실수 값에 대한 확률을 계산하는 경우가 있다. 이와 같이 특정 값 이하의 모든 실수 값에 대한 확률을 나타내는 함수를 **누적확률함수** (cumulative probability distribution function : cpdf)라 하며 $F(x)$로 표현하고 다음과 같은 관계식이 주어진다.

$$F(x) \equiv P(X \le x)$$

[누적확률함수 (cumulative probability distribution function)]

누적확률함수란 특정값 a에 대하여 확률변수 X가 X≤a인 모든 경우의 확률의 합으로,

$$F(X=a) = P(X \le a)$$

로 표현한다. 이산형 확률변수에서는,

$$F(X=a) = \sum_{\substack{a\text{이하의} \\ \text{모든}x_i}} P(X=x_i)$$

이고, 연속형 확률변수에서는,

$$F(X=a) = \int_{-\infty}^{a} f(x)dx$$

(1) 이산형 확률변수의 누적확률함수

이산형 확률변수는 이산점에서 0이 아닌 확률을 가지므로 누적확률함수는

각 이산점에서 도약 (jump)하는 계단함수 (step function) 형태이다.

(예제 4-5)

동전 3개를 던지는 실험에서 확률변수 X를 'X=앞면의 수'라고 정의할 때 X의 확률분포는 다음과 같다.

X	0	1	2	3	합
확률	$\dfrac{1}{8}$	$\dfrac{3}{8}$	$\dfrac{3}{8}$	$\dfrac{1}{8}$	1

이 확률분포의 누적 확률을 구하고 그래프로 나타내시오

(풀 이)

(1) $x < 0$일 때 $F(x) = P(X < 0) = 0$

(2) $0 \le x < 1$일 때 $F(x) = P(X \le x) = P(X=0) = \dfrac{1}{8}$

(3) $1 \le x < 2$일 때 $F(x) = P(X \le x) = P(X=0) + P(X=1) = \dfrac{4}{8}$

(4) $2 \le x < 3$일 때 $F(x) = P(X \le x) = P(X=0) + P(X=1) + P(X=2) = \dfrac{7}{8}$

(5) $3 \le x$일 때 $F(x) = P(X \le x) = P(X=0) + P(X=1) + P(X=2) + P(X=3) =$

이며 , 이를 그림으로 표현하면 다음과 같다.

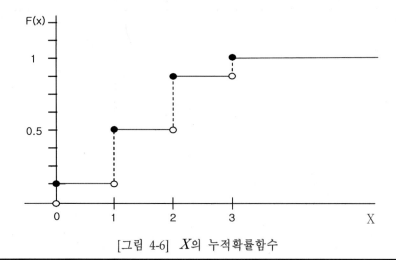

[그림 4-6] X의 누적확률함수

① $0 \leq F(x) \leq 1$

② $F(-\infty) = 0$이고 $F(+\infty) = 1$, **따라서 최소값은 0이고 최대값은 1**

③ **비감소함수** (non-decreasing function)

④ **우측으로부터 연속** (right continuous)

⑤ $P(a < X \leq b) = P(X \leq b) - P(X \leq a) = F(b) - F(a)$

(2) 연속형 확률변수의 누적확률함수

이산형의 경우와 마찬가지로 연속형에서도 실수 x에 대하여 구간 $(-\infty, x]$은 특별한 의미를 갖는다. 특히, 가능한 모든 실수 x에 대하여 이 구간에 대한 확률값들을 나타내는 함수를 연속형 누적확률함수 라고 부르고 $F(x)$로 표기한다. [그림 4-7]는 연속형 누적확률함수와 확률밀도함수와의 관계를 보여준다.

연속형 누적확률함수

연속형 확률변수 X가 어떤 실수 x보다 작거나 같을 확률, 즉,

$$F(x) = P(X \leq x) = \int_{-\infty}^{x} f(x)dx, \; x \in R$$

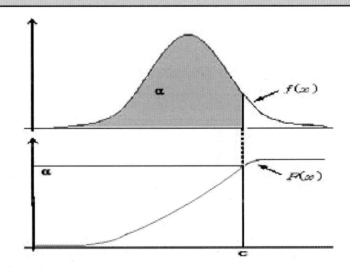

[그림 4-7] 확률밀도함수와 누적분포함수 : $P(X \leq c) = \alpha$

연속누적확률함수의 중요한 성질은 다음과 같다. 이는 이산형과 달리 불연속점이 존재하지 않고 한 점에서의 확률이 항상 0이 되므로 아래 성질 ④의 등식이 성립한다.

> **[연속누적확률함수의 성질]**
>
> ① $0 \le F(x) \le 1$
> ② $F(-\infty)=0$이고 $F(+\infty)=1$. **따라서 최소값은 0이고 최대값은 1**
> ③ **비감소함수** (non-decreasing function)
> ④ $P(a < X \le b) = P(X \le b) - P(X \le a) = F(b) - F(a)$
>
> ⑤ $F(x)$가 모든 구간에서 미분 가능하면, $\dfrac{d}{dx}F(x) = f(x)$

(예제 4-6)

확률변수 X의 확률함수

$$f(x) = \begin{cases} e^{-x}, & x \ge 0 \\ 0, & x < 0 \end{cases}$$

에 대한 누적확률함수를 구하시오

(풀 이)

$f(x)$가 $x \ge 0$인 경우 0이 아닌 확률을 가지므로 $F(x)$는 다음과 같이 구할 수 있다.

(a) $x < 0$인 경우

$$F(x) = \int_{-\infty}^{x} f(x)dx = \int_{-\infty}^{x} 0dx = 0$$

(b) $x \ge 0$인 경우

$$F(x) = \int_{-\infty}^{x} f(x)dx = \int_{0}^{x} e^{-x}dx = 1 - e^{-x}$$

X의 확률함수와 누적확률함수를 그림으로 표현하면 [그림 4-8]과 같다.

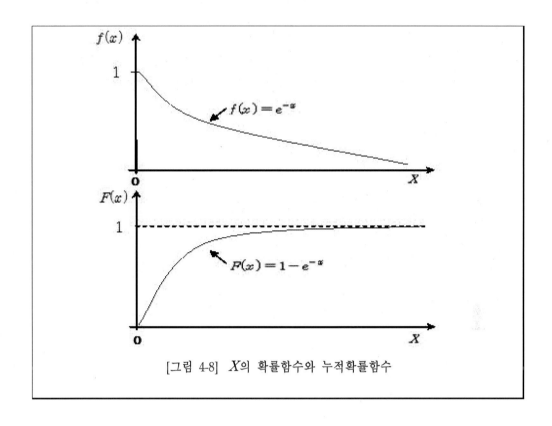

[그림 4-8] X의 확률함수와 누적확률함수

4.3 확률변수의 기대값과 분산

확률분포에 있어서 분포의 특징을 측정하는 두 모수가 평균과 분산이다. 평균이란 확률분포의 무게중심위치로 확률분포에서 평균의 위치에 삼각대를 놓으면 확률분포는 좌·우 어느 쪽으로도 기울지 않고 평형을 유지한다. 또한 분산은 평균을 중심으로 확률분포의 흩어진 정도를 측정하는 모수이다. 따라서 특정 확률분포에서 분산이 크다는 것은 그 확률분포가 넓게 흩어져 있음을 의미하고, 분산이 작다는 것은 확률분포의 분포 폭이 좁다는 것을 의미한다.

1. 기대값

기대값(expected value)또는 평균(mean, average)이라는 개념은 확률변수가 취할 수 있는 모든 값의 평균을 의미하며, 확률분포에서 분포의 무게중심을 말하며, 확률값을 가중치로 하는 확률변수의 가능한 값에 대한 가중평균(weighted average)이라고 볼 수 있다.

　확률변수 X의 분포를 그림으로 표현하면 [그림4-9]와 같으며, 여기에서 무게중심은 1.5이고, 이 값을 기대값 또는 평균이라고 한다.

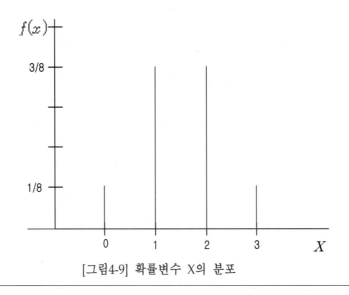

[그림4-9] 확률변수 X의 분포

(예제 4-7) 연속형 확률변수 X의 변수가.

$$f(x) = \begin{cases} 1, & 0 \leq x \leq 1 \\ 0, & \text{다른곳에서} \end{cases}$$

일 때, X의 확률분포를 그림으로 표현하면 다음과 같고,

이 그림에서 무게중심이 $\dfrac{1}{2}$임을 알 수 있다.

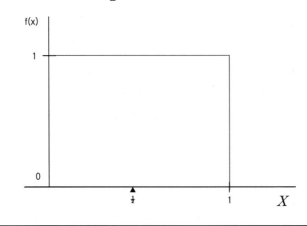

확률변수 X의 기대값은 $E(X)$로 표현하며 각각 다음과 같이 구한다.

1.이산형 확률변수

이산형 확률변수 X의 가능한 값이 $(x_1, x_2, \cdots x_n)$이며,

$$P(X=x_i) = P_i \ , \ \text{i=1, 2, } \cdots \text{, n}$$

일 때, X의 기대값 $E(X)$는,

$$E(X) = \sum_{i=1}^{n} x_i P(X=x_i) = \sum_{i=1}^{n} x_i P_i$$

2.연속형 확률변수

연속형 확률변수 X의 확률밀도함수를 $f(x)$라면 X의 기대값 $E(X)$는,

$$E(X) = \int_{-\infty}^{\infty} x \cdot f(x) dx$$

(예제 4-3)에서 확률변수 X의 기대값은

$$E(X) = 0 \times \frac{1}{16} + 1 \times \frac{4}{16} + 2 \times \frac{6}{16} + 3 \times \frac{4}{16} + 4 \times \frac{1}{16}$$

$$= \frac{32}{16} = 2$$

이고, [예제 4-7]에서 확률변수 X의 기대값은,

$$E(X) = \int_{-\infty}^{\infty} x f(x) dx = \int_{0}^{1} x dx = \left[\frac{1}{2} x^2 \right]_{0}^{1} = \frac{1}{2}$$

이 되어 확률분포의 그림에서 구한 무게중심과 동일함을 알 수 있다.

(예제 4-8)

복권 100장을 발매한 후에 임의로 추첨하여 1등 1명에게 1억원, 2등 3명에게 5,000만원, 3등 10명에게 1,000만원의 상금을 지급한다고 할 때 복권 한 장의 기대가치는 얼마인가?

(풀 이)

복권 1장의 기대가치는 복권 1장에 대한 기대상금과 같은 것으로 복권상금액을 X라고 할 때 X의 기대값으로 계산할 수 있다. 복권상금의 확률분포는 상금이 1억원일 확률이 $\frac{1}{100}$, 5,000만원일 확률이 $\frac{3}{100}$, 1,000만원일 확률이 $\frac{10}{100}$, 그리고 0원일 확률이 $\frac{86}{100}$ 이므로 다음 표와 같다.

(단위:만원)

X	10,000	5,000	1,000	0	합
확률	$\frac{1}{100}$	$\frac{3}{100}$	$\frac{10}{100}$	$\frac{86}{100}$	1

따라서 복권 1장의 기대가치 $E(X)$는,

$$E(X)=10,000\times\frac{1}{100}+5,000\times\frac{3}{100}+1,000\times\frac{10}{100}+0\times\frac{86}{100}$$

$$=350만원$$

(예제 4-9)

4명의 남자와 3명의 여자 회원이 있는 어느 모임에서 3명의 대표를 선출하고자 한다. 7명의 회원 중 랜덤하게 3명의 대표를 선출할 때, 대표 가운데 남자의 수를 X라 하자. 이때 확률변수 X의 기대값을 구하시오.

(풀 이)

7명 중 3명을 선출하는 경우의 수는 ${}_7C_3$이고, 3명의 대표 중 x명의 남자 회원이 포함될 경우의 수는 ${}_4C_x \cdot {}_3C_{3-x}$이다. 따라서 X의 이산형 확률함수는

$$f(x)=\frac{{}_4C_x \cdot {}_3C_{3-x}}{{}_7C_3}, \qquad x=0,\ 1,\ 2,\ 3$$

이며, 확률분포표는 다음과 같이 된다.

x	0	1	2	3
$f(x)$	$\frac{1}{35}$	$\frac{12}{35}$	$\frac{18}{35}$	$\frac{4}{35}$

따라서 기대값은 다음과 같이 구해진다.

$$E(X)=\sum_{x=0}^{n}xf(x)=0\cdot\frac{1}{35}+1\cdot\frac{12}{35}+2\cdot\frac{18}{35}+3\cdot\frac{4}{35}=\frac{12}{7}$$

X, Y를 확률변수, a, b를 상수하고 할 때, 기대값은 항상 다음 조건을
만족한다.

① $E(a) = a$

② $E(aX + b) = aE(X) + b$

③ $EaX + bY = aE(X) + bE(Y)$

[확률함수의 기대값]

확률변수 X의 확률함수를 $f(x)$라 할 때, X의 함수 $Y = t(x))$의 기대값은
다음과 같다.

$$E(Y) = \begin{cases} E(t(x)) = \sum_x t(x)f(x) & \text{(이산형일 때)} \\ E(t(x)) = \int_{-\infty}^{\infty} t(x)f(x)dx & \text{(연속형일 때)} \end{cases}$$

(예제 4-10)

어느 자동차 정비공장에서 1시간에 수리하는 자동차의 수를 X라 할때, X의 확률분포를 조사한 결과 확률함수 $f(x)$는 다음과 같았다. 확률변수 Y를 이 정비공장의 시간당 수입금액이라고 할 때(Y의 단위 : 십만 원),

x	4	5	6	7	8	9
$f(x)$	$\dfrac{1}{12}$	$\dfrac{1}{12}$	$\dfrac{1}{4}$	$\dfrac{1}{4}$	$\dfrac{1}{6}$	$\dfrac{1}{6}$

확률변수 X와 Y사이에는 $Y = 2x - 1$의 관계가 있다고 한다. 이 정비 공장의 시간당 평균수입 E(Y)를 구하시오.

(풀 이)

$t(x) = 2x - 1$이라고 하면 $Y = t(x)$의 기대 값은 다음과 같이 된다.

$E(Y) = E(t(x))$

$\quad = \sum_x t(x)f(x)$

$$= \sum_{x=4}^{9} (2x-1)f(x)$$

$$= 7 \cdot \frac{1}{12} + 9 \cdot \frac{1}{12} + 11 \cdot \frac{1}{4} + 13 \cdot \frac{1}{4} + 15 \cdot \frac{1}{6} + 17 \cdot \frac{1}{6}$$

$$= 12.67$$

(예제 4-11)

연속형 확률변수 X가 다음과 같은 확률함수를 가질 때, 확률변수 Y=2x의 기대값을 구하시오.

$$f(x) = \begin{cases} 6x(1-x), & 0 \le x \le 1 \\ 0, & \text{다른 곳에서} \end{cases}$$

(풀 이)

t(x)=2x라 하면

$$E(Y)=E(t(x))$$

$$= \int_{-\infty}^{\infty} t(x)f(x)dx$$

$$= \int_{0}^{1} 2x \cdot 6x(1-x)dx = \int_{0}^{1} (12x^2 - 12x^3)dx$$

$$= \left[4x^3 - 3x^4 \right]_{0}^{1}$$

$$= 1$$

2. 확률변수의 분산

앞에서 우리는 확률변수의 기대값에 대하여 알아보았다. 기대값은 확률변수가 취할 수 있는 값들의 평균을 의미하며, 또한 확률분포의 중심에 해당하는 값이었다. 여기에서는 확률변수의 분산에 대하여 알아보기로 하자. 확률변수의 분산(variance of random variable)은 확률변수의 확률분포가 기대값을 중심으로 흩어져 있는 정도를 나타내는 측도로서, 기호로는 Var(X), V(X)로 나타내며 혹은 희랍어 σ^2으로 표기하기도 한다.

확률변수 X의 분산을 측정하는 방법은 각 관찰치와 기대값 사이의 편차를 구하여 이들의 평균을 $E(X-\mu)$를 구하는 것이다. 그러나 $E(X-\mu)=0$ 이므로, 이와 같은 편차간의 상쇄효과를 없애기 위하여 X와 μ의 차이의 제곱, 즉 $(X-\mu)^2$의 기댓값으로 정의된다. 따라서 확률변수 X의 분산과 표준편차는 다음과 같이 정의한다.

[확률변수의 분산과 표준편차]

확률변수 X의 평균을 μ, 확률함수를 $f(x)$라 할 때,
X의 분산은 다음과 같다.

$$\text{Var}(X)=E[(X-\mu)^2]$$

$$=\begin{cases} \sum_{x}(x-\mu)^2 f(x) & \text{(이산형일 때)} \\ \int_{-\infty}^{\infty}(x-\mu)^2 f(x)dx & \text{(연속형일 때)} \end{cases}$$

그리고 분산의 양과 제곱근을 확률변수 X의 표준편차(standard deviation)라 하며 σ로 표시한다.

$$\sigma=\sqrt{\text{Var}(X)}$$

(예제 4-12)

3개의 모듈로 구성되어 있는 전자제품에서 고장 난 모듈의 수를 X라 할 때, 확률변수 X는 다음과 같은 이산형 확률함수 $f(x)$를 갖는다고 한다. 이때 확률변수 X의 평균과 분산을 구하여라.

x	0	1	2	3
$f(x)$	0.51	0.38	0.1	0.01

(풀 이)

먼저 확률변수 X의 평균 $E(X)=\mu$를 구하면

$$\mu=\sum_{x=0}^{3} x \cdot f(x)=(0)\cdot(0.51)+(1)\cdot(0.38)+(2)\cdot(0.1)+(3)\cdot(0.01)$$
$$=0.61$$

이고, 따라서 분산은 다음과 같이 구해진다.

$$\text{Var}(X)=\sum_{x=0}^{3}(x-\mu)^2 f(x)$$
$$=(0-0.61)^2\times 0.51+(1-0.61)^2\times 0.38+(2-0.61)^2\times 0.1+(3-0.61)^2\times 0.01$$
$$=0.4979$$

그러나 분산은 위와 같이 직접적인 정의식을 이용한 계산보다는, 이 식으로부터 유도된 다음 공식을 이용하여 계산하는 것이 간단하다.

$$\sigma^2 = E(X^2) - (E(X))^2 = E(X^2) - \mu^2$$

[유도과정] 평균 μ가 상수이므로 기대값의 특성을 이용하면,

$$E(X-\mu)^2 = E(X^2 - 2\mu X + \mu^2)$$

$$= E(X^2) - 2\mu E(X) + \mu^2$$

$$= E(x^2) - 2\mu \cdot \mu + \mu^2 \quad (E(X) = \mu \text{ 이용})$$

$$= E(X^2) - \mu^2$$

여기에서 $E(X^2)$의 계산은,

$$E(X^2) = \sum_{i=1}^{n} x_i^2 f(x_i), \qquad X\text{가 이산형 확률변수}$$

$$= \int_{-\infty}^{\infty} x^2 f(x) dx, \quad X\text{가 연속형 확률변수}$$

$$V(aX+b) = a^2 V(X), \ (a, b\text{는 상수})$$

(예제 4-13)

이산형 확률변수 X의 확률분포가 다음과 같을 때 X의 평균과 분산을 계산하라.

X	0	1	2	3	합
확률	$\frac{1}{8}$	$\frac{3}{8}$	$\frac{3}{8}$	$\frac{1}{8}$	1

(풀 이)

$$\mu = E(X) = 0 \times \frac{1}{8} + 1 \times \frac{3}{8} + 2 \times \frac{3}{8} + 3 \times \frac{1}{8} = 1.5$$

$$E(X^2) = \sum x_i^2 P_i$$

$$= 0 \times \frac{1}{8} + 1 \times \frac{3}{8} + 4 \times \frac{3}{8} + 9 \times \frac{1}{8}$$

$$= \frac{3+12+9}{8} = \frac{24}{8} = 3$$

$$\sigma^2 = Var(X) = E(X^2) - \mu^2 = 3 - 2.25 = 0.75$$

(예제 4-14)

연속형 확률변수 X가 다음과 같은 확률밀도함수를 가질 때 X의 평균과 분산을 계산하라.

$$f(x) = \begin{cases} \frac{1}{2}x, & 0 \leq x \leq 2 \\ 0, & \text{다른곳에서} \end{cases}$$

(풀 이)

$$\mu = E(X) = \int_{-\infty}^{\infty} x f(x) dx = \int_0^2 x \cdot \frac{1}{2} x dx = \frac{1}{2} \int_0^2 x^2 dx$$

$$= \frac{1}{2} \left[\frac{1}{3} x^3 \right]_0^2 = \frac{1}{2} \cdot \frac{8}{3} = \frac{4}{3}$$

$$E(X^2) = \int_0^2 x^2 f(x) dx = \int_0^2 x^2 \cdot \frac{1}{2} x dx = \frac{1}{2} \int_0^2 x^3 dx$$

$$= \frac{1}{2} \left[\frac{1}{4} x^4 \right]_0^2 = \frac{1}{2} \times \frac{1}{4} \times 16 = 2$$

$$\sigma^2 = Var(X) = E(X^2) - \mu^2 = 2 - \frac{16}{9} = \frac{2}{9}$$

4.4 결합확률분포

이제까지 우리는 단일 확률변수의 확률분포만을 고려하였다. 그런데 만일 실험의 결과에 영향을 미치는 변수의 수가 2개 이상인 경우 또는 한 변수의 형태가 다른 변수와 연관적으로 발생할 경우에는 개별 확률변수의 확률함수만을 아는 것으로는 불충분하다. 예를 들어 (주)모닝의 매출액을 분석한다고 할 때, 단순히 매출액의 분포자료에만 의존하는 것은 불충분한 분석이 될 수 있다. 광고비, 가격, 품질, 고객서비스 등 매출액에 영향을 미치는 여타 변수를 매출액과 함께 연관 지어 고려할 때, 보다 정확한 분석이 가능하게 된다. 그러므로 이 경우 매출액과 광고비, 매출액과 품질 수준 등의 결합적 행태를 나타낼 수 있는 **결합확률분포**(joint probability distribution)에 대한 정보가 필요하게 된다. 변수간의 결합적 관계는 세 개 이상의 변수 간에도 나타날 수 있으나, 이 절에서는 두개 변수간의 결합적 분포형태를 나타내는 이변량 확률분포(bivariate probability distribution)를 주로 다루기로 한다.

1. 결합확률함수

결합확률(joint probability)은 제3장에서 학습한 교집합의 확률과 기본적으로 동일한 개념이다. 교집합의 확률은 두 사상이 동시에 발생할 확률을 말한다. 유사하게 결합확률은 임의의 두 변수 X, Y가 동시에 어떤 실수구간에 속할 확률을 의미한다. 두 변수 X, Y는 이산변수일 수도 있고 연속변수일 수도 있는데, 여기서는 이산변수간의 결합확률을 중심으로 살펴보기로 하자.

[결 합 확 률 함 수]

두 확률변수 X, Y의 결합확률함수는 다음과 같이 정의한다.

1. 이산형 확률변수인 경우

확률변수 X의 가능한 값이 $x_1, \cdots, x_n$이고 확률변수 Y의 가능한 값이 $y_1, \cdots, y_m$이라면 (X, Y)의 결합확률분포는 다음과 같이 정의한다.

$$P(X = x_i, Y = y_i) = P_{ij}, \ i = 1, 2, ..., n, \ j = 1, 2, ..., m$$

여기에서 함수 $P(X = x_i, Y = y_i) = P_{ij}$를 결합확률질량함수(joint probability mass function)이라고 정의하며 모든 (i, j)에 대하여, $P_{ij} \geq 0$이고,

$$\sum_{i=1}^{n}\sum_{j=1}^{m} P(X = x_i, Y = y_j) = \sum_{i=1}^{n}\sum_{j=1}^{m} f(x_i, y_j) = \sum_{i=1}^{n}\sum_{j=1}^{m} P_{ij} = 1$$

2. 연속형 확률변수인 경우

두 확률변수 X, Y의 결합확률 밀도함수(joint probability density function)를 라고 정의할 때, 모든 (x, y)에 대하여 $f(x, y) \geq 0$이고,

$$\int_{-\infty}^{\infty}\int_{-\infty}^{\infty} f(x, y) dx dy = 1$$

(예제 4-15)

W호텔은 하와이에서 휴가를 보낼 만한 사람들의 특성을 파악하기 위하여 설문 조사를 실시하였다. W호텔은 가족들이 가지고 있는 신용카드의 수가 하와이에서 휴가를 보낼 사람들을 예측하는데 유용할 것이라고 생각하였다. 이에 따라 최근 5년 동안 하와이에 여행한 가족들을 조사하여 [표4-1]과 같은 결합확률분포표를 작성하였다.

[표4-1] 결합확률분포표

소지카드수(Y) 여행회수(X)	3	4	5	합계
1	0.04	0.03	0.01	0.08
2	0.06	0.14	0.12	0.32
3	0.10	0.18	0.32	0.60
합계	0.20	0.35	0.45	1.00

[표4-1]은 하와이에 여행 온 각 가족의 여행횟수(X)와 그 가족이 소지한 신용카드의 수(Y)의 결합확률을 보여 준다. 예를 들어 여행횟수가 3이고 소지카드수가 4일 확률은 f(3,4)=P(X=3, Y=4)=0.18이다. F(3,4)은 얼마인가?

(풀 이)

F(3,4)=P($X \leq 3$, $Y \leq 4$)=P(X=1, Y=3)+P(X=2, Y=3)+P(X=3, Y=3)

       +P(X=1, Y=4)+P(X=2, Y=4)+P(X=3, Y=4)

       =0.04+0.06+0.10+0.03+0.14+0.18

       =0.55

[표4-1]의 확률분포에서 보면 각 개별변수에 관한 확률은 표의 가장 자리 또는 주변(margin)에 나타나 있다. 예를 들어서 X가 1일 확률은 0.08, 2일 확률은 0.32등이다. 이와 같이 개별변수의 확률은 결합확률표의 주변에 표기된다고 하여 이를 결합확률과 구분하여 **주변확률**(marginal probability)이라고 부른다. 다음의 정리는 결합확률함수로부터 주변확률함수를 산출하는 방법을 요약하고 있다.

결합확률함수 $f(x, y)$를 가지는 변수 X와 Y가 있을 때, 변수 X와 변수 Y의 주변확률함수는 다음과 같다.

$$f_X(x) = \sum_{\text{모든 } y} f(x, y), \qquad f_Y(y) = \sum_{\text{모든 } x} f(x, y) \quad \text{(이산확률변수)}$$

$$f_X(x) = \int_{-\infty}^{\infty} f(x, y) dy, \ f_Y(y) = \int_{-\infty}^{\infty} f(x, y) dx \quad \text{(연속확률변수)}$$

(예제 4-16)

[표4-1]에서 X의 주변확률을 위의 주변확률함수의 정의에 의하여 구하시오.

(풀 이)

$$f_X(x = 1) = \sum_{\text{모든 } y} f(1, y) = f(1, 3) + f(1, 4) + f(1, 5)$$
$$= 0.04 + 0.03 + 0.01 = 0.08$$

$$f_X(x = 2) = \sum_{\text{모든 } y} f(2, y) = f(2, 3) + f(2, 4) + f(2, 5)$$
$$= 0.06 + 0.14 + 0.12 = 0.32$$

$$f_X(x = 3) = \sum_{\text{모든 } y} f(3, y) = f(3, 3) + f(3, 4) + f(3, 5)$$
$$= 0.10 + 0.18 + 0.32 = 0.60$$

2. 두 확률변수의 독립성

두 확률변수 X와 Y의 결합확률함수가 각각의 확률변수에 대한 주변확률함수의 곱으로 표현될 수 있을 때 서로 확률적으로 독립이라고 한다.

[두 확률변수의 독립성]

1. 이산형 확률변수

두 이산형 확률변수 X, Y의 결합확률함수를 $P(X=x, Y=y)$라 하고, 각각의 주변확률함수를 $P(X=x)$, $P(Y=y)$라고 할 때, 모든 가능한 (x, y)값에 대하여,

$$P(X=x, \ Y=y) = P(X=x) \cdot P(Y=y)$$

일 때 두 확률변수 X와 Y는 독립이다.

2. 연속형 확률변수

두 연속형 확률변수 X, Y의 결합확률함수를 $f(x, y)$라 하고, $f(x)$와 $f(y)$를 각각 X와 Y의 주변확률함수라고 하면,

$$f(x, y) = f(x) \cdot f(y)$$

일 때 두 확률변수 X와 Y는 독립이다.

(예제 4-17)

두 이산형 확률변수 X, Y의 결합확률분포가 다음과 같을 때, X와 Y가 독립인가를 증명하라.

X \ Y	1	2	합
1	$\dfrac{1}{12}$	$\dfrac{1}{6}$	$\dfrac{1}{4}$
2	$\dfrac{1}{9}$	$\dfrac{2}{9}$	$\dfrac{1}{3}$
3	$\dfrac{5}{36}$	$\dfrac{5}{18}$	$\dfrac{5}{12}$
합	$\dfrac{1}{3}$	$\dfrac{2}{3}$	1

(풀 이)

$Y=1$인 경우에 세 확률값에 대하여,

$P(X=1, \ Y=1) = \dfrac{1}{12} = P(X=1) \cdot P(Y=1)$

$P(X=2, \ Y=1) = \dfrac{1}{9} = P(X=2) \cdot P(Y=1)$

$P(X=3, \ Y=1) = \dfrac{5}{36} = P(X=3) \cdot P(Y=1)$

이며, $Y=2$인 경우의 세 확률값에 대하여도

$P(X=x, \ Y=y) = P(X=x) \cdot P(Y=y)$

의 조건을 만족한다.

그러므로 정의에 의하여 두 확률변수 X와 Y는 확률적으로 독립이다.

(예제 4-18)

두 연속형 확률변수 X와 Y는 결합확률함수가,

$$f(x,y) = \begin{cases} e^{-x-y}, & 0 \leq x, \ 0 \leq y \\ 0, & \text{다른곳에서} \end{cases}$$

일 때, X와 Y가 서로 독립인가를 증명하라.

(풀 이)

X와 Y의 주변확률함수가 각각 $f(x) = e^{-x}, f(y) = e^{-y}$이므로,

$$f(x,y) = e^{-x-y} = e^{-x} \cdot e^{-y} = f(x) \cdot f(y)$$

따라서 두 확률변수 X와 Y는 서로 독립이다.

4.5 공분산과 상관계수

기대값이 각각 μ_X, μ_Y인 두 확률변수 X와 Y에 대하여, 만일 X의 값이 μ_X보다 클 때 Y의 값도 μ_Y보다 커지고, X의 값이 μ_X보다 작을 때는 Y의 값도 μ_Y보다 작아지는 경향이 있다면, $X - \mu_X$과 $Y - \mu_Y$의 곱인

$$(X - \mu_X)(Y - \mu_Y)$$

의 값은 양의 값을 가질 가능성이 커지게 된다. 이와 같이 확률변수 X의 증감에 따른 확률변수 Y의 증감의 경향에 대한 측도로서, $(X - \mu_X)$ $(Y - \mu_Y)$의 기대값을 X와 Y의 **공분산**(covariance)이라 하고, 기호로는 $Cov(X, Y)$로 나타낸다.

공분산(covariance)은 두 변수 사이의 연관관계가 어느 정도 밀접한가를 측정하는 척도이다. 예를 들어서 매출액과 광고비는 밀접한 관계에 있다. 그런데 이 관계가 양(+)의 관계인지 또는 음(-)의 관계인지, 선형관계인지 또는 다른 복잡한 관계인지, 그리고 그 관계가 얼마나 밀접한지를 수치로 나타낼 수 있다면 유용할 것이다. 공분산은 두 변수간의 선형관계의 정도를 수치로 나타내 주는 척도이며, 다음과 같이 정의된다.

[공분산, $Cov(X, Y)$]

두 변수 X와 Y의 공분산 $Cov(X, Y)$는

$$Cov(X, Y) = E[(X - E(X))(Y - E(Y))]$$
$$= E(XY) - E(X)E(Y)$$

위의 공분산의 정의식은 다음과정에 의하여 계산식이 유도된다.

$$E(X - \mu_X)(Y - \mu_Y) = E(XY - Y\mu_X - X\mu_Y + \mu_X + \mu_Y)$$
$$= E(XY) - \mu_X E(Y) - \mu_Y E(X) + \mu_X \cdot \mu_Y$$
$$= E(XY) - \mu_X \cdot \mu_Y - \mu_Y \cdot \mu_X + \mu_X \cdot \mu_Y$$
$$= E(XY) - \mu_X \cdot \mu_Y$$

이 식에서 $E(XY)$는 다음과 같이 계산한다.

(1) 이산형 확률변수

X와 Y의 가능한 값이 각각 $x_1, x_2, \cdots, x_n$, $y_1, y_2, \cdots, y_m$ 이고, 결합확률함수가 $P(X = x_i, Y = y_j) = P_{ij}$ i=1, 2, $\cdots$, n, j=1, 2, $\cdots$, m 이므로,

$$E(XY) = \sum_{i=1}^{n} \sum_{j=1}^{m} x_i y_j \cdot P(X = x_i, Y = y_j) = \sum_{i=1}^{n} \sum_{j=1}^{m} x_i y_j \cdot f(x_i, y_j)$$

(2) 연속형 확률변수

두 연속형 확률변수 X와 Y의 결합확률함수가 $f(x, y)$라고 할 때

$$E(XY) = \int_{-\infty}^{\infty} \int_{-\infty}^{\infty} xy f(x, y) dx dy$$

이다.

공분산의 단점은 X와 Y간에 선형관계가 있는지, 그리고 그것이 양의 관계인지 또는 음의 관계인지는 알려주지만, 공분산의 값이 얼마나 커야 밀접한 선형관계에 있는지를 제시하지 못한다. 또한 측정단위의 변화에 따라 값이 달라진다. 예를 들어 $Cov(X, Y)$=5라고 할 때, 이 5라는 값은 X와 Y가 양의관계에 있음은 알려주지만 얼마나 밀접한 선형관계를 가지는지에 대한 객관적인 지표를 제시하여 주지 않는다. 공분산의 이러한 단점을

보완하기 위하여 다음의 **상관계수**(correlation coefficient)가 개발되었고 다음과 같이 정의 한다

$$Corr(X, Y) = \rho_{XY} = \frac{Cov(X, Y)}{\sigma_X \cdot \sigma_Y} = \frac{E[(X-\mu_X)(Y-\mu_y)]}{\sqrt{E[(X-\mu_X)^2]E[(Y-\mu_Y)^2]}} \; ; \quad -1 \le \rho_{XY} \le 1$$

상관계수 ρ_{XY}는 공분산의 값을 X와 Y의 표준편차의 곱으로 나눈 것으로 다음의 특징을 가진다.

$$\rho_{XY} = \begin{cases} 1 & (X와 \; Y가 \; 완전한 \; 양의 \; 선형관계에 \; 있을때) \\ 0 & (X와 \; Y가 \; 선형관계가 \; 전혀 \; 없을 \; 때) \\ -1 & (X와 \; Y가 \; 완전한 \; 음의 \; 선형관계에 \; 있을 \; 때) \end{cases}$$

ρ_{XY}는 X와 Y가 완전한 양의 선형관계에 있을 때 최대값인 1이 되며, 완전한 음의 선형관계에 있을 때 최소값인 -1이 된다. 그리고 ρ_{XY}의 값이 0에 가까울수록 선형관계가 미약함을 나타낸다. 일반적으로 실제문제 해결에서는 확률표본으로부터 n개의 데이터를 가지고 모상관계수(ρ_{XY})의 불편추정량인 표본상관계수 r을 구하여 관련성을 규명한다. 자세한 상관분석은 11장에서 다루기로 한다.

[상관계수에 대한 일반적 해석]

표본상관계수 r은 -1부터 1까지의 값을 취할수 있는데, 일반적으로 r값의구간에 따라 다음과 같이 해석 한다

r이 -1.0과 -0.7 사이이면 강한 음의 선형관계,

r이 -0.7과 -0.3 사이이면 뚜렷한 음의 선형관계,

r이 -0.3과 -0.1 사이이면 약한 음의 선형관계,

r이 -0.1과 0.1 사이이면 거의 무시될 수 있는 선형관계(무상관),

r이 0.1과 0.3 사이이면 약한 양의 선형관계,

r이 0.3과 0.7 사이이면 뚜렷한 양의 선형관계,

r이 0.7과 1.0 사이이면 강한 양의 선형관계

(예제 4-19)

다음 결합확률분포의 공분산 및 상관계수를 구하여라.

X \ Y	0	1	2	합
1	$\frac{1}{6}$	$\frac{1}{12}$	$\frac{1}{12}$	$\frac{1}{3}$
3	$\frac{1}{12}$	$\frac{1}{2}$	$\frac{1}{12}$	$\frac{2}{3}$
합	$\frac{1}{4}$	$\frac{7}{12}$	$\frac{1}{6}$	1

(풀 이)

$$\mu_X = E(X) = 1 \times \frac{1}{3} + 3 \times \frac{2}{3} = \frac{7}{3}$$

$$\mu_Y = E(Y) = 0 \times \frac{1}{4} + 1 \times \frac{7}{12} + 2 \times \frac{1}{6} = \frac{11}{12}$$

$$E(X^2) = 1^2 \times \frac{1}{3} + 3^2 \times \frac{2}{3} = \frac{19}{3}$$

$$E(Y^2) = 0^2 \times \frac{1}{4} + 1^2 \times \frac{7}{12} + 2^2 \times \frac{1}{6} = \frac{15}{12} = \frac{5}{4}$$

따라서

$$V(X) = \sigma_X^2 = E(X^2) - \mu_X^2 = \frac{19}{3} - \left(\frac{7}{3}\right)^2 = \frac{8}{9}$$

$$V(Y) = \sigma_Y^2 = E(Y^2) - \mu_Y^2 = \frac{5}{4} - \left(\frac{11}{12}\right)^2 = \frac{59}{144}$$

$E(XY)$는 다음 표를 만들어 계산하는 것이 간단하다.

(x,y)	(1,0)	(1,1)	(1,2)	(3,0)	(3,1)	(3,2)
P_{ij}	$\frac{1}{6}$	$\frac{1}{12}$	$\frac{1}{12}$	$\frac{1}{12}$	$\frac{1}{2}$	$\frac{1}{12}$
$x_i \cdot y_j$	0	1	2	0	3	6
$x_i \cdot y_j \cdot P_{ij}$	0	$\frac{1}{12}$	$\frac{1}{6}$	0	$\frac{3}{2}$	$\frac{1}{2}$

$$E(XY) = \sum_x \sum_y x_i \cdot y_i \cdot P_{ij}$$

$$= 0 \times \frac{1}{6} + 1 \times 1 \times \frac{1}{12} + 1 \times 2 \times \frac{1}{12} + 3 \times 0 \times \frac{1}{12} + 3 \times 1 \times \frac{1}{2} + 3 \times 2 \times \frac{1}{12}$$

$$= 0 + \frac{1}{12} + \frac{1}{6} + 0 + \frac{3}{2} + \frac{1}{2} = \frac{9}{4}$$

따라서 공분산은

$$Cov(X, Y) = E(XY) - u_X \cdot u_Y = \frac{9}{4} - \frac{7}{3} \times \frac{11}{12} = \frac{1}{9}$$

상관계수

$$\rho_{xy} = \frac{Cov(X, Y)}{\sigma_x \sigma_y} = \frac{\dfrac{1}{9}}{\sqrt{\dfrac{8}{9} \times \dfrac{59}{144}}} = 0.184$$

(예제 4-20)

두 연속형 확률변수 X와 Y의 결합확률함수가 다음과 같을 때 X, Y의 공분산을 구하라.

$$f(x, y) = \begin{cases} 1, & 0 \leq x \leq 1, \quad 0 \leq y \leq 1 \\ 0, & \text{다른 곳에서} \end{cases}$$

(풀 이)

X와 Y의 주변확률함수는 각각

$$f(x) = \int_{-\infty}^{\infty} f(x, y) dy = \int_0^1 1 dy = 1, \; 0 \leq x \leq 1$$

$$f(y) = \int_{-\infty}^{\infty} f(x, y) dx = \int_0^1 1 dx = 1, \; 0 \leq y \leq 1$$

이며, 따라서

$$\mu_X = E(X) = \int_0^1 x f(x) dx = \int_0^1 x dx = \frac{1}{2}$$

$$\mu_Y = E(Y) = \int_0^1 y f(y) dy = \int_0^1 y dy = \frac{1}{2}$$

이다.

$$E(XY) = \int_{-\infty}^{\infty} \int_{-\infty}^{\infty} x \cdot y f(x, y) dx dy$$

$$= \int_0^1 \int_0^1 x \cdot y dx dy = \int_0^1 y \left[\int_0^1 x dx \right] dy$$

$$= \int_0^1 \frac{1}{2} y dy = \frac{1}{4}$$

이므로, 공분산은

$$\sigma_{X, Y} = Cov(X, Y) = E(XY) - \mu_X \cdot \mu_Y$$

$$= \frac{1}{4} - \frac{1}{2} \times \frac{1}{2} = 0$$

기대값의 성질을 이용하면 다음과 같은 두 확률변수의 합에 대한 분산의 공식을 유도할 수 있다.

[두 확률변수의 합의 분산]

(1) $V(X+Y) = V(X) + V(Y) + 2Cov(X,Y)$

(2) $V(X-Y) = V(X) + V(Y) - 2Cov(X,Y)$

또한 두 확률변수 X와 Y가 독립이면 다음 공식을 유도할 수 있다.

[두 확률변수 독립]

확률변수 X와 Y가 확률적으로 독립인경우 XY의 기대값은 다음과 같다.

$$E(XY) = E(X)E(Y)$$

(증명) 여기에서는 연속확률변수인 경우의 증명을 하기로 한다. 확률변수 X와 Y가 확률적으로 독립이므로 결합확률함수 $f(x,y)$는 주변 확률함수 f(x)와 f(y)의 곱을 표현된다.

$$f(x,y) = f(x)f(y)$$

따라서

$$E(XY) = \int_{-\infty}^{\infty}\int_{-\infty}^{\infty} xyf(x,y)dxdy$$

$$= \int_{-\infty}^{\infty}\int_{-\infty}^{\infty} xyf(x)f(y)dxdy$$

$$= \int_{-\infty}^{\infty} xf(x)dx \int_{-\infty}^{\infty} yf(y)dy$$

$$= E(X)E(Y)$$

이산형 확률변수에 대해서도 역시 같은 방법으로 증명이 된다.

따라서 확률변수 X, Y가 확률적으로 독립이면 공분산은

$$Cov(X,Y) = E(XY) - E(X)E(Y) 이므로$$

$$= E(X)E(Y) - E(X)E(Y) = 0$$

따라서 X, Y 두 확률변수가 독립이면 다음 공식이 성립한다.

[두 확률변수가 서로 독립인 경우]

(1) $E(XY) = E(X)E(Y)$

(2) $Cov(X, Y) = 0, \ Corr(X, Y) = 0$

(3) $V(X \pm Y) = V(X) + V(Y)$

(예제 4-21)

X와 Y가 다음과 같은 이산형 결합확률함수 $f(x,y)$와 주변질량함수 $g(x), h(y)$를 가질 때, $Cov(X, Y), \ Corr(X, Y)$를 구하시오.

$f(x,y)$		X				$h(y)$
		0	1	2	3	
	0	$\frac{3}{28}$	$\frac{3}{14}$	$\frac{1}{28}$	$\frac{1}{27}$	$\frac{10}{28}$
Y	1	$\frac{9}{28}$	$\frac{3}{14}$	0	0	$\frac{15}{28}$
	2	$\frac{3}{28}$	0	0	0	$\frac{3}{28}$
$g(x)$		$\frac{15}{28}$	$\frac{12}{28}$	$\frac{1}{28}$		1

(풀 이)

$$E(X) = \sum_{x=0}^{3} x \cdot f(x) = \frac{7}{14} = 0.5$$

$$E(Y) = \sum_{y=0}^{2} y \cdot f(y) = \frac{21}{28} = 0.75$$

$$E(XY) = \sum_{x=0}^{3}\sum_{y=0}^{2} xyf(x,y) = \frac{3}{14} = 0.21 \text{이므로}$$

$$Cov(X, Y) = E(XY) - E(X)E(Y) = \frac{3}{14} - \frac{7}{14} \cdot \frac{21}{28} = -0.16$$

$$V(X) = \sum_{x=0}^{3} x^2 \cdot f(x) - [E(X)]^2 = \frac{9}{28} = 0.32$$

$$V(Y) = \sum_{y=0}^{2} y^2 \cdot f(y) - [E(Y)]^2 = \frac{45}{112} = 0.40$$

$$\rho_{XY} = Corr(X, Y) = \frac{Cov(X, Y)}{\sqrt{V(X)(V(Y)}} = \frac{-0.16}{\sqrt{\frac{9}{28} \times \frac{45}{112}}} = -0.45$$

연 습 문 제

4.1 X의 확률분포가 다음과 같다.

x	1	2	4	6	12
f(x)	0.08	0.27	0.10	0.33	0.22

   (1) 확률분포 막대그래프를 그려라.

   (2) E(X)를 구하여라.

   (3) P{2≤X≤7}을 구하여라.

4.2 X의 확률분포가 다음과 같다.

x	2	7	8	16	17
f(x)	1/6	1/3	1/12	1/6	1/4

   (1) E(X)를 구하여라.

   (2) E(X^2)과 Var(X)를 구하여라.

4.3 다음 함수가 확률밀도함수가 되기 위한 상수 c의 값을 결정하시오

$$f(Y) = \begin{cases} cy, & 0 \leq y \leq 2 \\ 0, & \text{다른구간에서} \end{cases}$$

4.4 한국병원의 내과진은 어떤 질병이 감염된 후 1년이 지나야 발견되며, 완치율은 아래와 같은 시간(x)의 함수를 따른다는 사실을 알았다.

$$f(x) = \begin{cases} \dfrac{1}{x^2}, & o \leq x < \infty \\ 0, & \text{다른구간에서} \end{cases}$$

위의 함수가 확률밀도함수임을 보이시오.

4.5 문제 4.4의 확률밀도함수에 대해 $A_1=\{x \mid 1<x<2\}$, $A_2=\{x \mid 3<x<4\}$라고 할 때, $p(A_1 \cup A_2)$와 $P(A_1 \cap A_2)$를 계산하시오.

4.6 앞면에는 1, 뒷면에는 9가 쓰여진 동전과 주사위 하나를 던졌을 때, 동전에서 나타난 숫자를 X, 주사위의 눈금수를 Y라고 할 때, 다음의 확률분포를 보이시오.

(1) $Z_1 = X + Y$

(2) $Z_2 = XY$

4.7 (주)미래감성의 영업부에는 현재 과장으로 30대가 3명, 40대가 4명 근무하고 있다. 내년 봄의 정기인사에서 이 중 4명을 부장으로 승진시키려고 한다. 승진될 부장들 중에서 30대의 수를 X라고 할 대, 변수 X의 확률분포를 보이시오.

4.8 두 확률변수 X와 Y의 결합확률분포가 다음과 같을 때,

X \ Y	2	3	4
0	$\frac{1}{16}$	$\frac{1}{8}$	$\frac{1}{8}$
1	$\frac{1}{16}$	$\frac{1}{4}$	0
2	$\frac{1}{8}$	$\frac{1}{8}$	$\frac{1}{8}$

(1) X와 Y의 주변확률분포를 구하라.

(2) $E(X+Y)$를 구하라.

(3) $Cov(X,Y)$, $Corr(X,Y)$를 구하라.

(4) X와 Y가 독립인가를 보여라.

4.9 X와 Y의 결합확률분포가 다음과 같다.

x \ y	0	1	2
0	0.1	0.3	0.05
1	0.2	0.25	0.1

다음을 구하여라.

(1) P{X=Y}, P{X>Y}

(2) X+Y의 확률분포

(3) E(X), E(Y), Var(X), Var(Y)

(4) $Cov(X, Y)$, $Corr(X, Y)$

4.10 A와 B 두 종류의 곤충에 대한 공존상태를 연구하는 실험에서, 한 나무에서 서식하는 곤충 A, B의 수를 각각 X와 Y라 하자. 많은 관찰을 통하여 다음과 같은 X, Y의 결합확률분포를 얻었다고 한다.

y \ x	1	2	3	4
0	0	0.05	0.05	0.10
1	0.08	0.15	0.10	0.10
2	0.20	0.12	0.05	0.02

(1) 한 나무에서 서식하는 B의 수가 A의 수보다 많을 확률을 구하여라.

(2) $\mu_X, \mu_Y, \sigma_X, \sigma_Y, Cov(X, Y)$를 구하여라.

(3) $Corr(X, Y)$를 구하고, 그 의미를 설명하여라.

4.11 $-1 \le \rho_{XY} \le 1$ 임을 슈와르쯔(schwarz)의 부등식을 이용하여 구하시오.

Hint : 슈와르쯔의 부등식에서 임의의 변수 $u = X - E(X)$와 $v = Y - E(Y)$에 대하여 다음의 부등식이 성립한다.

$$E[(uv)^2] \le E(u^2)E(v^2)$$

제 5 장

이산확률분포

모든 실험·관찰의 결과를 확률변수를 통해 규명하고자 하는 경우 각각의 불확실한 결과들은 나름대로의 독특한 확률분포를 가지며, 통계분석은 기본적으로 이러한 확률분포에 근거하여 이루어지게 된다. 그러나 특정 변수가 어떠한 확률분포를 따르는가를 확인하는 것은 장시간 동안 많은 양의 자료를 수집하여야 하므로 쉬운 작업이 아니다. 다행히 우리 주변에서 흔히 발생하는 대부분의 현실적인 상황들은 이미 그 특성이 잘 알려진 소수의 확률분포에 의하여 잘 설명될 수 있다. 따라서 이러한 몇 가지 주요 확률분포의 특성을 이해하고, 또 어떤 상황에 어떤 분포를 적용하는가를 파악해 두면 통계분석에 대단히 유용하다. 이장에서는 이들 분포 중 이산확률분포에 대하여 알아보고자 한다.

5.1 베르누이 확률분포

베르누이 분포(bernoulli distribution)란 베르누이 시행(bernoulli trial)의 결과에 대한 확률분포를 말하는데, 베르누이 시행이란 실험에서 결과가 둘 중의 하나로 나타나는 실험을 말하며 다음과 같은 경우를 생각할 수 있다.

(예제 5-1)

베르누이 시행의 예

(풀 이)

    (1) 동전 하나를 던지는 실험

       결과 : 앞면(Head)/뒷면(Tail)

    (2) 대학에 지원한 한 학생의 지원결과

       결과 : 합격/불합격

    (3) 한 공장의 생산제품의 적합여부

       결과 : 적합품/부적합품

    (4) 활을 쏘아서 과녁 맞추기

       결과 : 성공/실패

위의 예에 제시된 실험과 같이 실험에서 나타나는 결과가 둘 중의 하나인 실험을 베르누이 시행이라고 하며, 그 중 하나(예를 들면 앞면, 합격, 성공 등)를 성공(success : s)이라 하고 다른 하나를 실패(failure : f)라고 정의한다. 따라서 베르누이 시행은 실험의 결과가 s 또는 f인 확률실험이

라고 할 수 있으며, 표본공간은

$$\Omega = \{ s, f \}$$

이다. 이 실험에서 결과가 s일 확률이 p라면 확률의 기본원리에 의하여 실험결과가 f일 확률은 1-p이다.

베르누이 확률변수란 이와 같은 베르누이 시행에서 결과가 s이면 '1'이고, 결과가 f이면 '0'이라고 정의된 확률변수를 말한다. 따라서 베르누이 확률변수 X의 확률분포는 다음과 같이 정의된다.

$$P(s) = P(X=1) = p$$
$$P(f) = P(X=0) = 1-p$$

따라서 베르누이 분포의 모양은 확률 p의 값에 의하여 결정되므로 이 분포의 모수는 p이다. 위의 확률분포를 하나의 함수식으로 표현하면 다음과 같다.

$$P(X=x) = f(x) = p^x (1-p)^{1-x}, \ x = 0,1$$

여기서, $q=1-p$라고 하면 베르누이 확률함수는 다음과 같이 정의 된다.

$$P(X=x) = p^x q^{1-x}, \ x = 0,1$$

[베 르 누 이 확 률 함 수]

확률변수 X가 모수 p를 갖는 베르누이분포에 따를 때. X~Bernoulli(p)로 나타내고 확률함수는 다음과 같다.

$$P(X=x) = p^x (1-p)^{1-x}, \ x = 0,1$$

베르누이 확률분포의 평균과 분산은 공식에 의하여 다음과 같이 구한다.

$$E(X) = \sum x_i p_i = 0 \times (1-p) + 1 \times p = p$$
$$E(X^2) = \sum x^2 p_i = 0^2 \times (1-p) + 1^2 \times p = p$$

이며, 따라서

$$V(X) = E(X^2) - [E(X)]^2$$
$$= p - p^2 = p(1-p)$$

이다.

즉 베르누이 확률분포의 평균과 분산은 아래와 같다.

$$E(X) = p$$
$$V(X) = p(1-p)$$

5.2 이항분포

이항분포(binominal distribution)란 일련의 반복적인 베르누이 시행의 결과로써 도출되는 이산확률분포의 하나로, 통계분석에 널리 이용되는 확률분포이다. 이항변수는 베르누이 시행을 다음의 조건에 맞추어 반복적으로 시행할 때 얻어진다.

> **[이항분포의 세 가지 조건]**
>
> 1. 베르누이 시행을 n번 시행된다.(예: 동전을 n번 던진다.).
> 2. 각 시행마다 성공(예: 동전의 앞면)의 확률 p는 항상 일정하다.
> 3. 각 시행은 통계적으로 독립이다. 즉, 어느 한 시행이 다른 시행의 결과에 영향을 미치지 않는다.

이제 확률변수 X를 n번의 베르누이 시행 중 발생한 성공의 횟수라 놓으며, X는 모수 n과 p를 갖는 이항분포의 변수가 된다. 그리고 이때 확률변수 X가 취할 수 있는 값은 0과 n사이의 정수 값이다.

(예제 5-2)
다음은 이항분포의 변수에 대한 예이다.

(풀 이)

(1) (주)솔라텍에서 생산되는 태양전지의 2%가 부적합품 이다. 이 회사에서 생산되는 제품 중에서 임의로 100개를 추출하여 적합품인가 부적합품인가를 시험하였다. 제품은 임의로 추출되고 시험의 결과는 서로 독립하다고 가정하자. 변수 X를 100개의 표본 중 발생한 불량품의 개수라고 정의하면, 변수 X는 모수 n=100, p=0.02를 갖는 이항분포 변수이다.

(2) 자료에 따르면 콘텍트렌즈를 구입한 사람의 20%가 부작용 때문에 일년 이내에 렌즈 착용을 중지하는 것으로 나타났다. 콘텍트렌즈를 구입한 사람 중에서 n=200의 확률표본을 추출하였다. 변수 X를 200명 중 일년 이내에 렌즈 착용을 중지한 사람의 수라 하자. 그러면 X는 모수 n=200, p=0.2를 갖는 이항분포 변수이다.

모수 n과 p를 갖는 이항변수 X의 확률계산을 고려하여 보자. 이항변수는 성공의 횟수를 의미하므로, 확률계산은 n번 시행 중 정확하게 x번 성공할 확률이 얼마인가를 계산하는 것이다. 이를 계산하기 위해서는 우선 x번 성공하고 $(n-x)$번 실패하는 사상의 확률을 구한 후에 발생 가능한 총가지수를 구하여 곱하면 된다. x번 성공하고 $(n-x)$번 실패하는 사상의 한 예로써, 처음 x번의 베르누이 시행은 성공이고, 마지막 $(n-x)$번의 시행은 실패인 사상의 경우를 고려하여 보자. 성공을 S라 놓고 실패를 F라고 표시하면, 이 특정 사상은 다음과 같이 나타낼 수 있다.

x번 $(n-x)$번

S   S   S $\cdots$ S   F   F   F $\cdots$ F

위 사상의 확률계산은 각각의 베르누이 시행이 독립이므로 n개의 독립된 사상의 결합확률의 계산과 같다.

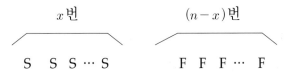

$$
\begin{aligned}
P(SSS\cdots S\ FFF) &= \overbrace{P(S)P(S)P(S)\cdots P(S)}^{x개}\ \overbrace{P(F)P(F)P(F)\cdots P(F)}^{(n-x)개} \\
&= ppp\cdots pqqq\cdots q \\
&= p^x q^{n-x}
\end{aligned}
$$

성공과 실패의 순서가 어떻든 n번 시행 중 x번 성공하고 (n-x)번 실패하는 사상의 확률이 모두 위와 같음은 쉽게 알 수 있다.

그렇다면 이제 x번 성공하고 $(n-x)$번 실패하는 사상의 총가지수는 몇이나 될 것인가? n개의 대상으로부터 x개를 선출하는 조합의 수, 즉 ${}_nC_x$를 계산하는 것이다. 그러므로 이항분포변수의 확률변수는 다음과 같이 요약할 수 있다.

확률변수 X가 모수 n과 p를 갖는 이항분포에 따를 때, $X \sim B(n,p)$로 표현하고, X의 확률함수 $f(x)$는 다음과 같다.
$$f(x) = P(X=x) = {}_nC_x p^x (1-p)^{n-x}, \quad x = 0, 1, 2, 3 \cdots, n$$

위에서 본 이항분포의 확률함수는 제 4장에서 정의한 확률함수의 두 가지 조건을 만족함을 보일 수 있다. 즉, X의 확률함수 $f(x)$는 다음의 관계식을 만족한다.

$$0 \leq f(x) = {}_nC_x p^x q^{n-x} \leq 1$$

$$\sum_{모든 x} f(x) = \sum_{모든 x}^{n} {}_nC_x p^x q^{n-x} = 1$$

이항변수 X는 다음의 식과 같이 n개의 독립적인 베르누이 변수의 합으로 정의된다.

$$X = X_1 + X_2 + X_3 + \cdots + X_n$$

따라서 이항분포란 n번의 독립적인 베르누이 시행에서 매회 성공할 확률 p가 일정할 때 x번 성공할 확률을 구하는 이산확률 분포이다. 제 4장의 기대값과 분산의 정리에 따라 이항변수 X의 기대값과 분산은 다음과 같이 쉽게 구할 수 있다.

[이항변수의 기대값과 분산]

$X_1, X_2, X_3, \cdots, X_n$이 상호독립하고 동일한 모수 p를 가지는 베르누이 변수일 때, 이 들의 합인 변수 $X = X_1 + X_2 + X_3 + \cdots + X_n$의 기대값과 분산은
$$E(X) = E(X_1 + X_2 + X_3 + \cdots + X_n) = \sum_{i=1}^{n} E(X_i) = np$$
$$Var(X) = Var(X_1 + X_2 + X_3 + \cdots + X_n) = \sum_{i=1}^{n} Var(X_i) = np(1-p)$$

(예제 5-3)

과거의 자료에 따르면 어떤 특정한 지질구조를 갖는 지역을 개발하면 온천수가 발견될 확률이 대략 30%로 알려져 있다. (주)웰빙워터파크는 온천개발을 위해

이러한 지질구조를 갖는 5개의 지역을 선정하였다. 이 지역들은 서로 멀리 떨어져 있기 때문에 온천이 나올 가능성에 관한한 상호독립하다고 할 수 있다. 선정된 지역을 개발했을 때 실제로 온천이 나오는 지역의 수를 X라고 할 때, 변수 X의 확률분포를 구하고 기대값과 분산을 계산하시오.

(풀 이)

성공의 확률이 0.3인 베르누이 분포로부터 5회의 베르누이 시행(n=5)을 하였다. 따라서 변수 X의 확률함수 $f(x)$는

$$f(x) = {}_5C_x(0.3)^x(0.7)^{5-x}, \quad x = 0,1,2,3,4,5$$

가 되며 이를 확률분포표로 나타내면 다음과 같다.

x	$P(X=x)$
0	${}_5C_0(0.3)^0(0.7)^5 = 0.17$
1	${}_5C_1(0.3)^1(0.7)^4 = 0.36$
2	${}_5C_2(0.3)^2(0.7)^3 = 0.31$
3	${}_5C_3(0.3)^3(0.7)^2 = 0.13$
4	${}_5C_4(0.3)^4(0.7)^1 = 0.03$
5	${}_5C_5(0.3)^5(0.7)^0 = 0.00$

$$E(X) = np = 5(0.3) = 1.5$$
$$Var(X) = npq = 5(0.3)(0.7) = 1.05$$

(예제 5-4)

스마트폰을 생산하는 (주)미래텍의 제품 부적합품률은 1%라고 한다. 이 공장에서 생산되는 제품 중 10개를 임의추출 했을 때 부적합품이 1개 포함되어 있을 확률을 구하시오

(풀 이)

10개의 제품 중 부적합품의 수를 확률변수 X라 하면 X는 $n=10, p=0.01$인 이항분포를 하므로

$$P(X=1) = {}_{10}C_1(0.01)^1(0.99)^9 = 0.092$$

표본의 크기가 커짐에 따라 그리고 특히 누적확률을 구하고자 할 때, 이

항확률함수에 의한 확률계산은 많은 계산량을 요구하게 된다. 이러한 경우에는 [부록 1]의 누적이항확률분포포를 이용할 수 있다.

(예제 5-5)

5개 중 하나를 택하는 선다형 문제가 20문항이 있는 시험에서 랜덤하게 답을 써 넣은 경우

(1) 정답이 하나도 없을 확률은 얼마인가?

(2) 10개 이상 정답을 맞힐 확률은 얼마인가?

(3) 5개 이상 7개 이하 정답을 맞힐 확률은 얼마인가?

(풀 이)

X를 20문항 중 정답의 수라 정의하면 $X \sim B(20, 0.2)$인 이항분포를 한다.

[부록 1]을 이용하여 다음을 얻을 수 있다.

(1) $P(X = 0) = 0.012$

(2) $P(X \geq 10) = 1 - P(X \leq 9) = 1 - 0.997 = 0.003$

(3) $P(5 \leq X \leq 7) = P(X \leq 7) - P(X \leq 4) = 0.968 - 0.630 = 0.338$

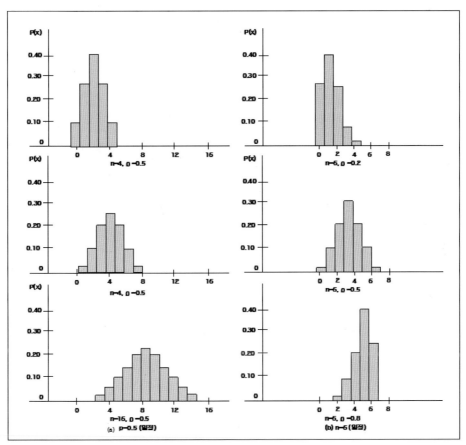

[그림 5-1] n과 p의 값에 대한 이항분포의 그래프

이항분포의 형태는 모수 n과 p에 따라서 변한다. [그림 5-1]은 여러가지 n과 p의 값에 대한 이항분포의 그래프를 보여 준다. $p=0.5$인 경우 이항분포의 그래프는 서로 대칭이다. 즉, n번 시행에서 0번 성공과 n번 실패를 얻을 확률은 n번 시행에서 n번 성공과 0번 실패를 얻을 확률과 같다.

n=6으로 일정할 때, p가 0.5보다 크면 성공이 실패보다 더 많이 일어날 것이고, 이항분포의 그래프는 대칭이 아니다. 그래프의 오른편에 있는 확률이 왼쪽에 있는 확률보다 클 것이다. p가 0.5보다 작으면 반대로 된다.

p가 0.5에 가까운 이항분포 그래프의 특징은 종모양 형태이다. 시행횟수 n이 커지면 커질수록 이항분포의 그래프는 p의 값에 관계없이 종모양 형태가 된다. p가 0.5에 매우 근접하면 n이 비록 작더라도 종모양 형태가 분명해 진다. 일반적으로 n이 크고 p의 값이 "0" 또는 "1"에 가깝지 않을 경우나, np≥5 이고 nq≥5이면, 이항분포의 확률을 정규분포에 근사시켜

구하는 것이 효율적이다 .

5.3 기하분포

기하분포(geometric distribution)도 또한 베르누이 시행으로부터 유도된 확률분포이다. 기하분포는 매번 시행에서 성공의 확률이 p인 베르누이 시행을 독립적으로 반복하여 실시할 때 첫 번째 성공이 나타날 때까지의 실행횟수에 대한 확률분포이다. 확률변수 X가 위의 조건에 의한 기하분포를 따를때, $X = x$일 확률은 $x-1$번 실패 후에 첫 번째 성공이 나타날 확률이므로 $q = 1-p$라고 할 때 다음과 같다.

$$P(X=x) = \overbrace{q \cdot q \cdots q}^{x-1} \cdot p$$

$$= q^{x-1} \cdot p, \; x = 1,2,3,\cdots$$

[기 하 분 포]

매번 시행에서 성공일 확률이 p이고 실패일 확률이 $q = 1-p$ 인 베르누이 시행을 독립적으로 반복 실시할 때, 확률변수 X가 첫 번째 성공이 나올 때까지의 시행 횟수라고 하면, X는 기하분포를 따르며 X~Geo(p) 또는 X~Geometric(p)로 표현하고, 확률함수는 다음과 같다.

$$P(X=x) = q^{x-1} \cdot p \;\; , \;\; x = 1,2,3,\cdots$$

(예제 5-6)

매주 발매하여 주말에 추첨하는 복권에서 당첨될 확률이 20%라고 한다. 한 사람이 복권을 당첨될 때까지 매주 하나씩 계속하여 산다고 할 때, 이 사람이 5번째 주에 가서 처음 당첨될 확률은 얼마인가?

(풀 이)

확률변수X를 이 사람이 복권에 처음 당첨될 때까지 복권을 산 횟수로 정의하면

X의 분포는

$$P(X=x) = (0.8)^{x-1} \cdot (0.2), x = 1, 2, 3, \cdots$$

이다. 따라서 5번째 처음 당첨될 확률은

$$P(X=5) = (0.8)^4 \cdot (0.2)$$
$$= 0.08192$$

[기하분포의 평균과 분산]

$$E(X) = \frac{1}{p}$$
$$Var(X) = \frac{q}{p^2}, \ p > 0$$

(예제 5-7)

주사위 1개를 6이 나올 때까지 던진다고 할 때 다음을 계산하여라.

(1) 5번째 6이 나올 확률

(2) 6이 나올 때까지의 평균 실행회수

(풀 이)

확률변수 X가 주사위를 던져서 6이 처음 나올 때 던진 횟수라고

할 때, 매번 시행에서 6이 나올 확률이 $\frac{1}{6}$ 이므로 $X \sim \text{Geometric}\left(\frac{1}{6}\right)$ 이다.

(1) 5번째에 6이 나올 확률은

$$P(X=5) = q^4 p = \left(\frac{5}{6}\right)^4 \cdot \frac{1}{6}$$

(2) 6이 나올 때까지의 평균 실행횟수는

$$E(X) = \frac{1}{p} = \frac{1}{\frac{1}{6}} = 6$$

5.4 초기하 분포

유한 모집단에서 표본을 비복원추출한 경우에는 베르누이 시행이 독립이라는 조건을 만족시키지 못하므로 이항분포를 사용하지 못한다. 이런 경우에는 다음과 같이 초기하 분포를 사용한다. 크기 N인 유한모집단 [그림 5-2]에서 성공이라고 인식하는 속성의 수가 M개 나머지 $N-M$은 실패라고 인식하는 속성의 개수이다.

이와 같이 크기가 N인 유한모집단에서 n개의 표본을 랜덤하게 비복원추출할 때 추출된 표본 속에 포함된 성공속성의 개수 X의 확률분포를 초기하분포(hypergeometric distribution)라고 한다.

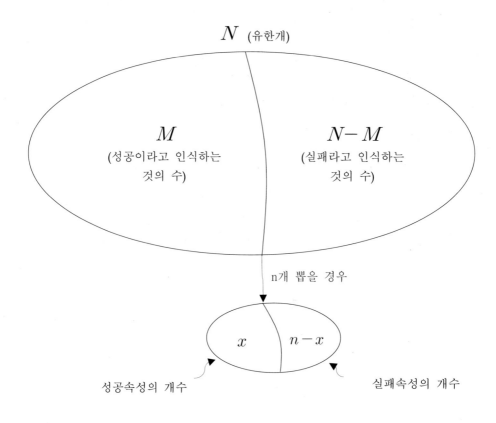

[그림 5-2] 초기하 확률변수

따라서 초기하 변수 X가 실수값 x를 취할 확률함수는 다음과 같다.

$$f(x) = P(X = x) = \frac{{}_M C_x \cdot {}_{N-M} C_{n-x}}{{}_N C_n}$$

확률변수 X가 초기하분포에 따를 때, $X \sim H(N, M, n)$으로 나타내고
X의 확률함수 $f(x)$는 다음과 같다.

$$f(x) = P(X = x) = \frac{{}_M C_x \cdot {}_{N-M} C_{n-x}}{{}_N C_n}, \quad x = 0, 1, 2 \cdots, \min(n, M)$$

  N=유한모집단의 크기
  M=모집단에 포함된 성공 속성의 개수
  n=표본의 크기
  x=추출된 표본에 포함된 성공 속성의 개수

위에서 X가 취할 수 있는 최대값은 n이나 M을 초과할 수 없다. 초기
하 분포의 기대값과 분산은 다음과 같다.

$$E(X) = np, \quad p = \frac{M}{N}$$

$$Var(X) = npq \left[\frac{N-n}{N-1} \right], \quad q = 1 - p$$

위 결과로부터 초기하변수의 기대값은 이항변수와 동일함을 볼 수 있다.
또한 분산에서 $\left[\frac{N-n}{N-1} \right]$은 유한수정계수라고 불리는데, 이 수정계수의 값
은 N이 표본크기 n에 비하여 상당히 커질때, 1에 수렴함을 알 수 있다.
일반적으로 실무에서는 N이 n에 비하여 상당히 큰 경우(보통 $10n \leq N$인
경우)에는 초기하변수의 분석을 이항분포를 이용하여 근사적 분석을 하여
도 무리가 없다.

(예제 5-8)

어떤 제품이 $N=10$개로 구성되어있는 로트에서 2개가 부적합품 이라한다. 이중에서 3개를 임의 추출하여 적합여부를 검사한다고 하자. 이러한 검사에서 X를 '부적합품의 개수'라고 할 때, X의 값이 0, 1, 2일 확률은 각각 얼마인가? 그리고 변수 X의 기대값과 분산은 얼마인가?

(풀 이)

$n=3, M=2, N=10$ 이므로, 구하고자 하는 확률은

$$P(X=0) = \frac{{}_2C_0\,{}_8C_3}{{}_{10}C_3} = \frac{7}{15}$$

$$P(X=1) = \frac{{}_2C_1\,{}_8C_2}{{}_{10}C_3} = \frac{7}{15}$$

$$P(X=2) = \frac{{}_2C_2\,{}_8C_1}{{}_{10}C_3} = \frac{1}{15}$$

기대값과 분산은

$$E(X) = n\frac{M}{N} = 3\left(\frac{2}{10}\right) = \frac{3}{5}$$

$$Var(X) = npq\left[\frac{N-n}{N-1}\right]$$
$$= 3\left(\frac{2}{10}\right)\left(\frac{8}{10}\right)\left(\frac{7}{9}\right)$$
$$= \frac{28}{75}$$

5.5. 다항분포

이항분포는 실험에서 나타나는 결과가 두개인 경우에 대한 확률분포인데, 이는 자연스럽게 발생 가능성이 세 개 이상인 경우로 확장할 수 있다. 예를 들어 한 공장에서 생산된 제품 중 1등급 제품이 전체생산량의 70%, 2등급이 20%, 3등급 10%를 생산하였을 확률의 계산과 같은 것이다.

이와 같이 가능한 결과가 세 개 이상인 실험을 n번 반복하였을 때 각 결과가 특정수만큼 나타날 확률을 구하는 분포를 **다항분포**(multinomial distribution)라고 한다.

[다 항 분 포]

각 실험의 결과가 k개 범주 중의 하나이며, 각 범주가 나타날
확률이 $p_1, p_2, \cdots, p_k$인 확률실험에서 실험을 n번 반복했을 때
각 범주의 관측치를 확률변수 $X_1, X_2, \cdots, X_k$로 표현하면,
$X_1 = x_1$, $X_2 = x_2$, $\cdots$, $X_k = x_k$가 관측될 확률을 측정하는 분포를
다항분포라고 하며, 확률함수는 다음과 같다.

$$P(X_1 = x_1, X_2 = x_2, \cdots, X_k = x_k) = f(x_1, x_2, \cdots, x_k) = \frac{n!}{x_1! x_2! \cdots x_k!} p_1^{x_1} p_2^{x_2} \cdots p_k^{x}$$

여기에서 $n = \sum_{i=1}^{k} x_i$, $p_1 + p_2 + \cdots + p_k = 1$

범 주	1	2	3	$\cdots$	k	합계
관측도수	x_1	x_2	x_3	$\cdots$	x_k	n
확 률	p_1	p_2	p_3	$\cdots$	p_k	1

(예제 5-9)

한 공장에서 생산된 제품의 등급이 1, 2, 3, 4의 4가지 등급 중 하나로 나타나며
각각의 등급이 나타날 확률이 순서대로 $p_i = \frac{1}{10}, \frac{2}{10}, \frac{3}{10}, \frac{4}{10}$이라고 한다. 제품
20개를 검사한 결과 각 등급에 속하는 제품이 순서대로 3, 4, 5, 8 개 일 확률
을 구하라.

(풀 이)

X_1, X_2, X_3, X_4를 각각의 제품등급이 관측된 수를 확률변수라고 할 때, 각각
의 등급이 나타날 확률이 $\frac{1}{10}, \frac{2}{10}, \frac{3}{10}, \frac{4}{10}$이므로,

$$P(X_1 = 3, X_2 = 4, X_3 = 5, X_4 = 8)$$
$$= \frac{20!}{3!\ 4!\ 5!\ 8!} \left(\frac{1}{10}\right)^3 \left(\frac{2}{10}\right)^4 \left(\frac{3}{10}\right)^5 \left(\frac{4}{10}\right)^8$$

5.6 포아송 분포

한 은행창구에 서비스를 받기위해 방문하는 고객의수에 대한 분포를 생

각해보기로 하자. 과거의 자료에 의하면 이 은행창구에 오전 9시부터 10시 사이에 서비스를 받기 위해 방문하는 평균 고객의 수가 93명이라면 이 은행창구에 오전 9시부터 10시까지 서비스를 받기 위해 방문하는 고객의 수에 대한 분포는 어떤 모양을 가질까? 서비스를 받기위해 방문하는 고객의수는 0에서 ∞까지 가능하며 그 분포는 평균 가까이에 가장 많이 나타나는 모양을 가질 것으로 생각할 수 있다. 이와 같이 주어진 단위시간, 단위구간, 단위면적 등에서 발생하는 사건이 평균 m개로 알려져 있을 경우, 단위당 발생하는 사건의 수를 확률변수 X라고 할 때 X의 발생회수를 측정하는 확률분포를 **포아송 분포**(poisson distribution)라고 한다.

포아송 분포는 프랑스의 수학자 포아송(S. Poisson, 1781~1840)에 의하여 발견되었으며, 현실문제에 대한 응용도가 높은 분포이다. 예를 들어 고속도로의 특정구간에서 1개월 동안 평균 35회 교통사고가 발생할 때 이번 달에 발생하는 교통사고건수, 1분당 평균 10회의 전화가 걸려오는 어느 교환대에서 특정 1분당 걸려올 전화회수, 직물 $1m^2$당 평균 2개의 결점수가 있는 직물로부터 랜덤하게 $1m^2$추출하여 검사했을 때 발견되는 결점수, 보험회사에서 보험가입자가 특정 질병으로 1년간 사망할 확률 등 포아송 분포는 매순간 사건이 일어날 수 있어서 시행 회수 n이 아주 크고 사건이 발생할 확률이 매우 작을 경우에 이항분포의 근사분포로 사용되는 분포이며 확률함수는 다음과 같다.

[포아송분포 (poisson distribution)]

이산형 확률변수 X의 평균이 m인 포아송분포를 따를 때, $X \sim poisson(m)$ 으로 나타내고, X의 확률질량함수는

$$P(X=x) = f(x) = \frac{e^{-m}m^x}{x!}, \quad x = 0,\ 1,\ 2,\ \cdots$$

포아송 분포의 확률함수 $f(x)$는 단위당 평균 발생사건수인 모수 m에 의하여 결정되고, 포아송분포 확률함수에서 e는 e=2.71828…의 무리수로서 자연대수(natural logarithm)를 취할 때 밑(base)으로 사용하는 수이다. 그

리고 누적포아송분포의 누적확률값 $= \sum_{x=0}^{t} P(x, m)$은 [부록2]에 수록되어 있는 부표를 이용하여 복잡한 확률을 구하는 데 사용된다.

앞에서 설명한 바와 같이 이항분포 $X \sim B(n, p)$에서 평균 $np = m$으로 일정하게 하고 n을 충분히 크게 하는 경우에 이항분포가 포아송분포에 수렴하는 성질이 있다. 이러한 경우 근사분포에 대하여 알아보자.

$$
{}_{n}C_{x}p^{x}(1-p)^{n-x} = \frac{1}{x!} \cdot n(n-1) \cdots (n-x+1)\left(\frac{m}{n}\right)^{x}\left(1-\frac{m}{n}\right)^{n-x}
$$
$$
= \frac{m^{x}}{x!}\left(1-\frac{m}{n}\right)^{n}\left(1-\frac{m}{n}\right)^{-x} \cdot 1 \cdot \left(1-\frac{1}{n}\right) \cdots \left(1-\frac{x-1}{n}\right)
$$

이고, 자연대수의 밑수 e의 아래 정의 식을 이용하면

$$
\lim_{n \to \infty}\left(1+\frac{1}{n}\right)^{n} = e \text{이고} \lim_{h \to 0}(1+h)^{\frac{1}{h}} = e
$$

n이 충분히 클 때 $\left(1-\frac{m}{n}\right)^{n} \approx e^{-m}$이 된다.

따라서 n이 x에 비해서 충분히 클 때 (p가 작아 질 때)

$$
{}_{n}C_{x}p^{x}(1-p)^{n-x} \approx \frac{e^{-m}m^{x}}{x!}
$$

의 근사관계가 성립하게 된다.

그러므로 n이 상당히 큰 경우에는 이항분포 확률값을 포아송 분포를 이용하여 근사적으로 구할 수 있다.

[이항분포 확률함수의 포아송 분포 확률함수 수렴]

$$
X \sim b(n, p) = {}_{n}C_{x}p^{x}(1-p)^{n-x}, (\text{단, } n \to \infty, \ m = np)
$$
$$
\approx \frac{e^{-m}m^{x}}{x!}
$$
$$
= X \sim possion(m)
$$

확률변수 X가 평균이 m인 포아분포를 따를 때, 평균과 분산은 각각 다음과 같다.

$$E(X) = m$$
$$Var(X) = m$$

포아송 분포의 특징

(1) 기댓값과 분산이 같다

(2) $m \geq 5$일 때, 정규분포에 근사한다

(3) m이작을 때는 오른쪽으로 꼬리가 긴 분포가 되나 m이 커짐에 따라서 대칭에 가까워 진다.

(예제 5-10)

어느 산골에 있는 한 학교는 눈사태로 인하여 1년에 평균 4일 동안 휴교한다고 한다. 어느 해에 이 학교가 눈사태로 인하여 6일 동안 휴교할 확률을 포아송분포를 이용하여 구하시오.

(풀 이)

1년 동안 눈사태로 인하여 휴교일수를 X라고 하면 X는 $m = 4$의 포아송분포에 따르게 된다.

$$p(X = 6) = \frac{e^{-4} 4^6}{6!} = 0.1042$$

또한 [부록2]을 이용해도 같은 값을 얻게 된다.

$$P(X = 6) = \sum_{x=0}^{6} P(x) - \sum_{x=0}^{5} P(x) = 0.8893 - 0.7851 = 0.1042$$

(예제 5-11)

어느 수퍼마켓에서 1분당 찾아오는 고객수가 평균 5명이라고 한다. 이 수퍼마켓에서 특정 2분당 찾아오는 고객수가 15명 미만일 확률을 구하시오.

(풀 이)

1분당 평균 고객수가 5명이므로 2분당 평균 고객수는 10명이 된다. 따라서 X를 특정한 2분당 찾아오는 고객수라 한다면, 확률변수 X는 평균 10인 포아송분포에 따르게 되고 구하고자 하는 확률값은 의 포아송분포[부록2]을 이용하면 다음과 같이 된다.

$$P(X < 15) = P(X \leq 14) = 0.9165$$

예제 5-11에서 보는 바와 같이 포아송 분포를 사용할 때는 단위의 변화에 따라 단위당 평균 발생건수 m도 변화시키면서 사용해야 하는 점에 유의하기 바란다.

(예제 5-12)

어떤 철판의 단위 당 평균 부적합수 $m = 2$인 제품에서 랜덤 샘플링 할 경우, 부적합 수가 "0"일 확률은?

(풀 이)

어떤 철판의 단위 당 부적합수를 X라고 하면, X는 $m = 2$인 포아송 분포에 따르게 된   다.

$$P(X = 0) = \frac{e^{-2} \cdot 2^0}{0!}$$

$$= 0.135$$

5.1 12명의 회원이 있는 서클에서 어느 안건에 대하여 실제로 6명이 찬성을 하고 있다. 이 가운데서 4명을 임의로 추출했을 경우 X를 찬성자 수라 하자.

(1) X는 어떤 확률분포를 따르는가?

(2) 확률분포표를 만들어라.

(3) 이 경우에 E(X)와 Var(X)를 구하여라. 공식에 의한 결과와 일치하는가?

5.2 어느 공정에서 생산되는 제품의 40%가 불량품이라고 한다. 이 공정의 제품 6개를 임의로 추출했을 때, 다음 확률을 구하여라.

(1) 4개가 불량품일 확률

(2) 적어도 하나가 불량품일 확률

(3) 4개 이하가 불량품일 확률

5.3 이항분포표를 이용하여 다음 확률을 구하여라.

(1) p=0.4일 때, 8회의 시행 가운데서 3회 성공할 확률

(2) p=0.6일 때, 16회의 시행 가운데서 7회 실패할 확률

(3) p=0.4일 때, 9회의 시행 가운데서 3회 이하의 실패를 할 확률

(4) p=0.6일 때, 16회의 시행 가운데서 8회 이상 13회 이하의 성공을 할 확률

5.4 이항분포에서 n=8, p=0.4일 때,

(1) 확률히스토그램을 구하여라.

(2) $P\{X=7\}, P\{X \geq 7\}$을 구하여라.

(3) 평균과 분산을 구하고, 기둥그래프에 표시하여라.

5.5 한 학교의 통계학 과목에서 10%의 학생들이 낙제를 한다고 할 때, 25명이 있는 한 통계학 과정에서

(1) 낙제하는 학생들 수의 평균과 분산을 구하라.

(2) 낙제생의 수가 2명 이내일 확률을 구하라.

5.6 한 군사시설 주위에 5개의 레이더 장치가 있는데, 각각의 레이더 장치가 이상한 물체의 접근을 감지할 확률은 0.9라고 한다.

(1) 이상한 물체가 접근할 때, 네 개의 레이더 장치가 모두 감지할 확률은 얼마인가?

(2) 이상한 물체가 접근할 때, 최소한 한 대 이상의 레이더가 감지할 확률은 얼마인가?

5.7 확률변수 X가 기하분포 Geometric(p)를 따른다고 할 때 다음 각 경우에 대한 확률을 구하라.

(1) X=5, p=0.1   (2) X=4, p=0.4

(3) X=10, p=0.5   (4) X=5, p=0.9

5.8 확률변수 X가 기하분포 Geometric(p)를 따른다고 할 때 다음 각 경우에 대한 평균과 분산을 구하라.

(1) p=0.1   (2) p=0.2

(3) p=0.3   (4) p=0.5

5.9 한 사격선수가 이동표적을 맞출 확률이 0.9라고 할 때,

(1) 이 선수가 세번째 시도에서 표적을 맞출 확률은 얼마인가?

(2) 이 선수가 표적을 맞추는데 필요한 평균사격 횟수는 얼마인가?

(3) 이 선수가 두번째 시도 이내에 표적을 맞출 확률은 얼마인가?

5.10 한 공장에서 생산된 전구의 불량률이 20%라고 한다. 이 공장에서 생산된 전구를 한 전등에 끼울 때,

(1) 네 번째 끼운 전구에서야 처음 불이 들어올 확률은 얼마인가?

(2) 이 전등에 불이 들어오게 하기 위하여 갈아 끼우는 평균 전구의 수는 얼마인가?

(3) 이 전등에 불이 들어올 때까지 2개 이상의 전구를 갈아끼웠을 확률은 얼마인가?

5.11 확률변수 X가 세 개의 가능한 경우가 있는 다항분포 Multinominal(n; p_1, p_2, p_3)를 따를 때 다음 각 경우의 확률을 구하라.

(1) $P(X_1=2, X_2=3, X_3=5)$, $n=10$, $p_1=p_2=p_3=\dfrac{1}{3}$

(2) $P(X_1=0, X_2=2, X_3=3)$, $n=5$, $p_1=0.1$, $p_2=0.4$, $p_3=0.5$

(3) $P(X_1=2, X_2=1, X_3=2)$, $n=5$, $p_1=0.4$, $p_2=0.2$, $p_3=0.4$

(4) $P(X_1=4, X_2=4, X_3=2)$, $n=10$, $p_1=0.4$, $p_2=0.3$, $p_3=0.3$

5.12 한 도시에서 A정당, B정당, C정당의 지지도가 각각 50%, 30%, 20%라고 한다. 이 도시에서 임의로 뽑은 10명 중에서 A정당, B정당, C정당을 지지하는 사람의 수가 각각 4명, 4명, 2명일 확률은 얼마인가?

5.13 확률변수 X가 포아송 Poisson(μ)를 따를 때 각 경우의 확률을 구하라.

(1) $P(X=0)$, $\mu=2$

(2) $P(X=3)$, $\mu=5$

(3) $P(X\geq 2)$, $\mu=2$

(4) $P(X\geq 1)$, $\mu=5$

5.14 한 자동차 정비공장에 수리하러 오는 자동차의 수는 시간당 평균 5대인 포아송분포를 따른다. 어느 특정시간에 수리하러 오는 자동차의 수가 다음과 같을 확률을 구하라.

(1) 수리하러 오는 차가 한 대도 없을 확률

(2) 두 대 이상이 수리하러 올 확률

(3) 정확하게 5대가 수리하러 올 확률

(4) 한 대 이하가 수리하러 올 확률

5.15 한 사무실에 매시간당 걸려오는 전화의 횟수는 포아송분포를 따르며, 매시간당 평균 30회의 전화가 걸려온다. 다음 각 경우의 확률을 구하라.

(1) 특정한 1분에 전화가 한 번 걸려올 확률

(2) 특정한 1분에 전화가 두 번 이상 걸려올 확률

(3) 특정한 5분에 전화가 한 번도 걸려오지 않을 확률

5.16 어느 한 책에는 오자가 평균 10페이지에 20개씩 발생하는 포아송분포를 따른다고 할 때, 다음 각 경우의 확률을 구하라.

(1) 어느 페이지에 오자가 하나도 없을 확률

(2) 어느 페이지에 오자가 두개 이상 있을 확률

(3) 특정한 네 페이지에 오자가 하나도 없을 확률

제 **6** 장
연속확률분포

이산형 확률분포가 셀 수 있는 이산점에서 0이 아닌 확률을 갖는 확률분포인 데 비하여 연속형 확률분포는 확률변수가 취하는 값을 셀 수 없는 경우, 즉 특정한 실수구간 내의 모든 값을 취할 수 있는 확률분포를 말하며 확률분포의 형태는 그 구간에서 정의된 확률 밀도함수에 의하여 결정되어진다. 이러한 연속형 확률분포의 대표적인 것으로 균등분포(uniform distribution), 정규분포(normal distribution), 지수분포(exponential distribution)와 7장에서 학습 하게 될 정규분포로부터 유도된 t-분포, χ^2-분포, F-분포 등이 있다 이번 장에서는 대표적인 연속확률분포인, 균등분포, 정규분포, 지수분포에 대하여 알아보기로 한다.

6.1 균등분포

균등분포(uniform distribution)는 모든 확률분포 중에서 가장 단순한 형태로 특정 구간내의 값들이 나타날 가능성이 균등한 분포를 말한다. 이산변수도 균등분포를 가질 수 있으나, 본 절에서는 연속변수의 균등분포만을 다루기로 한다.

[그림 6-1]은 균등분포의 분포형태를 그림으로 보여주고 있다.

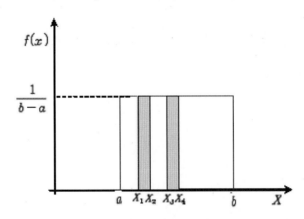

[그림 6-1] 균등분포

확률변수 X가 취할 수 있는 값은 a와 b 사이의 실수값에 한하며, 변수 X가 구간 [a, b]내의 임의의 소구간에 속할 확률은 그 위치가 어디이든 항상 동일하다. [그림6-1]에서 보듯이 임의로 선택된 길이가 같은 두 개의 소구간[x_1, x_2]과 [x_3, x_4]에 대한 확률(면적)이 동일하다. 그리고 이와 같은 특성은[a, b] 전 구간에 대하여 동일하게 적용된다. 그러므로 균등분포 변수의 확률함수는 직사각형의 형태를 갖게 된다. 또한 전체 확률의 합이 1이 되어야 하므로, 균등분포변수의 확률밀도함수를 의미하는 직사각형의 높이는 $\dfrac{1}{b-a}$이 된다. 이제 균등분포의 확률함수를 다음과 같이 요약할 수 있다.

[균등분포의 확률함수]

확률변수 X의 표본공간이 $S = \{x \mid a \leq X \leq b\}$인 균등분포 변수일 때, 변수 X의 확률밀도함수 $f(x)$는 다음과 같다.

$$f(x) = \frac{1}{b-a}$$

(예제 6-1)

월악산 국립공원 버스정류장에서 충주방향으로 매시 0분, 15분, 40분에 각 1회씩 버스가 발차한다. 한 사람이 우연히 버스를 타기 위하여 이 정거장에 왔다고 하자.

(1) 어떤 사람이 버스 정류장에 도착하는 시간이 매시 정각에서 15분 사이일 확률은 얼마인가?

(2) 어떤 사람이 버스 정류장에 도착하여 20분 이상 기다려야 할 확률은 얼마인가?

(풀 이)

(1) X를 어떤 사람이 정류장에 도착하는 시간이라고 정의하면, 이 변수는 0과 60사이의 실수를 취하는 균등분포 변수이며, 확률함수는 $f(x) = \dfrac{1}{60}$이므로

$$P(0 \leq x \leq 15) = \int_0^{15} \frac{1}{60} dx = \frac{1}{4}$$

(2) 변수 Y를 어떤 사람이 정류장에 도착해서 버스를 타기 전까지 기다리는 시간이라고 하자.

$$Y = \begin{cases} 15 - X, & 0 < X \leq 15 \\ 40 - X, & 15 < X \leq 40 \\ 60 - X, & 40 < X \leq 60 \end{cases}$$

$$P(Y \geq 20) = P(15 < X \leq 20) = \int_{15}^{20} \frac{1}{60} dx = \frac{1}{12}$$

이다

다음은 균등분포의 기대값과 분산에 대하여 알아보자

[균등분포의 기대값과 분산]

변수 X가 구간[a, b]에서 정의된 균등분포변수일 때, $E(X)$, $Var(X)$는

$$E(X) = \frac{a+b}{2}$$

$$Var(X) = \frac{(b-a)^2}{12}$$

(예제 6-2)

예제 6-1에서 그 사람이 버스정류장에서 기다리는 시간의 기대값과 분산을 구하시오

(풀 이)

기다리는 시간 $Y = g(x) = \begin{cases} 15 - X, & 0 < X \leq 15 \\ 40 - X, & 15 < X \leq 40 \\ 60 - X, & 40 < X \leq 60 \end{cases}$

$E[g(x)] = $ 이므로 여기서 를 대입하면

$$E[Y^2] = \int_0^{15} (15-x)(\frac{1}{60})dx + \int_{15}^{40} (40-x)(\frac{1}{60})dx + \int_{40}^{60} (60-x)(\frac{1}{60})dx$$

$$= \frac{125}{12} , 10분 25초이다.$$

그리고 분산은 $V(Y) = E(Y^2) - [E(Y)]^2$이므로, $E(Y^2)$을 먼저 구하면

$$E[Y^2] = \int_0^{15} (15-x)^2(\frac{1}{60})dx + \int_{15}^{40} (40-x)^2(\frac{1}{60})dx + \int_{40}^{60} (60-x)^2(\frac{1}{60})dx$$

$$= \int_0^{15} (\frac{225}{60} - \frac{30}{60}x + \frac{x^2}{60})dx + \int_{15}^{40} (\frac{1600}{60} - \frac{80}{60}x + \frac{x^2}{60})dx$$

$$+ \int_{40}^{60} (\frac{3600}{60} - \frac{120}{60}x + \frac{x^2}{60})dx = 1364.9$$

이 된다. 따라서 변수 Y의 분산은

$$Var(Y) = 1364.9 - \frac{(125)^2}{(12)^2} = 1256.6$$

6.2 정규분포

정규분포는(normal distribution) 통계이론에서 가장 중요한 확률분포이며 현실적으로 가장 많이 적용되는 분포이다. 1733년 프랑스의 수학자 드므아브르(De Moivre)에 의해 처음 발표 되었다. 그러나 정규분포를 이론적으로 규명하고 광범위하게 응용시킨 사람은 19세기 독일의 수학자 가우스(K. Gauss)이다. 따라서 정규분포를 가우스의 업적을 기념하는 의미에서 가우스분포(Gaussian distribution)라고도 하며, 초기에는 천문학이나 물리학에서 관측값의 오차를 연구하는데 많이 사용되었으므로 오차분포(error distribution)로 불리기기도 한다.

그 후 이 분포는 물리학 뿐만 아니라 다른 모든 학문 분야에서도 널리 사용되어 왔다. 통계학의 초기 발전 단계에서는 모든 자료의 기둥그래프가 이 분포의 곡선과 가까운 형태이어야만 옳고, 그렇지 않은 경우에는 자료의 수집 과정에 잘못이 있다고 믿었다. 이러한 이유로 이 분포에 "정규"라는 이름이 붙게 된 것이다. 물론 이는 잘못된 생각으로 이 분포 이외의 분포들도 경우에 따라서는 확률모형으로서 더 적합한 경우가 많다. 그럼에도 불구하고 정규분포는 다음과 같은 특성 때문에 통계적 추론의 중추적 역할을 하고 있다.

(1) 수 많은 자연현상, 사회과학, 공학현상 등의 실험이나 관찰결과의 확률분포가 정규분포에 따른다.

(2) 대부분의 통계기법들이 정규분포를 가정하고 있다.

(3) 정규분포는 통계적 추론의 중추적 역할을 하고 있다.

(4) 통계이론에서 가장 중요하며 현실적으로 가장 많이 적용된다.

이러한 특성을 갖는 정규분포의 확률밀도함수는 다음과 같이 정의 된다.

[**정규분포의 확률밀도함수**]

$$f(x) = \frac{1}{\sqrt{2\pi}\sigma} e^{-\frac{(x-\mu)^2}{2\sigma^2}}, \quad -\infty < x < \infty.$$

정규분포의 형태는 [그림 6-2]에서 보는 바와 같이 평균값(μ)에서 가장 높으며, 평균값을 중심으로 좌우대칭이고 곡선 아래의 전체 면적은 1이며 종 모양(bell shape)임을 알 수 있다. [그림 6-3]은 동일한 σ하에서 μ의 변화에 따른 분포의 형태를 나타내고, [그림 6-4]는 동일한 μ하에서 σ의 변화에 따른 분포의 형태를 나타낸다. 이와 같이 μ, σ 값에 의해 분포의 모양이 결정되므로, μ, σ 가 정규분포의 모수임을 알 수 있다. 따라서 확률변수 X가 평균 μ이고, 표준편차 σ인 정규분포를 따를 때,

$$X \sim N(\mu, \ \sigma^2)$$

로 표현 한다.

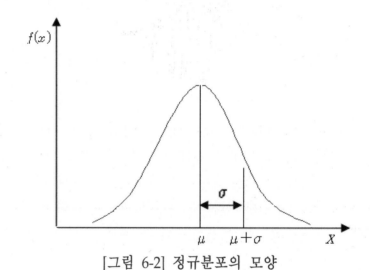

[그림 6-2] 정규분포의 모양

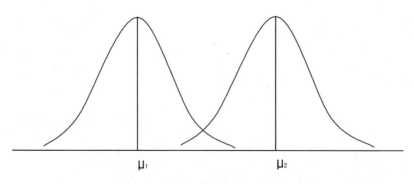

[그림 6-3] 평균에 따른 정규분포의 변화

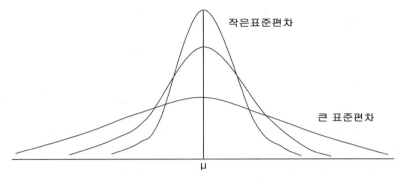

[그림 6-4] 표준편차에 변화에 따른 정규분포의 변화

또한[그림 6-3]과 [그림 6-4]에서 평균은 분포의 중심위치를 결정하며 표준편차는 분포의 흩어진 퍼짐의 정도를 결정함을 알 수 있다. 즉 표준편차의 값이 클수록 분포가 평균을 중심으로 넓게 흩어지며 , 표준편차의 값이 작을수록 분포의 형태가 평균에 집중되어 있음은 알 수 있다. 일반적으로 확률변수 X가평균이 μ이고 표준편차가 σ인 정규분포를 따를 때 X가 평균 μ로부터 ±σ, ±2σ, ±3σ, 사이에 있을 확률은 다음과 같다.

> **[정규분포에서의 대표적인 확률]**
>
> $X \sim N(μ, σ^2)$일 때,
>
> $$P\{μ - σ < X < μ + σ\} = 0.6826$$
> $$P\{μ - 2σ < X < μ + 2σ\} = 0.9544$$
> $$P\{μ - 3σ < X < μ + 3σ\} = 0.9973$$

정규확률변수가 특정한 범위의 값을 취할 확률을 계산하기 위하여 매번 확률밀도함수를 이용하여 계산하는 것은 매우 번거롭고 어려운 일이다. 그런데 다행히도 정규분포를 따르는 정규확률변수는 확률변수에서 평균을 뺀 후 표준편차로 나누면 항상 평균이 0이고 표준편차가 1인 정규분포를 따르는 특성을 갖고 있으므로 이를 이용하면 확률 계산을 편리 하게 할 수 있다.

즉, 확률변수가 $X \sim N(μ, σ^2)$인 정규분포를 따를 때 변환식 $Z = \dfrac{X - μ}{σ}$ 을 이용하여 표준정규확률변수 Z로 변환하는 과정을 **표준화** (standardization)라고 한다. 이러한 표준화 과정을 통하여 정의된 확률변수 Z는 평균이 0이고 표준편차가 1인 정규분포를 따른다. 따라서 표준화된 표준정규확률변수 Z가 평균이 0이고 표준편차가 1인 분포를 **표준정규분포**(standard normal distribution)라고 하고 $Z = \dfrac{X-\mu}{\sigma} \sim N(0,1)$으로 표현한다. 정규확률변수 X를 표준화하는 과정과 표준화된 표준정규분포의 확률밀도함수는 다음과 같다.

[표 준 화 와 표 준 정 규 분 포]

정규확률변수의 표준화

$X \sim N(\mu, \ \sigma^2)$이면 $Z = \dfrac{X-\mu}{\sigma} \sim N(0,1)$

표준정규분포의 확률밀도함수는

$f(z) = \dfrac{1}{\sqrt{2\pi}} \exp\left[-\dfrac{z^2}{2} \right], \ -\infty < z < \infty$

[그림 6-5]는 표준정규분포곡선의 모양을 나타내고 있다.

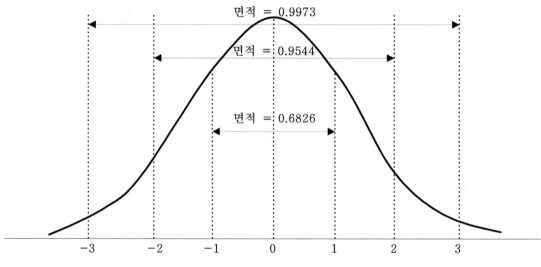

[그림 6-5] 표준정규분포곡선

[부록3]에는 표준정규분포에 대해 각 z값에 대하여 0에서 z값 까지의 면적, P{0≤Z≤z}를 수록하고 있다. 따라서 a, b사이의 확률을 구하려면

$$P\{a \leq Z \leq b\} = P\{0 \leq Z \leq b\} - P\{0 \leq Z \leq a\}$$

를 이용하여 구하면 된다. 다음의 기본성질들은 수표의 사용에 매우 유용

하다.

(1) $P\{Z \leq 0\} = 0.5$

(2) $P\{Z \leq -z\} = 0.5 - P\{0 \leq Z \leq z\}$

(3) 양수 z에 대해

$$P\{Z \leq z\} = 0.5 + P\{0 < Z \leq z\},$$
$$P\{Z \leq -z\} = 0.5 - P\{0 < Z \leq z\}.$$

표준정규분포에서 표준화시킨 Z의 특정값과 확률(면적)과의 표현방법에 대하여 알아보자

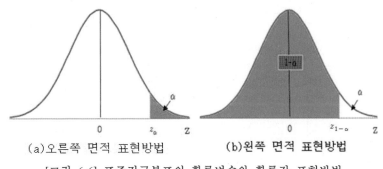

(a)오른쪽 면적 표현방법   (b)왼쪽 면적 표현방법

[그림 6-6] 표준정규분포의 확률변수와 확률값 표현방법

[그림 6-6]에서 (a)와 (b)는 동일한 확률값을 갖는 확률변수값이다. 다만 오른쪽면적이나 왼쪽면적 표현방법 중 어떤 방법을 택하여 표기하느냐에 따라 표현방법이 다르다. 앞으로 우리책에서는 표준정규분포의 특정 확률변수 z값과 확률값과의 표현방법은 오른쪽면적 표현방식을 사용하기로 한다. 예를 들어 $\alpha = 0.05$인 경우 $Z_{0.05}((a)$의 표현방법$) = Z_{0.95}((b)$의 표현방법$) = 1.645$로 동일한 값이 된다.

(예제 6-3)

　　$P(Z < -1.9$ 또는 $Z > 2.1)$을 구하여라.

(풀 이)

　　각각의 확률 $P\{Z < -1.9\}$와 $\{Z > 2.1\}$은 서로 배반인 사건이므로 각각의 확률을 더하여 구한다

$$P\{Z < -1.9 \text{ 또는 } Z > 2.1\} = P\{Z < -1.9\} + \{Z > 2.1\}$$

[부록3]에서 $P\{Z > 2.1\}$은 2.1의 오른쪽 부분의 면적에 해당되므로

$P\{Z > 2.1\} = 0.5 - 0.4821 = 0.0179$ 이다.

$$P\{Z \leq -1.9\} = P\{Z > 1.9\} = 0.5 - P\{0 \leq Z \leq 1.9\} = 0.0287$$

이므로

$$P\{Z < -1.9 \text{ 또는 } Z > 2.1\} = 0.0287 + 0.0179 = 0.0466$$

(예제 6-4)

$P\{Z > z\} = 0.025$가 되는 z값은?

(풀 이)

[부록3]의 표준정규분포표 값을 이용하여 구하면 z의 왼쪽 부분의 면적은 0.5-0.0250=0.4750이 되어야 한다.

표로부터 이에 대응하는 z값은 z=1.96임을 알 수 있다.([그림 6-7]참조)

$Z \sim N(0,1)$일 때 $P(Z > z_\alpha) = \alpha$를 만족하는 실무에서 많이 활용하는 표준 정규분포확률변수와 확률값은 다음과 같다. ([그림6-7]참조)

$$Z_{0.005} = 2.58$$
$$Z_{0.01} = 2.33$$
$$Z_{0.025} = 1.96$$
$$Z_{0.05} = 1.645$$
$$Z_{0.1} = 1.28$$

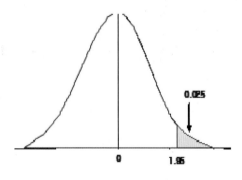

[그림6-7] 표준정규분포

일반적인 정규분포에 대한 확률은 다음의 정규분포의 성질을 이용하여 표준정규분포표로부터 구할 수 있다.

> ### [정규분포의 성질(Ⅰ)]
>
> $X \sim N(\mu, \sigma^2)$일 때 임의의 상수 a, b에 대하여 $aX + b$가 정규분포를 따른다. 따라서 $aX + b \sim N(a\mu + b, a^2\sigma^2)$이 성립한다.

위의 성질로부터 $X \sim N(\mu, \sigma^2)$일때, 변수 X는 변환공식 $Z = \dfrac{X - \mu}{\sigma} \sim N(0, 1)$ 을 통해 표준정규분포 변수 Z로 변환한다.

표준화된 표준정규분포의 Z를 이용함으로써 정규분포에 대한 확률을 계산할 수 있다.

X의 분포가 $N(\mu, \sigma^2)$이면 $Z = \dfrac{X - \mu}{\sigma}$의 분포는 $N(0, 1)$이므로

$$P\{X \le b\} = P\left\{\frac{X - \mu}{\sigma} \le \frac{b - \mu}{\sigma}\right\} = P\left\{Z \le \frac{b - \mu}{\sigma}\right\}$$

$$P\{a \le X \le b\} = P\left\{\frac{a - \mu}{\sigma} \le \frac{X - \mu}{\sigma} \le \frac{b - \mu}{\sigma}\right\}$$
$$= P\left\{\frac{a - \mu}{\sigma} \le Z \le \frac{b - \mu}{\sigma}\right\}$$

와 같이 표준화하여 표준정규분포표를 이용한다.

(예제 6-5)

품질경영 연수과정에서 시험성적의 분포는 근사적으로 $N(74, 4^2)$라고 한다. 만약 68점 이하를 받은 사람은 재교육과정을 거쳐야 한다면, 재교육 대상인 사람의 비율을 구하여라.

(풀 이)

68점 이하를 받은 사람의 비율은

$$P\{X \le 68\} = P\left\{\frac{X - 74}{4} \le \frac{68 - 74}{4}\right\}$$
$$= P\{Z \le -1.5\} = 0.5 - P\{0 \le Z \le 1.5\} = 0.5 - 0.4332$$
$$= 0.0668$$

이므로 6.68%가 재교육대상이다.

어떤 자동차부품의 공장이 있다. 이 공장에서 생산하는 부품의 규격은 $20\pm0.05mm$이고, 공정의 분포가 $N(20, 0.05^2)$을 따른다면 규격을 벗어날 확률은?

(풀 이)

규격을 벗어날 확률은 $P(X \leq 19.95) + P(X \geq 20.05)$이므로

$$= P\left\{\frac{X-20}{0.05} \leq \frac{19.95-20}{0.05}\right\} + P\left\{\frac{X-20}{0.05} \leq \frac{20.05-20}{0.05}\right\}$$
$$= P\{Z \leq -1\} + P\{Z \geq 1\}$$
$$= 2P\{Z \geq 1\}$$
$$= 2\{0.5 - 0.3413\}$$
$$= 0.3174$$

끝으로, 정규분포의 중요한 성질 하나를 소개하기로 한다.

[정규분포의 성질(II)]

$X_1 \sim N(\mu_1, \sigma_1^2)$, $X_2 \sim N(\mu_2, \sigma_2^2)$이고 X_1과 X_2가 서로 독립이면

$X_1 + X_2 \sim N(\mu_1 + \mu_2, \sigma_1^2 + \sigma_2^2)$

(예제 6-7)

어느 학생의 영어 성적은 $N(85, 3^2)$을 따르고, 통계학 성적은 $N(75, 4^2)$을 따른다고 할 때, 두 과목 성적의 합이 150점 이하일 확률을 구하여라.

(풀 이)

이 학생의 영어 성적을 X_1, 통계학성적을 X_2, 두 과목 성적의 합을 Y라 하면 위의 정규분포의 성질(II)에 의하여,

$$Y = X_1 + X_2 \sim N(160, 5^2)$$

이므로 표준정규분포표로부터 구하는 확률은

$$P\{Y \le 150\} = P\left\{\frac{Y-160}{5} \le \frac{150-160}{5}\right\}$$
$$= P\{Z \le -2\} = 0.5 - P\{0 \le Z \le 2\}$$
$$= 0.0228$$

(예제 6-8)

모집단으로부터 4개의 시료를 각각 뽑은 결과의 분포가 $X_1 \sim N(15, 3^2)$, $X_2 \sim N(25, 4^2)$이고, $Y = 3X_1 - 2X_2$일 때 Y의 분포는 어떻게 되겠는가? (단, X_1, X_2는 서로 독립이다.)

(풀 이)

Y의 분포는 두 정규분포의 차로 정규분포에 따른다.

$$E(Y) = E(3X_1 - 2X_2)$$
$$= 3E(X_1) - 2E(X_2)$$
$$= 3 \times 15 - 2 \times 25$$
$$= -5$$

$$V(Y) = V(3X_1 - 2X_2)$$
$$= 9V(X_1) + 4V(X_2)$$
$$= 9 \times 9 + 4 \times 16$$
$$= 145$$

따라서 $Y \sim N(-5, 145)$에 따른다.

6.3 지수분포

포아송 과정은 어떤 주어진 단위기간동안 발생하는 불확실한 사건의 수를 측정한다. 이제 거꾸로 지정된 시점으로부터 다음사건이 발생할 때까지 걸린 시간을 측정하는 분포를 지수 분포(exponential distribution)라고 한다. 예를 들면 어떤 사건이 단위구간에서 평균 λ를 갖는 포아송분포를 따른다면 t구간에서는 평균이 λt가 되며 확률변수 X가 t구간에서 발생되는 사건의 수를 나타낸다고 할 때, X는 평균이 λt인 포아송분포를 따르며,

$$P(X = x) = \frac{(\lambda t)^x}{x!} e^{-\lambda t}, \quad x = 0, 1, 2, 3, \cdots\cdots$$

이다. 확률변수 T가 지정된 시간($t = 0$)으로부터 처음 사건이 발생될 때까

지의 걸린 시간을 측정한다면, $t>0$에 대하여, $T > t$일 확률은 위의 확률변수 X가 $(0, t)$구간에서 발생되지 않을 확률과 같으므로

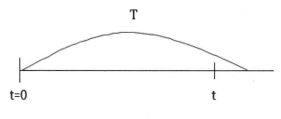

T

t=0   t

[그림 6-8] 확률분포 T

$$P(T > t) = P(X = 0) = \frac{(\lambda t)^0}{0!} e^{-\lambda t}$$
$$= e^{-\lambda t}, \quad t > 0$$

확률변수 T의 누적분포함수$(c \cdot d \cdot f)$는
$$F(t) = P(T \le t)$$
$$= 1 - P(T > t)$$
$$= 1 - e^{-\lambda t}$$
이므로 T의 확률밀도함수는 다음과 같다.

$$f(t) = \frac{d}{dt} F(t)$$
$$= \lambda e^{-\lambda t}, \quad t>0$$

이러한 확률변수 T의 분포를 지수분포라고 하며, 분포의 형태는 [그림 6-8]과 같다. 지수분포의 형태는 λ값에 의하여 결정되어지며, 따라서 지수분포의 모수는 λ이다.

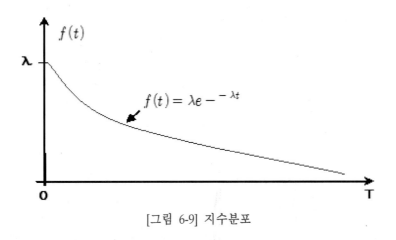

[그림 6-9] 지수분포

> ## [지 수 분 포]
>
> 확률변수 T는 모수 λ를 갖는 지수분포를 따른다고 하며 $T \sim \text{exponential}(\lambda)$ 로 표현하고, 확률밀도함수는 다음과 같다.
> $$f(t) = \lambda e^{-\lambda t}, \quad t > 0$$

  지수분포에서 λt는 포아송분포에서 t단위구간에서 발생되는 사건의 평균횟수이므로 λ는 t단위구간의 평균으로부터 단위구간(unit interval)의 평균을 계산하여 구할 수 있다.

  $\lambda = \dfrac{1}{2}, 1, 2$인 경우에 대한 지수분포의 그림이 [그림 6-9]에 주어져 있으며, 앞에서 설명한 바와 같이 특정값 a에 대하여

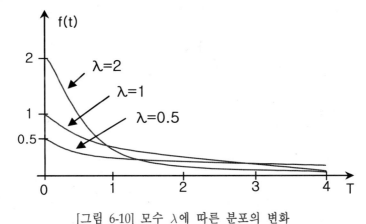

[그림 6-10] 모수 λ에 따른 분포의 변화

$$P(T > a) = \int_a^\infty f(t)dt$$
$$= \int_a^\infty \lambda e^{-\lambda t}dt$$
$$= \left[-e^{-\lambda t}\right]_a^\infty$$
$$= e^{-\lambda a}$$

[지수분포의 평균과 분산]

확률변수 T가 모수λ를 갖는 지수분포를 따를때, $T \sim$ exponential(λ)라면, T의 평균과 분산은

$$E(T) = \frac{1}{\lambda}$$
$$Var(T) = \frac{1}{\lambda^2}$$

이다.

(예제 6-9)

한 사무실에는 전화가 평균 10분에 5번꼴로 걸려온다. 이 사무실에서 전화가 걸려온 때부터 다음 전화가 걸려올 때까지 걸린 시간을 분으로 측정하는 확률분포를 구하라.

(풀 이)

전화가 평균 10분에 5번꼴로 걸려오므로 1분을 단위로 할 때는 평균적으로 1분에 0.5대꼴로 걸려온다고 할 수 있다. 따라서 $\lambda = 0.5$가 되며 전화가 한 번 걸려온 후에 다음 전화가 걸려올 때까지 걸린 시간은 $\lambda = 0.5$인 지수분포를 따르며, 확률밀도함수는

$$f(t) = 0.5e^{-0.5t}, \quad t > 0$$

이다.

(예제 6-10)

(예제 6-9)에서 한 번 전화가 걸려온 후에 다음 전화가 걸려올 때까지 걸린 시간이 5분 이내일 확률과 2분 이상일 확률을 구하라.

(풀 이)

다음 전화가 걸려올 때까지 걸린 시간이 5분 이내일 확률은

$$P(T\leq5) = \int_0^5 0.5e^{-0.5t}dt$$
$$= 1-e^{-0.5\times5}$$
$$= 1-e^{-2.5}$$
$$= 1-0.08208$$
$$= 0.918$$

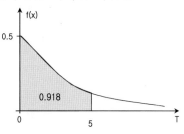

이고, 다음 전화가 걸려올 때까지 걸린 시간이 2분 이상일 확률은

$$P(T\geq2) = 1-P(T<2)$$
$$= 1-\int_0^2 0.5e^{-0.5t}dt$$
$$= e^{-0.5\times2}$$
$$= e^{-1}$$
$$= 0.3679$$

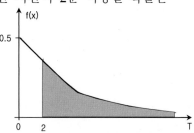

(예제 6-11)

(주)미래산업의 자동화기계는 평균 1개월에 3번씩 고장을 일으킨다. 기계가 고장나서 고친 후에 다시 고장이 발생될 때까지 걸리는 시간을 측정하는 분포를 구하고, 2개월 이내에는 고장 나지 않을 확률을 구하라.

(풀 이)

시간의 기본단위를 개월로 할 때, $\lambda t=3$에서 $t=1$이므로 $\lambda=3$이다.
한 번 고장이 난 후에 다음 고장이 발생될 때까지 걸리는 시간을 나타내는
확률변수를 T라고 할 때, T는 평균이 3인 지수분포를 따르며,

$$f(t) = 3e^{-3t}, \quad t>0$$

이다. 한 번 고장이 난 후에 2개월 이내에는 다시 고장이 발생되지 않을 확률은

$$P(T>2) = 1-P_r(T\leq2)$$
$$= 1-\int_0^2 3e^{-3t}dt$$
$$= e^{-6}$$
$$= 0.00248$$

(예제 6-12)

예제 6-9에서 한 번 전화가 걸려온 후에 다음 전화가 걸려올 때까지의 평균시간은 얼마인가?

(풀 이)

(예제 6-9)에서 λ=0.5이므로

$$E(T) = \frac{1}{\lambda} = \frac{1}{0.5} = 2$$

이다. 즉 한 번 전화가 걸려온 후에 다음 전화가 걸려올 때까지 걸리는 평균시간은 2분이다.

(예제 6-13)

예제 6-11에서 자동화 기계가 한번 고장 난 후의 다시 고장 날 때까지 걸리는 시간의 평균은 얼마인가?

(풀 이)

(예제 6-11)에서 λ=3이므로

$$E(T) = \frac{1}{\lambda} = \frac{1}{3}$$

이다. 즉 기계가 한번 고장 난 후에 다시 고장 날 때까지 걸리는 시간은 $\frac{1}{3}$개월, 즉 10일이다.

(예제 6-14)

$\lambda = 3 \times 10^{-4}$시간인 지수분포에 따르는 설비를 1000시간 사용하였을 때의 누적고장확률은?

(풀 이)

$\lambda = 3 \times 10^{-4}$인 지수분포에 따르므로

$$P(T \le t) = F(t) = \int_0^t f(t)dt = \int_0^{1000} 3 \times 10^{-4} e^{-3 \times 10^{-4}t} dt$$

$$
\begin{aligned}
F(t = 1000) &= 1 - e^{-3 \times 10^{-4} \times 1000} \\
&= 1 - e^{-0.3} \\
&= 1 - 0.74082 \\
&= 0.2592
\end{aligned}
$$

연 습 문 제

6.1. 확률변수 Z가 표준정규분포 $N(0, 1)$을 따를 때 다음 확률조건을 만족하는 값 a를 구하라.

(a) $P(0 \leq Z \leq a) = 0.3413$

(b) $P(|Z| \leq a) = 0.95$

(c) $P(Z \leq -a) = 0.0668$

(d) $P(-a \leq Z \leq 0) = 0.3413$

6.2. 확률변수 X가 μ=30, σ=5를 갖는 정규분포 $N(30, 25)$를 따를 때 다음 각 X 값에 대한 Z-값을 구하라.

(a) X=25   (b) X=30   (c) X=37.5

(d) X=10   (e) X=50   (f) X=32

6.3. 확률변수 X가 μ=20, σ=4인 정규분포 $N(20, 16)$을 따를 때 X=30에 대한 표준정규분포의 Z값은 얼마인가?

6.4. 확률변수 X가 μ=10, σ=2인 정규분포 $N(10, 4)$를 따를 때 다음 각 경우에 대한 확률을 구하라.

(a) $P(10 \leq X \leq 12)$ (b) $P(6 \leq X \leq 10)$

(c) $P(13 \leq X \leq 16)$ (d) $P(7.8 \leq X \leq 12.6)$

(e) $P(X \geq 13.24)$ (f) $P(X \geq 7.62)$

6.5. 확률변수 X가 μ=50, σ=10인 정규분포 $N(50, 100)$를 따를 때 다음 각 경우에 대한 확률을 구하라.

(a) $P(X \leq 50)$

(b) $P(X \leq 35.6)$

(c) $P(40.7 \leq X \leq 75.8)$

(d) $P(22.9 \leq X \leq 33.2)$

(e) $P(X \geq 25.3)$

(f) $P(X \leq 25.3)$

6.6. 어떤 회사에서 생산되는 제품의 무게를 X라 할 때, $X \sim N(14.5, 4)$에 따른다고 한다. 그리고 제품의 무게가 20이상이거나 9이하이면 불량품으로 생각하며 파기한다고 한다. 이 공장에서는 500개의 제품을 한 상자에 포장한다고 한다. 상자 한 개를 검사하였을 때 불량품은 몇 개 출현하겠는가?

6.7. 어떤 학교의 학생들의 I.Q점수는 평균 105, 분산 15를 갖는 정규분포를 한다고 한다. 이 공장에서는 500개의 제품을 한 상자에 포장한다고 한다. 상자 한 개를 검사하였을 때 불량품은 몇 개 출현하겠는가?

6.7. 어떤 학교의 학생들의 I.Q점수는 평균 105, 분산 15를 갖는 정규분포를 한다고 한다.

(1) I.Q점수가 상위 5%에 포함되려면 점수가 몇 점 이상이어야 하는가?

(2) 하위 10%에 포함되려면 점수가 몇 점 이하인가?

(3) 이 학교의 학생수가 5,000명이면, I.Q 점수가 115점 이상인 학생은 몇 명인가?

6.8. 어떤 통계학 수업을 듣는 학생들의 통계학 성적을 X라 하면, $X \sim N(70, 25)$ 분포에 따른다고 한다. 이 반에서 성적을 A, B, C, D, F로 각각 10%, 25%, 35%, 20%, 10%씩 받는다고 할 때 각 학점들의 성적구간을 구하시오.

6.9. 베어링을 생산하는 어느 공장의 불량률을 30%라고 가정한다. 이 공장에서 생산되는 베어링 10개를 표본으로 추출하여 검사하는 경우 다음 물음에 답하시오.

(a) 불량품 수의 평균과 분산을 구하시오.

(b) 불량품이 두 개 이하일 확률을 구하시오.

6.10. 일반 전구의 수명시간을 평균이 200일 그리고 분산이 400일인 정규분포를 따른다고 할 때, 다음 물음에 답하시오.

(a) 전구의 수명이 180일 이상일 확률을 구하시오.

(b) 전구의 수명이 220일 이상 240일 이하일 확률을 구하시오.

6.11. 학생들의 통계학 성적은 평균이 72점이고, 표준편차가 10점인 정규분포를 따른다고 한다. 다음 물음에 답하시오.

6.12. 변수 X가 평균이 5이고 분산이 10인 정규분포를 따른다고 할 때,

$P(0.036 \leq (X-5)^2 \leq 38.4)$를 구하시오.

6.13. 미래은행이 보유하고 있는 주식과 채권의 수익률 분포는 서로 독립이며, 각각 정규분포 $N(10, 9)$, $N(12, 4)$를 따른다. 이때 주식의 수익률이 채권의 수익률보다 높을 확률과 주식의 수익률이 채권의 수익률보다 두 배 이상 높을 확률을 구하시오.

제 7 장

표본 분포

7.1 확률표본과 통계량

통계분석의 목적은 표본정보로부터 모수(parameter)를 추정하여 모집단에 대한 합리적인 의사결정을 하는데 있다. 따라서 이러한 목적을 만족스럽게 달성하기 위해서는 우선 모수를 정확하게 추정할 수 있어야 한다. 모수를 정확하게 추정하기 위해서는 표본이 어떻게 추출되는지, 그리고 표본으로부터 도출되는 통계량(statistic)이 어떤 분포를 따르는지에 대한 지식이 필요하다. 또한 통계량의 분포인 표본분포는 앞으로 학습하게 될 추정과 가설검정에 있어서 매우 중요한 기초가 된다. 이 장에서는 확률표본의 대표적인 통계량인 표본평균과 표본비율에 대한 분포와 가장 널리 사용되는 통계량함수 분포인 χ^2-분포, t-분포, F-분포에 대해 알아보기로 한다.

1. 확률표본

제5장과 제6장에서 여러 가지 형태의 확률분포에 대하여 설명하였으며, 각각의 확률분포는 분포의 형태를 결정하는 모수(parameter)가 있음을 알고 있다. 확률표본이란 특정한 확률분포로부터 독립적으로 반복하여 표본을 추출하는 것으로 각각의 관찰값들은 서로 독립이며 동일한 분포를 갖는다. 예를 들어 20,000명의 학생이 있는 한국대학교 학생들의 키의 분포가 평균이 172cm이고 분산이 25cm인 정규분포 $N(172, 25)$를 따른다고 할 때, 학생 10명을 랜덤하게 추출하여 키를 측정하는 문제를 생각해 보기로 한다. 확률변수 X가 '학생들의 키'를 나타낸다고 할 때, 표본으로 추출된 10명의 학생의 키는

$$\{ X_1, \ X_2 \ , X_3 \ , X_4, \ X_5, \ X_6, \ X_7, \ X_8, \ X_9, \ X_{10} \}$$

과 같이 10개의 확률변수로 나타낼 수 있다. 여기에서 X_1이 "처음 추출된 학생의 키"라고 할 때, X_1의 값은 처음 추출된 학생의 키가 얼마인가에 따라 그 값을 달리하는 확률변수이며, 일례로 두 개의 서로 다른 표본이 [표 8.1]과 같이 추출되었다면 표본 1에서는 $X_1 = 165$이나 표본 2에서는 $X_1 = 180$이다.

[표 7.1] 두 확률표본

표 본 \ 관측값	X_1	X_2	X_3	X_4	X_5	X_6	X_7	X_8	X_9	X_{10}
표 본1	165	173	159	183	171	169	165	173	149	177
표 본2	180	144	163	172	185	172	166	174	170	165

따라서 X_1의 분포는 전체학생의 분포와 같은

$$X_1 \sim N(172,\ 25)$$

이다. 이는 X_1(처음 추출된 학생의 키)이 표본을 반복하여 추출할 때마다 다른 값을 가질 수 있다는 것을 의미한다. 또한 $X_2,\ \cdots,\ X_{10}$에 대하여도 각 값은 표본을 반복하여 추출할 때마다 다른 값을 가질 수 있으므로, $X_1,\ \cdots,\ X_{10}$의 분포는 다음과 같이 표현할 수 있다.

$$X_i \sim\ N(172,\ 25),\ \ i = 1,\ 2,\ \cdots,\ 10$$

위의 예에서 가능한 표본의 수는 20,000명에서 10명을 추출하는 방법의 수와 같다. 이는 조합공식에 의하여 $_{20000}C_{10}$과 같이 무수히 많으며, 각각의 표본에서 처음 관측한 학생의 키를 X_1이라고 하면 X_1의 가능한 값은 $_{20000}C_{10}$개일 것이다. 따라서 X_1의 분포는 $_{20000}C_{10}$개의 X_1값의 분포를 의미하는데, 이 값의 분포는 X_1이 추출된 모집단의 분포

$$X\ \sim\ N(172,\ 25)$$

와 같다고 볼 수 있다. 이 이론은 $X_2,\ \cdots,\ X_{10}$에도 동일하게 적용할 수 있으며 $X_1,\ \cdots,\ X_{10}$이 서로 독립적으로 추출되었으므로 $X_1,\ X_2,\ \cdots,\ X_{10}$의 분포는 서로 독립이며

$$X_i \sim\ N(172,\ 25),\ \ i = 1,\ 2,\ \cdots,\ 10$$

임을 증명할 수 있다. 따라서 모평균이 μ, 모분산이 σ^2인 모집단으로부터 n개 추출한 확률표본의 X_i는 모집단의 분포와 동일한 분포를 따른다.

$$X_i \sim N(\mu, \sigma^2)$$

> **[확 률 표 본]**
>
> 확률변수 $X \sim N(\mu, \sigma^2)$인 정규분포를 따른다고 할 때, 이 확률분포로부터 각각 독립적으로 관측된 n개의 표본을 확률표본(random sample)이라고 한다. 이 표본을 $(X_1, X_2, \cdots, X_n)$이라고 할 때, $X_1, X_2, \cdots, X_n$은 확률변수로 상호독립이며, 각각은 X와 동일한 분포를 갖는다.
>
> $$X_i \sim N(\mu, \sigma^2)$$

2. 통계량

모수(parameter)의 개념은 표본이론과 확률분포에서 그 설명이 조금 다르나 본질적인 의미는 동일하다고 볼 수 있다. 즉 표본이론에서 **모수**란 모집단(population)의 특성을 나타내는 수치 값으로 일반적인 표본이론의 목적은 표본을 이용하여 이 모수에 대한 추론(추정 및 검정)을 실시하는 것이라고 할 수 있다. 확률분포이론에서 모수는 각각의 확률분포에서 그 분포의 형태를 결정하는 수치 값으로, 각각의 확률분포(이를테면, 이항분포, 포아송분포, 정규분포 등)에는 항상 특정한 형태의 모수가 주어져야 한다.

이를테면 확률변수 X가 평균 μ와 분산 σ^2을 갖는 정규분포 $N(\mu, \sigma^2)$을 따를 때 X의 분포의 형태는 μ와 σ^2의 크기에 의하여 결정되어지며 따라서 μ와 σ^2은 정규분포의 모수이다. 여기에서 μ는 모든 실수값이 가능하나 σ^2은 양의 실수값 ($\sigma^2 > 0$)이어야 한다. 다른 예로 확률변수 X가 성공의 확률이 p인 실험을 반복하여 n번 실행했을 때 나타난 성공의 횟수를 나타낸다면 $X \sim B(n, p)$이며 이 경우 시행횟수 n과 성공확률 p가 X의 확률분포의 형태를 결정하므로 n과 p가 이항분포의 모수이다. 여기에서 n은 모든 양의 정수가 될 수 있으며 p는 $0 \leq p \leq 1$을 만족하여야 한다.

그러나 일반적으로 모수의 구체적인 값은 알려져 있지 않으며, 이 알려져 있지 않은 모수에 대하여 추정 및 검정을 실시하는 것이 통계분석의 중요한 분야이다. 알려져 있지 않은 모수에 대하여 추정 및 검정을 실시하고자 할 때 분석대상 집단으로부터 확률표본을 추출하는데, n개의 원소로 된 확률표본을

$$(X_1, X_2, \cdots, X_n)$$

이라고 할 때,

통계량(statistic)이란 표본의 특성을 요약하는 측도이다. 따라서 통계량은 표본자료 X_1, X_2, X_3, ⋯, X_n과 밀접한 관계를 갖으며, 다음과 같이 정의될 수 있다.

[표 7.2] 모수와 통계량

모 수		통 계 량	
μ	모평균	$\overline{x}$	표본평균
σ	모표준편차	s	표본표준편차
σ^2	모분산	s^2	표본분산
p	모비율	$\widehat{p}$	표본비율
N	모집단의 크기	n	표본의 크기

통계량은 확률변수들의 함수이므로 통계량 그 자체도 어떤 확률분포를 따르는 확률변수이다. 예를 들어서 예제 7-1에 열거된 통계량 중에서 표본평균 $\overline{X}$의 공식을 [표 7-1]의 자료에 대입하면, 표본 1, 2로부터 각각 170.5, 171.8이라는 표본평균값을 얻는다. 이와 같이 크기가 10인 표본을 계속해서 추출하면서 $\overline{X}$의 값을 구하여 가면 무수히 많은 실수값을 얻을 수 있는데, 이 실수값들의 분포를 n=10인 $\overline{X}$의 표본분포라고 한다.

[표 본 분 포 (sampling distribution)]

통계량의 확률분포로서 ,모집단으로부터 동일한 크기(n)로 뽑은 모든 표본에서 통계량을 계산하여 얻은 실수값들의 확률분포를 표본분포라고 한다.

본장의 나머지 부분에서는 확률표본의 표본분포 중에서 통계분석에 가장 많이 사용되는 표본평균, 표본비율 분포와 통계량함수 분포인 χ^2-분포, t-분포, F-분포에 대해 알아보기로 한다.

7.2. 표본평균의 분포와 중심극한정리

1. 표본평균의 분포

우리는 산술평균이 모집단의 중심경향(central tendency)을 측정하는 주요 척도 중의 하나임을 살펴본 바 있다. 분석의 대상이 되는 모집단이 선정되면 이 모집단이 과연 어떤 값을 중심으로 분포되어 있는가, 다시 말해서 모집단의 평균이 무엇인가를 파악하는 것이 모집단의 특성을 이해하는 핵심이다. 그러나 모집단이 너무 크거나 또는 다른 제약적인 요인에 의하여 모집단의 모든 자료를 구하여 모평균을 산출하는 것은 일반적으로 불가능하다. 이에 따라 대상 모집단으로부터 표본을 추출하고, 이 표본자료의 분석(표본평균)을 통하여 모평균 μ를 추정하게 된다. 모평균에 대한 유효한 추론을 위해서 우리는 표본평균의 특성인 표본평균의 확률분포, 표본평균의 기대값과 분산 그리고 분포의 형태에 대해 이해할 필요가 있다.

표본평균 $\overline{X}$는 표본자료 X_1, X_2, X_3, $\cdots$, X_n의 선형함수로서 다음과 같이 정의된다.

$$\overline{X} = \frac{1}{n}(X_1 + X_2 + X_3 + \cdots + X_n)$$

X_1, X_2, X_3, $\cdots$, X_n은 동일한 확률분포를 갖는 상호독립인 확률변수이다. 또한 확률변수의 함수인 표본평균도 역시 확률변수이다. 그렇다면 $\overline{X}$분포의 기대값은 무엇인가? 확률변수의 합에 대한 기대값의 정리에 따라, $E(\overline{X})$은

$$\begin{aligned} E(\overline{X}) &= E\left[\frac{1}{n}(X_1 + X_2 + X_3 + \cdots + X_n)\right] \\ &= \frac{1}{n}E(X_1 + X_2 + X_3 \cdots + X_n) \\ &= \frac{1}{n}[E(X_1) + E(X_2) + E(X_3) + \cdots E(X_n)] \\ &= \mu \end{aligned}$$

가 된다. $\overline{X}$분포의 분산도 유사하게 유도할 수 있다. 독립변수의 합에 대한 분산의 정리에 따라, $Var(\overline{X})$는

$$Var(\overline{X}) = Var\left[\frac{1}{n}(X_1 + X_2 + X_3 + \cdots + X_n)\right]$$
$$= \frac{1}{n^2} Var(X_1 + X_2 + X_3 + \cdots + X_n)$$
$$= \frac{1}{n^2}[Var(X_1) + Var(X_2) + Var(X_3) + \cdots + Var(X_n)]$$
$$= \frac{\sigma^2}{n}$$

따라서 모평균이 μ이고 모분산이 σ^2인 모집단으로 부터 크기 n인 확률표본으로부터의 표본평균 $\overline{X}$의 분포는

$$E(\overline{X}) = \mu$$

$$Var(\overline{X}) = \frac{\sigma^2}{n}$$

$$sd(\overline{X}) = \frac{\sigma}{\sqrt{n}}$$

가 된다 위의 결과로부터, $\overline{X}$분포의 평균은 모집단의 평균과 같으며 표본의 크기 n이 클수록 그 분산이 0에 가까워져, 결국 표본의 크기가 클 때 $\overline{X}$의 분포는 모집단의 평균인 μ근처에 밀집되어 분포한다는 사실을 알 수 있다. 그러므로 모집단의 분포가 정규분포 $N(\mu, \sigma^2)$인 경우에 $\overline{X}$의 분포는 정규확률변수의 선형변화에 의해 정규분포임을 알 수 있으며, 위에서 본 바와 같이 그 기대값과 분산이 각각 μ, $\frac{\sigma^2}{n}$ 이므로

$$\overline{X} \sim N\left(\mu, \frac{\sigma^2}{n}\right)$$

이 성립하게 된다.

[표 본 평 균 의 분 포]

정규분포 $N(\mu, \sigma^2)$으로부터의 표본평균 $\overline{X}$는 정규분포 $N\left(\mu, \frac{\sigma^2}{n}\right)$을 따른다.

위의 사실은 모집단의 분포가 정규분포가 아닐 때에는 적용시킬 수 없다. 그러나 표본의 크기 n이 충분히 큰 경우 임의의 모집단으로부터의 표본평균의 분포는 정규분포에 근사한다는 사실이 알려져 있으며, 이것이 다음의 중심극한정리(central limit theorem)의 내용이다.

2. 중심극한정리

많은 양의 자료를 수집하여 요약·정리하는 과정에서 가장 많이 이용되는 통계량이 평균(mean)과 분산(variance)이다. 모수가 평균과 분산인 확률분포는 정규분포이므로 자료의 요약된 통계량으로 평균과 분산을 구한다는 것은 수집된 자료가 정규분포로부터 추출되었음을 암암리에 암시함을 의미한다. 자료가 관찰된 모집단의 분포가 실제로 정규분포가 아닌 경우에도 본 절에서 설명하는 통계학에서 중심이 되는 중요한 극한정리라는 의미의 **중심극한정리**(central limit theorem)에 의하여 정규확률분포를 이용한 추정량의 근사확률을 구할 수 있다. 따라서 모든 형태의 자료에 있어서 평균과 분산은 중요한 의미를 갖는다고 할 수 있다. 중심극한정리란 평균이 μ이고 분산이 σ^2인 확률분포로부터 크기가 n인 확률표본 $(X_1, X_2, \cdots X_n)$을 관측할 때, 표본평균 $\overline{X} = \dfrac{1}{n} \sum_{i=1}^{n} X_i$는 n이 커질수록 정규분포에 가까운 분포를 가지며, 이 경우 $\overline{X}$분포의 평균과 분산은 각각

$$E(\overline{X}) = \mu$$

$$Var(\overline{X}) = \frac{1}{n}\sigma^2$$

과 같다는 주장이다. 이 정리에 대한 증명은 수리통계학이론에 주어져 있으며 여기에서는 다음과 같은 예를 통하여 실증적으로 이를 증명해 보고자 한다.

(예제 7-1)

중심극한정리의 예시 : 이산분포로서 0, 1, …, 9의 각 정수를 택할 확률이 0.1인 확률분포를 모집단의 분포라 하자. 예를 들면 전화번호의 마지막 숫자에 대한 확률모형으로서 이는 적합하다. 이의 분포형태는 [그림 7-1]과 같이 나타낼 수 있다.

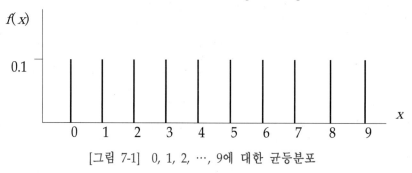

[그림 7-1] 0, 1, 2, …, 9에 대한 균등분포

컴퓨터를 이용하여 크기 5인 100개의 확률표본을 추출한 결과와 각 표본 평균 $\overline{X}$의 값이 [표 7-3]에 주어져 있다. 이러한 $\overline{X}$의 100개의 관측값들에 대한 상대도수의 기둥그래프를 그려보면 [그림 7-2]와 같이 나타난다. [그림 7-1]과 [그림 7-2]로부터 비록 모집단의 형태가 정규분포와는 전혀 다를지라도 표본의 크기가 5인 경우에조차 히스토그램의 형태가 정규분포의 형태에 가까워짐을 알 수 있다. 물론 표본의 크기가 커질수록 좀더 정규분포에 가까운 형태로 나타날 것이다.

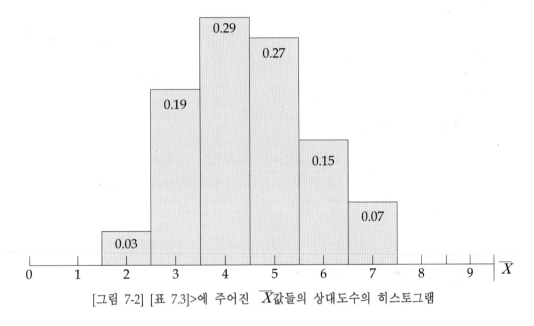

[그림 7-2] [표 7.3]>에 주어진 $\overline{X}$값들의 상대도수의 히스토그램

[그림 7-3]은 $\overline{X}$의 분포가 모집단의 분포에 상관없이 n이 커짐에 따라 $\overline{X}$의 분포가 정규분포에 가까워짐을 나타내고 있다.

[표 7.3] 이산형 균등분포로부터의 크기 5인 표본들

표본번호	관측값	합계	평균 $\overline{X}$	표본번호	관측값	합계	평균 $\overline{X}$
1	4,7,9,0,6	26	5.2	51	4,7,3,8,8	30	6.0
2	7,3,7,7,4	28	5.6	52	2,0,3,3,2	10	2.0
3	0,4,6,9,2	21	4.2	53	4,4,2,6,3	19	3.5
4	7,6,1,9,1	24	4.8	54	1,6,4,0,6	17	3.4
5	9,0,2,9,4	24	4.8	55	2,4,5,8,9	28	5.6
6	9,4,9,4,2	28	5.6	56	1,5,5,4,0	15	3.0
7	7,4,2,1,6	20	4.0	57	3,7,5,4,3	22	4.4
8	4,4,7,7,9	31	6.2	58	3,7,0,7,6	23	4.6
9	8,7,6,0,5	26	5.2	59	4,8,9,5,9	35	7.0
10	7,9,1,0,6	23	4.6	60	6,7,8,2,9	32	6.4
11	1,3,6,5,7	22	4.4	61	7,3,6,3,6	25	5.0
12	3,7,5,3,2	20	4.0	62	7,4,6,0,1	18	3.6
13	5,6,6,5,0	22	4.4	63	7,9,9,7,5	37	7.4
14	9,9,6,4,1	29	5.8	64	8,0,6,2,7	23	4.6
15	0,0,9,5,7	21	4.2	65	6,5,3,6,2	22	4.4
16	4,9,1,1,6	21	4.2	66	5,0,5,2,9	21	4.2
17	9,4,1,1,4	19	3.8	67	2,9,4,9,1	25	5.0
18	6,4,2,7,3	22	4.4	68	9,5,2,2,6	24	4.8
19	9,4,4,1,8	26	5.2	69	0,1,4,4,4	13	2.6
20	8,4,6,8,3	29	5.8	70	5,4,0,5,2	16	3.2
21	5,2,2,6,1	16	3.2	71	1,1,4,2,0	8	1.6
22	2,2,9,1,0	14	2.8	72	9,5,4,5,9	32	6.4
23	1,4,5,8,8	26	5.2	73	7,1,6,6,9	29	5.8
24	8,1,6,3,7	25	5.0	74	3,5,0,0,5	13	2.6
25	1,2,0,9,6	18	3.6	75	3,7,7,3,5	25	5.9
26	8,5,3,0,0	16	3.2	76	7,4,7,6,2	26	5.2
27	9,5,8,5,0	27	5.4	77	8,1,0,9,1	19	3.8
28	8,9,1,1,8	27	5.4	78	6,4,7,9,3	29	5.8
29	8,0,7,4,0	19	3.8	79	7,7,6,9,7	36	7.2
30	6,5,5,3,0	19	3.8	80	9,4,2,9,9	33	6.6
31	4,6,4,2,1	17	3.4	81	3,3,3,3,3	15	3.0
32	7,8,3,6,5	29	5.8	82	8,7,7,0,3	25	5.0
33	4,2,8,5,2	21	4.2	83	5,3,2,1,1	12	2.4
34	7,1,9,0,9	26	5.2	84	0,4,5,2,6	17	3.4
35	5,8,4,1,4	22	4.4	85	3,7,5,4,1	20	4.0
36	6,4,4,5,1	20	4.0	86	7,4,5,9,8	33	6.6
37	4,2,1,1,6	14	2.8	87	3,2,9,0,5	19	3.8
38	4,7,5,5,7	28	5.6	88	4,6,6,3,3	22	4.4
39	9,0,5,9,2	25	5.0	89	1,0,9,3,7	20	4.0
40	3,1,5,4,5	18	3.6	90	2,9,6,8,5	30	6.0
41	9,8,6,3,2	28	5.6	91	4,8,0,7,6	25	5.0
42	9,4,2,2,8	25	5.0	92	5,6,7,6,3	27	5.4
43	8,4,7,2,2	23	4.6	93	3,6,2,5,6	22	4.4
44	0,7,3,4,9	23	4.6	94	0,1,1,8,4	14	2.8
45	0,2,7,5,2	16	3.2	95	3,6,6,4,5	24	4.8
46	7,1,9,9,9	35	7.0	96	9,2,9,8,6	34	6.8
47	4,0,5,9,4	22	4.4	97	2,0,0,9,8	16	3.2
48	5,8,6,3,3	25	5.0	98	0,4,5,0,5	14	2.8
49	4,5,0,5,3	17	3.4	99	0,3,7,3,9	22	4.4
50	7,7,2,0,1	17	3.4	100	2,5,0,0,7	14	2.8

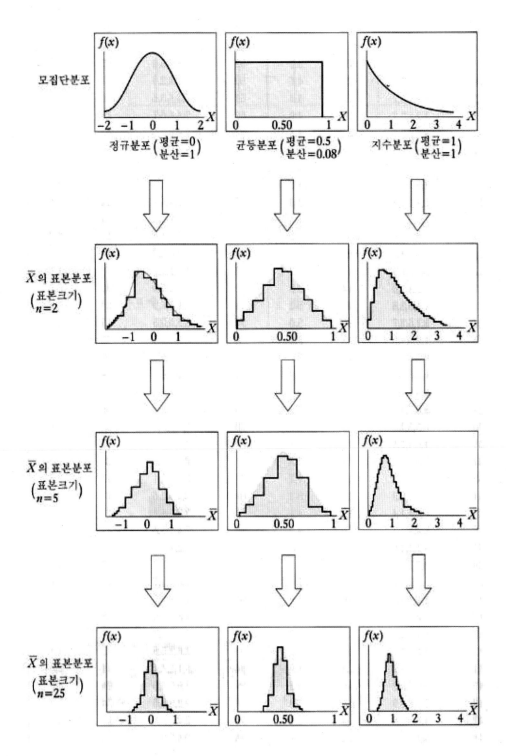

[그림 7-3] $n=2, n=5, n=25$에 대한 $\overline{X}$의 표본분포

위의 사실은 모집단의 분포가 정규분포가 아닐 때에는 일반적으로 성립되지 않는다. 그러나 모집단의 분포가 정규분포가 아니더라도 표본의 크기 n이 커짐에 따라 표본평균의 분포는 점차 정규분포에 근사하게 된다. **중심극한정리**(central limit theorem)가 바로 이와 같은 사실을 뒷받침하는 이론적 근거이다.

[중 심 극 한 정 리]

평균이 μ이고 분산이 σ^2인 모집단으로부터 표본자료

X_1, X_2, X_3, $\cdots$, X_n이 추출되었다고 하자. 그러면 표본평균 $\overline{X}$는

모집단의 분포에 상관없이 n이 충분히 클 때, 근사적으로 $N\left(\mu, \dfrac{\sigma^2}{n}\right)$의

분포를 따른다. 즉 n이 충분히 클 때

$$Z = \frac{\overline{X} - \mu}{\sigma/\sqrt{n}} \approx N(0, 1)$$

이 성립한다.

앞의 중심극한정리가 n이 대단히 큰 경우에만 적용된다면 실제적 활용가치가 거의 없을 것이다. 그러나 경험적 연구에 따르면, n이 약 30 이상이면 이 정리를 적용할 수 있는 것으로 알려져 있다. 만일 모집단이 정규분포이면 표본의 크기에 상관없이 $\overline{X}$의 분포는 정규분포이다. 그러나 모집단이 정규분포가 아니라고 해도 표본의 크기가 30 이상만 되면 $\overline{X}$의 분포가 모집단의 분포에 상관없이 n이 커짐에 따라 정규분포에 근사해 가는 것을 보여 준다.

3. 표본비율의 분포

분석대상이 모집단의 평균이 아니라 비율인 경우가 있다. 대상모집단의 관측결과들이 2가지 속성, 말하자면 '성공'과 '실패'로 분류되고 성공의 비율, 즉 모비율이 p인 이항모집단으로부터 크기가 n인 확률표본에 의해 정의되는 표본비율의 분포에 대해 살펴보도록 하자 예를 들어 한 제조공정에서 생산되는 제품의 불량률이나 특정 선거후보자에 대한 투표자의 지지율 등의 비율과 관련된 경우이다. 성공의 비율이 p인 모집단으로부터 크기가 n인 단순확률표본 X_1, X_2, X_3, $\cdots$, X_n을 추출하였다고 하자.

그러면 변수 X_1, X_2, X_3, $\cdots$, X_n 은 상호독립이며, 동일한 모수 p를 갖는 베르누이 변수이다. 변수 X를 이들 n개의 베르누이 변수의 합 또는 성공의 횟수라고 정의하면, X는 모수가 (n, p)인 이항분포변수가 된다. 한편 변수 X를 표본의 크기 n으로 나누어 주면 특별한 평균의 개념인 성공의 비율 또는 표본비율 $\hat{p}$을 얻을 수 있다.

[표 본 비 율]

$$\hat{p} = \frac{X_1 + X_2 + X_3 + \cdots + X_n}{n} = \frac{X}{n}$$

여기서 n=표본의 크기

X_i=모수가 p인 베르누이변수

X=평균이 np, 분산이 npq인 이항변수(단, q=1-p)

표본비율의 기대값과 분산은 다음과 같이 구할 수 있다.

$$E(\hat{p}) = E\left(\frac{X}{n}\right) = \frac{1}{n}E(X) = p$$

$$Var(\hat{p}) = Var\left(\frac{X}{n}\right) = \frac{1}{n^2}Var(X) = \frac{p(1-p)}{n}$$

표본비율도 역시 표본의 크기 n이 충분히 커지면, 중심극한 정리에 의해 정규분포에 근사하게 된다. 즉, 표본비율과 같이 베르누이변수의 합에 의하여 얻어지는 변수도 더해지는 변수의 개수(n)가 많아짐에 따라 정규변수화하게 된다. 경험적 연구결과에 따르면 $np \geq 5$이고 $nq \geq 5$일 때, 표본비율의 분포가 정규분포에 근사한다.

[표 본 비 율 의 분 포]

모비율이 p이고 표본의 크기 n이 클 때(np≥5이고 nq≥5), 표본비율 $\hat{p}$은 근사적으로 $N\left(p, \frac{p(1-p)}{n}\right)$을 따르게 된다. 즉, n이 클 때, 다음이 성립한다.

$$Z = \frac{\hat{p} - p}{\sqrt{p(1-p)/n}} \sim N(0, 1)$$

대통령 선거에서 유권자의 54%가 후보 K를 선호하는 것으로 나타났다. 200명의 유권자로 이루어진 확률표본을 취한다면 표본비율이 0.5보다 클 확률은 얼마인가?

(풀 이)

$n = 200$, $p = 0.54$이고 $q = (1 - p) = 0.46$이다.

먼저 $np \geq 5$이고 $nq \geq 5$인지를 검토하고, 그렇다면 정규분포를 사용한다.

$np = 200 \times 0.54 = 108 \geq 5$이고, $nq = 200 \times 0.46 = 92 \geq 5$이다.

따라서 $\hat{p}$은 평균이 $p = 0.54$이고 분산이 $\dfrac{pq}{n} = \dfrac{0.54 \times 0.46}{200} = 0.0012$인

정규분포에 근사한다. $P(\hat{p} > 0.5)$를 구하고자 하므로 $\hat{p} = 0.5$에 해당하는 Z는 값은

$$Z = \frac{0.5 - 0.54}{\sqrt{0.0012}} = -1.15$$

이다. 따라서 $P(\hat{p} > 0.5) = P(Z > -1.15) = 0.5 + 0.37491 = 0.8749$이다.

즉, 크기 200의 확률표본을 취하면 분석한 결과 유권자들이 k후보를 50%이상 선호하는 확률이 0.8749라고 판단할 수 있다.

7.3. 정규모집단에서의 표본분포

통계자료의 분석에서 대부분의 경우 모집단의 분포는 평균 μ와 분산 σ^2을 갖는 정규분포 $N(\mu, \sigma^2)$를 따른다고 가정을 하고 모평균 μ와 모분산 σ^2에 대한 추정 및 검정을 실시한다. 모집단의 분포가 정규분포가 아닌 경우에도 중심극한정리에 의하여 표본평균 $\overline{X}$는 표본의 크기 n이 클 때 평균 μ와 분산 $\dfrac{\sigma^2}{n}$을 갖는 정규분포를 따른다고 한다. 이와 같은 정규분포는 통계자료분석에서 가장 중요한 분포라고 할 수 있다. 정규모집단(정규분포를 따르는 모집단)에서 추출된 표본에서 통계량과 관련된 분포로 χ^2-분포, t-분포 그리고 F-분포가 있는데 여기에서는 χ^2-분포와 t-분포, F-분포에 대하여 알아보기로 한다.

1. 카이제곱(χ^2)분포

통계적 추론에서 모집단의 중심위치인 모평균에 대한 추론도 중요하지만 모집단의 퍼짐의 정도를 나타내는 모분산에 대한 추론 또한 매우 중요하다 χ^2(chi-square distribution)분포는 모분산에 대한 추정 및 가설검정을 위한 유일한 통계적 도구이며, 분산분석이나 회귀분석에 필요한 t분포와 F분포가 이 χ^2분포로부터 정의된다. 이 외에도 χ^2분포를 통해 변수간의 독립성검정, 가정(assumption)에 대한 적합성검정 등에 이용되는 통계이론에서 대단히 중요한 분포로 Karl Pearson에 의해 정의되었다.

앞에서 우리는 이항분포가 베르누이분포로부터 정의된다는 것을 보았다. 정의에 따르면 여러 개의 베르누이 분포가 합쳐지면 이항분포를 이룬다. 여기에서 다루는 χ^2-분포는 정규분포로부터 정의된다. 그러나 이항분포에서처럼 단순히 베르누이 분포의 합으로 정의되는 것이 아니라 그 과정이 조금 더 복잡하다. k개의 변수 X_1, X_2, X_3, $\cdots$, X_k가 있는데, 이들은 서로 독립하는 정규분포변수들이며 임의의 i번째 변수의 분포는 $X_i \sim N(\mu, \sigma^2)$이라고 하자. 이들로부터 χ^2변수는 다음과 같이 정의될 수 있다.

[χ^2 분 포 의 정 의]

χ^2-분포에 대한 정의는 통계학에서 "확률변수 Z가 표준정규분포를 따를 때 Z^2은 자유도가 1인 χ^2-분포를 따르고, Z_1, Z_2, Z_3, $\cdots$, Z_k이 서로 독립으로 표준정규분포를 따를 때 $\chi^2 = \sum_{i=1}^{k} Z_i^2$으로 정의하면 χ^2은 자유도가 k인 χ^2-분포를 따른다"라고 정의하며, 확률변수 χ^2을 다음과 같이 표기한다.

$$\chi^2 \sim \chi^2(k)$$

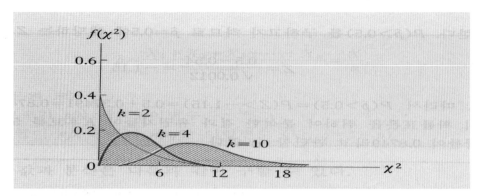

[그림 7-4] 자유도가 다른 χ^2분포

 여기서 자유도(degree of freedom ; df 또는 ν)란 해당 통계량을 계산할 때 자유롭게 결정되는 확률변수 또는 자료의 개수를 의미한다. 즉, 통계량 계산시 선형독립 제약 조건을 제외한 자유로이 할당 할 수 있는 변수의 최대개수임을 알 수 있다. 따라서 자유도가 k인 χ^2변수란 이 변수가 k개 의 독립된 변수 즉, 다른 변수에 구애됨이 없이 자유롭게 값을 취할 수 있는 k개의 변수들로 구성되어 있다는 것을 의미한다. χ^2변수에 자유도를 표시하는 이유는 자유도에 따라 χ^2변수의 분포가 달라지기 때문이다. [그림 7-4]는 자유도의 변화에 따른 χ^2변수의 분포를 보여주고 있다.
 χ^2분포의 형태를 나타내는 확률밀도함수, 기대값, 분산은 모두 아래와 같이 자유도 k에 의하여 유일하게 결정된다.

[χ^2 변 수 의 특 성]

$$f(\chi^2) = \frac{(\chi^2)^{\frac{(k-2)}{2}} \exp\left(\frac{-\chi^2}{2}\right)}{\left(\frac{k-2}{2}\right)! \, 2^{(k-2)}} \, , \ 0 < \chi^2 < \infty$$

$$E[\chi^2(k)] = k, \quad V[\chi^2(k)] = 2k$$

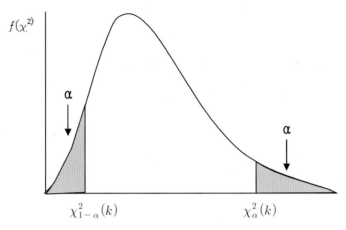

[그림 7-5] 카이제곱분포의 형태

카이제곱분포의 곡선은 물론 자유도에 따라 다르지만 그 대략적인 형태는 [그림 7-5]와 같다. 자유도가 k인 χ^2분포에서 오른쪽 꼬리의 면적이 α일 때 $\chi_\alpha^2(k)$라고 표시하며 다음의 관계식이 성립 한다.

$$P(\chi^2 \geq \chi_\alpha^2(k)) = \alpha \ , \quad P(\chi^2 \leq \chi_{1-\alpha}^2(k)) = \alpha$$

카이제곱분포의 모양이 왼쪽으로 치우쳐 있고 오른쪽으로 긴 꼬리를 갖는 이유는, $Z_1^2 + \cdots + Z_k^2$에서 Z_i들이 0근처에서 주로 분포하는 확률변수들이기 때문이다. 또한 자유도 k가 커짐에 따라(k>30) 확률변수 $z = \dfrac{x - k}{\sqrt{2k}}$의 분포가 표준 정규분포에 접근한다는 사실이 알려져 있다. 따라서 자유도 k>30이면 표준정규분포에 근사시켜 카이제곱분포의 확률을 근사적으로 구할 수 있다.

(예제 7-3)

확률변수 χ^2가 자유도 4인 카이제곱분포를 따른다고 할 때,
$$P(\chi^2 \geq c) = 0.05$$
가 성립하는 c의 값을 구하여라.

(풀 이)

[부록5]의 표에서 $d.f. = 4$, $\alpha = 0.05$인 경우이므로 $c = 9.49$이다
즉, $\chi_{0.05}^2(4) = 9.49$이고, $P(\chi^2 \geq 9.49) = 0.05$임을 의미 한다

(예제 7-4)

　　자유도가 9인 χ^2분포에서 오른쪽 끝부분의 면적이 $\alpha=0.05$일 때 확률변수의 값은 얼마인가?

(풀이)

　　[부록5]의 표에서 d.f.=9, $\alpha=0.05$이므로 $\chi^2_{0.05}(9) = 16.9190$이다

　　위의 예제7-3과 예제7-4에서 살펴본바와 같이 χ^2분포에서 동일한 확률 값임에도 불구하고 자유도 값에 따라 확률변수의 값이 달라짐을 알 수 있다 따라서 χ^2분포의 모수는 자유도임을 알 수 있고 [부록5]의 표에 여러 가지 자유도에 대한 카이제곱분포의 분포의 확률변수의 값이 주어져 있으므로 이 표를 이용하여 카이제곱분포에 대한 여러 가지 확률들을 계산하는데 간편하게 이용 할 수 있다.

[카 이 제 곱 분 포 의　가 법 성]

(1) $C_1 \sim \chi^2(k_1)$, $C_2 \sim \chi^2(k_2)$이고 C_1과 C_2가 서로 독립이면
$$C_1 + C_2 \sim \chi^2(k_1 + k_2)$$
(2) $C_1 \sim \chi^2(k_1)$, $C_2 \sim \chi^2(k_2)$, $k_1 > k_2$, $C_1 = C_2 + C_3$
　　그리고 C_2와 C_3가 독립이면
$$C_3 \sim \chi^2(k_1 - k_2)$$

　　이러한 카이제곱분포의 확률밀도함수를 구하는 것은 이 책의 수준을 벗어나므로 생략하기로 한다.

카이제곱분포의 중요한 성질로서 다음의 가법성이 있다.

$$\frac{X_i - \mu}{\sigma} \sim N(0, \ 1^2)$$

이고 서로 독립 ($i=1, \ \cdots, \ n$)이므로 카이제곱분포의 정의로부터

$$\sum_{i=1}^{n}\left(\frac{X_i - \mu}{\sigma}\right)^2 \sim \chi^2(n)$$

이 성립한다. 그런데,

$$\sum_{i=1}^{n}\left(\frac{X_i - \mu}{\sigma}\right)^2 = \sum_{i=1}^{n}\left(\frac{X_i - \overline{X}}{\sigma}\right)^2 + n\left(\frac{\overline{X} - \mu}{\sigma}\right)^2$$

이고, 표본분산 $s^2 = \sum_{i=1}^{n}(X_i - \overline{X})^2/(n-1)$이므로

$$\sum_{i=1}^{n}\left(\frac{X_i - \mu}{\sigma}\right)^2 = \left(\frac{(n-1)s^2}{\sigma^2}\right) + \left(\frac{\overline{X} - \mu}{\sigma/\sqrt{n}}\right)^2$$

이다. 여기에서 $\sum_{i=1}^{n}\left(\frac{X_i - \mu}{\sigma}\right)^2 \sim \chi^2(n)$이고 $\left(\frac{\overline{X} - \mu}{\sigma/\sqrt{n}}\right)^2 \sim \chi^2(1)$이므로, 카이제곱 분포의 가법성으로부터 다음과 같다.

$$\frac{(n-1)s^2}{\sigma^2} \sim \chi^2(n-1)$$

[정규모집단에서의 표본분산의 분포]

$X_1, \cdots, X_n$을 정규분포 $N(\mu, \sigma^2)$으로부터의 확률표본이라 할 때, 표본분산 $s^2 = \sum_{i=1}^{n}(X_i - \overline{X})^2/(n-1)$에 대하여

$$\frac{(n-1)s^2}{\sigma^2} \sim \chi^2(n-1)$$

이 성립한다.

다음에는 분산이 동일한 두 정규모집단의 경우에 대하여 생각해 보자. $X_1, \cdots, X_{n_1}$과 $Y_1, \cdots, Y_{n_2}$가 각각 $N(\mu_1, \sigma^2)$, $N(\mu_2, \sigma^2)$을 따르며 서로 독립인 확률표본이라 하고

$$s_1^2 = \sum_{i=1}^{n_1}(X_i - \overline{X})^2/(n_1 - 1), \; s_2^2 = \sum_{i=1}^{n_2}(Y_i - \overline{Y})^2/(n_2 - 1)$$

이라 하면, 위의 성질로부터 $\dfrac{(n_1 - 1)s_1^2}{\sigma^2}$과 $\dfrac{(n_2 - 1)s_2^2}{\sigma^2}$은 각각 자유도

n_1-1, n_2-1인 카이제곱분포를 따르고 이들은 서로 독립이므로 카이제곱분포의 가법성에 의하여

$$\frac{(n_1-1)s_1^2+(n_2-1)s_2^2}{\sigma^2} \sim \chi^2(n_1+n_2-2)$$

가 성립함을 알 수 있다.

[분산이 동일한 두 정규모집단에서의 표본분산의 분포]

위와 같은 가정 아래 다음이 성립한다.

$$\frac{(n_1+n_2-2)s_p^2}{\sigma^2} \sim \chi^2(n_1+n_2-2)$$

단, $s_p^2 = [(n_1-1)s_1^2+(n_2-1)s_2^2]/(n_1+n_2-2)$

여기서 s_p^2은 합동분산 (pooled variance) 이라고 한다.

---

2. t-분포

X_1, $\cdots$, X_n이 정규모집단 $N(\mu,\sigma^2)$으로부터의 확률표본일 때, 표본평균 $\overline{X}$에 대하여

$$\overline{X} \sim N\left(\mu, \ \frac{\sigma^2}{n}\right) \ \ \text{즉,} \ \ \frac{\overline{X}-\mu}{\sigma/\sqrt{n}} \sim N(0, \ 1^2)$$

이 성립함은 앞의 **7-2**절에서 학습한 바 있다. 그런데 μ에 관한 통계적 추론에서 σ가 미지인 경우에는 σ대신에 표본표준편차

$s = \sqrt{\sum_{i=1}^{n}(X_i-\overline{X})^2/(n-1)}$ 를 사용한다 이때 표본의 크기가 큰 경우에는 s

의 값이 σ에 근사한 값을 가지므로

$\dfrac{\overline{X}-\mu}{s/\sqrt{n}} \approx N(0,1)$

를 모평균의 추론 통계량으로 사용한다. 그러나 표본의 크기가 작은 경우 σ값 대신에 s의 값을 대체하여 표준화 시킨 분포는 표준정규분포와 달라지는데 이러한 경우를 적절하게 묘사해주는 확률변수의 분포를 **t분포** (t-distribution)라 부르며 정의는 다음과 같다.

두 확률변수 Z와 C가 각각 $Z \sim N(0, 1^2)$, $C \sim \chi^2(k)$ 일 때

$$T = \frac{Z}{\sqrt{C/k}}$$

의 분포를 자유도 k인 t분포라 하고 기호로서 다음과 같이 표기 한다

$$T \sim t(k)$$

$$E(T) = 0, \quad V(T) = \frac{k}{k-2}(단, k > 2이다)$$

위에서 정의된 t분포는 W. S. Gosset이 Student라는 가명으로 발표한 논문에 처음으로 등장하였으며 정규모집단에서 표본의 크기가 작고 σ가 미지인 경우 모평균의 추론에 유용하게 쓰이는 분포이다.

[그림 7-6]은 자유도 5인 t-분포와 표준정규분포의 모양을 비교한 것으로서, t-분포도 표준정규분포와 마찬가지로 0을 중심으로 좌우대칭이지만, 표준정규분포에 비하여 두터운 꼬리를 갖고 있는 것이 특징이다.

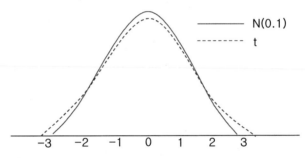

[그림 7-6] $N(0, 1)$와 자유도 5인 t분포의 비교

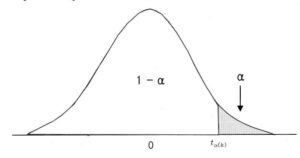

[그림 7-7] t분포

[그림 7-7]에서 자유도 k인 t분포에서

$$P\{T \geq t_\alpha(k)\} = \alpha \ , \ P\{T \leq t_\alpha(k)\} = 1 - \alpha$$

의 확률 값을 갖는다. 따라서 자유도 k인 t분포에서 오른쪽 끝부분의 면적이 α일때 $t_\alpha(k)$로 나타낸다.

(예제 7-5)

확률변수 T가 자유도 4인 t분포를 따를 때

$$P\{T \geq t\} = 0.01$$

이 성립하는 t의 값을 구하여라.

(풀 이)

[부록 4]에서 $d.f = 4$, $\alpha = 0.01$인 경우 이므로 t값은 3.747이다

즉, $t_{0.01}(4)$=3.747이고, P(T>3.747)=0.01 임을 의미 한다

[부록 4]에 여러 가지의 자유도에 대한 t분포의 확률변수의 값이 표로 주어져 있어서, 이를 이용하여 t분포에 대한 확률계산을 간편하게 할 수 있다.

이제 앞에서 언급한 바와 같이 $X_1, \cdots, X_n$이 정규모집단 $N(\mu, \sigma^2)$으로부터 작은 크기(n<30)의 확률표본일 때 $\dfrac{\overline{X} - \mu}{s / \sqrt{n}}$의 분포에 대하여 알아보자. 여기서

$$\frac{\overline{X} - \mu}{s / \sqrt{n}} = \frac{(\overline{X} - \mu) \Big/ \left(\dfrac{\sigma}{\sqrt{n}} \right)}{\sqrt{\dfrac{(n-1)s^2}{\sigma^2} / (n-1)}} \ \sim t(n-1)$$

따라서 t분포의 정의에 의하여 $\dfrac{\overline{X} - \mu}{s / \sqrt{n}}$는 자유도 n-1인 t분포를 따르게 된다.

정규분포 $N(\mu, \sigma^2)$으로부터 작은 크기(n<30)의 확률표본 $X_1, \cdots, X_n$에 대하여 아래 관계식이 성립 한다.

$$\frac{\overline{X} - \mu}{s / \sqrt{n}} \sim t(n-1)$$

다음에는 분산이 동일한 두 정규모집단 $N(\mu_1,\ \sigma^2),\ N(\mu_2,\ \sigma^2)$에 대하여 생각해보자. 앞에서와 동일한 방법으로 $s_1^2,\ s_2^2,\ s_p^2$등을 정의하면

$$\frac{(\overline{X}-\overline{Y})-(\mu_1-\mu_2)}{s_p\sqrt{\dfrac{1}{n_1}+\dfrac{1}{n_2}}}=\frac{[(\overline{X}-\overline{Y})-(\mu_1-\mu_2)]/(\sigma\times\sqrt{\dfrac{1}{n_1}+\dfrac{1}{n_2}})}{\sqrt{\dfrac{(n_1+n_2-2)s_p^2}{\sigma^2}/(n_1+n_2-2)}}$$

와 같이 되고, 우변에서

$$[(\overline{X}-\overline{Y})-(u_1-u_2)]/\left(\sigma\times\sqrt{\frac{1}{n_1}+\frac{1}{n_2}}\right)\sim N(0,1),$$

$$\frac{(n_1+n_2-2)s_p^2}{\sigma^2}\sim\chi^2(n_1+n_2-2)$$

가 성립되고 이들은 서로 독립임을 알려져 있으므로 , t분포로 정의로부터

$$\frac{(\overline{X}-\overline{Y})-(\mu_1-\mu_2)}{s_p\sqrt{\dfrac{1}{n_1}+\dfrac{1}{n_2}}}\sim t(n_1+n_2-2)$$

임의 알 수 있다.

분산이 동일한 두 정규모집단에서의 t분포 : $\sigma_1^2=\sigma_2^2=\sigma^2$가정 아래 관계식이 성립한다.

$$\frac{(\overline{X}-\overline{Y})-(\mu_1-\mu_2)}{s_p\sqrt{\dfrac{1}{n_1}+\dfrac{1}{n_2}}}\sim t(n_1+n_2-2)$$

---

3. F-분포

F분포(F-distribution)도 통계적 추론에서 많이 쓰이는 분포인데, 주로 분산분석이나 두 모집단의 분산을 비교할 때 많이 쓴다. F분포는 두 개의 자유도 k_1과 k_2를 모수로 하는데, 확률변수 F는 다음과 같이 정의된다.

[F 분 포 의 정 의]

두 확률변수 C_1과 C_2가 각각 $C_1 \sim \chi^2(k_1)$, $C_2 \sim \chi^2(k_2)$이고 서로 독립 일때,

$$F = \frac{C_1/k_1}{C_2/k_2}$$

는 자유도가 (k_1, k_2)인 F분포라 하고 기호로서 다음과 같이 표기 한다

$$F \sim F(k_1, k_2)$$

확률변수 F가 자유도(k_1, k_2)인 F분포를 따른다면

$$E(F) = \frac{k_2}{k_2 - 2} (단, k_2 > 2이다.)$$

$$V(F) = \left[\frac{k_2}{k_2 - 2}\right]^2 \cdot \frac{2(k_1 + k_2 - 2)}{k_1 (k_2 - 4)} (단, k_2 > 4이다)$$

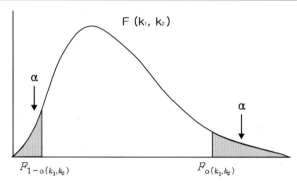

[그림 7-8] F분포의 형태

F분포 역시 자유도에 따라 그 모양이 다르지만 그 대체적인 형태는 [그림 7-8]과 같다. 이 그림에서 F분포의 확률변수와 확률 간에 다음의 관계식이 성립한다.

$$P(F \geq F(k_1, k_2)) = \alpha \ , \ P(F \leq F_{1-\alpha}(k_1, k_2)) = \alpha$$

[부록 6]에는 여러 가지의 자유도에 대한 F분포의 분포표가 주어져 있어서, F분포의 여러 가지 확률을 계산하는데 간편하게 이용할 수 있다.

(예제 7-6)

　확률변수 F가 자유도 (3, 4)인 F분포에 따를 때

$$P\{F \geq f\} = 0.05$$

가 되는 f의 값을 구하여라.

(풀 이)

[부록6]의 표로부터 $k_1 = 3$, $k_2 = 4$, $\alpha = 0.05$인 경우이므로 $f = 6.59$이다 즉, $F_{0.05}(3,4) = 6.59$ 이고, $P(F \geq 6.59) = 0.05$임을 의미 한다.

[F분포의 성질]

확률변수 F가 자유도 $(k_1,\ k_2)$인 F분포를 따를 때

$$\frac{1}{F} \sim F(k_2,\ k_1)$$

이 성립한다.

F분포는 t-분포나 χ^2분포처럼 왼쪽꼬리부분의 확률값 $F_{1-\alpha}$값을 직접구할 수 없다. 따라서 위의 성질을 이용하여 확률값을 구한다. 따라서 F분포의 이러한 성질을 적용하면 다음과 같은 사실을 알 수 있다.

$$F_{1-\alpha}(k_2, k_1) = \frac{1}{F_\alpha(k_1, k_2)}$$

$$F_\alpha(k_1, k_2) = \frac{1}{F_{1-\alpha}(k_2, k_1)}$$

예를 들면, (예제 7-6)에서 $F_{0.05}(3,4)) = 6.59$이므로

$$F_{0.95}(3, 4) = \frac{1}{F_{0.05}(4,3)} = \frac{1}{9.12} = 0.1096$$임을 알 수 있다.

이제, 두 정규모집단에서의 표본분산들의 비율에 대한 분포를 F분포를 이용하여 알아보도록 하자.

$X_1,\ \cdots,\ X_{n_1}$과 $Y_1,\ \cdots,\ Y_{n_2}$를 각각 두 정규모집단 $N(\mu_1,\ \sigma_1^2)$, $N(\mu_2,\ \sigma_2^2)$에서의 서로 독립인 확률표본이라 하고, s_1^2과 s_2^2을 각각 두 확률표본에서의 표본분산으로 정의하면,

$$\frac{(n_1-1)s_1^2}{\sigma_1^2} \sim \chi^2(n_1-1), \quad \frac{(n_2-1)s_2^2}{\sigma_2^2} \sim \chi^2(n_2-1)$$

가 성립하고 이들은 서로 독립이므로, 이들을 각각 자신의 자유도로 나눈 후의 비인 $\dfrac{\sigma_2^2}{\sigma_1^2} \cdot \dfrac{s_1^2}{s_2^2}$은 자유도 $(n_1-1,\ n_2-1)$인 F분포를 따르게 된다.

위와 같은 가정 아래에서 다음의 관계가 성립한다.

$$\frac{\sigma_2^2}{\sigma_1^2} \cdot \frac{s_1^2}{s_2^2} \sim F(n_1-1, \ n_2-1)$$

끝으로 F분포와 t분포와의 관계를 살펴보자. 자유도 k인 t분포를 따르는 확률변수를 T라 하면,

$$T = \frac{Z}{\sqrt{C/k}}, \quad (단, \ Z \sim N(0, \ 1), \quad C \sim \chi^2(k)$$이며 서로 독립$)$

로 표시될 수 있으므로

$$T^2 = \frac{Z^2/1}{C/k}$$

로 쓸 수 있다. 그런데 여기서 $Z_2 \sim \chi^2(1)$이고 Z와 C는 서로 독립이므로 다음의 관계가 성립한다.

[F분 포 와 t분 포 와 의 관 계]

확률변수 T가 자유도 k인 t분포를 따를 때 다음이 성립한다.
$$T^2 \sim F(1, \ k).$$

연 습 문 제

7.1. 확률변수 X가 다음 각각의 자유도 (df)를 갖는 t-분포를 따를 때, [부록 4] 의 표를 참고하여 다음 각각의 경우에 대한 값을 구하라.

(a) $df=10$, $P_r(X \leq 1.812)$

(b) $df=20$, $P_r(-2.086 \leq X \leq 2.086)$

(c) $df=10$, $P_r(X \leq -2.764)$

(d) $df=19$, $P_r(X \geq 2.093)$

(e) $df=15$, $P_r(X \geq K)=0.0254$인 K값

(f) $df=10$, $P_r(X \leq -K)=0.100$인 K값

7.2. 모평균 $\mu=10$인 정규 모집단으로부터 10개의 관측값을 표본으로 추출하여 조사한 결과 표본평균과 표본표준편차가 각각 $\overline{X}=12$, $S=4$를 구하였다.

(a) $T-$값을 구하라.

(b) [부록4]의 표를 이용하여 이 T-값이 나타날 확률의 근사값을 구하라.

7.3. 확률변수 X^2이 다음 각각의 자유도 (df)를 갖는 χ^2-분포를 따를 때 [부록5] 의 표를 참고하여 다음 각 경우에 대한 확률을 구하라.

(a) $df=10$, $P_r(\chi^2 \geq 3.24697)$

(b) $df=10$, $P_r(\chi^2 \geq 20.4831)$

(c) $df=15$, $P_r(\chi^2 \leq 24.9958)$

(d) $df=15$, $P_r(\chi^2 \leq 6.26214)$

(e) $df=15$, $P_r(6.26214 \leq \chi^2 \leq 27.4884)$

(f) $df=12$, $P_r(5.22603 \leq \chi^2 \leq 21.0261)$

7.4. 확률변수 F의 분포가 F(7, 15)를 따를 때,

(1) $F_{0.05,\ 7,\ 15}$와 $F_{0.95,\ 7,\ 15}$의 값들을 각각 결정하라.

(2) $P(F > x) = 0.01$이 되는 x를 통상적 표기로 표시하고 그 값을 결정하라. 또 $P(F < x) = 0.01$일 경우에는 어떤가?

7.5. 영화진흥공사에서는 국산영화의 보급을 위해 국산영화만을 상영하는 영상극장을 찾는 관객들에게 매일 입장순서대로 1부터 900까지의 번호표를 나누어주고 20명을 추첨하여 사은품을 제공하고자 한다. 영상극장은 총관람석의 수가 450명으로 하루 2회 상영을 한다. 난수표를 이용하여 하루 관람객 900명중 20명을 임의로 선발하시오.

7.6. 어느 모집단으로부터 추출된 표본의 평균 $(\overline{X})$이 200, 표준편차가 10인 정규분포를 따르는 것으로 나타났다. 표본의 수가 50이라고 할 때, 변수 X의 모평균과 모분산을 구하시오.

7.7. 서로 독립인 변수 X와 Y에 대하여 X는 평균이 μ_1, 분산이 σ_1^2, Y는 평균이 μ_2, 분산이 σ_2^2인 정규분포를 따른다고 하자. 이때 변수 X, Y에 대해서 각각 n_1, n_2개의 표본을 추출하였다고 할 때, 두 변수의 표본평균의 차이 $(\overline{X} - \overline{Y})$가 평균이 $\mu_1 - \mu_2$, 분산이 $\dfrac{\sigma_1^2}{n_1} + \dfrac{\sigma_2^2}{n_2}$인 정규분포를 따름을 보이시오.

7.8. 중심극한정리의 중요성에 대하여 설명하시오.

7.9. 대영백화점에서 고객들이 소비하는 금액(단위: 천원)은 평균이 40이고, 표준편차가 3인 정규분포를 따른다.

① 44이상을 소비하는 고객의 비율은?

② 임의로 추출한 50명의 고객들이 평균적으로 39에서 41까지 소비할 확률은?

7.10. (주)웰빙 랜드 종업원의 평균 출근시간(단위: 분)은 평균이 30이고 분산이 80인 반면에, (주)조이랜드 종업원의 평균 출근시간은 평균이 40이고 분산이 100이다. 40명의 웰빙랜드 종업원으로 이루어진 확률표본과 60명의 조이랜드 종업원으로 이루어진 확률표본을 취하였다. 웰빙랜드 종업원의 평균 출근시간이 조이랜드 종업원의 평균 출근시간보다 15분 이상 빠를 확률은?

7.11. 신라제과는 지난 5년 동안 하루 평균 250개의 빵을 판매했고, 표준편차는 45였다.
   ① 30일을 무작위로 추출하였을 때, 판매량의 표본평균에 대하 분포를 구하시오.
   ② 임의로 추출된 30일 동안 총 7,000개에서 8,000개 사이의 빵을 팔았을 확률을 구하시오.
   ③ 조사기간을 45일로 늘렸을 때, 임의로 추출된 45일 동안 총 12,000개 이상의 빵을 팔았을 확률은 얼마인가?

7.12. 신선양어장은 시내의 횟집에 향어를 공급하는 업체로, 이전의 경험에 의하면 이 양어장에서 공급되는 향어의 무게는 평균무게가 6kg, 분산이 2.5였다. 시내의 한 횟집주인이 이 양어장과 공급계약을 체결하기 위해 방문하였다. 임의로 50마리의 향어를 건져 무게를 달아보았을 때,
   ① 향어 50마리의 평균무게의 분포를 구하시오.
   ② 평균무게가 5.75kg이상, 6.5kg이하일 확률은 얼마인가?
   ③ 50마리가 아니라 100마리를 선택했다면, 위의 ①와 ②의 결과는 어떻게 달라지는가?

7.13. 정밀주식회사는 드릴을 공급하는 업체로 직경이 3.5mm와 5.25mm인 제품을 생산한다. 각 제품은 독립적인 두 공정 A와 B로부터 생산되는데, 각 공정으로부터 하루동안 생산되는 제품 중 불량품의 수를 각각 X_1과 X_2라고 하자. X_1은 평균이 12, 분산이 4이고, X_2는 평균이 10, 분산이 1이다.
   ① 공정 A에서 30개의 표본을 추출하여 불량품의 수를 조사했을 때, 그 평균은 어떤 분포를 따르는가?

② 공정 B에서 40개의 표본을 추출하여 불량품의 수를 조사했을 때, 그 평균은 어떤 분포를 따르는가?

③ 위의 ①와 ②에서 조사한 표본평균의 차 ($\overline{X}_1 - \overline{X}_2$)가 3이내일 확률을 계산 하시오.

7.14. 어떤 실험에서 성공의 횟수를 X라고 하자. 성공의 확률이 p, 실패의 확률이 $(1-p)$라고 할 때, n번의 실험결과로부터의 표본비율 $\left(\hat{p} = \dfrac{X}{n}\right)$은 어떤 분포를 따르는가? 단, 표본의 수 n은 상당히 크고, p는 0이나 1에 가깝지 않다고 가정한다.

7.15. 대명백화점 고객의 20%가 신용카드로 대금을 지불하는 것으로 나타났다. 50명의 고객을 추출할 때, 25% 이상이 신용카드로 대금을 지불할 확률은?

7.16. K비행기 탑승객의 30%가 흡연자인 반면, A비행기 탑승객은 25%가 흡연자인 것으로 나타났다. K비행기 탑승객에서 임의로 40명을 추출하고 A비행기 탑승객에서 임의로 50명을 추출하였을 때, 흡연자 비율의 차이가 7%이하일 확률은?

제8장 추정

8.1 추정의 개요

모수(parameter)란 모집단의 특성을 나타내는 측도로써 대표적인 모수로는 모평균 (μ), 모분산 (σ^2), 모비율 (p), 중앙치, 최빈치 등이 있다. 이러한 모수들은 일반적으로 알려지지 않은 수치이다. 모집단의 특성을 파악하기 위해서는 이 모수들을 도출할 필요가 있으나, 모집단 전체를 대상으로 하여 이들을 산출하기에는 모집단의 규모가 너무 방대하거나 시간, 비용, 물리적 제약 등에 의해 현실적으로 불가능한 경우가 많다. 이에 따라 모집단으로부터 추출된 표본의 정보를 통하여 모수를 추론(inference)하게 되는데 이 과정을 **추정**(estimation)이라고 한다.

모수와 대비되는 개념이 통계량(statistic)이다. 통계량은 앞 장에서 정의한 바와 같이 표본의 구성원소인 X_1, X_2, X_3, $\cdots$, X_n의 함수이다. 모수가 모집단의 특성을 나타내는데 반하여 통계량은 표본의 특성을 요약하는 측도이다. 또한 모수가 미지의 상수인데 반하여 통계량은 확률변수이다. 대표적인 통계량으로는 표본평균, 표본분산, 표본비율 등을 들 수 있다. 이 외에도 X_1, X_2, X_3, $\cdots$, X_n의 함수인 다양한 형태의 통계량이 있을 수 있다. 이러한 통계량 중에서 모수를 추정하는데 사용되는 통계량을 우리는 **추정량**(estimator)이라고 부른다. 예를 들어서 표본의 크기가 n인 표본평균 $\overline{X}$는 모평균의 추정량이며, 표본분산 s^2은 모분산의 추정량이다. 표본을 실제로 추출해서 표본 관찰치들을 추정량에 대입하면 하나의 실수를 얻게 되는데, 이 실수를 추정량의 **추정치**(estimate) 또는 **추정값** 이라고 한다. 추정량과 추정치의 관계는 확률변수 X와 실수값 x와의 관계와 유사하다.

추정의 방법에는 **점추정**(point estimation)과 **구간추정**(interval estimation)이 있다. 점추정은 표본평균이나 표본분산과 같은 추정량에 표본정보를 대입하여 얻은 단일 추정치에 의하여 모수를 추정하는 방법이다. 반면에 구간추정은 표본정보를 통해 미지의 모수가 속할 것으로 기대되는 실수구간을 제시하는 방법을 말한다. 본 장에서는 추정량이 갖추어야 할 몇 가지 바람직한 성질에 대하여 살펴본 후, 주어진 추정량을 통해서 모수를 추정하는 절차에 대해서 알아보기로 한다.

8.2 점추정량의 바람직한 성질

점추정에 의해 제시된 하나의 단일추정치가 모수와 일치할 확률은 거의 0에 가깝다. 그러므로 우리는 가급적 모수를 더 잘 추정할 수 있는 점추정량을 사용하고자 한다. 이에 따라 하나의 모수에 대하여 여러 개의 다른 점추정량이 제시될 수 있다.

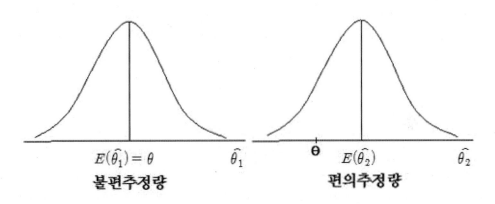

[그림 8-1] 불편추정량과 편의 추정량

예를 들면 모평균의 점추정량으로는 표본평균 외에도 표본중앙치나 표본최빈치 등이 사용될 수 있다. 그렇다면 이러한 여러 개의 점추정량 중에서 어떤 특성을 가진 추정량이 가장 바람직한가? 점추정량이 구비해야 할 바람직한 특성으로는 불편성(unbiasedness), 효율성(efficiency), 그리고 일관성(consistency)을 들 수 있다. 통계학에서는 이와 같은 세 가지의 특성을 구비한 통계량을 추정하고자하는 모수의 점추정량으로 선정하여 사용하고 있다.

1. 불 편 성

불편성(unbiasedness)이란 추정량의 기대값과 추정하고자 하는 모수와의 일치성을 의미한다. 즉, 추정량 $\hat{\theta}$이 있을 때, $\hat{\theta}$의 편의량(biasedness)은 다음과 같이 정의된다.

$$\hat{\theta}의 \ 편의량 = E(\hat{\theta}) - \theta$$

즉, $\hat{\theta}$의 편의량이란 $\hat{\theta}$의 기대값과 $\hat{\theta}$이 추정하고자 하는 모수 θ와의 차이를 말하는데, 이 편의량이 0인 추정량을 불편추정량(unbiased estimator)이라고 하고, 그렇지 않은 추정량을 편의추정량(biased estimator)이라 한다. 앞에서 우리는 표본평균의 기대값이 μ임을 보았다. 따라서 표본평균은 μ의 불편추정량이다. 또한 σ^2의 불편추정량은 표본분산 (s^2)이 된다.

[불 편 추 정 량]

$\hat{\theta}$이 모수 θ의 추정량일 때, 만일 $E(\hat{\theta}) = \theta$이면 $\hat{\theta}$은 θ의 불편추정량이라고 한다.

[그림 8-1]은 모수 θ의 불편추정량인 $\hat{\theta}_1$과 편의추정량인 $\hat{\theta}_2$의 분포상태를 보여주고 있다.

(예제 8-1)

$E(\overline{X}) = u$임을 보여라

(풀 이)

$$E(\overline{X}) = E\left[\frac{1}{n}\sum_{i=1}^{n}X_i\right] = \frac{1}{n}\left[E(X_1) + E(X_2) + \cdots + E(X_n)\right]$$

정규모집단 $X \sim N(\mu, \sigma^2)$으로부터 크기 n인 확률 표본은

$X_i \sim N(\mu, \sigma^2)$이므로 $\frac{1}{n}[\mu + \mu + \cdots + \mu] = \frac{1}{n}n\mu = \mu$

제2장에서 우리는 표본분산 s^2을 다음과 같이 정의하였다. 표본자료 X_1, X_2, $\cdots$, X_n이 있을 때,

$$s^2 = \frac{\sum_{i=1}^{n}(X_i - \overline{X})^2}{n-1}$$

위의 정의에서 표본분산은 n개의 편차를 제곱하여 더한 후 (n-1)로 나누었다. 그렇다면 왜 n으로 나누지 않고 (n-1)로 나누는가? 이제 그 이유를 살펴보도록 하자. 우선 표본분산의 분자인 $\sum(X_i - \overline{X})^2$은 아래와 같이 정리할 수 있다.

$$\begin{aligned}\sum_{i=1}^{n}(X_i - \overline{X})^2 &= \sum_{i=1}^{n}(X_i^2 - 2\overline{X}X_i + \overline{X}^2)\\ &= \sum_{i=1}^{n}(X_i^2) - 2\overline{X}\sum_{i=1}^{n}X_i + n\overline{X}^2)\\ &= \sum_{i=1}^{n}X_i^2 - n\overline{X}^2\end{aligned}$$

여기서 크기 n인 확률표본 X_i는 모두 정규분포와 동일한 분포 $X_i \sim N(\mu, \sigma^2)$를 가지므로,

$$\begin{aligned}E\big[\sum(X_i - \overline{X})^2\big] &= E\big[\sum X_i^2 - n\overline{X}^2\big]\\ &= \sum E(X_i^2) - nE(\overline{X}^2)\end{aligned}$$

$$\because \sigma^2 = V(X_i) = E(X_i^2) - [E(X_i)]^2, \quad \frac{\sigma^2}{n} = V(\overline{X}) = E(\overline{X}^2) - [E(\overline{X})]^2$$

$$= \sum_{i=1}^{n}(\sigma^2 + \mu^2) - n(\frac{\sigma^2}{n} + \mu^2) = (n-1)\sigma^2$$

가 된다. 그러므로

$$E(s^2) = \frac{E[\sum(X_i - \overline{X})^2]}{(n-1)} = \sigma^2$$

위의 결과 에서처럼 표본분산은 $(n-1)$로 나눌 때, 표본분산의 기대값이 추정하고자 하는 모수인 σ^2과 일치하는 불편추정량의 특성을 갖게 되는 것이다. 반면에 분모를 n으로 하면 기대값이 $\frac{\sigma^2(n-1)}{n}$이 되어 모수를 과소 추정하는 경향이 있다.

2. 효율성

불편성은 바람직한 추정량의 필수조건이지만 충분조건은 아니다. [그림 8-2]에서 보면 $\hat{\theta}_1$과 $\hat{\theta}_2$는 모두 불편추정량이다. $\hat{\theta}_1$의 분포가 $\hat{\theta}_2$의 분포보다 표준오차가 작다. 이것은 $\hat{\theta}_1$이 $\hat{\theta}_2$보다 θ(참값 : 모수)에 더 가까운 추정치를 제시할 확률이 높다는 것을 의미한다. 이런 경우에 $\hat{\theta}_1$이 $\hat{\theta}_2$보다 θ을 추정하는데 더 효율적(efficiency)이라고 말한다. 따라서 모수 θ에 대한 구체적 형태의 모든 불편추정량들 중에서 분산이 작은 불편추정량을 이용하는 것이 바람직하며, 이러한 불편추정량을 유효추정량이라고 한다. 표준편차는 데이터의 퍼짐의 정도를 나타내는 통계량이고, 표준오차는 추정량의 산포를 나타내는 통계량이다.

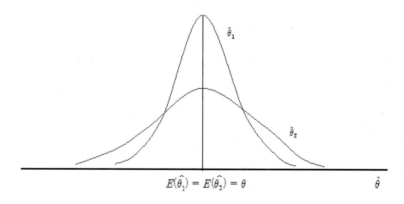

$$E(\hat{\theta}_1) = E(\hat{\theta}_2) = \theta$$

[그림 8-2]두 불편추정량 $\hat{\theta}_1$과 $\hat{\theta}_2$의 비교

[표 준 오 차]

추정량 $\hat{\theta}$의 표준편차를 $\hat{\theta}$의 표준오차라 하고, 이를

$$S.E.(\hat{\theta}) = \sqrt{V(\hat{\theta})}$$

으로 나타낸다. 또한, 두 불편추정량 $\hat{\theta}_1$, $\hat{\theta}_2$에 대해

$$S.E.(\hat{\theta}_1) < S.E.(\hat{\theta}_2)$$

이면, 추정량 $\hat{\theta}_1$이 $\hat{\theta}_2$보다 유효하다고 한다.

하나의 모수에 대해 여러 개의 추정량이 도출될 수 있다. 이러한 여러개의 추정량 중에서 불편추정량이면서 가장 효율성이 높은 추정량을 최소분산불편추정량(minimum variance unbiased estimator; MVUE)이라고 한다. 우리가 자주 사용하는 표본평균이나 표본분산과 같은 통계량은 MVUE의 전형적인 예이다.

3. 일관성

표본의 크기가 커짐에 따라 추정량이 참값(모수)에 점차 더 근사하는 성격을 가진 추정량을 일관적 추정량(consistent estimator)이라고 한다. 일관적 추정량이 되기 위해서는 다음의 두 가지 조건 중 하나를 만족시켜야 한다.

[일 관 적 추 정 량]

① $\lim_{n \to \infty} P[|\widehat{\theta}_n - \theta| < \epsilon] = 1$이면 $\widehat{\theta}_n$은 일관적 추정량이다.

단, ε는 0보다 큰 임의의 작은 실수이다.

② $\lim_{n \to \infty} MSE(\widehat{\theta}_n) = 0$이면 $\widehat{\theta}_n$은 일관적 추정량이다.

여기에서 $MSE(\widehat{\theta}_n) = E[(\widehat{\theta}_n - \theta)^2]$이다.

위에서 1.의 조건은 n이 커짐에 따라 $\widehat{\theta}_n$과 θ간의 차이가 0보다 큰 어떤 임의의 실수보다 작을 확률이 1에 수렴할 때, $\widehat{\theta}_n$이 θ의 일관적 추정량이라는 것을 의미한다. 그러나 이 식은 일관성 검사를 위하여 적용하기가 쉽지 않다. 그래서 동일한 의미를 지니면서 보다 적용이 용이한 2.의 조건이 추정량의 일관성 검사에 주로 사용되고 있다. 2.의 조건은 n이 증가할 때, 일관적 추정량 $\widehat{\theta}_n$과 모수 θ간의 오차에 대한 제곱의 기대값이 0에 수렴한다는 것이다.

이상으로 추정량이 갖추어야 할 세 가지 특성에 대하여 모두 알아보았다. 그러나 이러한 세 가지 조건을 모두 만족하는 추정량을 찾기는 쉽지 않다.

끝으로 모수의 종류에 따라 일반적으로 이용되는 추정량들을 정리하면 다음[표 8-1]과 같다.

[표 8-1] 일반적으로 이용되는 추정량

모 수		추 정 량	
모 평 균	μ	표 본 평 균	$\overline{X}$
모 분 산	σ^2	표 본 분 산	s^2
모표준편차	σ	표본표준편차	s
모 비 율	p	표 본 비 율	$\hat{p}$

8.3 점 추 정

점추정이란 표본에서 얻어지는 정보를 이용하여 미지인 모수의 참값으로 생각되는 하나의 수값을 일정한 방법에 따라 택하게 되는 과정이다.

[점 추 정]

점추정(point estimation)이란 추출된 표본자료를 선정된 추정량을 구하는 식에 대입하여 얻은 단일 추정치에 의하여 모수를 추정하는 방법을 말한다. 그리고 점추정에 사용된 통계량을 점추정량(point estimator)이라고 한다.

(예제 8-2)

미래은행은 고객이 서비스를 받는데 걸리는 시간을 측정하기 위해서 40명의 고객을 무작위로 조사하여 다음의 표본자료를 얻었다. 서비스를 받는데 소요되는 평균시간은 얼마인가? (단위 : 분)

7.4	0.9	1.0	3.6	0.1	1.9	2.9	2.2
4.7	1.2	2.1	0.5	2.6	3.5	0.1	2.9
0.2	0.9	1.7	1.9	2.3	0.2	0.8	1.4
0.9	0.8	1.6	3.7	0.5	0.9	0.8	0.8
4.9	2.9	0.4	6.5	2.5	5.1	2.6	0.4

(풀 이)

미래은행에서 알고자 하는 것은 은행에 출입하는 모든 고객이 서비스를 받는데 걸리는 평균시간(μ)이다. μ를 추정하기 위해 랜덤하게 조사한 40명의 고객 서비

스 시간에 대한 평균을 구하면

$$\overline{X} = \frac{\sum\limits_{i=1}^{40} X_i}{40} = 2.0575$$

표본평균으로 계산된 2.0575에 의해 미래은행의 평균 고객서비스 시간이 2.0575일 것이라고 추정하게 된다. 이와 같이 표본으로부터 제시된 하나의 단일치에 의해 모수를 추정하는 것을 점추정이라고 한다.

점추정은 마치 과녁에 활을 쏘는 것과 유사하다. 아무리 명궁이라고 하더라도 항상 과녁의 중심을 맞힐 수는 없으며, 매번 시위를 당길 때마다 다소간의 오차가 생기기 마련이다. 이처럼 점추정은 아무리 좋은 점추정량을 사용한다고 해도 표본오차(sampling error)로 인하여 모수와 일치할 확률은 거의 0에 가깝다. 만약 예제 8-2와 같은 방법으로 40명의 고객을 다시 추출하여 평균 서비스시간을 계산하면 아마 2.0575와 상당히 다른 수치가 나올 수도 있다. 어떤 수치가 더 정확한 수치인가? 그리고 오차의 정도는 얼마나 될 것인가? 알 수 없다. 이와 같이 점추정치는 모수와 일치한다는 보장이 없을 뿐만 아니라, 이러한 불확실성의 정도를 측정하는 어떠한 방안도 제시하지 못한다. 이것이 바로 점추정의 문제점이다. 다음 절에서 설명할 구간추정은 이와 같은 점추정의 제약성을 보완할 수 있는 방법이다.

8.4 구간추정

앞 절에서는 모수 θ의 참값을 추정하기 위해 점추정과 같이 하나의 숫자를 사용하는 방법에 대해 살펴보았다. 그러나 점추정에서 추정값 $\hat{\theta}$은 모수 θ의 참값과 정확하게 일치하는 경우는 거의 없고 크고 작은 오차를 수반하게 된다. 예를 들면 모평균 μ에 대한 추정량으로 표본평균 $\overline{X}$를 이용하는데 특정 표본값 $x_1, x_2, \cdots, x_n$에 의해 계산되는 $\overline{x}$값이 μ의 참값과 일치하는 경우는 거의 없다. 이러한 오차를 $\hat{\theta} - \theta$로 표기하며 이를 추정량 $\hat{\theta}$의 표본오차(sampling error)라고 부른다.

여기서 모수 θ의 참값은 알려져 있지 않기 때문에 점추정은 표본오차의 크기에 관해 어떠한 정보도 제공하고 있지 못하다. 따라서 모수 θ의 참값이 포함될 것이라는 확신의 정도를 나타내는 측도$(1-\alpha)$인 **신뢰수준**(confidence level)을 가지고 모수 θ의 참값이 포함될 구간을 설정 하는데 이러한 구간을 **신뢰구간**(confidence interval)이라고 하며 이러한 추정을 **구간추정**(interval estimation)이라고 한다. 앞으로 살펴보겠지만 이렇게 설정된 신뢰구간은 표본오차에 관한 정보를 어느 정도 제공하고 있다.

우선 신뢰구간추정을 이해하는데 필요한 용어들을 정의하도록 하자.

[신뢰구간(Confidence interval)]

모수가 θ인 모집단으로부터 크기가 n인 확률표본을 X_1, X_2, $\cdots$, X_n 에서 구한 두 통계량 $\widehat{\theta_L}, \widehat{\theta_U}$이 $P(\widehat{\theta_L} < \theta < \widehat{\theta_U}) = 1 - \alpha$, $(0 < \alpha < 1)$일 때

① 구간 $(\widehat{\theta_L}, \widehat{\theta_U})$을 모수 θ에 대한 신뢰구간

② $1 - \alpha$를 신뢰계수(confidence coefficient) 또는 신뢰수준

③ $\widehat{\theta_L}$과 $\widehat{\theta_U}$을 각각 신뢰하한(lower confidence limit)과
   신뢰상한(upper confidence limit)이라고 하며 이들을 통틀어
   신뢰한계(confidence limits)라고 함

④ $\widehat{\theta_U}$과 $\widehat{\theta_L}$의 차 $\widehat{\theta_U} - \widehat{\theta_L}$을 모수 θ의 신뢰구간 길이(length)

표본추출이 달라짐에 따라 확률표본 $X_1, X_2, \cdots, X_n$의 특정 관측값 $x_1, x_2, \cdots, x_n$은 달라지고 따라서 모수 θ에 대한 100(1-α)% 신뢰구간 $(\widehat{\theta_L}, \widehat{\theta_U})$도 달라 지게 됨에 유의해야 한다.

신뢰수준 1- α는 특정 표본값이 추출되어 이 표본값에 상응되는 신뢰구간값이 계산되기 전에 모수 θ의 참값이 구간 $(\widehat{\theta_L}, \widehat{\theta_U})$에 포함되리라는 것을 $100(1-\alpha)\%$의 확신을 가지고 신뢰할 수 있는 수준을 말한다. 다시 말하면 대상모집단으로부터 크기가 n인 특정표본을 독립적으로 계속 추출하여 각 특정표본에 의해 신뢰구간값 $(\widehat{\theta_L}, \widehat{\theta_U})$이 계산된다면, 이

구간들 중에 모수 θ의 참값을 포함하는 구간들의 비율, 즉 상대도수 (relative frequency)가 $100(1-\alpha)\%$에 접근하는 것을 의미한다. 한편 신뢰수준 $1-\alpha$는 일반적으로 95%, 99%, 90% 등을 사용하는데 주어진 일정한 수준의 확률 값을 유지시키면서 신뢰구간의 길이가 가장 짧은 구간 $(\widehat{\theta_L}, \widehat{\theta_U})$을 결정하는 것이 좋다. 왜냐하면 신뢰구간의 길이가 짧으면 짧을수록 모수 θ의 참값의 위치에 대한 정보가 더 정확하기 때문이다. 그러나 길이가 가장 짧은 신뢰구간을 설정하는 것이 어려운 경우가 대부분이다. 그러면 7장에서 학습한 표본분포를 이용하여 실용적 측면에서 많이 활용되는 여러 가지 모수의 구간추정에 대해서 알아보기로 한다.

8.5 단일모집단의 모수에 대한 구간 추정

1. 모평균 μ에 대한 신뢰구간

모평균 μ에 대한 신뢰구간은 앞의 7장에서 학습한 표본평균 $\overline{X}$의 분포를 활용하여 구할 수 있다. 여기서는 모분산 σ^2이 알려져 있는 정규모집단, 모분산 σ^2이 알려져 있지 않은 경우에 정규모집단으로부터 추출한 표본의 크기가 소표본과 대표본인 경우로 나누어 모평균 μ에 대한 $100(1-\alpha)\%$ 신뢰구간을 설정하는 방법에 대하여 알아보기로 하자.

(1) 모평균 μ에 대한 $100(1-\alpha)\%$ 신뢰구간 : σ^2이 알려진 경우

먼저 모분산 σ^2이 알려져 있는 정규모집단의 모평균 μ에 대한 $100(1-\alpha)\%$ 신뢰구간을 구하도록 하자. 앞 장에서 살펴본바와 같이 표본평균 $\overline{X}$의 분포가 $N\left(\mu, \dfrac{\sigma^2}{n}\right)$를 따를 때 표준화된 확률변수 $Z = \dfrac{\overline{X}-\mu}{\sigma/\sqrt{n}}$가 $N(0, 1)$인 표준정규분포를 따른다는 것을 활용한다.

신뢰수준 $1-\alpha$의 값이 주어지고, 확률변수 $Z = \dfrac{\overline{X}-\mu}{\sigma/\sqrt{n}}$가 $N(0, 1)$를

따르므로 다음과 같은 방법으로 모평균의 신뢰구간을 구할 수 있다. ([그림 8-3] 참조).

$$P\left(-z_{\frac{\alpha}{2}} < Z < z_{\frac{\alpha}{2}}\right) = 1 - \alpha$$

$$P\left(-z_{\frac{\alpha}{2}} < \frac{\overline{X} - \mu}{\sigma / \sqrt{n}} < z_{\frac{\alpha}{2}}\right) = 1 - \alpha$$

$$P\left(\overline{X} - z_{\frac{\alpha}{2}} \frac{\sigma}{\sqrt{n}} < \mu < \overline{X} + z_{\frac{\alpha}{2}} \frac{\sigma}{\sqrt{n}}\right) = 1 - \alpha$$

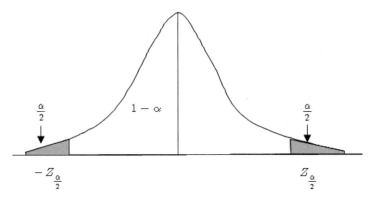

[그림 8-3] 표준정규분포 : $Z \sim N(0,\ 1)$

[모평균 μ에 대한 $100(1-\alpha)\%$신뢰구간 : σ^2이 알려진 경우

$$\left(\overline{X} - z_{\frac{\alpha}{2}} \frac{\sigma}{\sqrt{n}},\quad \overline{X} + z_{\frac{\alpha}{2}} \frac{\sigma}{\sqrt{n}}\right)$$

위 신뢰구간을 간략하게 $\overline{X} \pm z_{\frac{\alpha}{2}} \frac{\sigma}{\sqrt{n}}$로 표기하기도 하며, 신뢰수준 $1-\alpha$의 값들로는 흔히 $1-\alpha = 0.95, 0.99, 0.90$ 등이 많이 사용되며, 이에 대응되는 $z_{\frac{\alpha}{2}}$값은 각각 $z_{0.005} = 2.58$, $z_{0.025} = 1.96$, $z_{0.05} = 1.645$등이 있다.

(예제 8-3)

스마트폰 부품제조 공장에서 10개의 제품을 표본으로 랜덤 샘플링 하여 치수를 측정한 결과 다음과 같은 데이터를 얻었다. 과거의 자료에서 이 공정치수의 표준편차는 0.02mm임을 알고 있을 때, 공정의 모평균의 95% 신뢰구간을 추정하시오.

5.48, 5.47, 5.50, 5.51, 5.50, 5.51, 5.50, 5.51, 5.52, 5.51 (mm)

(풀 이)

모표준편차 $\sigma = 0.02$로 알려져 있는 모평균 μ에 대한 구간추정 문제이다.

$$\sigma = 0.02, \quad n = 10, \quad \overline{x} = 5.501, \quad \alpha = 0.05.$$

이고 신뢰수준이 95%이므로 표준정규분포에서 $z_{\frac{\alpha}{2}} = z_{0.025} = 1.96$이다.

따라서 신뢰구간은

$$\left(\overline{X} - z_{\frac{\alpha}{2}} \frac{\sigma}{\sqrt{n}}, \quad \overline{X} + z_{\frac{\alpha}{2}} \frac{\sigma}{\sqrt{n}} \right) = \left(5.501 - 1.96 \frac{0.02}{\sqrt{10}}, \quad 5.501 + 1.96 \frac{0.02}{\sqrt{10}} \right)$$

$$= (5.4886, 5.5134)$$

예를 들어 예제 8-3에서 모평균 μ의 95% 신뢰구간이 (5.4886, 5.5134)이라고 할 때, n=10인 표본을 반복하여 100번 추출하고 이에 대한 95% 신뢰구간을 각각 구하였을 때, 그중 95개는 실제로 모평균 μ를 포함하고 나머지 5개는 모평균 μ를 포함하고 있지 않다는 것을 의미한다. 즉, 모평균 μ에 대한 $100(1-\alpha)\%$ 신뢰구간인 $\left(\overline{X} - z_{\frac{\alpha}{2}} \frac{\sigma}{\sqrt{n}}, \quad \overline{X} + z_{\frac{\alpha}{2}} \frac{\sigma}{\sqrt{n}} \right)$는 확률구간으로 크기가 n인 특정표본을 독립적으로 계속 추출하여 각 표본에 상응되는 신뢰구간들이 계산된다면, 계산된 신뢰구간들 중 $100(1-\alpha)\%$만이 모평균 μ의 참값을 포함하게 된다. 따라서 신뢰구간 추정식의 의미는 모집단으로부터 크기가 n인 표본을 독립적으로 계속 추출하여 각 표본에 상응되는 신뢰구간들이 계산되어진다면, 이 신뢰구간들 중에서 모평균 μ의 참값을 포함하는 구간들의 비율은 $100(1-\alpha)\%$에 접근

하게 됨을 뜻한다

본 절 앞에서 언급하였듯이 구간추정은 점추정과는 달리 모수 θ에 대한 추정량 $\hat{\theta}$의 표본오차 $\hat{\theta}-\theta$에 대한 정보를 제공한다고 하였다. 이를 알아보기 위해 구간추정 식을 변형하면

$$P\left(-z_{\frac{\alpha}{2}}\frac{\sigma}{\sqrt{n}} < \overline{X}-\mu < z_{\frac{\alpha}{2}}\frac{\sigma}{\sqrt{n}}\right) = 1-\alpha$$

$$P\left(|\overline{X}-\mu| < z_{\frac{\alpha}{2}}\frac{\sigma}{\sqrt{n}}\right) = 1-\alpha.$$

위 식은 모평균 μ에 대한 추정량 $\overline{X}$의 표본오차의 절대값인 $|\overline{X}-\mu|$가 $z_{\frac{\alpha}{2}}\frac{\sigma}{\sqrt{n}}$보다 작은 확률이 $(1-\alpha)$임을 의미하며, 이 $z_{\frac{\alpha}{2}}\frac{\sigma}{\sqrt{n}}$를 모평균 μ에 대한 추정량 $\overline{X}$의 $100(1-\alpha)\%$ 오차한계라고 부른다.

이 오차한계 $z_{\frac{\alpha}{2}}\frac{\sigma}{\sqrt{n}}$는 모평균 μ에 대한 $100(1-\alpha)\%$ 신뢰구간 $\left(\overline{X}-z_{\frac{\alpha}{2}}\frac{\sigma}{\sqrt{n}},\ \overline{X}+z_{\frac{\alpha}{2}}\frac{\sigma}{\sqrt{n}}\right)$의 길이 $\left(\overline{X}+z_{\frac{\alpha}{2}}\frac{\sigma}{\sqrt{n}}\right) - \left(\overline{X}-z_{\frac{\alpha}{2}}\frac{\sigma}{\sqrt{n}}\right) = 2z_{\frac{\alpha}{2}}\frac{\sigma}{\sqrt{n}}$의 반에 해당된다. 여기서 표본크기 n이 커짐에 따라 오차한계 $z_{\frac{\alpha}{2}}\frac{\sigma}{\sqrt{n}}$는 작아지며, 따라서 신뢰구간 $\left(\overline{X}-z_{\frac{\alpha}{2}}\frac{\sigma}{\sqrt{n}},\ \overline{X}+z_{\frac{\alpha}{2}}\frac{\sigma}{\sqrt{n}}\right)$은 모평균 μ의 참값의 위치에 대해 더욱 정확한 정보를 제공하게 된다.

(2) 모평균 μ에 대한 $100(1-\alpha)\%$ 신뢰구간 : σ^2을 모르는 경우 ($n < 30$)

모분산 σ^2이 알려져 있지 않은 정규모집단의 모평균 u에 대한 $100(1-\alpha)\%$ 신뢰구간을 구하여 보고자 한다. 7장에서 정의된 t분포에서 확률변수 $T = \dfrac{\overline{X}-\mu}{s/\sqrt{n}}$의 분포가 $t(n-1)$을 따른다는 것을 활용한다.

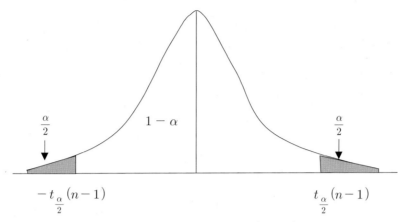

[그림 8-4] $t-$ 분포 : $T \sim t(n-1)$

신뢰수준 $1-\alpha$의 값이 주어지고, 확률변수 $T = \dfrac{\overline{X}-\mu}{s/\sqrt{n}}$의 분포는 $t(n-1)$를 따르므로 다음 식을 만족시키는 $t_{\frac{\alpha}{2}}(n-1)$값이 존재한다. ([그림 8-4]참조)

$$P\left(-t_{\frac{\alpha}{2}}(n-1) < T < t_{\frac{\alpha}{2}}(n-1)\right) = 1-\alpha$$

$$P\left(-t_{\frac{\alpha}{2}}(n-1) < \frac{\overline{X}-\mu}{s/\sqrt{n}} < t_{\frac{\alpha}{2}}(n-1)\right) = 1-\alpha$$

위 식의 괄호 안의 부등식에서 각 항에 $\dfrac{s}{\sqrt{n}}$을 곱한 다음에, 각 항에서 $\overline{X}$를 빼고 -1을 곱하면 다음 식을 얻게 되며,

$$P\left(\overline{X}-t_{\frac{\alpha}{2}}(n-1)\frac{s}{\sqrt{n}} < \mu < \overline{X}+t_{\frac{\alpha}{2}}(n-1)\frac{s}{\sqrt{n}}\right) = 1-\alpha$$

위 신뢰구간을 간략하게 $\overline{X} \pm t_{\frac{\alpha}{2}}(n-1)\dfrac{s}{\sqrt{n}}$ 로 표기하기도 한다.

$$\boxed{\text{[모평균 } \mu \text{에 대한 } 100(1-\alpha)\% \text{신뢰구간 : } \sigma^2 \text{을 모르는 경우 } (n < 30)}$$

$$\left(\overline{X} - t_{\frac{\alpha}{2}}(n-1)\frac{s}{\sqrt{n}}, \quad \overline{X} + t_{\frac{\alpha}{2}}(n-1)\frac{s}{\sqrt{n}} \right)$$

(예제 8-4)

전구 전문제조업체인 새롬(주)에서 전구를 밀봉하는 새로운 방법을 개발하였다. 이 업체는 새로운 밀봉방법에 의해 생산된 전구의 평균수명시간 μ를 추정하기 위해 생산된 전구 중에서 9개를 랜덤하게 추출하여 수명시간을 측정한 결과로 다음을 얻었다.(단위: 시간)

    5,000, 5,100, 5,400, 5,200, 5,400, 5,000, 5,300, 5,200, 5,200.

새로운 밀봉방법에 의해 생산된 전구의 수명시간의 분포가 정규분포를 따른다고 할 때 모평균수명시간 μ에 대한 90% 신뢰구간을 구하라.

(풀 이)

모분산 σ^2이 알려져 있지 않은 정규모집단으로부터 소표본(n<30)인 경우의 모평균에 대한 신뢰구간 추정 이므로

공식 $\left(\overline{X} - t_{\frac{\alpha}{2}}(n-1)\dfrac{s}{\sqrt{n}}, \quad \overline{X} + t_{\frac{\alpha}{2}}(n-1)\dfrac{s}{\sqrt{n}} \right)$ 을 이용한다.

x_i는 추출된 표본에서 i번째 전구의 수명시간을 나타낸다고 할 때, 표본평균 $\overline{X}$와 표본분산 s^2을 구하면 각각 다음과 같다.

$$\overline{X} = \frac{\sum_{i=1}^{9} x_i}{n} = \frac{5,000 + 5,100 + \cdots + 5,200}{9} = 5,200.$$

$$s^2 = \frac{\sum_{i=1}^{9}(x_i - \overline{x})^2}{n-1} = 22,500 \quad \therefore s = \sqrt{22,500} = 150$$

표본크기가 n=9이고 신뢰수준이 $1-\alpha=0.9$이므로 [부록 4]에 의해

$t_{\frac{\alpha}{2}}(n-1) = t_{0.05}(8) = 1.86$이다.

모평균수명시간 μ에 대한 90% 신뢰구간은 다음과 같이 구해진다.

$$\left(\overline{X} - t_{\frac{\alpha}{2}}(n-1)\frac{s}{\sqrt{n}}, \quad \overline{X} + t_{\frac{\alpha}{2}}(n-1)\frac{s}{\sqrt{n}} \right)$$

$$= \left(5{,}200 - 1.86\frac{150}{\sqrt{9}}, \quad 5{,}200 + 1.86\frac{150}{\sqrt{9}} \right)$$

$$= (5{,}107, \quad 5{,}293)$$

(3) 모평균 μ에 대한 $100(1-\alpha)\%$신뢰구간 : σ^2을 모르는 경우 ($n \geq 30$)

대표본 ($n \geq 30$)인 경우에는 중심극한정리에 따라 모집단의 분포에 상관없이 표본평균의 분포 $\overline{X}$는 정규분포에 근사한다. 또한 t-분포도 자유도가 증가함에 따라 표준정규분포에 근사함을 제 7장에서 살펴본 바 있다. 따라서 $t(n-1)$의 분포는 표본의 크기가 커짐에 따라 근사적으로 표준정규분포에 따른다. 이상의 사실로부터 대표본의 경우에는 모집단의 분포가 정규분포이든 아니든, 또는 모분산을 알든 모르든 표본평균의 분포는 표준정규분포에 의하여 신뢰구간을 도출하여 모수에 근사적 추정을 할 수 있다.

[대표본의 경우 μ의 $100(1-\alpha)\%$신뢰구간 ($n \geq 30$)]

$$\left(\overline{X} - z_{\frac{a}{2}}\frac{s}{\sqrt{n}}, \quad \overline{X} + z_{\frac{a}{2}}\frac{s}{\sqrt{n}} \right)$$

(예제 8-5) 화학섬유를 생산하는 멀티텍스(주)에서는 최근 개발된 신기술에 의해 생산되는 화학섬유의 평균 강도를 추정하고자 한다. 신기술에 의해 생산된 화학섬유에서 36가닥을 랜덤하게 추출하여 조사한 결과 이들의 표본평균 강도와 표본분산이 각각 $\overline{X} = 2.3$과 $s^2 = 0.00571$이었다. 여기서 강도는 섬유 한 가닥이 끊어지기

전에 견디어 낼 수 있는 단위당 무게를 말하며 kg으로 측정하였다. 신기술에 의해 생산된 화학섬유 가닥들의 강도는 정규분포를 따른다고 할 때 모평균강도 μ에 대한 95% 근사신뢰구간을 구하라.

(풀 이)

모분산 σ^2이 알려져 있지 않고, 표본크기가 $n \geq 30$인 경우 이므로

근사식 $\left(\overline{X} - z_{\frac{\alpha}{2}} \dfrac{s}{\sqrt{n}}, \quad \overline{X} + z_{\frac{\alpha}{2}} \dfrac{s}{\sqrt{n}} \right)$ 를 이용한다.

$$n = 36, \quad \overline{x} = 2.3, \quad s^2 = 0.00571, \quad \alpha = 0.05.$$

이고 [부록 3]에서 $z_{\frac{\alpha}{2}} = z_{0.025} = 1.96$이다. 따라서 근사신뢰구간은

$$\left(\overline{X} - z_{\frac{\alpha}{2}} \frac{s}{\sqrt{n}}, \quad \overline{X} + z_{\frac{\alpha}{2}} \frac{s}{\sqrt{n}} \right)$$

$$= \left(2.3 - 1.96 \frac{\sqrt{0.00571}}{\sqrt{36}}, \quad 2.3 + 1.96 \frac{\sqrt{0.00571}}{\sqrt{36}} \right)$$

$$\fallingdotseq (2.275, \quad 2.325).$$

(예제 8-6)

우리나라 전체 대학생들의 평균 신장 μ를 추정하고자 한다. 전체 대학생들로 구성된 모집단으로부터 비복원추출방법으로 1000명을 랜덤하게 추출하여 조사한 결과 이들의 표본평균신장이 $\overline{X} = 171.8 \text{(cm)}$, $s^2 = 25$ 이었다. 신장의 모평균 μ에 대한 95% 신뢰구간을 구하라.

(풀 이)

모집단의 모분산이 알려져 있지 않고 표본크기가 $n \geq 30$인 경우 표본평균의 분포는 중심극한정리에 의하여 정규분포에 근사하므로

공식 $\left(\overline{X} - z_{\frac{\alpha}{2}} \dfrac{s}{\sqrt{n}}, \quad \overline{X} + z_{\frac{\alpha}{2}} \dfrac{s}{\sqrt{n}} \right)$ 를 이용하여

주어진 자료를 가지고 신뢰구간을 구하면 다음과 같다.

$$n = 1000, \quad \overline{x} = 171.8, \quad s^2 = 25, \quad \alpha = 0.05.$$

$$\left(\overline{X} - z_{\frac{\alpha}{2}}\frac{s}{\sqrt{n}}, \quad \overline{X} + z_{\frac{\alpha}{2}}\frac{s}{\sqrt{n}}\right)$$

$$= \left(171.8 - 1.96\frac{5}{\sqrt{1000}}, \quad 171.8 + 1.96\frac{5}{\sqrt{1000}}\right)$$

$$= (170.51, \quad 172.11)$$

2. 모분산 σ^2에 대한 신뢰구간

정규모집단의 모분산 σ^2에 대한 $100(1-\alpha)\%$ 신뢰구간에 대하여 알아보도록 하자. 모분산의 구간추정은 7장의 χ^2분포에서 확률변수 $\chi^2 = \dfrac{(n-1)s^2}{\sigma^2}$이 $\chi^2(n-1)$를 따른다는 것을 활용한다.

신뢰수준 $1-\alpha$의 값이 주어지고, 확률변수 $\chi^2 = \dfrac{(n-1)s^2}{\sigma^2}$의 분포가 $\chi^2(n-1)$를 따를 때 다음 식을 만족시키는 $\chi^2_{1-\frac{\alpha}{2}}(n-1)$과 $\chi^2_{\frac{\alpha}{2}}(n-1)$의 값들이 존재한다. ([그림 8-5] 참조).

$$P\left(\chi^2_{1-\frac{\alpha}{2}}(n-1) < \chi^2 < \chi^2_{\frac{\alpha}{2}}(n-1)\right) = 1-\alpha$$

$$= P\left(\chi^2_{1-\frac{\alpha}{2^2}}(n-1) < \frac{(n-1)s^2}{\sigma^2} < \chi^2_{\frac{\alpha}{2}}(n-1)\right) = 1-\alpha$$

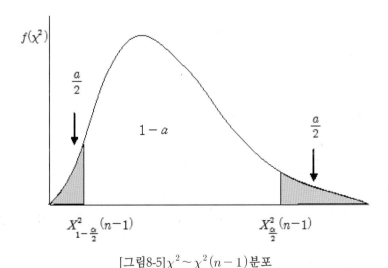

[그림8-5]$\chi^2 \sim \chi^2(n-1)$분포

위 식의 괄호 안에 있는 부등식에서 각 항의 역수를 취한 다음에, 각 항에 $(n-1)s^2$를 곱하면 다음 식을 얻게 된다.

$$P\left(\frac{(n-1)s^2}{\chi^2_{\frac{\alpha}{2}}(n-1)} < \sigma^2 < \frac{(n-1)s^2}{\chi^2_{1-\frac{\alpha}{2}}(n-1)}\right) = 1 - \alpha$$

[모분산 σ^2에 대한 $100(1-\alpha)\%$ 신뢰구간]

평균이 μ이고 분산은 σ^2인 정규모집단으로부터 크기가 n인 확률표본의 표본분산을 s^2이라고 하면, 모분산 σ^2에 대한 하나의 $100(1-\alpha)\%$ 신뢰구간은 다음과 같다.

$$\left(\frac{(n-1)s^2}{\chi^2_{\frac{\alpha}{2}}(n-1)}, \quad \frac{(n-1)s^2}{\chi^2_{1-\frac{\alpha}{2}}(n-1)}\right)$$

또한 정규모집단의 모표준편차 σ에 대한 $100(1-\alpha)\%$ 신뢰구간은 위에 제시된 모분산 σ^2에 대한 $100(1-\alpha)\%$ 신뢰구간은

$$\left(\sqrt{\frac{(n-1)s^2}{\chi^2_{\frac{\alpha}{2}}(n-1)}}, \quad \sqrt{\frac{(n-1)s^2}{\chi^2_{1-\frac{\alpha}{2}}(n-1)}}\right)$$

(예제 8-7)

(주) 한국볼트가 생산하고 있는 나사 제품의 지름에 대한 산포도를 추정하고자 한다. 이를 위해 이 회사 나사제품 중에서 20개를 랜덤하게 추출하여 조사한 결과, 이들 지름의 표본분산이 $s^2 = 5$이었다. 나사제품의 지름 분포는 정규분포를 따른다고 할 때 모표준편차 σ의 95% 신뢰구간을 구하여라.

(풀 이)

정규모집단으로부터의 표본 정보를 가지고 모분산의 신뢰구간을 추정하는 경우이므로

$$\left(\frac{(n-1)s^2}{\chi^2_{\frac{\alpha}{2}}(n-1)}, \quad \frac{(n-1)s^2}{\chi^2_{1-\frac{\alpha}{2}}(n-1)} \right)$$ 를 이용하여

주어진 자료를 가지고 신뢰구간을 구하면 다음과 같다.

$$n = 20, \quad s^2 = 5, \quad \alpha = 0.05$$

[부록-5]에서 $\chi^2_{\frac{\alpha}{2}}(n-1) = \chi^2_{0.025}(19) = 32.852$ 이고,

$$\chi^2_{1-\frac{\alpha}{2}}(n-1) = \chi^2_{0.975}(19) = 8.907$$ 이므로

$$\left(\frac{(n-1)s^2}{\chi^2_{\frac{\alpha}{2}}(n-1)}, \quad \frac{(n-1)s^2}{\chi^2_{1-\frac{\alpha}{2}}(n-1)} \right)$$

$$= \left(\frac{19 \times 5}{32.852}, \quad \frac{19 \times 5}{8.907} \right) \fallingdotseq (2.892, \quad 10.666)$$

따라서 모표준편차 σ에 대한 95% 신뢰구간은 $(\sqrt{2.892}, \ \sqrt{10.666})$이다.

3. 모비율 p에 대한 신뢰구간

모집단의 관측결과가 두 속성인 '성공(우리가 원하는 결과)'과 '실패'로 분류되는 이항모집단에서 '성공'의 모비율 p에 대한 $100(1-\alpha)\%$신뢰구간을 설정하도록 하자. 예를 들어 어떤 제품의 불량률, 전국 대학생의 취업률, 환자들에 적용된 새로운 치료방법의 치료율 등에 대한 신뢰구간을 생각할 수 있다.

모비율이 p인 이항모집단으로부터 크기가 n인 확률표본 중에서 '성공'의 출현수를 나타내는 확률변수를 X라고 한다면 $\hat{p} = \frac{X}{n}$를 표본비율이라고 한다. 앞의 7장에서 표본크기 n이 커짐에 따라 표본비율 $\hat{p}$의 분포는 $N\left(p, \frac{p(1-p)}{n}\right)$에 근사하므로 확률변수 $Z = \frac{\hat{p}-p}{\sqrt{p(1-p)/n}}$의 분포는 $N(0, 1)$에 근사한다. 이를 활용하여 표본크기 n이 충분이 큰 경우에 이항모집단의 모비율 p에 대한 $100(1-\alpha)\%$ 근사신뢰구간을 설정할 수가 있다.

신뢰수준 $1-\alpha$의 값이 주어졌을 때, 표본크기 n이 커짐에 따라 확률변수 $Z = \dfrac{\hat{p}-p}{\sqrt{p(1-p)/n}}$의 분포는 $N(0,\,1)$에 접근하므로 근사적으로 다음 식을 만족시키는 $z_{\frac{\alpha}{2}}$값이 존재한다. ([그림 8-3] 참조)

$$P\left(-z_{\frac{\alpha}{2}} < Z < z_{\frac{\alpha}{2}}\right) = 1-\alpha$$

$$P\left(-z_{\frac{\alpha}{2}} < \frac{\hat{p}-p}{\sqrt{p(1-p)/n}} < z_{\frac{\alpha}{2}}\right) \approx 1-\alpha$$

위 식의 괄호 안에 있는 부등식에서 각 항에 $\sqrt{\dfrac{p(1-p)}{n}}$를 곱한 다음에, 각 항에서 $\hat{p}$를 빼고 -1을 곱하면 다음 식을 얻게 된다.

$$P\left(\hat{p} - z_{\frac{\alpha}{2}}\sqrt{\frac{p(1-p)}{n}} < p < \hat{p} + z_{\frac{\alpha}{2}}\sqrt{\frac{p(1-p)}{n}}\right) \approx 1-\alpha$$

[모비율 p에 대한 $100(1-\alpha)\%$ 근사신뢰구간 : 대표본인 경우 ($n \geq 30$)]

모비율이 p인 이항모집단으로부터 크기가 n인 확률표본의 표본비율을 $\hat{p}$ 이라고 하면, 표본크기 n이 충분히 큰 경우 모비율 p에 대한 $100(1-a)\%$ 근사신뢰구간은

$$\left(\hat{p} - z_{\frac{\alpha}{2}}\sqrt{\frac{\hat{p}(1-\hat{p})}{n}},\ \hat{p} + z_{\frac{\alpha}{2}}\sqrt{\frac{\hat{p}(1-\hat{p})}{n}}\right)$$

위 근사신뢰구간을 간략하게 $\hat{p} \pm z_{\frac{\alpha}{2}}\sqrt{\dfrac{\hat{p}(1-\hat{p})}{n}}$로 표기하기도 한다. 한편 위 근사신뢰구간은 이항분포를 정규분포에로 근사시킬 때와 마찬가지로 $n\hat{p} \geq 5$이고 $n(1-\hat{p}) \geq 5$인 경우에 적용되는 것이 바람직한 것으로 알려져 있다.

(예제 8-8)

   (주) 그린 타일회사의 제품에서 크기 $n = 500$개의 표본을 랜덤하게 추출해서 검사한 결과 20개가 불량품 이었다. 이 회사 제품의 불량품 비율 p에 대한

> 95% 근사신뢰구간을 구하라.

(풀 이)

주어진 자료로부터 표본비율은 $\hat{p} = \dfrac{20}{500} = 0.04$이며, $n\hat{p} = 20 > 5$이고

$n(1-\hat{p}) = 480 > 5$ 이므로 정규분포에 근사를 이용 하면 신뢰구간은

$$\left(\hat{p} - z_{\frac{\alpha}{2}} \sqrt{\dfrac{\hat{p}(1-\hat{p})}{n}}, \quad \hat{p} + z_{\frac{\alpha}{2}} \sqrt{\dfrac{\hat{p}(1-\hat{p})}{n}} \right)$$

신뢰수준 95% 일 때 $\alpha = 0.05$이므로 $z_{\frac{\alpha}{2}} = z_{0.025} = 1.96$이다.

따라서 근사신뢰구간은

$$\left(\hat{p} - z_{\frac{\alpha}{2}} \sqrt{\dfrac{\hat{p}(1-\hat{p})}{n}}, \hat{p} + z_{\frac{\alpha}{2}} \sqrt{\dfrac{\hat{p}(1-\hat{p})}{n}} \right)$$

$$= \left(0.04 - 1.96 \sqrt{\dfrac{(0.04)(0.96)}{500}}, \ 0.04 + 1.96 \sqrt{\dfrac{(0.04)(0.96)}{500}} \right)$$

$$\fallingdotseq (0.023, 0.057)$$

8.6 두 모집단의 모수비교에 대한 추정

지금까지는 단일모집단의 모평균, 모분산, 모비율등의 구간추정에 대하여 살펴보았다. 이 절에서는 이제까지의 논의를 확장하여 두 모집단을 비교 분석하는 통계적 추정방법론에 대하여 살펴보기로 하자. 두 모집단을 비교 분석하는 방법은 크게 다음과 같이 2개로 생각할 수 있다.

① 비교 대상이 되는 두 모집단에서 각각 서로 독립인 표본을 추출하여 이로부터 두 모집단의 모평균, 모비율 차이와 그리고 모분산의 비를 추정하는 방법

② 독립표본대신에 대응표본을 이용하여 두 모집단에 대한 평균의 차이를 추정하는 방법

1. 두 모평균차에 대한 구간추정 : 독립표본

두 모평균 또는 처리효과를 비교하는 문제를 다룰 때, 첫 번째 모집단에

서 크기 n_1인 확률표본을 얻고, 이와는 독립적으로 두 번째 모집단에서 크기 n_2인 확률표본을 얻을 수 있는 경우에 대해서 알아보기로 한다. 즉 이러한 경우 다음과 같은[그림8-6] 자료의 구조에 대한 가정 하에 두 모평균의 차에 대한 추정문제를 다루어 보기로 한다.

[자료의 구조 : 독립인 확률표본]

① $X_1, X_2, \cdots, X_{n_1}$: 모평균 μ_1, 모분산 σ_1^2인 $N(\mu_1, \sigma_1^2)$에서 추출한 확률표본

② $Y_1, Y_2, \cdots, Y_{n_2}$: 모평균 μ_2, 모분산 σ_2^2인 $N(\mu_2, \sigma_2^2)$에서 추출한 확률표본

③ $X_1, X_2, \cdots, X_{n_1}$ 은 $Y_1, Y_2, \cdots, Y_{n_2}$ 와 서로 독립한다. 즉, 한 처리의 반응측정값들은 다른 처리에 의한 반응측정값들과 서로 무관하여야 한다.

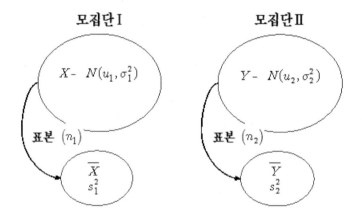

[그림 8-6] 두 모집단의 표본

이 때 필요한 통계량들은 다음과 같이 주어진다.

표　　　본	통 계 량
모집단 1에서의 확률표본 $X_1, X_2, \cdots, X_{n_1}$	$\overline{X} = \dfrac{1}{n_1}\sum_{i=1}^{n_1} X_i, \ s_1^2 = \dfrac{\sum_{i=1}^{n_1}(X_i - \overline{X})^2}{n_1 - 1}$
모집단 2에서의 확률표본 $Y_1, Y_2, \cdots, Y_{n_2}$	$\overline{Y} = \dfrac{1}{n_2}\sum_{i=1}^{n_2} Y_i, \ s_2^2 = \dfrac{\sum_{i=1}^{n_2}(Y_i - \overline{Y})^2}{n_2 - 1}$

(1) $\mu_1 - \mu_2$에 대한 구간 추정 : σ_1^2, σ_2^2 이 알려진 경우($\sigma_1^2 \neq \sigma_2^2, \sigma_1^2 = \sigma_2^2 = \sigma^2$)

두 모평균의 차인 $\mu_1 - \mu_2$에 관한 추론에 사용될 통계량은 $\overline{X} - \overline{Y}$이다. 또한 $\overline{X}, \overline{Y}$의 분포는 각각

$$\overline{X} \sim N(\mu_1, \frac{\sigma_1^2}{n_1}), \ \ \overline{Y} \sim N(\mu_2, \frac{\sigma_2^2}{n_2}),$$

이고 $\overline{X}, \overline{Y}$는 서로 독립이므로, $\overline{X} - \overline{Y}$는 정규분포를 따르며 평균과 분산은 각각

$$E(\overline{X} - \overline{Y}) = E(\overline{X}) - E(\overline{Y}) = \mu_1 - \mu_2$$

$$V(\overline{X} - \overline{Y}) = V(\overline{X}) + V(\overline{Y}) = \frac{\sigma_1^2}{n_1} + \frac{\sigma_2^2}{n_2}$$

따라서 $\overline{X} - \overline{Y}$의 표준화된 통계량의 분포는 $N(0, 1)$이다.

$$Z = \frac{(\overline{X} - \overline{Y}) - (\mu_1 - \mu_2)}{\sqrt{\sigma_1^2/n_1 + \sigma_2^2/n_2}} \sim N(0,1)$$

위의 표준정규분포를 이용하여, $\mu_1 - \mu_2$에 관한 신뢰구간을 구하면

$$P(-z_{\frac{\alpha}{2}} < Z < z_{\frac{\alpha}{2}}) = 1 - \alpha$$
$$P(-z_{\frac{\alpha}{2}} < (\overline{X} - \overline{Y}) - (\mu_1 - \mu_2)/\sqrt{\sigma_1^2/n_1 + \sigma_2^2/n_2} < z_{\frac{\alpha}{2}}) = 1 - \alpha$$
$$P((\overline{X} - \overline{Y}) - z_{\frac{\alpha}{2}}\sqrt{\sigma_1^2/n_1 + \sigma_2^2/n_2} < (\mu_1 - \mu_2) < (\overline{X} - \overline{Y}) + z_{\frac{\alpha}{2}}\sqrt{\sigma_1^2/n_1 + \sigma_2^2/n_2}) = 1 - \alpha$$

$\mu_1 - \mu_2$에 대한 $100(1 - \alpha)\%$ 신뢰구간 : σ_1^2, σ_2^2이 알려진 경우

① $\sigma_1^2 \neq \sigma_2^2$인 경우 $(\overline{X} - \overline{Y}) \pm z_{\frac{\alpha}{2}}\sqrt{\dfrac{\sigma_1^2}{n_1} + \dfrac{\sigma_2^2}{n_2}}$

② $\sigma_1^2 = \sigma_2^2 = \sigma^2$인 경우 $(\overline{X} - \overline{Y}) \pm z_{\frac{\alpha}{2}}\sqrt{\sigma^2\left(\dfrac{1}{n_1} + \dfrac{1}{n_2}\right)}$

(예제 8-9)

(주)셀텍과 (주)솔라텍은 랜턴용 전지를 생산하고 있다. 두 회사에서 생산된 전지 중에서 독립적으로 각각 60개와 50개를 랜덤하게 추출하여 시험한 결과 각 표본평균 수명시간이 $\overline{X} = 438$(시간)과 $\overline{Y} = 415$(시간)이었다. 두 회사 전지의 수명시간들은 각각 정규분포를 따르며 모표준편차가 $\sigma_1 = 16$(시간)과 $\sigma_2 = 12$(시

간)이라고 할 때, 두 회사 전지의 모평균수명시간의 차 $\mu_1 - \mu_2$에 대한 95% 신뢰구간을 구하라.

(풀 이)

각 모분산이 $\sigma_1^2 = 16^2$과 $\sigma_2^2 = 12^2$으로 알려져 있는 두 정규모집단 $N(\mu_1, 16^2)$과 $N(\mu_2, 12^2)$으로 부터 독립적으로 두 확률표본이 추출되었으므로 식 $(\overline{X} - \overline{Y}) \pm z_{\frac{\alpha}{2}} \sqrt{\dfrac{\sigma_1^2}{n_1} + \dfrac{\sigma_2^2}{n_1}}$ 를 이용한다.

주어진 자료를 가지고 신뢰구간을 구하면 다음과 같다.

$n_1 = 60, \quad \overline{X} = 438, \quad \sigma_1^2 = 16^2$

$n_2 = 50, \quad \overline{Y} = 415, \quad \sigma_2^2 = 12^2$

$\alpha = 0.05$ 일때 $z_{\frac{\alpha}{2}} = z_{0.025} = 1.96$이므로 신뢰구간은

$$\left((\overline{X} - \overline{Y}) - z_{\frac{\alpha}{2}} \sqrt{\frac{\sigma_1^2}{n_1} + \frac{\sigma_2^2}{n_1}}, \quad (\overline{X} - \overline{Y}) + z_{\frac{\alpha}{2}} \sqrt{\frac{\sigma_1^2}{n_1} + \frac{\sigma_2^2}{n_1}} \right)$$

$$= \left((438 - 415) - 1.96 \sqrt{\frac{26^2}{40} + \frac{22^2}{50}}, \quad (438 - 415) + 1.96 \sqrt{\frac{26^2}{40} + \frac{22^2}{50}} \right)$$

$$\fallingdotseq (17.76, 28.24)$$

(2) $\mu_1 - \mu_2$에 대한 구간 추정 : σ_1^2, σ_2^2 을 모르는 경우 $(\sigma_1^2 = \sigma_2^2 = \sigma^2, \ n_1 + n_2 < 30)$

두 모평균의 차에 관한 추론문제에서, 일반적으로 σ_1^2, σ_2^2을 미리 알고 있는 경우보다는 모르는 경우가 많으며, 이를 분류해보면 다음과 같다. σ_1^2, σ_2^2이 미지인 경우 2가지로 분류되는데

① $\sigma_1^2 = \sigma_2^2 = \sigma^2$인 경우 $n_1 + n_2 < 30$
$\qquad\qquad\qquad\qquad\quad n_1 + n_2 \geq 30$

② $\sigma_1^2 \neq \sigma_2^2$인 경우 $n_1 < 30, n_2 < 30$
$\qquad\qquad\qquad\qquad n_1 \geq 30, n_2 \geq 30$

이 중 실무에서 많이 활용되는 두 모집단의 모분산이 알려져 있지는 않지만 같다는$(\sigma_1^2 = \sigma_2^2 = \sigma^2)$ 가정과 두 모집단으로부터 추출한 확률표본의 합이 소표본$(n_1 + n_2 < 30)$인 경우의 $\mu_1 - \mu_2$에 대한 추론에 사용될 통계량은 $\overline{X} - \overline{Y}$이며, $\overline{X} - \overline{Y}$는 평균과 분산이 각각 다음과 같은 정규

분포를 따른다.

$$E(\overline{X}-\overline{Y})=\mu_1-\mu_2, \quad V(\overline{X}-\overline{Y})=\sigma^2(\frac{1}{n_1}+\frac{1}{n_2})$$

이제, 공통분산 σ^2의 추정량에 대해서 생각해 보자. 먼저 $\sum_{i=1}^{n_1}(X_i-\overline{X})^2$은

첫 표본으로부터의 σ^2에 대한 정보를, $\sum_{i=1}^{n_2}(Y_i-\overline{Y})^2$은 둘째 표본으로

부터의 σ^2에 대한 정보를 제공하고 있다.

따라서 이들을 함께 이용하여 다음과 같이 공통분산 σ^2에 대한 추정량
인 합동분산 (pooled variance)를 생각할 수 있고, 각각의 자유도의 합
인 $(n_1-1)+(n_2-1)=n_1+n_2-2$가 전체의 자유도가 되므로 공통분산
σ^2에 대한 합동 추정량은 다음과 같다.

등분산 σ^2의 합동 추정량

$$s_p^2=\frac{\sum_{i=1}^{n_1}(X_i-\overline{X})^2+\sum_{i=1}^{n_2}(Y_i-\overline{Y})^2}{n_1+n_2-2}=\frac{(n_1-1)s_1^2+(n_2-1)s_2^2}{n_1+n_2-2}$$

이제, $\overline{X}-\overline{Y}$의 표준화된 통계량의 분포는 $N(0,1)$이며

$(n_1+n_2-2)s_p^2/\sigma^2$의 분포는 자유도가 n_1+n_2-2인 χ^2분포를 따른다. 즉

$$Z=\frac{(\overline{X}-\overline{Y})-(\mu_1-\mu_2)}{\sigma\sqrt{(1/n_1+1/n_2)}}\sim N(0,1)$$

$$\chi^2=\frac{(n_1+n_2-2)s_p^2}{\sigma^2}\sim \chi^2(n_1+n_2-2)$$

따라서 두 모집단의 동일 모표준편차 추정량 s_p를 대체할 통계량은
$t-$분포의 정의로부터 $Z/\sqrt{\chi^2/(n_1+n_2-2)}$는 자유도 n_1+n_2-2인 $t-$분
포를 따르므로 이를 요약하면 다음과 같다.

$$T=\frac{(\overline{X}-\overline{Y})-(\mu_1-\mu_2)}{s_p\sqrt{(1/n_1+1/n_2)}}\sim t(n_1+n_2-2)$$

위의 $t(n_1 + n_2 - 2)$이용하여, $\mu_1 - \mu_2$에 관한 신뢰구간을 구하면

$$P\left(-t_{\frac{\alpha}{2}}(n_1 + n_2 - 2) < T < t_{\frac{\alpha}{2}}(n_1 + n_2 - 2)\right) = 1 - \alpha$$

$$P(-t_{\frac{\alpha}{2}}(n_1 + n_2 - 2) < (\overline{X} - \overline{Y}) - (\mu_1 - \mu_2)/$$

$$s_p \sqrt{\frac{1}{n_1} + \frac{1}{n_2}} < t_{\frac{\alpha}{2}}(n_1 + n_2 - 2)) = 1 - \alpha$$

$$P((\overline{X} - \overline{Y}) - t_{\frac{\alpha}{2}}(n_1 + n_2 - 2)s_p \sqrt{\frac{1}{n_1} + \frac{1}{n_2}} < (\mu_1 - \mu_2)$$

$$< (\overline{X} - \overline{Y}) + t_{\frac{\alpha}{2}}(n_1 + n_2 - 2)s_p \sqrt{\frac{1}{n_1} + \frac{1}{n_2}}) = 1 - \alpha$$

$\mu_1 - \mu_2$에 대한 $100(1-\alpha)\%$ 신뢰구간 : σ_1^2, σ_2^2이 알려져 있지 않고 동일한 경우

$$(\overline{X} - \overline{Y}) \pm t_{\frac{\alpha}{2}}(n_1 + n_2 - 2)s_p \sqrt{\frac{1}{n_1} + \frac{1}{n_2}}$$

(예제 8-10)

보건복지부에서는 A상표와 B상표 담배의 평균니코틴함유량의 차이를 추정하고 자 한다. 이를 위해 보건복지부는 생산된 A상표 담배와 B상표 담배 중에서 독 립적으로 각각 10개피와 8개피를 랜덤하게 추출하여 이들의 니코틴 함유량을 측정(단위: mg)하여 다음과 같은 데이터를 얻었다.

A상표 : 3.5, 2.8, 2.6, 3.2, 2.3, 3.9, 2.7, 3.6, 3.1, 3.3

B상표 : 1.5, 1.9, 3.2, 3.3, 3.4, 3.1, 2.5, 2.7

	A상표	B상표
표본크기	10개피	8개피
표본평균함유량	3.1mg	2.7mg
표본표준편차	0.5mg	0.7mg

두 모집단의 모분산들은 같으나 알려져 있지 않은 정규모집단들이라고 가정하 고, 두 모집단의 평균니코틴함유량들의 차 $\mu_1 - \mu_2$에 대한 95% 신뢰구간을 구 하라.

(풀 이)

모분산은 같으나 알려져 있지 않은 두 정규모집단 $N(\mu_1,\ \sigma^2)$과 $N(\mu_2,\ \sigma^2)$을 대상에서 독립적으로 두 확률표본이 추출되었으므로 위 공식인 $(\overline{X}-\overline{Y})\pm t_{\frac{\alpha}{2}}(n_1+n_2-2)\sqrt{s_p^2\left(\dfrac{1}{n_1}+\dfrac{1}{n_2}\right)}$를 이용하여 주어진 자료를 가지고 신뢰구간을 구하면 다음과 같다.

$$n_1=10,\quad \overline{x}=3.1\quad s_1=0.5$$
$$n_2=8,\quad \overline{y}=2.7,\quad s_2=0.7 \qquad \alpha=0.05$$
$$s_p^2=\frac{(n_1-1)s_1^2+(n_2-1)s_2^2}{n_1+n_2-2}=\frac{9\times0.5^2+7\times0.7^2}{16}=0.355$$

따라서 신뢰구간은 다음과 같이 구해진다.

$$\left((\overline{x}-\overline{y})-t_{\frac{\alpha}{2}}(n_1+n_2-2)\sqrt{s_p^2\left(\frac{1}{n_1}+\frac{1}{n_2}\right)},\ (\overline{x}-\overline{y})+t_{\frac{\alpha}{2}}(n_1+n_2-2)\sqrt{s_p^2\left(\frac{1}{n_1}+\frac{1}{n_2}\right)}\right)$$

$$=\left((3.1-2.7)-2.120\sqrt{0.355\left(\frac{1}{10}+\frac{1}{8}\right)},\ (3.1-2.7)+2.120\sqrt{0.355\left(\frac{1}{10}+\frac{1}{8}\right)}\right)$$

$$\fallingdotseq(-0.199, 0.999)$$

(3) 표본이 큰 경우 $\mu_1-\mu_2$에 대한 구간추정 : σ_1^2, σ_2^2을 모르는 경우 $(\sigma_1^2\neq\sigma_2^2, n_1\geq30, n_2\geq30)$

두 표본의 크기가 모두 큰 경우 (보통 30보다 클 때)에는 표본의 크기가 작은 경우에 필요했던 가정들이 필요 없게 된다. 즉 모집단의 분포에 관계없이 중심극한정리에 의해, $\overline{X}$와 $\overline{Y}$는 각각 근사적으로 $N(\mu_1, \sigma_1^2/n_1), N(\mu_2, \sigma_2^2/n_2)$에 따르므로

$$Z=\frac{(\overline{X}-\overline{Y})-(\mu_1-\mu_2)}{\sqrt{\sigma_1^2/n_1+\sigma_2^2/n_2}}\text{는 근사적으로 } N(0,1)$$

에 따르므로 σ_1^2, σ_2^2대신에 그의 추정량인

$$s_1^2=\sum_{i=1}^{n_1}(X_i-\overline{X})^2/(n_1-1),\quad s_2^2=\sum_{i=1}^{n_2}(Y_i-\overline{Y})^2/(n_2-1)$$

을 사용하여도 성립하므로, 앞절에서 필요했던 등분산의 가정이 필요 없게 된다. 따라서 $\mu_1-\mu_2$에 대한 근사신뢰구간은 다음과 같다.

> **[표본의 크기가 큰 경우 $\mu_1 - \mu_2$에 관한 신뢰구간 : σ_1^2, σ_2^2을 모르고 $(\sigma_1^2 \neq \sigma_2^2)$ 경우]**
>
> **모평균의 차 $\mu_1 - \mu_2$의 $100(1-\alpha)$%의 근사신뢰구간**
>
> $$\left((\overline{X} - \overline{Y}) \pm z_{\frac{\alpha}{2}} \sqrt{\frac{s_1^2}{n_1} + \frac{s_2^2}{n_2}} \right)$$

여기에서 유의할 점은 표본의 크기가 큰 경우에는 모집단에 대한 특별한 가정이 필요 없게 됨에 따라 추론의 대상이 넓게 되는 것이다.

(예제 8-11)

강북지역의 고등학교와 강남지역의 고등학교의 영어성적을 비교하기 위하여 각 학교에서 100명씩 랜덤하게 뽑아 같은 영어시험을 치른 결과 다음과 같은 자료를 얻었다.

강남지역 고등학교 : $n_1 = 100, \overline{X} = 78.0, s_1^2 = 80$

강북지역 고등학교 : $n_2 = 100, \overline{Y} = 73.0, s_2^2 = 100$

영어 성적의 평균 차이 $\mu_1 - \mu_2$의 95% 신뢰구간을 구하여라, 단, 두 지역의 영어성적은 정규분포를 따른다고 한다.

(풀 이)

두 독립 표본에 대한 σ_1^2, σ_2^2도 알려져 있지 않고 등분산에 대한 가정도 없으나 두 표본의 크기가 모두 큰 경우 중심극한정리에 의하여 정규분포에 근사하므로 표준 정규분포를 이용하여 근사신뢰구간을 구할 수 있다.

$z_{0.025} = 1.96$이므로

$$\left((\overline{X} - \overline{Y}) \pm z_{\frac{\alpha}{2}} \sqrt{\frac{s_1^2}{n_1} + \frac{s_2^2}{n_2}} \right) = (78.0 - 73.0) \pm (1.96) \sqrt{\frac{80}{100} + \frac{100}{100}} = [2.63, 7.63]$$

---

(4) 표본의 크기가 작은 경우 $\mu_1 - \mu_2$의 구간추정 : σ_1^2, σ_2^2을 모르는 경우

$(\sigma_1^2 \neq \sigma_2^2, n_1 < 30, n_2 < 30)$

두 표본의 크기가 소표본이고 등분산의 가정을 할 수 없는 경우의 모평균의 차이 $\mu_1 - \mu_2$에 대한 구간추정은 모분산 σ_1^2과 σ_2^2를 각각의 불

편분산 s_1^2과 s_2^2으로 대체한 통계량

$$T = \frac{(\overline{X} - \overline{Y}) - (\mu_1 - \mu_2)}{\sqrt{s_1^2/n_1 + s_2^2/n_2}}$$

을 이용하는데 이는 정확한 t-분포를 따르지 않으므로 근사적으로 Satterthwaite 자유도 $[\nu^*]$인 t-분포를 이용한다.

[표본의 크기가 작은 경우 $\mu_1 - \mu_2$ 신뢰구간 : σ_1^2, σ_2^2을 모르고 $(\sigma_1^2 \neq \sigma_2^2)$ 경우]

모평균의 차 $\mu_1 - \mu_2$의 $100(1-\alpha)\%$의 근사신뢰구간

$$\left((\overline{X} - \overline{Y}) \pm t_{\frac{\alpha}{2}}(\nu^*) \sqrt{\frac{s_1^2}{n_1} + \frac{s_2^2}{n_2}} \right)$$

여기서, $[\nu^*] = \left[\dfrac{(\dfrac{s_1^2}{n_1} + \dfrac{s_2^2}{n_2})^2}{\dfrac{(\dfrac{s_1^2}{n_1})^2}{n_1 - 1} + \dfrac{(\dfrac{s_2^2}{n_2})^2}{n_2 - 1}} \right]$ 의 가우수를 자유도로 함

'(예제 8-12)

두 공장 A, B에서 생산되는 같은 종류의 건전지를 A공장에서 6개, B공장에서 5개를 임의 추출하여 내구시간을 측정한 바, A공장의 건전지의 평균과 분산은 295시간과 49시간이었고, B공장의 건전지의 평균과 분산은 282시간과 64시간이었다. 두 공장 A, B에서 생산되는 건전지의 평균 내구시간 차에 대한 신뢰도 95%의 신뢰구간을 추정하라. 단, 건전지의 내구시간은 정규분포에 따른다고 한다.

(풀 이)

모분산도 모르고 등분산을 가정할 수도 없고 각각 표본의 수도 소표본이므로 모분산 σ_1^2과 σ_2^2 표본분산 s_1^2과 s_2^2으로 대체한 후 t-분포를 사용하는데, 이 때 자유도는 세터스웨이트 공식을 이용하여 구한다. 이를 구하면 다음과 같다.

$$[\nu^*] = \left[\frac{(\frac{s_1^2}{n_1} + \frac{s_2^2}{n_2})^2}{\frac{(\frac{s_1^2}{n_1})^2}{n_1 - 1} + \frac{(\frac{s_2^2}{n_2})^2}{n_2 - 1}} \right] = \left[\frac{(49/6 + 64/5)^2}{\frac{(49/6)^2}{6-1} + \frac{(64/5)^2}{5-1}} \right] = [8.1] = 8$$

신뢰도는 95% 이므로 $1 - \alpha = 0.95, \alpha = 0.05, t_{0.025}(8) = 2.306$이다. 따라서

$$\left((\overline{X} - \overline{Y}) \pm t_{0.025}(8) \sqrt{\frac{s_1^2}{n_1} + \frac{s_2^2}{n_2}} \right) = \left((295 - 282) \pm 2.306 \sqrt{\frac{49}{6} + \frac{64}{5}} \right)$$

그러므로 구하고자 하는 $\mu_1 - \mu_2$의 신뢰구간은 [11.60, 14.40] 이다.

2. 대응표본에 대한 모평균 비교

위에서는 두 모집단이 독립인 두 확률표본을 이용해서 모집단의 모평균의 차 $\mu_1 - \mu_2$에 대한 $100(1-\alpha)\%$ 신뢰구간을 설정하였다. 그러나 적절한 상황이 주어진다면 독립표본 보다는 대응 표본(matched samples)을 이용할 때, 더 간편하고 정확한 방법으로 두 모평균에 대한 비교를 할 수 있다. 대응표본 또는 쌍체표본(pairwise sample)이란 동일한 대상물에 두 가지의 다른 처리(treatment)를 하여 한 쌍의 관찰치를 얻은 후, 이들을 두 개의 표본으로 나누어 놓은 것을 말한다. 예를 들어 다이어트 계획을 가진 사람을 대상으로 어떤 식이요법이 체중감량 효과가 있는지를 알아보고자 한다. 이를 위해 다이어트 계획자 중 n명을 랜덤하게 추출하여 이들의 식이요법을 하기 전의 체중을 측정하고, 이들에게 일정기간 식이요법을 적용한 후에 체중을 측정하였다. 여기서 얻어진 크기가 n인 짝지워진 특정 표본 관측값을 이용하여 식이요법을 하기전과 일정기간 식이요법을 실행한 후의 평균체중에 차이가 있는지를 추정하여 볼 수 있다.

따라서 여기에서 얻은 크기가 n인 짝지워진 표본 관측값은 독립적으로 얻은 두 확률표본들의 관측값과 다른 형태의 관측값들이고 우리는 쌍체표본값을 이용하여 식이요법 프로그램 적용 '전과 후'에 평균체중들의 차이에 대한 신뢰구간을 추론해 보고자 한다.

랜덤하게 추출된 i번째 $(i = 1, 2, \cdots, n)$ 사람에게 식이요법을 실행하기 전에 측정된 체중을 확률변수 X_i(표본 I)라 하고, 식이요법이 실행된 후에 측정된 체중을 확률변수를 Y_i(표본 II)라고 하자. 이때 두 확률변수 X_i와 Y_i가 추출된 모집단이 각각 정규분포 $N(\mu_1, \sigma_1^2)$, $N(\mu_2, \sigma_2^2)$을 따른다고 가정하고 두 모집단 모평균들의 차 $\mu_1 - \mu_2$에 대한 $(1-\alpha)100\%$ 신뢰구간을 설정하는 것이다.

여기서 (X_i, Y_i)는 i번째 사람에게 식이요법이 적용되기 전과 적용된 후의 관측값을 나타내는 짝지워진 확률변수로 $(X_1, Y_1), (X_2, Y_2), \cdots, (X_n, Y_n)$ 크기가 n인 짝지워진 표본(paired sample)이라고 불리우며 각 쌍들은 독립이나 i번째 사람의 X_i와 Y_i는 일반적으로 독립이 아니다. 추출된 i번째 사람의 체중변화는 X_i와 Y_i의 차이가 될 것이며 이를 $D_i = X_i - Y_i$로 나타내도록 하자. 이때 $D_1, D_2, \cdots, D_n$은 모평균이 $\mu_D = E(X_i - Y_i) = \mu_1 - \mu_2$이고 모분산은 σ_D^2인 모집단으로부터 크기가 n인 확률표본 $D_1, D_2, \cdots, D_n$을 이용해서 이 모집단의 모평균 $\mu_D = \mu_1 - \mu_2$에 대한 $(1-\alpha)100\%$ 신뢰구간은 앞에서 살펴본 모평균 μ에 대한 $(1-\alpha)100\%$ 신뢰구간의 설정방법과 동일하다. 짝지워진 표본을 이용하여 모평균 $\mu_D = \mu_1 - \mu_2$에 대한 $(1-\alpha)100\%$ 신뢰구간 추론도 모집단의 모분산 σ_D^2이 알려져 있는 정규모집단일 경우, 모분산 σ_D^2이 알려져 있지 않은 정규모집단일 경우, 그리고 임의의 모집단일 경우로 나누어 살펴볼 수가 있다. 그러나 많은 경우 모분산 σ_D^2이 알려져 있지 않은 경우가 일반적이다.

따라서 모집단의 모분산 σ_D^2이 알려져 있지 않은 정규모집단일 경우에 이 모집단의 모평균 $\mu_D = \mu_1 - \mu_2$에 대한 $100(1-\alpha)\%$ 신뢰구간을 설정하는 방법에 대해 알아보도록 하자. 먼저 모집단으로부터 크기가 n인 확률표본 $D_1, D_2, \cdots, D_n$에 의하여 정의되는 표본평균과 표본분산을 각각

$$\overline{D} = \frac{\sum_{i=1}^{n} D_i}{n} \text{과} \quad s_D^2 = \frac{\sum_{i=1}^{n}(D_i - \overline{D})^2}{n-1}$$ 이라고 하면, t-분포에서 확률변수 $T = \dfrac{\overline{D} - \mu_D}{s_D / \sqrt{n}}$의 분포는 $t(n-1)$을 따른다. 그러므로 앞에서 살펴본 모분산 σ_D^2이 알려져 있지 않은 정규모집단의 모평균 μ_D에 대한 $(1-\alpha)100\%$ 신뢰구간을 설정하면 다음을 얻게 된다.

[대응표본의 모평균 $\mu_D = \mu_1 - \mu_2$에 대한 신뢰구간 (σ_D^2을 모르는 경우)]

모분산 σ_D^2이 알려져 있지 않은 정규모집단으로부터 크기가 n인 확률표본 $D_1, D_2, \cdots, D_n$에 의해 정의되는 표본평균과 표본분산을 각각 $\overline{D}$와 s_D^2이라고 하면, 모평균 $\mu_D = \mu_1 - \mu_2$에 대한 하나의 $(1-\alpha)100\%$ 신뢰구간은 다음과 같다.

$$\left(\overline{D} - t_{\frac{\alpha}{2}}(n-1)\frac{s_D}{\sqrt{n}}, \quad \overline{D} + t_{\frac{\alpha}{2}}(n-1)\frac{s_D}{\sqrt{n}} \right)$$

위 신뢰구간을 간략하게 $\overline{D} \pm t_{\frac{\alpha}{2}}(n-1)\dfrac{s_D}{\sqrt{n}}$로 표기하기도 한다. 한편

실질적으로 표본크기 n이 통상 $n \geq 30$일 때에는 대상모집단의 분포가 정

규분포를 따른다는 가정이 없어도 확률변수 $T = \dfrac{\overline{D} - \mu_D}{s_D/\sqrt{n}}$의 분포를 근사

적으로 $N(0,1)$로 취급해도 무난한 것으로 알려져 있다. 따라서 표본크기

가 $n \geq 30$이면, 대상모집단이 정규분포를 따르지 않더라도 이 모집단의 모

평균 $\mu_d = \mu_1 - \mu_2$에 대한 하나의 $100(1-\alpha)\%$ 근사신뢰구간으로

$\left(\overline{D} - z_{\frac{\alpha}{2}} \dfrac{s_D}{\sqrt{n}}, \ \overline{D} + z_{\frac{\alpha}{2}} \dfrac{s_D}{\sqrt{n}} \right)$를 사용한다.

(예제 8-13)

어느 대기업에서는 교육이 근로자들의 능률향상에 효과가 있는지를 추정하고자
한다. 이를 위해 이 기업에서는 전체 근로자들 중에서 10명을 랜덤하게 추출하
여 이들에게 교육을 실시하기 전과 실시한 후의 각 업무능률을 점수로 측정하
였더니 다음 표와 같았다.

근 로 자	1	2	3	4	5	6	7	8	9	10
실시전(x_i)	76	60	85	58	91	75	82	64	79	88
실시후(y_i)	81	52	87	70	86	77	90	63	85	83

위 결과로 교육을 실시하기 전과 실시한 후에 이 기업 전체 근로자들의 평균업
무능률의 차 $\mu_D = \mu_1 - \mu_2$에 대한 95% 신뢰구간을 구하라. 교육을 실시하기 전과
실시한 후의 업무능률 점수차의 분포는 정규분포를 따른다고 가정하라.

(풀 이)

짝지워진 표본을 이용하여 모분산 σ_D^2이 알려져 있지 않은 정규모집단의
모평균 $\mu_D = \mu_1 - \mu_2$에 대한 $100(1-\alpha)\%$ 신뢰구간의 설정문제이므로

$\overline{D} \pm t_{\frac{\alpha}{2}}(n-1)\dfrac{s_D}{\sqrt{n}}$를 흔히 이용한다.

위 주어진 결과표로부터 각 근로자의 점수 차
$D_i = X_i - Y_i \ (i=1,2,\cdots,10)$는 다음과 같다.

$$-5,\ 8,\ -2,\ -12,\ 5,\ -2,\ -8,\ 1,\ -6,\ 5$$

한편 $\overline{D}$와 s_D^2을 구하면 각각 다음과 같다.

$$\overline{D}=\frac{\displaystyle\sum_{i=1}^{n}D_i}{n}=\frac{(-5)+8+(-2)+\cdots+(-6)+5}{10}=-1.6,$$

$$s_D^2=\frac{\displaystyle\sum_{i=1}^{n}(D_i-\overline{D})^2}{n-1}=40.7$$

그리고 $a=0.05$이고 $n=10$이므로 [부록4]에 의해 $t_{\frac{\alpha}{2}}(n-1)=t_{0.025}(9)=2.262$이다. 따라서 $\mu_D=\mu_1-\mu_2$에 대한 95% 신뢰구간은 다음과 같이 구해진다.

$$\left(\overline{D}-t_{\frac{\alpha}{2}}(n-1)\frac{s_D}{\sqrt{n}},\ \overline{D}+t_{\frac{\alpha}{2}}(n-1)\frac{s_D}{\sqrt{n}}\right)$$

$$=\left(-1.6-2.262\frac{\sqrt{40.7}}{\sqrt{10}},-1.6+2.262\frac{\sqrt{40.7}}{\sqrt{10}}\right)$$

$$\fallingdotseq(-6.16,\ -2.96).$$

3. 두 모분산의 비 $\dfrac{\sigma_1^2}{\sigma_2^2}$에 대한 신뢰구간

분산이 각각 $\sigma_1{}^2$과 $\sigma_2{}^2$인 두 정규모집단의 모분산들의 비 $\dfrac{\sigma_1^2}{\sigma_2^2}$에 대한 $100(1-\alpha)\%$ 신뢰구간을 설정하도록 하자. 이를 위해 앞에서 살펴본 확률변수 $F=\dfrac{\sigma_2^2 s_1^2}{\sigma_1^2 s_2^2}$의 분포가 $F(n_1-1,\ n_2-1)$를 따른다는 것을 활용한다.

신뢰수준 $1-a$의 값이 주어졌을 때, 확률변수 $F=\dfrac{\sigma_2^2 s_1^2}{\sigma_1^2 s_2^2}$의 분포는 $F(n_1-1,\ n_2-1)$를 따르므로 [그림 8-7]에서 F분포는 아래 식을 만족 시킨다.

$$P\{F_{1-\frac{a}{2}}(n_1-1,n_2-1)<F<F_{\frac{a}{2}}(n_1-1,n_2-1)\}=1-a$$

$$P\left\{F_{1-\frac{a}{2}}(n_1-1,n_2-1)<\frac{\sigma_2^2 s_1^2}{\sigma_1^2 s_2^2}<F_{\frac{a}{2}}(n_1-1,n_2-1)\right\}=1-a$$

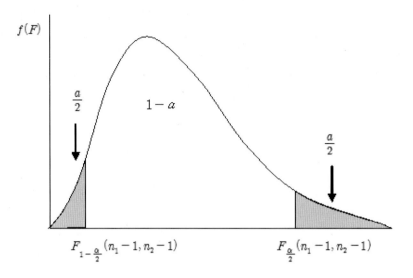

[그림 8-7] F분포 : $F \sim F(n_1-1, n_2-1)$

위 식의 괄호 안의 부등식에서 각 항의 역수를 위한 다음, 각 항에 $\dfrac{s_1^2}{s_2^2}$ 를 곱하면 다음 식을 얻게 된다.

$$P\left\{\frac{s_1^2}{s_2^2}\frac{1}{F_{\frac{\alpha}{2}}(n_1-1,n_2-1)}<\frac{\sigma_1^2}{\sigma_2^2}<\frac{s_1^2}{s_2^2}\frac{1}{F_{1-\frac{\alpha}{2}}(n_1-1,n_2-1)}\right\}=1-\alpha$$

위 식의 괄호 안의 부등식에서 끝 항 $F_{1-\frac{\alpha}{2}}(n_1-1, n_2-1)$의 값은 F분포의 분포표인 [부록 6]에 의해 직접 구할 수 없다.

그러나 앞 7장에서 $F(n_1-1, n_2-1; 1-\frac{\alpha}{2}) = \dfrac{1}{F(n_2-1, n_1-1; \frac{\alpha}{2})}$의 관계식을 이용하면

$$P\left\{\frac{s_1^2}{s_2^2}\frac{1}{F\frac{\alpha}{2}(n_1-1,n_2-1)}<\frac{\sigma_1^2}{\sigma_2^2}<\frac{s_1^2}{s_2^2}F_{\frac{\alpha}{2}}(n_2-1,n_1-1)\right\}=1-\alpha$$

위 내용을 요약하면 다음을 얻게 된다.

$$\boxed{[\text{두 모분산들의 비 } \frac{\sigma_1^2}{\sigma_2^2} \text{에 대한} (1-\alpha)100\% \text{ 신뢰구간}}$$

각 분산이 σ_1^2과 σ_2^2인 두 정규모집단들로부터 각각 크기가 n_1과 n_2이고 독립인 두 확률표본들의 각 표본분산은 s_1^2과 s_2^2이라고 하면, 두 모분산의 비 $\frac{\sigma_1^2}{\sigma_2^2}$에 대한 하나의 $100(1-\alpha)\%$ 신뢰구간은 다음과 같다.

$$\left(\frac{s_1^2}{s_2^2} \frac{1}{F_{\frac{\alpha}{2}}(n_1-1, n_2-1)}, \ \frac{s_1^2}{s_2^2} F_{\frac{\alpha}{2}}(n_2-1, n_1-1) \right)$$

(예제 8-14)

보건복지부에서는 A상표와 B상표 담배의 니코틴함유량에 대한 산포를 비교하고자 한다. 이를 위해 보건복지부에서는 A상표 담배와 B상표 담배 중에서 독립적으로 각각 10개피와 8개피를 랜덤하게 추출하여 이들의 니코틴함유량의 표본분산을 조사하였더니 $s_1^2 = 0.251$이고 $s_2^2 = 0.492$임을 알았다.

두 모집단은 정규분포에 따른다고 가정하고 두 모집단의 모분산의 비 $\frac{\sigma_1^2}{\sigma_2^2}$에 대한 90%신뢰구간을 구하라.

(풀 이)

두 정규모집단의 모분산비에 대한 구간추정의 문제이므로

$$\left(\frac{s_1^2}{s_2^2} \frac{1}{F_{\frac{\alpha}{2}}(n_1-1, n_2-1)}, \ \frac{s_1^2}{s_2^2} F_{\frac{\alpha}{2}}(n_2-1, n_1-1) \right)$$

를 이용한다. 주어진 자료는 다음과 같다.

$$\begin{cases} n_1 = 10 \\ s_1^2 = 0.251 \end{cases} \quad \begin{cases} n_2 = 8 \\ s_2^2 = 0.492 \end{cases} \quad \alpha = 0.1$$

[부록 6]에서 $F_{0.05}(9,7) = 3.68$이고 $F_{0.05}(7,9) = 3.29$이므로 신뢰구간은

$$\left(\frac{s_1^2}{s_2^2} \frac{1}{F_{\frac{\alpha}{2}}(n_1-1, n_2-1)}, \ \frac{s_1^2}{s_2^2} F_{\frac{\alpha}{2}}(n_2-1, n_1-1) \right)$$

$$= \left(\frac{0.25}{0.49} \frac{1}{3.68}, \ \frac{0.25}{0.49} 3.29 \right)$$

$$\fallingdotseq (0.0014, 1.6786)$$

4. 두 모비율의 차 $p_1 - p_2$에 대한 신뢰구간

각 모비율이 p_1과 p_2인 두 이항모집단의 모비율의 차 $p_1 - p_2$에 대한 $100(1-\alpha)\%$ 신뢰구간을 설정하도록 하자, 예를 들어 서울과 지방대학 졸업생들의 모취업률의 차 $p_1 - p_2$, 두 제조과정에서 생산된 제품의 모불량률의 차 $p_1 - p_2$ 등에 대한 신뢰구간들을 생각할 수 있다.

이 경우 앞에서와 다른 점은 표본의 자료가 연속적인 측정값이 아닌 성공회수로 나타난다는 것이다. 즉, 모집단 1로부터 크기 n_1인 확률표본을 택한 경우의 성공회수를 X라 하고, 이와는 독립적으로 모집단 2로부터 크기 n_2인 확률표본을 택해 나타나는 성공회수를 Y라 하자. 각 모비율에 대해 표본비율이 직관적으로 대응되는 양이므로 $\hat{p_1} - \hat{p_2}$를 생각할 수 있다. 표본비율의 평균과 분산은 각각

$$E(\hat{p_1}) = p_1, \quad E(\hat{p_2}) = p_2$$

$$V(\hat{p_1}) = \frac{p_1(1-p_1)}{n_1}, \quad V(\hat{p_2}) = \frac{p_2(1-p_2)}{n_2}$$

임을 알 수 있다. 또한, 두 확률표본이 독립이므로 $\hat{p_1}$와 $\hat{p_2}$는 독립이다. 따라서 표본비율의 차 $\hat{p_1} - \hat{p_2}$의 평균과 분산은 각각

$$E(\hat{p_1} - \hat{p_2}) = p_1 - p_2$$

$$V(\hat{p_1} - \hat{p_2}) = \frac{p_1(1-p_1)}{n_1} + \frac{p_2(1-p_2)}{n_2}$$

이다. 위의 관계식에서 $\hat{p_1} - \hat{p_2}$는 $p_1 - p_2$에 대한 불편추정량임을 알 수 있다. 또한 표준 편차에 대한 추정량은 p_1, p_2를 각각 $\hat{p_1}, \hat{p_2}$으로 추정해서 얻을 수 있고, 더욱이 표본의 크기 n_1과 n_2가 큰 경우 $\hat{p_1} - \hat{p_2}$는 근사적으로 정규분포를 따르게 된다. 즉, 표본의 크기가 큰 경우

$$\frac{(\hat{p_1} - \hat{p_2}) - (p_1 - p_2)}{\sqrt{\dfrac{p_1(1-p_1)}{n_1} + \dfrac{p_2(1-p_2)}{n_2}}} \sim N(0, 1^2)$$

근사적으로 $N(0,1)$을 따르게 된다. 그러므로 $p_1 - p_2$에 대한 $100(1-\alpha)\%$

신뢰구간은 정규분포에 의한 근사로부터 다음과 같이 구할 수 있다.

[$p_1 - p_2$에 대한 신뢰구간 : 표본의 크기가 큰 경우]

$p_1 - p_2$에 대한 $100(1-\alpha)\%$ 신뢰구간은 다음과 같다.

$$(\widehat{p_1} - \widehat{p_2}) \pm z_{\frac{\alpha}{2}} \sqrt{\frac{\widehat{p_1}(1 - \widehat{p_1})}{n_1} + \frac{\widehat{p_2}(1 - \widehat{p_2})}{n_2}}$$

단, $\widehat{p_1} = \dfrac{X}{n_1}$, X＝모집단 1의 표본 n_1회의 시행에서 성공회수

$\widehat{p_2} = \dfrac{Y}{n_2}$, Y＝모집단 2의 표본 n_2회의 시행에서 성공회수

(예제 8-15)

대통령선거운동이 한창 열기를 띠고 있다. 미래한국당은 도시와 농촌에서의 미래한국당 입후보자에 대한 모지지율의 차이를 추정하고자 한다. 이를 위해 도시선거인들 중에서 5,000명을, 이와는 독립적으로 농촌선거인들 중에서 2,000명을 랜덤하게 추출하여 조사한 결과 각각 2,400명과 1,200명의 지지자들을 얻었다. 표본조사 자료를 이용하여 미래한국당 입후보자에 대한 도시와 농촌의 지지율 차이 $p_1 - p_2$에 대한 90% 근사신뢰구간을 구하라.

(풀 이)

모비율이 각각 p_1과 p_2인 두 이항모집단들을 대상으로 두 확률표본들이 독립적으로 추출되었고 각 표본크기가 충분히 크므로

$$(\widehat{P_1} - \widehat{P_2}) \pm z_{\frac{\alpha}{2}} \sqrt{\frac{\widehat{P_1}(1 - \widehat{P_1})}{n_1} + \frac{\widehat{P_2}(1 - \widehat{P_2})}{n_2}}$$ 를 이용한다.

주어진 자료는 다음과 같다.

$\begin{cases} n_1 = 5,000 \\ x = 2,400 \end{cases}$, $\begin{cases} n_2 = 2,000 \\ y = 1,200 \end{cases}$, $\alpha = 0.1$.

[부록3]에 의해 $z_{\frac{\alpha}{2}} = z_{0.05} = 1.645$이다. 한편 $\widehat{p}_1$과 $\widehat{p}_2$은 각각 다음과 같다.

$$\widehat{p}_1 = \frac{x}{n_1} = \frac{2,400}{5,000} = 0.48, \qquad \widehat{p}_2 = \frac{y}{n_2} = \frac{1,200}{2,000} = 0.60.$$

따라서 근사신뢰구간은 다음과 같이 구한다.

$$\left((\widehat{p_1}-\widehat{p_2}) - z_{\frac{\alpha}{2}} \sqrt{\frac{\widehat{p_1}(1-\widehat{p_1})}{n_1} + \frac{\widehat{p_2}(1-\widehat{p_2})}{n_2}} \, , \right.$$

$$\left. (\widehat{p_1}-\widehat{p_2}) + z_{\frac{\alpha}{2}} \sqrt{\frac{\widehat{p_1}(1-\widehat{p_1})}{n_1} + \frac{\widehat{p_2}(1-\widehat{p_2})}{n_2}} \right).$$

$$= \left((0.48-0.60) - 1.645\sqrt{\frac{(0.48)(1-0.48)}{5,000} + \frac{(0.60)(1-0.60}{2,000}} \, , \right.$$

$$\left. (0.48-0.60) + 1.645\sqrt{\frac{(0.48)(1-0.48)}{5000} + \frac{(0.60)(1-0.60)}{2,000}} \right)$$

$$\fallingdotseq (-0.1414, -0.0986).$$

8.7 표본의 크기 결정

지금까지는 표본의 크기 n이 주어졌다는 가정 하에서 추론하는 방법에 대하여 알아보았다. 그러나 모집단에 대한 통계적 추론을 하기위해 표본 조사를 설계하는 단계에서 가장 먼저 고려해야 하는 것은 표본의 크기를 결정하여야 한다. 표본의 크기가 결정되어야 그 수만큼의 자료를 수집하여 후속적인 분석을 하게 된다. 그렇다면 표본의 크기를 얼마로 하는 것이 좋은가? 표본의 크기가 클수록 표본오차 (sampling error)를 줄일 수 있으므로 더 많은 자료를 확보하면 더 정확한 분석이 가능하다. 그러나 표본의 크기가 커짐에 따라 그 만큼 자료수집에 따른 비용과 시간이 증가하기 때문에 무작정 큰 표본만을 선호할 수는 없다.

1 모평균 추정에 필요한 표본의 크기

표본의 크기를 결정하는 한 가지 방법은 의사결정자에게 추정오차의 범위(정도)를 명시하게 하는 것이다. 예를 들어서 중소기업 근로자의 월평균 소득 μ를 추정하고자 하는데 추정오차가 d이하일 확률이 $(1-\alpha)$이기를 원한다고 하자. 그리고 결정될 표본의 크기가 중심극한정리를 적용할 수 있을 정도로 충분히 크다고 가정하자. 이를 수식으로 표현하면

$$P(\,|\,\overline{X}-\mu\,| \le d) = 1-\alpha$$
$$P(-d \le \overline{X}-\mu \le d) = 1-\alpha$$

위 식에서 왼쪽의 각 항을 $\sigma_{\overline{X}} = \dfrac{\sigma}{\sqrt{n}}$ 으로 나누어 보면

$$P(\dfrac{-d}{\sigma_{\overline{X}}} \leq \dfrac{\overline{X} - \mu}{\sigma_{\overline{X}}} \leq \dfrac{d}{\sigma_{\overline{X}}}) = 1 - \alpha$$

$$P(\dfrac{-d}{\sigma_{\overline{X}}} \leq Z \leq \dfrac{d}{\sigma_{\overline{X}}}) = 1 - \alpha$$

이므로 [그림 8-8]로부터 $\dfrac{d}{\sigma_{\overline{X}}} = \dfrac{d\sqrt{n}}{\sigma} = z_{\frac{a}{2}}$ 로 표현할 수 있다. 그러므로 표본의 크기 n은 위의 관계로부터 다음과 같이 결정될 수 있다.

$$n = \left(\dfrac{z_{\frac{\alpha}{2}} \cdot \sigma}{d} \right)^2$$

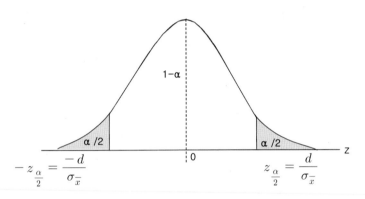

[그림 8-8]

만일 σ를 안다면 주어진 추정오차에 합당한 표본크기는 위의 공식에 의해 결정 할 수 있다. 그러나 σ의 값을 모를 경우에는 표본크기를 결정하는데 위의 식을 적용할 수 없다. σ를 모르는 경우가 오히려 일반적이며, 이러한 경우에는 미지의 모수 σ 대신에 최선의 근사치를 구하여 대체하게 된다. σ에 대한 최선의 근사치를 구하는데 흔히 사용되는 방법으로는 두 가지가 있다. 하나는 예비적으로 작은 크기의 표본의 추출하여 얻어지는 s를 σ의 대용으로 하는 것이다. 또 하나는 지금까지 개략적으로 알려진 자료의 범위 (range) 를 사용하는 방법이다. 경험적인 연구결과에 따르면 많은 경우 자료의 범위 R은 개략적으로 4σ정도이다. 그러므로 σ대신에 $R/4$을 사용하면 표본크기는

$$n = \left(\frac{z_{\frac{\alpha}{2}} \sigma}{d} \right)^2 \approx \left[\frac{z_{\frac{\alpha}{2}} (R/4)}{d} \right]^2$$

이 된다. 즉, 표본크기를 $\left[\dfrac{z_{\frac{\alpha}{2}} (R/4)}{d} \right]^2$ 로 결정할 때, 표본추정치와 모수의 차이가 d이내일 확률은 대략 $(1-\alpha)$가 된다.

위에서 살펴본 표본크기의 결정방법을 요약하면 다음과 같다.

[모평균의 추정에서 표본크기의 결정]

결정된 n의 값이 충분히 크다는 가정하에서, μ와 $\overline{X}$의 차이가 d이하일 확률이 $(1-\alpha)$가 되게 하는 n은

① σ를 알 경우

$$n = \left(\frac{z_{\frac{\alpha}{2}} \cdot \sigma}{d} \right)^2$$

② σ를 모르는 경우

$$n = \left(\frac{z_{\frac{\alpha}{2}} \sigma}{d} \right)^2 \approx \left[\frac{z_{\frac{\alpha}{2}} s'}{d} \right]^2, \quad n = \left(\frac{z_{\frac{\alpha}{2}} \sigma}{d} \right)^2 \approx \left[\frac{z_{\frac{\alpha}{2}} (R/4)}{d} \right]^2$$

　　여기서　s' = 예비표본의 표준편차
　　　　　　R =자료의 범위

---

2 모비율 추정에 필요한 표본의 크기

모비율 p의 추정량인 표본비율 $\hat{p}$을 추정하기위한 표본크기 결정도 추정오차의 범위를 명시하여 오차한계를 d이하로 할 확률의 크기를 $1-\alpha$ 할 때 필요한 표본의 크기는 다음 식을 이용하면

$$P(\, | \, \hat{p} - p \, | \, \leq d) = 1 - \alpha$$

$$P(-d \leq \hat{p} - p \leq d) = 1 - \alpha$$

에서 표준정규분포를 이용하기위하여 위의 괄호안의 부등식을 표준편차 추정량으로 나누면

$$P(\frac{-d}{\sqrt{\frac{p(1-p)}{n}}} \leq \frac{\hat{p}-p}{\sqrt{\frac{p(1-p)}{n}}} \leq \frac{d}{\sqrt{\frac{p(1-p)}{n}}}) = 1-\alpha$$

$$P(\frac{-d}{\sqrt{\frac{p(1-p)}{n}}} \leq Z \leq \frac{d}{\sqrt{\frac{p(1-p)}{n}}}) = 1-\alpha$$

$$\frac{d}{\sqrt{\frac{p(1-p)}{n}}} = z_{\frac{\alpha}{2}} \text{ 이므로 즉, } n = p(1-p)(z_{\frac{\alpha}{2}}/d)^2$$

로부터 구할 수 있다. 여기에서 p에 대한 사전 지식이 있는 경우와 없는 경우로 나누어 표본의 크기를 결정 하는데, p에 대한 사전정보가 있는 경우 주어진 p^* 를 사용한다. p에 대한 사전정보가 없는 경우 $p(1-p)$가 p의 모든 값에 대하여 주어진 오차한계를 만족하는 최대가 되는 값 $\frac{1}{4}$에서 표본크기를 결정한다.

> **[모 비 율 의 추 정 에 서 표 본 크 기 의 결 정]**
>
> ① p에 대한 사전 정보가 없는 경우 : $n \geq \frac{1}{4}(z_{\frac{\alpha}{2}}/d)^2$
>
> ② p가 p^*라는 사전정보가 있는 경우 : $n \geq p^*q^*(z_{\frac{\alpha}{2}}/d)^2$

(예제 8-16)

행복시의 가구당 월평균 수입 (단위 : 천원)을 추정하려고 한다. 시에서는 표본평균이 실제 모평균과 80이내에 있을 확률이 0.95이기를 원한다. 만일 행복시의 가구당 월수입이 몇몇 예외적인 경우를 제외하고는 1,000에서 4,600사이에 있다면, 표본의 크기는 얼마가 적절한가?

(풀 이)

신뢰수준 $1-\alpha = 0.95$이므로, $\frac{\alpha}{2}$는 0.025가 된다. 표준정규분포표로부터 0.025에 해당하는 z의 값이 1.96이므로

$$n = \left[\frac{z_{\frac{\alpha}{2}}(R/4)}{d}\right]^2 = \left[(1.96)(\frac{3600/4}{80})\right]^2 = 486.2$$

$$n = 487$$

(예제 8-17)

한 심리학 실험에서 자극에 대한 개인의 반응은 A형 또는 B형으로 나타난다고 하자. 실험자는 A형의 반응을 보이는 사람들의 비율 p를 추정하려고 한다. 실험자는 추정오차가 0.04 이하일 확률이 0.90이 되기를 원한다. 예비실험 결과 A의 비율 ($\hat{p}$)이 0.7일 때, 표본의 크기는 얼마가 적당한가?

(풀 이)

신뢰수준 $1-\alpha=0.90$이므로, $\frac{\alpha}{2}$는 0.05가 된다. 표준정규분포표로부터 0.05에 해당하는 z의 값이 1.645이므로

$$n = \left[\frac{1.645}{0.04}\right]^2 (0.7)(0.3) = 355.17$$

$$n = 356$$

만약 $\hat{p}$의 값이 주어지지 않은 경우에는 $p(1-p)$의 값이 최대가 되는 $p=0.5$를 사용한다. 이는 추정오차가 최대가 되는 점에서 표본의 크기 n의 값을 결정하는 것이 된다. 이때 n은 423이다.

(예제 8-18)

한국대학교 신입생의 안경 착용률을 조사하고자 한다. 이 대학 신입생의 전체 안경 착용률과 추정값의 차이가 5% 이내일 가능성이 95% 정도 신뢰할 수 있기 위해서는 표본의 크기를 어느 정도로 하여야 하는가? 단, 신입생의 안경 착용률은 정규분포를 따른다고 한다.

(풀 이)

신뢰수준 95% 이므로 $1-\alpha=0.95$이고, $\alpha=0.05$이며, $z_{\frac{\alpha}{2}} = z_{0.025} = 1.96$이다. $d=0.05$ 이고 p에 대한 사전정보가 없으므로

$$n = \frac{1}{4}\left(\frac{z_{\frac{\alpha}{2}}}{d}\right)^2 = \frac{1}{4}\left(\frac{1.96}{0.05}\right)^2 = 384.16$$ 이 되어 필요한 표본의 크기는 385명이다.

8.1 점추정량이 구비해야 할 바람직한 속성에 대해 설명하시오.

8.2 우리가 대표값으로 자주 사용하는 표본평균이 불편추정량(unbiased estimator) 임을 보이시오.

8.3 변수 X는 평균이 μ이고, 분산이 σ^2이다. 임의로 추출된 n개의 표본에 대해서

$$s^2 = \frac{1}{n-1} \sum_{i=1}^{n}(X_i - \overline{X}_n)^2$$

이라고 할 때, s^2이 불편추정량(unbiased estimator)임을 보이시오.

8.4 어떤 모집단으로부터 무작위 표본 X_1, X_2, X_3를 추출하였다. 평균을 μ, 분산을 σ^2이라고 할 때, μ의 추정량 $\hat{\mu}_1$ 과 $\hat{\mu}_2$는

$$\hat{\mu} = \frac{X_1 + 2X_2 + 3X_3}{6}, \quad \hat{\mu}_2 = \frac{X_1 + 4X_2 + X_3}{6} \text{이다.}$$

① $\hat{\mu}_1, \hat{\mu}_2$가 불편추정량임을 보이시오.

② $\hat{\mu}_1, \hat{\mu}_2$중 어느 것이 더 효율적인가?

8.5 $X_1, X_2, \cdots, X_n$은 다음과 같은 확률함수를 따르는 임의의 확률표본이다.

$$f(x) = \begin{cases} \theta x^{\theta-1}, & 0 < X < 1 \\ 0, & \text{그 외의 경우에} \end{cases}$$

$\overline{X}_n$가 $\frac{\theta}{\theta+1}$의 일관적 추정량임을 보이시오. 단, $\theta > 0$

8.6 (주)천지인에서 생산되는 제품의 평균무게는 10.1kg이고 표준편차는 0.5이다. 100개의 제품을 임의로 추출하였을 때, 평균무게에 대한 95% 신뢰구간을 구하시오.

8.7 (주)솔라에너텍은 기존의 자동차용 배터리보다 평균수명이 더 긴 새로운 배터리를 개발하였다고 발표하였다. 이를 위해 16개의 새로운 배터리를 표본으로 취하여 조사한 결과 평균수명이 11개월 더 길고 분산은 6인 것으로 나타났다. 평균수명의 증가에 대한 95% 신뢰구간을 구하시오.

8.8 행복시는 어떤 교차로에 신호등의 설치가 타당한지를 조사하기 위해 그 교차점을 통고하는 차의 수를 8일간 조사한 결과 표본평균 1,500대와 표본표준편차 300을 얻었다. 모평균에 대한 99% 신뢰구간을 구하시오. 단, 모집단은 정규분포라고 가정한다.

8.9 한 회사의 신제품개발 프로젝트팀원들 중 랜덤하게 9명을 뽑아 IQ 테스트 결과가 아래와 같다. IQ는 28.2의 모표준편차를 갖는 정규분포를 따른다
 93 98, 147 128 115 162 135 108 112
 ① 프로젝트 팀원의 모평균 (μ)에 대한 90% 신뢰구간을 구하시오.
 ② 만일 모표준편차 28.2가 주어지지 않았다면, ①의 결과는 어떻게 달라지는가?

8.10 어떤 모집단은 평균과 분산을 모르는 정규분포를 따르고 있다. 관찰치가 2개인 표본이 주어진다면, 이 모집단에 대해 신뢰구간을 찾을 수가 있다. 그러나 한 개의 관찰치만을 갖고 있다면 불가능하다고 한다. 그 이유를 설명하시오.

8.11 한국대학교의 대학원생은 이 대학을 졸업한 지 5년이 되는 학생의 연간수입(단위 : 천원)을 알려고 한다. 이 조사를 위해 20명의 졸업생을 표본으로 추출한 결과 평균이 14,4000, 표준편차가 300으로 나타났다. 모평균에 대한 90% 신뢰구간을 구하시오. 단, 학생들의 연간수입은 정규분포를 따른다.

8.12 행복시는 20대 남성의 실업률을 추정하고자 한다. 80명의 20대 남성을 임의로 추출하여 조사한 결과 15명이 실업자로 나타났다. 행복시의 실업률에 대한 95% 신뢰구간을 구하시오.

8.13 한국대학교 보건소에서는 여학생의 흡연자 비율을 추정하려고 한다. 신뢰수준 95%에서 추정치가 모비율의 0.03 이내에 있게 하려면 표본크기가 얼마나 되어야 하는가? 과거 자료에 의하면 여학생의 흡연자 비율은 10%이다.

제 9 장 검 정

9.1 검정의 개요

통계적 추론(statistical inference)은 표본관찰을 통하여 모집단의 특성에 대하여 어떤 결론을 유도하는 통계적 분석 방법으로 **추정**(estimation)과 **검정**(testing)으로 나누어서 생각할 수 있다. 추정은 표본관찰을 통하여 모집단의 모수가 어떤 특정한 값이라고 추측하거나(점추정) 또는 모수가 어떤 특정한 구간 안에 있을 가능성을 제시하는(구간추정)통계적 분석 방법이다. 반면에 검정은 모집단의 모수나 모집단의 분포에 대해 어떤 새로운 사실, 추측 등의 주장을 가설로 설정한 후, 표본에서 획득한 정보를 가지고 설정된 가설의 진위여부를 판정하는 일련의 통계적 의사결정 절차를 **통계적 가설검정**(statistical hypothesis testing) 간단히 검정이라고 한다. 본장에서는 검정에 대한 기본적인 개념과 일반적으로 이용되는 모집단의 모수에 대한 검정과정에 대하여 설명하고자 한다.

통계적 가설검정의 예를 들면 다음과 같다.

<예1> 신제품 개발부서에서 개발한 새로운 배터리를 탑재한 스마트폰의 평균사용시간이 기존 스마트폰의 평균사용시간보다 더 향상 되었는지를 판단하는 문제.

<예2> 제약회사의 연구진에의해 개발된 새로운 암치료제가 실제로 환자들의 치유율이 기존의 치료제에 비하여 향상 되는지를 표본자료를 이용하여 결정하는 문제.

<예3> 새로운 수업방식이 기존의 수업방식 보다 학생들의 성적이 향상 되었는지를 판단하는 문제

통계학에서는 위와 같은 문제들을 통계적 가설검정 혹은 줄여서 가설검정 또는 검정이라고 한다. 검정 문제의 통계적 절차는 모집단의 분포나 모수에 대하여 적절한 가설을 설정하고, 설정된 가설의 기각여부를 판정하기 위한 구체적 기준인 기각역을 설정한 후, 표본에서 얻은 표본정보를 이용하여 가설의 옳고 그름을 판정한다. 따라서 검정절차에서 설정된 통계적 가설의 기각여부의 결정은 대상모집단으로부터 추출한 표본자료를 이용하게 되며, 이때 내려진 결정은 표본자료를 이용하기 때문에 항상 불확실성을 내포하고 있다. 그러면 가설검정과 관련된 개념과 절차에 관하여 알아보기로 한다

9.2 검정의 개념과 절차

본 절에서는 가설검정의 핵심개념인 가설의 설정, 검정통계량, 기각역과유의수준 및 일반적인 가설검정의 절차에 대해 알아보고자 한다.

1. 가설의 설정

9.1의 검정개요에서 언급하였듯이 가설검정을 위해서는 주어진 문제에 적절한 통계적 가설을 설정해야 한다.

가설(hypothesis)이란 과거의 경험, 지식, 연구의 결과 등으로 모수가 취할 것으로 알려진 값을 서술하는 것으로 **귀무가설**(null hypothesis; H_0) 과 **대립가설**((alternative hypothesis; H_1) 2가지로 설정한다. 일반적으로 귀무가설은 모집단의 특성에 대한 예상, 주장, 추측을 옹호하고, 긍정하고, 지키려고 하는 사실인데 반하여, 대립가설은 귀무가설에 설정된 사실을 부정하고, 반박하고, 기각시켜 새롭게 입증하려고 하는 사실이다. 이런 두 가설의 서술되는 방법은 두 모수 값들의 집합이 각기 서로 여집합의 관계를 가지도록 설정되는 것이 일반적이다. 귀무가설은 '다르지 않다'라는 의미를 갖는 가설로, 가설 속에 항상 $\geq, =, \leq$와 같이 등호가 포함 된다. 가설점정의 목적은 원래 제기된 대립가설을 지지할 만한 통계적 근거를 확인하는데 있다. 그러나 대립가설을 직접 검정하여, 이의 지지여부를 결정하는 것이 아니라, 대립가설과 상반되는 귀무가설을 세우고 귀무가설의 모순을 밝힘으로써 대립가설을 지지하는 형태로 가설검정이 진행 된다. 이와 같이 대립가설이 가설검정의 연구대상이어서 대립가설을 연구가설 (research hypothesis) 이라고 부르기도 한다. 일반적으로 두 가설의 설정 순서는 연구의 대상이 되는 대립가설을 먼저 설정하고 다음에 이와 상반된 내용의 귀무가설을 세우게 된다. 대립가설과 귀무가설이 설정되는 기본적인 형태로는 다음의 세 가지가 있다.

1. $H_0 : \theta = \theta_0$, " 모수 θ가 어떤 실수값 θ_0와 같다."

   $H_0 : \theta \neq \theta_0$, " 모수 θ가 어떤 실수값 θ_0와 같지 않다."

2. $H_0 : \theta \geq \theta_0$, " 모수 θ가 어떤 실수값 θ_0와 크거나 같다."

   $H_0 : \theta < \theta_0$, " 모수 θ가 어떤 실수값 θ_0보다 작다."

3. $H_0 : \theta \leq \theta_0$, " 모수 θ가 어떤 실수값 θ_0보다 작거나 같다."

   $H_0 : \theta > \theta_0$, " 모수 θ가 어떤 실수값 θ_0보다 크다."

위에 설정된 바와 같이 대립가설의 형태는 분석목적에 따라 양측검정 (two-sided testing)과 단측검정(one-sided testing)으로 나뉘어지고, 단측검정은 다시 왼쪽 단측검정과 오른쪽 단측검정 으로 분류된다.

(예제 9-1)

공정거래위원회는 소비자 단체로부터 판매중인 미가라면의 내용물이 품질 표시의 기록된 양(μ=210 g)에 미달한다는 제보를 받았다. 이에 공정거래위원회는 이 회사의 제품내용물의 중량 μ가 정말 210 g 에 미달하는가를 검사하려 한다. 대립가설과 귀무가설을 설정하시오.

(풀 이)

이 문제에서 연구의 대상은 제품 내용물의 중량 μ가 210 g 에 미달하는가이다. 따라서,

$H_0 : \mu \geq 210$
$H_1 : \mu < 210$

(예제 9-2)

통계청은 상반기 실업률이 3.8%라고 발표하였다. 현재의 실업률이 지난해 상반기의 실업률과 동일한지를 조사하려고 한다. 대립가설과 귀무가설을 설정하여라.

(풀 이)

$H_0 : p = 0.038$
$H_1 : p \neq 0.038$

2. 검정 통계량

가설검정은 모수에 대한 가설을 설정 한 후에 표본 정보를 가지고 가설의 진위를 판단하여 채택여부를 결정하는데, 이와 같이 검정에 사용되는 통계량을 **검정통계량**(test statistic:T(X))이라고 한다.

> **검 정 통 계 량**
>
> 검정통계량(test statistic)이란 가설검정에 사용되는 통계량으로 두 가설 의 진위 여부를 판단하여 채택여부를 결정하는데 사용되는 통계량

일반적으로 가설검정은 설정된 귀무가설(H_0) 사실이라는 전제하에 진행된다. 따라서 검정통계량의 분포도 귀무가설이 사실이라는 전제하에 구해지게 되며, 검정통계량의 분포는 항상 가설에서 주어지는 모수를 갖는 분포를 따른다.

3. 유의수준과 기각역

가설검정은 항상 귀무가설이 옳다는 전제하에서 검정통계량의 분포를 구하고 실제 표본으로부터 구한 검정통계량의 값이 나타날 가능성에 의하여 귀무가설의 채택여부를 결정한다. 앞에서 설명한 바와 같이 검정통계량이 나타날 가능성이 큰 경우에는 귀무가설을 채택하고 나타날 가능성이 작은 경우에는 귀무가설을 기각하게 되는데, 여기에서 가능성이 "크다" 또는 "작다"의 판단기준을 **유의수준**(significance level : α)이라고 한다. 유의수준 α는 일반적으로 1%, 5%, 10%등을 이용하는데, 이를테면 한 검정에서 유의수준 α를 5%로 정하면 귀무가설 하에서 구한 검정통계량의 값이 나타날 가능성이 5%이하이면 기각하고 5%이상이면 귀무가설을 채택하게 된다. 다시 말하면 나타날 가능성이 5%이하일 때 '가능성이 작다'라고 판단하는 것이다. 따라서 유의수준이란 귀무가설을 기각하게 되는 확률의 크기로 '귀무가설이 옳은데도 불구하고 이를 기각하는 확률의 크기로' 정의한다.

기각역(rejection region ; R)이란 가설검정에서 유의수준 α 가 정해졌을 때, 검정통계량의 분포에서 유의수준의 크기에 해당하는 확률의 크기로 귀무가설을 기각 할 수 있는 값의 영역이다.

유의수준 α란 귀무가설이 옳은데도 불구하고 이를 기각하는 확률의 크기를 말한다. 기각역이란 가설검정에서 유의수준 α가 정해졌을 때 ,검정통계량의 분포에서 이 유의수준의 크기에 해당하는 영역을 말하는데, 검정통계량의 분포에서 이 영역의 위치는 대립가설의 형태에 따라 다르다.

4. 가설검정의 절차

일반적으로 가설검정의 절차는 모집단의 특성에 대한 주장이나 추측을 가설로 설정하고, 표본에서 얻은 정보를 가지고 귀무가설에 대한 지지 여부를 결정하는 일련의 통계적 의사결정방법으로 아래의 절차를 따른다.

가설검정의 절차

단계1. 검정의 목적에 따라 귀무가설 H_0과 대립가설 H_1을 설정한다.

단계2. 검정통계량을 구하고 그 통계량의 분포를 구한다.

단계3. 유의수준을 결정하고 검정통계량의 분포에서 가설의 형태에 따라 유의수준에 해당하는 기각역을 설정한다.

단계4. 귀무가설이 옳다는 전제하에서 검정통계량의 값을 구한다.

단계5 검정통계량의 값이 기각역에 속하면 귀무가설을 기각하고 그렇지 않으면 채택한다. 가정조건을 고려하여 검정결과에 대한 해석적 의미를 서술한다.

9.3 검정의 오류

1. 1종의 오류와 2종의 오류

추정(estimation)과 마찬가지로 가설검정도 표본에 의해 얻어진 부분적인 정보를 근거로 모수에 대한 결론을 내리게 되므로, 표본오차로 인한 오류의 가능성을 항상 안고 있다. 가설검정에서 발생할 수 있는 오류에는 **1종오류**(type 1 error)와 **2종오류**(type 2 error)가 있다.

[그림9-1]은 유의수준 α에서 우측검정을 할 때 발생할 수 있는 1종오류와 2종오류의 확률을 보여준다.

만일 귀무가설이 사실이면 검정통계량 θ의 분포는[그림9-1]의 (1)와 같다. 귀무가설이라고 하더라도 빗금친부분에 속하는 θ의 값이 관찰 될 수 있으며, 이 경우 귀무가설이 기각되므로 사실인 귀무가설을 기각하는 오류를 범하게 된다. 그리고 그 확률은 α이다. [그림9-1] (2)는 귀무가설이 허위이고 θ의 값이θ_0보다 큰 값 θ_1일 때 θ의 분포를 보여준다. 그러나 만일 θ의 값이 귀무가설의 채택역에서 발생한다면 허위인 귀무가설을 채택하는 2종오류를 범하게 된다. 그리고 확률은 [그림9-1] (2)의 빗금친 면적 β가 된다.

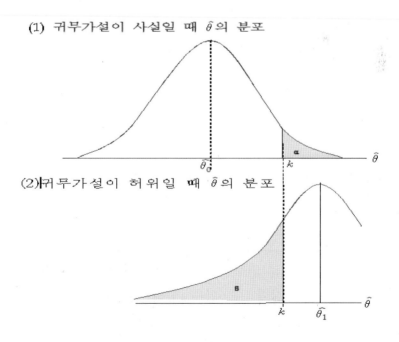

[그림 9-1] 우측검정에서의 1종오류와 2종오류($H_1 : \theta > \theta_0 \quad H_0 : \theta = \theta_0$)

[표 9-1]은 가설검정의 네가지 가능한 결과에 대하여 요약하고 있다. 귀무가설이 사실인지 허위인지에 대한 실제 상황은 미지이다. 따라서 이와 같은 불확실성하에서 가설검정은 항상 두 가지 오류중 하나의 오류를 범할 가능성이 있다.

[표 9-1] 가설검정의 네 가지 가능한 결과

실제상황 ＼ 의사결정		표본정보	
		H_0채택	H_0기각
모집단	H_0가 사실	올바른 결정 확률=$1-\alpha$	1종 오류 확률=α
	H_0가 허위	2종오류 확률=β	올바른 결정 확률=1-β=검정력

2 . 제2종의 오류확률과 검정력

대립가설 $H_1 : \theta > \theta_0$에 대해 귀무가설 $H_0 : \theta \leq \theta_0$를 검정하는 우측검정의 경우에 2종오류의 확률을 계산하는 방법에 대하여 알아보도록 하자. 1종 오류의 확률(α)이 θ가 θ_0로 주었을 때 결정될 수 있었던 것처럼, β도 θ에 대한 어떤 실수값이 주어져야 계산이 가능하다. 예를 들어 대립가설이 복합가설이 아닌 단순가설로 $H_1 : \theta = \theta_0$같이 주어졌다고 하자. 그러면 기각역(R) 임계치가 k일 때는 다음과 같이 정의 할 수 있다.

2종오류의 확률계산

$\beta = P$(귀무가설이 거짓일때, 귀무가설을 채택)

$$= P\left(\hat{\theta} \leq k / \theta = \theta_1\right) = P\left(\frac{\hat{\theta} - \theta_1}{\sigma_{\hat{\theta}}} \leq \frac{k - \theta_1}{\sigma_{\hat{\theta}}}\right) = P\left(Z \leq \frac{k - \theta_1}{\sigma_{\hat{\theta}}}\right)$$

한편($1 - \beta$)는 거짓인 귀무가설을 기각할 확률을 의미하며 귀무가설이 거짓일 때 이를 기각할 수 있는 힘의 정도를 나타낸다고 하여 **검출력**(power of test)또는 검정력 이라고 부른다.

(예제 9-3)

　모분산이 16으로 알려진 자동차 회사에서 새로 개발된 자동차의 연비(리터당)에 대하여 다음의 가설을 검정하려고 한다. $\mu_1 = 19.5$, $n = 36$, $\alpha = 0.1$일 때 , 제2종의 오류 확률은 얼마인가?

$$H_0 : \mu \leq 18, \ H_1 : \mu > 18$$

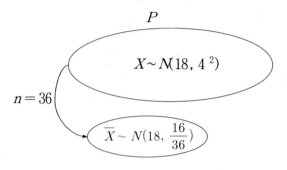

(풀 이)

$k = \mu + Z_{0.1} \dfrac{\sigma}{\sqrt{n}}$ 이므로

$k = 18 + 1.285 \dfrac{4}{\sqrt{36}} = 18.86$

$\beta = P(\overline{X} \leq 18.86 / \mu = 19.5) = P\left(Z \leq \dfrac{18.86 - 19.5}{4/\sqrt{36}}\right)$

$\quad = P(Z \leq -0.96) = 0.1685$

위의 그림에서 왼쪽의 그림은 H_0 가 진인 상황하에서 임계치 (기각치) 값을 경계로 왼쪽 영역 $(1 - \alpha)$은 H_0 채택영역, 오른쪽 영역 (α)은 H_0 기각 영역이다. 또한 오른쪽 그림은 H_0가 거짓인 상황하에서 임계치 (기각치) 값을 중심으로 왼쪽영역 (β)는 H_0 채택영역, 오른쪽 영역 $(1 - \beta)$는 H_0 기각 영역으로 검출력이 된다.

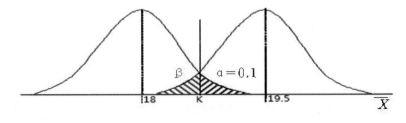

[그림 9-2](1)은 예제9-3에서 발생하는 두 가지의 종류의 오류에 대한 확률을 보여주고 있다. 또한 [그림 9-2](2)는 α를 0.10에서 0.05로 감소(또는 임계치를 18.86에서 19.1로 증가)시켰을 때, 이것이 β에 미치는 영향을 보여주고 있다. 즉 α와 β간의 관계는 [그림 9-3]에 보는 바와 같이 주어진 표본정보에서 1종 오류와 2종 오류 중의 어느 하나를 줄이려고 하면 이는 필연적으로 다른 한쪽의 증가를 유발하게 된다. 어느 한쪽의 오류에 영향을 주지 않으면서 다른 쪽의 오류를 줄이는 방법은 표본정보의 양을 늘리는 것이다. 즉, 더 많은 자료를 수집하는 것이다.

(1) 예제 9-3에서의 1종오류와 2종오류

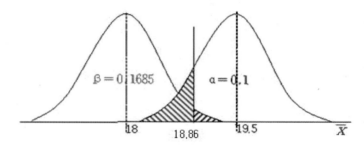

(2) α의 감소에 따른 β의 증가

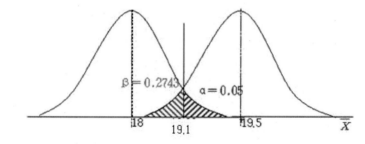

(3) 표본크기 증가의 효과

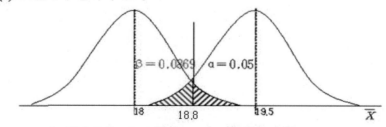

[그림 9-2]제 1종 오류와 2종의 오류와의 관계

[그림 9-2](3)은 표본의 크기를 36에서 64로 증가 시켰을 때 α는 증가 하지 않으면서 β가 감소되는 것을 보여준다. 표본 크기의 증가는 표본분포의 형태에 영향을 미치며, 이에 따라 한쪽 오류의 정도를 일정하게 유지하면서도 다른 쪽을 감소시키거나 또는 양쪽의 오류를 동시에 줄이는 것이 가능하게 된다.

유의수준은 귀무가설을 기각할 확률이다. 그러므로 유의수준을 높게 잡느냐 낮게 잡느냐에 따라 똑같은 귀무가설이 기각되기도 하고 채택되기도 한다.

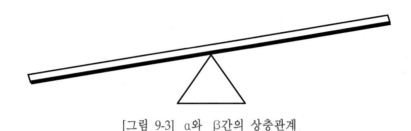

[그림 9-3] α와 β간의 상충관계

귀무가설을 기각할 때 1종 오류의 문제가 대두되고 귀무가설을 채택할 때 2종오류의 문제가 제기된다. 만일 유의수준을 아주 낮게 잡았는데도 불구하고 귀무가설을 기각하게 되면 1종 오류의 가능성이 아주 낮으므로 귀무가설이 사실일 가능성이 희박하며 대립가설이 사실일 가능성이 높은 것이다. 따라서 이러한 경우에는 정확히 계산할 수 없으나 2종 오류를 범할 확률이 매우 높은 것이 틀림없다. 따라서 이러한 경우에는 "대립가설을 채택한다"라는 단호한 결론보다는 "주어진 유의수준에서는 귀무가설을 채택할 만한 충분한 근거가 없다"라고 결론을 내리는 것이 더 적합하다.

일반적으로 통계적 가설 검정은 주어진 유의수준(α)하에서 귀무가설의 채택여부를 결정하는 방법으로 진행 한다, 그러나 유의수준을 어떻게 결정하는냐에 대해 일정한 규칙은 존재하지 않는다. 따라서 유의수준의 결정은 다분히 임의적이다. 그러므로 **유의확률**(significance probability)이라고 불리는 **p-값**(p-value)을 의사결정자에게 제시함으로써 가능한 여러 값의 유의수준과 비교하도록 하는 것이 더 효과적인 가설검정 방법이라고 할 수 있다.

9.4 단일 모집단의 모평균에 대한 검정

가설검정의 응용에서 한 모집단의 모평균 μ가 특정값 인가에 대한 검정
을 실시하는 경우가 있다. 예를 들면 과거 10년 동안 초등학교 신입생의
평균 신장이 증가하였는가를 알아보고자 한다. 10년 전의 초등학교 신입
생의 평균 신장이 120㎝이었다는 사실을 알고 있을 때, 현재 초등학교 신
입생의 평균 신장이 10년 전보다 증가하였는가를 알아보기 위하여, 초등
학교 학생들의 신장 일부를 표본으로 추출하여 가설검정을 하고자 한다.
이 경우 μ를 현재 초등학교 신입생의 평균 신장이라고 할 때, H_0와 H_1
은

$$H_0 : \mu = 120$$
$$H_1 : \mu > 120$$

이다. 즉 이 문제에서는 가설검정을 통하여 현재 초등학교 신입생의 평균
신장이 10년 전과 같은가 또는 증가하였는가를 알고자 하며, 10년 전보다
키가 작아진 경우는 분석 대상에 있지 않다는 것을 의미한다.

위의 예는 정규분포 $N(\mu, \sigma^2)$을 따른다는 것을 전제한다고 할 수 있다.
검정을 하기 위하여 추출한 표본을 $(X_1, X_2, \cdots, X_n)$ 이라고 할 때, n개
의 표본은 $N(\mu, \sigma^2)$인 모집단으로 부터의 확률표본이며, 모평균 μ에 대한
검정과정은 다음과 같다.

(1) 가설의 설정

H_0와 H_1 각각 다음과 같이 설정한다.

$$H_0 : \mu = \mu_0,\ \mu \geq \mu_0,\ \mu \leq \mu_0$$

$$H_1 : \mu \neq \mu_0 , \mu < \mu_0 , \mu > \mu_0$$

여기에서 μ_0는 분석 시 주어지는 특정한 값이며 H_1에 주어지는 서로 다른 대립가설은 분석목적에 따라 결정한다.

(2) 검정통계량과 분포

단일 모평균에 대한 검정은 표본평균 $\overline{X}$ 분포를 가지고 검정 하는데, 모분산이 알려져 있는가의 여부와 표본의 크기($n < 30$, $n \geq 30$)에 따라 아래같이 세 가지 검정통계량을 가지고 검정 한다.

① 모분산 σ^2이 알려져 있는 경우

$$T(X) = \frac{\overline{X} - \mu}{\sigma / \sqrt{n}} \sim N(0,1)$$

② 모분산 σ^2이 알려져 있지 않은 경우

　(a) $n < 30$이면

$$T(X) = \frac{\overline{X} - \mu}{s / \sqrt{n}} \sim t(n-1)$$

　(b) $n \geq 30$이면

$$T(X) = \frac{\overline{X} - \mu}{s / \sqrt{n}} \sim N(0,1)$$

모분산 σ^2이 알려져 있는 경우와 σ^2이 알려져 있지 않은 경우에 있어서 표본의 수 n이 30 이상이면 표준정규분포를 이용하여 검정을 실시하고, 모분산 σ^2이 알려져 있지 않고 표본의 수가 30 미만 소표본 이면 자유도가 $n-1$인 t-분포를 이용하여 검정을 실시한다.

(3) 기각역의 설정

유의수준 α를 정하고 검정의 종류 (단측검정, 양측검정)에 따라 검정통계량분포에 기각역을 설정한다.

(4) 검정통계량값의 계산

귀무가설이 사실이라는 전제하에서 위의 식을 가지고 검정통계량을 계산한다.

(5) 검정 및 의사결정

검정통계량값이 기각역에 속하면 H_0을 기각하고 기각역에 속하지 않으면 H_0를 채택한다. 또한 가정조건을 고려하여 검정결과에 대한 해석적의미를 서술 한다.

단일모평균 μ의 검정

1. 가설의 설정
   (a) 양측검정 : $H_0 : \mu = \mu_0,\ H_1 : \mu \neq \mu_0$
   (b) 단측검정 : $H_0 : \mu \geq \mu_0 ; \mu \leq \mu_0,\ H_1 : \mu < \mu_0 ; \mu > \mu_0$

2. 귀무가설하에서의 검정통계량과 분포
   (a) σ^2을 아는 경우
   $$T(X) = \frac{\overline{X} - \mu_0}{\sigma/\sqrt{n}} \sim N(0,1)$$

   (b) σ^2을 모르는 경우
   (i) $n \geq 30$일 때
   $$T(X) = \frac{\overline{X} - \mu_0}{s/\sqrt{n}} \sim N(0,1)$$

   (ii) $n < 30$일 때
   $$T(X) = \frac{\overline{X} - \mu_0}{s/\sqrt{n}} \sim t(n-1)$$

3. 유의수준 α하에서의 검정의 유형에 따라 기각역을 설정 한다

4. 검정통계량값의 계산
   검정통계량의 식을 가지고 검정통계량값을 계산 한다.

5. 검정 및 의사결정
   검정통계량값이 기각역에 속하면 H_0를 기각하고, 그렇지 않으면 채택한다
   또한 검정결과에 대한 적절한 해석적 의미를 서술 한다

---

1. 모분산(σ^2)을 아는 경우

이러한 경우의 단일 모평균에 대한 검정은 표본의 크기에 관계없이 표본의 분포가 정규분포에 따르므로 표준정규분포를 이용하여 검정한다. (예제9-4)를 통해 검정을 해보기로 하자.

(예제 9-4)

한 질병에 대한 기존 치료법의 치료기간은 평균 20일 표준편차 6일인 정규분포를 따른다고 알려져 있다. 새로운 치료법이 치료기간을 단축시킨다고 주장한다. 이를 확인하기 위하여 36명의 환자를 랜덤하게 추출하여 새로운 치료법으로 치료기간을 조사한 결과 $\overline{X}=16$이었다. 새로운 치료법이 기존치료법 보다 치료기간을 단축하였다고 볼 수 있는지를 유의수준 5%로 검정 하여라

(풀 이)

(1) 가설의 설정 : 새로운 치료법에 대한 평균 치료기간을 μ라고 하면 H_0, H_1은

다음과 같이 설정할 수 있다.

$$H_0 : \mu \geq 20, \ H_1 : \mu < 20$$

(2) 검정통계량과 분포 : 모집단의 모분산이 알려진 경우이므로 검정통계량은 표준정규분포에 따르므로

$$T(X) = \frac{\overline{X} - \mu}{\sigma/\sqrt{n}} \sim N(0, \ 1)$$
$$T(X) = \frac{16 - 20}{6/\sqrt{36}} = -4$$

(3) 기각역의 설정 : 단측검정이고 표준정규분포에 따르므로 기각역은 그림과 같다.

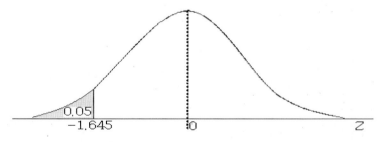

(4) 검정 및 의사결정 : 검정통계량 : $T(X) = -4$는 기각역에 속하므로 귀무가설 (H_0)를 기각한다. 즉, 특정질병에 대하여 새로운 치료법이 기존의 치료법보다 치료기간을 단축시켰다고 볼 수 있다.

2.모분산(σ^2)을 모르는 경우($n < 30$)

모분산 σ^2이 알려져 있지 않고 표본의 수가 30 미만 소표본 이면 자유도가 $n-1$인 $t-$분포를 이용하여 검정을 실시한다. (예제9-5), (9-6)를 통해 검정을 해보기로 하자.

(예제 9-5)

시중에 판매되고 있는 한 음료수에는 비타민 C의 함량이 $10g$포함되어 있다고 표시되어 있다. 공정거래위원회에서는 이 음료수에 포함된 비타민 C의 함량이 정확한지 여부를 알아보기 위하여 시중의 마켓에서 판매중인 음료수 10개를 랜덤하게 추출하여 함량을 조사한 결과, 다음과 같은 자료를 얻었다. 이 회사의 주장대로 음료수에 들어 있는 비타민 C의 함량이 $10g$이라고 주장할 수 있는가를 검정 하여라 (단,$\alpha = 0.05$,$t_{0.025}(9) = 2.262$)

10.8, 12.2, 9.5, 10.3, 8.6, 8.3, 9.5, 10.0, 11.5, 10.1

(풀 이)

(1) 가설의 설정: 음료수에 포함된 비타민 C의 평균 함량이 $10g$인가 또는 그렇지 않은가 알고자 하므로 H_0와 H_1은 각각 다음과 같이 설정한다.

$$H_0 : \mu = 10$$

$$H_1 : \mu \neq 10$$

(2) 검정통계량과 분포: 주어진 10개의 자료로부터 $\overline{X} = 10.08$, $s = 1.207$이므로 귀무가설 하에서의 검정통계량의 값은

$$T(X) = \frac{\overline{X} - \mu_0}{s/\sqrt{n}} = \frac{10.08 - 10}{1.207/\sqrt{10}} = 0.21$$

표본의 크기 $n = 10 < 30$ 인 소표본 이므로 검정통계량 $T(X)$는 자유도가 n-1=9인 $t-$분포를 따른다.

(3) 기각역의 설정 : 검정통계량이 $T \sim t_{0.025}(9)$인 분포를 따르고 양쪽검정이므로 기각역은 아래 그림과 같이 설정한다.

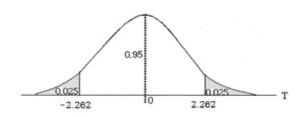

(4) 검정 및 의사결정: 귀무가설하에서의 검정통계량의 값 $T(X) = 0.21$은 기각
   역에 속하지 않으므로 귀무가설은 기각되지 않는다. 즉 5%의 잘못 판단할 가
   능성을 전제로 할 때 음료수에 들어 있는 비타민 C의 평균 함량은 $10g$이라
   고 볼 수 있다.

(예제 9-6)

한 담배제조회사에서는 새로 개발된 담배의 타르(tar) 함량이 평균 $4mg$ 미만
이라고 주장한다. 이 주장이 사실인가를 알아보기 위하여 25개의 담배를 '랜덤
하게' 선택하여 분석한 결과 $\overline{X} = 3.9mg$과 $s = 0.14mg$을 얻었다. 담배제조회사
의 주장이 타당한가를 $\alpha = 0.01$로 검정하라.

(풀 이)

(1) 가설의 설정: 담배에 포함된 타르의 평균이 $4mg$ 미만인가에 관심이 있으므
   로 H_0와 H_1은 각각 다음과 같이 설정한다.

$$H_0 : \mu = 4mg$$

$$H_1 : \mu < 4mg$$

(2) 검정통계량과 분포 : 귀무가설하에서 검정통계량은

$$T(X) = \frac{\overline{X} - \mu_0}{s/\sqrt{n}} = \frac{3.90 - 4.0}{0.14/\sqrt{25}} = -3.57$$

이고, 표본의 수 $n = 25 < 30$이므로 $T(X)$는 자유도가 $n - 1 = 24$인
t-분포를 따른다.

(3) 기각역의 설정 : 유의수준 $\alpha = 0.01$일 때, [부록 4]의 $df = 24$인
   t분포에서 $t_{0.01}(24) = 2.492$이므로

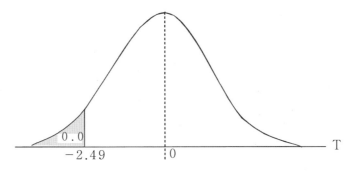

따라서 기각역은 위 그림의 빗금친 부분에 설정한다.

(4) 검정 및 의사결정 : 검정통계량의 값 $T(X) = -3.57$이 기각역에 포함되므로 H_0는 기각된다. 즉 새로운 담배에 포함된 타르의 평균함량이 $4mg$미만 이라는 담배 회사의 주장은 1% 유의수준 하에서 타당하다고 볼 수 있다.

3. 모분산(σ^2)을 모르는 경우($n \geq 30$)

모분산 σ^2이 알려져 있지 않고 표본의 수가 30 이상인 대표본일 경우 중심극한정리에의해 검정통계량이 표준정규분포에 근사하는 것을 이용하여 검정을 실시 한다. (예제9-7)를 통해 검정을 해보기로 하자.

(예제 9-7)

1990년도 우리나라 초등학교 신입생의 평균 신장은 120㎝이었다. 지난 10년동안 초등학교 신입생의 평균신장이 증가하였는가를 알아보기 위하여 2000년도 초등학교 신입생100명을 '램덤하게' 추출하여 조사한 결과, 신장의 평균과 표준편차가 각각 $\overline{X}$ =125㎝, s=20㎝ 이었다. 지난 10년간 초등학교 신입생의 평균신장이 증가하였다고 볼 수 있는가를 $\alpha = 0.05$로 검정하라.

(풀 이)

(1) 가설의 설정: 지난 10년 동안 평균 신장이 증가하였는가를 검정하고자 하므로, 가설은 다음과 같이 설정한다.

$$H_0 : \mu = 120$$

$$H_1 : \mu > 120$$

(2) 검정통계량과 분포: 귀무가설 하에서 검정통계량은

$$T(X) = \frac{\overline{X} - \mu_0}{s/\sqrt{n}} = \frac{125 - 120}{20/\sqrt{100}} = 2.5$$

이며, $n = 100 > 30$ 이므로 $T(X)$의 분포는

$T(X) \sim N(0,1)$인 분포에 따른다.

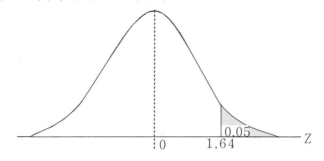

(3) 기각역의 설정 : 유의수준 $\alpha = 0.05$인 경우 표준정규분포에서 $P(Z > 1.645) = 0.05$이므로 기각역은 오른쪽은 그림의 빗금친 부분과 같다.

(4) 검정 및 의사결정 $T(X) = 2.5$는 기각역에 속하므로 귀무가설 H_0는 기각된다. 즉 유의수준 5%하에서 결정할 때 지난 10년 동안 우리나라 초등학교 신입생의 평균 신장이 증가하였다고 볼 수 있다.

9.5 두 모집단의 모평균 차이에 대한 검정

자료 분석에 있어서 "남학생과 여학생의 수능시험 성적이 차이가 있는가에 대한 비교" 라든가 "서로 다른 두 회사에서 생산된 LED전구의 평균수명비교" 등 두 집단의 모평균의 차이에 대한 검정을 실시하는 경우가 있다. 이러한 검정에 있어서의 전제조건은 "두 집단이 서로 독립이며 두 집단 모두 정규분포를 따른다" 는 것이다.

예를 들면 고등학교 남·여학생들의 수능시험 성적이 차이가 있는가를 검정하고자 할 때, 남학생집단의 성적은 평균 μ_1과 분산 σ_1^2을 갖는 정규분포를 따르고, 여학생 집단의 성적은 평균 μ_2와 분산 σ_2^2을 갖는 정규분포를 따르며 두 집단의 성적 분포는 서로 독립이라고 전제할 수 있다. 이 경우 두 집단의 모평균의 차이에 대한 검정을 실시하기 위하여 남학생 n_1명과 여학생 n_2명을 '랜덤하게' 선발하여 성적을 측정하고 그 표본결과에 의하여 검정을 실시할 수 있다.

일반적으로 두 집단이 서로 독립이며 각 집단이 평균과 분산이 각각

(μ_1, σ_1^2)과 (μ_2, σ_2^2)인 정규분포를 따를 때 두 모평균의 차이에 대한 검정은 각 집단에서 n_1과 n_2개의 표본을 랜덤하게 추출하여 각 표본의 평균과 분산을 각각 $(\overline{X}, s_1^2)$ 과 $(\overline{Y}, s_2^2)$으로 표현하면 두 집단의 모수와 통계량은 [표 9-2]와 같이 정리할 수 있으며, 또한[그림 9-4]와 같이 표현할 수 있다.

[표 9.2] 두 독립집단의 모수와 통계량

집단＼모수와 통계량	모 수		표본의 크기	통 계 량	
	모 평 균	모 분 산		표 본 평 균	표 본 분 산
집 단 1	μ_1	σ_1^2	n_1	$\overline{X}$	s_1^2
집 단 2	μ_2	σ_2^2	n_2	$\overline{Y}$	s_2^2

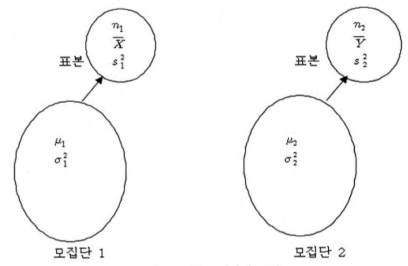

[그림 9-4] 두 모집단과 표본

위와 같은 독립표본에 의한 두 모집단 평균의 차이에 대한 가설검정은 다음과 같은 절차로 분석 한다.

(1)가설의 설정

두 모집단 평균의 차이에 대한 검정이므로 H_0와 H_1은 각각 다음과 같이 설정된다.

$$H_0 : \mu_1 = \mu_2 ,\ \mu_1 \geq \mu_2,\ \mu_1 \leq \mu_2$$
$$H_1 : \mu_1 \neq \mu_2 ,\ \mu_1 < \mu_2 ,\ \mu_1 > \mu_2$$

(2)검정통계량과 분포

두 집단이 서로 독립이며 각각 정규분포를 따르므로 표본평균 $\overline{X}$과 $\overline{Y}$의 분포는 각각 독립적으로

$$\overline{X} \sim N\left(\mu_1, \frac{\sigma_1^2}{n_1}\right)$$

$$\overline{Y} \sim N\left(\mu_2, \frac{\sigma_2^2}{n_2}\right)$$

두 개의 독립인 확률변수의 차인 $\overline{X} - \overline{Y}$의 분포는 평균 $\mu_1 - \mu_2$ 와 분산 $\frac{\sigma_1^2}{n_1} + \frac{\sigma_2^2}{n_2}$을 갖는 정규분포를 따르므로

$$\overline{X} - \overline{Y} \sim N\left(\mu_1 - \mu_2 , \frac{\sigma_1^2}{n_1} + \frac{\sigma_2^2}{n_2}\right)$$

이 되며, 정규분포의 표준화공식에 의하여

$$T(X) = \frac{(\overline{X} - \overline{Y}) - (\mu_1 - \mu_2)}{\sqrt{\frac{\sigma_1^2}{n_1} + \frac{\sigma_2^2}{n_2}}} \sim N(0, 1^2)$$

이 된다. 그러나 검정 수행 시 표본에서 이용 할 수 있는 통계량에 따라 적합한 검정통계량의 분포가 다르므로 각각의 검정통계량의 분포는 아래 5가지 유형으로 정리 할 수 있다.

두 모집단 분산 (σ_1^2, σ_2^2)
- ① 알고있는경우
- 모르고있는경우
  - 모분산이 동일한경우
    - ② $n_1 + n_2 < 30$인 경우
    - ③ $n_1 + n_2 \geq 30$인 경우
  - 모분산이 다른경우
    - ④ $n_1, n_2 < 30$인 경우
    - ⑤ $n_1, n_2 \geq 30$인 경우

①두 모집단의 분산 σ_1^2과 σ_2^2을 알고 있는 경우

모분산을 알고 있는 경우 표본의 크기에 관계없이 검정통계량의 분포는 정규분포에 따르므로 검정통계량의 분포는 다음과 같다.

$$T(X) = \frac{(\overline{X} - \overline{Y}) - (\mu_1 - \mu_2)}{\sqrt{\dfrac{\sigma_1^2}{n_1} + \dfrac{\sigma_2^2}{n_2}}} \sim N(0, 1^2)$$

②두 모집단의 분산은 모르지만 동일한 경우($\sigma_1^2 = \sigma_2^2 = \sigma^2$, $n_1, n_2 < 30$)

두 모집단의 분산은 모르지만 동일하고 두 표본의 크기($n_1, n_2 < 30$)가 소표본 이므로 7장에서 학습한 아래의 검정통계량을 사용 한다.

$$T(X) = \frac{(\overline{X} - \overline{Y}) - (\mu_1 - \mu_2)}{s_p \sqrt{\left(\dfrac{1}{n_1} + \dfrac{1}{n_2}\right)}} \sim t(n_1 + n_2 - 2)$$

여기서, $s_P^2 = \dfrac{(n_1 - 1)s_1^2 + (n_2 - 1)s_2^2}{n_1 + n_2 - 2}$ 이며, 검정통계량 $T(X)$의 분포는 $t(n_1 + n_2 - 2)$를 따른다.

③두 모집단의 분산은 모르지만 동일한 경우($\sigma_1^2 = \sigma_2^2 = \sigma^2$, $n_1, n_2 \geq 30$)

두 모집단의 분산은 모르지만 동일하고 두 표본의 크기($n_1, n_2 \geq 30$)가 대표본 이므로 중심극한정리에 의해 통계량은 표준정규분포에 따르는 아래 식을 검정통계량으로 사용 한다.

$$T(X) = \frac{(\overline{X} - \overline{Y}) - (\mu_1 - \mu_2)}{s_p \sqrt{\dfrac{1}{n_1} + \dfrac{1}{n_2}}} \sim N(0, 1^2)$$

여기서, $s_P^2 = \dfrac{(n_1 - 1)s_1^2 + (n_2 - 1)s_2^2}{n_1 + n_2 - 2}$ 이며, 검정통계량 $T(X)$의 분포는 표준 정규분포에 따른다.

④두 모집단의 분산을 모르고 동일하지 않은 경우($\sigma_1^2 \neq \sigma_2^2$, $n_1, n_2 < 30$)

이 경우 Smith-Satterthwaite가 제안한 통계량을 가지고 검정하는 방법으로 아래 식이 귀무가설 하에서 근사적으로 $t(\,[\nu^*]\,)$인 분포를 따르므로 검정통계량 $T(X)$는 다음과 같다.

$$T(X) = \frac{(\overline{X} - \overline{Y}) - (\mu_1 - \mu_2)}{\sqrt{\dfrac{s_1^2}{n_1} + \dfrac{s_2^2}{n_2}}}$$

여기서 $t(\,[\nu^*]\,)$을 따르는 자유도 $[\nu^*]$ 는 다음 식에 의하여 구한다.

$$[\nu^*] = \frac{(s_1^2/n_1 + s_2^2/n_2)^2}{s_1^4/n_1^2(n_1 - 1) + s_2^4/n_2^2(n_2 - 1)}$$

$[\nu^*]$ 는 ν^*를 넘지 않는 최대의 정수

⑤두 모집단의 분산을 모르고 동일하지 않은 경우($\sigma_1^2 \neq \sigma_2^2$, $n_1, n_2 \geq 30$)

두 모집단의 분산을 모르고 동일하지 않지만 두 표본이 대 표본($n_1, n_2 \geq 30$)이므로 중심극한 정리에 의해 표본의 통계량 분포는 표준정규분포에 근사 하므로 이를 검정통계량으로 사용 한다.

$$T(X) = \frac{(\overline{X} - \overline{Y}) - (\mu_1 - \mu_2)}{\sqrt{\dfrac{s_1^2}{n_1} + \dfrac{s_2^2}{n_2}}} \sim N(0, 1^2)$$

(3)기각역의 설정

분석의 목적에 적절한 5가지 유형의 검정통계량 분포에서 주어진 유의수준 하에서 대립가설의 영역(양측 , 단측)에 기각역을 설정 한다.

(4)검정통계량값의 계산

검정 유형별 적절한 검정통계량식이 정의 되면 이식에 표본에서 얻은 정보를 대입하여 검정통계량값을 계산 한다.

(5)검정 및 의사결정

검정통계량값이 기각역에 속하면 H_0를 기각하고, 그렇지 않으면 채택한다. 또한 검정결과에 대한 적절한 해석적 의미를 서술 한다

이상에서 살펴본 두 모집단 평균차이에 관한 검정의 5가지 유형에 관하여 실제 예제를 중심으로 분석하여 보기로 하자.

1. 두 모분산 σ_1^2과 σ_2^2을 알고 있는 경우의 모평균 차이 검정

이런 경우 모평균 차이에 대한 검정은 표본분포가 표본의 크기에 관계없이 정규분포에 따르므로 위 ①식 검정통계량 분포를 이용하여 검정 한다.

(예제 9-8)

두 기업에서 각각 A상표 나사와 B상표 나사를 생산하고 있다. 한국품질기술원에서 A상표 나사와 B상표 나사 중에서 독립적으로 각각 100개씩을 랜덤하게 추출하여 조사였더니 각 표본평균지름이 $\overline{X}=0.41$, $\overline{Y}=0.45(cm)$이었다. 조사 결과 두 상표 나사의 모평균지름에 차이가 있다고 주장한다. 이 주장을 유의수준 $\alpha=0.05$로 검정 하여라. 여기서 두 상표나사의 지름의 각 분포는 $N(\mu_1, \sigma_1^2)$과 $N(\mu_2, \sigma_2^2)$를 따르며 $\sigma_1^2=0.01^2$와 $\sigma_2^2=0.02^2$임이 알려져 있다고 가정하여라.

(풀 이)

(1) 가설의 설정: 두 상표 나사의 지름에 차이가 있는지를 알아보기 위한 검정이 므로 가설은 다음과 같이 설정한다.

$$H_0 : \mu_1 - \mu_2 = 0 \;,\; H_0 : \mu_1 = \mu_2$$
$$H_1 : \mu_1 - \mu_2 \neq 0 \;,\; H_1 : \mu_1 \neq \mu_2$$

(2) 검정통계량과 분포 : 두 정규모집단으로부터 추출된 독립표본분포는 각 모분산이 알려져 있는 모평균차에 대한 검정이므로 정규분포를 따른다. 따라서 검정통계량은

$$T(X) = \frac{(\overline{X}-\overline{Y})-(\mu_1-\mu_2)}{\sqrt{\dfrac{\sigma_1^2}{n_1}+\dfrac{\sigma_2^2}{n_2}}} = \frac{(0.41-0.45)-0}{\sqrt{\dfrac{0.01^2}{100}+\dfrac{0.02^2}{100}}} = -17.89$$

(3) 기각역의 설정 : 검정통계량의 분포가 정규분포에 따르므로 유의수준 $\alpha=0.05$에서 양쪽검정의 기각치 $Z_{0.05}=1.96$으로 다음 그림과 같이 기각역이 설정된다.

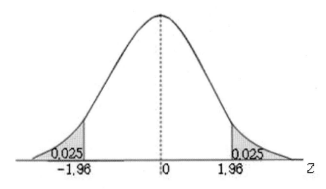

0.025   0.025

-1.96   0   1.96   Z

(4) 검정 및 의사결정 : $T(X) = -17.89 < -1.96$이므로 유의수준 $\alpha = 0.05$에서 H_0는 기각된다. 따라서 두 기업에서 생산된 두 상표 나사의 지름은 차이가 있다고 볼 수 있다.

2. 두 모집단의 분산을 모르지만 동일한 경우($\sigma_1^2 = \sigma_2^2 = \sigma^2$, $n_1 + n_2 < 30$)

두 모집단의 σ_1^2과 σ_2^2이 알려져 있지 않으나 같고($\sigma_1^2 = \sigma_2^2 = \sigma^2$), 두 모집단으로부터 랜덤하게 뽑은 표본이 작은 경우($n_1 + n_2 < 30$)두 모평균의 차에 대한 검정방법은 위 ②식 검정통계량 분포를 이용하여 검정 한다.

(예제 9-9)

한국 품질연수원의 품질혁신과정에 교육중인 연수생 중에서 이전에 통계학 과목을 수강했던 그룹과 그렇지 않은 그룹 간에 연수 성적에 차이가 있는지를 검정하고자 한다. 이를 위해 연수생들 중에서 독립적으로 각각 10명과 12명을 랜덤하게 선발하여 똑같은 시험을 실시하였다. 시험 실시 결과 통계학 과목을 수강했던 연수자의 연수 성적은 평균이 84점, 표준편차가 4점, 통계학 과목을 수강하지 않았던 연수자의 연수 성적은 평균이 78점, 표준편차가 5점 이었다. 통계학 수강 여부에 따라 연수 성적에 차이가 있는지를 유의수준 $\alpha = 0.05$로 검정하라. 여기서 두 그룹간의 연수 점수들의 각 분포는 $N(\mu_1, \sigma_1^2)$과 $N(\mu_2, \sigma_2^2)$을 따르며 $\sigma_1^2 = \sigma_2^2$이라고 가정 하여라.

(풀 이)

(1) 가설의 설정: 연수생들의 두 그룹간의 연수성적 차이가 있는
    지의 여부를 알아보기 위한 검정이므로 가설은 다음과 같이 설정한다.

$$H_0 : \mu_1 - \mu_2 = 0$$
$$H_1 : \mu_1 - \mu_2 \neq 0$$

(2) 검정통계량과 분포 : 두 정규모집단으로부터 추출된 두 독립표본의 분포는 모분산을 알려져 있지 않으나 동일하고 n_1, n_2가 각각 소표본 이므로 검정통계량은 $t(n_1 + n_2 - 2)$분포를 따르고 검정통계량은 다음과 같다.

$$T(X) = \frac{(\overline{X} - \overline{Y}) - (\mu_1 - \mu_2)}{s_P \sqrt{\dfrac{1}{n_1} + \dfrac{1}{n_2}}} = \frac{(84 - 78) - 0}{4.58 \sqrt{\dfrac{1}{10} + \dfrac{1}{12}}} = 3.06$$

$$s_P^2 = \frac{(n_1 - 1)s_1^2 + (n_2 - 1)s_2^2}{n_1 + n_2 - 2} = \frac{(9)(16) + (11)(25)}{10 + 12 - 2} = 20.95$$

(3) 기각역의 설정 : 검정통계량의 분포가 $t(n_1 + n_2 - 2)$분포를 따르므로 $t(20, 0.025) = 2.086$이다. 또한 양쪽검정이므로 기각역은 다음 그림과 같이 설정된다.

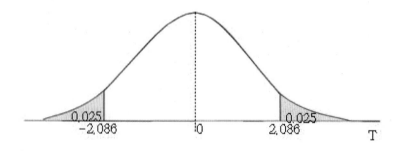

(4) 검정 및 의사결정 : 검정통계량 $T(X) = 3.06 > 2.086$이므로 H_0가 기각 된다. 따라서 "두 그룹 연수생 간의 연수 성적은 차이가 있다고 볼 수 있다."

3. 두 모집단의 분산을 모르지만 동일한 경우($\sigma_1^2 = \sigma_2^2 = \sigma^2$, $n_1, n_2 \geq 30$)

이 경우 두 표본의 크기가 크다면($n_1, n_2 \geq 30$)검정통계량의 분포는 표준정규분포에 근사하므로 위의 ③의 검정통계량을 이용하여 검정한다.

(예제 9-10)
서울과 지방 고등학생들 간의 영어성적이 차이가 있는지 알아보고자 한다. 이를 위해 서울지역 고등학생 중 64명과 지방에서 고등학교를 다니는 학생 중에서 49명을 랜덤하게 추출하여 동일한 영어 시험을 실시한 결과 서울의 고등학생은 평균이 86점, 표준편차가 6점, 그리고 지방의 고등학생은 평균이 82점, 표준편차가 8점으로 나타났다. 서울과 지방 고등학생들 간의 영어성적에 차이가 있는지를 유의수준 5%로 검정 하여라. 단, 모분산은 동일하다.

(풀 이)

(1) 가설의 설정

$$H_0 : \mu_1 - \mu_2 = 0$$
$$H_1 : \mu_1 - \mu_2 \neq 0$$

(2) 두 모집단의 분산은 모르지만 동일한 경우 이므로 두 표본의 자료를 가지고, 합동 추정한 표본분산(s_p^2)을 사용하여 검정통계량 $T(X)$를 구하면 다음과 같다.

$$n_1 = 64 \ , \ n_2 = 49$$
$$\overline{X} = 86 \ , \ \overline{Y} = 82 \ , \ \alpha = 0.05$$
$$s_1 = 6 \ , \ s_2 = 8$$

$$s_p^2 = \frac{(n_1 - 1)s_1^2 + (n_2 - 1)s_2^2}{n_1 + n_2 - 2} = \frac{(63)(36) + (48)(64)}{64 + 49 - 2} = 48.11$$

$$T(X) = \frac{(\overline{X} - \overline{Y}) - (\mu_1 - \mu_2)}{s_p \sqrt{\dfrac{1}{n_1} + \dfrac{1}{n_2}}} = \frac{(86 - 82) - 0}{6.94 \sqrt{\dfrac{1}{64} + \dfrac{1}{49}}} = 3.03$$

(3) 기각역의 설정 : 검정통계량의 분포가 표준정규분포에 근사하므로

기각역 $R : |Z| > z_{\frac{\alpha}{2}}$

$\alpha = 0.05$ 이므로 $z_{0.025} = 1.96$

(4) 검정 및 의사결정 : $T(X) = 3.03 > 1.96 = z_{0.025}$ 이므로 귀무가설을 기각 한다. 따라서 두 지역 고등학생들의 영어성적이 같다는 사실을 입증할 만한 아무런 근거가 없다.

4. 두 모집단의 분산을 모르고 동일하지 않은 경우($\sigma_1^2 \neq \sigma_2^2$, $n_1, n_2 < 30$)

두 정규모집단의 모분산 σ_1^2과 σ_2^2은 알려져 있지 않고 $\sigma_1^2 \neq \sigma_2^2$이고, 또한 소표본($n_1, n_2 < 30$)을 가지고 검정 하는 방법으로 Smith-Satterthwaite가 제안한 검정통계량인 위식 ④를 이용하여 검정한다.

(예제 9-11)

어떤 콘크리트 제품에서 수분함량에 따라 압축강도에 차이가 있는지를 알아보기 위하여 독립적으로 표본을 뽑아 조사한 결과 다음과 같은 자료를 얻었다.

	표본의크기	표본의 평균	표본표준편차
수분함량(20%)	12	54.7	3.6
수분함량(25%)	10	55.2	4.9

두 모분산이 $\sigma_1^2 \neq \sigma_2^2$일때 수분함량에 따라 평균압축강도에 차이가 있는지를 유의수준 $\alpha = 0.05$로 검정하여라

(풀 이)

(1) 가설의 설정: 수분함량에 따라 평균압축강도에 차이가 있는지에 대한 검정이므로 가설은 다음과 같이 설정한다.

$$H_0 : \mu_1 - \mu_2 = 0$$
$$H_1 : \mu_1 - \mu_2 \neq 0$$

(2) 검정통계량과 분포 : 두 모집단으로부터 추출된 독립표본의 분포는 모분산을 모르고 n_1, n_2가 각각 소표본이므로 검정통계량은 $T \sim t(\ [\nu^*]\ )$분포를 따른다. 따라서 검정통계량은 다음과 같다.

$$T(X) = \frac{(\overline{X} - \overline{Y}) - (\mu_1 - \mu_2)}{\sqrt{\dfrac{s_1^2}{n_1} + \dfrac{s_2^2}{n_2}}} = \frac{(54.7 - 55.2) - 0}{\sqrt{\dfrac{3.6^2}{12} + \dfrac{4.9^2}{10}}} = -0.56$$

$$[\nu^*] = \frac{\left[s_1^2/n_1 + s_2^2/n_2 \right]^2}{\dfrac{\left(s_1^2/n_1\right)^2}{n_1 - 1} + \dfrac{\left(s_2^2/n_2\right)^2}{n_2 - 1}} = \frac{\left[(3.6)^2/12 + (4.9)^2/10 \right]^2}{\dfrac{(3.6)^4/12^2}{(12-1)} + \dfrac{(4.9)^4/10^2}{(10-1)}} = [16.23] = 16$$

(3) 기각역의 설정 : 검정통계량의 분포가 자유도 $[\nu^*]$ 인 $t(\ [\nu^*]\ )$에 따르고 양쪽검정 이므로 기각치는 $t_{0.025}(16) = 2.120$으로 다음 그림과 같이 기각역을 설정한다.

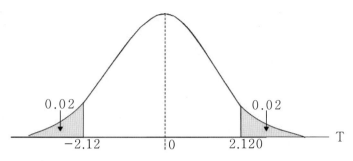

(4) 검정 및 의사결정 : 검정통계량 $|T(X)| = 0.56 < 2.120$이므로 H_0는 기각되지 않는다. 따라서 수분함량에 따라 콘크리트 제품의 평균압축강도에 차이가 있다고 볼 수 없다.

5. 두 모집단의 분산을 모르고 동일하지 않은 경우($\sigma_1^2 \neq \sigma_2^2$, $n_1, n_2 \geq 30$)

두 표본의 크기가 큰 경우 (보통 30보다 클 때)에는 표본의 크기가 적은 경우에 필요했던 가정들이 필요 없게 된다. 즉, 모집단의 분포에 관계없이 중심극한정리에 의해 $\overline{X} - \overline{Y}$ 는

$$T(X) = \frac{(\overline{X} - \overline{Y}) - (\mu_1 - \mu_2)}{\sqrt{\dfrac{s_1^2}{n_1} + \dfrac{s_2^2}{n_2}}} \sim N(0, 1)$$

근사적으로 표준정규분포를 따른다. 따라서 두 모집단의 분산을 모르고 동일하지 않은 경우, 위의 식 $T(X)$를 검정통계량의 분포로 검정 한다.

(예제 9-12)

두 지역 A , B에서 각각 50개의 과수원을 랜덤하게 선정하여 이들 과수원의 단위 면적당 사과 생산량을 조사하여 다음과 같은 결과를 얻었다.(단, $\sigma_1^2 \neq \sigma_2^2$)

	A 지역	B 지역
표 본 크 기	50개	50개
평균	546kg	538kg
표준편차	6kg	9kg

두 지역의 단위면적당 평균 사과생산량이 차이가 있는지를 유의수준 5%로 검정 하여라.

(풀 이)
(1) 가설의 설정

$$H_0 : \mu_1 - \mu_2 = 0$$
$$H_1 : \mu_1 - \mu_2 \neq 0$$

(2) 주어진 자료를 가지고 검정통계량 $T(X)$를 구하면 다음과 같다.

$$T(X) = \frac{(\overline{X} - \overline{Y}) - (\mu_1 - \mu_2)}{\sqrt{\dfrac{s_1^2}{n_1} + \dfrac{s_2^2}{n_2}}} = \frac{(546 - 538) - 0}{\sqrt{\dfrac{6^2}{50} + \dfrac{9^2}{50}}} = 5.23$$

(3) 기각역의 설정 : 검정통계량의 분포가 표준정규분포에 근사하므로

기각역 $R : |Z| > z$ 이므로
$\alpha = 0.05$ 일 때 $z_{0.025} = 1.96$

(4) 검정 및 의사결정 : $T(X) = 5.23 > 1.96 = z_{0.025}$ 이므로 유의수준 $\alpha = 0.05$ 에서 귀무가설을 기각 한다. 따라서 두 지역의 과수원에 단위면적당 평균사과 생산량에 차이가 있다고 할 수 있다.

9.6. 대응 표본의 모평균에 대한 검정

앞 절에서 우리는 두 집단으로부터의 독립적인 표본에 의해 두 모평균의 차이에 대한 검정에 대하여 알아보았다. 그러나 경우에 따라서는 두 모집단의 평균에 차이가 있는가를 검정하는데 있어서 대응표본(matched sample) 또는 쌍체표본(pairwises sample)을 이용하여 검정하는 것이 바람직할 수 있다. 예를 들어 소비자 단체에서는 자동차 정비업체마다 차량정비요금이 다르다고 한다. 이를 위해 2개의 정비업체를 랜덤하게 선정하여 수리를 요하는 자동차 16대를 두 정비업체에 의뢰하여 수리비에 대한 견적을 알아본 결과 두 정비 업체에 따라 견적에 차이가 발생 하였다. 이처럼 동일한 대상에 대하여 서로 다른 견적 차이가 있는 경우 대응표본을 이용하여 두 정비업체의 수리비용에 차이가 있는지를 검정 할 수 있다.

따라서 대응 표본이란 8장에서 살펴본 바와 같이 동일한 대상물에 두 가지 다른 처리를 하여 표본 내에서 하나의 쌍을 이루는 두 관찰값은 서로 독립이 아니지만 각 쌍 은 서로 독립인경우 이들을 표본으로 하여 서로 다른 처리에 차이가 있는지를 검정 할 수 있다.

n개의 대응 표본 관찰값이 [표9-3]과 같이 주어져 있다고 할 때, 각 쌍에

서 두 값의 차이 $D_i = X_i - Y_i$, $i = 1, 2, \cdots, n$을 구할 수 있다.

위와 같이 관찰된 짝진 표본에 의한 두 집단의 모평균의 차이에 대한 검정은 각각의 쌍으로부터 $D_1, D_2, \cdots, D_n$을 구한 후 이들 확률표본의 통계량을 가지고 검정하고, 구체적인 검정과정은 다음과 같다.

[표9-3] 짝진표본의 관찰값

쌍번호	1	2	3	4	$\cdots$	n
X(처리1)	X_1	X_2	X_3	X_4	$\cdots$	X_n
Y(처리2)	Y_1	Y_2	Y_3	Y_4	$\cdots$	Y_n
D	D_1	D_2	D_3	D_4	$\cdots$	D_n

(1) 가설의 설정

확률변수 X, Y, D로 표현되는 세 집단의 모평균을 각각 μ_1, μ_2, μ_D 라고 할 때, X와 Y집단의 모평균의 차이에 대한 검정은 $D = X - Y$ 이고, $\mu_D = \mu_1 - \mu_2$ 이므로 아래 관계식이 성립 한다.

$$\mu_1 = \mu_2 \text{는 } \mu_D = 0$$
$$\mu_1 \neq \mu_2 \text{는 } \mu_D \neq 0 \text{와}$$
$$\mu_1 > \mu_2 \text{는 } \mu_D > 0 \text{와}$$
$$\mu_1 < \mu_2 \text{는 } \mu_D < 0 \text{와}$$

따라서 대응 표본에 의한 두 집단의 모평균의 동일성에 대한 검정에서 가설은 다음과 같이 설정된다.

$$H_0 : \mu_D = 0$$
$$H_1 : \mu_D \neq 0, \ H_1 : \mu_D > 0, \ H_1 : \mu_D < 0$$

(2) 검정통계량과 분포

표본 관찰로부터 구한 $D_1, D_2, \cdots, D_n$의 표본평균과 표본분산은

$$\overline{D} = \frac{1}{n} \sum_{i=1}^{n} D_i$$

$$s_D^2 = \frac{1}{n-1} \sum_{i=1}^{n} (D_i - \overline{D})^2$$

이다. 검정통계량과 그 분포는 단일모평균에 대한 검정과 동일하므로 검정통계량은

$$T(X) = \frac{\overline{D} - \mu_D}{s_D / \sqrt{n}}$$

이 통계량은 자유도가 $n-1$인 $t-$분포를 따른다. 귀무가설 $(\mu_D = 0)$하에서 검정통계량의 값은

$$T(X) = \frac{\overline{D}}{s_D / \sqrt{n}}$$

이며, 검정과정에서 이 값의 분포는 표본 쌍의 수 n에 따라 다음과 같다.

(a) $n > 30$인 경우

$$T(X) = \frac{\overline{D}}{s_D / \sqrt{n}} \sim N(0, 1)$$

(b) $n < 30$인 경우

$$T(X) = \frac{\overline{D}}{s_D / \sqrt{n}} \sim t(n-1)$$

(3) 기각역의 설정

검정통계량 $T(X)$의 분포에서 가설의 종류(단측검정 또는 양측검정)와 유의수준 α에 의하여 기각역을 설정한다.

(4) 검정통계량값의 계산

검정통계량 $T(X)$의 값을 구한다.

(5) 검정 및 의사결정

검정통계의 값 $T(X)$가 기각역에 속하면 귀무가설을 기각하고, 기각역에 속하지 않으면 귀무가설을 채택한다. 또한 검정결과에 대한 적절한 해석적 의미를 서술한다

(예제 9-13)

두 종류의 타이어(A, B)의 성능을 비교하기 위하여 5대의 자동차를 임의로 선정하여 각 자동차의 뒷바퀴에 한 쪽에는 A타이어를 그리고 다른 한 쪽에는 B타이어를 끼우고 500km를 주행한 뒤에 타이어의 마모상태를 조사한 결과가 [표 9-4]에 주어져 있다. 두 타이어의 마모율에 차이가 있는가를 유의수준 5%로 검정하라.

[표 9-4] 두 타이어의 마모율

자동차	타 이 어 A	타 이 어 B	$D = A - B$
1	10.6	10.2	0.4
2	9.4	9.8	-0.4
3	12.3	11.8	0.5
4	9.7	9.1	0.6
5	8.3	8.8	-0.5

(풀 이)

(1) 가설의 설정 : 두 타이어의 마모율이 동일한가에 대한 검정이므로 A, B, D의 모평균을 각각 μ_A, μ_B, μ_D 라고 할 때 H_0 와 H_1은

$$H_0 : \mu_D = 0 \ (\text{즉} \ \mu_A = \mu_B)$$
$$H_1 : \mu_D \neq 0 \ (\text{즉} \ \mu_A \neq \mu_B)$$

(2) 검정통계량과 분포 : [표 9-4]의 자료에 의하여 D의 표본평균과 표본분산은 각각

$$\overline{D} = 0.12 \ , \ s_D = 0.5263$$

이므로 귀무가설($\mu_D = 0$)하에서의 검정통계량의 값은

$$T(X) = \frac{\overline{D}}{s_D / \sqrt{n}} = \frac{0.12}{0.5263 / \sqrt{5}} = 0.510$$

(3) 기각역의 설정 : 쌍의 크기 $n = 5 \leq 30$이므로 $T(X)$는 자유도가 $n - 1 = 4$인 t−분포를 따르므로 기각치값은 $t_{0.025}(4) = 2.78$이고 기각역은 아래 그림과 같다.

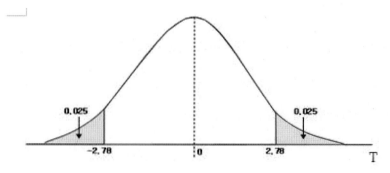

(4) 검정 및 의사결정 : 검정통계량값의 값 $T(X) = 0.510$은 기각역에 속하지 않으므로 귀무가설은 기각되지 않는다. 즉 5% 유의수준 하에서 두 타이어의 성능은 동일하다고 볼 수 있다.

(예제 9-14)

　8명의 사람이 6개월 동안 다이어트 프로그램에 참가하였는데, 처음 시작할 때와 6개월 후 다이어트 프로그램이 끝났을 때 측정한 체중이 각각 [표 9-5]와 같다. 다이어트 프로그램이 체중을 줄이는 효과가 있는지를 5% 유의수준으로 검정하여라

[표 9-5] 다이어트 프로그램 전과 후의 체중

사 람	처음 체중(A)	6개월 후 체중(B)	$D = A - B$
1	110	95	15
2	95	91	4
3	87	85	2
4	105	98	7
5	70	68	2
6	123	110	13
7	77	74	3
8	99	95	4

(풀 이)

(1) 가설의 설정 : 다이어트 프로그램이 끝난 후에 체중이 줄었는지의
　　여부에 관심이 있으므로 H_0와 H_1은 다음과 같이 설정한다.

$$H_0 : \mu_D = 0 \; (\mu_A = \mu_B)$$
$$H_1 : \mu_D > 0 \; (\mu_A > \mu_B)$$

(2) 검정통계량의 분포 : [표 9-5]의 자료에 의하여 D의 표본평균과 표본분산은

$$\overline{D} = 6.25 \;\; , \;\; s_D = 5.063$$

　　이므로 귀무가설 $(\mu_D = 0)$하에서의 검정통계량의 값은

$$T(X) = \frac{\overline{D}}{s_D / \sqrt{n}} = \frac{6.25}{5.063 / \sqrt{8}} = 3.491$$

(3) 기각역의 설정 : $n = 8 \leq 30$이므로 $T(X)$는 자유도가 $n - 1 = 7$인 $t-$분포를
　　따르므로 기각치값은 $t_{0.05}(7) = 1.895$이고 기각역은 아래 그림과 같다.

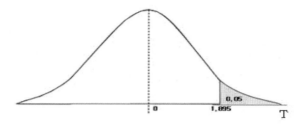

(4) 검정 및 의사결정: 검정통계량의 값 $T(X) = 3.491$이 기각역에 속하므로 귀무가설은 기각 된다. 즉 다이어트 프로그램이 체중을 줄이는 효과가 있다고 볼 수 있다.

9.7 모비율에 대한 검정

모집단의 특성이 비율 p인 경우 이 비율에 대한 검정을 실시할 수 있다. 예를 들면 "우리나라 실업률은 얼마인가?", "국회의원 보궐 선거에서 투표율이 50% 이상이 될 것인가?" , "우리나라 성인들의 안경 착용률은 얼마인가?" 등 많은 경우에 있어서 모집단의 비율에 대한 검정을 생각할 수 있다. 이와 같이 모비율 p에 대한 검정에서 기본적으로 전제가 되는 확률분포는 이항분포이며 검정의 과정은 μ에 대한 검정과 동일하다.

1. 단일 모비율 p에 대한 검정

하나의 모집단에서 모비율 p가 특정값과 같은가에 대한 검정은 단일모평균 μ에 대한 검정과정과 동일하다고 할 수 있다. 차이점은 단일 모평균 μ에 대한 검정은 모분산 σ^2을 모를 때 표본의 크기 n에 의하여 표준정규분포 $N(0, 1)$ 또는 자유도가 $n-1$인 $t-$분포를 이용하여 검정하는데 비하여 모비율 p에 대한 검정은 표본의 크기가 크고, $np > 5, n(1-p) > 5$인 경우가 대부분이므로 표준정규분포를 이용하여 검정을 실시한다.

모집단의 비율 p가 특정값 p_0와 같은가에 대한 검정에서 모비율을 p라고 할 때 검정과정은 다음과 같이 설명할 수 있다.

(1) 가설의 설정
검정하고자 하는 목적에 따라 가설을 다음과 같이 설정한다.

$$H_0 : p = p_0$$
$$H_1 : p \neq p_0 \,,\, H_1 : p > p_0 \,,\, H_1 : p < p_0$$

(2) 검정통계량과 분포

표본비율 $\hat{p}$는 근사적으로 평균 p와 분산 $\dfrac{p(1-p)}{n}$를 갖는 정규분포를 따르므로

$$\hat{p} \sim N\!\left(p,\ \frac{p(1-p)}{n}\right)$$

검정통계량은

$$T(X) = \frac{\hat{p}-p}{\sqrt{\dfrac{p(1-p)}{n}}} \sim N(0,\,1)$$

따라서 귀무가설 $(p = p_0)$하에서 검정통계량의 값은

$$T(X) = \frac{\hat{p}-p_0}{\sqrt{\dfrac{p_0(1-p_0)}{n}}} \sim N(0,\,1)$$

이며, $T(X)$는 근사적으로 표준정규분포 $N(0,\,1)$을 따른다.

(3) 기각역의 설정

검정통계량 $T(X)$가 $N(0,\,1)$을 따르므로 표준정규분포에서 유의수준 α와 검정의 종류(양측, 단측)에 따라 기각역을 설정한다.

(4) 검정통계량 값의 계산

주어진 표본의 자료를 가지고 검정통계량값 $T(X)$를 계산 한다.

(5) 검정 및 의사결정

$T(X)$값이 기각역에 속하면 H_0를 기각하고 기각역에 속하지 않으면 H_0를 채택한다. 또한 검정결과에 대한 적절한 해석적 의미를 서술 한다.

단일모집단의 특성의 비율 p에 대한 검정에서 n개의 표본을 관찰한 결과 모집단의 특성을 만족하는 경우가 X개라고 할 때 모비율 p특정값 p_0과 같은가에 대한 검정과정은 다음과 같다.

① 가설의 설정

(a) 양측검정 : $H_0 : p = p_0$, $H_1 : p \neq p_0$

(b) 단측검정 : $H_0 : p \leq p_0$ (또는 $p \geq p_0$), $H_1 : p > p_0$ (또는 $p < p_0$)

② 귀무가설 하에서의 검정통계량의 값과 분포 $\hat{p} = \dfrac{X}{n}$라고 할 때, 귀무가설에서 검정통계량 값은

$$T(X) = \frac{\hat{p} - p_0}{\sqrt{\dfrac{p_0(1-p_0)}{n}}}$$

이고 $T(X)$는 근사적으로 표준정규분포 $N(0, 1)$을 따른다.

③ 기각역의 설정

검정의 종류 (단측검정 또는 단측양측)와 유의수준 α에 따라 기각역을 설정한다.

④ 검정 및 의사결정

$T(X)$가 기각역에 속하면 H_0를 기각하고 기각역에 속하지 않으면 H_0를 채택한다 .또한 검정결과에 대한 적절한 해석적 의미를 서술 한다.

(예제 9-15)

(주)그린전기의 전구 제품 불량률이 5% 미만이라고 주장한다. 주장이 사실인가를 알아보기 위하여 (주)그린전기의 전구 300개를 임의로 선택하여 조사한 결과 10개가 불량품이었다. 회사의 주장이 타당하다고 볼 수 있는가를 유의수준 5%로 검정 하라.

(풀 이)

(1) 가설의 설정 : 모비율 p가 0.05 이하인 경우에 관심이 있으므로 H_0와 H_1은 각각 다음과 같이 설정한다.

$$H_0 : p \geq 0.05$$
$$H_1 : p < 0.05$$

(2) 검정통계량의 분포 : 모비율 p의 추정량인 $\hat{p}$의 값은

$$\hat{p} = \frac{10}{300} = \frac{1}{30} = 0.033$$

이므로 귀무가설하에서의 검정통계량의 값은

$$T(X) = \frac{\hat{p} - p_0}{\sqrt{\dfrac{p_0(1-p_0)}{n}}} = \frac{0.033 - 0.05}{\sqrt{\dfrac{0.05 \times 0.95}{300}}} = -1.35$$

(3) 기각역의 설정 : $T(X)$는 근사적으로 $N(0, 1)$을 따지므로 기각치 값은 왼쪽단측검정이므로 $z_{0.05} = 1.645$이고 기각역은 아래 그림과 같다.

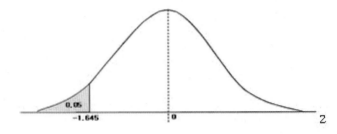

(4) 검정 : 검정통계량값 $T(X) = -1.35$가 기각역에 속하지 않으므로 귀무가설은 기각되지 않는다. 즉 위에 주어진 표본 관측결과에 의할 때 이 회사제품의 불량률이 5% 이하라고 할 수 없다.

(예제 9-16)

최근에 한 조사기관에서는 대학졸업자 중에서 약 20%가 자신의 전공과 관계없는 직장에 입사한다고 발표하였다. 이 발표가 사실인가를 알아보기 위하여 400명의 대졸 취업자를 임의로 선발하여 조사한 결과 100명이 전공과 관련이 없는 직장에서 일하고 있음을 알 수 있었다. 조사기관의 발표가 타당한가를 5% 유의수준 으로 검정 하여라.

(풀 이)

(1) 가설의 설정 : 모비율 p가 20%인가 또는 그와 상당히 다른가에 대하여 관심이 있으므로 H_0와 H_1은 각각 다음과 같이 설정한다.

$$H_0 : p = 0.20$$

$$H_1 : p \neq 0.20$$

(2) 검정통계량과 분포 : 표본비율 $\hat{p}$는

$$\hat{p} = \frac{100}{400} = \frac{1}{4} = 0.25$$

이므로 귀무가설 $(p = 0.20)$하에서의 검정통계량의 값은

$$T(X) = \frac{\hat{p} - p_0}{\sqrt{\dfrac{p_0(1 - p_0)}{n}}} = \frac{0.25 - 0.20}{\sqrt{\dfrac{0.20 \times 0.8}{400}}} = 2.5$$

(3) 기각역의 설정 : $T(X)$는 근사적으로 $N(0, 1)$을 따르고 기각치 값은 $z_{0.025} = 1.96$이므로 기각역은 아래 그림과 같다.

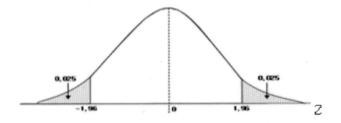

(4) 검정 및 의사결정: 귀무가설 하에서 검정통계량의 값 $T(X) = 2.5$가 기각역에 속하므로 귀무가설은 기각된다. 따라서 검정 결과 대졸자의 20%가 자신의 전공과 관련이 없는 직장에 입사한다고 발표한 사실을 입증할 만한 아무런 근거가 없다.

즉 위의 표본관측결과를 토대로 판단 할 때 대학졸업생 중에서 20%가 자기 전공과 관련이 없는 직장에 취직한다는 주장을 받아들일 수 없다.

2. 두 모비율의 차이에 대한 검정

두 모집단의 모비율 p_1과 p_2의 차이에 대한 검정은 두 모집단의 모평균 μ_1과 μ_2의 차이에 대한 검정과 유사하다. 즉 집단 1과 집단 2의 특성 비율이며 각 집단의 모비율이 각각 p_1과 p_2라고 할 때, 각 집단에서 각각 크기 n_1과 n_2인 표본을 임의로 추출하여 조사한 결과 특성을 만족하는 표본의 수가 X, Y라고 하면 모비율 p_1과 p_2의 추정량을 각각 $\hat{p_1}$과 $\hat{p_2}$라고 할 때 $\hat{p_1} = \dfrac{X}{n_1}$, $\hat{p_2} = \dfrac{X}{n_2}$이다. $\hat{p_1}$과 $\hat{p_2}$는 서로 독립이며 근사적으로

$$\hat{p_1} \sim N\left(p_1, \frac{p_1(1-p_1)}{n_1}\right)$$

$$\hat{p_2} \sim N\left(p_2, \frac{p_2(1-p_2)}{n_2}\right)$$

임을 알 수 있다. $\hat{p_1}$과 $\hat{p_2}$의 분포가 서로 독립이므로 표본비율의 차 $\hat{p_1}-\hat{p_2}$의 평균과 분산은

$$E(\hat{p_1}-\hat{p_2}) = p_1 - p_2$$

$$V(\hat{p_1}-\hat{p_2}) = \frac{p_1(1-p_1)}{n_1} + \frac{p_2(1-p_2)}{n_2}$$

이로부터 $\hat{p_1}-\hat{p_2}$는 $p_1 - p_2$에 대한 불편추정량이고 분산에 대한 추정량은 p_1, p_2를 각각 $\hat{p_1}, \hat{p_2}$으로 추정하여 얻을 수 있다. 표본의 크기 n_1, n_2가 큰 경우 $\hat{p_1}-\hat{p_2}$은 정규분포를 따른다.

$$\hat{p_1}-\hat{p_2} \sim N\left(p_1 - p_2, \frac{p_1(1-p_1)}{n_1} + \frac{p_2(1-p_2)}{n_2}\right)$$

즉, 표본의 크기가 큰 경우 정규분포에 따르는 $\hat{p_1}-\hat{p_2}$분포를 표준화하면

$$Z = \frac{(\hat{p_1}-\hat{p_2}) - (p_1 - p_2)}{\sqrt{\dfrac{p_1(1-p_1)}{n_1} + \dfrac{p_2(1-p_2)}{n_2}}}$$

임을 알 수 있다. 위의 분포를 이용하여 두 모비율 p_1과 p_2의 동일성에 대한 검정을 실시할 수 있는데 검정과정은 다음과 같다.

(1) 가설의 설정

두 모비율 p_1과 p_2의 동일성에 대한 검정이므로 검정의 목적에 따라 H_0와 H_1은 각각 다음과 같이 설정될 수 있다.

$$H_0 : p_1 = p_2$$

$$H_1 : p_1 \neq p_2,\ H_1 : p_1 > p_2,\ H_1 : p_1 < p_2$$

(2) 검정통계량과 분포

두 모비율의 추정량을 각각 p_1과 p_2라고 할 때, 검정통계량은

$$T(X) = \frac{(\hat{p_1}-\hat{p_2}) - (p_1 - p_2)}{\sqrt{\dfrac{p_1(1-p_1)}{n_1} + \dfrac{p_2(1-p_2)}{n_2}}}$$

이며, $T(X) \sim N(0, 1)$이다. 따라서 귀무가설 $(p_1 = p_2)$하에서의 검정통계량의 값은 다음과 같이 구한다. 귀무가설 하에서 $p_1 = p_2$이므로 분자의

$p_1 - p_2 = 0$이다. $p_1 = p_2 = p$라고 할 때, p의 추정량은

$$\hat{p} = \frac{X + Y}{n_1 + n_2}$$

이며 이 값을 $T(X)$의 분모에 대입하면

$$T(X) = \frac{\hat{p_1} - \hat{p_2}}{\sqrt{\hat{p}(1 - \hat{p})\left(\dfrac{1}{n_1} + \dfrac{1}{n_2}\right)}}$$

(3) 기각역의 설정

　귀무가설 하에서의 검정통계량과 $T(X)$가 표준정규분포를 따르므로 $N(0, 1)$에서 유의수준 α의 크기와 검정의 종류 (단측검정 또는 양측검정)에 따라서 기각역을 설정한다.

(4) 검정통계량값의 계산

　주어진 표본의 자료를 가지고 검정통계량값 $T(X)$를 계산 한다.

(5) 검정 및 의사결정

　$T(X)$값이 기각역에 속하면 H_0를 기각하고 기각역에 속하지 않으면 H_0를 채택한다. 또한 검정결과에 대한 적절한 해석적 의미를 서술 한다.

두 모비율의 동일성에 대한 검정

① 가설의 설정

　(a) 양측검정 : $H_0 : p_1 = p_2$, $H_1 : p_1 \neq p_2$

　(b) 단측검정 : $H_0 : p_1 \leq p_2$ (또는 $p_1 \geq p_2$), $H_1 : p_1 > p_2$ (또는 $p_1 < p_2$)

② 검정통계량과 분포

$$\hat{p_1} = \frac{X}{n_1}, \ \hat{p_2} = \frac{Y}{n_2}, \ \hat{p} = \frac{X + Y}{n_1 + n_2}$$

라고 할 때, 귀무가설 하에서의 검정통계량의 값 $T(X)$는

$$T(X) = \frac{\hat{p_1} - \hat{p_2}}{\sqrt{\hat{p}(1 - \hat{p})\left(\dfrac{1}{n_1} + \dfrac{1}{n_2}\right)}}$$

이고 $T(X) \sim N(0, 1)$이다.

③ 기각역의 설정

　검정의 종류 (단측검정 또는 양측검정)와 유의수준 α에 따라 $N(0,1)$에서 기각역을 설정한다.

④ 검정 및 의사결정

　$T(X)$가 기각역에 속하면 H_0를 기각하고 기각역에 속하지 않으면 H_0를 채택한다. 또한 검정결과에 대한 적절한 해석적 의미를 서술 한다.

(예제 9-17)

  (주)미래기계에서 두 대의 기계 I, II가 동일한 제품을 생산한다. 두 기계에서 생산된 제품의 불량률이 차이가 있는지를 알아보기 위하여 각각의 기계로부터 생산된 제품 중에서 임으로 500개씩을 추출하여 조사한 결과 I 기계의 생산품 중에서는 30개의 불량품이 관측되었고 II기계의 생산품에서는 50개의 불량품이 관측되었다. 두 기계의 불량률이 차이가 있는지를 유의수준 5%로 검정 하여라.

(풀 이)

  (1) 가설의 설정 : 기계 I 의 불량률 p_1, 기계 II의 불량률 p_2라고 할 때 두 기계의 불량률이 차이가 있는가에 대한 검정이므로 H_0와 H_1은 각각 다음과 같이 설정할 수 있다.

$$H_0 : p_1 = p_2$$
$$H_1 : p_1 \neq p_2$$

  (2) 검정통계량과 분포 : 두 기계의 불량품의 추정량 $\hat{p_1}$와 $\hat{p_2}$는 각각 표본관측 결과에 의하여

$$\hat{p_1} = \frac{X}{n_1} = \frac{30}{500} = 0.06$$

$$\hat{p_2} = \frac{Y}{n_2} = \frac{50}{500} = 0.10$$

임을 할 수 있으며 표본전체의 불량률 $\hat{p}$는

$$\hat{p} = \frac{X+Y}{n_1+n_2} = \frac{30+50}{500+500} = \frac{80}{1000} = 0.08$$

이다. 따라서 귀무가설 $(p_1 = p_2)$하에서 검정통계량의 값 $T(X)$는

$$T(X) = \frac{\hat{p_1} - \hat{p_2}}{\sqrt{\hat{p}(1-\hat{p})\left(\dfrac{1}{n_1} + \dfrac{1}{n_2}\right)}} = \frac{0.06 - 0.10}{\sqrt{0.08 \times 0.92\left(\dfrac{1}{500} + \dfrac{1}{500}\right)}}$$

$$= \frac{-0.04}{0.0172} = -2.3256$$

이며 $T(X) \sim N(0, 1^2)$을 따른다.

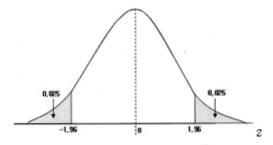

(3) 기각역의 설정 : 유의수준 $\alpha = 0.05$하에서 양측검정으로 표준정규분포의 기각역은 양쪽의 빗금친 부분과 같다.

(4) 검정 및 의사결정 : $T(X) = -2.3256$가 기각역에 속하므로 귀무가설을 기각한다. 즉 검정 결과 두 기계의 불량률은 동일하다고 할 수 없다.

9.8 단일 모집단의 모분산에 대한 검정

단일 정규모집단의 모분산 σ^2에 대한 검정은 모분산 σ^2이 어떤 특정값 σ_0^2과 같은가에 대한 검정이라고 할 수 있다. 예를 들면 시중에 판매되는 저울은 동일한 무게를 반복하여 측정할 때 발생되는 오차의 허용한계가 정해져 있다. 시중에 판매되는 저울이 합격품이 되기 위해서는 반복측정의 분산이 특정값 σ_0^2보다 작아야 된다고 할 때 반복측정의 결과에 의하여 $\sigma^2 = \sigma_0^2$에 대한 $\sigma^2 < \sigma_0^2$의 검정을 실시할 수 있다. 이와 같은 단일 집단의 모분산에 대한 검정의 검정통계량은 표본분산 s^2을 이용한다. 표본분산 s^2을

$$s^2 = \frac{1}{n-1} \sum_{i=1}^{n} (X_i - \overline{X})^2$$

이라고 할 때 7.3절에서 $\frac{(n-1)s^2}{\sigma^2}$은 자유도가 $n-1$인 $\chi^2 -$분포를 따른다는 사실을 설명하였다. 모분산 σ^2에 대한 검정은 검정통계량이 표본분산 s^2이며, 이 검정통계량이 $\chi^2 -$분포를 따른다는 것을 제외하고는 단일모평균 μ에 대한 검정과 동일하며, 각 검정과정을 설명하면 다음과 같다.

(1) 가설의 설정

검정의 목적에 따라서 H_0와 H_1은 각각 다음과 같이 설정할 수 있다.

$$H_0 : \sigma^2 = \sigma_0^2 , \; H_0 : \sigma^2 \geq \sigma_0^2 , \; H_0 : \sigma^2 \leq \sigma^{2_0}$$

$$H_1 : \sigma^2 \neq \sigma_0^2 \; , \; H_1 : \sigma^2 < \sigma_0^2 \; , \; H_1 : \sigma^2 > \sigma_0^2$$

(2) 검정통계량과 분포

s^2을 n개의 표본 $(X_1, \cdots, X_n)$으로부터 구한 표본분산이라고 할 때,

$$\frac{(n-1)s^2}{\sigma^2} \sim \chi^2(n-1)$$

이다. 따라서 귀무가설 $(\sigma^2 = \sigma_0^2)$하에서의 검정통계량의 값 $T(X)$는

$$T(X) = \frac{(n-1)s^2}{\sigma^2}$$

이며, $T(X) \sim \chi^2(n-1)$이다.

(3) 기각역의 설정

검정의 종류 (단측검정 또는 양측검정)와 유의수준 α의 크기에 따라서 [부록5] 을 이용하여 기각역을 설정한다.

(4) 검정통계량값의 계산

주어진 표본의 자료를 가지고 검정통계량값 $T(X)$를 계산 한다.

(5) 검정 및 의사결정

$T(X)$값이 기각역에 속하면 H_0를 기각하고 기각역에 속하지 않으면 H_0를 채택한다. 또한 검정결과에 대한 적절한 해석적 의미를 서술 한다.

단일모집단의 모분산 σ^2에 대한 검정

① 가설의 설정

(a) 양측검정 : $H_0 : \sigma^2 = \sigma_0^2$, $\sigma^2 \neq \sigma_0^2$

(b) 단측검정 : $H_0 : \sigma^2 = \sigma_0^2$, $\sigma^2 > \sigma_0^2$, $\sigma^2 < \sigma_0^2$

② 검정통계량과 분포

$$T(X) = \frac{(n-1)S^2}{\sigma^2} \sim \chi^2(n-1)$$

③ 기각역의 설정

$\chi^2(n-1)$에서 검정의 종류 (단측검정 또는 양측검정)와 유의수준 α에 따라 기각역을 설정한다.

④ 검정 및 의사결정

$T(X)$가 기각역에 속하면 귀무가설을 기각하고 $T(X)$가 채택역에 속하면 H_0를 채택한다. 또한 검정결과에 대한 적절한 해석적 의미를 서술 한다.

(예제 9-18)

병에 자동으로 음료수를 채우는 시스템에서 채워지는 음료수 양의 분산이 1g 미만이어야만 시스템이 안정적이라고 할 수 있다. 품질관리 책임자가 음료수병 10개를 임의로 추출하여 음료수의 양을 측정한 결과 표본분산 $s^2 = 0.16$이었다. 이 시스템의 분산이 1g 미만인가를 유의수준 5% 하에서 검정 하여라.

(풀 이)

(1) 가설의 설정 : 관심은 모분산 σ^2의 값이 1g 미만인가 이므로 H_0와

H_1은 각각 다음과 같이 설정할 수 있다.

$$H_0 : \sigma^2 \geq 1$$

$$H_1 : \sigma^2 < 1$$

(2) 검정통계량과 분포 : $n = 10$에 근거한 표본분산이 $s^2 = 0.16$g 이므로,

귀무가설 $\sigma^2 = 1$g 하에서의 검정통계량의 값은

$$T(X) = \frac{(n-1)s^2}{\sigma^2} = \frac{9 \times 0.16}{1} = 1.44$$

이며, $T(X)$는 자유도 $n - 1 = 9$인 $\chi^2 -$분포를 따른다.

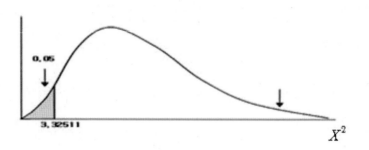

(3) 기각역의 설정 : [부록 5] 에서 $d.f. = 9$일 때 $\chi^2_{0.95}(9) = 3.32511$

이므로, 유의수준 $\alpha = 0.05$일 때 왼쪽 단측 검정의 기각역은 위의 그림의 빗금친 부분과 같다.

(4) 검정 : $T(X) = 1.44$는 기각역에 속하므로 귀무가설은 기각된다. 즉 위의 검정결과 유의수준 5%에서 자동 병주입 시스템의 분산은 1g 미만이라고 할 수 있다.

(예제 9-19)

유리병 뚜껑의 지름은 표준편차가 $0.6mm$이하이어야만 유리병에 맞는다. 15개의 뚜껑을 임의로 조사한 결과 표준편차가 $0.65mm$이었다. 이 자료에 의하면 병뚜껑 지름의 표준편차가 0.6 보다 크다고 판단할 수 있는지 유의수준 1% 로 검정하라.

(풀 이)

(1) 가설의 설정 : 모분산 σ^2이 $0.6^2 = 0.36$ 보다 큰가 또는 그렇지 않은가를 검정하고자 하므로 H_0와 H_1은 각각 다음과 같이 설정할 수 있다.

$$H_0 : \sigma^2 = 0.36$$

$$H_1 : \sigma^2 > 0.36$$

(2) 검정통계량과 분포 : $n = 15$에 근거한 표본분산이 $s^2 = 0.65^2 = 0.4225$ 이므로, 귀무가설 하에서의 검정통계량의 값은

$$T(X) = \frac{(n-1)s^2}{\sigma^2} = \frac{14 \times 0.4225}{0.36} = 16.43$$

이며, $T(X)$는 자유도 $n - 1 = 14$인 $\chi^2 -$분포를 따른다.

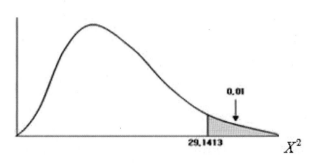

(3) 기각역의 설정 : [부록 5] 에서 $d.f. = 14$일 때 $\chi^2_{0.01}(14) = 29.1413$

이므로, 유의수준 $\alpha = 0.01$일 때 오른쪽 단측 검정의 기각역은 위의 그림의

빗금친 부분과 같다.

(4) 검정 및 의사결정 : $T(X) = 16.43$는 기각역에 속하지 않으므로 귀무가설은

기각되지 않는다. 즉 검정결과 1% 유의수준 하에서 뚜껑 지름의 표준편차

가 $0.6mm$보다 크다고 볼 수 없다.

9.9 두 모집단의 모분산 차이에 대한 검정

두 모평균의 동일성 $(\mu_1 = \mu_2)$에 대한 검정에서 두 집단의 모분산이 동일
한 경우 $(\sigma_1^2 = \sigma_2^2)$와 동일하지 않은 경우 $(\sigma_1^2 \neq \sigma_2^2)$ 검정통계량의 형태가
서로 다름을 알 수 있다. 즉 두 모분산의 동일성 $(\sigma_1^2 = \sigma_2^2)$에 대한 검정은
두 모평균의 동일성에 대한 검정에 앞서 실시하여야 한다. 뿐만 아니라
다른 경우, 즉 두 생산 공정의 안정성 비교라든가 또는 두 교수의 채점에
있어서의 변이도를 비교하는 경우 등 모분산의 동일성에 대한 검정은 다
양하게 이용될 수 있다.

두 모분산의 동일성 $(\sigma_1^2 = \sigma_2^2)$에 대한 검정은 두 표본분산에 의하여 정의
된 확률변수 F의 분포가

$$F = \frac{\dfrac{S_1^2}{\sigma_1^2}}{\dfrac{S_2^2}{\sigma_2^2}} = \frac{\sigma_2^2}{\sigma_1^2} \times \frac{S_1^2}{S_2^2} \sim F(n_1 - 1, n_2 - 1)$$

와 같이 $F(n_1 - 1, n_2 - 1)$을 따른다는 사실을 이용하는 것 이외에는 다른

경우에 대한 검정과정과 유사하고, 검정과정은 다음과 같다.

(1) 가설의 설정

H_0와 H_1은 각각 다음과 같이 설정할 수 있다.

$H_0 : \sigma_1^2 = \sigma_2^2$, $H_0 : \sigma_1^2 \geq \sigma_2^2$, $H_0 : \sigma_1^2 \leq \sigma_2^2$

$H_1 : \sigma_1^2 \neq \sigma_2^2$, $H_1 : \sigma_1^2 < \sigma_2^2$, $H_1 : \sigma_1^2 > \sigma_2^2$

(2) 검정통계량과 분포

두 표본분산에 의한 통계량 F는

$$F = \frac{\dfrac{s_1^2}{\sigma_1^2}}{\dfrac{s_2^2}{\sigma_2^2}} = \frac{\sigma_2^2}{\sigma_1^2} \times \frac{s_1^2}{s_2^2} \sim F(n_1 - 1, n_2 - 1)$$

이므로 귀무가설 $\sigma_1^2 = \sigma_2^2$ 하에서의 검정통계량의 값은

$$T(X) = \frac{s_1^2}{s_2^2}$$

이며 $T(X)$는 자유도가 $(n_1 - 1, n_2 - 1)$인 분포를 따른다.

(3) 기각역의 설정

가설의 형태 (단측검정 또는 양측검정)와 유의수준 α에 의하여 [부록 6] 을 이용한 기각역을 설정한다.

(4) 검정통계량값의 계산

주어진 표본의 자료를 가지고 검정통계량값 $T(X)$를 계산 한다.

(5) 검정 및 의사결정

$T(X)$값이 기각역에 속하면 H_0를 기각하고 기각역에 속하지 않으면 H_0를 채택한다. 또한 검정결과에 대한 적절한 해석적 의미를 서술 한다

(예제 9-20)

흰 쥐를 이용한 실험에서 쥐의 무게가 유사한 것이 바람직하다고 한다. 두 공급원으로부터 공급된 흰쥐의 무게가 동일한 형태의 분포를 갖는가를 보기 위하여 조사한 결과가 다음 표와 같다

통 계 ＼ 공 급 원	공급원 1	공급원 2
표본수 (n)	61	13
표본평균 $(\overline{X})$	4.21g	4.18g
표본분산 (s^2)	0.049kg	0.019kg

이 통계자료에 의할 때 두 공급원에 의하여 공급되는 흰쥐의 몸무게의 분산이 차이가 있다고 볼 수 있는지를 유의수준 10%에서 검정 하여라.

(풀 이)

(1) 가설의 설정 : 공급원 1에 의하여 공급된 흰쥐의 몸무게의 분산을 σ_1^2 공급원 2에 의하여 공급된 흰쥐의 몸무게의 분산을 σ_2^2이라고 하면, 두 모분산이 동일한가를 검정하고자 하므로 H_0와 H_1은 각각 다음과 같이 설정할 수 있다.

$$H_0 : \sigma_1^2 = \sigma_2^2$$

$$H_1 : \sigma_1^2 \neq \sigma_2^2$$

(2) 검정통계량과 분포 : 표본분산이 각각 $s_1^2 = 0.049$과 $s_2^2 = 0.019$이므로 귀무가설 하에서의 검정통계량의 값은

$$T(X) = \frac{s_1^2}{s_2^2} = \frac{0.049}{0.019} = 2.58$$

이며, $T(X)$는 자유도가 $(n_1 - 1, n_2 - 1) = (60, 12)$인 F-분포를 따른다. 즉

$$T(X) \sim F_{0.1}(60, 12)$$

이다.

(3) 기각역의 설정 : $\alpha = 0.10$일 때 양측검정이므로 좌측 기각치 $F_{0.95}(60, 12) = 0.52$와 우측 기각치 $F_{0.05}(60, 12) = 2.38$ 이므로 기각역은 양쪽 빗금친 부분과 같다.

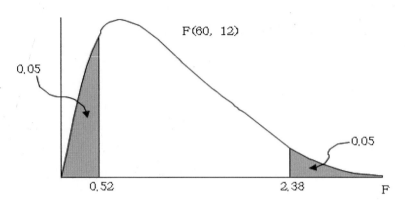

F(60, 12)

0.05

0.52   2.38   F

0.05

(4) 검정 및 의사결정 : 검정통계량의 값 $T(X) = 2.58$은 기각역에 속하므로 귀무
가설은 기각된다. 즉 유의수준 10%에서 두 공급원의 흰 쥐 무게의 모분산
은 동일하다고 볼 수 없다.

(예제 9-21)

주식투자자가 투자종목을 결정하는 데 있어서 두 종목의 주식을 고려하고 있
다. 주식 1은 주식2에 비하여 가격이 높은데, 일일 가격의 변화량이 주식 2보다
크기 때문에 위험한 투자라고 판단된다. 과연 주식 1의 일일가격 변화량이 주
식 2의 변화량보다 큰가를 분석하기 위하여 두 주식의 일일가격 변화량을 25일
동안 관찰한 결과 다음과 같은 자료를 얻었다.

통 계 \ 주 식	주식 1	주식 2
표본수 (n)	25	25
표본평균 $(\overline{X})$	250	125
표본분산 (s^2)	76	46

이 자료를 이용하여 주식 1의 분산이 주식 2의 분산보다 큰가를 5% 유의수준
에서 검정 하여라.

(풀 이)

(1) 가설의 설정 : σ_1^2=주식 1의 가격 분산, σ_2^2=주식 2의 가격 분산이라고 할 때
$\sigma_1^2 > \sigma_2^2$ 인가를 검정하고자 하므로 가설은 다음과 같이 설정 할 수 있다.

$$H_0 : \sigma_1^2 = \sigma_2^2$$
$$H_1 : \sigma_1^2 > \sigma_2^2$$

(2) 검정통계량과 분포 : 표본분산이 각각 $s_1^2 = 76$과 $s_2^2 = 46$이므로

귀무가설 하에서의 검정통계량의 값은

$$T(X) = \frac{s_1^2}{s_2^2} = \frac{76}{46} = 1.652$$

이며, $F \sim F_{0.05}(24, 24)$를 분포를 따른다.

(3) 기각역의 설정 : [부록 6]에서 $F_{0.05}(24, 24) = 1.98$이므로 단측검정에서 $\alpha = 0.05$일 때의 기각역은 다음 그림의 빗금친 부분과 같다.

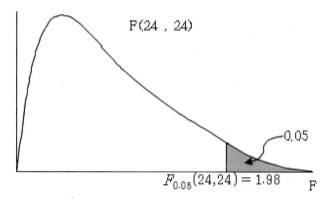

(4) 검정 및 의사결정 : 검정통계량의 값 $F = 1.652$는 기각역에 속하지 않으므로 귀무가설은 기각되지 않는다. 즉 유의수준 5%에서 두 주식의 변동성은 동일하다고 볼 수 있다.

연 습 문 제

9.1 다음의 내용을 비교 설명하시오
   ① 귀무가설과 대립가설
   ② 1종오류와 2종오류
   ③ 유의수준과 검정력

9.2 포테이토칩을 생산하는 회사는 판매되 포테이토칩 한 봉지의 용량이 적어도 평균 340.19g은 된다고 주장하고 있다. 이 과자의 봉지당 용량은 표준편차가 11.34g인 정규분포로 알려져 있고, 임의로 추출한 16봉지의 평균무게가 334.66g이 었을 때,$\mu \geq 340.19$g 이라는 귀무가설을 유의수준 10%로 검정하시오.

9.3 대동백화점에서 고객 한 명이 구매하는 금액(단위:천원)은 평균이 55이고 분산이 125인 정규분포를 따른다고 한다. 평균이 55라는 것을 검정하기 위해 50명의 고객을 임의로 추출한 결과, 평균구매금액이 58로 나타났다. 유의수준5%로 이를 검정하시오

9.4 K대학 경영학 교수는 수년에 걸쳐 경영학과에 입학한 학생들을 대상으로 소양평가를 실시해 왔다. 이 대학의 경영학과 신입생 중에서 임의로 20명을 선발하여 같은 시험을 보았더니 평균이 73.5로 나타났다. 표준편차가 10.4인 정규분포르 가정할 때, $\mu = 75.4$라는 귀무가설을 유의수준 5%에서 검정하시오.

9.5 항공대학은 항공기 조종사가 되고자 지원한 학생들에 대해 적성검사를 실시하였다. 이 중에서 임으로 뽑은 학생 5명의 점수가 다음과 같았다.
27, 36, 32, 21, 44
   ① 자료의 평균과 표준편차를 구하시오.
   ② $\mu \geq 37$라는 귀무가설을 1%유의수준으로 검정하시오. 적성검사 점수는 정규분포를 따르는 것으로 알려져 있다.
   ③ $\mu \leq 40$이라는 귀무가설을 10% 유의수준으로 검정하시오

9.6 다음의 자료는 대양회사의 월별 생산라인 중단횟수를 나타낸다. 이 횟수가 정규분포를 따른다고 할 때, 평균 중단횟수가 10회 미만이라는 주장을 검정하시오. 유의수준 0.025로 한다.

18, 5, 9, 10, 13, 7, 2, 11, 6

9.7 조양회사는 생산라인에서 8%의 불량률을 갖고 있으며, 불량률이 8%보다 크면 생산라인을 중단하여 재조정한다. 매일 품질관리를 위해 100개의 제품이 표본으로 취해진다. 어느 날 100개의 제품이 표본으로 취해진다. 어느 날 100개의 표본 중 15개가 불량으로 나타났다고하자. 생산을 중단하고 이 공정을 재조정해야 하는지를 유의수준 α=0.05로 검정하시오.

9.8 한 밀가루 제조회사에서는 5kg들이 자루에 밀가루를 자동으로 채우는 기계를 도입하였다. 이 기계가 실제로 자루에 5kg씩 채우는가를 알아보기 위하여 이 기계를 이용하여 채운 25개 자루의 실제 양을 조사한 결과, 평균과 분산이 각각 $\overline{X} = 5.3kg$, $S^2 = 1.25kg$ 이었다. 이 기계가 자루에 밀가루 5kg씩 채운다고 생각할 수 있는가에 대하여 검정을 실시하라. (α=0.05)

9.9 두 모집단의 모평균의 동일성에 대한 검정 $H_0 : \mu_1 = \mu_2$, $H_1 : \mu_1 \neq \mu_2$을 실시하기 위하여 두 집단으로부터 각각 크기가 n_1과 n_2인 표본을 추출하여 다음과 같은 통계량을 구하였다고 할 때 위의 H_0와 H_1에 대한 검정을 α=0.05하에서 실시하라.

(1)

집단 / 통계량	I	II
n	30	20
$\overline{X}$	23	26
S^2	7.5	6.3

조건 : $\sigma_1^2 = \sigma_2^2 = \sigma^2$

조건 : $\sigma_1^2 = \sigma_2^2 = \sigma^2$

(2)

집단 / 통계량	I	II
n	50	50
$\overline{X}$	48	53
S^2	17.3	22.8

두 모분산의 동일성 조건 없음

9.10 두 모집단의 모평균의 동일성에 대한 검정 $H_0 : \mu_1 = \mu_2$, $H_1 : \mu_1 \neq \mu_2$ 을 실시하기 위하여 각 집단으로 독립으로 표본을 추출하여 다음과 같은 통계량을 구하였다. 두 모집단의 모분산이 동일($\sigma_1^2 = \sigma_2^2$)하다고 할 때 위의 H_0와 H_1에 대한 검정을 α=0.05하에서 실시하라.

(1)

통계량 \ 집단	I	II
n	40	50
$\overline{X}$	4.2	3.7
S^2	0.33	0.27

(2)

통계량 \ 집단	I	II
n	15	15
$\overline{X}$	24.4	21.3
S^2	7.9	5.1

9.11 두 가지 서로 다른 암기훈련 방법을 비교하기 위하여 초등학교 일학년생 100명을 임의로 각 50명씩 두 집단으로 나누어 두 가지 서로 다른 임기훈련 방법을 이용하여 훈련을 시킨 후에 측정한 결과 다음과 같은 통계량을 구하였다.

$$\overline{X} = 74 \ , \ S_1 = 9$$
$$\overline{X} = 71 \ , \ S_1 = 10$$

두 가지 훈련방법의 효과에 차이가 있는가를 유의수준 5%하에서 검정하라.

9.12 두 가지 서로 다른 체중조절방법을 비교하기 위하여 80명을 임의로 각 40명씩 나눈후에 두 가지 서로 다른 체중조절방법을 이용하여 얻은 체중조절 효과가 같이 관측되었다.

통계량 \ 집단	I	II
n	12	13
$\overline{X}$	17.5	14.3
S^2	9.5	8.7

통계량 \ 체중조절방법	I	II
n	40	40
$\overline{X}$	10kg	8kg
S^2	4.3	5.7

두 체중조절방법의 효과가 동일한가를 유의수준 5%하에서 검정하라.

9.13 커피자동판매기 업자는 커피자동판매기의 설치장소에 따라서 판매량의 차이가 있다고 생각한다. 특정한 두 지역에 설치된 두 대의 자동판매기에서 14일 동안 관측한 평균판매량(잔)과 표준편차가 각각 다음과 같다고 할 때 두 지역에 설치된 자동판매기으 판매량이 서로 다르다고 할 수 있는지에 대하여 유의수준 5%하에서 검정을 실시하라. ($\sigma_1^2 = \sigma_2^2$을 가정할 것)

통계량 \ 설치위치	I	II
n	14	14
$\overline{X}$	32.5	28.5
S^2	5.0	4.5

9.14 한 기업가는 두 대의 기계에 의한 생산량이 서로 다른가를 비교하기 위하여 두 개의 서로 다른 모기용 살충제의 효과를 비교 분석하기 위하여 두 살충제를 이용하여 각각 여덟 번의 실험을 한 결과 죽은 모기의 비율이 다음표와 같다. 두 살충제의 효과가 동일한가에 대하여 유의수준 5%하에서 검정을 실시하라 ($\sigma_1^2 = \sigma_2^2$ 을 가정할 것).

살충제 A	68	68	59	72	64	67	70	74
살충제 B	60	67	61	62	67	63	56	58

9.15 천마회사는 새로운 작업방법의 훈련으로 작업자당 평균생산량을 증가시키고자 한다. 10명의 작업자를 임의로 선발하여 훈련 전 생산량과 2주간 훈련을 시킨 후의 생산량을 측정한 결과 다음의 자료를 얻었다. 이 자료를 이용하여 평균생산량이 30보다 더 증가했는지를 검정하시오. 유의수준 $\alpha = 0.05$ 이고, 차이의 분포는 정규분포라고 가정한다.

작 업 자	훈 련 전	훈 련 후
1	15	51
2	21	63
3	20	55
4	36	68
5	12	48
6	9	38
7	17	54
8	42	73
9	26	49
10	18	57

9.16 새로 개발된 진통제의 효과를 실험하기 위해 각각 80명씩의 환자를 두 그룹 추출하였다. 1그룹에는 새로운 진통제를 투여하고, 2그룹에는 설탕으로 만든 약을 투여한 결과 1그룹에서는 56명이, 2그룹에서는 38명이 약의 효능을 인정했다. 이 새로운 약의 효능에 대해 유의수준 5%에서 검정하시오

9.17 한 맥주회사에서는 맥주를 즐겨 마시는 사람들 중에서 40% 이상이 자기네 회사 맥주를 선호한다고 주장하였다. 사회조사 기관에서 그 맥주회사의 주장이 타당한가를 조사하기 위하여 맥주 해호가 200명을 임의로 추출하여 조사한 결과 그 회사 맥주를 선호하는 사람이 90명이었다. 맥주회사의 주장이 통계적으로 타당한가를 유의수준 5%하에서 검정하라.

9.18 여성들이 유방암을 진단하는 데 사용되는 기준의 진단방법은 실제 유방암이 있는데도 불구하고 유방암이 없다고 판정하는 경우가 15%이었다. 의학연구팀에 의하여 새로 개발된 유방암 진단방법의 오진율이 기존의 방법보다 더 적다고 한다. 정밀진단결과 유방암이 있는 70명의 여자들은 새로개발된 진단방법으로 진단한 결과 6명이 유방암이 없다고 진단하였다고 할 때, 새로 개발된 진단방병이 기존의 진단방법보다 오진율이 낮다고 할 수 있는가에 대하여 유의수준 5%하에서 검정을 실시하라.

9.19 한 주사위에 있어서 짝수와 홀수가 나타날 가능성이 동일한가를 분석하기 위하여 이 주사위를 100번 던진 결과 짝수가 57회 나타났다. 이 주사위의 짝수와 홀수가 나타날 가능성이 동일한가에 대하여 유의수준 5%하에서 검정을 실시하라.

9.20 한 야구선수의 평균타율이 0.35라고 알려져 있다. 이 선수가 한 해에 50타석에서 모두 15번의 안타를 때렸다고 할 때 이 선수의 타율이 0.35라는 주장이 타당한가를 유의수준 5%하에서 검정하라.

9.21 암을 치료하는 두 가지 수술방법을 비교하기 위하여 각각의 방법으로 수술한 환자를 100명 중에서 수술 후에 일 년 이상 재발하지 않은 환자의 수를 측정한 결과가 다음표와 같다. 이 자료를 이용하여 두 가지 수술방법의 효과가 동일하다고 볼 수 있는가를 유의수준 5%하에서 검정을 실시하라.

수술방법 \ 통계량	n	성공적인 수술의 수
I	100	78
II	100	487

9.22 새로 개발된 바퀴벌레약 A와 기존에 사용중인 바퀴벌레약 B의효과를 비교분석하기 위하여 두 개의 동일한 크기의 밀폐된 공간에 각각 바퀴벌레 100마리씩 넣은 후 바퀴벌레약 A와 B를 뿌리고 한 시간 후에 죽은 바퀴벌레의 수를 측정한 결과가 다음표와 같다. 표에 주어진 자료에 의할 때 새로 개발되 바퀴벌레약 A의 효과가 B의 효과보다 더 좋다고 할 수 있는지 유의수준 5%하에서 검정하라.

	바퀴벌레약 A	바퀴벌레약 B
바퀴벌레의 수	200	200
죽은 바퀴벌레의 수	120	80

9.23 한국 사람과 미국 사람의 혈중 콜레스테롤 수준을 비교하기 위하여 각각의 나라에 표준중에 해당하는 사람들을 임으로 선발하여 혈중 콜레스트레롤 수준을 측정한 결과 다음과 같은 통계량을 구하였다.

한국 사람	미국 사람
$\overline{X}_1 = 170$	$\overline{X}_2 = 196$
$S_1^2 = 198$	$S_2^2 = 435$
$n_1 = 19$	$n_2 = 24$

두 나라 사람들의 혈중 콜레스테롤의 수준에 대한 분산이 동일하다고 볼 수 있는가에 대하여 유의수준 5%하에서 검정을 실시하라.

제 10 장

분산분석

10. 1 분산분석의 개요

지금까지는 한 개 또는 두 개의 처리효과나 모평균에 대한 추론문제를 다루었으며, 이러한 개념을 확장하여 3개의 이상의 처리효과 또는 모평균을 비교하는 문제를 생각해 보자.

예를 들어 서로 다른 3가지 교육방법 (주입식, 토론식, 멀티미디어 활용)의 효과가 동일한가에 대한 추론이나 A_1, A_2, A_3 세 종류의 벼 품종과 네 종유의 비료 B_1, B_2, B_3, B_4를 동질적인 12개 단위면적의 논에 경작하여 얻은 수확량의 자료로부터 벼품종에 따른 수확량의 차, 비료의 종류에 따른 수확량의 차 등은 분석하고자 한다.

이러한 문제에서는 일반적으로 실험을 계획하고 실험을 실시한 후에 얻은 자료를 기초로 하여 문제를 분석하게 된다. 따라서 실험의 목적을 달성하기 위해서는 실험하기 전에 철저한 계획을 세워야 한다. **실험계획법** (experimental design)은 실험을 설계하고 실시하는 데 필요한 제반 계획을 세우는 방법을 연구하는 분야이다. 즉 어떻게 실험을 실시하고, 자료를 어떻게 얻으며, 이 자료를 어떤 통계적 방법으로 분석하여 최소의 비용으로 최대의 정밀한 정보를 얻을 수 있는가를 연구하는 것이다. 실험계획법에서 사용하는 대표적인 분석방법이 **분산분석** (analysis of variance 또는 ANOVA)이다.

거의 모든 분야에서 어떤 특정한 과정 또는 시스템을 이해하려면 연구자들이 실험을 하게 되는 경우가 많다. 예를 들어 어느 화학공정에서 반응 온도와 촉매의 양이 합성수율에 미치는 영향을 분석해 보고자 한다. 이 화학공정에서 반응 온도와 촉매의 양이 합성수율에 미치는 영향을 분석해 보고자 한다. 이 화학공정은 [그림 10-1]과 같이 하나의 시스템으로 볼 수 있다.

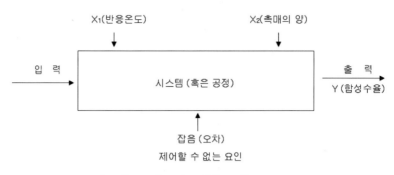

제어 가능한 요인

X₁(반응온도)   X₂(촉매의 양)

입 력 → 시스템 (혹은 공정) → 출 력
Y (합성수율)

잡음 (오차)
제어할 수 없는 요인

[그림 10-1] 시스템의 모형

제어 가능한 요인이란 반응온도, 촉매의 양과 같이 제어 (control) 가 용이하고, 재현성이 있으며, 기술적 의미를 갖는 요인을 말한다. **잡음** (noise)이란 출력에 영향을 주고 있는 요인이지만 그 요인의 상태를 파악할 수 없는 경우나 또는 출력오차와 같이 원인을 규명하기 어려우나 산포에 영향을 주는 것을 뜻한다.

어떤 시스템이 주어진 경우, 계획된 실험이란 제어 가능한 요인을 연구자가 조절하였을 때 출력이 어떻게 변화하는지를 관찰하고 조사하여 시스템을 보다 잘 이해하려는 시도로 볼 수 있다.

이와 같은 반응온도와 촉매의 양이 합성수율에 미치는 영향을 분석하기 위해서는 정보 또는 통계자료가 필요하게 된다. 통계자료는 조사자의 역할에 따라서 조사자료 (survey data)와 실험자료 (experimental data)로 분류된다. 조사자료는 어떤 현상이나 시스템에 대한 정보를 얻는데 관찰이나 면접을 통하여 수집되고 기록된 자료를 말한다. 조사(survey)는 어떤 현상을 있는 그대로 파악하는 것이 목적이고, 환경조건을 관리하는 일이 비교적 드물다고 할 수 있다. 이에 반하여 실험자료는 계획적으로 설계되고, 관리된 실험을 통하여 얻을 수 있는 자료를 말한다.

실험을 실시한 후에 자료의 형태로 얻어지는 실험결과 값을 **특성값** (characteristic value) 혹은 반응변수의 값이라 하며, 이 특성값에 영향을 주는 원인 중에서 실험에 취급된 원인을 **요인** (factor) 또는 인자라고 한다. 실험을 하기 위한 요인의 실험조건을 요인의 **수준** (level)이라 하고, 요인의 동일한 수준에서 실험이 되풀이되는 것을 실험의 반복

(replication)이라고 말한다. 요인의 수준을 **처리** (treatment)라고도 하는데 특성값에 영향을 주는 요인의 수가 하나만 고려되는 일원배치법에서는 요인의 수준들이 바로 처리가 되나 특성값에 영향을 주는 요인의 수가 두 개인 이원배치법에서는 두 개 요인의 수준조합이 처리가 된다. 이러한 형태의 자료를 분석할 때 흔히 쓰이는 방법이 분산분석 (analysis of variance : ANOVA)이다. 분산분석은 특성값의 산포 또는 변동을 제곱합 (sum of squarer)으로 나타내고, 이 제곱합을 실험과 관련된 요인별로 분석하여 오차에 의한 영향보다 큰 영향을 주는 요인이 무엇인가를 찾아내고자 하는 분석방법이다.

10.2 일원 배치법

어떤 특성값에 대하여 하나의 요인의 영향을 조사하고자 하는 일원배치법에 대하여 먼저 살펴보기로 한다. 일원배치법에서는 요인의 각 수준이 처리가 되며 각 수준에서의 반복수는 일정하지 않아도 된다. 실험의 측정은 랜덤하게 선택된 순서에 의해서 실행하므로 일원배치법을 **완전확률화법**(completely randomized design)이라고도 한다.

요인수준(처리)의 수를 k개로 하며, i번째 수준(실험단위)으로부터 n_i개의 관측값을 얻을 때, i번째 수준의 j번째 관측값(관찰단위)을 Y_{ij}라고 표시하면 일원배치법의 자료배열은 [표 10-1]과 같이 나타낼 수 있다.

[표 10-1] 일원배치법의 자료배열

	처리1	처리2	$\cdots$	처리k	
관 측 값	Y_{11} Y_{12} · · · Y_{1n_1}	Y_{21} Y_{22} · · · Y_{2n_2}	$\cdots$ $\cdots$ $\cdots$ $\cdots$ $\cdots$ $\cdots$	Y_{k1} Y_{k2} · · · Y_{kn_k}	
관측값의 수	n_1	n_2	$\cdots$	n_k	$N = \sum_{i=1}^{k} n_i$
처리수준의 합	$T_{1.}$	$T_{2.}$	$\cdots$	$T_{k.}$	T
평 균	$\overline{Y_{1.}}$	$\overline{Y_{2.}}$	$\cdots$	$\overline{Y_{k.}}$	총평균 $\overline{\overline{Y}}$
제 곱 합	$\sum_{j=1}^{n_1}(Y_{1j}-\overline{Y_1})^2$	$\sum_{j=1}^{n_2}(Y_{2j}-\overline{Y_2})^2$	$\cdots$	$\sum_{j=1}^{n_k}(Y_{kj}-\overline{Y_k})^2$	

k개의 처리 간에 효과의 차이가 있는지를 분석하기 위하여 위자료를 통계적으로 검정하기 위해서는 처리에 대한 모집단 모형이 필요하다. 이제 각각의 처리에 해당하는 k개의 모집단이 서로 독립적이고, 평균이 μ_i, 공통분산 σ^2을 갖는 정규분포를 한다고 가정하고 다음과 같은 가설을 검정하는 문제를 생각해 보자.

$$H_0 : \mu_1 = \mu_2 = \cdots \mu_k$$
$$H_1 : \mu_i \text{는 모두 같지 않다.}$$

위의 모집단의 가정에 의하여 Y_{ij}는 다음과 같이 표시될 수 있다.

$$Y_{ij} = \mu_i + e_{ij}$$

여기서 e_{ij}는 실험의 오차에 해당되는 확률변수로서 평균 0, 분산 σ^2인 정규분포 $N(0, \sigma^2)$를 따른다, 이때 실험전체의 모평균을 μ라고 하면, μ는

$$\mu = \frac{\sum_{i=1}^{k} \mu_i}{k}$$

로 정의된다.

i번째 처리의 모평균 μ_i는 실험전체의 모평균 μ의 차로 i번째 처리에서의 효과인 $a_i = \mu_i - \mu$ 즉, **처리효과** (treatment effect)로 나타내질 수 있으

므로 $\mu_i = \mu + a_i$로 대체하면 일원배치법의 자료의 구조식은 다음과 같다.

일원배치법의 자료의 구조식

$Y_{ij} = \mu + a_i + e_{ij}$

　　$i=1, 2, \cdots, k$

　　$j=1, 2, \cdots, n_i$

　여기서 μ : 총평균

　　　　a_i : i번째 처리효과

　　　　e_{ij} : 서로 독립인 $N(0, \sigma^2)$를 따르는 오차

---

k개의 모평균에 차이가 있는가를 검정하는 것은 k개의 처리효과에 차이가 있는가를 검정하는 것과 같으므로 가설은 다음과 같이 표시될 수도 있다.

$$H_0 : a_1 = a_2 \cdots = a_k = 0$$
$$H_1 : \text{적어도 한 } a_i \text{는 0이 아니다.}$$

위의 가설은 자료의 총변동을 급간변동과 급내변동으로 분해하여 요인이 특성값에 유의(significant)한 영향을 미치는가를 검정하는 방법인 분산분석표의 작성을 통하여 검정할 수 있다. 분산분석은 다음과 같은 절차에 의하여 분석하게 된다.

(1) 변동의 분해

변동을 정의하려면 어느 점으로부터의 산포인가를 나타내는 자료의 중심과 각 자료의 중심으로부터 얼마나 떨어져 있는가 하는 거리의 개념이 필요하게 된다. 따라서 관측값 Y_{ij}의 총평균 $\overline{\overline{Y}}$로부터의 거리인 총편차는 같은 처리조건에서 반복 실험했을 때 생기는 잔차와 처리효과의 크기로 다음과 같이 분해할 수 있다.

$$(Y_{ij} - \overline{\overline{Y}}) = (Y_{ij} - \overline{Y_{i.}}) + (\overline{Y_{i.}} - \overline{\overline{Y}})$$
$$(총편차) = (잔차) + (처리효과)$$

위의 식을 제곱하여 각 처리수준에서 관측값 모두에 대하여 더하면 다음과 같다.

$$\sum_{i=1}^{k}\sum_{j=1}^{n_i}(Y_{ij}-\overline{\overline{Y}})^2 = \sum_{i=1}^{k}\sum_{j=1}^{n_i}(Y_{ij}-\overline{Y_{i.}})^2 + \sum_{i=1}^{k}\sum_{j=1}^{n_i}(\overline{Y_{i.}}-\overline{\overline{Y}})^2$$

$$(\because \sum_{i=1}^{k}\sum_{j=1}^{n_i}(Y_{ij}-\overline{Y_{i.}})(\overline{Y_{i.}}-\overline{\overline{Y}})=0)$$

이때 **총제곱합**(SST : total sum of square)(또는 총변동)은 **잔차제곱합**(SS_E: residual sum of square)(처리 내에서의 변동인 급내변동)과 **처리제곱합**(SS_T: treatment sum of square)(처리간의 변동인 급간변동)으로 분해되었다고 하고 다음과 같이 표시한다.

총 제 곱 합 : $SST = \sum_{i=1}^{k}\sum_{j=1}^{n_i}(Y_{ij}-\overline{\overline{Y}})^2$

처리 제곱합 : $SS_T = \sum_{i=1}^{k}\sum_{j=1}^{n_i}(\overline{Y_{i.}}-\overline{\overline{Y}})^2$

잔차 제곱합 : $SS_E = \sum_{i=1}^{k}\sum_{j=1}^{n_i}(Y_{ij}-\overline{Y_{i.}})^2$

(2) 자유도의 계산

각 제곱합의 자유도는 제곱을 한, 서로 다른 편차의 개수에서 선형제약 조건의 수를 뺀 것으로 아래 식에 의해 [표 10-2]와 같이 구할 수 있다.
제곱합의 자유도=(제곱을 한 편차의 개수) − (선형제약 조건의 수)
이때 총제곱합의 자유도는 처리제곱합의 자유도와 잔차제곱합의 자유도의 합으로 분해됨을 알 수 있다.

[표 10-2] 각 제곱합의 자유도

제곱합	편차의 개수	선형제약조건	자유도
총제곱합	$N = \sum_{i=1}^{k}n_i$	$\sum_{i=1}^{k}\sum_{j=1}^{n_i}(Y_{ij}-\overline{Y})=0$	$N-1$
처리제곱합	k	$\sum_{i=1}^{k}(\overline{Y_{i.}}-\overline{Y})=0$	$k-1$
잔차제곱합	$N = \sum_{i=1}^{k}n_i$	$\sum_{j=1}^{n_i}(Y_{ij}-\overline{Y_{i.}})=0$ $i=1,2,\cdots k$	$N-k$

(3) 분산분석표의 작성

처리와 잔차에 대한 **제곱평균**(mean square : MS)은 SS_T와 SS_E를 각각의 자유도로 나누어서 다음과 같이 구해진다.

$$\text{처리의 제곱평균} : MS_T = \frac{SS_T}{(k-1)}$$

$$\text{잔차의 제곱평균} : MS_E = \frac{SS_E}{(N-k)}$$

이때 잔차의 제곱평균 MS_E는 σ^2의 불편추정량이 되며 귀무가설 $H_0 : a_1 = a_2 = \cdots a_k = 0$하에서는 처리의 제곱평균 MS_T고 σ^2의 불편추정량이 된다. 그러나 대립가설 하에서는 MS_T의 기대값이 σ^2보다 크게 되어 다음과 같은 F비

$$F\text{비} : F_0 = \frac{MS_T}{MS_E}$$

의 값이 커지면 귀무가설을 기각하게 된다. 귀무가설 $H_0 : a_1 = a_2 = ... = a_k = 0$하에서는 F비 값은 자유도$(k-1, N-k)$인 F분포를 한다는 것이 알려져 있다. 따라서 F비의 값인 F_0가 [부록 6]에서 구한 유의수준 α에서의 F분포 값인 $F_\alpha(k-1, N-k)$보다 크면 귀무가설을 기각할 수 있게 된다. 이와 같은 결과를 정리, 요약하면 다음과 같은 분산분석표를 작성할 수 있게 된다.

[표 10-3] 일원배치법의 분산분석표

요 인	제곱합	자유도	제곱평균	F비
처 리	SS_T	$k-1$	MS_T	MS_T/MS_E
잔 차	SS_E	$N-k$	MS_E	
계	SST	$N-1$		

위의 분산분석표에서 F_0의 값이 $F_\alpha(k-1, N-k)$보다 크게 되어 귀무가설을 기각할 때 요인이 특성값에 유의한 영향을 미친다고 말할 수 있으며

요인의 수준(처리)들간에 차이가 있다고 통계적으로 결론을 내릴 수 있게
된다.

(예제 10-1)

반복수가 일정한 경우의 일원배치법의 분석

(주)그린 스마트 직물 회사에서 직물 소재의 강도를 개선하려고 한다. 이를 위
해 직물 생산 공정에서 공정온도가 직물의 강도에 영향을 주는 것으로 생각되
어 온도의 변화에 따라서 강도가 차이가 있는지, 또한 어떤 온도의 수준에서
가장 높은 강도를 구현 하는지를 알아보기 위한 실험을 한 결과 [표 10-4]와 같
은 자료를 얻었다. 온도에 따라 직물의 강도에 유의한 차이가 있는지 분산분
석표를 작성하여 검정하여라. (단 $\alpha = 0.05$)

[표 10-4] 공정온도에 따른 강도

공정의 온도	$A_1(60℃)$	$A_2(65℃)$	$A_3(70℃)$	$A_4(75℃)$	
관 측 값	8.44	8.59	9.34	8.92	
	8.36	8.91	9.41	8.92	
	8.28	8.60	9.69	8.74	
평균	$\overline{Y_{1.}}=8.36$	$\overline{Y_{2.}}=8.70$	$\overline{Y_{3.}}=9.48$	$\overline{Y_{4.}}=8.86$	$\overline{\overline{Y}}=8.85$

(풀 이)

(1) 가설의 설정 :

$$H_0 : \mu_1 = \mu_2 = \mu_3 = \mu_4$$
$$H_1 : 모든 \mu_i 가 같지는 않다$$

혹은 가설을 각 수준에서 효과의 차이가 있는지를 검정하는 형태로
나타내면 다음과 같이 표기할 수도 있다.

$$H_0 : a_1 = a_2 = a_3 = a_4 = 0$$
$$H_1 : a_i 들이 모두 0은 아니다.$$

(2) 제곱합의 분해

$$k = 4, \; n_1 = n_2 = n_3 = n_4 = 3, \; N = 12$$

$$\overline{Y_{1.}} = 8.36, \; \overline{Y_{2.}} = 8.70, \; \overline{Y_{3.}} = 9.48, \; \overline{Y_{4.}} = 8.86, \; \overline{\overline{Y}} = 8.85$$

$$SST = \sum_{i=1}^{4}\sum_{j=1}^{3}(Y_{ij} - \overline{\overline{Y}})^2 = (8.44 - 8.85)^2 + (8.36 - 8.85)^2 + \cdots + (8.74 - 8.85)^2$$

$$= 2.1480$$

$$SS_T = 3\sum_{i=1}^{4}(\overline{Y_{i.}} - \overline{\overline{Y}})^2 = 3(8.36 - 8.85)^2 + \cdots + 3(8.86 - 8.85)^2 = 1.9788$$

$$SS_E = \sum_{i=1}^{4}\sum_{j=1}^{3}(Y_{ij} - \overline{Y_{i.}})^2 = (8.44 - 8.36)^2 + \cdots + (8.74 - 8.86)^2 = 0.1692$$

처리의 자유도 $= k - 1 = 4 - 1 = 3$

잔차의 자유도 $= N - k = 12 - 4 = 8$

전체의 자유도 $= N - 1 = 12 - 1 = 11$

(3) 분산분석표의 작성

요인	제곱합	자유도	제곱평균	F비
처리	1.9788	3	0.6596	31.19
잔차	0.1692	8	0.02115	
계	2.1480	11		

(4) 분산분석표에서 F비 값이 유의수준 $\alpha = 0.05$에서의 F분포값인

$F_{0.05}(3, 8) = 4.07$보다 크므로 귀무가설을 기각한다. 따라서 유의수준 5%에서

직물의 강도는 온도에 따라 차이가 있다고 볼 수 있다.

(예제 10-2)

반복수가 일정하지 않은 경우의 일원배치법의 분석

판매실적이 비슷한 15명의 영업사원을 임의로 3개의 집단으로 나누어 A, B, C

세 가지 방법을 적용하여 재교육시킨 후 한 달간의 판매실적을 조사하여 다음

자료를 얻었다. 이 자료로부터 세 가지 교육방법에 따른 판매실적에 차이가 있

는지 분산분석표를 작성하여 검정하여라. (단 $\alpha = 0.05$)

[표 10-5] 판매실적

교육방법	A방법	B방법	C방법
관 측 값	4 7 6 6	5 1 3 5 3 4	8 6 8 9 5

(풀 이)

(1) 가설의 설정 :

$H_0 : \mu_1 = \mu_2 = \mu_3$

$H_1 :$ 모든 μ_i가 같지는 않다

(2) 제곱합의 분해

$k = 3,\ n_1 = 4,\ n_2 = 6,\ n_3 = 5,\ N = 15$

$\overline{Y_{1.}} = 5.75,\ \overline{Y_{2.}} = 3.5,\ \overline{Y_{3.}} = 7.2,\ \overline{\overline{Y}} = 5.33$

$SST = \sum_{i=1}^{3} \sum_{j=1}^{n_i} (Y_{ij} - \overline{\overline{Y}})^2 = (4 - 5.33)^2 + \cdots + (5 - 5.33)^2 = 65.333$

$SS_T = \sum_{i=1}^{3} n_i (\overline{Y_{i.}} - \overline{Y})^2 = 4(5.75 - 5.33)^2 + 6(3.5 - 5.33)^2 + 5(7.2 - 5.33)^2 = 38.283$

$SS_E = \sum_{i=1}^{3} \sum_{j=1}^{n_i} (Y_{ij} - \overline{Y_{i.}})^2 = (4 - 5.75)^2 + \cdots + (5 - 7.2)^2 = 27.050$

처리의 자유도 $= k - 1 = 3 - 1 = 2$

잔차의 자유도 $= n - k = 15 - 3 = 12$

전체의 자유도 $N - 1 = 15 - 1 = 14$

(3) 분산분석표의 작성

요인	제곱합	자유도	제곱평균	F비
처리	38.283	2	19.142	8.49
잔차	27.050	12	2.254	
계	65.333	14		

(4) 분산분석표에서 F비값이 유의수준 $\alpha = 0.05$에서의 F분포값인
$F_{0.05}(2, 12) = 3.89$값보다 크므로 귀무가설을 기각한다. 따라서 판매실적은
교육방법에 따라 유의한 차이가 있다고 결론을 내릴 수 있다.

10.3 반복이 없는 이원배치법

어떤 특성값에 영향을 주는 요인의 수가 2개인 경우를 살펴보기로 하자. 첫 번째 요인을 A, 두 번째 요인을 B라 하고 요인 A의 수준을 l개, 요인 B의 수준을 m개라 하면 처리의 수는 두 요인의 조합인 lm개가 된다. 그리고 lm개의 수준조합에서 단 1회씩만 실험을 하여 관측값을 얻을 경우를 **반복이 없는 이원배치법**이라고 한다. 실험을 할 때는 lm회의 실험을 랜덤하게 선택된 순서로 행하여야 하며 반복이 없는 이원배치법의 자료구조는 [표 10-6]과 같다.

[표 10-6] 반복이 없는 이원배치법의 자료배열

요인A \ 요인B	B_1	B_2		B_m	평 균
A_1	Y_{11}	Y_{12}	$\cdots$	Y_{1m}	$\overline{Y_{1.}}$
A_2	Y_{21}	Y_{22}	$\cdots$	Y_{2m}	$\overline{Y_{2.}}$
$\vdots$	$\vdots$	$\vdots$		$\vdots$	$\vdots$
A_l	Y_{l1}	Y_{l2}	$\cdots$	Y_{lm}	$\overline{Y_{l.}}$
평 균	$\overline{Y_{.1}}$	$\overline{Y_{.2}}$	$\cdots$	$\overline{Y_{.m}}$	$\overline{\overline{Y}}$

위의 자료배열에서 각 평균들은 다음과 같이 정의된다.

$$\text{요인 A의 각 수준에서 평균} : \overline{Y_{i.}} = \frac{1}{m}\sum_{j=1}^{m} Y_{ij} \ , \ i = 1,2,\cdots,l$$

$$\text{요인 B의 각 수준에서 평균} : \overline{Y_{.j}} = \frac{1}{l}\sum_{i=1}^{l} Y_{ij} \ , \ j = 1,2,\cdots,m$$

$$\text{총 평 균} : \overline{\overline{Y}} = \frac{1}{lm}\sum_{i=1}^{l}\sum_{j=1}^{m} Y_{ij}$$

요인 A의 수준이 i이고 요인 B의 수준이 j인 처리에서의 관측값 Y_{ij}는 요인 A와 요인 B의 영향을 받게 되며 자료의 구조식은 다음과 같이 표현될 수 있다.

반복이 없는 이원배치법의 자료의 구조식

$Y_{ij} = \mu + a_i + b_j + e_{ij}$

$\quad i=1, 2, \cdots, l$

$\quad j=1, 2, \cdots, m$

여기서 μ : 총평균

$\quad a_i$: 요인 A의 i번째 수준 효과

$\quad b_j$: 요인 B의 j번째 수준 효과

$\quad e_{ij} \sim N(0, \sigma^2)$

이때 우리는 요인 A와 요인 B가 특성값에 영향을 주는가에 관심을 갖게 되고 이를 가설로 표현하면 다음과 같다.

(1)요인 A에 대한 가설

$$H_0 : a_1 = a_2 = \cdots a_l = 0$$

$$H_1 : \text{적어도 한 } a_i \text{는 0이 아니다.}$$

(2)요인 B에 대한 가설

$$H_0 : b_1 = b_2 = \cdots b_m = 0$$

$$H_1 : \text{적어도 한 } b_j \text{는 0이 아니다.}$$

위의 가설은 자료의 총변동을 요인 A에 의한 변동, 요인 B에 의한 변동, 잔차에 의한 변동으로 분해하여 분산분석표를 다음과 같은 순서에 의하여 검정할 수 있다.

(1) 변동의 분해

총 편차를 요인마다 편차로 분해하여 제곱한 편차제곱합은 총제곱합(SST)을 요인 A의 제곱합(SS_A), 요인 B의 제곱합(SS_B), 잔차의 제곱합(SS_E)으로 분해한다. 즉,

$$SST = SS_A + SS_B + SS_E$$

여기서, $SST = \displaystyle\sum_{i=1}^{l} \sum_{j=1}^{m} (Y_{ij} - \overline{\overline{Y}})^2$

$$SS_A = m \sum_{i=1}^{l} (\overline{Y_i \cdot} - \overline{\overline{Y}})^2$$

$$SS_B = l\sum_{j=1}^{m}(\overline{Y_{.j}} - \overline{\overline{Y}})^2$$

$$SS_E = \sum_{i=1}^{l}\sum_{j=1}^{m}(Y_{ij} - \overline{Y_{i.}} - \overline{Y_{.j}} + \overline{\overline{Y}})^2$$

혹은, $SS_E = SST - SS_A - SS_B$

(2) 자유도의 계산

각 제곱합의 자유도는 제곱을 한 서로 다른 편차의 개수에서 선형제약조건의 수를 뺀 것이므로 SST, SS_A, SS_B, SS_E의 자유도는 각각 $lm-1$, $l-1$, $m-1$, $(l-1)(m-1)$로 주어진다. 이때 전체의 자유도인 SST의 자유도가 SS_A, SS_B, SS_E의 자유도의 합으로 분해됨을 알 수 있다.

(3) 분산분석표의 작성

제곱평균 MS_A, MS_B, MS_E를 각각의 자유도로 나누어 준 값이다. 그리고 요인 A에 대한 귀무가설 $H_0 : a_1 = a_2 = \dots a_l = 0$하에서는 $F_0 = \dfrac{MS_A}{MS_E}$는 자유도 $(l-1, (l-1)(m-1))$인 F분포를 따르므로 요인 A에 대한 귀무가설의 기각역은 $F_0 > F_\alpha((l-1), (l-1)(m-1))$로 주어진다. 마찬가지로, 요인 B에 대한 귀무가설 $H_0 : b_1 = b_2 = \dots b_m = 0$하에서는

$F_0 = \dfrac{MS_B}{MS_E}$는 자유도 $(m-1, (l-1)(m-1))$인 F분포를 따르므로 요인 B에 대한 귀무가설의 기각역은 $F_0 > F_\alpha((m-1), (l-1)(m-1))$로 주어진다. 이상의 결과를 요약하면 [표 10-7]과 같은 분산분석표를 작성할 수 있다.

[표10-7] 반복이 없는 이원배치법의 분산분석표

요　인	제곱합	자유도	제곱평균	F비
요인 A	SS_A	$l-1$	MS_A	MS_A/MS_E
요인 B	SS_B	$m-1$	MS_B	MS_B/MS_E
잔　차	SS_E	$(l-1)(m-1)$	MS_E	
계	SST	$lm-1$		

위의 분산분석표에서 $\dfrac{MS_A}{MS_E}$의 값이 $F_\alpha((l-1), (l-1)(m-1))$보다 크고

$\dfrac{MS_B}{MS_E}$의 값이 $F_\alpha((m-1),\ (l-1)(m-1))$보다 크면 요인 A, B가 특성값에 유의한 영향을 준다고 말한다. 그렇지 않을 경우 요인 A, B가 유의한 영향을 주지 않는다고 한다.

(예제 10-3)

어느 지역의 4개 빙과류 제조업체에서 3종류의 포장 색상에 따라 빙과류의 판매량에 미치는 영향을 조사하고자 반복이 없는 이원배치법에 의해 다음 자료를 얻었다. 분산분석표를 작성하고 빙과류회사에 따라 판매량이 다른지, 또한 포장 색상에 따라 판매량이 차이가 나는지 검정하여라. (단, $\alpha = 0.05$)

[표 10-8] 4개회사의 포장색상에 따른 빙과류 판매량

포장색상 / 빙과류 제조업체	B_1	B_2	B_3	평 균
A_1	64	72	74	$\overline{Y_{1.}}=70$
A_2	55	57	47	$\overline{Y_{2.}}=53$
A_3	59	66	58	$\overline{Y_{3.}}=61$
A_4	58	57	53	$\overline{Y_{4.}}=56$
평 균	$\overline{Y_{.1}}=59$	$\overline{Y_{.2}}=63$	$\overline{Y_{.3}}=58$	총평균 $\overline{\overline{Y}}=60$

(풀 이)

(1) 가설의 설정 :

① $H_0 : a_1 = a_2 = a_3 = a_4 = 0$

$H_1 :$ 적어도 한 a_i는 0이 아니다.

② $H_0 : b_1 = b_2 = b_3 = 0$

$H_1 :$ 적어도 한 b_j는 0이 아니다.

(2) 제곱합의 분해

$l = 4,\ m = 3$

$$SST = \sum_{i=1}^{4} \sum_{j=1}^{3} (Y_{ij} - \overline{\overline{Y}})^2 = (64-60)^2 + \cdots + (53-60)^2 = 662$$

$$SS_A = 3 \sum_{i=1}^{4} (\overline{Y_{i.}} - \overline{\overline{Y}})^2 = 3\{(70-60)^2 + \cdots + (56-60)^2\} = 498$$

$$SS_B = 4 \sum_{j=1}^{3} (\overline{Y_{.j}} - \overline{\overline{Y}})^2 = 4\{(59-60)^2 + \cdots + (58-60)^2\} = 56$$

$$SS_E = SST - SS_A - SS_B = 108$$

A의 자유도 $= l - 1 = 3$

B의 자유도 $= m - 1 = 2$

잔차의 자유도 $= (l-1)(m-1) = 6$

전체의 자유도 $= lm - 1 = 11$

(3) 분산분석표의 작성

요인	제곱합	자유도	제곱평균	F비
A(회사)	498	3	166	9.22
B(포장색상)	56	2	28	1.56
잔차	108	6	18	
계	662	11		

(4) F분포표에서 $F_{0.05}(3, 6) = 4.76$, $F_{0.05}(2, 6) = 5.14$이므로 요인 A에 대한 귀무가설 $H_0 : a_1 = a_2 = a_3 = a_4 = 0$은 유의수준 $a = 0.05$에서 기각되나 요인 B에 대한 귀무가설 $H_0 : b_1 = b_2 = b_3 = 0$은 기각하지 못한다. 즉, 빙과류 판매량은 제조사에 따라 유의한 차이가 있으나, 포장색상은 판매량에 유의한 영향을 준다고 볼 수 없다.

10.4 반복이 있는 이원배치법

이원배치법의 실험에서 요인의 수준을 조합한 조건마다 2회 이상 반복실험을 행하여 관측값을 얻는 경우를 반복이 있는 이원배치법이라고 한다. 요인 A, B의 수준수가 각각 l, m이고 요인수준의 각 조합마다 반복수가 r인 실험에서는 전체 실험의 횟수는 $l \times m \times r$회가 되며 $l \times m \times r$회의 전체 실험이 랜덤하게 선택된 순서에 의해 실시되어야 한다.

반복이 없는 이원배치법에 비하여 반복이 있는 이원배치법의 가장 큰 장점은 인자수준의 조합에서 생기는 효과를 분리하여 구할 수 있다는 것이다. 인자수준의 조합에서 생기는 효과를 **교호작용**(interaction)이라 하며, 요인 A의 효과가 요인 B의 각 수준에 따라 변화하는 독립된 요인효과로 모형에 존재한다.

앞에서 다룬 반복이 없는 이원배치법의 모집단 모형은

$$Y_{ij} = \mu + a_i + b_j + e_{ij}, \quad e_{ij} \sim N(0, \sigma^2)$$

로서, $E(e_{ij}) = 0$이므로

$$E(Y_{ij}) = \mu + a_i + b_j$$

가 된다 따라서 인자 A의 각 수준에서의 기대값의 차이는 B의 수준에 무관하게 된다. 예를 들어, A의 첫 번째 수준과 세 번째 수준에서의 기대값의 차이는 B의 모든 수준에 대하여

$$(\mu + a_1 + b_j) - (\mu + a_3 + b_j) = a_1 - a_3$$

로서 변함이 없다. 이를 그림으로 나타내면 [그림10-2]와 같이 주어진다. 이 그림에서와 같이 A의 각 수준을 연결하는 선분들이 평행이면 두 인자 A, B사이에 교호작용이 존재하지 않음을 뜻한다.

한편 [그림 10-3]은 B_1에서는 A_3가 A_1보다 높은 기대값을 주나 B_2에서는 A_1이 A_3보다 높은 기대값을 준다. 이와 같이, A의 각 수준에서의 기대값의 차이가 B의 수준에 따라서 변화게 될 때에 A와 B는 교호작용이 있다고 하며, 이 경우에는 해서는 안된다.

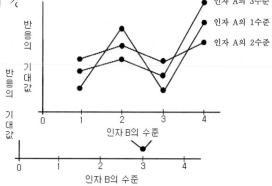

[그림 10-2] 교호작용이 없는 경우

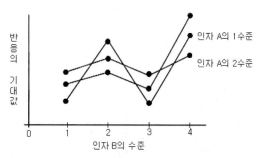

[그림 10-3] 교호작용이 있는 경우

각 수준의 조합마다 r회씩 반복실험을 하여 관측값을 얻은 반복이 있는 이원배치법의 자료 구조는 [표 10-9]와 같이 주어진다.

[표 10-9] 반복이 있는 이원배치법의 자료배열

요인B 〳 요인A	B_1	B_2	$\cdots$	B_m	평 균
A_1	Y_{111} Y_{112} $\vdots$ Y_{11r} $\overline{Y}_{11.}$	Y_{121} Y_{122} $\vdots$ Y_{12r} $\overline{Y}_{12.}$	$\cdots$ $\cdots$ $\cdots$ $\cdots$	Y_{1m1} Y_{1m2} $\vdots$ Y_{1mr} $\overline{Y}_{1m.}$	$\overline{Y}_{1..}$
A_2	Y_{211} Y_{212} $\vdots$ Y_{21r} $\overline{Y}_{21.}$	Y_{221} Y_{222} $\vdots$ Y_{22r} $\overline{Y}_{22.}$	$\cdots$ $\cdots$ $\cdots$ $\cdots$	Y_{2m1} Y_{2m2} $\vdots$ Y_{2mr} $\overline{Y}_{2m.}$	$\overline{Y}_{2..}$
$\vdots$	$\vdots$	$\vdots$	$\vdots$	$\vdots$	$\vdots$
A_l	Y_{l11} Y_{l12} $\vdots$ Y_{l1r} $\overline{Y}_{l1.}$	Y_{l21} Y_{l22} $\vdots$ Y_{l2r} $\overline{Y}_{l2.}$	$\cdots$ $\cdots$ $\cdots$ $\cdots$	Y_{lm1} Y_{jm2} $\vdots$ Y_{lmr} $\overline{Y}_{lm.}$	$\overline{Y}_{l..}$
평 균	$\overline{Y}_{.1.}$	$\overline{Y}_{.2.}$	$\cdots$	$\overline{Y}_{.m.}$	$\overline{\overline{Y}}$

[표 10-9]의 자료배열에서 평균의 기호는 다음과 같이 정의된다.

요인 A의 수준 i, 요인 B의 수준 j에서의 평균 : $\overline{Y}_{ij.} = \dfrac{1}{r}\sum_{k=1}^{r} Y_{ijk}$

요인 A의 수준 i에서의 평균 : $\overline{Y}_{i..} = \dfrac{1}{mr}\sum_{j=1}^{m}\sum_{k=1}^{r} Y_{ijk}$

요인 B의 수준 j에서의 평균 : $\overline{Y}_{.j.} = \dfrac{1}{lr}\sum_{i=1}^{l}\sum_{k=1}^{r} Y_{ijk}$

요인 A의 i번째 수준과 요인 B의 j번째 수준에서의 k번째 관측값 Y_{ijk}는 요인 A, B와 두 요인 사이의 교호작용에 영향을 받으므로 다음과 같이 표현될 수 있다.

$Y_{ijk} = \mu + a_i + b_j + (ab)_{ij} + e_{ijk}$

$\quad i = 1, 2, \cdots, l$

$\quad j = 1, 2, \cdots, m$

$\quad k = 1, 2, \cdots, r$

여기서 μ : 총평균

$\qquad a_i$: 요인 A의 i번째 수준 효과

$\qquad b_j$: 요인 B의 j번째 수준 효과

$\qquad (ab)_{ij}$: 요인 A,B의 수준조합에서 교호작용 효과

$\qquad e_{ijk}$: 서로 독립인 $N(0, \sigma^2)$를 따르는 오차

반복이 있는 이원배치법에서는 요인 A, B가 특성값에 영향을 주는가 하는 것뿐만 아니라 요인 A, B간에 교호작용이 존재하는가에도 관심을 갖게 된다. 교호작용에 대한 가설은 다음과 같다.

$$H_0 : 모든\ (ab)_{ij} = 0$$

$$H_1 : (ab)_{ij}\ 중\ 적어도\ 하나는\ 0이\ 아니다.$$

요인 A, B에 대한 가설과 교호작용에 대한 가설 역시 다음과 같은 순서에 의하여 분산분석표를 작성해 봄으로써 검정할 수 있다.

(1) 변동의 분해

총제곱합(SST)을 요인 A의 제곱합(SS_A), 요인 B 제곱합(SS_B), 교호작용의 제곱합($SS_{A \times B}$), 잔차 제곱합(SS_E)의 합으로 분해한다. 즉,

$$SST = SS_A + SS_B + SS_{A \times B} + SS_E$$

여기서, $\quad SST = \sum_{i=1}^{l} \sum_{j=1}^{m} \sum_{k=1}^{r} (Y_{ijk} - \overline{\overline{Y}})^2$

$$SS_A = mr \sum_{i=1}^{l} (\overline{Y_i}.. - \overline{\overline{Y}})^2$$

$$SS_B = lr \sum_{j=1}^{m} (\overline{Y_{.j}}. - \overline{\overline{Y}})^2$$

$$SS_{A \times B} = r \sum_{i=1}^{l} \sum_{j=1}^{m} (\overline{Y_{ij.}} - \overline{Y_{i..}} - \overline{Y_{.j.}} + \overline{\overline{Y}})^2$$

$$SS_E = \sum_{i=1}^{l} \sum_{j=1}^{m} \sum_{k=1}^{r} (Y_{ijk} - \overline{Y_{ij.}})^2$$

$$SS_E = SST - SS_A - SS_B - SS_{A \times B}$$

(2) 자유도의 계산

각 제곱합의 자유도는 제곱을 한 서로 다른 편차의 개수에서 선형제약조건의 수를 뺀 것이므로 SST, SS_A, SS_B, $SS_{A \times B}$, SS_E의 자유도는 각각 $lmr-1$, $l-1$, $m-1$, $(l-1)(m-1)$, $lm(r-1)$이다. 이때 총변동의 자유도 $lmr-1$은 SS_A, SS_B, $SS_{A \times B}$, SS_E의 자유도의 합으로 분해됨을 알 수 있다.

(3) 분산분석표의 작성

제곱평균 MS_A, MS_B, $MS_{A \times B}$, MS_E는 SS_A, SS_B, $SS_{A \times B}$, SS_E를 각각의 자유도로 나누어준 값이다. 교호작용에 대한 검정은 귀무가설 H_0 : 모든 $(ab)_{ij} = 0$하에서

$F_0 = \dfrac{MS_{A \times B}}{MS_E}$는 자유도 $(l-1)(m-1)$, $lm(r-1)$인 F분포를 따르므로 귀무가설에 대한 기각역이 $F_0 > F_\alpha((l-1)(m-1), lm(r-1))$로 주어진다. 이상의 결과를 요약하면 [표 10-10]과 같은 분산분석표를 작성할 수 있다.

[표 10-10]의 분산분석표에서 $\dfrac{MS_A}{MS_E}$가 $F_\alpha((l-1), lm(r-1))$보다 크면 요인 A가 특성값에 유의한 영향을 준다고 하고,

$\dfrac{MS_B}{MS_E}$가 $F_\alpha((l-1), (m-1)lm(r-1))$보다 크면 요인 B가 특성값에 유의한 영향을 준다고 말하며, $\dfrac{MS_{A \times B}}{MS_E}$가 $F_\alpha((l-1)(m-1), lm(r-1))$보다 크면 두 요인 A, B사이에 교호작용이 존재한다고 말한다.

[표 10-10] 반복이 있는 이원배치법의 분산분석표

요 인	제곱합	자유도	제곱평균	F비
요 인 A	SS_A	$l-1$	MS_A	MS_A/MS_E
요 인 B	SS_B	$m-1$	MS_B	MS_B/MS_E
교호작용	$SS_{A \times B}$	$(l-1)(m-1)$	$MS_{A \times B}$	$MS_{A \times B}/MS_E$
잔 차	SS_E	$lm(r-1)$	MS_E	
계	SST	$lmr-1$		

(예제 10-4)

4종류의 비료와 3종류의 품종이 보리의 수확량에 미치는 영향을 조사하고자 각 수준의 조합마다 3회씩 반복하여 반복이 있는 이원배치법에 의해 다음 자료를 얻었다. 분산분석표를 작성하고, 각 요인과 교호작용의 영향을 분석하라.

[표 10-11] 단위면적당 수확량   (단위 : kg)

비료＼품종	B_1	B_2	B_3	평 균
A_1	64, 66, 70	72, 81, 64	74, 51, 65	$\overline{Y_{1..}} = 67.4$
A_2	65, 63, 58	57, 43, 52	47, 58, 67	$\overline{Y_{2..}} = 56.7$
A_3	59, 68, 65	66, 71, 59	58, 39, 42	$\overline{Y_{3..}} = 58.6$
A_4	58, 41, 46	57, 61, 53	53, 59, 38	$\overline{Y_{4..}} = 51.8$
평 균	$\overline{Y_{.1.}} = 60.3$	$\overline{Y_{.2.}} = 61.3$	$\overline{Y_{.3.}} = 54.3$	$\overline{\overline{Y}} = 58.6$

(풀 이)

(1) 가설의 설정 :

① $H_0 : a_1 = a_2 = a_3 = a_4 = 0$

   $H_1 :$ 적어도 한 a_i는 0이 아니다.

② $H_0 : b_1 = b_2 = b_3 = 0$

   $H_1 :$ 적어도 한 b_j는 0이 아니다.

③ $H_0 :$ 모든 $(ab)_{ij} = 0$

   $H_1 :$ 적어도 한 $(ab)_{ij}$는 0이 아니다.

(2) 제곱합의 분해

   $l = 4$, $m = 3$, $r = 3$, 전체관측값의 수 $N = 36$

$$SST = \sum_{i=1}^{4} \sum_{j=1}^{3} \sum_{k=1}^{3} (Y_{ijk} - \overline{\overline{Y}})^2 = (64 - 58.6)^2 + \cdots + (38 - 58.6)^2 = 3779$$

$$SS_A = 9 \sum_{i=1}^{4} (\overline{Y_{i\cdot\cdot}} - \overline{\overline{Y}})^2 = 9\{(67.4 - 58.6)^2 + \cdots + (56.7 - 58.6)^2\} = 1157$$

$$SS_B = 12 \sum_{j=1}^{3} (\overline{Y_{\cdot j\cdot}} - \overline{\overline{Y}})^2 = 12\{(60.3 - 58.6)^2 + \cdots + (54.3 - 58.6)^2 = 350\}$$

$$SS_{A \times B} = 3 \sum_{i=1}^{4} \sum_{j=1}^{3} (\overline{Y_{ij\cdot}} - \overline{Y_{i\cdot\cdot}} - \overline{Y_{\cdot j\cdot}} + \overline{\overline{Y}})^2 = 771$$

$$SS_E = SST - SS_A - SS_B - SS_{A \times B} = 1501$$

(3) 분산분석표의 작성

A의 자유도 $= l - 1 = 3$

B의 자유도 $= m - 1 = 2$

교호작용$(A \times B)$의 자유도 $= (l-1)(m-1) = 6$

잔차의 자유도 $= lm(r-1) = 24$

전체의 자유도 $= N - 1 = 35$

요 인	제곱합	자유도	제곱평균	F비
A(비료)	1157	3	385.667	6.17
B(품종)	350	2	175.000	2.80
교호작용	771	6	128.500	2.05
잔 차	1501	24	62.542	
계	3779	35		

(4) 가설의 검정

① $F(3, 24 ; 0.05) = 3.01$이므로 요인 A(비료)에 대한 귀무가설을 기각한다.
즉, 비료의 종류에 따라 수확량에 유의한 차이가 있다고 볼 수 있다.

② $F(2, 24 ; 0.05) = 3.40$이므로 요인 B에 대한 귀무가설을 기각하지 못한다.
즉, 품종에 따라 수확량에 차이가 있다는 결론을 내릴 수 없다.

③ $F(6, 24 ; 0.05) = 2.51$이므로 교호작용에 대한 귀무가설을 기각하지 못한다.
즉, 비료의 종류와 품종 사이에 교호작용이 있다고 볼 수 없다.

10.1 두 가지 약물 (A, B)의 효과를 비교하기 위하여 생쥐실험을 하고자 한다. 실험용 생쥐 20마리가 있다고 할 때 이를 약물 A, B에 배분하는 방법을 설명하라.

10.2 세 가지 교육방법(A, B, C)의 효과를 비교하기 위하여 중학교 1학년 학생들을 대상으로 실험을 하고자 한다. 중학교 1학년 학생 30명을 대상으로 실험을 하고자 할 때 각 교육방법에 이 30명의 학생들을 배정하는 방법을 설명하라.

10.3 연습문제 10.1의 실험에서
  (a) 실험단위(experimental unit)는 무엇인가?
  (b) 처리(treatment)는 무엇인가?
  (c) 실험계획 방법은 무엇인가?

10.4 연습문제 10.2의 실험에서
  (a) 실험단위(experimental unit)는 무엇인가?
  (b) 처리(treatment)는 무엇인가?
  (c) 실험계획 방법은 무엇인가?

10.5 암 환자를 치료하는 두 가지 서로 다른 치료방법(A, B)를 비교하고자 한다. 암에 대한 치료효과는 환자의 상태(암이 심하게 퍼진 경우/ 암의 초기단계)에 따라 다르다고 하며, 한 병원에는 암의 상태가 심한 환자 20명과 암의 초기단계인 환자40명이 있다고 할 때,
  (a) 이러한 경우에 적절한 실험계획법은 무엇인가?
  (b) 실험단위(experimental unit)는 무엇인가?
  (c) 처리(treatment)는 무엇인가?
  (d) 블럭(block)은 무엇인가?
  (e) 환자를 각 처리집단에 배정하는 방법을 설명하라.

10.6 네 가지 비료(A, B, C, D)의 효과를 비교하기 위하여 콩의 재배실험을 하고자 한다. 특정지역에 있는 밭이 비옥도에 따라 세 등급(비옥함, 보통, 메마름)으로 구분될 수 있으며 각 등급의 땅은 균등하게 네 구역으로 나뉘어질 수 있다고 할 때,

(a) 네 가지 비료의 효과를 비교분석하기 위한 실험을 계획하라.

(b) 실험단위(experimental unit)는 무엇인가?

(c) 처리(treatment)는 무엇인가?

(d) 블럭(block)은 무엇인가?

(e) 이러한 실험에 적절한 실험계획법은 무엇인가?

10.7 다음 표는 일원배치법의 분산분석표에서 자유도의 값을 표시한 것이다. 반복수가 일정하다고 하면 수준 및 반복수는 얼마인가?

요 인	자 유 도
처 리	
잔 차	42
	47

10.8 다음은 반복수가 같은 일원배치법의 분산분석표이다. 분산분석표의 빈 칸을 채워보아라.

요인	제곱합	자유도	제곱평균	F비
처리	190	②	③	⑤
잔차	①	12	④	
계	668	14		

10.9 어느 반응공정에서 촉매의 첨가량에 따라 수율(%)이 영향을 받는지 알아보기 위하여 다음과 같은 일원배치법에 의한 자료를 얻었다. 첨가량에 따라 수율이 다른지 분석하여라.($\alpha = 0.05$)

첨가량	$A_1(1.0\%)$	$A_2(1.5\%)$	$A_3(2.0\%)$	$A_4(2.5\%)$
	84.3	87.3	89.5	92.0
수율	83.9	86.8	89.8	93.1
	84.2	87.2	90.1	92.8

10.10 3개의 처리가 있는 일원배치법에서 반복을 일정하게 하여 아래의 관측값을 얻었다. 분산분석표를 작성하고 처리효과에 차이가 있는지 가설을 세우고 유의수준 α = 0.05에서 검정하여라.

A_1	A_2	A_3
48	47	49
49	49	51
50	48	50
49	48	50

10.11 많은 판매원을 고용하고 있는 어느 회사에서 급여방법에 따라 판매실적에 차이가 있는지 알아보기 위하여 서로 다른 급여방법을 적용하고 있는 세 종류의 집단의 판매원들 중에서 랜덤하게 판매원을 뽑은 후 지난 달의 판매실적을 조사하여 다음 자료를 얻었다. 급여방법에 따라 판매실적에 차이가 있는지 유의수준 α = 0.05에서 검정하여라. (단위 : 10만 원)

급여방법	A_1	A_2	A_3
	42	43	44
	45	45	49
판매실적	44	51	47
	43	48	50
	44	47	
		49	

10.12 4종류의 공정방법에 따라 생성된 플라스틱 제품의 강도를 측정하여 다음자료를 얻었다. 공정방법에 따라 제품강도에 차이가 있는지 유의수준 α = 0.05에 검정하여라.

공정방법	A_1	A_2	A_3	A_4
	49	46	49	57
	55	37	55	56
제품의 강도	49	50	42	58
	58			
	61			

10.13 어떤 반복이 없는 이원배치법의 실험에서 다음의 자료를 얻었다. 오인 A, B에 대한 가설을 세우고 요인 A, B가 특성값에 유의한 영향을 미치는지 유의수 $\alpha = 0.05$에서 검정하여 보아라.

주조시간＼온도	A_1	A_2	A_3	A_4
B_1	78	62	71	77
B_2	57	49	62	60
B_3	69	78	72	83
B_4	71	66	59	67

10.14 요인 A, B의 수준에서 반복이 2회 있는 이원배치실험을 하였다. 요인 A의 자유도가 4이고 교호작용의 자유도가 12이면 잔차의 자유도는 얼마인가?

10.15 어떤 합금의 공정온도의 3수준에서 2회씩 관측하여 다음과 같은 반복이 있는 이원배치법의 자료를 얻었다. 분산분석표를 작성하고 각 요인과 교호작용의 효과에 대하여 조사하여라.

주조시간＼온도	A_1	A_2	A_3
B_1	61.0 60.2	64.1 63.2	65.2 66.1
B_2	63.3 62.7	66.2 65.4	66.6 67.2
B_3	61.3 61.9	63.2 64.2	66.0 66.4

제 **11** 장 상관분석과 회귀분석

11.1 상관분석과 회귀분석의 개요

 자연이나 사회현상의 규명에 있어서 관련된 변수들 간의 상호관련성에 관심을 갖게 되는 경우가 흔히 있다. 예를 들어 가계소득과 저축, 기업의 광고비 지출액과 매출액, 흡연량과 폐암발생률, 통계학 성적과 출석시간, 제품을 제조할 때의 공정온도와 제품강도 사이의 관계가 관심의 대상이 되는 경우이다.

 이런 경우, 자료를 통하여 변수들간의 관련성 여부와 그 관계를 찾아낼 수 있다면, 한 변수의 변화로부터 다른 변수의 변화를 예측하는 데 도움을 줄 수 있을 것이다.

 상관분석(correlation analysis)은 두 변수 사이의 선형적 연관관계를 규명하는 통계분석으로서 두 변수 사이의 선형관계가 있고 없음에 대한 추론이 그 주요목적이며, 변수들 사이에 구체적으로 어떠한 함수관계가 있는가를 파악하고자 하는 것은 아니다. 그러나 한 변수의 값으로부터 다른 변수의 값을 예측하고자 하는 경우가 흔히 있다. 예를 들어, 가계소득으로부터 저축을 예측한다든지, 공정온도로부터 제품강도를 예측하고자 하는 경우이다. 이러한 경우, 어떤 수학적 모형을 가정하고, 자료로부터 모수를 추정하여 예측 또는 통계적 추론을 하는 분석방법이 **회귀분석**(regression analysis)이다.

 회귀분석이란 변수들 사이의 관계를 조사하여 모형화시키는 통계적 기법으로서 경제, 경영, 교육, 정치 등의 사회과학 그리고 물리, 화학, 생물, 공학, 농학, 의학 등 자연과학의 거의 모든 분야에서 응용되고 있다.

 '회귀'라는 용어는 1885년 영국의 과학자 갈톤(F. Galton)이 발표한 "유전에 의하여 보통사람의 신장으로 회귀(Regression toward Mediocrity Stature)"라는 논문에서 비롯되었다. 그는 아들의 키와 부모의 평균 키와의 관계를 분석하였는데, 부모의 키와 매우 클 때(또는 작을 때) 아들의 키는 일반적으로 평균키보다는 크지만(작지만) 그들의 부모만큼 크(작)지는 않다는 결론이다. 즉 부모가 키가 크(작)더라도 그 자식들은 결국 보통 키로 회귀(돌아간다)한다는 뜻이다.

 공정온도로부터 제품강도를 예측하고자 하는 경우, 제품강도는 다른 변수의 영향을 받는 변수로서 **종속변수**(dependent variable)또는 **반응변수**(response variable)라고 하고, 이와는 달리 공정온도는 제품강도에 영향을 주는 변수로서 **독립변수**(independent variable) 또는 **설명변수**(explanatory variable)라 한다. 상관분석에서는 종속변수, 독립변수 두 변수 모두가 확률변수인데 반하여 회귀분석에서는 독립변수는 확률변수가 아니고 주어진 값이며 확률변수인 종속변수를 독립변수의 함수로서 설명하려는 것이 목적이다. 이와 같이 두 변수 사이의 관계를 알아보고자 할 때 가장 먼저 할 일은 서로 대응하는 자료를 좌표평면 위에 점들로 나타내는 산점도(scatter diagram)를 그려보는 것이며 다음과 같은 점에 착안하여 살펴보아야 한다.

(1) 점들의 산재된 모양으로부터 두 변수 사이에 관계가 있는지 살펴본다.
(2) 직선관계인지 곡선관계인지를 살펴본다. 상관분석은 선형관계의 있고 없음에 대하여 조사하는 것이기 때문에 곡선관계인 경우에는 의미가 별로 없게 된다.
(3) 이상한 자료가 있는가 살펴본다. 이상값(outlier)은 자료를 수집할 때 다른 모집단의 표본이 혼입되었거나 측정이나 계산의 잘못, 자료기입의 착오 등이 원인이라 생각된다. 이상점이 발견되면 원인을 규명하여 수정해 주도록 한다.
(4) 점들이 몇 개의 집단으로 층별 되는지 살펴본다. 만약 층별이 나타나면 몇 개의 모집단으로부터 자료가 섞여 있는 경우이므로 해석에 유의하여야 한다.

[그림 11-1]은 여러 가지 형태의 산점도에 대한 모습을 보여 주고 있다.

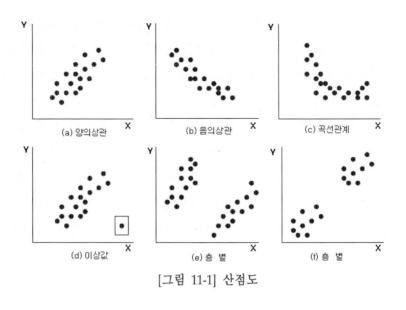

[그림 11-1] 산점도

11.2 상관 분석

1.상관분석의 개념 및 상관계수 추정

　상관분석은 두 변수들 간의 변동 방향 및 강도의 연관성을 측정하는 측도인 상관계수(correlation coefficient)를 이용하여 변수간의 선형관계의 연관성을 규명하고 선점도상의 각 점들이 하나의 직선 주위에 얼마나 가까이 밀집되어 있는가를 알아보기 위한 분석 방법이다. 예를 들면 온도와 아이스크림 판매량 사이에 어느 정도 밀접한 관계가 있는가? 라든가 학력과 연봉 사이의 관계, 체중과 혈압 사이의 관계, GNP와 저축률 사이의 관계, 차량의 주행속도와 제동거리 사이의 관계를 분석하는 경우이다. 이와 같은 분석에서 가장 기초적인 분석방법은 두 변수 사이의 산포도(scatter polt)를 그리는 것이다. 즉 두 변수 X, Y가 다음과 같이 n개의 쌍으로 관측되었다고 할 때,

X	x_1	x_2	$\cdots$	x_n
Y	y_1	y_2	$\cdots$	y_n

각 쌍의 자료 (x_1, y_1), (x_2, y_2), $\cdots$, (x_n, y_n)은 다음과 같은 X, Y 좌표상에 점으로 표현될 수 있다.

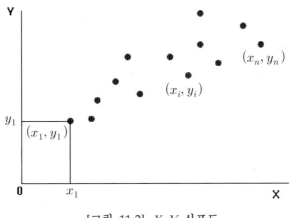

[그림 11-2] X, Y 산포도

[그림 11-2]과 같은 산포도를 이용하여 두 확률변수 사이의 관련성 여부를 파악하고, 두 확률변수 X와 Y간의 선형관계의 강도를 나타내는 측도인 상관계수로 연관성을 규명 한다. 상관계수를 구하는 식은 다음과 같이 정의된다.

모상관계수 (population correlation coefficient)

$$corr(X, Y) = \rho = \frac{\sigma_{xy}}{\sigma_x \sigma_y} = \frac{Cov(X, Y)}{\sqrt{Var(X)Var(Y)}}$$

상관계수가 ρ인 이변량분포로부터 n개의 자료를 추출하여 얻은 관측값을 (x_1, y_1), (x_2, y_2), $\cdots$, (x_n, y_n)이라 할 때, ρ의 점추정값으로서는 $Cov(X, Y)$와 $V(X)$, $V(Y)$를 각각 추정하여 얻어지는 다음과 같은 표본상관계수를 이용한다.

$$r = \hat{\rho} = \frac{\sum_{i=1}^{n}(x_i - \overline{x})(y_i - \overline{y})}{\sqrt{\sum_{i=1}^{n}(x_i - \overline{x})^2}\sqrt{\sum_{i=1}^{n}(y_i - \overline{y})^2}} = \frac{S_{xy}}{\sqrt{S_{xx} \cdot S_{yy}}}$$

$$S_{xx} = \sum_i (x_{i-}\overline{x})^2 = \sum_i x_i^2 - \frac{(\sum_i x_i)^2}{n}$$

$$S_{yy} = \sum_i (y_{i-}\overline{y})^2 = \sum_i y_i^2 - \frac{(\sum_i y_i)^2}{n}$$

$$S_{xy} = \sum_i (x_{i-}\overline{x})(y_{i-}\overline{y}) = \sum_i x_i y_i - \frac{\sum_i x_i \sum_i y_i}{n}$$

표본상관계수 r의 범위는 $-1 \leq r \leq 1$이며, r이 1에 가까울수록 양의 상관관계가 강함을 시사하고 r이 -1에 가까울수록 음의 상관관계가 강함을 시사한다. 따라서 표본상관계수 r이 1에 가까우면, X와 Y사이에는 양의 방향으로 직선관계가 강하게 존재한다는 것을 의미하며, -1에 가까우면 음의 방향으로 직선관계의 정도가 강하다는 것을 나타내게 된다. 그러나 주의하여야 할 점은 상관계수가 두 확률변수간의 선형관계(직선관계)에 대한 측도이지 곡선관계나 기타 관계를 나타내는 측도는 아니다. 결국 $r = 0$이라는 것은 선형관계가 없다는 것을 시사 하는 것이지 아무런 관계도 없다는 뜻은 아니다.

이론적으로 $-1 \leq r \leq 1$이며, (X, Y)의 관찰값에 의한 산포도와 상관계수 r과의 관계를 그림으로 표현하면 [그림 11-3]과 같다. [그림 11-2]에서 산포도에 중심축을 그릴 때 상관계수 r은 산포도가 중심축을 중심으로 흩어진 정도를 측정한다. 상관계수 r의 부호는 중심축의 방향이 양이면 +, 음이면 $-$이다. 또한 $|r|$ 값은 산포도가 중심축에 가까이 분포되어 있을수록 1에 가까운데, [그림 11-3]의 (1), (2)와 같이 (X, Y)의 관계가 완전선형 $y = \beta_0 + \beta_1 x (\beta_1 \neq 0)$인 경우에는 $r = 1 (\beta_1 > 0)$ 또는 $r = -1 (\beta_1 < 0)$이다.

반대로 산포도의 분포 폭이 중심축으로부터 커질수록 $|r| = 0.7$인 경우보다 분포의 폭이 더 큰 것을 알 수 있다. 그리고 $r = 0$인 경우는 두 변수 사이에 상관관계가 없음을 의미하는데 [그림 11-3]에 (5), (6)과 같이 산포도가 하나의 특정한 중심축을 그릴 수 없는 경우와 관계식 $y = \beta_0 + \beta_1 x$에서 $\beta_1 = 0$인 경우가 여기에 해당된다.

한편 두 변수 사이에 선형관계가 있다고 해서 반드시 인과관계가 있다는 뜻은 아니다. 예를 들어 교사들의 봉급과 맥주소비량 사이에 1에 가까운 상관계수 값이 나왔을 때 교사의 봉급이 오르면 맥주를 많이 소비한다는 뜻은 아닐 것이다. 어쩌면 전반적인 생활수준의 향상으로 봉급도 오르고 맥주소비량도 증가했을지도 모른다.

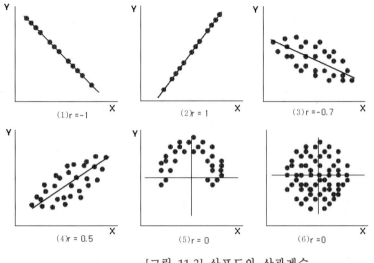

[그림 11-3] 산포도와 상관계수

2. 상관계수의 유의성 검정

표본상관계수 r값의 크고 작음은 모상관계수의 값에도 영향을 받지만 표본추출에 따른 확률에도 영향을 받게 된다. 모상관계수 ρ에 대한 검정에서는 표본상관계수 r값과 적절한 한계값을 비교하여 판정하게 된다. 따라서 X와 Y 사이의 선형 연관성 존재여부에 대한 검정의 가설은 다음과 같이 설정된다.

$$H_0 : \rho = 0$$
$$H_1 : \rho \neq 0$$

만약 두 확률변수 X, Y가 이변량 정규분표(bivariate normal distribution)를 따르고 귀무가설 $\rho = 0$이 사실이면 표본상관계수 r을 다음과 같이 변환하여 얻은 $T(X)$는

$$T(X) = \sqrt{n-2} \cdot \frac{r}{\sqrt{1-r^2}} \sim t(n-2)$$

자유도 $(n-2)$인 t분포를 따르는 것으로 알려져 있다. 따라서 유의수준 α에서 만약

$$|T(X)| > t_{\frac{\alpha}{2}}(n-2)$$

이면 귀무가설을 기각한다. 한편 단측 검정$\left(H_1:\rho>0 \text{ 또는 } H_1:\rho<0 \right)$에 대한 가설검정도 동일한 절차로 검정한다. 단지 기각역만 $T(X)>t_\alpha(n-2)$또는 $T(x)\leftarrow t_\alpha(n-2)$로 바뀐다.

(예제 11-1)

다음은 통계학을 강의하는 교수가 통계학 성적과 결석시간과의 관계를 규명하기 위해 통계학과목을 수강하고 있는 학생 중 10명을 랜덤하게 선정하여 조사한 자료이다. 결석시간(X)과 성적(Y)이 서로 관련이 있는지 표본상관계수를 구하여 보고, 유의수준 α=0.05에서 상관관계가 존재하는지를 검정하여라.

[표 11-1] 통계학성적과 결석시간의 자료

결석시간 (X)	0	5	6	1	0	4	3	2	7	3
통계학 성적(Y)	92	81	71	90	95	76	85	93	82	88

(풀 이)

(1) 표본상관계수의 계산

$$n=10,\ \bar{x}=3.1,\ \bar{y}=85.3,\ \sum_{i=1}^{n}x_i=31,\ \sum_{i=1}^{n}y_i=853$$

$$\sum_{i=1}^{n}(x_i-\bar{x})^2=\sum_{i=1}^{n}x_i^2-\frac{\left(\sum_{i=1}^{n}x_i\right)^2}{n}=147-\frac{(31)^2}{10}=50.9$$

$$\sum_{i=1}^{n}(y_i-\bar{y})^2=\sum_{i=1}^{n}y_i^2-\frac{\left(\sum_{i=1}^{n}y_i\right)^2}{n}=73309-\frac{(853)^2}{10}=548.1$$

$$\sum_{i=1}^{n}(x_i-\bar{x})(y_i-\bar{y})=\sum_{i=1}^{n}x_iy_i-\frac{\left(\sum_{i=1}^{n}x_i\right)\left(\sum_{i=1}^{n}y_i\right)}{n}=2504-\frac{(31)(853)}{10}=-140.3$$

따라서 표본상관계수는

$$r = \frac{S_{xy}}{\sqrt{S_{xx}S_{yy}}} \frac{-140.3}{\sqrt{(50.9)(548.1)}} = -0.824$$

이 된다. 표본상관계수 r= - 0.824이라는 것은 10명의 통계학 수강자로 부터 결석시간과 통계학 성적과의 관계를 추론해 본 결과 두변수간에는 강한 음의 상관관계가 존재 한다고 볼 수 있다. 즉 결석시간의 수가 증가 할 수 록 통계학 성적이 감소하는 경향이 있다고 볼 수 있다.

(2) 모상관계수의 검정

표본상관계수를 바탕으로 모상관계수가 0인지 아닌지를 검정하기 위하여 다음의 가설을 설정한다.

$$H_0 : \rho = 0 \qquad H_1 : \rho \neq 0$$

검정통계량 $T(X)$는

$$T(X) = \sqrt{n-2} \cdot \frac{r}{\sqrt{1-r^2}} = \sqrt{8} \cdot \frac{-0.824}{\sqrt{1-(-0.824)^2}} = -4.113$$

이 된다. 그리고 위의 가설은 양측검정이므로 유의수준 $\alpha = 0.05$를 사용하는 경우, 자유도 $n-2 = 8$의 t분포로부터 $t_{0.025}(8)$를 찾으면 2.306이 된다.

따라서 $T(X) = -4.113 < -2.306$이므로 귀무가설을 기각 한다.

즉, 결석시간과 통계학 성적 사이에는 선형관계가 있다고 결론 내릴 수 있다.

11.3 단순회귀분석

통계학의 중요한 역할 중의 하나는 예측(forecasting)이다. 상관분석은 단순히 두 변수 사이에 어느 정도 밀접한 선형관계가 있는가를 분석하는 방법이나, 두 변수 사이의 원인과 결과 관계는 설명할 수 없다. 그러나 실제 자료 분석에 있어서는 관측값이 쌍으로 주어졌을 때 하나의 변수값을 이용하여 다른 변수값을 예측하고자 하는 경우가 있다. 이와 같이 변수들 간의 관계를 함수로 표현(모형화)하여 한 변수값에 대하여 다른 변수의 값을 추정, 예측하는 경우에 적용할 수 있는 통계적 분석 방법이 회귀분석(regression analysis)이다. 회귀분석은 크게 선형회귀분석(linear regression analysis)과 비선형회귀분석(nonlinear regression analysis)으로 구분된다. 그리고 선형회귀분석은 고려되는 독립변수의 수에 따라 단순선형회귀분석과 다중선형회귀분석으로 다시 분류된다. 단순선형회귀분석(simple linear regression analysis)이란 한 개의 독립변수와 한 개의 종속변수의 관계가 선형관계로 정의되는 관계를 말하며, 두개 이상의 독립변수가 고려된 모형을 다중선형회귀분석(multiple linear regression analysis)이라 한다. 예를 들면 행복시의 자동차 보유대수와 교통사고 사망자수 사이의 분석에서 자동차 보유대수가 1,000,000대인 경우 교통사고 사망자수라든가, 대학입학 수능시험 성적과 대학졸업시의 평균성적 (GPA : grade point average) 사이의 관계에서 한 학생이 대학입학 수능시험 성적이 350점 일 때 그 학생의 대학 졸업시에 기대되는 GPA를 예측하고자 하는 경우이다. 또한 경제자료에서 GNP와 저축률 사이의 관계에 있어서 국민 1인당 GNP가 35,000달러일 때의 저축률을 예측할 수 있다면 국가의 경제계획을 수립 하는 데 매우 유용할 것이다.

이와 같이 선형회귀분석이란 쌍으로 관찰된 두 변수들 사이에 선형관계가 있다고 전제한 후에 한 변수를 원인으로 하고 다른 변수를 결과로 하여 두 변수 사이의 선형식을 구하는 통계분석방법이다. 선형회귀분석에서 원인의 역할을 하는 변수를 설명변수(explanatory variable ; 또는 독립변수, independent variable)라 하고, 결과를 관측하는 변수를 반응변수(response variable ; 또는 종속변수, dependent variable)라고 한다.

따라서 단순선형 회귀분석(simple linear regression analysis)이란 하나의 반응변수와 하나의 설명변수 사이의 선형관계식을 구하는 통계적 분석이다. 여기에서 단순 (simple)이란 말은 설명변수가 하나인 것을 의미하며 선형회귀 (linear regression)란 두 변수 사이의 관계가 선형식으로 표현 된다는 것을 의미한다.

1. 단순회귀모형

단순선형 회귀분석에서 설명변수를 x, 반응변수를 y라고 할 때 회귀모형은 다음과 같이 정의된다.

$$y = \beta_0 + \beta_1 x + \epsilon \qquad (11.1)$$

(11.1)식에서 y값은 실험자(분석자)에 의해 임의로 조절될 수 있는 정해진 x의 선형식 $\beta_0 + \beta_1 x$값과 오차 ϵ(자연환경의 변화, 측정기구의 부정확, 측정자의 부정확 등 각종 오차가 복합된 값)의 결합된 형태로 표현된다. 이를 관측값의 쌍 $(x_1, y_1), (x_2, y_2), ..., (x_n, y_n)$에 대한 x, y 산포도를 이용하여 설명하면 다음과 같다. x, y산포도가 [그림 11-4]와 같이 주어졌을 때 각 y_i값은 (11.2)식 $y_i = \beta_0 + \beta_1 x_i$에 의한 값 $\beta_0 + \beta_1 x_i$ 와 ϵ_i의 결합으로 표현됨을 알 수 있다.

예를 들어 [표 11-1]의 자료에서 결석시간을 설명변수 x, 통계학 성적을 반응변수 y라고 할 때 i=1, 2, …, 10에 대하여

$$y_i = \beta_0 + \beta_1 x_i + \epsilon_i \qquad (11.2)$$

로 표현할 수 있다. 즉 i번째 학생의 통계학성적 y_i는 결석시간에 의하여 설명되어지는 부분 $\beta_0 + \beta_1 x_i$ 와 결석시간에 의하여 설명되지 않는 임의효과ϵ_i의 결합된 식으로 표현된다.

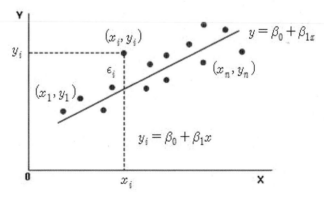

[그림 11-4] x, y 산포도와 회귀모형

이와 같이 쌍으로 관측된 자료를 식 (11.2)에 주어진 단순선형 회귀모형을 이용하여 분석하고자 하는 경우에는 자료가 다음과 같은 조건들을 만족한다고 가정한다.

x와 y사이의 관계는 선형식으로 표현할 수 있다. (예제 11-1)에 주어진 산포도는 x, y관계를 선형식으로 표현할 수 있으나 [그림 11-5]와 같은 산포도는 선형식으로 표현할 수 없음을 알 수 있다. [그림 11-5]와 같은 산

포도를 갖는 자료는 비선형모형으로 변수변환방법 등을 이용하여 적합한
모형을 찾아야 한다.

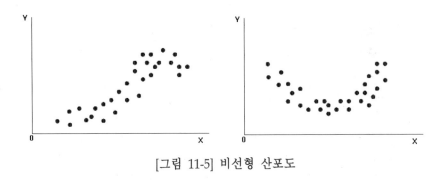

[그림 11-5] 비선형 산포도

오차 ϵ_i는 서로 독립이며 평균 0과 분산 σ^2을 갖는 정규분포를 따른다.
이를 수식으로 표현하면 다음과 같다.

$$Cov(\epsilon_i, \epsilon_j) = 0 \quad i \neq j$$
$$\epsilon_i \sim N(0, \sigma^2), \, i = 1, 2, \cdots, n$$

단 순 회 귀 모 형

독립변수의 정해진 값 $x_1, \cdots, x_n$에서 측정되는 종속변수 $y_1, \cdots, y_n$에 대하여
다음의 관계식이 성립한다고 가정하자.

$$y_i = \beta_0 + \beta_1 x_i + \epsilon_i \, (i = 1, 2, \cdots, n)$$

여기에서 오차 $\epsilon_1, \cdots, \epsilon_n$은 서로 독립이고 $\epsilon_i \sim N(0, \sigma^2)$에 따르며
$\beta_0, \beta_1, \sigma^2$은 미지인 모수이다.

즉 y_i는 평균 $\beta_0 + \beta_1 x_i$와 미지의 분산 σ^2을 갖는 정규분포를 따른다고
가정한다. 또한 y_i와 y_j, $i \neq j$, 즉 i번째 학생의 통계학 성적과 j번째 학생
의 통계학 성적은 서로 독립이라고 가정한다. 이는 y_i와 ϵ_i의 관계에 의하
여 $\epsilon_i, \epsilon_j, i \neq j$가 서로 독립임을 의미한다. 이와 같은 회귀식 $\beta_0 + \beta_1 x_i$는
$x = x_i$가 주어졌을 때 y_i의 기대값이며, y_i와 ϵ_i의 확률모형은 다음과 같다.

$$E(y_i | x = x_i) = \beta_0 + \beta_1 x_i$$
$$y_i \sim N(\beta_0 + \beta_1 x_i, \sigma^2)$$
$$\epsilon_i \sim N(0, \sigma^2) \tag{11.3}$$

또한 y_i와 ε_i의 확률모형을 산포도 그림을 이용하여 설명하면 [그림 11.6]과 같다.

위에 주어진 두 조건과 모형(11.3)을 이용한 단순회귀분석에서는 두 계수 β_0, β_1을 추정하여 모단순회귀식 $y = \beta_0 + \beta_1 x$ 를 추정하고, 모형의 분산 σ^2를 추정하여 β_0와 β_1의 추정량의 분포를 구한 후에 β_0 또는 β_1이 0인가에 대한 검정을 실시한다. 또한 단순회귀식 $y = \beta_0 + \beta_1 x$ 가 자료에 얼마나 적합한가를 검정한다.

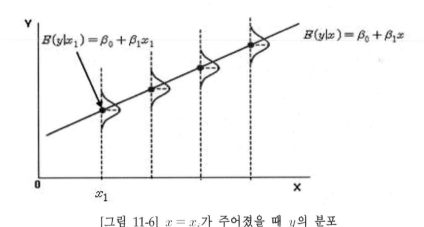

[그림 11-6] $x = x_i$가 주어졌을 때 y의 분포

2. 회귀계수의 추정 -최소제곱법

단순회귀모형인 (11.1)식에서 반응변수 y는 설명변수 x에 의하여 만들어진 선형식 $E(y \mid x) = \beta_0 + \beta_1 x$ 와 잔차 ϵ의 결합으로 표현된다. 여기에서 회귀분석은 표본자료를 가지고 모선형식 $y = \beta_0 + \beta_1 x$ 를 구하는 것으로 이

는 회귀계수 β_0, β_1을 추정하는 문제이다.

따라서 선형회귀모형에서 계수 β_0, β_1을 추정하기 위해 모집단의 일부인 n개의 관측쌍,(x_1, y_1), (x_2, y_2), $\cdots$, (x_n, y_n)을 이용하여 β_0와 β_1의 추정값인 $\hat{\beta_0}$와 $\hat{\beta_1}$를 구한다. 이 경우 $\hat{y} = \hat{\beta_0} + \hat{\beta_1} x$는 모선형회귀선 $y = \beta_0 + \beta_1 x$ 의 추정된 회귀선으로 식(11.4)와 같다

$$E(y \mid x) = \beta_o + \beta_1 x$$

(11.4)

$$\hat{y} = \hat{\beta_0} + \hat{\beta_1} x$$

또한 (11.1)의 선형회귀모형은 식(11.5)와 같이 표현한다.

$$y = \beta_0 + \beta_1 x + \epsilon \qquad (11.5)$$
$$\hat{y} = \hat{\beta_0} + \hat{\beta_1} x + e$$

선형회귀모형 (11.5)에서 잔차 e는 오차 ϵ의 추정량이며 이를 그림으로 설명하면 [그림 11-7]과 같다.

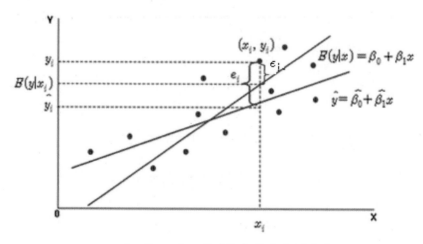

[그림 11-7] 모회귀선과 추정된 회귀선

모형(11.5)에서 모회귀계수 β_0, β_1는 알 수 없고 단지 n개의 표본을 이용하여 추정량 $\hat{\beta_0}$와 $\hat{\beta_1}$를 구하는데 [그림 11-7]을 이용하여 회귀계수의 추정

방법을 설명한다.

단순회귀모형 $y_i = \beta_0 + \beta_1 x_i + \epsilon_i$, $i = 1, 2, ..., n$에서 모회귀식 $E(y_i) = \beta_0 + \beta_1 x_i$ 의 추정회귀식은 $\hat{y_i} = \hat{\beta_0} + \hat{\beta_1} x_i$이다. 그리고 실제 관측값과 추정된 회귀식 값의 차를 잔차(residual)라고 하며 다음과 같이 정의한다.

$$e_i = y_i - \hat{y_i} = y_i - (\hat{\beta_0} + \hat{\beta_1} x_i) \tag{11.6}$$

따라서 모든 $i = 1, 2, ..., n$에 대하여 잔차 e_i가 작게 되도록 하는 추정회귀식을 구하는 것이 바람직한 추정이다. 그런데 잔차의 합이 "0"이 되므로 잔차제곱합의 2차식인 식 (11.7)이 최소가 되는 $\hat{\beta_0}, \hat{\beta_1}$ 추정량을 구하여 회귀식을 추정한다.

$$Q(\hat{\beta_0}, \hat{\beta_1}) = \sum_{i=1}^{n} e_i^2 = \sum_{i=1}^{n} (y_i - \hat{\beta_0} - \hat{\beta_1} x_i)^2 \tag{11.7}$$

이와 같은 원리를 이용하여 계수 $\hat{\beta_0}$와 $\hat{\beta_1}$을 추정하는 방법을 최소제곱법(least square method)이라고 한다. 추정량을 구하는 과정은 방정식의 극소값을 구하는 방법으로 $Q(\hat{\beta_0}, \hat{\beta_1})$를 $\hat{\beta_0}$와 $\hat{\beta_1}$에 대하여 편미분하여 0으로 놓은 후에 $\hat{\beta_0}$와 $\hat{\beta_1}$에 대하여 해를 구한다.

$\hat{\beta_0}$와 $\hat{\beta_1}$를 구하는 과정

$$\frac{\partial Q}{\partial \hat{\beta_0}} = 2 \sum_{i=1}^{n} (y_i - \hat{\beta_0} - \hat{\beta_1} x_i)(-1) = 0$$

$$\frac{\partial Q}{\partial \hat{\beta_1}} = 2 \sum_{i=1}^{n} (y_i - \hat{\beta_0} - \hat{\beta_1} x_i)(-x_i) = 0$$

$$\sum_{i=1}^{n} y_i - n\hat{\beta}_0 - \hat{\beta}_1 \sum_{i=1}^{n} x_i = 0$$

$$\sum_{i=1}^{n} x_i y_i - \hat{\beta}_0 \sum_{i=1}^{n} x_i - \hat{\beta}_1 \sum_{i=1}^{n} x_i^2 = 0$$

$$\sum_{i=1}^{n} y_i = n\hat{\beta}_0 + \hat{\beta}_1 \sum_{i=1}^{n} x_i$$

$$\sum_{i=1}^{n} x_i y_i = \hat{\beta}_0 \sum_{i=1}^{n} x_i + \hat{\beta}_1 \sum_{i=1}^{n} x_i^2 \qquad (11.8)$$

식(11.8)을 정규방정식(normal equation)이라고 하며 이 두 개의 연립방정식을 풀면 n개의 표본에 근거한 β_0와β_1의 추정량 $\hat{\beta}_0$와$\hat{\beta}_1$는 다음과 같다.

$$\widehat{\beta_0} = \overline{y} - \widehat{\beta_1}\overline{x}$$

$$\hat{\beta}_1 = \frac{\displaystyle\sum_{i=1}^{n}(x_i - \overline{x})(y_i - \overline{y})}{\displaystyle\sum_{i=1}^{n}(x_i - \overline{x})^2} = \frac{S_{xy}}{S_{xx}} \qquad (11.9)$$

따라서 위의 식(11.9)에서 구한 추정량$\hat{\beta}_0, \hat{\beta}_1$을 가지고 다음과 같은 2개의 단순회귀추정식을 얻는다.

$$\hat{y} = \widehat{\beta_0} + \widehat{\beta_1}x$$
$$\hat{y} = \overline{y} - \widehat{\beta_1}\overline{x} + \widehat{\beta_1}x$$
$$= \overline{y} + \widehat{\beta_1}(x - \overline{x})$$

(예제 11-2)

다음은 한국대학교 신입생 중 12명의 학생을 표본으로 추출하여 조사한 결과 아래 [표 11-2]와 같은 백분위 평균성적 자료를 얻었다. 모의고사성적과 대학입학성적간에 어떤 관계가 있는지 알아보고자 한다. β_0와 β_1의 최소제곱추정값을 구하고 산점도에 추정된 회귀식을 그려보아라.

[표 11-2] 모의고사성적과 대학입학성적에 관한 자료

모의고사성적(x)	65	50	55	65	55	70	65	70	55	70	50	55
대학입학성적(y)	85	74	76	90	85	87	94	98	81	91	76	74

(풀 이)

(1) 주어진 자료로부터 다음을 계산한다.

$n = 12, \ \overline{x} = 60.417, \ \overline{y} = 84.250$

$$\sum_{i=1}^{n} (x_i - \overline{x})^2 = \sum_{i=1}^{n} x_i^2 - \frac{\left(\sum_{i=1}^{n} x_i\right)^2}{n} = 44475 - \frac{(725)^2}{12} = 672.92$$

$$\sum_{i=1}^{n} (x_i - \overline{x})(y_i - \overline{y}) = \sum_{i=1}^{n} x_i y_i - \frac{\left(\sum_{i=1}^{n} x_i\right)\left(\sum_{i=1}^{n} y_i\right)}{n} = 61685 - \frac{(725)(1011)}{12} = 603.75$$

(2) 최소제곱추정값의 계산

$$\widehat{\beta}_1 = \frac{\sum\limits_{i=1}^{n} (x_i - \overline{x})(y_i - \overline{y})}{\sum\limits_{i=1}^{n} (x_i - x)^2} = \frac{603.75}{672.917} = 0.897$$

$$\widehat{\beta}_0 = \overline{y} - \widehat{\beta}_1 \overline{x} = 84.250 - (0.897)(60.417) = 30.043$$

(3) 추정 회귀직선과 산점도

$$\hat{y} = \widehat{\beta}_0 + \widehat{\beta}_1 x = 30.043 + 0.897x$$

한 학생의 모의고사 성적이 $x = 60$이면 대학입학성적은 83.876으로 추정 된다.

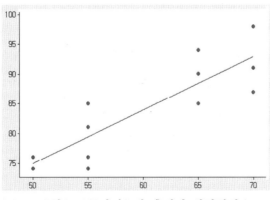

[그림 11-8] 산점도와 추정된 회귀직선

3. 분산 σ^2의 추정

단순회귀모형 $y_i = \beta_0 + \beta_1 x_i + \epsilon_i (i = 1, \cdots, n)$에서 y_i와 $E(y_i) = \beta_0 + \beta_1 x_i$의 추정량 $\hat{y_i} = \hat{\beta_0} + \hat{\beta_1} x_i$의 차, 즉 관찰치 y_i와 추정치 $\hat{y_i}$의 차이를 **잔차** (residual)라고 하며, $e_i = y_i - \hat{y_i}$로 나타낸다.

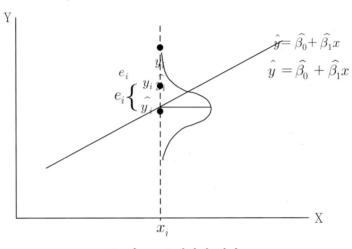

[그림 11-9] 잔차의 의미

[그림11-9]에서 보는 바와 같이 주어진 x_i에서 각각의 관측값 y_i와 추정치 $\hat{y_i}$의 차 $e_i = y_i - \hat{y_i}$가 잔차 이다. 잔차는 식(11.3)의 선형회귀모형에 자료가 얼마나 잘 적합 하는지를 측정하는데 이용되는 여러 측도 중 하나 이다. 만일 자료가 모형에 잘 맞는다면 잔차는 상대적으로 작은 값을, 그렇지 않으면 큰 값을 갖게 된다. 따라서 잔차를 이용하여 σ^2를 구 할 수 있는 정보를 준다[그림 11-9 참조]. 또한 잔차는 관찰 할 수 없는 모회귀식의 오차항 ϵ의 추정치 역할을 하는 값으로서 뒤에서 회귀모형의 회귀진단(regression diagnostics)을 하는데 매우 유용하게 이용된다.

잔차와 $\hat{y_i}$은 다음과 같은 중요한 특성을 갖는다.

(1) 잔차들의 합은 0 이다.

$$\sum_{i=1}^{n} e_i = 0$$

(2) 잔차들의 x_i에 대한 가중합(weighted sum)은 0 이다.

$$\sum_{i=1}^{n} x_i e_i = 0$$

(3) 잔차들의 $\hat{y_i}$에 대한 가중합은 0 이다.

$$\sum_{i=1}^{n} \hat{y_i} e_i = 0$$

위의 잔차의 성질은 식(11.8)에 의해 간단히 증명된다.

따라서 회귀모형에서 변동을 설명해주는 오차항의 추정량은 잔차 e_i를 제곱하여 더한 값을 잔차(오차)제곱합(error (residual) sum of squares : SSE)을 $SSE = \sum_{i=1}^{n} e_i^2 = \sum_{i=1}^{n}(y_i - \hat{y_i})^2$로 정의하며, 이를 평균한 값을 평균오차평방합(mean squares error :MSE)이라고 한다. MSE는 σ^2의 추정량 $\hat{\sigma^2}$으로 다음과 같이 구한다.

$$MSE = \hat{\sigma^2} = \frac{1}{n-2} SSE = \frac{1}{n-2} \sum_{i=1}^{n}(y_i - \hat{y_i})^2 \tag{11.10}$$

여기에서 분모 $n-2$는 잔차제곱합 (SSE)의 자유도 (drgree of freedom)이다. 이 값은 위와 같은 단순선형 회귀모형의 선형식에서 모수가 2개 (β_0, β_1)있으므로 표본관찰수 n에서 모수의 수 2를 뺀 값이라고 설명할 수 있다. 다른 설명방법으로는 SSE에 계산하여

$$SSE = \sum_{i=1}^{n}(y_i - \hat{y_i})^2 = \sum_{i=1}^{n}(y_i - \hat{\beta_0} - \hat{\beta_1} x_i)^2$$

과 같이 두 모수의 추정량 $\hat{\beta_0}$와 $\hat{\beta_1}$가 주어지기 때문에 SSE의 자유도는 표본관찰수 n에서 2를 뺀 값이다.

분산 σ^2의 불편추정량

단순회귀모형 $y_i = \beta_1 + \beta_1 x_i + \epsilon_i , \epsilon_i \sim N(0, \sigma^2)(i = 1, \cdots, n)$에서

$$MSE = SSE/(n-2) = \sum_{i=1}^{n}(y_i - \hat{\beta_0} - \hat{\beta_1} x_i)^2 / (n-2)$$

를 잔차제곱평균 (residual mean square)이라 하고, $\hat{\sigma^2} = MSE$는 σ^2의 불편추정량이다.

11.4 선형회귀식의 β_0, β_1에 대한 통계적 추론

추정된 회귀직선 $\hat{y} = \hat{\beta_0} + \hat{\beta_1}x$는 다음과 같이 단순선형 회귀모형

$$y_i = \beta_0 + \beta_1 x_i + \epsilon_i \qquad i = 1, 2, \cdots, n$$

ϵ_i는 서로 독립으로 $N(0, \sigma^2)$를 따르는 오차

을 최소제곱법에 의하여 추정한 것이다. 모회귀계수 β_0, β_1과 모회귀직선 $\mu_{y|x} = E(y) = \beta_0 + \beta_1 x$에 대한 통계적 추론을 하기 위해서는 통계량인 $\hat{\beta_0}, \hat{\beta_1}, \hat{y}$의 분포를 알아야 한다.

이들 통계량의 분포를 알아야 모수에 대한 신뢰구간과 가설검정을 할 수 있다.

1. β_1의 추정과 검정

단순회귀모형 $y_i = \beta_0 + \beta_1 x_i + \epsilon_i (i = 1, \cdots, n)$에서 회귀직선의 기울기 $\hat{\beta_1}$의 추정량

$$\hat{\beta_1} = \frac{S_{xy}}{S_{xx}} = \frac{\displaystyle\sum_{i=1}^{n}(x_i - \overline{x})(y_i - \overline{y})}{\displaystyle\sum_{i=1}^{n}(x_i - \overline{x})^2}$$

의 기대값과 분산을 구하여 보자. 먼저 기대값을 구하여 보자. $\sum_{i=1}^{n}(x_i - \overline{x}) = 0$ 이므로

$$\sum_{i=1}^{n}(x_i - \overline{x})(y_i - \overline{y}) = \sum_{i=1}^{n}(x_i - \overline{x})y_i - \overline{y}\sum_{i=1}^{n}(x_i - \overline{x}) = \sum_{i=1}^{n}(x_i - \overline{x})y_i$$

이다. 여기서 $k_i = (x_i - \overline{x})/S_{xx}$로 놓으면

$$\hat{\beta_1} = \sum_{i=1}^{n}k_i y_i$$

가 된다. 따라서 $\hat{\beta_1}$의 기대값은

$$E(\hat{\beta_1}) = \sum_{i=1}^{n}k_i E(y_i) = \sum_{i=1}^{n}k_i(\beta_0 + \beta_1 x_i) = \beta_0\sum_{i=1}^{n}k_i + \beta_1\sum_{i=1}^{n}k_i x_i$$

이 되는데,

$$\sum_{i=1}^{n} k_i = 0$$

$$\sum_{i=1}^{n} k_i x_i = \sum_{i=1}^{n} k_i (x_i - \overline{x}) = \frac{\sum_{i=1}^{n} (x - \overline{x})^2}{S_{xx}} = 1$$

이므로,

$$E(\widehat{\beta_1}) = \beta_1$$

이 된다. $\widehat{\beta_1}$은 β_1의 불편추정량이다.

다음으로 $\widehat{\beta_1}$의 분산을 구하여 보자. 단순회귀모형 $y_i = \beta_0 + \beta_1 x_i + \epsilon_i$에서 ϵ_i는 서로 독립이고 $V(\epsilon_i) = \sigma^2$이라고 가정했으므로 y_i들도 서로 독립이고 분산이 σ^2이 된다.

따라서

$$V(\beta_1) = V\left(\sum_{i=1}^{n} k_i y_i\right) = \sum_{i=1}^{n} k_i^2 V(y_i) = \sum_{i=1}^{n} k_i^2 \sigma^2$$
$$= \sum_{i=1}^{n} \left(\frac{x_i - \overline{x}}{S_{xx}}\right)^2 \sigma^2 = \frac{\sigma^2}{S_{xx}}$$

또한 $y_i \sim N(\beta_0 + \beta_1 x_i, \sigma^2)$이고, $\widehat{\beta_1}$이 $\sum_{i=1}^{n} k_i y_i$로 y_i들의 일차결합이므로 $\widehat{\beta_1}$도 정규분포를 따르게 된다.

위에서 얻은 결과와 β_1의 추정과 검정에 관한 기타의 중요한 내용을 정리하면 다음과 같다.

추정량 $\widehat{\beta_1}$에 관한 분포

(1) $\widehat{\beta_1}$는 정규분포를 따른다.(σ가 기지인 경우)

$$\widehat{\beta_1} \sim N\left(\beta_1, \frac{\sigma^2}{S_{xx}}\right)$$

(2) 평균잔차제곱 $MSE = \dfrac{SSE}{n-2}$는 $E(MSE) = \sigma^2$이므로 σ^2의 불편추정량이다.

(3) $Var(\widehat{\beta_1})$의 불편추정량은 $\dfrac{MSE}{S_{xx}}$이다.

(4) σ가 미지이고, $n < 30$인 소표본인 경우 추정량 $\dfrac{\widehat{\beta_1} - \beta_1}{\sqrt{\dfrac{MSE}{S_{xx}}}}$는 t분포를 따르

며 그 자유도는 $n-2$이다.

$$\frac{\widehat{\beta_1} - \beta_1}{\sqrt{\dfrac{MSE}{S_{xx}}}} \sim t(n-2)$$

위의 결과로부터 β_1에 관한 $100(1-\alpha)\%$ 신뢰구간을 구해 보자

$$P\left\{-t_{\frac{\alpha}{2}}(n-2) \leq \frac{\widehat{\beta_1} - \beta_1}{\sqrt{\dfrac{MSE}{S_{xx}}}} \leq t_{\frac{\alpha}{2}}(n-2)\right\} = 1 - \alpha$$

가 성립하므로, 다음과 같이 나타낼 수 있다.

$$P\left\{\widehat{\beta_1} - t_{\frac{\alpha}{2}}(n-2)\sqrt{\frac{MSE}{S_{xx}}} \leq \beta_1 \leq \widehat{\beta_1} + t_{\frac{\alpha}{2}}(n-2)\sqrt{\frac{MSE}{S_{xx}}}\right\} = 1 - \alpha$$

따라서 β_1의 $100(1-\alpha)\%$의 신뢰구간은

$$\widehat{\beta_1} \pm t_{\frac{\alpha}{2}}(n-2)\sqrt{\frac{MSE}{S_{(xx)}}}$$

다음은 β_1에 관한 가설검정에 대하여 생각해 보자. 최소제곱추정량 $\widehat{\beta_1}$이

$$\frac{\widehat{\beta_1} - \beta_1}{\sqrt{\dfrac{MSE}{S_{xx}}}} \sim t(n-2)$$

$t(n-2)$인 분포에 따르므로, β_1에 관한 가설검정의 절차는 다음과 같다.

β_1에 대한 검정절차

(1) 가설의 설정

검정하고자 하는 목적에 따라 가설을 다음과 같이 설정한다.

$$H_0 : \beta_1 \leq C_1 \qquad\qquad H_1 : \beta_1 > C_1$$
$$H_0 : \beta_1 \geq C_1 \qquad\qquad H_1 : \beta_1 < C_1$$
$$H_0 : \beta_1 = C_1 \qquad\qquad H_1 : \beta_1 \neq C_1$$

(2) 검정통계량과 분포

$$T(X) = \frac{\widehat{\beta_1} - \beta_1}{\sqrt{\dfrac{MSE}{S_{xx}}}} \sim t(n-2)$$

(3) 기각역의 설정

검정통계량 $T(X)$가 $t(n-2)$인 분포에 따르므로 t분포에서 유의수준 α와 검정의 종류(양측, 단측)에 따라 기각역을 아래와 같이 설정한다.

$$T(X) \geq t_\alpha(n-2), \; T(X) \leq t_\alpha(n-2), \; |T(X)| \geq t_\alpha(n-2)$$

(4) 검정통계량 값의 계산

주어진 표본의 자료를 가지고 검정통계량값 $T(X)$를 계산 한다.

(5) 검정 및 의사결정

$T(X)$값이 기각역에 속하면 H_0를 기각하고 기각역에 속하지 않으면 H_0를 채택한다. 또한 검정결과에 대한 적절한 해석적 의미를 서술 한다.

---

2. β_0의 추정과 검정

단순회귀모형

$$y_i = \beta_0 + \beta_1 x_i + \epsilon_i$$

$\epsilon_i \sim N(0, \sigma^2)$이고 서로 독립 $(i = 1, 2, \cdots, n)$에서 절편 β_0의 최소제곱추정량은

$$\widehat{\beta_0} = \overline{y} - \widehat{\beta_1} \overline{x}$$

이었다. 이제, 추정량 $\widehat{\beta_0}$의 기대값과 분산을 구하여 보자.

$E(\overline{y}) = \beta_0 + \beta_1 \overline{x}$, $E(\hat{\beta}_1) = \beta_1$ 이므로,

$$\begin{aligned}
E(\widehat{\beta_0}) &= E(\overline{y}) - \overline{x} E(\widehat{\beta_1}) \\
&= \beta_0 + \beta_1 \overline{x} - \beta_1 \overline{x} = \beta_0
\end{aligned}$$

따라서 $\widehat{\beta_0}$은 β_0의 불편추정량임을 알 수 있다.

$$\begin{aligned}
V(\widehat{\beta_0}) &= V(\overline{y} - \widehat{\beta_1} \overline{x}) \\
&= V(\overline{y}) + (\overline{x})^2 V(\widehat{\beta_1}) - 2\overline{x} \, Cov(\overline{y}, \widehat{\beta_1}) \\
&= \frac{\sigma^2}{n} + \frac{(\overline{x})^2}{S_{xx}} \sigma^2 - 2\overline{x} \, Cov(\overline{y}, \widehat{\beta_1})
\end{aligned}$$

여기서 $\overline{y}$와 $\widehat{\beta_1}$은 서로 독립이므로 $Cov(\overline{y}, \widehat{\beta_1}) = 0$이 된다.

따라서 분산을 구하는 추정식으로부터 $\widehat{\beta_0}$의 분산은 다음과 같다.

$$V(\widehat{\beta_0}) = \left(\frac{1}{n} + \frac{(\overline{x})^2}{S_{xx}} \right) \sigma^2$$

또한 $\widehat{\beta_0}$은 정규분포 $N(\beta_0 + \beta_1 x_i, \sigma^2)$을 따르는 서로 독립인 확률변수 $y_1, y_2, \cdots, y_n$의 일차결합 이므로, 다음과 같은 결과가 성립한다.

(1) $\widehat{\beta_0}$은 정규분포를 따른다. (σ가 기지인 경우)

$$\widehat{\beta_0} \sim N\left(\beta_0, \left(\frac{1}{n} + \frac{(\overline{x})^2}{S_{xx}}\right)\sigma^2\right)$$

(2) $\dfrac{\widehat{\beta_0} - \beta_0}{\sqrt{\left(\dfrac{1}{n} + \dfrac{(\overline{x})^2}{S_{xx}}\right) \times MSE}} \sim t(n-2)$

(3) β_0에 대한 $100(1-\alpha)\%$ 신뢰구간은

$$\widehat{\beta_0} \pm t_{\frac{\alpha}{2}}(n-2)\sqrt{\left(\frac{1}{n} + \frac{(\overline{x})^2}{S_{xx}}\right)MSE}$$

(4) β_0의 가설검정에 대한 검정통계량은

$$T(X) = \frac{\widehat{\beta_0} - C_0}{\sqrt{\left(\dfrac{1}{n} + \dfrac{(\overline{x})^2}{S_{xx}}\right)MSE}}$$

이고 기각역은 다음과 같다.

	귀무가설	대립가설	유의수준 α,기각역
①	$H_0 : \beta_0 \leq C_0$	$H_1 : \beta_0 > C_0$	$T(X) \geq t_\alpha(n-2)$
②	$H_0 : \beta_0 \geq C_0$	$H_1 : \beta_0 < C_0$	$T(X) \leq t_\alpha(n-2)$
③	$H_0 : \beta_0 = C_0$	$H_1 : \beta_0 \neq C_0$	$\mid T(X) \mid \geq t_{\frac{\alpha}{2}}(n-2)$

3. $E(y)$에 관한 추정과 검정

단순회귀모형 $y_i = \beta_0 + \beta_1 x_i + \epsilon_i\,(i = 1, \cdots, n)$에서 $E(y) = \beta_0 + \beta_1 x$의 추정량은 $\widehat{y} = \widehat{\beta_0} + \widehat{\beta_1}x$임을 앞에서 학습하였다. 이제 $\widehat{\beta_0} + \widehat{\beta_1}x$의 특성에 대하여 알아보자.

첫째로, $\widehat{y} = \widehat{\beta_0} + \widehat{\beta_1}x$의 기대값은

$$E(\widehat{y}) = E(\widehat{\beta_0} + \widehat{\beta_1}x) = E(\widehat{\beta_0}) + E(\widehat{\beta_1})x = \beta_0 + \beta_1 x$$

따라서 $\widehat{y}$은 $E(y) = \beta_0 + \beta_1 x$의 불편추정량이다.

그리고 $Cov\,(\overline{y}, \widehat{\beta_1}) = 0$이므로

$$V(\hat{y}) = V\left[\overline{y} + \hat{\beta}_1(x - \overline{x})\right]$$
$$= V\left[\overline{y} + (x - \overline{x})^2 V(\hat{\beta}_1)\right]$$
$$= \frac{\sigma^2}{n} + (x - \overline{x})^2 \frac{\sigma^2}{S_{xx}}$$
$$= \left(\frac{1}{n} + \frac{(x - \overline{x})^2}{S_{xx}}\right)\sigma^2$$

또한 $\hat{y}$은 서로 독립이며 정규분포를 따르는 확률변수 $y_1, y_2, \cdots, y_n$의 일차결합이므로 $\hat{y}$은 정규분포를 따른다.

위의 성질로부터 $\hat{\beta}_0 + \hat{\beta}_1 x$에 관한 결과를 종합하면 다음과 같다.

$E(y)$의 추정량 $\hat{\beta}_0 + \hat{\beta}_1 x$의 분포 및 추론 통계량

(1) $E(y) = \beta_0 + \beta_1 x$은 추정량 $\hat{\beta}_0 + \hat{\beta}_1 x$는 정규분포를 따른다. 즉

$$\hat{\beta}_0 + \hat{\beta}_1 x \sim N\left(\beta_0 + \beta_1 x, \ \left(\frac{1}{n} + \frac{(x - \overline{x})^2}{S_{xx}}\right)\sigma^2\right)$$

(2) $\dfrac{\hat{\beta}_0 + \hat{\beta}_1 x - E(y)}{\sqrt{\left(\dfrac{1}{n} + \dfrac{(x - \overline{x})^2}{S_{xx}}\right)MSE}} \sim t(n - 2)$

(3) $E(y)$에 대한 $100(1 - \alpha)\%$ 신뢰구간은

$$(\hat{\beta}_0 + \hat{\beta}_1 x) \pm t_{\frac{\alpha}{2}}(n - 2)\sqrt{\left(\frac{1}{n} + \frac{(x - \overline{x})^2}{S_{xx}}\right)MSE}$$

(4) 아래의 가설들에 대한 검정통계량은

$$T(X) = \frac{\hat{\beta}_0 + \hat{\beta}_1 x - \mu_0}{\sqrt{\left(\dfrac{1}{n} + \dfrac{(x - \overline{x})^2}{S_{xx}}\right)MSE}}$$

이고 기각역은 다음과 같다.

	귀무가설	대립가설	유의수준 α, 기각역
①	$H_0 : E(Y) \leq \mu_0$	$H_1 : E(Y) > \mu_0$	$T \geq t_\alpha(n - 2)$
②	$H_0 : E(Y) \geq \mu_0$	$H_1 : E(Y) < \mu_0$	$T \leq t_\alpha(n - 2)$
③	$H_0 : E(Y) = \mu_0$	$H_1 : E(Y) \neq \mu_0$	$\|T\| \geq t_{\frac{\alpha}{2}}(n - 2)$

(예제 11-3)

(예제 11-2)의 [표 11-2]에 있는 자료에 대하여 다음의 통계적 추론을 하여라.

(1) β_0에 대한 95% 신뢰구간을 구하고 $H_1 : \beta_0 \neq 35$라는 가설을 유의수준 0.05에서 검정하여라.

(2) β_1에 대한 95% 신뢰구간을 구하고 $H_1 : \beta_1 > 0$이라는 가설을 유의수준 0.01에서 검정하여라.

(3) $x = 60$일 때 $E(y)$의 95% 신뢰구간을 구하여라.

(풀 이)

(1) ① β_0에 대한 95% 신뢰구간

$$\hat{\beta_0} \pm t_{\frac{\alpha}{2}}(n-2)\sqrt{\left(\frac{1}{n} + \frac{\overline{x^2}}{\sum(x_i - \overline{x})^2}\right)MSE}$$

$$30.05 \pm 2.228\sqrt{\left(\frac{1}{12} + \frac{(60.417)^2}{672.917}\right)18.656}$$

따라서 β_0에 대한 95% 신뢰구간은 다음과 같이 구해진다.

$$30.056 \pm 22.546$$

$$(7.51, 52.602)$$

② β_0에 대한 가설검정

$$H_0 : \beta_0 = 35 \qquad , \qquad H_1 : \beta_0 \neq 35$$

$$T(X) = \frac{30.056 - 35}{\sqrt{\left(\frac{1}{12} + \frac{(60.417)^2}{672.917}\right)18.656}} = -0.489$$

검정통계량값이 채택역에 속하므로 귀무가설을 채택 한다.
따라서 유의수준 5%에서 대립가설을 채택할 만한 아무런 근거가 없다.

(2) ① β_1에 대한 95% 신뢰구간

$$\hat{\beta_1} \pm t_{\frac{\alpha}{2}}(n-2)\sqrt{\left(\frac{MSE}{\sum(x_i - \overline{x})^2}\right)}$$

$$0.897 \pm 2.228\sqrt{\left(\frac{18.656}{672.917}\right)}$$

따라서 β_1에 대한 95% 신뢰구간은 다음과 같다.

$$0.897 \pm 0.37$$

$$(0.527, 1.268)$$

② β_1에 대한 가설검정

$$H_0 : \beta_1 \leq 0 \qquad , \qquad H_1 : \beta_1 > 0$$

$$T(X) = \frac{0.897 - 0}{\sqrt{\left(\frac{18.656}{672.917}\right)}} = 5.396 > t_{0.01}(10) = 2.764$$

따라서 유의수준 $\alpha = 0.01$에서 귀무가설을 기각한다.

(3) $x = 60$에서의 모회귀직선에 대한 신뢰구간

$$x = 60, \qquad \hat{y} = 30.056 + 0.897 \times 60 = 83.876$$

$$\hat{y_0} \pm t_{\frac{\alpha}{2}}(n-2)\sqrt{\left(\frac{1}{n} + \frac{(x-\overline{x})^2}{\sum(x_i - \overline{x})^2}\right)MSE}$$

$$83.876 \pm 2.228\sqrt{\left(\frac{1}{12} + \frac{(60-60.417)^2}{672.917}\right)18.656}$$

따라서 95% 신뢰구간은 다음과 같이 구해진다.

83.876 ± 2.809

$(81.067, \ 86.685)$

여기서 $x = 60$일 때 $\hat{y} = 83.876$이라는 것은 $x = 60$일 때 y의 평균값에 대한 점추정값은 83.876이라는 의미이며 $x = 60$일 때 y의 평균값에 대한 95% 신뢰구간이 $(81.067, 86.685)$이라는 것을 의미한다.

11.5 회귀식의 정도

추정된 회귀식에서 회귀선이 종속변수와 독립변수의 연관관계를 적합하게 규명하고 있는가, 즉 회귀선이 자료를 얼마나 잘 설명하고 있는지에 대한 적합의 정도 (precision)를 판단하는 방법인 분산분석, 잔차제곱평균(MSE) ,결정계수에 관하여 알아보고자 한다.

1. 단순회귀의 분산분석

회귀직선은 최소제곱법에 의해 기계적으로 추정할 수 있지만 이 추정된 회귀직선이 x와 y간의 함수관계를 어느 정도 잘 기술하고 있는가를 알 수가 없다. 추정된 회귀직선은 구하여 의미가 있는 경우에 한하여 쓰이는 것이므로, 그 판단을 위하여 사용되는 것이 분산분석이다. 분산분석은 자료의 총변동을 회귀직선에 의해 설명되는 변동과 회귀직선에 의해 설명되지 않는 변동으로 분해하여 추정된 회귀직선이 종속변수와 독립변수와 관

련관계를 적합하게 규명하고 있는가, 즉 회귀분석이 의미가 있는지를 검정해 보는 방법이며 분산분석표는 다음과 같은 순서에 의해 작성 할 수 있다.

(1) 제곱합의 분해

관측값 y_i와 y_i들의 평균 $\overline{y}$와의 차이를 총편차라 하며 이는 [그림 11-10]와 같이 회귀직선에 의해 설명 안 되는 편차와 설명되는 편차의 합으로 분해할 수 있다.

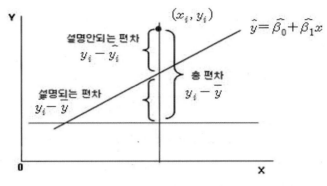

[그림 11-10] 총편차의 분해

$$y_i - \overline{y} = (y_i - \hat{y}_i) + (\hat{y}_i - \overline{y})$$

위 식의 양변을 제곱하여 정리하면 (11.11)식을 구한다.

$$\sum_{i=1}^{n}(y_i - \overline{y})^2 = \sum_{i=1}^{n}(y_i - \hat{y}_i)^2 + \sum_{i=1}^{n}(\hat{y}_i - \overline{y})^2 \quad (\because \sum(y_i - \hat{y}_i)(\hat{y}_i - \overline{y}) = 0\ )$$

$$SST = SSE + SSR \tag{11.11}$$

SST(total sum of squares)는 총편차 제곱합 또는 총변동, SSE는 회귀직선에 의해 설명 안되는 잔차 제곱합과 SSR(regression sum of squares) 회귀직선에 의해 설명되는 회귀 제곱합으로 분해되고 각각 다음과 같은 식으로 표현되어질 수 있다.

$$SST = \sum_{i=1}^{n}(y_i - \overline{y})^2 = \sum_{i=1}^{n}y_i^2 - n(\overline{y})^2$$

$$SSR = \sum_{i=1}^{n}(\hat{y}_i - \overline{y})^2 = \sum_{i=1}^{n}(\overline{y} + \hat{\beta}_1(x_i - \overline{x}) - \overline{y})^2$$

$$= \hat{\beta}_1^2 \sum_{i=1}^{n}(x_i - \overline{x})^2 = \left(\frac{S_{xy}}{S_{xx}}\right)^2 \times S_{xx} = \frac{S_{xy}^2}{S_{xx}}$$

$$SSE = SST - SSR$$

(2) 자유도의 계산

총제곱합의 자유도는 다음과 같이 회귀제곱합의 자유도와 잔차제곱합의 자유도의 합으로 분해 된다.

총 제 곱 합 의 자유도 = (회귀제곱합의 자유도) +(잔차제곱합의 자유도)

$$n-1 = (1) + (n-2)$$

(3) 분산분석표의 작성

회귀와 잔차에 대한 변동인 SSR과 SSE를 각각의 자유도로 나누어 제곱평균을 구한다.

$$회귀제곱평균 : MSR = \frac{SSR}{1}$$

$$잔차제곱평균 : MSE = \frac{SSE}{(n-2)}$$

여기서 x와 y사이에 회귀직선이 의미가 있는지를 검정하는 방법은 x와 y사이에 직선관계가 존재하면 직선의 기울기인 β_1이 0이 아닐 것이고, 직선관계가 없으면 β_1은 0이 될 것이다. 따라서 다음의 가설을 검정하는 것이 직선회귀관계가 있는지를 검정하는 것이 된다.

$$H_0 : \beta_1 = 0$$
$$H_1 : \beta_1 \neq 0$$

귀무가설 $H_0 : \beta_1 = 0$ 하에서는 $F_0 = \dfrac{MSR}{MSE}$ 는 자유도 (1, n-2)인 F분포를 따르는 것이 알려져 있다. 따라서 기각역은 $F_0 > F_\alpha(1, n-2)$로 주어진다. 이상의 결과를 요약하면 다음과 같은 분산분석표를 작성할 수 있다.

[표 11-3] 단순회귀의 분산분석표

요인	제곱합	자유도	제곱평균	F비
회귀	SSR	1	MSR	MSR/MSE
잔차	SSE	$n-2$	MSE	
계	SST	$n-1$		

위의 분산분석표에서 F비값이 $F_\alpha(1, n-2)$값보다 큰 값이 나오게 되면 귀무가설 $H_0 : \beta_1 = 0$ 이 기각되므로 추정된 회귀직선이 유의하다고 할 수 있다. 즉, 추정된 회귀식이 x와 y의 선형관계를 잘 설명하고 있다고 판단 한다.

2. 잔차제곱평균 (MSE)값

y의 값들이 회귀선 주위에 가깝다면 y의 분산인 σ^2의 추정값은 작을 것이고 이와 반대로 y의 값들이 회귀선으로부터 멀리 떨어져 있는 것이 많으면 σ^2의 추정값들이 커질 것이다. MSE는 σ^2의 불편추정량임이 알려져 있으므로 MSE값이 작으면 추정된 회귀직선이 자료를 잘 설명하고 있다고 결론을 내릴 수 있다.

3. 결정계수(coefficient of determination)

식(11.12)를 총변동 SST로 나누어 주면 다음의 관계식이 성립 한다.

$$\frac{SST}{SST} = \frac{SSE}{SST} + \frac{SSR}{SST}$$

$$r^2 = \frac{SSR}{SST} = 1 - \frac{SSE}{SST} \tag{11.12}$$

식 (11.12)에서 SSE/SST는 총변동 중에서 회귀선에 의하여 설명되지 않는 변동의 비율 나타내며, SSR/SST는 총변동 중에서 회귀선에 의하여 설명되는 변동의 비율을 나타낸다. 여기서 SSR/SST를 **결정계수**(coefficient of determination)라고 하고 r^2으로 표기 한다. r^2의 범위는 $0 \le r^2 \le 1$이고 r^2의 값이 0에 가까우면 추정된 회귀직선이 자료를 잘 설명하지 못한다는 것을 의미하고 1에 가까울수록 회귀직선이 자료를 잘 설명하고 있다고 판단 한다. r^2은 총제곱합에서 회귀직선에 의하여 설명되는 제곱합이 기여하는 비율이므로 기여율이라고도 한다.

(예제 11-4)

[표 11-2]의 두 변수간의 연관관계를 규명하기 위해 추정된 회귀직선이 의미가 있는지를 분산분석에 의해 검토하고 결정계수도 구하시오.

(풀 이)

  (1) 주이진 자료로부터 다음을 계산한다.

$$\sum_{i=1}^{n}(x_i - \overline{x})^2 = 672.92$$

$$\sum_{i=1}^{n}(y_i - \overline{y})^2 = 728.25$$

$$\sum_{i=1}^{n}(x_i - \overline{x})(y_i - \overline{y}) = 603.75$$

  (2) 분산분석표의 작성

$$SST = \sum_{i=1}^{n}(y_i - \overline{y})^2 = 728.25$$

$$SSR = \frac{\left\{\sum_{i=1}^{n}(x_i - \overline{x})(y_i - \overline{y})\right\}^2}{\sum_{i=}^{n}(x_i - \overline{x})^2} = \frac{(603.75)^2}{672.92} = 541.69$$

$$SSE = SST - SSR = 186.56$$

요 인	제곱합	자유도	제곱평균	F비
회 귀	541.69	1	541.69	$\frac{541.69}{18.656} = 29.04$
잔 차	186.56	10	18.656	
계	728.25	11		

     회귀의 자유도 = 1

     잔차의 자유도 = $n - 2$

     전체의 자유도 = $n - 1$

  (3) 가설의 검정

    $H_0 : \beta_1 = 0$

    $H_1 : \beta_1 \neq 0$

    $F_0 = 29.04 > F_{0.05}(1, 10) = 4.96$

이므로 귀무가설을 기각한다. 따라서 추정된 회귀직선은 유의하다고 할 수 있다. 즉, 유의수준 5%에서 추정된 회귀식이 x와 y의 선형관계를 잘 설명하고 있다고 판단 한다.

(4) 결정계수의 계산

$$r^2 = \frac{SSR}{SST} = \frac{541.69}{728.25} = 0.74$$

총제곱합 중에서 회귀직선에 의해 약 74%가 설명되어진다고 할 수 있다.

즉, 결정계수가 0.74라는 의미는 종속변수(대학입학 성적)의 변동 중 약 74% 정도는 독립변수(모의고사 성적)에 의하여 설명이 가능하다는 것을 의미한다.

11.6 회귀 모형의 검토

앞에서 학습한 단순회귀분석은 독립변수와 종속변수 사이에 직선관계가 있고 오차 ϵ의 분포는 $N(0, \sigma^2)$이며 오차항은 서로 독립이라는 가정에 기초하고 있다. 그러나 사회, 자연과학 등의 대부분의 분야에서 변수간의 관계는 경험적으로 주어지므로 아래의 네가지 가정들에 대한 검토가 이루어져야 한다.

선형회귀분석에서 전제조건으로 가정한 네 가지를 정리하면 다음과 같다.

(1) 선형성(linearity) : 두 변수 x와 y의 관계는 선형관계식으로 설명할 수 있다.

(2) 등분산성(homoscedastic) : 오차항 ϵ의 분산은 모든 X값에 대하여 동일하다.

(3) 독립성(independence) : 오차항들은 서로 독립이다. 즉 $Cov(\epsilon_i, \epsilon_j) = 0, \ i \neq j$이다.

(4) 정규성(normality) : 오차항 ϵ는 정규분포를 따른다. $\epsilon \sim N(0, \sigma^2)$

모형의 타당성 검사방법으로는 잔차의 검토와 적합결여검정이 있으나 본 교재에서는 잔차의 검토만 학습하기로 한다.

앞에서 배운 바와 같이 잔차의 정의는 실제 관측값과 예측값의 차이이다.

즉,

$$e_i = y_i - \hat{y_i} \ , \ i = 1, 2, \cdots\cdots, n$$

잔차는 최소제곱법에 의해 추정된 회귀모형에 의해 설명될 수 없는 변동에 대한 모든 정보를 포함하고 있다. 잔차의 정의와 오차의 정의를 다시 살펴보면,

$$\text{잔차} : e_i = y_i - \hat{\beta_0} - \hat{\beta_1} x_i$$
$$\text{오차} : \epsilon_i = y_i - \beta_0 - \beta_1 x_i$$

이 회귀모형이 성립하여 $\hat{\beta_0}$이 β_0의 올바른 추정량이고, $\hat{\beta_1}$이 β_1의 올바른 추정량이라면, 잔차 e_i는 오차항 ϵ_i의 추정량이 될 것이다.

오차에 대한 여러 가지 가정이 옳은가를 검토할 때 많이 사용되는 것이 잔차(residual ; $e_i = y_i - \hat{y_i}$)의 검토이다. 잔차의 합은 0이므로 0을 중심으로 직선을 여러 등급으로 나누고 각 등급에 속하는 잔차의 수를 세어 [그림 11-11]와 같은 점도표(dot diagram)를 그려보면 잔차들의 전반적인 추세를 살펴볼 수 있다.

[그림 11-11]는 점 A를 제외하고는 모양이 대략 정규분포의 형태를 가지므로 오차가 정규분포를 따른다는 가정이 성립되는 것같이 보인다. 점 A와 같이 자료에서 동떨어져 있는 이상점은 비록 이상점의 개수가 적더라도 분석에 커다란 영향을 미칠 수 있으므로 가능하다면 이상점이 발생된 원인에 관하여 규명해 보아야 한다.

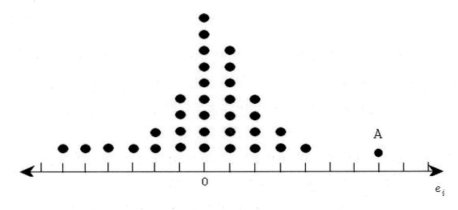

[그림 11-11] 잔차의 점도표

따라서 오차항 ϵ_i는 $N(0,\ \sigma^2)$을 따르므로 만약, 가정된 회귀모형이 성립한다면 잔차에 대한 그림을 그려보았을 때, 0을 중심으로 랜덤하게 나타날 것을 기대할 수 있을 것이다. 즉, 잔차를 그려보아 회귀모형의 가정에 대한 사실 여부를 판정할 수 있는 것이다. 잔차에 관한 산점도 몇 가지를 소개한다.

1. $(x_i,\ e_i)$의 산점도

$(x_i,\ e_i)$의 산점도를 통하여 가정된 회귀직선이 적절한 것인지 그리고 등분산성의 가정이 성립하는지를 알 수 있다. $(x_i,\ e_i)$산점도는 [그림 11-12]과 같이 x_i를 가로축에 e_i를 세로축에 배치하여 그린 그림이다. [그림 11-12]의 (1)에서 잔차값들이 x_i 값의 대소와 관계없이 0을 중심으로 랜덤하게 분포하고 있음을 알 수 있다. 즉, 회귀모형에 대한 가정들이 타당하다고 할 수 있다. [그림 11-12]의 (2)는 x_i 값이 증가함에 따라 잔차값들의 분포 폭이 점점 더 커지는 경향을 띠고 있다. 따라서 등분산성의 가정을 의심할 수 있으며, 이 경우에는 자료를 변환하거나 가중회귀직선을 적합시켜야 한다. [그림 11-12]의 (3)은 x_i 값이 증가함에 따라 잔차값들이 증가하다가 감소하는 경향을 띠고 있다. 따라서 가정된 회귀선이 부적당하며 이차곡선식이나 다른 비선형모형이 고려되어야 한다.

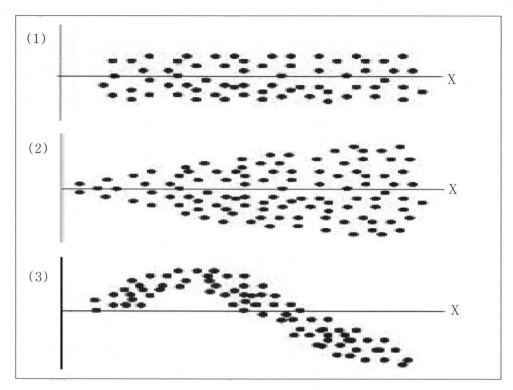

[그림 11-12] (x_i, e_i)의 산점도

2. $(\hat{y}_i, e_i)$의 산점도

$(\hat{y}_i, e_i)$산점도를 통하여서도 가정된 회귀직선이 적절한 것인지 그리고 등분산성의 가정이 성립하는지를 판단 할 수 있다. 잔차와 예측값의 산점도$(\hat{y}_i, e_i)$도 위의 [그림 11-12]의 (x_i, e_i)산점도와 동일한 방법으로 그릴 수 있고 또한 해석방법도 동일하다.

3. (i, e_i)의 산점도

(i, e_i)의 산점도는 오차 ϵ_i들이 서로 독립이라는 가정에 대한 타당성을 검토할 수 있는 그림이다. 독립성의 결여는 경영학과 경제학의 응용분야에서 주로 발생하는데 이러한 분야에서는 일반적으로 자료가 시간순서로

발생하기 때문이다. [그림 11-13]는 시험이 진행됨에 따라 잔차값들이 높은 값을 갖다가 점차 낮은 값을 갖는 형태를 보여주고 있다. 즉, 연속하는 시계열 잔차 e_{i-1}, e_i 사이에는 서로 양의 상관관계가 있음을 알 수 있으므로 오차들은 서로 독립이 아님을 알 수 있다.

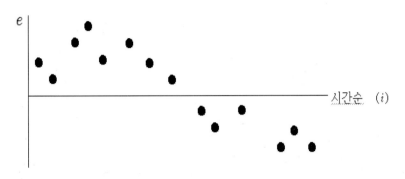

[그림 11-13] (i , e_i)의 산점도

11.7 중회귀 분석

1. 중회귀의 개념

일반적으로 대부분의 사회적인 현상 또는 자연과학적인 현상을 설명하는 데 있어서 어떤 종속변수(반응변수)의 변화는 두 개 이상의 독립변수(설명변수)에 의하여 영향을 받는다. 설명력있는 여러 개의 독립변수를 잘 선택하여 이들의 함수로써 종속변수의 변화하는 특성을 설명할 수 있는 경우에 우리는 단순회귀에 비하여 좀 더 정확한 분석을 할 수 있을 것이다. 따라서 현실적인 문제에서 종속변수는 다수의 독립변수와 연관적으로 변화하는 것이 일반적이다.

 예를들어, 반응량(y)의 변화가 촉매의 양(x)에 따라서 어떻게 달라지는가를 보거나, 만약 반응량이 촉매의 양 뿐만이 아니라 촉매의 순도, 반응온도 등에도 영향을 받는다면, 반응량의 변화를 3개의 독립변수 즉, 촉매의 양, 촉매의 순도, 반응온도의 변화로 설명하는 것이 더 정확할 것이다. 또한 기업의 매출액은 광고액 뿐아니라, 제품의 품질수준, 가격 그리고 경제변수 등의 변화에 영향을 받는다.

 이처럼 종속변수의 변화를 설명하기 위하여 k개 $(k \geq 2)$의 독립변수가 사용되어 각 독립변수의 어떤 흥미영역(일반적으로 실험자가 관심을 가지고 있는 어떤 범위)에서 종속변수와의 관계가 선형으로 가정되는 회귀모형을 중선형 회귀모형(multiple linear regression model)이라고 하고, 간단히 중회귀모형이라고 한다. 이 모형은 n개의 데이터에 대하여

$$y_i = \beta_0 + \beta_1 x_{1i} + \beta_2 x_{2i} + \cdots + \beta_k x_{ki} + \epsilon_i \quad i = 1, 2, \cdots, n \tag{11.13}$$

여기서, y_i는 종속변수의 관측값

$\qquad x_{1i}, x_{2i}, \cdots, x_{ki}$는 k번째 독립변수의 i번째 관측값

$\qquad \beta_0, \beta_1, \beta_2, \cdots, \beta_k$는 회귀계수

$\qquad \epsilon_i$는 독립적으로 $N(0, \sigma^2)$를 따르는 오차항

중회귀모형의 회귀계수들은 단수회귀 때와 유사하게 해석된다. 즉, β_0는 회귀선의 절편에 해당되며, β_k는 다른 독립변수가 일정할 때 x_k가 한 단위 증가함에 따른 y의 변화량을 나타낸다.

2. 독립변수가 2개인 경우

자료로부터 회귀식을 추정하는 방법은 단순회귀와 마찬가지로 최소제곱법을 이용한다. 간단한 경우로 2개의 독립변수가 있는 중회귀모형에서 최소제곱법에 의하여 $\beta_0, \beta_1, \beta_2$를 추정하는 방법에 대하여 생각해 보자.

$e_i = y_i - \hat{y_i} = y_i - (\hat{\beta_0} + \hat{\beta_1} x_{1i} + \hat{\beta_2} x_{2i})$이므로 오차의 제곱합은

$$Q = \sum_{1=1}^{n} \epsilon_i^2 = \sum_{i=1}^{n} (y_i - \hat{\beta_0} - \hat{\beta_1} x_{1i} - \hat{\beta_2} x_{2i})^2$$

로 주어지므로, Q를 $\beta_0, \beta_1, \beta_2$에 대하여 각각 편미분하여 0으로 놓고 정규방정식을 만들면 다음과 같다. 이 식을 만족시키는 $\beta_0, \beta_1, \beta_2$의 추정량을 $\hat{\beta_0}, \hat{\beta_1}, \hat{\beta_2}$로 각각 놓은 것이다.

$$\frac{\partial Q}{\partial \hat{\beta_0}} = -2 \sum_{i=1}^{n} (y_i - \hat{\beta_0} - \hat{\beta_1} x_{1i} - \hat{\beta_2} x_{2i}) = 0$$

$$\frac{\partial Q}{\partial \hat{\beta_1}} = -2 \sum_{i=1}^{n} (y_i - \hat{\beta_0} - \hat{\beta_1} x_{1i} - \hat{\beta_2} x_{2i}) x_{1i} = 0$$

$$\frac{\partial Q}{\partial \widehat{\beta_2}} = -2\sum_{i=1}^{n}(y_i - \widehat{\beta_0} - \widehat{\beta_1}x_{1i} - \widehat{\beta_2}x_{2i})x_{2i} = 0$$

$$n\widehat{\beta_0} + \widehat{\beta_1}\Sigma x_{1i} + \widehat{\beta_2}\Sigma x_{2i} = \sum y_i$$
$$\widehat{\beta_0}\Sigma x_{1i} + \widehat{\beta_1}\Sigma x_{1i}^2 + \widehat{\beta_2}\sum x_{1i}x_{2i} = \Sigma x_{1i}y_i$$
$$\widehat{\beta_0}\Sigma x_{2i} + \widehat{\beta_1}\Sigma x_{1i}x_{2i} + \widehat{\beta_2}\Sigma x_{2i}^2 = \Sigma x_{2i}y_i \qquad (11.14)$$

위의 (11.14)정규방정식을 풀면 $\widehat{\beta_0}, \widehat{\beta_1}, \widehat{\beta_2}$을 구할 수 있다.

이때 중회귀식 $E(y) = \beta_0 + \beta_1 x_{1i} + \beta_2 x_{2i}$를 $\hat{y} = \widehat{\beta_0} + \widehat{\beta_1}x_{1i} + \widehat{\beta_2}x_{2i}$로 추정한다.

만약에 설명변수가 $x_1, x_2, \cdots, x_k$와 같이 k개라면 최소제곱법에 의한 정규방정식은 $(k+1)$개의 1차 연립방정식이 될 것이다. 이와 같이 설명변수가 2개 이상인 경우에 문제의 유형은 단순회귀모형과 동일하나 단지 계산과정이 복잡해질 뿐이다. 따라서 실제 문제의 계산과정에서는 위 정규방정식을 행렬과 벡터를 이용하여 표현하고 해를 구하는데, 여기에서는 계산과정은 생략하기로 한다. 더욱이 오늘날에는 통계팩키지를 이용하여 회귀계수들의 추정치를 쉽게 구할 수 있으므로 구체적인 계산과정은 생략하기로 한다.

위 정규방정식을 풀면 $\widehat{\beta_0}, \widehat{\beta_1}, \widehat{\beta_2}$을 구할 수 있다. 만약 독립변수의 수가 3개 이상으로 늘어나는 경우에는 계산이 매우 복잡하므로 중회귀분석에서는 컴퓨터를 이용하는 것이 보편화되어 있다 .

(예제 11-5)
다음 자료는 [표 11-2]에 있는 자료에다 수업에 빠진 회수도 같이 고려한 것이다. 2개의 독립변수인 모의고사성적(x_1), 수업에 빠진 회수(x_2)와 종속변수인 대학입학성적간에 중회귀식을 가정하고 최소제곱법에 의해 추정하여라.

모의고사성적(x_1)	65	50	55	65	55	70	65	70	55	70	50	55
결석회수(x_2)	3	7	5	1	3	3	1	2	4	2	3	4
대학입학성적(y)	85	74	76	90	85	87	94	98	81	91	76	74

(풀 이)

(1) 자료로부터 다음을 계산한다.

$$\Sigma x_{1i} = 725 \qquad \Sigma x_{2i} = 38 \qquad \Sigma x_{1i}x_{2i} = 2195$$

$$\Sigma x_{1i}^2 = 44475 \qquad \Sigma x_{2i}^2 = 152 \qquad \Sigma y_i = 1011$$

$$\Sigma x_{1i}y_i = 61685 \qquad \Sigma x_{2i}y_i = 3079$$

(2) 정규방정식을 세운다.

$$12\widehat{\beta_0} + 725\widehat{\beta_1} + 38\widehat{\beta_2} = 1011$$

$$725\widehat{\beta_0} + 44475\widehat{\beta_1} + 2195\widehat{\beta_2} = 61685$$

$$38\widehat{\beta_0} + 2195\widehat{\beta_1} + 152\widehat{\beta_2} = 3579$$

(3) 위의 정규방정식을 풀면

$$\widehat{\beta_0} = 53.683 \qquad \widehat{\beta_1} = 0.607 \qquad \widehat{\beta_2} = -1.935$$

이고 추정된 회귀직선은

$$\hat{y} = 53.683 + 0.607x_1 - 1.935x_2$$

로 주어지고 $\widehat{\beta_2}$의 부호가 음수인 것은 결석회수가 많으면 성적이 나빠진다는 것을 의미한다.

단순선형회귀모형에서 σ^2의 불편추정량(MSE)은 $\widehat{\sigma^2} = s^2 = \dfrac{SSE}{(n-2)}$ 이고, $(n-2)$는 모형의 자유도이다. σ^2의 불편추정량은 다중회귀모형에 있어서도 비슷한 방법으로 정의된다. s^2에 대한 공식에서 분모는 n에서 추정될 모수의 수를 뺀 것이다. 다중회귀모형에서는 $(k+1)$개의 모수 $\beta_0, \beta_1, \cdots, \beta_k$가 있으므로 S^2에 대한 공식에서 분모는 $n - (k+1) = n - k - 1$ 이다. 따라서 S^2에 대한 추정량은 $\widehat{\sigma^2} = s^2 = \dfrac{SSE}{n-k-1}$ 이다.

(예제 11-6)
자동차 대리점의 매출액(단위 : 억원)은 광고비 지출액(단위 : 백만원)과 판매원 수(단위 : 명)에 의해 결정된다고 볼 수 있다. 10개의 대리점을 랜덤하게 뽑아 조사한 표본 정보가 [표11-4]에 주어져 있다. [표 11-4]에서 i번째 대리점의 매출액 y_i, i번째 대리점의 광고비 지출액 x_{1i} 그리고 i번째 대리점의 판매원 수 x_{2i}를 보여 준다. 중회귀식을 추정하고, 광고비 지출액 10과 판매원 수 16명을 갖는 대리점에 대한 매출액을 예측하시오. 또한 추정된 회귀식의 SSE 와 s를 구하시오.

[표 11-4] 대리점 정보자료

매출액 (단위:억원) y_i	광고비지출액 (단위:백만원) x_{1i}	판매원수 (단위:명) x_{2i}	x_{1i}^2	x_{2i}^2	$x_{1i}y_i$	$x_{2i}y_i$	$x_{1i}x_{2i}$	y_i^2
9	4	4	16	16	36	36	16	81
20	8	10	64	100	160	200	80	400
22	9	8	81	64	198	176	72	484
15	8	5	64	25	120	75	40	225
17	8	10	64	100	136	170	80	289
30	12	15	144	225	360	450	180	900
18	6	8	36	64	108	144	48	324
25	10	13	100	169	250	325	130	625
10	6	5	36	25	60	50	30	100
20	9	12	81	144	180	240	108	400
(합계) 186	80	90	686	932	1,608	1,866	784	3,828

(풀 이)

일반적으로 중회귀 분석의 문제는 컴퓨터를 주로 이용하나, 여기서는 [표 11-4]의 주어진 결과를 이용하여 분석 하고자 한다.

$$\Sigma y_i = 186 \qquad \Sigma x_{1i} = 80 \qquad \Sigma x_{2i} = 90 \qquad \Sigma x_{1i}^2 = 686$$

$$\Sigma x_{2i}^2 = 932 \qquad \Sigma x_{1i}y_i = 1608 \qquad \Sigma x_{2i}y_i = 1866 \qquad \Sigma x_{1i}x_{2i} = 784$$

와 평균 $\overline{y} = 18.6$, $\overline{x}_1 = 8.0$ 그리고 $\overline{x}_2 = 9.0$을 얻는다. 이를 이용해 회귀계수의 추정치를 구하면 다음과 같다.

$$\widehat{\beta}_1 = \frac{932 \times 1,608 - 784 \times 1,866}{686 \times 932 - 784^2} = 1.551$$

$$\widehat{\beta}_2 = \frac{686 \times 1,866 - 784 \times 1,608}{686 \times 932 - 784^2} = 0.76$$

$$\widehat{\beta}_0 = \overline{y} - \widehat{\beta}_1 \overline{x}_1 - \widehat{\beta}_2 \overline{x}_2 = 18.6 - 1.45 \times 8.0 - 0.79 \times 9.0 = -0.651$$

(1) 추정된 회귀식은

$$\hat{y} = -0.651 + 1.551x_1 + 0.76x_2$$

(2) 광고비 지출액 10과 판매원 수 16을 갖는 대리점에 대한 예측 매출액은

$x_1 = 10$과 $x_2 = 16$을 추정된 회귀식에 대입하면 예측된 값은

$$\hat{y} = -0.11 + 1.45 \times 10 + 0.79 \times 16 = 27.03(억원)$$

$$SSE = \Sigma(y_i - \widehat{\beta_0} - \widehat{\beta_1}x_{1i} - \widehat{\beta_2}x_{2i})^2 = 42.72$$

(3)오차항의 분산에 대한 불편추정치는

$$s^2 = \frac{SSE}{n-k-1} = \frac{42.72}{10-3} = 6.10$$

따라서, 표준오차 $s = \sqrt{6.10} = 2.47$이다

3. 중회귀의 분산분석

(1) 변동의 분해

앞에서 단순회귀의 분산분석방법을 학습하였는데, 중회귀의 분산분석도 이와 유사하게 이루어진다. 중회귀에서도 총편차 $y_i - \bar{y}$는

$$y_i - \bar{y} = (y_i - \widehat{y_i}) + (\widehat{y_i} - \bar{y})$$

로 나타낼 수 있으며, 양변을 제곱하고 $i = 1, 2, \cdots, n$에 대하여 합하면

$$\sum_{i=1}^{n}(y_i - \bar{y})^2 = \sum_{i=1}^{n}(y_i - \widehat{y_i})^2 + \sum_{i=1}^{n}(\widehat{y_i} - \bar{y})^2$$

을 얻게 된다. 단순회귀에서와 마찬가지로,

$$SST = \sum_{i=1}^{n}(y_i - \bar{y})^2, \ \ SSE = \sum_{i=1}^{n}(y_i - \widehat{y_i})^2, \ \ SSR = \sum_{i=1}^{n}(\widehat{y_i} - \bar{y})^2$$

을 각각 총변동, 잔차변동, 회귀변동이라 한다. 또한 SST, SSE , SSR의 자유도는 각각 $n-1, n-k-1, k$로 알려져 있으며,

$$MSE = SSE/(n-k-1), \ \ MSR = SSR/k$$

를 각각 잔차평균제곱, 회귀평균제곱이라 한다. 이상을 정리하면 다음과 같다.

① $\displaystyle\sum_{i=1}^{n}(y_i-\overline{y})^2=\sum_{i=1}^{n}(y_i-\widehat{y_i})^2+\sum_{i=1}^{n}(\widehat{y_i}-\overline{y})^2$

　　SST　=　　　　　SSE　　　+　　　　　SSR

　　총변동　　중회귀식에 의하여,　　중회귀식에 의하여

　　　　　　　설명되지 않는 변동　　　　설명되는 변동

② SST, SSE, SSR의 자유도는 각각 $n-1, n-k-1, k$이고

　　MSE=SSE/$(n-k-1)$, MSR=SSR/k

　　를 각각 잔차평균제곱, 회귀평균제곱이라 한다.

(2) 분산분석표

중회귀모형 $y_i=\beta_0+\beta_1 x_{1i}+\beta_2 x_{2i}+\cdots+\beta_k x_{ki}+\epsilon_i\ ,i=1,2,\cdots,n$에서 독립변수 $x_1, x_2, \cdots, x_k$에 관한 항이 의미를 갖는가에 대한 가설은

$$H_0:\beta_1=\beta_2=\cdots=\beta_k=0\qquad H_1:\beta_i\text{가 모두 0은 아니다.}$$

H_0가 사실일 때

$$\frac{MSR}{MSE}\sim F(k,\ n-k-1)$$

임이 알려져 있다. 따라서 단순회귀에서와 같이 중회귀식의 유의성검정은 다음과 같이 주어진다.

중회귀식의 유의성 검정

(1) 가설설정: 중회귀모형 $y_i=\beta_0+\beta_1 x_{1i}+\beta_2 x_{2i}+\cdots+\beta_k x_{ki}+\epsilon_i\ ,i=1,2,\cdots,n$

　　　　　에서 가설은

$$H_0:\beta_1=\beta_2=\cdots=\beta_k=0\qquad H_1:\beta_i\text{가 모두 0은 아니다.}$$

(2) 검정통계량은

$$F=\frac{MSR}{MSE}$$

(3) 기각역은 다음과 같이 주어진다.

$$F\ge F_\alpha(k,\ n-k-1)$$

이 경우의 분산분석표 [표 11-5]와 같이 작성할 수 있다.

[표 11-5] 중회귀의 분산분석표

요 인	제 곱 합	자 유 도	평균제곱	F	F(α)
회 귀	SSR	k	MSR	$\dfrac{MSR}{MSE}$	$F(k, n-k-1\,;\alpha)$
잔 차	SSE	$n-k-1$	MSE		
계	SST	$n-1$			

또한 단순회귀에서와 마찬가지로, 중회귀모형에서 중회귀식에 의해 종속
변수가 설명되어지는 정도를 나타내는

$$R^2 = \frac{SSR}{SST}$$

을 결정계수라고 한다. 이 경우의 결정계수 r^2은 단순회귀의 결정계수와
같은 성질을 가지고 있다.

(예제 11-7)
(예제11-5)에 있는 자료를 가지고 분산분석표를 작성하고 결정계수 r^2을 구하여라.

(풀 이)

(1) 변동의 계산

$$\hat{y_i} = 53.683 + 0.607x_{1i} - 1.935x_{2i}, \ i = 1, 2, \cdots, 12$$

y_i	85	74	76	90	85	87	94	98	81	91	76	74
$\hat{y_i}$	87.33	70.49	77.39	91.20	81.26	9.37	91.20	92.30	79.33	92.30	78.23	79.33
ϵ_i	-2.33	3.51	-1.39	-1.20	3.74	-3.37	2.80	5.70	1.67	-1.30	-2.23	-5.33

$$SST = \sum_{i=1}^{n} (y_i - \bar{y})^2 = 728.25$$

$$SSE = \sum_{i=1}^{n} e_i^2 = 124.66$$

$$SSR = SST - SSE = 603.59$$

요 인	제 곱 합	자 유 도	제곱평균	F비
회 귀	603.59	2	301.795	21.789
잔 차	124.66	9	13.851	
계	728.25	11		

(2) 추정된 회귀직선이 유의한가에 관한 검정

$H_0 : \beta_1 = \beta_2 = 0$, H_1 :not H_0

검정통계량 F비의 값= $21.79 > F_{0.05}(2, 9) = 4.26$이므로

귀무가설을 기각한다. 그러므로 추정된 회귀직선은 유의함으로 알 수 있으며 추정된 회귀선은 두 변수 사이의 관련성을 적합하게 설명하고 있다고 결론을 내릴 수 있다.

(3) 결정계수의 계산

$$R^2 = \frac{SSR}{SST} = \frac{603.59}{728.25} = 0.83$$

따라서 y의 변동량 중에서 x_1과 x_2 2개의 설명변수에 의해 약 83%가 설명되어진다. 여기에서 주목할 점은 (예제 11-4)에서의 결정계수값이 0.74인데 반하여 수업에 빠진 회수(x_2)가 회귀모형에 추가됨으로써 결정계수의 값이 0.83으로 증가되었음을 알 수 있다.

연 습 문 제

11.1 다음과 같은 두 확률변수에 대하여

X	0	1	2	3	4	5
Y	3	4	7	8	11	13

(1) 6개의 점을 X, Y좌표에 그려라.

(2) X와 Y의 상관계수 r을 구하라.

(3) 두 확률변수간에 상관관계가 존재하는지를 유의수준 $\alpha = 0.05$ 에서 검정하라.

11.2 통계학 과목을 수강한 학생 가운데 학생 10명을 랜덤하게 추출하여 그들이 강의에 결석한 시간(x)과 통계학 점수(y)를 조사하여 다음표를 얻었다.

학생	x	y	학생	x	y
A	0	79	F	2	72
B	1	78	G	3	55
C	1	75	H	3	63
D	2	60	I	4	40
E	2	65	J	5	28

(1) 산점도를 그려보아라. 그리고 회귀직선을 구하여 이를 산점도 위에 그려라.

(2) 분산분석표를 작성하여 유의수준 $a = 0.05$에서 F검정을 실시하여라.

(3) $x = 2$일 때에 y의 기대값 $E(y)$을 추정하여라.

11.3 다음과 같은 $n=5$의 자료 (x_i, y_i), $i=1, 2, 3, 4, 5$가 있다.

x	1	2	3	4	5
y	2	3	5	7	8

(1) 산점도를 그려라.

(2) 직선에 적합시킬 때 회귀계수 추정값 $\hat{\beta}_0$와 $\hat{\beta}_1$를 구하여라.

(3) 추정된 직선을 산점도 위에 그려라.

11.4 어떤 승용차의 값이 연도가 지남에 따라서 그 값이 어떻게 떨어지는가를 보기 위하여 이 승용차에 대한 자료를 수집하였다. x는 사용된 연수이고, y는 자동차의 값(단위 : 백만원)이다.

x	1	2	3	4	5	6	7	8	9	10
y	2.45	1.80	2.00	2.00	1.70	1.20	1.15	0.69	0.60	0.47

(1) 산점도를 그리고 직선회귀식이 적절한가를 검토하여라.

(2) 회귀직선의 추정식을 구하라.

(3) $x=5$일 때 $E(y)$의 값을 추정하여라.

11.5 어떤 복합비료의 양 x가 보리의 수확량 y에 어떠한 관계를 가지고 영향을 미치는가를 보기 위하여 다음과 같은 자료를 얻었다.

$$n=15 \qquad \overline{x}=10.8 \qquad \overline{y}=122.7$$

$$S_{(xx)}=70.6 \qquad S_{(yy)}=98.5 \qquad S_{(xy)}=68.3$$

직선관계를 가정하고 다음 질문에 답하여라.

(1) 회귀직선의 방정식을 구하여라.

(2) 결정계수 r^2을 구하고 해석 하여라.

(3) $x=12$에서 수확량의 기대값을 추정하여라.

11.6 한 내과의사가 흡연과 폐의 손상정도 사이의 관계를 분석하기 위하여 장기간 흡연을 한 10명에 대하여 흡연기간(단위 : 연)과 폐의 손상정도를 측정한 자료가 다음과 같다.

환　　자	흡연기간(X)	폐의 손상정도(Y)
1	10	25
2	15	31
3	13	26
4	33	50
5	25	41
6	8	20
7	28	35
8	24	38
9	35	55
10	20	33

(1) 흡연기간(x)과 폐의 손상정도(y)에 대한 회귀선 $y = \beta_0 + \beta_1 x$를 최소제곱법으로 구하라.

(2) 결정계수 r^2 을 구하라.

(3) y의 분산 σ^2 의 추정량 $\hat{\sigma}^2$ 을 구하라.

(4) 회귀계수 β_1이 0인가에 대한 검정을 실시하라.

11.7 냉장고의 온도(x_1) 및 저장밀도 (x_2)가 전기사용량 (y)과 어떤 관계가 있나를 알아보기 위하여 10일간의 자료를 조사하였다. 중회귀분석한 결과 $\hat{y} = 100.24 - 2.732x_1 + 0.367x_2$ 이었다.

(1) 저장밀도가 일정할 때 냉장고의 온도가 10도 떨어지면 평균 전기사용량을 어떻게 변화할까?

(2) $\sum (y_i - \bar{y})^2 = 12161$이고, 결정계수 $R^2 = 0.96$일 때 분산분석표를 만들어라.

11.8 (주)그린소재에서 생산되는 플라스틱 제품의 강도 (kg/cm^2)가 공정의 온도와 압력에 어떤 영향을 받는가를 조사하기 위하여 다음의 데이터를 얻었다.

공정온도(℃) : x_1	공정압력(psi) : x_2	강도(kg/cm^2) : y
195	57	81.4
179	61	122.2
205	60	101.7
204	62	175.6
201	61	150.3
184	54	64.8
210	58	92.1
209	61	113.8

(1) 중회귀식 $y = \beta_0 + \beta_1 x_1 + \beta_2 x_2$ 를 구하여라.

(2) 분산분석표를 작성하고, r^2의 값을 구하여라.

(3) β_1과 β_2 의 의미를 해석하여라.

11.9 어떤 공장에서 물의 소비량을 조사하기 위하여 매달의 물소비량(y), 평균온도(x_1), 작업일수(x_2)와 작업량(x_3)에 관한 데이터를 얻었다

(1) 데이터로부터 중회귀식 $y = \beta_0 + \beta_1 x_1 + \beta_2 x_2 + \beta_3 x_3$를 구하여라.

(2) β_1, β_2, β_3 의 의미는 무엇이냐?

(3) 분산분석표를 작성하고 결정계수 r^2을 구하여라.

(4) $x_1 = 20$, $x_2 = 27$, $x_3 = 60$ 에서 평균 물소비량을 추정하여라.

물소비량(y) (단위 : 1,000톤)	평균온도(x_1) (단위 : ℃)	작업일수(x_2) (단위 : 일)	작업량(x_3) (단위 : 1,000톤)
2.9	10	27	64
3.9	24	26	72
3.9	25	28	80
4.4	28	26	88

3.1	15	30	81
3.1	18	24	45
3.5	22	27	46
3.6	22	25	69
3.0	12	27	54
3.3	15	25	39

제 **12** 장

범주형 자료 분석

12.1 범주형 자료 분석의 개요

많은 자연현상이나 사회현상의 조사나 관측의 결과는 여러 개의 범주 중 하나에 속할 수 있다. 예를 들어서 스마트폰에 대한 소비자 만족도 조사 시 매우만족, 만족, 보통, 불만족, 매우불만족 등으로 분류 할 수 있고, 전기청소기 제품의 최종 품질검사과정에서 1등급 제품, 2등급 제품, 3등급 제품 ,불량품 등의 네 가지 범주로 분류될 수 있다. 또한 수치의 측도를 갖는 연속형 자료도 분석 목적에 적합하게 특정한 범주에 의해 분류 될 수 있다. 예를 들어 연봉을 다섯 구간의 범주로 분류하는 경우 이다.

이와 같이 모집단이나 측정결과를 특성에 따라 분류시켜 도수화한 자료를 **범주형 자료(categorical data)**라고 하며 이러한 자료를 이용한 통계적 추론방법을 범주형 자료의 분석(analysis of categorical data)이라 한다. 범주형 자료의 카이제곱(χ^2)검정법은 표본에 포함된 실제 관측치의 크기에 따라 미리 설정해 놓은 범주 또는 구간별로 분류하고 각 범주 또는 구간별로 실제관측치개수(O_i)와 기대치(E_i)를 비교하는 검정으로 적합도 검정, 동일성 검정, 독립성 검정 등으로 구분 된다.

12.2 다항분포

먼저 본 절에서는 범주형 자료의 통계적 분석에서 기초가 되는 확률분포로서 다항분포를 소개하고 그의 성질과 검정에 관해 살펴보기로 한다.

1. 다항분포의 정의

확률실험에서 1회의 시행결과 나올 수 있는 사건이 두 가지만(예로써 성공 또는 실패) 있는 실험을 베르누이 시행(Bernoulli trial)이라 부르고 이러한 베르누이 시행을 n번 독립적으로 반복 수행하였을 때 나올 수 있는 성공의 횟수가 이항분포가 된다는 것을 이미 5장 5.2에서 다루었다.

한편, 1회의 시행결과 나올 수 있는 사건이 3개 범주 이상($k \geq 3$)이 되는 확률실험을 다항시행 (multinomial trial)이라 부른다. 이제 이러한 다항시행을 n번 독립적으로 반복 수행 하였을 때, 각 사건들이 나타나는 횟수에 대한 확률분포에 대해서 생각해 보기로 한다.

다 항 분 포

한 번의 다항시행에서 i번째 사건이 일어날 확률을 $p_i(i=1,2,...,k)$라 하고 이러한 다항시행을 n번 독립적으로 반복 수행 하였을 때 i번째 사건이 일어난 횟수를 $N_i(i=1,2,...,k)$라고 하면 이들 $N_1, N_2,...,N_k$들의 결합확률밀도함수는

$$P(N_1 = n_1, N_2 = n_2, \cdots, N_k = n_k) = \frac{n!}{n_1! n_2! \cdots n_k!} p_1^{n_1} p_2^{n_2} \cdots p_k^{n_k}$$

단, $p_1 + p_2 ... + p_k = 1, \ n_1 + n_2 + \cdots + n_k = n$

이때 $(N_1, N_2, ..., N_k)$는 시행횟수가 n이고 속성확률이 $(p_1, p_2, ..., p_k)$인 다항분포(multinomial distribution)를 따른다고 하고 , 다음과 같이 나타낸다.

$$(N_1, N_2, \cdots, N_k) \sim m(n, p_1, p_2, \cdots, p_k)$$

위의 다항분포에서 N_i의 주변확률분포에 대해서 살펴보자. 만약 1회의 다항시행에서 i번째 사건이 일어나면 '성공'이라고 하고 그 이외의 사건이 일어나면 '실패'라고 한다면 이것은 1회의 시행에서, 성공의 확률이 p_i인 베르누이 시행이라고 볼 수 있다.

따라서 이 시행을 n번 독립적으로 반복 수행 하였을 때 i번째 사건이 일어난 성공의 횟수는 N_i이고 N_i의 분포는 이항분포 $B(n, p_i)$가 됨을 알 수 있다. 즉 $(N_1, N_2, \cdots N_k)$가 다항분포 $m(n, p_1, p_2, ..., p_k)$를 따를 때 N_i의 주변확률분포는 이항분포 $B(n, p_i)$가 된다. 따라서 N_i의 평균과 분산은 다음과 같이 된다.

$$E(N_i) = np_i, \ Var(N_i) = np_i(1 - p_i)$$

(예제 12-1)
우리나라에서 판매되는 승용차는 현대, 기아, 지엠대우, 그리고 기타의 네 가지 상호로 구분할 수 있다. 과거의 자료로부터 산출된 각 상호의 사장점유율을 p_1, p_2, p_3, p_4라고 하자. 한 소비자 단체는 각 상호의 시장점유율에 대한 변화 여부를 분석하기 위하여 최근 3년 동안 자동차를 구입한 사람 중

100명을 무작위로 추출하였다.

(풀 이)

이 경우 소비자 단체는 100회의 다항실험을 시행하는 것이며, 각 시행이 독립적으로 수행되었다면 각 범주에 속한 횟수 n_1, n_2, n_3, n_4는 모수 n, p_1, p_2, p_3, p_4를 갖는 다항변수이다. 여기서 $p_1 + p_2 + p_3 + p_4 = 1$이고, $n_1 + n_2 + n_3 + n_4 = 100$이 된다.

2. 다항분포의 적합도 검정

다항분포의 검정에서 주된 관심은 각 범주에 속하는 속성확률에 관한 검정, 즉 이들 속성확률이 어떤 특정한 값인지의 여부를 표본자료를 통해서 검정하고자 하는 것이다.

이제 k개의 범주를 갖는 다항분포에서 i번째 범주의 속성확률을 p_i라고 할 때 p_i에 관한 귀무가설과 대립가설이 다음과 같이 주어졌다고 하자.

$$H_0 : p_i = p_{i0}, i = 1, 2, \cdots, k$$
$$H_1 : \text{적어도 하나의 } i \text{에 대해서 } p_i \neq p_{i0} \text{이다.}$$

위의 귀무가설을 검정하기 위해 직관적으로 타당한 방법은 다음과 같다. 1회의 시행에서 k개의 범주를 갖고 속성확률이 $p_i(i = 1, 2, \cdots, k)$인 다항시행을 n번 독립적으로 반복시행한 후에 i번째 범주에 속하는 관측도수 (observed frequency) $n_i(i = 1, 2, ..., k)$와 귀무가설 $H_0 : p_i = p_{i0}, (i = 1, 2, \cdots, k)$ 하에서 N_i의 기대값, 즉 기대도수(expected frequency) $E(N_i) = np_{i0}$를 비교하는 것이다. 이때 관측도수와 기대도수들 사이에 근거를 바탕으로 1900년 영국의 통계학자 피어슨(Karl Pearson)은 다항분포의 속성확률에 관한 검정으로 다음과 같은 결과를 제시하였다.

$(N_1, N_2, ..., N_k)$가 다항분포 $m(n, p_1, p_2, p_k)$를 따르고 속성확률 p_i에 관한 귀무가설과 대립가설이

$$H_0 : p_i = p_{i0}, i = 1, 2, \cdots, k$$
$$H_1 : 적어도 하나의 i에 대해서 p_i \neq p_{i0}$$

으로 주어져 있다고 하자. 이때 통계량

$$\chi^2 = \sum_{i=1}^{k} \frac{(n_i - E_i)^2}{E_i} = \sum_{i=0}^{k} \frac{(n_i - np_{i0})^2}{np_{i0}} \approx \chi^2(k-1)$$

의 분포는 시행횟수 n이 클 경우에 H_0하에서 근사적으로 자유도가 k-1인 카이제곱포를 따른다.

위의 식은 피어슨의 검정통계량이 다항변수 함수로써, 자유도가 (k-1)인 χ^2분포에 근사한다는 것을 보여준다. 경험적인 연구결과에 따르면 모든 범주의 기대도수 np_i의 값이 적어도 5이상이면 피어슨의 검정통계량은 x^2분포에 근사하는 것으로 알려져 있다. 이에 대한 포괄적인 수식적 증명은 이 교재의 범주 밖이므로, 여기서는 $k = 2$인 가장 단순한 경우에 한하여 위 식이 성립하는 것을 살펴보기로 한다.

만일 $k = 2$이면, $n_2 = n - n_1$이고 $p_2 = 1 - p_1$이 된다. 그러므로 n이 충분히 클 때 $(np_1 \geq 5, np_2 \geq 5)$

$$\sum_{i=1}^{2} \frac{(n_i - np_i)^2}{np_i} = \frac{(n_1 - np_1)^2}{np_1} + \frac{(n_2 - np_2)^2}{np_2}$$

$$= \frac{(n_1 - np_1)^2}{np_1} + \frac{[(n - n_1) - n(1 - p_1)]^2}{n(1 - p_1)}$$

$$= \frac{(n_1 - np_1)^2}{np_1} + \frac{(-n_1 + np_1)^2}{n(1 - p_1)}$$

$$= \frac{(1 - p_1)(n_1 - np_1)^2 + p_1(-n_1 + np_1)^2}{np_1(1 - p_1)}$$

$$= \frac{(n_1 - np_1)^2}{np_1(1 - p_1)} = \left(\frac{n_1 - np_1}{\sqrt{np_1(1 - p_1)}} \right)^2 \approx Z^2 = \chi^2(1)$$

위의 검정통계량 x^2을 바탕으로 다항분포의 속성확률에 관한 검정을 실시할 경우에 각 범주에 속하는 기대도수 E_i의 값이 너무 작으면 검정의 정도(precision)가 떨어지는 경향이 있으므로 일반적으로 E_i의 값이 5이상 되는 것이 바람직하다. 만약 E_i의 값이 5미만인 경우가 나오면 시행횟수 n을 크게 하거나 또는 인접한 범주들을 묶어서 하나의 범주로 만들어 E_i의 값이 5이상 되게 한 후에 카이제곱 검정을 적용하는 것이 좋다. 또한 검정통계량 값에서 관측치와 기대도수 차이가 작다면 귀무가설(H_0)을 채택할 가능성이 커지고, 반대로 차이가 커지면 H_0를 채택할 가능성이 작아지므로 큰 쪽의 한쪽 검정을 한다.

다항분포의 검정에 관한 이상의 사실을 요약하면 다음과 같다.

다 항 분 포 의 검 정

모집단의 분포 : $(N_1, N_2, \cdots, N_k) \sim m(n, p_1, p_2, \cdots, p_k)$

귀무가설 H_0 : $p_i = p_{i0}(i=1, 2, \cdots, k)$

대립가설 H_1 : 적어도 하나의 i에 대해서 $p_i \neq p_{i0}$ 이다.

검정통계량 : $\chi^2 = \sum_{i=1}^{k} \frac{(O_i - E_i)^2}{E_i} = \sum_{i=1}^{k} \frac{(n_i - np_i)^2}{np_i} \approx \chi^2(k-1)$

여기서 $O_i = n_i,$ i번째 속하는 관측도수

$E_i = np_{i0},$ H_0하에서 i번째 범주에 속하는 기대도수

기각역 : 유의수준 α에서

$R : \chi^2 \geq \chi^2_\alpha (k-1)$

12.3 적합도의 검정

통계적 추론을 할 때 우리는 흔히 모집단의 분포가 정규분포라든가 이항분포 등과 같이 어떤 특정한 분포를 따른다고 가정하는 경우가 많다. 이와 같은 경우 모집단의 분포에 대한 가정이 옳은지를 실제의 관측된 자료를 바탕으로 검정해 볼 필요가 있다. 이처럼 모집단의 분포가 어떤 특정한 확률분포를 따른다는 귀무가설에 대한 검정을 **적합도의 검정**(goodness of fit test)이라 부른다.

적합도 검정은 n개의 표본자료를 k개의 범주로 분류하여 각 범주에 속하는 관측도수 $n_i(i=1,2,\cdots,k)$와 귀무가설 하에서 주어진 확률분포에 대해 각 범주에 속하는 기대도수 $E_i(i=1,2,\cdots,k)$들 간에 잘 적합되는지를 비교하는 것이다. 즉 다항분포에서 속성확률에 관한 적합도 검정의 문제로 바꾸어 생각하는 것이다.

적합도의 검정에 있어서 귀무가설하에서 모집단의 확률분포에 가정을 2가지 경우로 나누어 살펴보기로 하자.

1. 모집단의 모수가 알려져 있는 경우

귀무가설 하에서 모집단의 분포가 어떤 특정한 형태의 확률분포를 따르면서 모수가 알려져 있는 경우 모집단의 분포에 대한 귀무가설과 대립가설은 다음과 같이 주어 진다.

$$H_0 : p_i = p_{i0} \,(i=1,2,\cdots,k)$$

$$H_1 : \text{적어도 하나의 } i \text{에 대해서 } p_i \neq p_{io} \text{이다}$$

따라서 n개의 표본자료를 k개의 범주 $A_1, A_2, \cdots, A_k$로 분류하면 i번째 범주에 속하는 관측도수는 $O_i(=n_i)$고 H_0하에서 i번째 범주에 속하는 기대도수는 $E_i = np_{i0}$가 되어서 검정하기 위한 통계량은

$$\chi^2 = \sum_{i=1}^{k} \frac{(O_i - E_i)^2}{E_i}$$

$$= \sum_{i=1}^{k} \frac{(n_i - np_{i0})^2}{np_{i0}} \,, \quad n_1 + n_2 + \cdots + n_k = n$$

가 된다. 여기서 χ^2의 분포는 다항분포의 속성확률에 관한 검정통계량의 분포로부터 표본의 크기 n이 클 때 근사적으로 자유도가 k-1인 카이제곱분포를 따른다. 따라서 n개의 표본자료를 k개의 범주로 분류하여 각 범주에 속하는 관측도수 $n_i(i=1,2,\cdots,k)$와 귀무가설 하에서 주어진 확률분포에 대해 각 범주에 속하는 기대도수 $E_i(i=1,2,\cdots,k)$들 간에 어느 정도 차이가 있는지를 검정절차에 따라 분석 한다.

(예제 12-2)

시장에서 판매되는 네 가지 제품에 대한 시장점유율이 $p_1 = 0.2$, $p_2 = 0.3$ $p_3 = 0.4$, $p_4 = 0.1$인지를 알아보기 위하여 시중에 판매된 200개의 제품을 조사한 결과가 아래와 같다.

제 품	1	2	3	4	합 계
판매량	55	65	72	8	200

위의 자료로부터 유의수준 $\alpha = 0.01$에서 다음의 가설을 검정하시오.

$H_0 : p_1 = 0.2$, $p_2 = 0.3$, $p_3 = 0.4$, $p_4 = 0.1$

$H_1 :$ 귀무가설 중 적어도 하나는 사실이 아니다.

(풀 이)

위의 귀무가설을 검정을 하기 위한 통계량 χ^2의 값은 다음과 같다.

$$\chi^2 = \sum_{i=1}^{k} \frac{(O_i - E_i)^2}{E_i}$$

여기서 $O_1 = 55$, $O_2 = 65$, $O_3 = 72$, $O_4 = 8$이므로,

$E_1 = np_{10} = 200 \times 0.2 = 40$

$E_2 = np_{20} = 200 \times 0.3 = 60$

$E_3 = np_{30} = 200 \times 0.4 = 80$

$E_4 = np_{40} = 200 \times 0.1 = 20$

따라서 검정통계량값은 다음과 같다.

$$\chi^2 = \frac{(55-40)^2}{40} + \frac{(65-60)^2}{60} + \frac{(72-80)^2}{80} + \frac{(8-20)^2}{20} = 14.042$$

$\chi^2 = 14.042 > \chi^2_{0.01}(3) = 11.35$이므로 유의수준 α=0.01에서 귀무가설은 기각된다. 즉 네 제품의 시장점유율이 H_0에 제시된 바와 같다고 볼 수 없다.

(예제 12-3)

사고위험이 높은 도로의 교차로 에서 하루 동안에 발생하는 자동차 사고횟수를 40일 동안 조사하여 다음과 같은 데이터를 얻었다.

하루 동안 일어난 자동차 사고횟수	0 1 2 3 4 5 6 7이상	합 계
발생일수	1 3 7 6 10 7 6 0	40

위의 자료로부터 자동차 사고회수의 분포는 하루에 평균 3번 사고가 발생하는 포아송(Poisson)분포를 따른다고 볼 수 있는가를 유의수준 α=0.1에서 검정하여라.

(풀 이)

주어진 문제에 대해서 귀무가설과 대립가설은 다음과 같이 설정된다.

$H_0 : X \sim P_0(3)$, 즉 평균이 3인 포아송분포에 따른다.

$H_1 : X \sim P_0(3)$가 아니다.

여기서 확률변수 X의 확률밀도함수는 다음과 같다.

$$f(x; m=3) = \frac{e^{-3} \cdot 3^x}{x!} \ , \ x = 0, 1, 2, \cdots$$

이제 n=40일을 위의 표에서 주어진 것처럼 하루 동안에 일어난 자동차 사고회수에 따라 8개의 범주로 나누어서 각 범주에 속하는 관측도수(실제 발생일수)와 H_0하에서 각 범주로 나누어서 각 범주에 속하는 속성확률의 값을 계산하고 이를 바탕으로 H_0하에서 각 범주에 속하는 기대도수(기대 발생일수)를 계산한 결과는 다음의 [표12-1]과 같다.

[표 12-1] H_0하에서 기대도수 e_i의 값

X	0	1	2	3	4	5	6	7이상	
n_i	1	3	7	6	10	7	6	0	40
P_i	0.050	0.149	0.224	0.224	0.168	0.101	0.050	0.034	1.0
E_i	2.00	5.96	8.96	8.96	6.72	4.04	2.00	1.37	40.0

위의 [표12-1]에서 속성확률 p_{i0}와 E_i의 값은 다음과 같이 계산되었다.

$$p_{10} = P(X = 0) = e^{-3} = 0.050$$

$$p_{20} = P(X = 1) = 3e^{-3} = 0.149$$

$$p_{30} = P(X = 2) = \frac{e^{-3} \cdot 3^2}{2!} = 0.224$$

나머지 p_{i0}의 값도 마찬가지로 얻어진다. 따라서

$$E_1 = np_{10} = 40 \times 0.050 = 2.00$$

$$E_2 = np_{20} = 40 \times 0.149 = 5.96$$

$$E_3 = np_{30} = 40 \times 0.224 = 8.96$$

등과 같이 계산된다.

한편 위의 [표12-1]에서 각각 1, 6, 7, 8번째의 범주, 즉 $X = 0, 5, 6, 7$이상의 범주에 속하는 기대도수의 값이 5미만 이므로 χ^2검정통계량의 정도(precision)를 높이기 위해서 인접한 범주들을 묶어서 취급하는 것이 좋다. 따라서 X=0의 범주와 X=1 범주를 합치고 X=5, 6, 7 이상의 범주들을 함께 묶어서 1개의 범주의 수는 k=5로 조정되고 통계량 χ^2의 값은 다음과 같다.

$$\chi^2 = \sum_{i=1}^{5} \frac{(O_i - E_i)^2}{E_i}$$

$$= \frac{(4 - 7.96)^2}{7.96} + \frac{(7 - 8.96)^2}{8.96} + \frac{(6 - 8.96)^2}{8.96} + \frac{(10 - 6.72)^2}{6.72} + \frac{(13 - 7.41)^2}{7.41} = 9.22$$

따라서 $\chi^2 = 9.22 > 7.78 = \chi^2_{0.1}(4)$이므로 유의수준 $\alpha = 0.1$에서 H_0를 기각한다. 즉 주어진 자료로부터 교차로에서 자동차 사고의 분포는 하루 평균 3번 꼴로 발생하는 포아송분포를 따른다고 볼 수 없다는 결론을 얻는다.

2. 모집단의 모수가 알려져 있지 않은 경우

앞의 절에서는 적합도의 검정문제에서 모집단의 확률분포에 대해서 모수가 알려져 있는 경우를 다루었다. 본 절에서는 모집단 확률분포의 모수가 알려져 있지 않은 경우의 적합도의 검정을 실시하는 문제를 생각해 보자.

이러한 경우 적합도 검정을 수행하기 위해서는 표본의 자료를 가지고 모수값을 추정하여 적합도 검정을 한다.

기대도수의 추정값 $\widehat{E_i} = n\widehat{p_{io}}$가 구해지면 귀무가설을 검정하기 위한 통계

량은

$$\chi^2 = \sum_{i=1}^{k} \frac{(O_i - \widehat{E_i})^2}{\widehat{E_i}} = \sum_{i=1}^{k} \frac{(n_i - n\widehat{p_{i0}})^2}{n\widehat{p_{i0}}}$$

가 되고 χ^2의 분포는 표본크기 n이 클 때 근사적으로 $k-1-p$인 카이제곱분포를 따른다. 여기서 자유도가 $k-1-p$인 이유는 p개의 알려져 있지 않은 모수를 추정하기 위해 데이터가 사용되었기 때문이다. 즉 원래의 자유도 $k-1$에서 p개(추정하기 위한 모수의 개수)만큼 줄어들었기 때문이다. 위의 설정된 가설과 검정통계량값을 가지고 검정절차에 따라 적합도 검정을 수행한다.

(예제 12-4) (주)그린 솔라텍의 배터리 신규 공정에서는 최근 생산을 시작한 배터리의 수명이 정규분포를 따르는지 알아보기 위해 40개의 배터리를 무작위로 추출하여 수명을 측정 하였다. 40개의 표본평균이 $\overline{x} = 3.41$ 이고 표준편차 $s = 0.71$이며 관측도수가 아래표 [표 12-2] 와 같을 때 배터리의 수명이 정규분포를 따른다고 볼 수 있는지 유의수준 $\alpha = 0.05$에서 검정하여라.

[표 12-2] 배터리의 수명 (단위 : 연)

구간(수명)	빈 도 수
1.45 ~ 1.95	2
1.95 ~ 2.45	1
2.45 ~ 2.95	4
2.95 ~ 3.45	15
3.45 ~ 3.95	10
3.95 ~ 4.45	5
4.45 ~ 4.95	3

(풀 이)

위 예제의 귀무가설과 대립가설은 다음과 같이 설정 한다.

H_0 : 배터리의 수명분포는 정규분포에 따른다.

H_1 : H_0는 사실이 아니다.

여기서는 귀무가설에 설정된 모집단 분포의 모수가 알려져 있지 않은 경우 이므로 앞의 예제에서와 같이 곧바로 검정 통계량을 적용 시킬 수 없다.

그러므로 주어진 표본의 자료를 가지고 모수의 추정량을 구한 후 기대도수 $\widehat{E_i}$를 구한 후 다음의 검정통계량을 가지고 검정한다.

$$\chi^2 = \sum_{i=1}^{k} \frac{(O_i - \widehat{E_i})^2}{\widehat{E_i}} = \sum_{i=1}^{k} \frac{(n_i - n\widehat{p_{i0}})^2}{n\widehat{p_{i0}}}$$

따라서 $\overline{x} = 3.41$, $s = 0.71$ 이므로 정규분포에서 각 구간이 차지하는 확률과 이 값에 40을 곱하여 기대값의 추정치를 계산 할 수 있다. 예를 들어서 배터리의 네 번째 수명구간의 확률값은 $P(2.95 \leq X \leq 3.45)$ 귀무가설하에서 정규분포에 따르므로 모수 추정량을 가지고 표준화하여 확률계산을 하면

$$P(\frac{2.95 - 3.41}{0.71} \leq Z \leq \frac{3.45 - 3.41}{0.71})$$

$$= P(-0.6479 \leq Z \leq 0.0563)$$

$\fallingdotseq 0.2661$ 이다.

또한 4구간에 속하는 기대도수는 $\widehat{E_4} = 40 \times 0.2661 = 10.644$가 된다.

이와 같은 방법으로 계산한 각 구간의 기대도수는 아래 표와 같다. 앞에서 설명한 바와 같이 각 구간의 기대도수가 5가 안 되는 구간은 인접한 구간과 합하여 기대도수가 5이상이 되도록 조정하여 검정 한다.

구 간	관측치도수		기대도수		구간의 조정
1.45~1.95	2		0.8		
1.95~2.45	1	} 7	2.7	} 10.4	
2.45~2.95	4		6.9		
2.95~3.45	15		10.6		
3.45~3.95	10		10.2		
3.95~4.45	5	} 8	6.0	} 8.8	
4.45~4.95	3		2.8		

$$\chi^2 = \sum_{i=1}^{4} \frac{(O_i - \widehat{E_i})^2}{\widehat{E_i}}$$

$$= \frac{(7-10.4)^2}{10.4} + \frac{(15-10.6)^2}{10.6} + \frac{(10-10.2)^2}{10.2} + \frac{(8-8.8)^2}{8.8}$$
$$= 3.015$$

귀무가설 하에서 검정통계량 χ^2의 분포는 근사적으로 자유도가

$k-1-p = 4-1-2 = 1$인 카이제곱분포를 따르므로 [부록5]으로 부터

$\chi^2 = 3.015 < 3.84 = \chi_{0.05}^2(1)$이므로 유의수준 $\alpha = 0.05$에서 H_0기각 할 수 없다.

즉 주어진 자료로부터 배터리의 수명시간의 분포는 정규분포를 따른다고 볼 수 있다.

12.4 동일성 검정

본 절에서는 주어진 모집단A를 r개의 범주로 분류한 $A_1, A_2, \cdots, A_r$을 A의 부분모집단(subpopulation)이라고 한다. 이때 r개의 부분모집단으로 부터 추출한 각 표본 $n_1, n_2, \cdots, n_r$이, B의 각 속성 범주 $B_1, B_2, \cdots, B_c$에 속한 확률이 서로 동일한가의 여부를 판단하는 것을 **동일성 검정**(test of homogeneity)이라고 한다. 즉 r개의 모집단으로부터 표본의 크기가 각각 $n_1, n_2, \cdots, n_r$인 표본자료를 c개의 범주 $B_1, B_2, \cdots, B_c$로 분류하였을 때 각 속성범주에 속성확률들이 r개의 모집단들에 대해서 서로 같은지를 검정하고자 한다.

[표12-3] 동일성 검정에서 표본자료의 구조

부분모집단 \ B	B_1	B_2	$\cdots$	B_c	표본의 크기
A_1	n_{11}	n_{12}	$\cdots$	n_{1c}	n_1
A_2	n_{21}	n_{22}	$\cdots$	n_{2c}	n_2
$\vdots$	$\vdots$	$\vdots$	$\cdots$	$\vdots$	$\vdots$
A_r	n_{r1}	n_{r2}	$\cdots$	n_{rc}	n_r
합 계	$n_{\cdot 1}$	$n_{\cdot 2}$	$\cdots$	$n_{\cdot c}$	n

[표12-4] 동일성 검정에서 속성확률의 구성

부분모집단 \\ B	B_1	B_2	$\cdots$	B_C	합 계
A_1	p_{11}	p_{12}	$\cdots$	p_{1c}	1
A_2	p_{21}	p_{22}	$\cdots$	p_{2c}	1
$\vdots$	$\vdots$	$\vdots$	$\cdots$	$\vdots$	$\vdots$
A_r	p_{r1}	p_{r2}	$\cdots$	p_{rc}	1

r개의 모집단으로부터 추출한 각 표본자료들을 c개의 속성범주로 분류하였을 때 각 세분화된 범주에 속하는 관측도수와 속성확률들을 표로 [표12-3]과 [표12-4]와 같다.

이때 i번째 모집단의 j번째 범주에 속하는 확률을

$p_{ij}(i=1, 2, \cdots, r, j=1, 2, \cdots, c)$라고 할 때 이들 r개의 부분모집단의 분포가 동일한가를 검정하는 것이므로 귀무가설과 대립가설은 다음과 같이 설정된다.

$$H_0 : \ p_{1j}=p_{2j}=\cdots=p_{rj} \ , \ j=1, 2, \cdots, c$$
$$H_1 : \ H_0\text{가 사실이 아니다.}$$

위의 귀무가설을 검정하기 위해서는 다항분포의 검정방법을 적용한다. 즉 [표12-3]에서 주어진 바와 같이 각 세분화된 범주 A_iB_j에 속하는 관측도수 n_{ij}와 H_0하에서 기대도수 E_{ij}를 구하여 비교하는 것이다.

위의 귀무가설 H_0하에서 각 범주에 속하는 기대도수 E_{ij}를 구하는 과정을 살펴보자.

$$\widehat{E_{ij}}= n_i p._j$$

여기서 $p_j(j=1, 2, \cdots, c)$는 알려져 있지 않은 속성확률이므로 이를 추정한다.

$$\widehat{p_{.j}}= \frac{n._j}{n} \ , \ j=1, 2, \cdots, c$$

즉 $p._j$는 전체표본에 대한 j번째 범주에 속하는 표본의 비율을 뜻한다. 그런데 $p._1+p._2+\cdots+p._c=1$이므로 c개의 $p._j$중에서 $c-1$개까지만 추정하면 나머지 1개는 이들로부터 자동적으로 결정된다. 이들 $p._j$의 값으로부터 E_{ij}

의 추정값을 구하면 다음과 같다.

$$\widehat{E}_{ij} = n_i \widehat{p}_j = \frac{n_i\, n \cdot_j}{n} \ , \ i = 1, 2, \cdots, r, \ j = 1, 2, \cdots, c$$

따라서 동일성의 검정통계량은 관측도수 $O_{ij}(=n_{ij})$와 기대도수의 E_{ij}추정값의 차이를 측정한 통계량인 아래 식을 사용한다.

$$\chi^2 = \sum_{i=1}^{r} \sum_{j=1}^{c} \frac{(O_{ij} - \widehat{E}_{ij})^2}{\widehat{E}_{ij}}$$

단, $O_{ij} = n_{ij}$, $\widehat{E}_{ij} = \frac{n_i n_j}{n}$, $i = 1, 2, \cdots, r$, $j = 1, 2, \cdots, c$

여기서 통계량 χ^2의 분포는 표본의 크기 $n_1, n_2, \cdots, n_r$이 클 때 H_0하에서 근사적으로 자유도가 $(r-1)(c-1)$인 카이제곱분포를 따른다.

참고로 통계량 χ^2의 자유도는 r개의 모집단들이 서로 독립이므로 $r(c-1)$이 된다. 그런데 H_0하에서 추정되어진 속성확률 p_{ij}의 개수가 $c-1$개이므로 검정통계량 χ^2의 자유도는 $r(c-1) - (c-1) = (r-1)(c-1)$이 되는 것이다.

이상의 내용을 요약하면 다음과 같다.

동 일 성 의 검 정

귀무가설 H_0 : 각 범주 j=1, 2, …, c에 대해서 $p_{1j} = p_{2j} = \cdots = p_{rj}$

대립가설 H_1 : H_0가 사실이 아니다.

검정통계량 : $\chi^2 = \sum_{i=1}^{r} \sum_{j=1}^{c} \frac{(O_{ij} - \widehat{E}_{ij})^2}{\widehat{E}_{ij}}$

여기서 $O_{ij} = n_{ij}$ 즉 i번째 부분모집단의 j번째 속성에 속하는 관측도수

$\widehat{E}_{ij} = \frac{n_i n \cdot_j}{n}$, 즉 i번째 부분모집단의 j번째 범주에 속하는 기대도수의 추정값

기 각 역 : 유의수준 α에서

$$R : \chi^2 \geq \chi^2_\alpha((r-1)(c-1))$$

(예제 12-5)

지역에 따라 3개의 정당 갑, 을, 병 당에 대한 지지율에 차이가 있지를 알아보기 위해서 A, B, C, D의 네 지역에서 각각 200명의 유권자를 임의 추출하여 세 정당에 대한 지지도를 조사하였더니 다음과 같은 결과가 나왔다.

지역＼정당	갑	을	병	합 계
A	21	121	58	200
B	18	133	49	200
C	10	147	43	200
D	18	138	44	200
합 계	67	539	194	800

위의 자료를 근거로 지역에 따라 세 개 정당에 대한 지지율이 다르다고 볼 수 있는지 유의수준 $\alpha = 0.05$에서 검정하여라.

(풀 이)

위의 문제에서 귀무가설과 대립가설은 다음과 같이 주어진다.

H_0 : 지역에 따라 각 정당에 대한 지지율이 같다.

$$(P_{1j} = P_{2j} = P_{3j} = P_{4j}, j = 1, 2, 3, 4)$$

H_1 : 지역에 따라 각 정당에 대한 지지율이 다르다.

(not H_0)

주어진 자료에 대해서 각 범주에 속하는 관측도수와 기대도수의 값을 각각 적어보면 다음과 같다.

[표 12-5] 동일성검정을 위한 자료구조

지역＼정당	갑	을	병	합계
A	21(16.75)	121(134.75)	58(48.5)	200
B	18(16.75)	133(134.75)	49(48.5)	200
C	10(16.75)	147(134.75)	43(48.5)	200
D	18(16.75)	138(134.75)	44(48.5)	200
합계	67	539	194	800

다음 [표 12-5]에서 기대도수의 추정값 $\widehat{E}_{ij}$은

$$\widehat{E}_{ij} = \frac{n_i n_{\cdot j}}{n} \ , \quad i=1, 2, \cdots, r \ , \ j=1, 2, \cdots, c$$

$$\widehat{E}_{11} = \frac{200 \times 67}{800} = 16.75$$

$$\widehat{E}_{12} = \frac{200 \times 539}{800} = 134.75$$

따라서 검정통계량의 값은

$$\chi^2 = \sum_{i=1}^{4} \sum_{j=1}^{3} \frac{(O_{ij} - \widehat{E}_{ij})^2}{\widehat{E}_{ij}}$$

$$= \frac{(21-16.75)^2}{16.75} + \frac{(121-134.75)^2}{134.75} + \cdots + \frac{(44-48.5)^2}{48.5} = 9.51$$

이고 자유도는 (4-1)(3-1)=6 이 된다.

<부표 6>으로부터 χ^2=9.51<12.592 $=\chi^2(6, 0.05)$이므로 유의수준 α=0.05에서 귀무가설을 기각할 수 없다. 즉 지역에 따라 3개의 정당에 대한 지지율이 동일하지 않다라는 사실을 입증할 만한 근거가 없다. 즉 3개 정당의 지지율은 동일하다고 볼 수 있다.

12.5 독립성 검정

본 절에서는 어떤 하나의 조사 대상으로부터 추출한 표본자료들이 두 가지 특성, 예컨대 A와 B에 의해서 분류되었을 때 이들 두 가지 특성 A와 B 사이에 어떤 연관성이 있는지를 검정하는 것을 **독립성 검정**(test of independence)이라고 한다.

이제 하나의 모집단으로부터 임의로 추출한 n개의 표본이 특성 A를 갖는 r개의 행 범주(row category) $A_1, A_2, \cdots, A_r$ 와 특성 B를 갖는 c개의 열 범주(column category) $B_1, B_2, \cdots, B_c$에 의해서 분류되었다고 하자, n개의 표본 중에서 i번째 행 범주 A_i와 j번째 열 범주 B_j에 동시에 속하는 표본의 개수를 n_{ij}라고 하면 n개의 표본은 아래의 [표 12-6]과 같이 분류된다. 이와 같이 분류된 표는 r×c 분할표(contingency table)라고 부른다.

[표 12-6] 독립성 검정을 위한 r×c 분할표

특성A \ 특성B	B_1	B_2	$\cdots$	B_c	합 계
A_1	n_{11}	n_{12} $\cdots$		n_{1c}	$n_1.$
A_2	n_{21}	n_{22} $\cdots$		n_{2c}	$n_2.$
$\vdots$	n_{r1}	n_{r2} $\cdots$		n_{rc}	$\vdots$
A_r					$n_r.$
합 계	$n.{}_1$	$n.{}_2$ $\cdots$		$n._c$	n

이 때 임의의 한 표본이 위의 [표 12-6]에서 주어진 각 범주에 속할 속성 확률을 다음과 같이 나타내자.

$$P_{ij} = P(A_i, B_j),$$ 한 실험대상이 A_i와 B_j에 동시에 속할 확률

$$P_{i.} = P(A_i),$$ 한 실험대상이 i번째 행 범주 A_i에 속할 확률

$$P_{.j} = P(B_j),$$ 한 실험대상이 j번째 열 범주 B_j에 속할 확률

이 경우에 [표12-6]에 대응하는 속성확률에 관한 분할표가 아래와 같이 주어진다.

그러면 2가지 특성 A와 B사이에 독립성의 검정을 위한 귀무가설과 대립 가설은 다음과 같이 설정된다.

[표 12-7] 속성확률에 관한 $r \times c$ 분할표

A \ B	B_1	B_2	$\cdots$	B_c	합계
A_1	p_{11}	p_{12}	$\cdots$	p_{1c}	$p_1.$
A_2	p_{21}	p_{22}	$\cdots$	p_{2c}	$p_2.$
$\vdots$	$\vdots$	$\vdots$	$\cdots$	$\vdots$	$\vdots$
A_r	p_{r1}	p_{r2}	$\cdots$	p_{rc}	$p_r.$
합계	$p._1$	$p._2$	$\cdots$	$p._c$	1

H_0 : 모든 i = 1, 2, $\cdots$, r과 j = 1, 2, $\cdots$, c 에 대해서 $p_{ij} = p_{i.}p_{.j}$

H_1 : 적어도 하나의 i 또는 j에 대해서 $p_{ij} \neq p_{i.}p_{.j}$이다.

위의 독립성 검정의 방법은 앞 절의 동일성 검정의 경우와 마찬가지로 (i,j)번째 범주 $A_i \cap B_j$에 속하는 관측도수 n_{ij}와 H_0하에서 기대도수 E_{ij}를 구하여 비교하는 것이다.

귀무가설 H_0하에서 각 범주 $A_i \cap B_j$에 속하는 기대도수 E_{ij}를 구해보자. 귀무가설 $H_0 : p_{ij} = p_{i\cdot}p_{\cdot j}$, $i = 1, 2, \cdots, r$, $j = 1, 2, \cdots, c$하에서 기대도수 E_{ij}의 값은 $E_{ij} = np_{i\cdot}p_{\cdot j}, i = 1, 2, \cdots, r, j = 1, 2, \cdots, c$로 주어 진다. 그런데 $p_{i\cdot}(i = 1, 2, \cdots, r)$와 $p_{\cdot j}(j = 1, 2, \cdots, c)$는 알려져 있지 않은 속성확률이므로 이들을 추정해야 한다. 이들에 대한 추정값으로는 흔히 이들이 최우추정값

$$\hat{p_{i\cdot}} = \frac{n_{i\cdot}}{n} \ , \quad i = 1, 2, \cdots, r$$

$$\hat{p_{\cdot j}} = \frac{n_{\cdot j}}{n} \ , \quad j = 1, 2, \cdots, c$$

여기서 $\hat{p_{1\cdot}}+\cdots+\hat{p_{r\cdot}}=1$, $\hat{p_{\cdot 1}}+\cdots+\hat{p_{\cdot c}}=1$ 을 각각 사용한다.

즉 $\hat{p_{i\cdot}}$와 $\hat{p_{\cdot j}}$는 n개의 표본 중에서 각각 i번째 범주 A_i와 j번째 범주 B_j에 속하는 표본의 비율을 뜻한다.

이들 $\hat{p_{i\cdot}}$와 $\hat{p_{\cdot j}}$ 의 값으로부터 E_{ij}의 추정값을 구하면 다음과 같다.

$$\hat{E_{ij}} = n \cdot \frac{n_{i\cdot}}{n} \cdot \frac{n_{\cdot j}}{n} = \frac{n_{i\cdot} \cdot n_{\cdot j}}{n} \ , \quad i = 1, 2, \cdots, r, j = 1, 2, \cdots, c$$

따라서 독립성 검정을 위한 통계량은 앞 절의 동일성 검정의 통계량과 같은 통계량

$$\chi^2 = \sum_{i=1}^{r} \sum_{j=1}^{c} \frac{(O_{ij} - \hat{E_{ij}})^2}{\hat{E_{ij}}}$$

여기서 $O_{ij} = n_{ij}$, $\hat{E_{ij}} = \frac{n_{i\cdot}n_{\cdot j}}{n}$, $i = 1, 2, \cdots, r, j = 1, 2, \cdots, c$

을 사용한다. 검정통계량 χ^2의 분포는 H_0하에서 근사적으로 자유도가 $(r-1)(c-1)$인 카이제곱분포를 따른다. χ^2분포의 자유도가 $(r-1)(c-1)$인 이유를 살펴보자.

n개의 표본 중에서 (i,j)번째 범주 $A_i \cap B_j$에 속하는 표본의 개수는 n_{ij}이고 $\sum_{i=1}^{r}\sum_{j=1}^{c} n_{ij} = n$이므로 각 범주 $A_i \cap B_j$에 자유롭게 주어질 수 있는 n_{ij}

의 개수는 $rc-1$이 된다. 그런데 H_0하에서 추정되어진 속성확률 $p_{i.}$(i = 1, 2, $\cdots$, r)와 $p_{.j}$(j = 1, 2, $\cdots$, c)의 개수는 ($p_{1.}+\cdots+p_{r.}$=1와 $p_{.1}+\cdots+p_{.c}$=1이 성립하므로)각각 $r-1$와 $c-1$개가 된다. 따라서 통계량 χ^2의 자유도는 $(rc-1)-(r-1)-(c-1)=(r-1)(c-1)$이 된다.

이상의 내용을 요약하면 다음과 같다.

독립성의 검정

귀무가설 H_0 : 모든 $i=1,2,\cdots,r, j=1,2,\cdots,c$에 대하여 $p_{ij}=p_{i.}\,p_{.j}$

대립가설 H_1 : 적어도 하나의 i 또는 j에 대해서 $p_{ij} \neq p_{i.}\,p_{.j}$이다.

검정통계량 : $\chi^2 = \sum_{i=1}^{r}\sum_{j=1}^{c} \dfrac{(O_{ij}-\widehat{E}_{ij})^2}{\widehat{E}_{ij}}$

　　여기서 O_{ij} = n_{ij} , 즉 (i,j)번째 범주에 속하는 관측도수

　　$\widehat{E}_{ij} = \dfrac{n_{i.}n_{.j}}{n}$, 즉 (i,j)번째 범주에 속하는 기대도수의 추정값

기 각 역 : 유의수준 α에서 R : $\chi^2 > \chi_\alpha^2((r-1)(c-1))$

본 절에서 다룬 독립성 검정과 앞 절에서 다룬 동일성 검정은 검정통계량 x^2의 계산과정과 분포가 서로 똑같다는 것을 보았다. 그러나 분할표의 자료구조에 있어서 차이점이 있다. 즉 독립성 검정에서는 1개의 모집단으로부터 임의로 추출한 n개의 표본을 두가지 특성 A, B에 따라서 각각 r개의 행 범주 $A_1, A_2, \cdots, A_r$와 c개의 열 범주 $B_1, B_2, \cdots,$ B_c로 분류하여 r×c 분할표를 구성하였다. 따라서 이 경우에는 표본의 크기 n만이 미리 정해진 값이고 그 밖의 각 범주 A_i와 B_j에 속하는 세부표본의 크기 $n_{i.}$(i = 1, 2, $\cdots$, r)와 $n_{.j}$(j = 1, 2, $\cdots$, c)등은 표본의 크기 n은 고정한 채로 표본추출을 달리할 때마다 값이 달라질 수 있는 확률변수를 뜻한다.

반면에 동일성 검정에서는 r개의 부분모집단으로부터 $n_1, n_2, \cdots, n_r$개의 표본을 추출하여 이들 각 표본을 r개의 행범주 $A_1, A_2, \cdots, A_r$로 분류하였다. 따라서 이 경우에 각 행범주에 속하는 표본의 크기 $n_1, n_2, \cdots, n_r$은 미리 정해진 값이다.

(예제 12-6)

어느 회사에서는 매년 신입사원들에 대해 연수교육을 실시하고 있다. 이때 이들의 연수성적과 그 후 1년간 근무성적 사이에 어떤 연관성이 있는지를 알아보기 위해서 전체 신입사원 중에서 400명을 임의로 추출하여 다음과 같은 조사 결과를 얻었다.

근무성적 연수성적	저조	양호	우수	합계
저조	23	60	29	112
양호	28	79	60	167
우수	9	49	63	121
합계	60	188	152	400

위의 자료를 바탕으로 신입사원의 연수성적이 1년간 근무성적에 영향을 미친다고 볼 수 있는지를 유의수준 $\alpha = 0.01$에서 검정하여라.

(풀 이)

위의 문제에 대해서 귀무가설과 대립가설은 다음과 같이 주어진다.

H_0 : 연수성적과 근무성적은 서로 연관성이 없다.

H_1 : 연수성적과 근무성적은 서로 연관성이 있다.

주어진 자료에 대해서 각 범주에 속하는 관측도수와 기대도수의 값을 각각 적어보면 다음의 표와 같다.

[표 12-8] 독립성 검정을 위한 3×3 분할표

근무성적 연수성적	저조	양호	우수	합계
저조	23(16.80)	60(52.64)	29(42.56)	112
양호	28(25.05)	79(78.49)	60(63.46)	167
우수	9(18.15)	49(56.87)	63(45.98)	121
합계	60	188	152	400

괄호 속의 숫자는 기대도수의 추정값임

위의 [표 12-8]에서 기대도수의 추정값 $\widehat{E}_{ij}$은

$$\widehat{E}_{ij} = \frac{n_i.n._j}{n} \ , \quad i = 1, 2, 3 \ , \ j = 1, 2, 3$$

예를 들면

$$e_{11} = \frac{112 \times 60}{400} = 16.80 \ , \quad e_{12} = \frac{112 \times 188}{400} = 52.64$$

등과 같이 계산된다.

따라서 검정통계량의 값은

$$\chi^2 = \sum_{i=1}^{3} \sum_{j=1}^{3} \frac{(O_{ij} - \widehat{E}_{ij})^2}{\widehat{E}_{ij}}$$

$$= \frac{(23 - 16.80)^2}{16.80} - \frac{(60 - 52.64)^2}{52.64} + \cdots + \frac{(63 - 45.98)^2}{45.98} = 20.1788$$

이고 자유도는 (3-1)(3-1)=4 가 된다.

[부록 5] 로부터 $x^2 = 20.1788 > \chi^2_{0.01}(4) = 13.277$ 이므로 유의수준 $\alpha = 0.01$ 에서 귀무가설은 기각한다. 즉 신입사원들의 연수성적은 그들의 1년간 근무성적에 영향을 미친다고 볼 수 있다.

참고적으로 **2×2 분할표**의 경우에 독립성 검정을 위한 x^2의 값은 다음과 같이 간단히 계산될 수 있다.

2×2 분할표의 자료구조가 아래와 같다고 하자.

[표 12-9] 2×2 분할표의 자료구조

A＼B	B_1	B_2	합 계
A_1	n_{11}	n_{12}	$n_1.$
A_2	n_{21}	n_{22}	$n_2.$
합 계	$n._1$	$n._2$	n

이 때 검정통계량 χ^2의 값은 다음과 같다.

$$\chi^2 = \sum_{i=1}^{2} \sum_{j=1}^{2} \frac{(O_{ij} - \widehat{E}_{ij})^2}{\widehat{E}_{ij}} = \sum_{i=1}^{2} \sum_{j=1}^{2} \frac{\left(n_{ij} - \frac{(n_i.n._j)^2}{n}\right)^2}{\frac{n_i.n._j}{n}} = \frac{n(n_{11}n_{22} - n_{12}n_{22})^2}{n_1.n_2.n._1n._2}$$

통계량 χ^2의 분포는 n이 클 때 귀무가설 $H_0 : p_{ij} = p_i.p._j (i = 1, 2, j = 1, 2)$

하에서 근사적으로 자유도가 (2-1)(2-1)=1 인 카이제곱분포를 따른다. 그런데 표본의 크기 n이 별로 크지 않든지 또는 각 범주에 속하는 기대도수에 작은 값(5미만)들이 있을 경우에는 위의 검정통계량 χ^2을 사용할 때 검정의 정도가 떨어지는 경향이 있다. 이와 같은 경우에는 예이츠(Yates)에 의한 연속성 수정(correction for continuity)을 이용하는 것이 좋다. 즉 통계량 χ^2 대신에 다음의 수정된 통계량을 사용한다.

$$\chi_c^2 = \sum_{i=1}^{2}\sum_{j=1}^{2} \frac{\left(\left|O_{ij}-\widehat{E}_{ij}\right|-\frac{1}{2}\right)^2}{\widehat{E}_{ij}} = \frac{n\left(\left|n_{11}n_{22}-n_{12}n_{21}\right|-\frac{n}{2}\right)^2}{n_1.n_2.n_{.1}n_{.2}}$$

(예제 12-7)

어떤 의학연구결과에 의하면 여성의 흡연이 기형아 출산의 요인이 된다고 한다. 이 연구결과가 믿을 수 있는 사실인지를 알아보기 위해서 최근에 출산한 여성 중에서 40명을 임의로 추출하여 조사하였더니 다음과 같은 결과가 나왔다.

흡연＼출산	정상아	기형아	합 계
안한다	26	2	28
한 다	8	4	12
합 계	34	6	40

위의 자료를 근거로 의학연구결과가 옳다고 볼 수 있는지 유의수준 $\alpha = 0.05$에서 검정하여라.

(풀 이)

위의 문제에서 귀무가설과 대립가설은 다음과 같이 설정된다.

　　H_0 : 여성의 흡연과 기형아 출산은 서로 연관성이 없다.

　　H_1 : 여성의 흡연과 기형아 출산은 서로 연관성이 있다.

주어진 자료에서 표본의 크기 n=40이 그다지 크지 않고 또한 관측도수에 작은 값들이 있으므로 예이츠의 연속성 수정에 의한 통계량 $\chi^2{}_c$를 사용한다.

주어진 자료로부터 χ^2_c값을 계산하면

$$\chi^2_c = \frac{40\left(|26\times4 - 2\times8| - \dfrac{40}{2}\right)^2}{28\times12\times34\times6} = 2.6984$$

이고 자유도는 1이다.

따라서 [부록 5] 로 부터 χ^2_c = 2.6984 < 3.841=$x^2_{0.05}(1)$이므로 유의수준 $\alpha = 0.05$에서 귀무가설을 기각할 수 없다. 즉 여성의 흡연이 기형아 출산의 요인이 된다고 하는 의학연구결과가 옳다고 볼 수 없다.

한편 위의 자료에 대해서 검정통계량 χ^2_c을 적용하여 보면

$$\chi^2 = \frac{40(26\times4 - 2\times8)}{28\times12\times34\times6} = 4.5191$$

이므로 χ^2 = 4.5191 > 3.841=$\chi^2_{0.05}(1)$가 되어서 유의수준 $\alpha = 0.05$에서 귀무가설을 기각한다. 즉 여성의 흡연과 기형아 출산은 서로 연관성이 있다는 결론을 얻는다.

위의 검정결과에서 볼 수 있는 바와 같이 수정된 통계량 χ^2_c에 의한 검정통계량 χ^2에 의한 검정에 비해 보수적인 경향을 나타낸다.

연 습 문 제

12.1 동전 5개를 던져서 앞면이 나오는 횟수를 기록하였다.

앞면수	0	1	2	3	4	5	계
발생건수	12	24	18	36	15	15	120

① 이 실험은 어떤 분포를 줄 것으로 기대하는가?

② 이 실험은 위의 분포를 따르고 있는가에 대해 유의수준 0.05에서 검정하시오.

12.2 주택공사에서는 주택복권 추첨시 이용할 수 있는 기계를 만들었다. 이 기계는 0부터 9까지 쓰여진 공을 하나씩 넣고 흔들다가 20초가 지나면 하나의 공이 나오도록 고안되었다. 250번의 실험을 실시하여 아래와 같은 결과를 얻었을 때, 과연 이 기계가 무작위로 숫자를 뽑는다고 볼 수 있는가? 이의 검정에 필요한 가설을 설정하고, 유의수준 0.05에서 검정하시오.

숫자	0	1	2	3	4	5	6	7	8	9	계
발생건수	21	28	24	33	23	21	23	23	21	33	250

12.3 공해의 정도와 폐결핵과의 관계를 분석하기 위하여 공해의 정도가 서로 다른 네 개 도시에서 랜덤하게 각각 400명의 성인을 표본으로 추출하여 결핵감염자수를 조사한 결과가 다음과 같다.

네 도시의 결핵감염률이 동일하다고 볼 수 있는가에 대하여 유의수준 5%하에서 검정을 실시하여라.

도시	A	B	C	D
결핵감염지수	34	42	21	18

12.4 한 도시의 학생들의 학력고사점수가 정규분포를 따르고 있는지를 검정하기 위하여 100명을 임의추출하여 조사한 결과가 다음과 같다. 유의수준 α=0.05 로 가설검정을 하여라.

229	275	279	321	291	254	60	315	111	268
236	163	157	295	270	289	229	269	337	210
156	278	201	322	257	242	329	321	129	202
203	288	333	262	131	249	220	299	291	252
283	229	293	242	254	306	304	295	183	157
154	328	268	249	306	196	251	215	325	150
199	181	242	330	270	182	190	321	275	210
229	275	241	308	85	249	65	262	190	304
195	278	337	242	242	274	333	311	275	214
157	324	153	216	321	196	308	315	275	177

12.5 비만이 유전인가를 분석하기 위하여 비만한 어린이와 보통의 어린이 각 50명 씩을 추출하여 부모의 비만 여부를 조사한 결과가 다음과 같다.

부모 \ 어린이	비 만	정 상	합 계
비 만	34	29	63
정 상	16	21	37
합 계	50	50	100

부모와 자녀의 비만이 서로 관계가 있다고 볼 수 있는가를 검정하라.(단, $\alpha = 0.05$)

12.6 승용차의 크기와 승용차사고의 치명성의 정도에 대한 관계를 분석하기 위하여 346건의 교통사고에 대하여 조사한 결과가 다음과 같다.

사고유형 \ 자동차의크기	소 형	중 형	대 형
치명적	67	26	16
치명적이 아님	128	63	46

자동차의 크기와 사고의 치명성의 정도에 서로 관계가 있다고 볼 수 있는가에 대하여 검정을 실시하라.(단, $\alpha = 0.05$)

12.7 아황산가스를 포함한 공기오염도가 채소에 얼마나 피해를 주는가를 알아보기 위하여 환경을 동일하게 한 장소에서 아황산가스를 각각 40개의 상추, 시금치, 토마토에 불어넣어 주고 이 중에서 몇 개가 크게 피해를 입는가를 조사하였다. 아황산가스에 노출되어 피해를 입는 정도가 세 종류의 채소에 동일한 가를 $\alpha = 0.10$으로 검정하여라.

	피해적음	피해많음	합 계
상추	32	8	40
시금치	28	12	40
토마토	19	21	40
합 계	79	41	120

12.8 한 식료품회사에서 새로운 통조림 두 종류를 개발하여 어느 통조림을 더 좋아하는가의 기호가 지역적으로 차이가 있는지를 알기 위하여 전라도에서 118명, 경상도에서 135명, 충청도에서 92명을 랜덤 추출하여 다음과 같은 설문서 결과를 얻었다. 지역에 따라서 어느 통조림을 더 좋아하는가의 기호에 차이가 있는지를 검정하여라.(단, $\alpha = 0.1$)

지 역	통조림 A	통조림 B	설문서 응답자
전라도	65	53	118
경상도	59	76	135
서울	48	42	90
충청도	43	49	92
합 계	215	220	435

12.9 한국대학에서는 학생들의 어학력 향상을 위해 최첨단 어학실습실의 개설을 고려하고 있다. 여기에 대한 남학생과 여학생의 반응은 다음과 같다. 학생의 반응은 성별과 관계없다는 귀무가설을 5% 유의수준에서 검정하시오.

성 별 ＼ 반 응	긍정적	무관심	합 계
남학생	20	10	30
여학생	19	16	35
합 계	39	26	65

12.10 작년의 자료에 의하면 승용차 구매자의 40%가 소형 승용차를 선호하고, 40%는 중형 승용차를 선호하며, 20%는 대형 승용차를 선호하는 것으로 나타났다. 올해도 이러한 경향이 유지되는지를 조사하기 위해 100명의 구매자를 대상으로 조사한 결과 55명이 소형 승용차를 35명이 중형 승용차를 그리고 10명이 대형 승용차를 구입할 것으로 나타났다. 올해의 구매 형태가 작년의 구매 형태와 같다는 귀무가설을 1% 유의수준으로 검정하시오.

12.11 천재 지능교육센터는 홍보자료로 사용하기 위해 지능과 학력과의 관계를 조사하기를 원한다. 400명을 임의로 추출하여 학력과 지능을 조사한 결과가 다음과 같았다. 지능이 학력에 영향을 끼치는지에 관한 가설을 세우고 유의수준 0.01에서 검정하시오.

학력 지능	중 졸	고 졸	대 졸
상	67	64	25
중	42	76	56
하	10	23	37

12.12 한 사회학자는 아버지와 아들의 직업 사이에 관계가 있는가를 분석하기 위하여 500명의 남자를 대상으로 본인의 직업과 아버지의 직업을 조사하여 다음과 같은 표를 구하였다. 아버지의 직업과 아들의 직업 사이에 관계가 있는가에 대하여 검정을 실시하라.($\alpha = 0.05$)

본인의 직업 아버지의 직업	전문직	숙련노동	비숙련노동	농 업
전문직	55	38	7	0
숙련노동	79	71	25	0
비숙련노동	22	75	38	10
농 업	15	23	10	32

제 13 장

비모수 통계분석

13.1 비모수통계분석의 개요

지금까지 우리가 다루었던 통계분석은 모집단이 특정한 분포(일반적으로 정규분포)를 따른다는 가정하에 이루어졌으며 이를 **모수통계분석** 또는 **모수적 추론**(parametric inference)이라고 한다. 이러한 가정이 있었기에 표본으로부터 구한 통계량이 Z분포, t분포, χ^2분포, F분포를 따르므로 이들 분포를 이용하여 모수에 대한 통계적 추론을 할 수 있었다. 많은 자연현상과 사회현상이 정규분포를 따르기는 하지만 그렇지 않은 경우도 있다. 만약 모집단이 정규분포를 따르지 않는다면 지금까지 한 모수 통계분석은 아무런 의미가 없을 수 있다. 또한 모집단에 대한 정보가 전혀 없는 경우도 있다. 이러한 경우에 사용하는 것이 비모수 통계분석 또는 비모수적 추론(non-parametric inference)이다.

비모수 통계분석이란 모집단의 분포를 가정하지 않고 표본을 분석하는 기법으로 확률변수에 대한 가정을 하지 않고 통계분석을 하고자 할 때 유용하게 이용 할 수 있다. 즉 비모수적 추론은 모수적 추론에서처럼 모집단의 분포에 대해 특정한 분포형태를 가정하지 않고 모집단의 위치모수(location inference)나 척도모수(scale inference)등을 이용하여 통계적 추론 한다.

비모수 통계분석은 모집단의 분포에 대해 최소한의 가정만을 필요로 하기 때문에 모수통계분석이 다룰 수 없는 분야의 분석도 다룰 수 있다. 일반적으로 모수통계분석은 관측값이 양적자료인 경우에 주로 실시하지만 비모수통계분석은 양적자료는 물론 순위자료 명목자료까지도 분석할 수 있다.

비모수 통계분석의 장점은 다음과 같다.

(1) 모집단의 분포에 대해 최소한의 가정만을 필요로 하므로 적용범위가 상대적으로 넓다.

(2) 비교적 간단하고 신속하게 분석할 수 있다.

(3) 정량적 자료가 아닌 명목자료 ,순위자료인 경우에도 분석이 가능하다.

(4) 자료의 수가 매우 작은 경우에도 분석이 가능 하다.

또한 비모수 통계분석의 단점을 정리하면 다음과 같다.

(1) 모집단의 분포가 특정한 분포(정규분포, 이항분포 등)를 따른다고 알려진 경우에 모수적 방법보다 효율이 떨어진다.

(2) 일반적으로 비모수 통계분석에서 사용되는 통계량의 분포는 복잡하며 따라서 표본의 크기가 클 경우에 대표본 근사에 의해 분석한다.

(3) 일반적으로 비모수통계분석에서 통계량의 분포는 연속이 아니므로 지정된 유의수준($\alpha = 0.05, 0.01, 0.1$)에서 정확한 기각역을 구할 수 없다.

비모수적 방법은 초기에는 검정문제에 주로 국한되었으나 점차로 추정문제, 분산분석, 회귀분석, 다변량분석 등으로 그 적용방법이 확대되어 가고 있는 추세이다. 본장에서는 여러 가지 비모수적 방법 중에서 검정문제와 관련한 기본적인 경우에 대해서만 살펴보기로 한다.

13.2 단일 모집단의 비모수 검정

본 절에서는 1개의 모집단에서 위치모수에 대한 검정문제를 생각해보기로 한다. 1개의 모집단에서 중심위치를 나타내는 데 흔히 사용되는 측도로는 평균과 중위수를 들 수 있다. 모수적 추론에서는 위치문제에 대한 검정으로 주로 사용되는 측도로는 평균이다. 반면에 비모수적 추론에서는 경우에 따라 모집단의 분포가 평균을 갖지 않을 수도 있으므로(예로서 코쉬(Cauchy)분포) 평균보다는 중위수를 사용한다. 일반적으로 모집단의 분포가 비대칭인 경우에는 중심을 나타내는 측도로서 평균보다는 중위수가 더 큰 의미를 갖는다.

1. 부호검정

먼저 일표본위치문제의 검정에 대한 비모수적 방법으로 부호검정에 대해 살펴본다. 모집단의 분포가 연속이고 중위수가 θ라고 가정하자. 이제 중위수 θ에 관한 귀무가설 $H_0 : \theta = \theta_0$에 대해서 다음의 3가지 대립가설을 검정하는 문제를 생각해 본다.

$$① \quad H_1 : \theta > \theta_0$$

② $H_1 : \theta < \theta_0$

③ $H_1 : \theta \neq \theta_0$

위의 가설을 검정하기 위한 부호검정 통계량은 다음과 같이 정의된다.

부 호 검 정 통 계 량

$X_1, X_2, \cdots, X_n$을 연속이고 중위수가 θ인 모집단으로부터 추출한 크기가 n인 확률표본이라고 하자. 이때 중위수 θ에 관한 귀무가설과 대립가설이

$$H_0 : \theta = \theta_0 \ , \ H_1 : \theta > \theta_0 \ (또는 \ H_1 : \theta < \theta_0 \ , \ H_1 : \theta \neq \theta_0)$$

으로 주어져 있을 때 이들 표본 중에서 θ_0보다 큰 표본의 개수, 예컨데 B를 부호검정 통계량 (sign test statistic)이라 부른다. 즉, B를 다음과 같이 정의한다.

$$B = \sum_{i=1}^{n} Y_i$$

여기서 $Y_i = \begin{cases} 1 \ , \ X_i > \theta_0 일 \ 때 \\ 0 \ , \ X_i < \theta_0 일 \ 때 \end{cases}$

위의 n개의 관측값들 중에서 θ_0와 같은 관측값들은 표본자료에서 제외시킨다. 따라서 표본의 크기도 그 개수만큼 줄어든다. 그러나 같은 관측값들의 경우에도 이 값이 θ_0와 같지 않으면 B의 계산에 아무런 영향을 주지 않는다.

이제 귀무가설 $H_0 : \theta = \theta_0$ 하에서 부호통계량 B의 분포를 살펴보자.

H_0하에서 $Y_1, Y_2, \cdots, Y_n$은 0 또는 1의 값을 갖고 서로 독립이면서 $P(Y_i = 1) = P(X_i > \theta_0) = \frac{1}{2}$이므로 n개의 베르누이(bernoulli) 시행으로 간주된다. 따라서 이들 시행의 합 B는 이항분포 $B(n, \frac{1}{2})$를 따른다.

귀무가설하에서 통계량 B의 분포는 모집단의 분포와는 관계없이 이항분포 $B(n, \frac{1}{2})$를 따르므로 부호통계량에 의한 검정은 분포무관인 검정이 된다.

부호통계량 B를 이용하여 앞에서 언급한 3가지 대립가설에 대한 검정의 기각역을 구하면 다음과 같다.

귀무가설	대립가설	기각역
$H_0 : \theta = \theta_0$	$H_1 : \theta > \theta_0$ $H_1 : \theta < \theta_0$ $H_1 : \theta \neq \theta_0$	$B \geq b_a$ $B \leq b_{1-a}$ $B \geq b_{\frac{\alpha}{2}}$ 또는 $B \leq b_{1-\frac{a}{2}}$

여기서 b는 이항분포 $B(n, \frac{1}{2})$에서 상위 $100 \cdot \alpha$ 백분위수, 즉 $P(B \geq x) = \alpha$ 를 만족하는 x의 값으로 [부록8] 에 나와 있다. 또한 귀무가설 $H_0 : \theta = \theta_0$ 하에서 B의 분포는 그의 평균 $E(B) = \frac{n}{2}$에 관해서 대칭이므로

$$b_a - \frac{n}{2} = \frac{n}{2} - b_{1-\alpha}$$

인 관계가 성립한다. 이로부터 $b_{1-\alpha} = n - b_a$ 가 성립된다.

한편 표본 $X_i(i = 1, 2, \cdots, n)$가 θ_0 보다 클 확률을 $p = P(X_i > \theta_0)$라 하면 부호통계량 B는 이항분포 $B(n, p)$를 따르고 중위수 θ에 관한 귀무가설과 대립가설은 이항확률(binomial probability) p에 관한 귀무가설과 대립가설로 나타낼 수 있으며 다음의 동치관계가 성립한다.

$$H_1 : \theta = \theta_0 \qquad\qquad H_0 : P = \frac{1}{2}$$

$$① \ H_1 : \theta > \theta_0 \quad \Leftrightarrow \quad ① \ H_1 : P > \frac{1}{2}$$

$$② \ H_1 : \theta < \theta_0 \quad \Leftrightarrow \quad ② \ H_1 : P < \frac{1}{2}$$

$$③ \ H_1 : \theta \neq \theta_0 \quad \Leftrightarrow \quad ③ \ H_1 : P \neq \frac{1}{2}$$

위의 부호검정 통계량 B의 분포는 이항분포를 따르므로 연속이 아니다. 따라서 전통적으로 주어진 유의수준 α(예로서 0.1, 0.05, 0.01)에 대한 정확한 기각역을 구할 수 없다. 이와 같은 경우에는 흔히 주어진 표본자료

에 의해 얻어진 검정통계량 B의 값으로 귀무가설을 기각할 수 있는 최소의 유의수준, 즉 유의확률을 주어진 유의 수준과 비교하여 귀무가설의 기각여부를 결정한다.

한편 부호검정을 실시하는 경우에는 표본의 크기 n이 클 때 ($n>25$) [부록-8]에 있는 이항분포표를 이용할 수 없다.

이와 같은 경우에는 표준화된 부호통계량의 정규근사에 의해서 검정의 기각역을 결정할 수 있다.

부 호 검 정 통 계 량 의 정 규 근 사

귀무가설 $H_0 : \theta = \theta_0$ 하에서 부호통계량 B의 평균과 분산은 다음과 같다.

$$B = \sum_{i=1}^{n} Y_i , \quad E(B) = \frac{n}{2}, \quad V(B) = \frac{n}{4}$$

따라서 표준화된 통계량은

$$Z_B = \frac{B - \dfrac{n}{2}}{\sqrt{\dfrac{n}{4}}}$$

이고 n이 클 때 Z_B의 분포는 H_0하에서 근사적으로 표준정규분포 N(0. 1)을 따른다.

표본의 크기 n이 클 때 Z_B의 정규근사에 의한 검정의 기각역은 다음과 같다.

귀무가설	대립가설	기각역
$H_0 : \theta = \theta_0$ 또는 $P = \frac{1}{2}$	$H_1 : \theta > \theta_0$ 또는 $P > \frac{1}{2}$ $H_1 : \theta < \theta_0$ 또는 $P < \frac{1}{2}$ $H_1 : \theta \neq \theta_0$ 또는 $P \neq \frac{1}{2}$	$Z_B \geq z_\alpha$ $Z_B \leq -z_\alpha$ $Z_B \geq z_{\frac{\alpha}{2}}$ 또는 $Z_B \leq -z_{\frac{\alpha}{2}}$

여기서 z_α는 표준정규분포 $N(0, 1)$에서 상위 $100 \cdot \alpha$백분위수, 즉

$P(Z \geq x) = \alpha$를 만족하는 x의 값으로 [부록4]에 나와 있다.

부호검정(sign test)에 관한 이상의 결과를 요약하면 다음과 같다.

부 호 검 정

자   료 : $X_1, X_2, \cdots, X_n$은 분포가 연속이고 중위수가 θ인 모집단으로부터
n개의 표본

귀무가설 : $H_0 : \theta = \theta_0$

검정통계량 : ① 소표본일 때 $B = \sum_{i=1}^{n} Y_i = (\theta_0 보다 \ 큰 \ X_i들의 \ 개수)$

여기서 여기서 $Y_i = \begin{cases} 1 \, , \, X_i > \theta_0 일 \ 때 \\ 0 \, , \, X_i < \theta_0 일 \ 때 \end{cases}$

② 대표본일 때 $Z_B = \dfrac{B - \dfrac{n}{2}}{\sqrt{\dfrac{n}{4}}}$

대립가설	기각역 : 소표본일 때	기각역 : 대표본일 때
① $H_1 : \theta > \theta_0$	$R : B \geq b_\alpha$	$Z_B \geq z_\alpha$
② $H_1 : \theta < \theta_0$	$R : B \leq n - b_\alpha$	$Z_B \leq -z_\alpha$
③ $H_1 : \theta \neq \theta_0$	$R : B \geq b_{\frac{\alpha}{2}}$ 또는 $B \leq n - b_{1-\frac{\alpha}{2}}$	$Z_B \geq z_{\frac{\alpha}{2}}$ 또는 $Z_B \leq -z_{\frac{\alpha}{2}}$

(예제 13-1)

물류 택배업에 종사하는 사람들의 월평균임금은 200만원을 초과한다는 주장이
있다. 이 주장이 옳은지 확인하기 위해서 이 직업을 가진 사람들 중에서 임의
로 15명을 추출하여 그들의 월평균임금을 조사하였더니 다음과 같은 결과를
얻었다.

2.4	4.2	2.6	0.6	1.4	2.0	2.5	2.8
3.6	0.2	3.1	3.8	2.0	2.3	2.2	(단위 : 100만원)

부호검정을 이용하여 위의 주장이 옳은지를 유의수준 α=0.05에서 검정하여라.

(풀 이)

이 직업을 가진 사람들의 한 달 평균임금을 θ라고 하면 위의 문제에 대해 귀무가설과 대립가설은 각각 다음과 같이 설정된다.

$$H_0 : \theta = 2.0 \qquad H_1 : \theta > 2.0$$

주어진 자료에서 $\theta = 2.0$과 같은 관측값이 2개 있으므로 이들을 표본에서 제외시키면 표본의 크기는 $n=13$으로 수정된다. 그런데 2.0보다 큰 관측값의 수가 10이므로 검정통계량의 값은 B=10이 된다. 따라서 유의확률은 [부록8]에서 $P(B \geq 10) = 0.0461$이므로 유의수준 $\alpha = 0.05$보다 작아서 귀무가설은 기각된다. 즉 유의수준 5%에서 이 직업에 종사하는 사람들의 한 달 평균임금은 200만원을 초과한다고 볼 수 있다.

또한 정규근사에 의해 위의 문재를 검정하여 보기로 하자. 표본의 크기가 $n = 13$이므로 H_0하에서 검정통계량 B의 평균과 분산은 각각 $\dfrac{13}{2}$과 $\dfrac{13}{4}$이다. 따라서 표준화된 통계량 Z_B의 값은 다음과 같다.

$$Z_B = \frac{B - \dfrac{n}{2}}{\sqrt{\dfrac{n}{4}}} = \frac{10 - \dfrac{13}{2}}{\sqrt{\dfrac{13}{4}}} = 1.9415$$

[부록-4]로부터 $Z_B = 1.9415 > 1.645 = z_{0.05}$이므로 유의수준 $\alpha = 0.05$에서 H_0는 기각한다.

참고로 위의 예제에서 주어진 자료에 대해 모수적인 검정방법으로 제 9장에서 다룬 t-검정을 적용하여 그 결과를 부호검정과 비교하여 보자. 주어진 자료로부터 표본평균과 표본표준편차를 계산하면 다음과 같다.

평균 $(\overline{x}) = 2.38$, 표준편차 $(s) = 1.0949$

따라서 t 통계량의 값은

$$t = \frac{x - \theta_0}{\dfrac{s}{\sqrt{n}}} = \frac{2.38 - 2.0}{\dfrac{1.0949}{\sqrt{15}}} = 1.3442$$

이다. 그런데 [부록-5]에서 $t = 1.3442 < 1.761 = t_{0.05}$이므로 유의수준 $\alpha = 0.05$에서 H_0는 기각할 수 없다. 따라서 t-검정의 결과는 부호검정의 결과와 다른 결론을 얻는다. 이와 같이 검정의 결과가 다르게 나타난 이

유에 대해서 살펴보자.

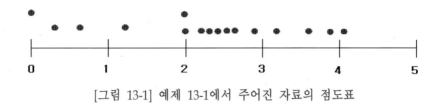

[그림 13-1] 예제 13-1에서 주어진 자료의 점도표

t-검정을 적용하기 위해서는 모집단의 분포가 정규분포를 따른다는 가정이 필요하다. 그런데 주어진 표본자료를 위 [그림13-1]에서 나타낸 점도표(dot plot)로 살펴보면 관측값이 2.0과 2.8사이에 비교적 많이 몰려 있는 반면에 2.0에 비해서 아주 큰 값과 아주 작은 값을 가진 자료도 있어서 이로부터 모집단의 분포가 정규분포에 비해서 양쪽 꼬리부분이 두터운 형태를 갖게 될 것으로 예상된다.

따라서 두터운 꼬리부분의 관측값이 표준편차를 크게 하고 이로 인해 검정통계량 t의 값이 작아지므로 귀무가설을 기각시키기가 힘들게 된다.

이와 같이 모집단의 분포가 정규분포와는 다른 형태의 분포를 하게 될 경우에는 t-검정에 의한 모수적 방법이 부호검정에 의한 비모수적 방법보다 검정의 효율이 떨어질 수 있다.

2. 윌콕슨의 부호순위검정

앞 절에서 다룬 부호검정은 관측값의 크기는 무시하고 부호만을 사용하기 때문에 일반적으로 정보의 손실이 상당히 많다고 볼 수 있다. 이에 반해서 본 절에서 다루게 될 **윌콕슨의 부호순위검정**(Wilcoxon signed rank test)은 관측값의 부호뿐만 아니라 관측값의 순위도 고려하여 검정을 실시하는 방법으로서 윌콕슨(Wilcoxon)에 의해 제안되었다.

일반적으로 부호순위검정은 부호검정에 비해 검정의 효율이 높은 반면에 모집단의 분포가 연속이면서 대칭 형태라는 추가적인 가정을 필요로 한다. 먼저 부호검정과 부호순위검정의 차이를 예를 들어 살펴보기로 한다. 분포가 연속이고 $\theta = 0$에 관해서 대칭인 모집단으로부터 표본의 크기가 $n = 5$인 확률표본을 독립적으로 두 번씩 추출하여 얻어진 관측값들을 점도표로 각각 나타내어 [그림 13-2]의 (1), (2)가 얻어졌다고 하자. 이 두 그림으로부터 양수인 관측값의 개수는 다같이 2가 된다. 따라서 귀무가설 $H_0 : \theta = 0$ 하에서 두 개의 표본자료로부터 구한 부호통계량의 값은 다같이 $B = 2$가 되어 부호검정으로는 두 개의 자료 사이에 구별이 되지 않는다.

[그림 13-2] $n = 5$, $B = 2$인 두 자료의 점도표

그러나 [그림 13-2]의 (1), (2)에서 보는 바와 같이 (2)의 자료에 비해 (1)의 자료가 0의 오른쪽으로 더욱 치우쳐져 있음을 알 수 있다. 따라서 (1)의 경우가 (2)의 경우보다 더 큰 양의 차이가 있음을 보여주고 있다.

부호통계량은 관측값이 주어진 값 θ_0보다 크고 작음만을 고려하는데 비해 부호순위 통계량은 관측값이 θ_0보다 크고 작음뿐만 아니라 θ_0에 비해 얼마나 크고 얼마나 작은지도 함께 고려하는 방안을 제시하여 주는 검정방법이라 하겠다.

윌콕슨의 부호순위 검정통계량

$X_1, X_2, \cdots, X_n$을 중위수 θ에 관해 대칭이면서 연속적인 분포를 갖는 모집단으로부터 n개의 확률표본이라 하자. 이때 중위수 θ에 관한 귀무가설과 대립가설이 다음과 같이 주어져 있다고 하자.

$$H_0 : \theta = \theta_0 , \quad H_1 : \theta > \theta_0 (H_1 : \theta < \theta_0, \quad H_1 : \theta \neq \theta_0)$$

주어진 표본자료를 바탕으로 위의 가설을 검정하기 위한 부호순위 통계량은 다음과 같이 정의된다.

$$W^+ = \sum_{i=1}^{n} \Psi_i R_i^+$$

여기서 $\Psi_i = 1, \ X_i > \theta_0$ 일 때

$0, \ X_i < \theta_0$ 일 때

이고 $D_i = X_i - \theta_0 \ (i = 1, 2, \cdots, n)$ 라 할 때 R_i^+는 $\{|D_1|, |D_2|, \cdots, |D_n|\}$에서 $|D_i|$의 순위를 나타낸다.

위에서 n개의 표본 $X_1, X_2, \cdots, X_n$ 중에서 θ_0와 같은 관측값, 즉 $X_i = \theta_0$가 있으면 이 값들은 표본에서 제외시키고 표본의 크기도 그 개수만큼 줄인다. 표본 중에서 θ_0와 같지 않으면서 동일한 관측값이 있는 경우에 R_i^+를 계산할 때 이들 관측값들의 평균 순위를 사용한다.

부호순위 통계량 W^+를 사용하여 위의 가설에 대한 검정의 기각역을 구하면 다음과 같다.

귀무가설	대립가설	기 각 역
$H_0 : \theta = \theta_0$	$H_1 : \theta > \theta_0$ $H_1 : \theta < \theta_0$ $H_1 : \theta \neq \theta_0$	$R : W^+ \geq w_\alpha^+$ $R : W^+ \leq w_\alpha^+$ $R : W^+ \geq w_{\frac{\alpha}{2}}^+$ 또는 $R : W^+ \leq w_{1-\frac{\alpha}{2}}^+$

여기서 W_α^+는 귀무가설 H_0하에서 검정통계량 W^+분포의 상위 $100 \cdot \alpha$백분위수, 즉 $P(W^+ \geq x) = \alpha$를 만족하는 x의 값으로 [부록-9]에 나와 있다. 그리고 H_0하에서 W^+의 분포는 그의 평균 $E(W^+) = \dfrac{n(n+1)}{4}$에 관해서 대칭이다. 따라서 다음과 같은 관계가 성립하고,

$$\frac{n(n+1)}{4} - w_{1-\alpha}^+ = w_\alpha^+ - \frac{n(n+1)}{4}$$

이로부터 다음과 같은 식을 얻는다.

$$w_{1-\alpha}^+ = \frac{n(n+1)}{2} - w_\alpha^+$$

한편 부호순위검정을 실시하는 경우에 [부록-9]에서 부호순위 통계량의 분포표가 표본의 크기가 $n \leq 15$까지만 나와 있으므로 표본의 크기가 클 경우에는 표준화된 부호순위 통계량의 정규근사에 의해 검정의 기각역을 결정한다.

귀무가설 $H_0 : \theta = \theta_0$ 하에서 부호순위 통계량 W^+의 평균과 분산은 각각 다음과 같다.

$$E(W^+) = \frac{n(n+1)}{4}, \quad \text{Var}(W^+) = \frac{n(n+1)(2n+1)}{24}$$

따라서 W^+의 표준화된 통계량은

$$Z_{W^+} = \frac{W^+ - \dfrac{n(n+1)}{4}}{\sqrt{\dfrac{n(n+1)(2n+1)}{24}}}$$

이고 n이 클 때 Z_{W^+}의 분포는 근사적으로 표준정규분포 $N(0, 1)$을 따른다.

n개의 표본 중에서 θ_0와 같지 않으면서 동일한 관측값이 있을 경우에는 대표본 정규근사를 이용할 때 W^+의 분산을 다음과 같이 수정하여 사용한다.

$$Var(W^+) = \frac{1}{24}\{n(n+1)(2n+1) - \frac{1}{2}\sum_{j=1}^{g} t_j(t_j-1)(t_j+1)\}$$

단, g = 동점그룹의 수

t_j = j번째 동점그룹에 있는 관측값의 개수

표본의 크기 n이 클 경우에는 Z_{W^+}의 정규근사에 의한 검정의 기각역은 다음과 같다.

귀무가설	대립가설	기 각 역
$H_0 : \theta = \theta_0$	$H_1 : \theta > \theta_0$	$R : Z_{W^+} \geq z_\alpha$
	$H_1 : \theta < \theta_0$	$R : Z_{W^+} \leq -z_\alpha$
	$H_1 : \theta \neq \theta_0$	$R : Z_{W^+} \geq z_{\frac{\alpha}{2}}$ 또는 $R : Z_{W^+} \leq -z_{\frac{\alpha}{2}}$

부호순위검정에 관한 이상의 결과를 요약하면 다음과 같이 정리할 수 있다.

윌콕슨의 부호순위검정

자　　료 : $X_1, X_2, \cdots, X_n$ 은 분포가 연속적이고 중위수 θ에 관해서 대칭인
　　　　　모집단으로부터 n개의 표본

귀무가설 : $H_0 : \theta = \theta_0$

검정통계량 : ① 소표본일 때

$$W^+ = \sum_{i=1}^{n} \Psi_i R_i^+ \, (=\text{양의 값을 갖는 } |D_i| \text{의 순위합})$$

여기서 $D_i = X_i - \theta_0$이다.

② 대 표본일 때

$$Z_{w^+} = \frac{W^+ - \dfrac{n(n+1)}{4}}{\sqrt{\dfrac{n(n+1)(2n+1)}{24}}}$$

대립가설	기각역 : 소표본일 때	기각역 : 대표본일 때
① $H_1 : \theta > \theta_0$	$R : W^+ \geq w_\alpha^+$	$R : Z_{w^+} \geq z_\alpha$
② $H_1 : \theta < \theta_0$	$R : \leq \dfrac{n(n+1)}{2} - w_\alpha^+$	$R : Z_{w^+} \leq -z_\alpha$
③ $H_1 : \theta \neq \theta_0$	$R : W^+ \geq w_{\frac{\alpha}{2}}^+$ 또는	$R : Z_{w^+} \geq z_{\frac{\alpha}{2}}$ 또는
	$W^+ \leq \dfrac{n(n+1)}{2} - w_{\frac{\alpha}{2}}^+$	$Z_{w^+} \leq -z_{\frac{\alpha}{2}}$

(예제 13-2)

앞의 (예제 13-1)을 다시 고려해 보기로 하자. (예제 13-1)에서 주어진 자료가 중심에서 오른쪽으로 치우쳐진 비대칭인 모양이므로 표본을 다시 추출하여 다음의 자료를 얻었다.

2.6	4.2	2.6	1.3	1.7	1.9	2.5	2.0
2.7	3.5	0.4	3.1	3.8	2.2	2.4	(단위 : 100만원)

유의수준 $\alpha = 0.05$에서 부호순위검정을 시행하여라.

(풀 이)

앞의 (예제 13-1)에서와 마찬가지로 귀무가설과 대립가설은 다음과 같이 주어진다.

$$H_0 : \theta = 2.0 \qquad H_1 : \theta > 2.0$$

표본에서 θ_0=2.0과 같은 관측값이 1개 있으므로 이 값을 표본에서 제외시키고 나고 나머지 표본에 대해 $|D_i| = X_i - 2.0$을 계산하면 다음과 같다.

0.3 2.2 0.6 -0.7 -1.3 -0.1 0.5

0.7 1.5 -1.6 1.1 1.8 0.2 0.4

위의 자료를 D_i의 음과 양의 값으로 분류하여 $|D_i|$의 크기순으로 배열하여 Ψ_i, R_i^+ 값을 구하면 다음과 같다.

D_i	$|D_i|$	Ψ_i	R_i^+
-0.1	0.1	0	1
-0.3	0.3	0	3.5
-0.7	0.7	0	8.5
-1.6	1.6	0	12

D_i	$|D_i|$	Ψ_i	R_i^+
0.2	0.2	1	2
0.3	0.3	1	3.5
0.4	0.4	1	5
0.5	0.5	1	6
0.6	0.6	1	7
0.7	0.7	1	8.5
1.1	1.1	1	10
1.5	1.5	1	11
1.8	1.8	1	13
2.2	2.2	1	14
		$W^+ = 80$	

[부록-9] 로부터 유의 확률을 구하면 $P(W^+ \geq 80)$=0.045이고 이 값은 유의수준 α=0.05보다 작으므로 H_0은 기각된다. 즉 위의 표본자료를 바탕으로 유의수준 5%에서 이 직업을 가진 사람들의 한 달 평균임금은 200만원을 초과한다고 볼 수 있다.

한편 위의 자료에 대해서 부호검정을 실시하여 보자. 표본에서 2.0인 관측값 1개를 제외하면 표본의 크기는 $n = 15 - 1 = 14$가 되고 부호통계량의 값은 $B = 10$이다. 따라서 [부록-8]로부터 유의확률이 $P(B \geq 10) = 0.0898$이 되어 유의수준 $\alpha = 0.05$에서 H_0를 기각할 수 없게 된다. 이처럼 부호순위검정의 결과와 다르게 나온 이유를 살펴보자.

위의 예제에서 주어진 자료를 점도표를 작성해 보면 아래의 [그림 13-3]과 같다.

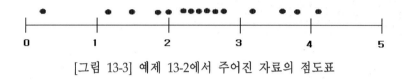

[그림 13-3] 예제 13-2에서 주어진 자료의 점도표

[그림 13-3]에 있는 점도표를 살펴보면 예제에서 주어진 자료가 앞의 예제 13-1에서 주어진 자료에 비해 대칭 형태에 가까운 것을 볼 수 있다. 이것은 모집단의 분포가 대칭에 가까울수록 부호순위 검정이 부호검정에 비해 검정력이 더 커진다는 것을 반영한다.

끝으로 대표본 정규근사에 의한 검정을 시행해 보자. 귀무가설하에 W^+의 평균과 분산은 다음과 같다. (주어진 자료에서 2.0인 관측값 1개는 제외시킴)

$$E(W^+) = \frac{14(14+1)}{4} = 52.5$$

$$Var(W^+) = \frac{1}{24}\left[14(14+1)(2 \times 14+1) - \frac{1}{2}\{2(2-1)(2+1) + 2(2-1)(2+1)\}\right] = 253.5$$

따라서 W^+의 표준화된 통계량의 값은

$$Z_{w^+} = \frac{W^+ - E(W^+)}{\sqrt{Var(W^+)}} = \frac{80 - 52.5}{\sqrt{253.5}} = 1.7272$$

이 되고 $Z_{w^+} = 1.7272 > 1.645 = Z_{0.05}$이므로 H_0를 기각한다.

13.3 두 모집단의 비모수 검정

본 절에서는 2개의 모집단간의 중심위치나 두 처리효과를 비교하는 문제를 생각해 보자. 이 경우 각 모집단으로부터 추출한 2개의 표본이 서로 독립인 경우와 두 표본이 짝지워진(matching)경우를 나누어서 각 경우에 적합한 비모수검정법을 살펴보기로 한다.

1. 맨-휘트니-윌콕슨의 순위합검정

두 개의 독립표본을 이용하여 두 모집단간의 중심위치를 비교하기 위한 비모수적 검정방법을 살펴보자.

연속적이고 동일한 형태의 분포를 갖는 2개의 모집단 I과 II로부터 서로 독립인 표본 $X_1, X_2, \cdots, X_m$과 $Y_1, Y_2, \cdots, Y_n$을 추출하였다고 하자. (편의상 $m \geq n$이라고 가정한다. 즉 표본의 크기가 큰 쪽을 모집단 I, 작은 쪽을 모집단 II라 둔다.)

이제 두 모집단의 중위수의 차이를 Δ라 두면 두 모집단의 위치문제에서 우리가 관심을 갖는 모수는 이동모수(shift parameter) Δ로서 두 모집단간의 비교를 위한 귀무가설은 $H_0 : \Delta = 0$이 되고 이에 대응하는 대립가설 H_1은 다음의 3가지 경우로 나타낼 수 있다.

① $H_0 : \Delta = 0$, $H_1 : \Delta > 0$

② $H_0 : \Delta = 0$, $H_1 : \Delta < 0$

③ $H_0 : \Delta = 0$, $H_1 : \Delta \neq 0$

위의 귀무가설과 대립가설 하에서 두 모집단의 표본에 대해서 살펴보자. 귀무가설 H_0하에서 두 모집단은 중위수가 같고 동일한 분포형태를 갖게 된다. 따라서 두 모집단으로부터 추출한 서로 독립인 두 표본 $X_1, X_2, \cdots, X_m$과 $Y_1, Y_2, \ldots, Y_n$은 H_0하에서 한 개의 모집단으로부터 추출한 $N(m+n)$개의 확률표본으로 볼 수 있으므로 이들 N개의 표본값들은 고루 잘 섞여 있을 것으로 예상된다.

한편 대립가설 $H_1 : \Delta > 0$하에서는 위의 [그림 13-4]에서 보는 바와 같이 모집단 II의 분포는 모집단 I의 분포를 Δ만큼 오른쪽으로 평행 이동시킨 것과 같다. 따라서 모집단 II의 표본 $Y_1, Y_2, \cdots, Y_n$ 은 H_1하에서 $X_1, X_2, \cdots X_n$에 비해 오른쪽에(두 표본을 크기 순서로 배열하였을 때) 몰려 있는 것으로 기대된다. 마찬가지 이유로 대립가설 $H_1 : \Delta < 0$ 하에서는 표본 $Y_1, Y_2, \cdots, Y_n$은 표본 $X_1, X_2, \cdots, X_m$에 비해 왼쪽에 몰려 있을 것으로 예상되고 대립가설 $H_1 : \Delta \neq 0$하에서는 표본 $Y_1, Y_2, \cdots, Y_n$은 표본 $X_1, X_2, \cdots, X_m$에 비해 양쪽 끝부분에 몰려있을 것으로 기대된다.

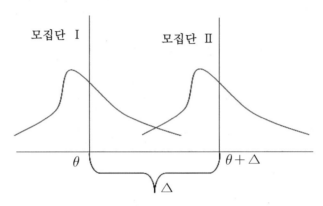

[그림 13-4] H_0하에서 두 모집단간의 분포형태

이와 같은 근거를 바탕으로 두 모집단간의 중심위치를 비교하기 위한 비모수적 검정방법으로 1945년에 월콕슨(Wilcoxon)이 제시한 순위합 검정(rank sum test)과 1947년에 맨(Mann)과 휘트니(Whitny)가 제시한 U검정이 있는데 기본적으로 이들 두 검정은 동일하다고 할 수 있다. 따라서 이들 세 사람의 이름을 붙여서 흔히 **맨-휘트니-월콕슨 순위합검정**이라고 부르기도 한다. 본서에서는 맨과 휘트니의 U-검정방법을 중심으로 두 모집단의 동일성에 대한 비모수검정법을 살펴보고자 하며 U-검정 통계량은 다음과 같다.

연속이고 동일한 형태의 분포를 갖는 두 개의 독립적인 모집단 Ⅰ과 Ⅱ로
부터 확률표본 $X_1, X_2, \cdots, X_m$과 $Y_1, Y_2, \cdots, Y_n(m \geq n)$을 각각 추출하였다고
하자. 이때 두 모집단의 중위수의 차 Δ에 대한 귀무가설과 대립가설이

$$H_0 : \Delta = 0 , \quad H_1 : \Delta > 0 \text{ (또는 } \Delta < 0, \Delta \neq 0)$$

으로 주어져 있을 때 이들 두 모집단의 혼합표본에서 맨-휘트니 U
검정통계량은 다음과 같이 주어진다.

$$U = W - \frac{n(n+1)}{2}$$

여기서, $W = \sum_{j=1}^{n} R_j$이고 R_j는 두 모집단의 혼합표본
$\{X_1, X_2, \cdots, X_m, Y_1, Y_2, \cdots, Y_n\}$에서 Y_j의 순위를 나타낸다.

검정통계량 U(또는 W)의 값은 $\Delta > 0$의 값이 커짐에 따라 U(또는 W)
의 값이 커지는 경향이 있고 $\Delta < 0$의 값이 작아지면 U(또는 W)의 값
도 작아지는 경향이 있다.

따라서 통계량 U에 의한 검정의 기각역은 다음과 같이 주어진다.

귀무가설	대립가설	기각역
$H_0 : \Delta = 0$	$H_1 : \Delta > 0$	$U \geq U_\alpha$
	$H_1 : \Delta < 0$	$U \leq u_{1-\alpha}$
	$H_1 : \Delta \neq 0$	$U \geq u_{\frac{\alpha}{2}}$ 또는 $U \leq u_{1-\frac{\alpha}{2}}$

여기서 u_α의 값은 U의 분포에서 상위 $100 \cdot$백분위수를 나타낸다. 즉
$P(U \geq x) = \alpha$를 만족하는 x의 값으로 [부록-10]에 나와 있다.

한편 귀무가설 $H_0 : \Delta = 0$하에서 U의 분포는 그의 평균 $E(U) = \frac{m \cdot n}{2}$에
관해서 대칭인 분포를 한다. 따라서 다음과 같은 관계가 성립한다.

$$u_\alpha - \frac{m \cdot n}{2} = \frac{m \cdot n}{2} - u_{1-\alpha}$$

이로부터 다음과 같은 식을 얻는다.

$$u_{1-\alpha} = m \cdot n - u_\alpha$$

이제 귀무가설 하에서 맨-휘트니 통계량 U의 확률분포가 어떻게 이루어지며 또한 모집단의 분포와 어떻게 분포무관이 되는지 살펴보기로 한다.

간단한 예로서 두 모집단으로부터 표본의 크기가 $m = 3$과 $n = 2$인 두 개의 표본을 추출하여 그 관측값이 x_1, x_2, x_3와 y_1, y_2가 되었다고 하자. H_0 하에서 U의 분포를 구하기 위해서 혼합표본의 5개의 관측값 x_1, x_2, x_3, y_1, y_2 (각 x_i와 y_i의 순서는 무시하고)를 크기 순으로 나열했을 때 가능한 경우의 수는 $\frac{5!}{(3!2!)} = 10$가지가 된다. 그런데 H_0 하에서 두 모집단의 분포는 일치하므로 이들 10가지의 각 순서 배열이 나타날 확률은 다같이 $\frac{1}{10}$로 주어진다. 이들 각 순서 배열에 대한 U의 값과 확률은 아래의 [표14-1]과 같다.

[표 13-1] $m = 3,\ n = 2$일 때 U의 값과 확률

X, Y의 배열	U의 값	확 률
$xxxyy$	6	$\frac{1}{10}$
$xxyxy$	5	$\frac{1}{10}$
$xyxxy$	4	$\frac{1}{10}$
$yxxxy$	3	$\frac{1}{10}$
$xxyyx$	1	$\frac{1}{10}$
$xyxyx$	3	$\frac{1}{10}$
$yxxyx$	2	$\frac{1}{10}$
$xyyxx$	2	$\frac{1}{10}$
$yxyxx$	1	$\frac{1}{10}$
$yyxxx$	0	$\frac{1}{10}$
		합계 1

위의 [표14-1] 로부터 H_0 하에서 U의 확률분포는 다음 아래의 [표 14-2]로 주어진다.

H_0하에서 U의 확률분포

U	0	1	2	3	4	5	6	합계
$P(U=u)$	$\dfrac{1}{10}$	$\dfrac{1}{10}$	$\dfrac{2}{10}$	$\dfrac{2}{10}$	$\dfrac{2}{10}$	$\dfrac{1}{10}$	$\dfrac{1}{10}$	1

위의 결과로부터 U의 분포는 모집단의 분포와는 무관하게 얻어짐을 알
수 있다. 즉 U는 분포무관인 검정통계량이다.

만약 혼합표본에서 $X_i(i=1.\ 2,\ \cdots,\ m)$들의 순위합을 V라 하면

$$U = \frac{m(m+1)}{2} - V$$

이 성립한다. 따라서 맨-휘트니 U검정통계량은 Y_i들의 순위합 대신에 X_i
들의 순위합을 사용해도 동일한 검정을 얻을 수 있다.

한편 H_0하에서 U의 확률분포는 [부록-10]에서 보는 바와 같이 m과
n의 소표본 크기($m \le 10$, $n \le 10$)에 대신해서만 나와 있으므로 m과 n이
클 경우에는 U표준화된 통계량을 이용하여 정규근사에 의해 검정의 기각
역을 구할 수 있다.

맨 - 휘트니 U-검정통계량의 정규근사

귀무가설 $H_0 : \Delta=0$하에서 U의 평균과 분산은 다음과 같다.

$$E(U)=\frac{m\cdot n}{2}, \qquad V(U)=\frac{mn(N+1)}{12}, \qquad 단 \quad N=m+n$$

따라서 m과 n이 충분히 클 때 표준화된 통계량, 즉

$$Z_U = \frac{U-(E-U)}{\sqrt{Var(U)}} = \frac{U-\dfrac{mn}{2}}{\sqrt{\dfrac{mn(N+1)}{12}}}$$

의 분포는 H_0하에서 근사적으로 표준정규분포 $N(0, 1)$을 따른다.

혼합표본에 동일한 관측값이 있는 경우에는 대표본 정규근사를 사용할
때 V(U)는 다음과 같이 수정하여 사용한다.

$$V(U) = \frac{mn}{12}\{N+1-\frac{\sum_{j=1}^{g} t_j(t_j^2 - 1)}{N(N-1)}\}$$

단, g는 동점그룹의 수, $t_j = j$번째 동점그룹에 있는 관측값의 개수

앞의 정리로부터 대표본 정규근사에 의한 검정의 기각역은 다음과 같이 주어진다.

귀무가설	대립가설	기 각 역
$H_0 : \Delta = 0$	$H_1 : \Delta > 0$	$Z_U \geq z_\alpha$
	$H_1 : \Delta < 0$	$Z_U \leq -z_\alpha$
	$H_1 : \Delta \neq 0$	$Z_U \geq z_{\frac{\alpha}{2}}$ 또는 $Z_U \leq -z_{\frac{\alpha}{2}}$

맨-휘트니 U검정에 관한 이상의 결과를 요약하면 다음과 같이 정리할 수 있다.

맨 - 휘 트 니 $U-$검 정

자　료 : $X_1, X_2, ..., X_m$은 연속이고 중위수가 θ인 모집단 Ⅰ로부터 m개의 표본이고, $Y_1, Y_2, ..., Y_n$은 연속이고 중위수가 $\theta + \Delta$인 모집단 Ⅱ로부터 n개의 표본이다. (여기서 $m \geq n$이고 모집단 Ⅰ과 모집단 Ⅱ의 분포는 동일한 형태를 갖는 것으로 가정함.)

검정통계량 : ① 소표본일 때

$$U = W - \frac{n(n+1)}{2}$$

여기서 $W = \sum_{j=1}^{n} R_j$ (=혼합표본에서 Y_j들의 순위합)

② 대표본일 때

$$Z_U = \frac{U - \frac{mn}{2}}{\sqrt{\frac{mn(N+1)}{12}}} , (N = m + n)$$

귀무가설 : $H_0 : \Delta = 0$

대립가설	기각역 : 소표본일 때	기각역 : 대표본일 때
① $H_1 : \Delta > 0$	$R : U \geq u_\alpha$	$R : Z_U \geq z_\alpha$
② $H_1 : \Delta < 0$	$R : U \leq mn - u_\alpha$	$R : Z_U \leq 1 - z_\alpha$
③ $H_1 : \Delta \neq 0$	$R : U \geq u_{\frac{\alpha}{2}}$ 또는 $U \leq mn - u_{1-\frac{\alpha}{2}}$	$R : Z_U \geq z_{\frac{\alpha}{2}}$ 또는 $Z_U \leq 1 - z_{\frac{\alpha}{2}}$

(예제 13-3)

정부의 경제부처관료들의 내년도 물가상승률에 대한 예측이 일반적으로 대학의 경제학 교수들에 의한 예측보다 낮게 평가되는 경향이 있다는 주장이 있다. 이 주장이 타당한지를 확인해 보기 위해서 각각 7명의 경제 관료들과 8명의 경제학 교수들을 임의로 추출하여 그들의 내년도 물가상승률에 대한 예측을 조사한 결과 다음과 같이 나타났다.

정부의 경제부처관료	5.2 6.7 4.9 3.4 7.2 6.3 3.7
대학의 경제학교수	8.1 10.3 5.6 9.2 4.9 6.5 6.3 7.8

유의수준 α=0.05에서 위의 주장이 옳은지를 검정하여라.

(풀 이)

주어진 자료에서 크기가 큰 표본을 모집단 I 로 간주하므로 m=8, n=7이고 귀무가설과 대립가설은 다음과 같이 설정된다.

$$H_0 : \Delta = 0 \qquad H_1 : \Delta < 0$$

그리고 윌콕슨의 순위합 통계량 W의 계산은 다음과 같이 얻어진다.

경제학 교수	S_i
8.1	13
10.3	15
5.6	6
9.2	14
4.9	3.5
6.5	9
6.3	7.5
7.8	12
합계	V=80

경제관료	R_i
5.2	5
6.7	10
4.9	3.5
3.4	1
7.2	11
6.3	7.5
3.7	2
합계	$W = 40$

따라서 $U = 40 - \dfrac{7 \times 8}{2} = 12$ 가 된다.

U의 관측값을 바탕으로 유의확률을 구하면 [부록-10]으로부터 $P(U \le$

12)=0.0361을 얻는다. 이 값은 유의수준 $\alpha = 0.05$보다 작으므로 귀무가설은 기각된다. 즉 유의수준 5%에서 정부의 경제부처관료들의 내년도 물가상승률에 대한 예측이 대학의 경제학 교수들의 예측보다 낮게 평가되는 경향이 있다고 볼 수 있다.

다음으로 대표본 정규근사에 의해 검정의 기각역을 구해보자. U의 평균은

$$E(U) = \frac{7 \times 8}{2} = 28$$

이고 U의 분산은 혼합표본에 동점이 있으므로 다음과 같이 수정하여 구한다.

$$Var(U) = \frac{8 \times 7}{12} \{ 15 + 1 - \frac{2(2^2 - 1) + 2(2^2 - 1)}{15(15 - 1)} \} = 74.40$$

따라서 U의 표준화된 통계량의 값은 다음과 같이 된다.

$$Z_U = \frac{12 - 28}{\sqrt{74.40}} = -1.8550$$

[부록-4] 로부터 $z_{0.05} = 1.645$이므로 $Z_U = -1.8550 < -1.645 = -z_{0.05}$가 되어 유의수준 $\alpha = 0.05$에서 H_0는 기각된다. 즉 대표본 정규근사를 이용한 검정은 소표본에서의 맨-휘트니 U검정과 같은 결론을 얻는다. 참고로 위의 예제 13-3을 9장에서 다루었던 모수적인 검정방법인 이 표본 $t-$검정법으로 추론하여 보기로 하자.

주어진 자료로부터 두 모집단의 표본평균과 표본분산은 각각 다음과 같이 구해진다.

$$\bar{x} = 7.3375 \ , \ s_x^2 = 3.3970$$
$$\bar{y} = 5.3429 \ , \ s_y^2 = 2.1495$$

그리고 합동표본분산을 구하면 다음과 같다.

$$s_p^2 \frac{(8-1) \times 3.3970 + (7-1) \times 2.1495}{15 - 2} = 2.8212$$

따라서 검정통계량 $T(X)$의 값은 다음과 같이 얻어진다.

$$T(X) = \frac{\bar{y} - \bar{x}}{s_p \sqrt{\frac{1}{m} + \frac{1}{n}}} = \frac{5.3429 - 7.3375}{\sqrt{2.8212(\frac{1}{8} + \frac{1}{7})}} = -2.2949$$

[부록-6] 으로부터 $t_{0.05}(13) = 1.771$ 이므로 $-2.2949 < -1.771$ 가 되어서 유의수준 5%에서 H_0를 기각한다. 따라서 맨-휘트니 U검정과 같은 결론을

얻는다.

2. 대응비교

앞의 절에서는 두 모집단으로부터 추출한 2개의 표본이 독립인 경우에 대한 비모수적 검정법을 다루었다. 이와는 달리 두 모집단으로부터의 표본이 쌍으로 관측된 경우에(이러한 두 모집단의 표본을 짝지워진 표본(paired sample)이라 부른다.) 두 모집단간의 위치를 비교하는 문제를 대응비교(paired comparison)라 하는데 이와 같은 대응비교가 필요한 경우와 그에 대한 모수적 검정법에 대해서는 9장에서 다루었다. 본 절에서는 대응비교의 비모수적 검정법에 대해 살펴보기로 한다.

분포가 연속적이고 중위수가 θ와 $\theta + \Delta$인 두 모집단으로부터 n개의 쌍으로 추출한 표본(대응표본)을 (X_1, Y_1), $(X_2, Y_2), \cdots, (X_n, Y_n)$이라 하자. 이때 $D_i = Y_i - X_i$라 정의하면 $D_1, D_2, ..., D_n$은 분포가 연속이고 중위수가 Δ인 단일 모집단으로부터 추출한 크기 n인 표본으로 간주할 수 있다. 이 경우에 두 모집단간의 위치를 비교하는 문제는 단일 모집단에서 그의 중위수 Δ에 대한 문제로 바꾸어 생각할 수 있다. 따라서 일표본 위치모수에 대한 검정으로 다루었던 부호검정과 부호순위검정을 대응비교의 비모수적 검정법으로 사용할 수 있다. 다음의 예제를 통해서 구체적인 절차를 살펴보자.

(예제 13-4)

플라스틱 생활용품을 생산하는 공장에서 오전에 만든 제품과 오후에 만든 제품간에 불량률의 차이가 있다는 주장이 있다. 이 주장이 옳은지를 확인하기 위하여 10일간 오전과 오후에 만든 제품 중에서 각각 1,000개씩을 임의로 추출하여 조사한 결과 일자별 불량품수가 다음과 같다고 한다.

날 짜	1	2	3	4	5	6	7	8	9	10
오 전	76	64	96	72	65	90	65	80	81	73
오 후	77	68	91	72	74	92	70	71	88	85

위의 자료를 근거로 하여 오전과 오후에 만든 제품간에 불량률의 차이가 있다고 볼 수 있는지 유의수준 $\alpha = 0.05$에서 검정하여라.

(풀 이)

주어진 자료에서 오전과 오후에 나온 불량품의 개수를 각각 X_i,와 Y_i라하면 두 불량품의 개수의 차 $D_i = Y_i - X_i$는 다음과 같다.

날짜	1	2	3	4	5	6	7	8	9	10
D_i	1	4	-5	0	9	2	5	-9	7	12

위의 문제에서 귀무가설과 대립가설은 다음과 같이 설정된다.

$$H_0 : \Delta = 0 \qquad H_1 : \Delta \neq 0$$

여기서 H_0는 오전과 오후에 만든 제품간에 불량률의 차이가 없음을 뜻하고, H_1은 불량률의 차이가 있음을 뜻한다.

먼저 부호검정을 실시하여 검정의 기각여부를 살펴보자. 위의 D_i에 관한 자료에서 0인 관측값을 표본에서 제외시키면 표본의 크기는 n=9로 수정된다. 9개의 표본 중에서 양의 관측값이 7개 있으므로 부호통계량의 값은 B=7가 된다. [부록-8]로부터 유의확률을 구하면

$$유의확률 = 2 \times P(B \geq 7) = 2 \times 0.0898 = 0.1796$$

가 되므로 유의수준 $\alpha = 0.05$에서 H_0 기각할 수 없다. 즉 오전과 오후에 만들어진 제품간에 불량률의 차이가 있다고 볼 수 없다.

다음으로 부호순위검정을 실시하여 보자. D_i에 관한 자료에서 0인 값을 표본에서 제외시켜 표본의 크기를 n=9로 수정한다. 9개의 관측값에 대해 부호순위 통계량의 값을 계산하면 다음과 같다.

D_i	$|D_i|$	Ψ_i	R_i^+
-5	5	0	4.5
-9	9	0	7.5

D_i	$|D_i|$	Ψ_i	R_i^+
1	1	1	1
2	2	1	2
4	4	1	3
5	5	1	4.5
7	7	1	6
9	9	1	7.5
12	12	1	9
			$W^+ = 33$

부록의 [부표-9] 로부터 유의확률을 구하면

$$유의확률 = 2 \times P(W^+ \geq 33) = 2 \times 0.125 = 0.25$$

가 되어 유의수준 $\alpha = 0.05$에서 H_0를 기각할 수 없다. 즉 부호검정에서와 같은 결론을 얻는다.

13.4 Kruskall - wallis 검정

이 절에서는 3개 이상의 모집단에 대한 중심위치나 처리효과에 관한 추론문제를 다루기로 한다. 10장에서 이미 분산분석을 다루었으며, 모집단이 정규분포를 따른다는 가정하에 F검정이 최적검정방법이라는 것을 알아보았다. 이절에서는 모집단이 정규분포를 따른다는 가정을 할 수 없을 때, 순위를 이용하여 검정하는 Kruskall - Wallis 비모수 검정방법에 관하여 알아보고자 한다.

지금 $n = n_1 + n_2 + \cdots + n_k$개의 실험단위들을 표본의 크기가 $n_1, n_2, \cdots, n_k$인 k개의 집단으로 랜덤하게 나누어, 각 집단에 처리 $1, 2, \cdots, k$가 적용된다고 하자.

우리가 검정하고자 하는 문제는 이들 k개의 처리효과가 모두 같은가 하는 것이다.

즉, 귀무가설과 대립가설은 다음과 같다.

$$H_0 : 연속인 k개의 처리효과는 동일하다.$$
$$H_1 : k개의 처리효과는 모두 동일하지는 않다.$$

이와 같은 모형의 자료를 정리하면 <표 14-3>과 같다.

[표 13-3] 일원배치법에서의 자료구조

처리 1	처리 2		처리 k
X_{11}	X_{21}	$\cdots$	X_{k1}
X_{12}	X_{22}	$\cdots$	X_{k2}
$\vdots$	$\vdots$	$\vdots$	$\vdots$
X_{1n_1}	X_{2n_2}	$\cdots$	X_{kn_k}

$$총표본 크기 \; n = \sum_{i=1}^{k} n_i$$

k개의 모집단에서 얻은 $n = n_1 + n_1 + \cdots + n_k$개의 관측값으로 혼합표본을 만든 다음, 작은 것부터 크기순으로 순위를 부여한다. 혼합표에서 X_{ij} 대신에 그의 순위인 R_{ij}라 했을 때, X_{ij}대신에 그의 순위인 R_{ij}로 대치하여 <표 13-4>를 얻는다.

[표 13-4] 혼합표본에서의 순위

	처리 1	처리 2		처리 k
	R_{11}	R_{21}	$\cdots$	R_{k1}
	R_{12}	R_{22}	$\cdots$	R_{k2}
	$\vdots$	$\vdots$		$\vdots$
	R_{1n_1}	R_{2n_2}	$\cdots$	R_{kn_k}
순 위 합	W_1	W_2	$\cdots$	W_k
평균순위	$\overline{R_1} = \dfrac{W_1}{n_1}$	$\overline{R}_2 = \dfrac{W_2}{n_2}$	$\cdots$	$\overline{R}_k = \dfrac{W_k}{n_k}$

각 처리별 순위합을

$$W_i = \sum_{j=1}^{n_i} R_{ij}$$

로 나타내면 각 처리별 평균순위는

$$\overline{R_i} = \frac{1}{n_i} \sum_{j=1}^{n_i} R_{ij} = \frac{W_i}{n_i}$$

이며, n개의 관측값으로 이루어진 혼합표본의 평균순위는

$$\overline{R} = \frac{1+2+\cdots+n}{n} = \frac{n+1}{2}$$

이 된다. 그러면 H_0가 참일 때 각 처리별 평균순위는 혼합표본의 총평균순위인 $(n+1)/2$에 가까운 것으로 기대된다. 한편,

$$\left(\overline{R_1} - \frac{n+1}{2}\right), \left(\overline{R_2} - \frac{n+1}{2}\right), \cdots, \left(\overline{R_k} - \frac{n+1}{2}\right)$$

은 각 처리별 평균순위의 총평균순위로부터의 편차를 나타낸다. 이 편차들의 크기가 상대적으로 작을 때 H_0가 참이라는 근거가 되며, Kruskall-Wallis 검정통계량 H는 다음과 같이 정의한다.

$$H = \frac{12}{n(n+1)} \sum_{i=1}^{k} n_i \left(\overline{R_i} - \frac{n+1}{2}\right)^2$$

실제로 H의 값을 계산할 때는 다음 공식이 더 유용할 때가 많다.

$$H = \frac{12}{n(n+1)} \left[\sum_{i=1}^{k} \frac{W_i^2}{n_i}\right] - 3(n+1)$$

이와 같이 정의된 검정통계량 H는 이질성을 나타내는 측도로서, H값이 너무 클 때 귀무가설 H_0가 기각된다. H의 확률분포는 상당히 복잡하여 표본의 크기가 크고 k가 클 때는 분포표가 너무 방대한 단점이 있다. 따라서 크기가 클 때는 다음과 같은 χ^2근사를 많이 사용한다.

Kruskall-Wallis

① 표본의 크기가 클 때

$$H = \frac{12}{n(n+1)} \sum_{i=1}^{k} n_i \left(\overline{R_i} - \frac{n+1}{2} \right)^2$$

은 H_0하에서 근사적으로 자유도 $k-1$이 χ^2분포를 따른다.
② $H > \chi_\alpha^2(k-1)$일 때 H_0를 기각한다.

관측값에 동점이 있을 때는 일표본이나 이표본문제에서와 같이 동점의 평균순위를 부여하며, 이 때의 H는 다음과 같이 수정된다. 즉

$$H^* = \frac{H}{1 - \sum_{j=1}^{l} q_j(q_j^2 - 1)/n(n^2 - 1)}$$

는 H_0하에서 근사적으로 $\chi^2(k-1)$분포를 따른다. 다만,

$l =$ 동점이 된 경우의 수

$q_j = j$번째 동점에서 관측값의 개수

(예제 13-5)

세 종류의 식이요법에 대한 효과를 조사하기 위해서, 같은 종류의 쥐를 랜덤하게 3집단으로 나눈 다음, 각각에 다른 식이요법을 실시했다. 일정기간 후에 쥐의 콩팥과 내장에 낀 지방의 정도를 측정한 결과 <표 14-4>를 얻었다. 표에서 괄호 속의 값은 혼합표본에서의 동점에 대한 평균순위들이다.

[표 13-5] 세 식이요법에 의한 지방생성량

식이요법 1	식이요법 2	식이요법 3
120 (22)	96 (17)	98 (19)
93 (12.5)	62 (2)	92 (11)
95 (15)	84 (8)	81 (7)
96 (17)	86 (9)	93 (12.5)
105 (20)	69 (3)	75 (5)
96 (17)	74 (4)	61 (1)
110 (21)	78 (6)	94 (14)
		87 (10)
순위합 $W_1 = 124.5$	$W_2 = 49.0$	$W_3 = 79.5$

(풀 이)

[표 13-5]에서 $n_1 = 7$, $n_2 = 7$, $n_3 = 8$이므로, Kruskall -wallis 의 검정통계량 H 의 값은 다음과 같다.

$$H = \frac{12}{22 \times 23} \left\{ \frac{(124.5)^2}{7} + \frac{(49.0)^2}{7} + \frac{(79.5)^2}{8} \right\} - 3 \times 23$$
$$= 79.38 - 60 = 10.38$$

따라서 동점에 대해 수정된 값은

$$\frac{10.38}{1 - 3(3^2 - 1) + 2(2^2 - 1)/22(22^2 - 1)} = \frac{10.38}{0.997} = 10.41$$

이 된다. 또한 $k = 3$이므로 자유도는 2이고 $\chi^2_{0.05}(2) = 5.99$이므로 유의수준 $\alpha = 0.05$를 사용할 경우 H_0가 기각된다.

13. 5 스피어만의 순위상관 검정

상관계수를 구하는데 있어서도 관측값의 순위를 이용할 수 있다. 모수적 방법에서 연속형 변수에 적용되는 상관계수 ρ는 두 변수의 선형관계의 밀접도의 측도이고 표본상광계수 r은 ρ에 대한 좋은 추정량이다. 그러나 비모수적 방법에서는 ρ의 의미가 명확하지 않아 두 변수의 연관성의 정도를 크기로 표현할 수 있는 새로운 척도가 필요하다. 따라서 순위를 이용한 상관계수인 스피어만 (Spearman)의 순위상관계수 (rank correlation coefficient) 에 관하여 알아보고자 한다.

n쌍의 관측값 $(X_1, Y_1), \cdots , (X_n, Y_n)$에 대하여 R_i를 X_i의 순위라고 하고 S_i를 Y_i대신에 각각의 순위인 R_i와 S_i를 대입한 통계량을 말한다.

스피어만의 순위상관계수

$$r_s = \frac{\sum_{i=1}^{n}(R_i - \overline{R})(S_i - \overline{S})}{\sqrt{\sum_{i=1}^{n}(R_i - \overline{R})\sum_{i=1}^{n}(S_i - \overline{S})}} = 1 - \frac{6}{n(n^2 - 1)}\sum_{i=1}^{n}(R_i - S_i)^2$$

스피어만의 순위상관계수 r_s는 표본상관계수와 같이 -1과 1사이의 값을 갖고 두 변수 X와 Y가 독립이면 0이 된다. 또한 가설을

$$H_0 : 두 변수 X와 Y는 상호독립이다.$$
$$H_1 : H_0가 사실이 아니다.$$

라고 설정할 때, H_0하에서 r_s의 분포는 평균 0과 분산 $1/(n-1)$을 갖는다. 만약 표본 크기가 $(n \geq 10)$ 정규분포로 근사시킬 수 있으며, 이는 독립성 검정에 이용될 수 있다. 즉, H_0하에서 검정통계량 Z_{r_s}의 분포는 다음과 같고 검정절차는 일반적인 $Z-$검정을 따른다.

$$Z_{r_s} = \frac{r_s}{\sqrt{1/(n-1)}} \sim N(0, 1)$$

스피어만 상관계수를 이용한 두 모집단의 독립성 검정 $(n \geq 10)$

① 가 설

$H_0 : 두 변수 X와 Y는 상호독립이다.$
$H_1 : H_0가 사실이 아니다.$

② 검정통계량 : $Z_{r_s} = \dfrac{r_s}{\sqrt{1/(n-1)}} \sim N(0, 1)$

여기서 r_s는 스피어만 상관계수

③ 유의수준 α하에서의 의사결정 기준

$|Z| \geq z_{\alpha/2}$이면 H_0를 기각

(예제 13-6)

국제 통신사와 세계통신사가 12개 축구팀의 순위를 다음 표와 같이 정하였다.
다음 물음에 답하라.

(1) 순위상관계수를 구하라

(2) 세계통신과 국제통신 각각의 평가 순위간에 관련성이 없다는 가설 $\rho = 0$을
   검정하라

축구팀	A	B	C	D	E	F	G	H	I	J	K	L
세계통신	7	1	3	8	6	5	4	2	10	9	11	12
국제통신	8	3	2	7	5	4	6	1	9	12	11	10

(풀 이)

주어진 표를 이용하여 $(R_i - S_i)^2$을 구하면 다음 표와 같이 작성된다.

축구팀	세계통신 R_i	국제통신 S_i	$R_i - S_i$	$(R_i - S_i)^2$
A	7	8	-1	1
B	1	3	-2	4
C	3	2	1	1
D	8	7	1	1
E	6	5	1	1
F	5	4	1	1
G	4	6	-2	4
H	2	1	1	1
I	10	9	1	1
J	9	12	-3	9
K	11	11	0	0
L	12	10	2	4
합 계				

(1) $n = 12$, $\displaystyle\sum_{i=1}^{12}(R_i - S_i)^2 = 28$이므로

$$r_s = 1 - \frac{6}{n(n^2-1)}\sum_{i=1}^{n}(R_i - S_i)^2 = 1 - \frac{(6)(28)}{(12)(12^2-1)} = 0.9$$

(2) 표본크기가 10 이상이므로, $Z_{r_s} = \sqrt{n-1}\, r_s = \sqrt{11}\,(0.9) = 2.98$이다.

검정통계량의 계산값이 $z_{0.025} = 1.96$보다 크므로 5%의 유의수준에서
귀무가설을 기각하고, 두 통신사의 순위에 대한 평가는 관련성이 있다고
볼 수 있다.

13.1 연속적인 두 모집단 A와 B에서 크기가 각각 $n_1 = 4$, $n_2 = 2$인 서로 독립인 확률표본을 추출한다.

(a) B의 순위에 대한 모든 가능한 결과를 나열하고, 두 모집단 A와 B가 동일하다는 귀무가설 하에서 각각의 확률을 구하여라.

(b) W_s = 혼합표본에서 B의 순위의 합으로 정의할 때, 귀무가설 하에서 W_s의 분포함수를 구하여라.

13.2 부록 표8에서 다음을 구하여라.

(a) $n_1 = 5$, $n_2 = 7$ 일 때, $P\{W_s \geq 42\}$

(b) $n_1 = n_2 = 6$ 일 때, $P\{W_s \leq 25\}$

(c) $n_1 = 10$, $n_2 = 7$ 일 때, $P\{W_s \geq 81$ 또는 $W_s \leq 45\}$

(d) $n_1 = 8$, $n_2 = 4$ 일 때, $P\{W_s \geq c\} = 0.036$인 c값

(e) $n_1 = 3$, $n_2 = 9$ 일 때, $P\{W_s \geq c_1\} = P\{W_s \leq c_2\} = 0.05$인 c_1, c_2값

13.3 새로 개발된 식이요법 B가 표준식이요법 A보다 더 효과적인지를 비교 연구하기 위하여 체중과 건강상태가 비슷한 실험용 쥐13마리에 실험을 했다. 13마리를 랜덤하게 6마리와 7마리씩 두 집단으로 나눈 다음 2주 동안 각각 A와 B를 실시한 후에 체중의 증가를 조사하며 다음의 자료를 얻었다.

Wilcoxon 순위합검정을 이용하여 B가 A보다 더 많은 체중증가를 가져오는지의 여부를 α=0.05에서 검정하여라.

13.4 대표본 정규근사를 이용하여 다음 물음에 답하여라.

(1) n=40 일 $H_0 : \theta = \theta_0$, $H_1 : \theta \neq \theta_0$ 때 c에 대하여 유의수준 α=0.05에서 부호통계량에 의한 검정의 기각역을 구하여라.

(2) 위의문제 (1)의 경우에 월콕슨의 부호순위 통계량에 의한 검정의 기각역을 구하여라.

(3) m=20, n=15일 때 $H_0 : \Delta = 0$, $H_1 : \Delta \neq 0$ 에 대하여 유의수준 α=0.05에서 맨-휘트니맨-휘트니 U통계량에 의한 검저의 기각역을 구하여라.

13.5 어느 담배 제조업자는 새로 나온 담배의 타르(tar)함량이 17㎎이라고 한다. 새로 나온 담배 중에서 24개를 임의로 추출하여 타르함량을 측정한 결과 다음과 같은 자료가 얻어졌다.

16.9	16.6	17.3	17.5	17.0	17.2	16.1	16.4	17.3	15.9
17.7	18.3	15.6	16.8	17.1	17.2	16.4	18.1	17.4	16.7
16.9	16.0	16.5	17.8						

위의 자료를 근거로 새로 나온 담배의 타르함량이 평균17㎎ 미만이라고 볼 수 있는가?
(1) 유의수준 α=0.05에서 부호검정을 실시하여라.
(2) 유의수준 α=0.05에서 부호순위검정을 실시하여라.

13.6 어떤 공업실험에서 가죽과 금속간의 마찰계수를 18회 측정한 결과 다음의 결과가 나왔다고 한다.

0.59	0.56	0.49	0.56	0.65	0.55	0.51	0.60	0.56
0.47	0.56	0.61	0.54	0.68	0.56	0.50	0.57	0.53

위의 자료를 근거로 마찰계수가 평균 0.55라고 볼 수 있는가?
(1) 유의수준 α=0.05에서 부호검정을 실시하여라.
(2) 유의수준 α=0.05에서 부호순위검정을 실시하여라.

13.7 다음은 어떤 지역에 거주하는 사람들 중에서 임의로 20명을 추출하여 그들의 한달간 소득을 조사한 자료이다.

(단위 : 만원)

110	140	75	150	125	130	95	100	85	160
155	70	110	100	115	105	120	130	145	170

위의 자료를 근거로 이 지역에 거주하는 사람들의 한달간 평균소득은 100만원을 초과한다고 볼 수 있는가?
(1) 유의수준 α=0.05에서 부호검정을 실시하여라.
(2) 유의수준 α=0.05에서 부호순위검정을 실시하여라.

13.8 두 가지의 서로 다른 인플루엔자균 A, B에 감염되었을 때 회복하는 데까지 며칠 걸리겠는가에 대하여 각 균에 감염된 일곱 명씩의 환자를 관측하여 조사한 결과가 다음과 같다.

인플루엔자균 A	인프루엔자균B
12	9
6	10
13	5
10	4
8	9
11	8
7	11

두 인플루엔자균에 감염되었을 때의 회복에 필요한 날의 수가 동일한가에 대하여 맨=휘트니의 U검정을 실시하라.

13.9 두 회사 A, B에서 생산된 컬러 TV 브라운관의 수명을 비교하기 위하여 A회사 제품 8개와 B회사 제품 10개의 브라운관의 수명을 조사한 결과가 다음과 같다. 두 회사 제품의 브라운관의 수명이 동일하다고 볼 수 있는가에 대하여 맨-휘트니의 U검정을 실시하여라.

회사	브라운관의 수명(월)									
A	32	25	40	31	35	29	37	39		
B	41	39	36	47	45	34	48	44	43	33

13.10 과수원에서 사용되고 있는 세 종류의 살충제(살충제와 살초제의 비율에 의하여 분류 됨)의 효능을 비교하고자 한다. 같은 양의 살충제를 사용한 결과 살충률의 %는 다음의 표와 같다. 세 종류의 살충제는 살충효과가 확실히 다르다고 할 수 있는지를 Kruskall-Wallis검정을 이용하여 검정하여라.

살충제 1	살충제 2	살충제 3
40	38	68
28	49	51
31	56	45
38	25	75
43	37	75
46	30	69
29	41	
18		

13.11 어떤 제약회사에서 새로이 개발한 두통약 B가 종래의 두통약 A보다 두통완화의 효과가 더 빠른지를 알아보기 위해서 7명의 두통환자를 임의로 추출하여 이들 각자에게 두 가지 두통약 A, B를 충분한 시차를 두고서 복용케 한후 두통이 완화될 때까지의 소요시간을 측정한 결과 다음과 같은 조사결과가 나왔다.

환자	1	2	3	4	5	6	7
두통약 A	15	20	12	20	17	14	17
두통약 B	7	14	13	11	10	16	11

위의 조사결과를 바탕으로 두통약 B가 두통약 A보다 효과가 빠르다고 볼수 있는가?

(1) 유의수준 α=0.05에서 부호검정을 실시하여라.
(2) 유의수준 α=0.05에서 부호순위검정을 실시하여라.

부 록

<부록 1> 연습문제 해답

제 1장

1.1) 통계학이란 정보를 획득하고자하는 분석대상으로부터 자료를 수집하는 과정을 설계하고, 자료를 수집하고, 요약하고, 정리하는데 필요한 방법론(기술통계학)을 의미하며, 또한 관심대상공간의 진실 된 현황을 가능한 정확히 알기위하여 표본을 추출하고, 표본정보를 통하여 그 표본이 추출된 모집단의 특성을 추론하며, 그 추론을 토대로 의사결정 대안을 제시하는데 필요한 이론적 체계(추측통계학)를 말한다.

1.2) 통계학은 불확실한 상황 하에서 분석대상에 대한 과학적 절차를 통한 정확한 정보획득이나 의사결정 문제나 연관되어 있기 때문에 우리 주변의 거의 모든 분야(생물학, 의 학, 농학, 공학, 경제학, 경영학, 법률학, 심리학, 지리학, 교육학 등에 응용되고, 중요한 영향을 미치는 학문이다.

1.3) 통계분석 시 일반사용자들이 필요로 하는 기술적이고 해석적인 처리를 쉽게 할 수 있다.
컴퓨터 활용의 효율적 특징
1) 대량의 자료입력
2) 빠른 처리속도
3) 계산의 정확도
4) 비용의 절감 및 문제 해결의 효율성 극대화

제 2장

2.1) (1) $\dfrac{\sum x_i}{n} = \dfrac{1}{12}(4+7+0+7+\ldots+7) = \dfrac{72}{12} = 6$

(2) 자료를 순서대로 나열하면

0, 1, 3, 4, 4, 5, 7, 7, 7, 8, 11, 15

① 중위수의 위치 $= \dfrac{n+1}{2} = \dfrac{13}{2} = 6.5$번째

6번째와 7번째의 평균. 즉 5와 7의 평균은 6이다.

② 최빈수 : 7

2.2) (1) ① 모평균 : $\dfrac{\sum x_i}{n} = \dfrac{1}{36}(53+94+78+\ldots+81) = \dfrac{2704}{36} ≒ 75.111$

② 중위수 : 자료를 순서대로 나열하면

39, 42, 47, 48, 53, 54, 60, 60, 60

61, 64, 67, 70, 76, 78, 78, 79, 80

81, 82, 82, 83, 85, 86, 86, 88, 88

90, 90, 90, 91, 91, 91, 94, 95, 95

중위수의 위치 $= \dfrac{n+1}{2} = \dfrac{37}{2} = 18.5$번째

③ 5% 절사평균

36×0.05=1.8 최대, 최소치에서 1.8번째 값을 넘지 않는 정수를 자른다.

즉, 39와 95를 뺀 나머지 값들의 평균

$$\frac{1}{34}(42+47+48+...+95) = \frac{2570}{34} ≒ 75.5882$$

(2) ① 범위 : R=최대값 - 최소값 = 95-39=56

② 사분위편차 : 제2사분위수 = $\frac{n+1}{2} = \frac{37}{2} = 18.5$번째

18번째와 19번째—이 평균, 80과 81의 평균 80.5이다.

제1사분의수 = 제2사분위수보다 작은 18개의 중앙값

$$\frac{18+1}{2} = \frac{19}{2} = 9.5$$번째 60과 61의 평균 60.5이다.

제3사분위수 = 제2사분의수보다 큰 18개의 중앙값

18+9.5=27.5번째 88과 90의 평균 89이다.

사분의편차 = 3사분위수 - 1사분의수 = 89-60.5=18.5

③ 분산

$$\sigma^2 = \frac{1}{n}\sum_{i=1}^{n}(x_i - u)^2 = \frac{1}{n}(\sum x_i^2 - \frac{(\sum x_i)^2}{n}) = \frac{1}{36}(39^2+42^2+...+95^2 - \frac{2704^2}{36})$$

$$≒ \frac{1}{36} \times 9445.55556 ≒ 262.3765$$

④ 표준편차 $\sigma = \sqrt{\sigma^2} ≒ \sqrt{262.3765} ≒ 16.19804$

2.3) (1) ① 표본평균 : $\overline{x} = \frac{1}{n}\sum x_i = \frac{1}{20}(3+1.92+2.7+...+1.9) = \frac{1}{20} \times 52.1 = 2.605$

② 표본중위수 : 자료를 순서대로 나열하면

1.8 1.9 1.9 2.0 2.1 2.3 2.4 2.5 2.5 2.5

2.7 2.8 2.8 2.8 2.9 3.0 3.0 3.2 3.3 3.7

위치 = $\frac{n+1}{2} = \frac{20+1}{2} = 10.5$번째

2.5와 2.7의 평균값인 2.6이다.

(2) ① 표본분산 : $s^2 = \frac{1}{n-1}\{\sum(x_i-\overline{x})^2\} = \frac{1}{n-1}\{\sum x_i^2 - n\overline{x}^2\}$

$$= \frac{1}{19}((1.8^2+1.9^2+1.9^2+...+3.7^2)-20 \times 2.605^2) = \frac{1}{19} \times 4.9895 = 0.2626$$

② 표준편차 : $s = \sqrt{s^2} = \sqrt{0.2626} = 0.5124$

③ 사분위편차 : 제2분위수 = $\frac{21}{2} = 10.5$번째 즉, 2.5와 2.7의 평균 2.6

제1분위수 = 제2분위수보다 작은 값들의 중위수 = $\frac{11}{2}$ =5.5번째

제3분위수 = 제2분위수보다 큰 값들의 중위 =10+5.5=15.5번째

사분위편차=3사분위수-1사분위수 = 2.95-2.2 = 0.75

(3) 변동계수 : $CV = \frac{s}{\overline{x}} = \frac{0.5124}{2.605} = 0.1967$

2.4) 자료를 순서대로 나열하면

1.47 1.47 1.48 1.49 1.49 1.49 4.49 1.50 1.50 1.50

1.50 1.50 1.50 1.50 1.51 1.51 1.51 1.51 1.51 1.51

1.52 1.52 1.52 1.53 1.53 1.54 1.54 1.55 1.55 1.57

범위 : R = 최대값 - 최소값 = 1.57-1.47 = 0.1

계급수 : $k = \sqrt{n} = \sqrt{30} ≒ 5.4772$ 5 또는 6개

계급간격 : $c = \dfrac{R}{k} = \dfrac{0.1}{5} = 0.022$

첫 번째 돗수의 경계치 : $x_{min} - \dfrac{1}{2} \times 0.01 = 1.47 - 0.005 = 1.465$

①, ②의 상대돗수분포표와 누적상대도수 분포표를 모두 그려주면

계 급	계급값	도 수	누적도수	상대도수	누적상대도수
1.465~1.485	1.476	3	3	0.100	0.100
1.485~1.505	1.498	11	14	0.367	0.467
1.505~1.525	1.520	11	52	0.367	0.834
1.525~1.545	1.542	4	29	0.133	0.967
1.545~1.565	1.564	1	30	0.033	1.000
합계		30		1.000	

① 상대도수 히스토그램

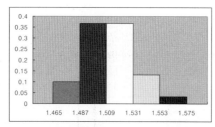

② 누적상대도수 다각형

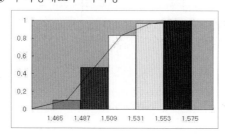

2.5)

제2 도수	제1 도수	줄기	잎							(단위:1)
1	1	3	6							
3	2	4	2	6						
6	3	5	3	7	9					
11	5	6	3	6	8	8	8			
(7)	7	7	0	2	2	6	7	9	9	
17	10	8	0	1	4	5	6	6	7	7 8 8
7	7	9	1	2	3	4	7	8	8	5

합계 : 35

② 80점대

2.6) 평균 : 대표값 중에 가장 널리 사용되는 측도로 관측된 모든 자료의 값을 합한 후 그

것의 개수로 나눈 값을 말한다. 평균은 자료값들의 무게중심을 의미하여 항상 가운데 있는 값은 아니다.

중앙치 : n개의 자료 $x_i, x_i, ... x_n$을 크기순서로 배열한 다음 그 중에서 한 가운데 놓이는 값. n이 홀수인 경우 $\frac{n+1}{2}$번째 값. n이 짝수인 경우 $\frac{n}{2}$번째 값과 $\frac{n}{2}+1$번째 값의 평균값. 극단값이 존재할 경우 평균보다 유용한 중심위치 측도가 된다.

최빈값 : 자료 중에서 가장 많이 혹은 가장 자주 나타나는 값. 양적 자료뿐만 아니라 질적 자료에도 사용될 수 있으나 자료값들이 각각 한 번씩만 나타나든가 모두 동일한 경우에도 최빈값을 구하는 것이 곤란하다.

2.7) 범위 : 자료를 크기 순서에 따라 늘어놓았을 때 가장 큰 값과 가장 작은 값의 차이. 극단값이 있을 경우 올바른 산포의 측도가 되지 못한다.

사분의편차 : 전체자료의 중앙부분에서 자료의 50%를 포함하는 제1사분위수와 제3분위수의 차이 극단값에 영향을 받지 않는다.

분산 : 자료값들과 평균의 차이를 편차라고 하는데 이들 편차의 제곱의 평균값으로 분산이 크면 평균을 중심으로 자료값들이 멀리 떨어져 있음을 나타내고 분산이 작다면 평균주변에 자료값들이 밀집되어 있음을 나타낸다.

표준편차 : 분산의 양의 제곱근. 분산은 자료들의 제곱값으로 정의되지만 표준편차는 원자료의 값들과 동일한 단위로 정의된다. 표준편차도 분산과 마찬가지로 표준편차의 값이 크면 산포가 크고 표준편차의 값이 작으면 산포의 정도가 평균에 밀집되어 있음을 의미한다.

변동계수 : 평균이 다르거나 자료의 구조가 이질적인 집단을 비교하는데 사용하는 상대적 산포의 측도로써 표준편차를 평균으로 나눈값. 값이 0(zero)에 가까우면 가까울수록 평균에 밀집됨을 의미.

2.8) 중앙치 : 총인원 n=1+2+5+10+100+1=119. $\frac{n+1}{2}=\frac{120}{2}=60$번째값 = 1000원

최빈치 : 1000원

평균 : $\frac{1}{n}\sum x_i = \frac{1}{119}(1\times10,000,000+2\times5,000,000+5\times1,000,000$
$\qquad +10\times100,000+100\times1,000+1\times3,000,000)$
$\qquad ≒ 244537.8 \quad$ 약 244,538원

2.9) 자료를 순서대로 나열하면

1.8　1.9　1.9　2.1　2.2　2.3　2.3　2.4　2.5　2.5
2.6　2.6　2.6　2.6　2.7　2.7　2.7　2.9　3.0　3.0
3.1　3.3　3.4　3.4　3.5　3.7　3.8　4.0　4.2　4.3

① 평균 : $\bar{x}=\frac{1}{n}\sum x_i = \frac{1}{30}(1.8+1.9+1.9+...+4.3)=\frac{86}{30}≒2.8667$

　　중앙치 : $\frac{n+1}{2}=\frac{31}{2}=15.5$번째 　　　15번째와 16번째의 평균

$\frac{2.7+2.7}{2}=2.7$

　　최빈치 : 2.6

② 범위 : R = 최대값 - 최소값 = 4.3 - 1.8 = 2.5

  1사분위수 : 중앙치보다 작은 값들의 중위수 중앙치 아래값 : 15개.

  $\dfrac{15+1}{2}=8$번째값인 2.4

  3사분위수 : 중앙치보다 큰 값들의 중위수 중앙치 위의값 : 15개.

  $15+\dfrac{15+1}{2}=15+8=23$번째값인 3.4

2.10) ① 급의 수 : $k=1+3.32\log 64 \fallingdotseq 6.99$ $k=6$ or $k=7$

  급의 폭 : $c=\dfrac{R}{k}$ R : 최대값-최소값=$66-39=27$ $c=\dfrac{27}{7}\fallingdotseq 3.8 \fallingdotseq 4$

②

계급	계급값	도수
38.5~42.5	40.5	1
42.5~46.5	44.5	8
46.5~50.5	48.5	15
50.5~54.5	52.5	23
54.5~58.5	56.5	7
58.5~62.5	60.5	5
62.5~66.5	64.5	5
합계		64

〈도수표〉

평균 : $\bar{x}=\dfrac{1}{n}\sum x_i f_i = \dfrac{1}{64}((40.5\times 1+44.5\times 8+48.5\times 15+52.5\times 23+56.5\times 7$

$\qquad\qquad +60.5\times 5+64.5\times 5))=\dfrac{3352}{64}=52.375$

불편분산 : $s^2=\dfrac{1}{n-1}\sum(x_i-\bar{x})^2 f_i = \dfrac{1}{n-1}(\sum x_i^2 f_i - n\bar{x}^2)$

$\qquad\qquad =\dfrac{1}{63}(40.5^2\times 1+44.5^2\times 8+48.5^2\times 15+52.5^2\times 23+56.5^2\times 7$

$\qquad\qquad +60.5^2\times 5+64.5^2\times 5-64\times 52.375^2)$

표준편차 : $s=\sqrt{32.4921}\fallingdotseq 5.7002$

변동계수 : $cv=\dfrac{s}{\bar{x}}=\dfrac{5.7002}{52.375}\fallingdotseq 0.1088$

2.11) 자료를 순서대로 나열하면

  1.50   1.78   1.93   1.93   1.98   2.00   2.02   2.10   2.22   2.30

  2.35   2.52   2.53   2.65   2.70   2.90   2.96   3.33   3.33   3.36

  3.43   3.63   3.67   3.73   3.80   3.88   3.95   4.11   4.14   4.14

  4.24   4.41   4.42   4.50   5.30   5.94   7.27   9.00   9.26   9.85

제2사분위수 $Q_2(Me)=\dfrac{40+1}{2}=20.5$번째값 3.36과 3.43의 평균값인 3.395

제1사분위수 $(Q_1)=\dfrac{20+1}{2}=10.5$번째값 2.30과 2.35의 평균값인 2.325

제3사분위수 $(Q_3)=20+\dfrac{20+1}{2}=30.5$번째값 4.14와 4.24의 평균값인 4.19

사분위범위(IQR) = 4.19-2.325=1.865

아래쪽 안쪽울타리 : $f_L=Q_1-1.51QR=2.325-1.5\times 1.865=-0.4725$ 이므로 자료

중 아래쪽에 이상치는 존재하지 않는다.
$$f_U = Q_1 - 1.5IQR = 2.325 - 1.5 \times 1.865 = -0.4725$$
$$F_U = f_U + 1.5IQR = 6.9875 + 1.5 \times 1.865 = 9.785$$

상자그림

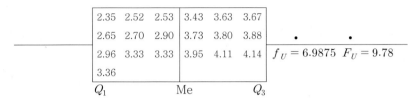

2.35	2.52	2.53	3.43	3.63	3.67
2.65	2.70	2.90	3.73	3.80	3.88
2.96	3.33	3.33	3.95	4.11	4.14
3.36					

$f_U = 6.9875$ $F_U = 9.78$

Q_1 Me Q_3

∴ 위 자료 중 7.27, 9.00, 9.26은 보통 이상치이고, 9.85는 극단 이상치이다. 즉 식물의 뿌리 무게중에서 아주 무거운 것들은 있었으나 아주 가벼운 것은 존재하지 않았다. Me값을 중심으로 좌측으로는 밀집되어 있으나 우측으로는 산포가 다소 넓은 형태이다.

2.12) (1)

제2도수 제1도수 줄기   잎
   ↓   ↓   ↓   ↓   단위:0.1

2	2	7	5	9				
7	5	8	2	5	5	6	8	
(7)	7	9	1	1	3	4	4	6	7
6	4	10	1	1	5	8		
2	2	11	0	0				

<합계 : 20>   [사료 A]

제2도수 제1도수 줄기   잎
   ↓   ↓   ↓   ↓   단위:0.1

6	6	9	3	5	6	7	8	9
(6)	6	10	0	4	5	5	6	8
8	5	11	0	3	5	6	8	
3	2	12	0	3				
1	1	13	2					

<합계 : 20>   [사료 B]

(2) 사료 A : $Me = \dfrac{n+1}{2} = \dfrac{21}{2} = 10.5$번째값   9.3과 9.4의 평균값인 9.35

$Q_1 =$ 중앙치 아래값의 중앙값 $= \dfrac{11}{2} = 5.5$ 8.5와 8.6의 평균값인 8.55

$Q_3 =$ 중앙치 위값의 중앙값 $= 10 + \dfrac{11}{2} = 15.5$ 10.1과 10.1의 평균값인 10.1

$IQR = Q_3 - Q_1 = 10.2 - 8.55 = 1.65$

$f_L = Q_1 - 1.5IQR = 8.55 - 1.5 \times 1.65 = 6.075$ 존재하지 않음

$F_L = f_L - 1.5IQR = 6.075 - 1.5 \times 1.65 = 3.6$ 존재하지 않음

$f_U = Q_3 + 1.5IQR = 10.2 + 1.5 \times 1.65 = 12.675$ 존재하지 않음

$F_U = f_U + 1.5IQR = 12.675 + 1.5 \times 1.65 = 15.15$ 존재하지 않음

사료 B : $Me = \dfrac{n+1}{2} = \dfrac{21}{2} = 10.5$번째값   10.5과 10.6의 평균값인 10.55

$$Q_1 = 5.5번째값 \qquad\qquad 9.8과\ 9.9의\ 평균값\ 9.85$$

$$Q_3 = 15.5번째값 \qquad\qquad 11.5와\ 11.6의\ 평균값\ 11.55$$

$$IQR = Q_3 - Q_1 = 11.55 - 9.85 = 1.7$$

$$f_L = Q_1 - 1.5IQR = 9.85 - 1.5 \times 1.7 = 7.3 \qquad 존재하지\ 않음$$

$$F_L = f_L - 1.5IQR = 9.85 - 1.5 \times 1.7 = 4.75 \qquad 존재하지\ 않음$$

$$f_U = Q_3 + 1.51IQR = 11.55 + 1.5 \times 1.7 = 14.1 \qquad 존재하지\ 않음$$

$$F_U = f_U + 1.5IQR = 14.1 + 1.5 \times 1.7 = 16.65 \qquad 존재하지\ 않음$$

7.5	7.9	9.4	9.4
8.2	8.5	9.6	9.7
8.5		10.1	

$Q_1 \qquad Me \qquad Q_3$

<사료 A>

9.3	9.5	10.6	10.8
9.6	9.7	11.0	11.3
9.8		11.5	

$Q_1 \qquad Me \qquad Q_3$

<사료 B>

∴ 두 자료 모두 극단값들을 존재하지 않으나 사료 B보다 사료 A가 중앙값을 중심으로 산포되어 있고 사료 B는 Me값을 중심으로 좌측으로 밀집되어 있는 상태를 보여주고 있다.

제 3장

3.1) (1) $A \cup C = \{1,2,3,4,5,6,8,10\}$

$\quad A \cap C = \{2,4\}$

(2) $A^C = \{1,3,5,7,9\}$

(3) 교집합($\cap$)이 $\varnothing$인 집합의 쌍

$\quad A \cap B = \varnothing, \quad A \cap C = \{2,4\}, \quad B \cap C = \{1,3,5\} \quad A \cap B \cap C = \varnothing$

$\quad \Rightarrow$ 집합 A와 B, 집한 A, B, C

3.2) (1) $P(A|B) = \dfrac{P(A \cap B)}{P(B)} = \dfrac{0.08}{0.23} \fallingdotseq 0.3478$

(2) $P(A|B \cup C)$

$P(B \cup C) = P(B) + P(C) - P(B \cap C) = 0.23 + 0.37 - 0.13 = 0.47$

$\begin{aligned} P\{A \cap (B \cup C)\} &= P\{(A \cap B) \cup (A \cap C)\} \\ &= P(A \cap B) + P(A \cap C) - P\{(A \cap B) \cap P(A \cap C)\} \\ &= P(A \cap B) + P(A \cap C) - P(A \cap B \cap C) = 0.08 + 0.9 - 0.05 = 0.12 \end{aligned}$

$P(A|B \cup C) = \dfrac{P\{A \cap (B \cup C)\}}{P(B \cup C)} = \dfrac{0.12}{0.47} \fallingdotseq 2553$

(3) $P(A|A \cup B \cup C)$

$\begin{aligned} P(A \cup B \cup C) &= P(A) + P(B) + P(C) - P(A \cap B) - P(A \cap C) - P(B \cap C) + P(A \cap B \cap C) \\ &= 0.14 + 0.23 + 0.37 - 0.08 - 0.09 - 0.13 + 0.05 = 0.49 \end{aligned}$

$\begin{aligned} P(\{A \cap (A \cup B \cup C)\}) &= P(A) + P(A \cup B \cup C) - P\{(A \cup (A \cup B \cup C)\} \\ &= P(A) + P(A \cup B \cup C) - P(A \cup B \cup C) = P(A) = 0.49 \end{aligned}$

$P(A|A \cup B \cup C) = \dfrac{P\{A \cap (A \cup B \cup C)\}}{P(A \cup B \cup C)} = \dfrac{P(A)}{P(A \cup B \cup C)} = \dfrac{0.14}{0.49} \fallingdotseq 0.2857$

(4) $P(A \cup B|C)$

$$P\{(A \cup B) \cap C\} = P\{(A \cap C) \cup (B \cap C)\} = P(A \cap C) + P(B \cap C) - P\{(A \cap C) \cap (B \cap C)\}$$
$$= P(A \cap C) + P(B \cap C) - P(A \cap B \cap C) = 0.09 + 0.13 - 0.05 = 0.17$$

$$P(A \cup B|C) = \frac{P\{(A \cup B) \cap C\}}{P(C)} = \frac{0.17}{0.37} \fallingdotseq 0.4595$$

3.3) (1) $\dfrac{\binom{80}{1}\binom{20}{1}}{\binom{100}{2}} \fallingdotseq 0.3232$ (2) $\dfrac{\binom{80}{2}\binom{20}{0}}{\binom{100}{2}} \fallingdotseq 0.6384$

3.4) $\dfrac{4 \times 5}{10 \times 20} = \dfrac{1}{10} = 0.1,\ 10\%$

3.5) $P(고졸자 \cup 여자) = P(고졸자) + P(여자) - P(고졸자 \cap 여자) = 0.1 + 0.5 - 0 = 0.6$

3.6) $P(A) =$ 아기가 정신적 장애를 가질 확률 $P(B) =$ 아기가 정상일 확률

    $P(X) =$ 양성반응일 확률

    $P(X|A) =$ 아이가 정신적 장애를 가질 때 양성반응을 일으킬 확률

    $P(X|B) =$ 아기가 정상일 때 양성반응을 일으킬 확률

    $P(A) = 0.003$ $P(B) = 0.997$ $P(X|A) = 0.98$ $P(X|B) = 0.01$

    $P(X) = P(A) \cdot P(X|A) + P(B) \cdot P(X|B) = 0.003 \times 0.98 + 0.997 \times 0.01 = 0.01291$

    $P(A|X) = \dfrac{P(A) \cdot P(X|A)}{P(X)} = \dfrac{0.003 \times 0.98}{0.01291} = \dfrac{0.00294}{0.01291} \fallingdotseq 0.22773,\ 22.773\%$

3.7)

$\diagdown$ x y	찬성(x_1)	반대(x_2)	합계$f_Y(y)$
비조노원(y_1)	7.8%	22.2%	30%
노조원(y_2)	18.2%	51.8%	70%
합계$f_X(x)$	26.0%	74.0%	100%

(1) $P(찬성) = 7.8\% + 18.2\% = 26.0\%$

(2) $P(찬성|노조원) = \dfrac{18.2\%}{70\%} = 26.0\%$

(3) 70% 노조원 30% 비노조원

    $f_x(x)f_y(y) = f(x,y)$를 확인 $f_x(x_1)f_y(y_1) = f(x_1, y_1) \Rightarrow 0.26 \times 0.3 = 0.078$
$$f_x(x_2)f_y(y_1) = f(x_2, x_1) \Rightarrow 0.74 \times 0.3 = 0.222$$
$$f_x(x_1)f_y(y_2) = f(x_1, y_2) \Rightarrow 0.26 \times 0.7 = 0.182$$
$$f_x(x_2)f_y(y_2) = f(x_2, y_2) \Rightarrow 0.74 \times 0.7 = 0.518$$

    $\therefore$ 종업원의 노조가입 여부와 투표결과는 독립이다.

3.8) 두개 모두 안정장치가 작동되지 않을 확률은 $0.1 \times 0.05 = 0.005$

    안전장치가 작동될 확률은 $1 - (0.1 \times 0.05) = 0.995,\ 99.5\%$

3.9) 쥐 세 마리는 모두 독립이므로 $0.2 \times 0.2 \times 0.2 = 0.008,\ \ 0.8\%$

3.10)   제품의 여부   제품검사

$$\bigcirc : P(0) = 0.8 \begin{cases} Y : P(Y/0) = 0.90 \\ N : P(N/0) = 0.1 \end{cases}$$

$$X : P(X) = 0.2 \begin{cases} Y : P(Y/X) = 0.10 \\ N : P(N/X) = 0.9 \end{cases}$$

(1) $P(X/N) = \dfrac{P(X \cap N)}{P(N)} = \dfrac{0.2 \times 0.9}{0.8 \times 0.1 + 0.2 \times 0.9} = \dfrac{9}{13}$

(2) $P(X/Y) = \dfrac{P(X \cap Y)}{P(Y)} = \dfrac{0.2 \times 0.1}{0.8 \times 0.9 + 0.2 \times 0.1} = \dfrac{1}{37}$

3.11)   흡연자유무   출산여부

$$\bigcirc : P(0) = 0.3 \begin{cases} Y : P(Y|0) = 0.6 \\ N : P(N|0) = 0.4 \end{cases}$$

$$X : P(X) = 0.7 \begin{cases} Y : P(Y|X) = 0.8 \\ N : P(N/X) = 0.2 \end{cases}$$

(1) $P(X|Y) = \dfrac{P(X \cap Y)}{P(Y)} = \dfrac{0.7 \times 0.8}{0.3 \times 0.6 + 0.7 \times 0.8} = \dfrac{56}{74}$

(2) $P(\bigcirc|X) = \dfrac{P(\bigcirc \cap N)}{P(N)} = \dfrac{0.3 \times 0.2}{0.3 \times 0.4 + 0.7 \times 0.2} = \dfrac{12}{26}$

제 4장

4.1) (1)

(2) $E(X) = \sum x_i f(x_i) = 1 \times 0.08 + 2 \times 0.27 + 4 \times 0.1 + 6 \times 0.33 + 12 \times 0.22 = 5.64$

(3) $P\{2 \le X \le 7\} = P\{2 \le X \le 6\} = 0.27 + 0.10 + 0.33 = 0.70$

4.2) (1) $E(X) = \sum x_i f(x_i) = 2 \times \dfrac{1}{6} + 7 \times \dfrac{1}{3} + 8 \times \dfrac{1}{12} + 16 \times \dfrac{1}{6} + 17 \times \dfrac{1}{4} = \dfrac{123}{12} = \dfrac{41}{4} = 10.25$

(2) $E(X^2) = \sum x_i^2 f(x_i) = 2^2 \times \dfrac{1}{6} + 7^2 \times \dfrac{1}{3} + 8^2 \times \dfrac{1}{12} + 16^2 \times \dfrac{1}{6} + 17^2 \times \dfrac{1}{4} = 137.25$

$$Var(X) = E(X^2) - \{E(X)\}^2 = 137.25 - (10.25)^2 = 32.1875$$

4.3) $\displaystyle\int_{-\infty}^{\infty} f(x)dx = 1 \;\Rightarrow\; \int_0^2 cy\,dy = 1 \;\Rightarrow\; \left[\dfrac{1}{2}cy^2\right]_0^2 = 1 \quad 2c = 1 \quad c = \dfrac{1}{2}$

4.4) $\displaystyle\int_1^{\infty} \dfrac{1}{x^2}dx = 1$을 만족해야 한다.

$$\int_1^{\infty} \dfrac{1}{x^2}dx = \left[-\dfrac{1}{x}\right]_1^{\infty} = -\dfrac{1}{\infty} - \left(-\dfrac{1}{1}\right) = 0 + 1 = 1$$

$\displaystyle\int_1^{\infty} \dfrac{1}{x^2}dx = 1$ 을 만족하므로 확률밀도 함수이다.

4.5) $P(A_1) = \displaystyle\int_1^2 \dfrac{1}{x^2}dx = \left[-\dfrac{1}{x}\right]_1^2 = -\dfrac{1}{2} - (-1) = \dfrac{1}{2}$

$P(A_2) = \displaystyle\int_3^4 \dfrac{1}{x^2}dx = \left[-\dfrac{1}{x}\right]_3^4 = -\dfrac{1}{4} - \left(-\dfrac{1}{3}\right) = \dfrac{1}{12}$

A_1과 A_2는 상호배반, 서로 독립사상이다. 따라서

$$P(A_1 \cup A_2) = P(A_1) + P(A_2) = \dfrac{1}{2} + \dfrac{1}{12} = \dfrac{7}{12}$$

$$P(A_1 \cap A_2) = P(A_1) \cdot P(A_2) = \dfrac{1}{2} \times \dfrac{1}{12} = \dfrac{1}{24}$$

4.6)

X \ Y	1	2	3	4	5	6	$f_X(x)$
1	$\dfrac{1}{12}$	$\dfrac{1}{12}$	$\dfrac{1}{12}$	$\dfrac{1}{12}$	$\dfrac{1}{12}$	$\dfrac{1}{12}$	$\dfrac{1}{2}$
9	$\dfrac{1}{12}$	$\dfrac{1}{12}$	$\dfrac{1}{12}$	$\dfrac{1}{12}$	$\dfrac{1}{12}$	$\dfrac{1}{12}$	$\dfrac{1}{2}$
$f_Y(y)$	$\dfrac{1}{6}$	$\dfrac{1}{6}$	$\dfrac{1}{6}$	$\dfrac{1}{6}$	$\dfrac{1}{6}$	$\dfrac{1}{6}$	1

(1) $Z_1 = X + Y$

Z_1	2	3	4	5	6	7	10	11	12	13	14	15	합계
$f(z_1)$	$\dfrac{1}{12}$	$\dfrac{1}{12}$	$\dfrac{1}{12}$	$\dfrac{1}{12}$	$\dfrac{1}{12}$	$\dfrac{1}{12}$	$\dfrac{1}{12}$	$\dfrac{1}{12}$	$\dfrac{1}{12}$	$\dfrac{1}{12}$	$\dfrac{1}{12}$	$\dfrac{1}{12}$	1

(2) $Z_2 = XY$

Z_2	1	2	3	4	5	6	9	18	27	36	45	54	합계
$f(z_2)$	$\dfrac{1}{12}$	$\dfrac{1}{12}$	$\dfrac{1}{12}$	$\dfrac{1}{12}$	$\dfrac{1}{12}$	$\dfrac{1}{12}$	$\dfrac{1}{12}$	$\dfrac{1}{12}$	$\dfrac{1}{12}$	$\dfrac{1}{12}$	$\dfrac{1}{12}$	$\dfrac{1}{12}$	1

4.7) 30대의 수 = 3명   확률변수 X=0,1,2,3

$$X = 0일\ 확률 = \dfrac{\binom{3}{0}\binom{4}{3}}{\binom{7}{4}} = \dfrac{1}{35}, \qquad X = 1일\ 확률 = \dfrac{\binom{3}{1}\binom{4}{3}}{\binom{7}{4}} = \dfrac{12}{35}$$

$$X = 2일\ 확률 = \frac{\binom{3}{2}\binom{4}{2}}{\binom{7}{4}} = \frac{18}{35}, \qquad X = 3일\ 확률 = \frac{\binom{3}{3}\binom{4}{1}}{\binom{7}{4}} = \frac{4}{35}$$

4.8) (1)

X\Y	2	3	4	$f_X(x)$
0	$\frac{1}{16}$	$\frac{1}{8}$	$\frac{1}{8}$	$\frac{5}{16}$
1	$\frac{1}{16}$	$\frac{1}{4}$	0	$\frac{5}{16}$
2	$\frac{1}{8}$	$\frac{1}{8}$	$\frac{1}{8}$	$\frac{3}{8}$
$f_Y(y)$	$\frac{1}{4}$	$\frac{1}{2}$	$\frac{1}{4}$	1

(2) $E(X+Y) = E(X) + E(Y) = \frac{17}{16} + 3 = \frac{17}{16} + \frac{48}{16} = \frac{65}{16}$

$E(X) = 0 \times \frac{5}{16} + 1 \times \frac{5}{16} + 2 \times \frac{3}{8} = \frac{17}{16}$

$E(Y) = 2 \times \frac{1}{4} + 3 \times \frac{1}{2} + 4 \times \frac{1}{4} = 3$

(3) $Cov(X, Y) = E(XY) - E(X)E(Y)$

$E(XY) = 0 \times 2 \times \frac{1}{16} + 0 \times 3 \times \frac{1}{8} + 0 \times 4 \times \frac{1}{8} + 1 \times 2 \times \frac{1}{16} + 1 \times 3 \times \frac{1}{4}$

$\qquad + 1 \times 4 \times 0 + 2 \times 2 \times \frac{1}{8} + 2 \times 3 \times \frac{1}{8} + 2 \times 4 \times \frac{1}{8} = \frac{2}{16} + \frac{3}{4} + \frac{4}{8} + \frac{6}{8} + \frac{8}{8} = \frac{25}{8}$

$E(XY) - E(X)E(Y) = \frac{25}{8} - \frac{17}{16} \times 3 = \frac{25}{8} - \frac{17}{16} \times 3 = \frac{25}{8} - \frac{51}{16} = \frac{50}{16} - \frac{51}{16} = \frac{1}{16}$

(4) $f_X(x)f_Y(y) = f(x,y)$를 보이면 된다.

$f_X(x_0)f_Y(y_2) = \frac{5}{16} \times \frac{1}{4} = \frac{5}{64} \qquad f(x_0, y_2) = \frac{1}{16}$

$f_X(x)f_Y(y) \neq f(x,y)$이므로 두 확률분포는 종속이다.

4.9) (1) $P\{X = Y\} = 0.1 + 0.25 = 0.35$

$\qquad P\{X > Y\} = 0.2$

(2) $X + Y = Z$

Z	0	1	2	3	합계
$f(Z)$	0.1	0.5	0.3	0.1	1.0

(3) $E(X) = 0 \times 0.45 + 1 \times 0.55 = 0.55$

$\qquad E(Y) = 0 \times 0.3 + 1 \times 0.55 + 2 \times 0.15 = 0.2475$

$\qquad Var(X) = E(X^2) - \{E(X)\}^2 = 0.55 - (0.55)^2 = 0.2475$

$\qquad E(X^2) = 0^2 \times 0.45 + 1^2 \times 0.55 = 0.55$

$\qquad Var(Y) = E(Y^2) - \{E(Y)\}^2 = 1.15 - (0.85)^2 = 0.4275$

$\qquad E(Y^2) = 0^2 \times 0.3 + 1^2 \times 0.55 + 2^2 \times 0.15 = 1.15$

(4) $Cov(X, Y) = E(XY) - E(X)E(Y)$

$$E(XY) = 0 \times 0 \times 0.1 + 0 \times 2 \times 0.05 + 1 \times 0 \times 0.2 + 1 \times 1 \times 0.25 + 1 \times 2 \times 0.1 = 0.45$$
$$E(XY) - E(X)E(Y) = 0.45 - 0.55 \times 0.85 = -0.0175$$
$$Corr(X, Y) = \frac{Cor(X, Y)}{\sqrt{Var(X)}\sqrt{Var(Y)}} = \frac{-0.0175}{\sqrt{0.2475}\sqrt{0.4275}} = -0.0538$$

4.10) (1) $f(1,0) + f(0,2) + f(1,2) + f(0,3) + f(1,3) + f(2,3) + f(0,4) + f(1,4) = 0.62$

(2) $u_X = 1.13$

$u_Y = 2.3$

$\sigma_X = 0.7437$

$E(X^2) = 1^2 \times 0.28 + 2^2 \times 0.30 + 3^2 \times 0.20 + 4^2 \times 0.20 = 6.48$

$\sigma_Y = 1.1$

$Coy(X, Y) = E(XY) - E(X)E(Y) = 1.13 - 2.3 \times 1.13 = -0.419$

$E(XY) = 1 \times 1 \times 0.8 + 1 \times 2 \times 0.15 + 1 \times 3 \times 0.1 + 1 \times 4 \times 0.1$
$$+ 2 \times 1 \times 0.2 + 2 \times 2 \times 0.1 + 2 \times 3 \times 0.05 = 2.18$$

(3) $Corr(X, Y) = \dfrac{Cov(X, Y)}{\sigma_X \sigma_Y} = \dfrac{-0.419}{0.7437 \times 1.1} = -0.6197$

∴ 뚜렷한 음의 상관관계를 보여주고 있고 두 확률변수는 종속관계에 있다.

4.11) $u = X - E(X)$

$v = Y - E(Y)$라고 하자 쉬왈츠의 부등식에 대입하면

$[E(uv)]^2 \leq E(u^2) \cdot E(v^2)$

$[E\{(X - E(X))(Y - E(Y))\}]^2 \leq E[(X - E(X))^2] \cdot E[(Y - E(Y))^2]$

$Cov(X, Y) = E[(X - E(X))(Y - E(Y))]$이므로, 그리고

$\sigma_x^2 = Var(X) = E[(X - E(X))^2]$

$\sigma_y^2 = Var(Y) = E[(Y - E(Y))^2]$이므로 $[Cov(X, Y)]^2 \leq \sigma_x^2 \sigma_y^2$이 된다.

위식의 양변을 $\sigma_x^2 \cdot \sigma_y^2$으로 나누어주면, $\dfrac{[Cov(X, Y)]^2}{\sigma_x^2 \cdot \sigma_y^2} \leq 1$이 된다.

따라서 $\rho_{XY} = \dfrac{Cov(X, Y)}{\sigma_x \cdot \sigma_y}$ 이므로 $\rho_{XY}^2 \leq 1$, $-1 \leq \rho_{XY} \leq 1$이 성립한다.

제 5장

5.1) (1) 초기하분포 $N = 12$, $M = 6$, $N - M = 6$, $n = s$

(2)

X	0	1	2	3	4	합계
$f(X)$	$\dfrac{15}{495}$	$\dfrac{120}{495}$	$\dfrac{225}{495}$	$\dfrac{120}{495}$	$\dfrac{15}{495}$	1

$$\frac{\binom{6}{0}\binom{6}{4}}{\binom{12}{4}} = \frac{15}{495}, \quad \frac{\binom{6}{0}\binom{6}{4}}{\binom{12}{4}} = \frac{15}{495}, \quad \frac{\binom{6}{2}\binom{6}{2}}{\binom{12}{4}} = \frac{225}{495}$$

$$\frac{\binom{6}{3}\binom{6}{1}}{\binom{12}{4}} = \frac{120}{495}, \quad \frac{\binom{6}{4}\binom{6}{0}}{\binom{12}{4}} = \frac{12}{495}$$

(3) $E(X) = 0 \times \dfrac{15}{495} + 1 \times \dfrac{120}{495} + 2 \times \dfrac{225}{495} + 3 \times \dfrac{120}{495} + 4 \times \dfrac{15}{495} = \dfrac{90}{495} = 2$

$Var(X) = E(X^2) - \{E(X)\}^2 = \dfrac{2340}{495} - (2)^2 = \dfrac{2340}{495} - \dfrac{1980}{495} = \dfrac{360}{495} = \dfrac{8}{11}$

$E(X)^2 = 1^2 \times \dfrac{120}{495} + 2^2 \times \dfrac{225}{495} + 3^2 \times \dfrac{120}{495} + 4^2 \times \dfrac{15}{495} = \dfrac{2340}{495}$

공식 $E(X) = np = 4 \cdot 0.5 = 2$

$Var(X) = npq \dfrac{N-n}{N-1} = 4 \cdot 0.5 \cdot 0.5 \cdot \dfrac{8}{11} = \dfrac{8}{11}$

5.2) (1) $f(x) = \dbinom{n}{x} p^x (1-p)^{n-x} = \dbinom{6}{4}(0.4)^4(0.6)^2 = 0.13824$

(2) $1 - \dbinom{6}{0}(0.4)^0(0.6)^6 = 1 - 0.046656 = 0.953344$

(3) $1 - \left[\dbinom{6}{5}(0.4)^5(0.6)^1 + \dbinom{6}{6}(0.4)^6(0.6)^0 \right] = 1 - 0.04096 = 0.95904$

5.3) (1) $\dbinom{8}{3}(0.4)^3(0.6)^5 \fallingdotseq 0.27869$

(2) $\dbinom{16}{7}(0.6)^7(0.4)^9 \fallingdotseq 0.08395$

(3) $\dbinom{9}{0}(0.4)^0(0.6)^9 + \dbinom{9}{1}(0.4)^1(0.6)^8 + \dbinom{9}{2}(0.4)^2(0.6)^7 + \dbinom{9}{3}(0.4)^3(0.6)^6 \fallingdotseq 0.48261$

(4) $\dbinom{8}{0}(0.4)^0(0.6)^8 + \dbinom{16}{9}(0.6)^9(0.4)^7 + \dbinom{16}{10}(0.6)^{10}(0.4)^6$

$\quad + \dbinom{16}{11}(0.6)^{11}(0.4)^5 + \dbinom{16}{12}(0.6)^{12}(0.6)^9(0.4)^4 + \dbinom{16}{13}(0.6)^{13}(0.4)^3 \fallingdotseq 0.83939$

5.4) (a) $\dbinom{8}{0}(0.4)^0(0.6)^8 \fallingdotseq 0.0168 \quad \dbinom{8}{1}(0.4)^1(0.6)^7 \fallingdotseq 0.0896 \quad \dbinom{8}{2}(0.4)^2(0.6)^6 \fallingdotseq 0.2090$

$\dbinom{8}{3}(0.4)^3(0.6)^5 \fallingdotseq 0.2787 \quad \dbinom{8}{4}(0.4)^4(0.6)^4 \fallingdotseq 0.2322 \quad \dbinom{8}{5}(0.4)^5(0.6)^3 \fallingdotseq 0.1239$

$\dbinom{8}{6}(0.4)^6(0.6)^2 \fallingdotseq 0.0413 \quad \dbinom{8}{7}(0.4)^7(0.6)^1 \fallingdotseq 0.0079 \quad \dbinom{8}{8}(0.4)^8(0.6)^0 \fallingdotseq 0.0006$

(1) $\quad s = 1.386 \qquad\qquad\qquad\qquad s = 1.386$

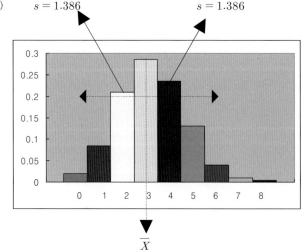

$\overline{X}$

(2) $P\{X=7\} \fallingdotseq 0.0079 \, P\{X \geq 7\} \fallingdotseq 1-0.0006 \fallingdotseq 0.9994$

(3) $E(X)=np=8\times0.4=3.2, \quad Var(X)=npq=8\times0.4\times0.6=1.92,$

$\quad sd=\sqrt{Var}=\sqrt{1.92} \fallingdotseq 1.386$

5.5) (1) 이항분포를 따르므로

$\quad E(X)=np=25\times0.1=2.5, \quad Var(X)=npq=25\times0.1\times0.9=2.25$

(2) $\binom{25}{0}(0.1)^0(0.9)^{25}+\binom{25}{1}(0.1)^1(0.9)^{24}+\binom{25}{2}(0.1)^2(0.9)^{23} \fallingdotseq 0.5371$

5.6) (1) $\binom{5}{4}(0.9)^4(0.1)^1=0.32805$

(2) $1-\binom{5}{0}(0.9)^0(0.1)^5=1-0.00001=0.99999$

5.7) $f(X)=pq^{x-1}$

(1) $X=5 \quad P=0.1 \quad (0.1)(0.9)^4=0.06561$

(2) $X=4 \quad P=0.4 \quad (0.4)(0.6)^3=0.0864$

(3) $X=10 \quad P=0.5 \quad (0.5)(0.5)^9=0.00098$

(4) $X=5 \quad P=0.9 \quad (0.9)(0.1)^4=0.00009$

5.8) $E(X)=\dfrac{1}{p} \quad Var(X)=\dfrac{q}{p^2}$

(1) $P=0.1 \quad E(X)=\dfrac{1}{0.1}=10 \quad Var(X)=\dfrac{0.9}{(0.1)^2}=90$

(2) $P=0.2 \quad E(X)=\dfrac{1}{0.2}=5 \quad Var(X)=\dfrac{0.8}{(0.2)^2}=20$

(3) $P=0.1 \quad E(X)=\dfrac{1}{0.3}=3.3333 \quad Var(X)=\dfrac{0.7}{(0.3)^2}=7.7778$

(4) $P=0.1 \quad E(X)=\dfrac{1}{0.3}=10 \quad Var(X)=\dfrac{0.5}{(0.5)^2}=2$

5.9) (1) $(0.9)(0.1)^2=0.009$

(2) $E(X)=\dfrac{1}{0.9}=1.1111$

(3) $(0.9)(0.1)^0+(0.9)(0.1)=0.99$

5.10) 전구에 불량률이 20%이고 전구에 합격률은 80%이므로 전구의 합격률을 P로 놓아야
한다.

(1) $(0.8)(0.2)^3=0.0064$

(2) $E(X)=\dfrac{1}{0.8}=1.25$

(3) $1-\{(0.8)(0.2)^0+(0.8)(0.2)\}=1-0.96=0.04$

5.11) $f(x_1,x_2,x_3,\cdots,x_k)=\dfrac{n!}{x_1!x_2!x_3!\cdots x_k!}P_1^{x_1}P_2^{x_2}\cdots P_k^{x_k}$

(1) $P_r(X_1=2,X_2=3,X_3=5), \quad n=10 \quad P_1=P_2=P_3=\dfrac{1}{3}$

$\dfrac{10!}{2!\cdot3!\cdot5!}\left(\dfrac{1}{3}\right)^2\left(\dfrac{1}{3}\right)^3\left(\dfrac{1}{3}\right)^5=2520\cdot\left(\dfrac{1}{3}\right)^2\cdot\left(\dfrac{1}{3}\right)^3\cdot\left(\dfrac{1}{3}\right)^5 \fallingdotseq 0.0427$

(2) $P_r(X_1=0, X_2=2, X_3=3)$, $\quad n=5 \quad P_1=0.1 \ P_2=0.4 \ P_3=0.5$

$$\frac{5!}{0!\cdot 2!\cdot 3!}(0.1)^0(0.4)^2(0.5)^3=0.02$$

(3) $P_r(X_1=2, X_2=1, X_3=2)$, $\quad n=5 \quad P_1=0.4 \ P_2=0.2 \ P_3=0.4$

$$\frac{5!}{2!\cdot 1!\cdot 2!}(0.4)^2(0.2)^1(0.4)^2=0.1536$$

(4) $P_r(X_1=4, X_2=4, X_3=2)$, $\quad n=10 \quad P_1=0.4 \ P_2=0.3 \ P_3=0.3$

$$\frac{10!}{4!\cdot 4!\cdot 2!}(0.4)^4(0.3)^4(0.3)^2=0.0588$$

5.12) $P_r(X_1=4, X_2=4, X_3=2)$, $\quad n=10 \quad P_1=0.5 \ P_2=0.3 \ P_3=0.2$

$$\frac{10!}{4!\cdot 4!\cdot 2!}(0.5)^4(0.3)^4(0.2)^2=0.0638$$

5.13) $f(x)=\dfrac{m^x\cdot e^{-m}}{x!}$

(1) $X=2$이므로, $P_r(X=0)=\dfrac{2^0\cdot e^{-5}}{0!}\fallingdotseq 0.1353$

(2) $m=5$이므로, $P_r(X=3)=\dfrac{5^3\cdot e^{-5}}{3!}\fallingdotseq 0.1404$

(3) $P_r(X\geq 2)=2=1-\left[\dfrac{2^0\cdot e^{-2}}{0!}+\dfrac{2^1\cdot e^{-2}}{1!}\right]\fallingdotseq 0.5940$

(4) $P_r(X\geq 1)=1-\dfrac{5^0\cdot e^{-5}}{0!}\fallingdotseq 0.9930$

5.14) (1) $P_r(X=0)$, $\quad m=5 \quad \dfrac{5^0\cdot e^{-5}}{0!}\fallingdotseq 0.0067$

(2) $P_r(X\geq 2)$, $\quad m=5 \quad 1-\left[\dfrac{5^0\cdot e^{-5}}{0!}+\dfrac{5^1\cdot e^{-5}}{1!}\right]\fallingdotseq 0.9596$

(3) $P_r(X=5)$, $\quad m=5 \quad \dfrac{5^5\cdot e^{-5}}{5!}\fallingdotseq 0.1755$

(4) $P_r(X\leq 1)$, $\quad m=5 \quad \dfrac{5^0\cdot e^{-5}}{0!}+\dfrac{5^1\cdot e^{-5}}{1!}\fallingdotseq 0.0404$

5.15) 시간당 30회, 분당 0.5회, $\mu=0.5$

(1) $P_r(X=1)$, $\quad m=0.5 \quad \dfrac{0.5^1\cdot e^{-0.5}}{1!}\fallingdotseq 0.3033$

(2) $P_r(X\geq 2)$, $\quad m=0.5 \quad 1-\left[\dfrac{0.5^0\cdot e^{-0.5}}{0!}+\dfrac{0.5^1\cdot e^{-0.5}}{1!}\right]\fallingdotseq 0.0902$

(3) 5분당 2.5회 $m=2.5$

$\quad P_r(X=0)$, $\quad m=2.5 \quad \dfrac{2.5^0\cdot e^{-2.5}}{0!}\fallingdotseq 0.0821$

5.16) 10페이지당 20개 1페이지당 2개 $\mu=2$

(1) $P_r(X=0)$, $\quad m=2 \quad \dfrac{2^0\cdot e^{-2}}{0!}\fallingdotseq 0.1353$

(2) $P_r(X\geq 2)$, $\quad m=2 \quad 1-\left[\dfrac{2^0\cdot e^{-2}}{0!}+\dfrac{2^1\cdot e^{-2}}{1!}\right]\fallingdotseq 0.5940$

(3) 4페이지당 8개 $m = 8$

$$P_r(X = 0), \quad m = 8 \quad \frac{8^0 \cdot e^{-8}}{0!} \fallingdotseq 0.00034$$

제 6장

6.1) (1) $P_r(0 \leq Z \leq a) = 0.3413 \quad a = 1.0$

(2) $P_r(|Z| \leq a) = 0.95 \quad a = 1.96$

(3) $P_r(Z \leq -a) = 0.0668 \quad a = 1.5$

(4) $P_r(-a \leq Z \leq 0) = 0.3413 \quad a = 1.0$

6.2) (1) $\frac{25 - 30}{5} = -1 \quad Z = -1$ (2) $\frac{30 - 30}{5} = 0 \quad Z = 0$

(3) $\frac{37.5 - 30}{5} = 1.5 \quad Z = 1.5$ (4) $\frac{10 - 30}{5} = -4 \quad Z = -4$

(5) $\frac{50 - 30}{5} = 4 \quad Z = 4$ (6) $\frac{32 - 20}{5} = 0.4 \quad Z = 0.4$

6.3) $\frac{30 - 20}{4} = 2.5 \quad Z = 2.5$

6.4) (1) $\frac{10 - 10}{2} \leq Z \leq \frac{12 - 10}{2} \quad 0 \leq Z \leq 1 \quad P_r(0 \leq Z \leq 1) = 0.3413$

(2) $\frac{6 - 10}{2} \leq Z \leq \frac{10 - 10}{2} \quad -2 \leq Z \leq 0 \quad P_r(-2 \leq Z \leq 0) = P_r(0 \leq Z \leq 2) = 0.4772$

(3) $\frac{13 - 10}{2} \leq Z \leq \frac{16 - 10}{2} \quad 1.5 \leq Z \leq 3 \quad P_r(1.5 \leq Z \leq 3) = 0.4987 - 0.4332 = 0.0655$

(4) $\frac{7.8 - 10}{2} \leq Z \leq \frac{12.6 - 10}{2} \quad -1.1 \leq Z \leq 1.3$

$\quad P_r(-1.1 \leq Z \leq 1.3) = P_r(Z \leq 1.3) + P_r(Z \leq 1.1) = 0.4032 + 0.3643 = 0.7675$

(5) $1\frac{13.24 - 10}{2} \leq Z \quad 1.62 \leq Z \quad P_r(1.62 \leq Z) = 0.5 - 0.4474 = 0.0526$

(6) $\frac{7.62 - 10}{2} \leq Z \quad -1.19 \leq Z \quad P_r(-1.19 \leq Z) = P_r(1.19 \geq Z) = 0.5 + 0.3830 = 0.8830$

6.5) (1) $Z \leq \frac{50 - 50}{10} \quad Z \leq 0 \quad P_r(Z \leq 0) = 0.5$

(2) $Z \leq \frac{35.6 - 50}{10} \quad Z \leq -1.44 \quad P_r(Z \leq -1.44) = 0.5 - 0.4251 = 0.0749$

(3) $\frac{40.7 - 50}{10} \leq Z \leq \frac{75.8 - 50}{10} \quad -0.93 \leq Z \leq 2.58$

$\quad P_r(-0.93 \leq Z \leq 2.58) = 0.4951 + 0.3238 = 0.8189$

(4) $\frac{22.9 - 50}{10} \leq Z \leq \frac{33.2 - 50}{10} \quad -2.71 \leq Z \leq -1.68$

$\quad P_r(-2.71 \leq Z \leq -1.68) = P_r(1.68 \leq Z \leq 2.71) = 0.4951 - 0.4535 = 0.0431$

(5) $Z \geq \dfrac{25.3 - 50}{10}$ $Z \geq -2.47$

   $P_r(Z \geq -2.47) = P_r(Z \leq 2.47) = 0.5 + 0.4932 = 0.9932$

(6) $Z \geq \dfrac{25.3 - 50}{10}$ $Z \leq -2.47$ $P_r(Z \leq -2.47) = 0.5 - 0.4932 = 0.0068$

6.6) $P_r(X \geq 20)$ $Z \geq \dfrac{20 - 14.5}{2}$ $Z \geq 2.75$ $P_r(Z \geq 2.75) = 0.5 - 0.4970 = 0.0030$

   $P_r(X \leq 9)$ $Z \geq \dfrac{20 - 14.5}{2}$ $Z \leq -2.75$ $P_r(Z \geq 2.75) = 0.003$

   $\therefore$ 500 $\times$ (0.003+ 0.003)=3 3개

6.7) (1) $Z_{0.05} \leq \dfrac{X - 105}{\sqrt{15}}$ $Z_{0.05} = 1.645$ $\dfrac{X - 105}{\sqrt{15}} \geq 1.645$

   $X - 105 \geq 1.645 \cdot \sqrt{15}$ $X - 105 \geq 6.371$ $X \geq 105 + 6.371$

   $\therefore$ $X \geq 111.371$

(2) $Z_{1 - 0.1} \geq \dfrac{X - 105}{\sqrt{15}}$ $Z_{0.9} \fallingdotseq -1.282$ $\dfrac{X - 105}{\sqrt{15}} \leq -1.282$

   $X - 105 \leq -1.282 \sqrt{15}$ $X - 105 \leq -4.965$ $X \leq 105 - 4.965$

   $\therefore$ $X \leq 100.035$

(3) $P_r(X \geq 115)$ $Z \geq \dfrac{115 - 105}{\sqrt{15}}$ $Z \geq 2.58$ $P_r(Z \geq 2.58) = 1 - 0.9951 = 0.0049$

   5000×0.0049=24.5 약 25명

6.8) <10%>

   $Z_{0.1} \leq \dfrac{X - 70}{5}$ $Z_{0.1} = 1.282$ $\dfrac{X - 70}{5} \geq 1.282$

   $X - 70 \geq 1.282 \times 5$ $X \geq 70 + 6.41$ $\therefore X \geq 76.41$

   <25%>

   $Z_{0.35} \leq \dfrac{X - 70}{5}$ $Z_{0.35} \fallingdotseq 0.386$ $\dfrac{X - 70}{5} \geq 0.386$

   $X - 70 \geq 0.386 \times 5$ $X \geq 70 + 1.93$ $X \geq 71.93$

   위의 10%와 결합하면 $\therefore$ 71.93 $\leq X \leq$ 76.41

   <35%>

   $Z_{0.70} \leq \dfrac{X - 70}{5}$ $Z_{0.70} = -0.524$ $\dfrac{X - 70}{5} \geq -0.524$

   $X - 70 \geq -0.524 \times 5$ $X \geq 70 - 2.62$ $X \geq 67.38$

   위의 25%와 결합하면 $\therefore 67.38 \leq X \leq 71.93$

   <20%>

   $Z_{0.90} \leq \dfrac{X - 70}{5}$ $Z_{0.9} = -1.282$ $\dfrac{X - 70}{5} \geq -1.282$

   $X - 70 \geq -1.282 \times 5$ $X \geq 70 - 6.41$ $X \geq 63.59$위의 35%와 결합하면

   $\therefore 63.59 \leq X \leq 67.38$

   <10%>

   $Z_{0.9} \geq \dfrac{X - 70}{5}$ $Z_{0.9} = -1.282$ $\dfrac{X - 70}{5} \geq -1.282$

$$X - 70 \leq -1.282 \times 5 \quad X \leq 70 - 6.41 \quad \therefore X \leq 63.59$$

6.9) (1) $\bar{x} = E(X) = np = 10 \cdot 0.3 = 3$

$$s^2 = Var(X) = npq = 10 \cdot 0.3 \cdot 0.7 = 2.1$$

(2) $f(x) = \binom{n}{x} p^x q^{n-x} = \binom{10}{0}(0.3)^0(0.7)^{10} + \binom{10}{1}(0.3)^1(0.7)^9 + \binom{10}{2}(0.3)^2(0.7)^8 \fallingdotseq 0.3828$

6.10) $X \sim N(200, 20^2)$

(1) $Z \geq \dfrac{75-52}{10} \quad Z \geq 0.3 \quad P_r(Z \geq 0.3) = 0.5 - P_r(Z \leq 0.3) = 0.5 - 0.1179 = 0.3821$

(2) $\dfrac{220-200}{20} \leq Z \leq \dfrac{240-200}{20} \quad 1 \leq Z \leq 2$

$$P_r(1 \leq Z \leq 2) = P_r(Z \leq 2) - P_r(Z \leq 1) = 0.4772 - 0.3413 = 0.1359$$

6.11) $X \sim N(72, 10^2)$

(1) $Z \geq \dfrac{75-72}{10} \quad Z \geq 0.3 \quad P_r(Z \geq 0.3) = 0.5 - P_r(Z \leq 0.3) = 0.5 - 0.1179 = 0.3821$

$Z \geq \dfrac{80-72}{10} \quad Z \geq 0.8 \quad P_r(Z \geq 0.8) = 0.5 - P_r(Z \leq 0.8) = 0.5 - 0.2881 = 0.2119$

$1000 \times 0.2119 = 21.19$

$\therefore$ 80점 이상이 21.19명 존재하므로 80점인 학생은 22등이 되겠다.

6.12) $P_r\left(\sqrt{0.036} \leq \sqrt{(X-5)^2} \leq \sqrt{38.4}\right) = P_r\left(\sqrt{0.036} \leq (X-5) \leq \sqrt{38.4}\right)$

$= P_r\left(\sqrt{0.036}+5 \leq X \leq \sqrt{38.4}+5\right)$---①

$= P_r\left(\dfrac{\sqrt{0.036}+5-5}{\sqrt{10}} \leq X \leq \dfrac{\sqrt{38.4}+5-5}{\sqrt{10}}\right)$

$= P_r(0.06 \leq Z \leq 1.96) = P_r(Z \leq 1.96) - P_r(Z \leq 0.6)$

$= 0.4750 - 0.0239 = 0.4511$

헌데 ①번 과정에서 제곱근의 값을 구해줄 때 ±의 값이 나오므로 마이너스(-)값을 더해주어야만 한다. $\sqrt{0.036} \fallingdotseq \pm 0.19$, $\sqrt{38.4} \fallingdotseq \pm 6.2$이다.

때문에 $P_r(-196 \leq Z \leq -0.06)$의 값을 더해주면 2×0.4511= 0.9022가 sol이 된다.

6.13) X를 주식의 수익률 그리고 Y를 채권의 수익률이라 하자.

$(X-Y) \sim N(-2,13), (X-2Y) \sim N(-14,25)$이므로

$$P_r(X-Y > 0) = P_r\left(\dfrac{X-Y+2}{\sqrt{13}} > \dfrac{0+2}{\sqrt{13}}\right) = P_r(Z > 0.56) = 0.5 - 0.2123 = 0.2877$$

$$P_r(X-2Y > 0) = P_r\left(\dfrac{X-2Y+4}{\sqrt{5}} > \dfrac{0+14}{5}\right) = P_r(Z > 2.80) = 0.5 - 0.4974 = 0.0026$$

제 7장

7.1) (1) $df = 10$, $\Pr(X \leq 1.812) = 0.95$

(2) $df = 20$, $\Pr(-2.086 \leq X \leq 2.086) = 0.95 \quad (1-0.025) - 0.025 = 0.95$

(3) $df = 10$, $\Pr(X \leq -2.764) = \Pr(X \geq 2.764) = 0.01$

(4) $df = 19$, $\Pr(X \geq 2.093) = 0.025$

(5) $df = 15$, $\Pr(X \geq K) = 0.025$ $K = 2.131$

(6) $df = 10$, $\Pr(X \leq -K) = \Pr(X \geq K) = 0.01$ $K = 1.372$

7.2) (1) $\dfrac{12 - 10}{\dfrac{4}{\sqrt{10}}} = 1.581$, $T = 1.581$

(2) $df = 19$, $T = 1.581$, $\alpha = 0.078$ 확률값 $= 1 - 0.078 = 0.922$,

풀이 $t(9;0.05) = 1.833$ $t(9;0.1) = 1.383$ $t(9;\alpha) = 0.922$

$0.1 - x : 1.581 - 1.383 = 0.1 - 0.05 : 1.833 - 1.383$
$0.1 - x : 0.198 = 0.05 : 0.45$
$0.45(0.1 - x) = 0.198 \times 0.05$
$0.045 - 0.45x = 0.0099$
$0.45x = 0.045 - 0.0099$
$0.45x = 0.0351$
$x = 0.078$

7.3) (1) $df = 10$, $\Pr(X^2 \geq 3.24697) = 0.975$

(2) $df = 10$, $\Pr(X^2 \geq 20.4831) = 0.025$

(3) $df = 15$, $\Pr(X^2 \leq 24.9958) = 1 - \Pr(X^2 \geq 24.9958) = 1 - 0.05 = 0.95$

(4) $df = 15$, $\Pr(X^2 \leq 6.26214) = 1 - \Pr(X^2 \geq 6.26214) = 1 - 0.975 = 0.025$

(5) $df = 15$, $\Pr(6.26214 \leq X^2 \leq 27.4884) = \Pr(X^2 \geq 6.26214) - \Pr(X^2 \geq 27.4884)$
$\qquad\qquad = 0.975 - 0.025 = 0.95$

(6) $df = 15$, $\Pr(5.22603 \leq X^2 \leq 21.0261) = 0.95 - 0.05 = 0.9$

7.4) (1) $F_{0.05, 7, 15} = 2.71$ $F_{0.95, 7, 15} = \dfrac{1}{F_{0.05, 15, 7}} = \dfrac{1}{3.51} \fallingdotseq 0.2849$

(2) $\dfrac{X^2(m)/m}{X^2(n)/n} = x$ $F_{0.01, m, n}$ $P(F > x) = 0.01$일 경우

$P(F < x) = 0.01$일 경우

$x = \dfrac{X^2(n)/n}{X^2(m)/m}$ $F_{0.01, n, m} = \frac{1}{F_{0.01, m, n}}$

7.5) <부록 13> 난수표 사용방법 활용

7.6) 불특정 자료군으로부터 모집단 분포의 사전 제약없이 n≥30개 이상의 대표본을 추출
하면 표본평균의 분포 $\overline{X} \sim N(\mu, \dfrac{\sigma^2}{N})$을 따른다는 중심극한정리를 활용하여 모집단으로
부터 정보추출이 가능하다.

7.7) $X \sim N(\mu_1, \sigma_1^2)$ $Y \sim N(\mu_2, \sigma_2^2)$

중심극한정리에 의해 $\overline{X} \sim N(\mu_1, \dfrac{\sigma_1^2}{n_1})$, $\overline{Y} \sim N(\mu_2, \dfrac{\sigma_2^2}{n_2})$

$E(\overline{X} - \overline{Y}) = E(\overline{X}) - E(\overline{Y}) = \mu_1 - \mu_2$

$Var(\overline{X} - \overline{Y}) = Var(\overline{X}) + Var(\overline{Y}) - 2\,Cov(X, Y)$
두 표본평균은 서로 독립인 확률변수이므로 $Cov(X, Y) = 0$이 된다.
따라서

$Var(\overline{X} - \overline{Y}) = Var(\overline{X}) + Var(\overline{Y}) = \dfrac{\sigma_1^2}{n_1} + \dfrac{\sigma_2^2}{n_2}$

7.8) 모집단의 확률 구조가 정규분포가 아닐 경우에는 표본 평균의 분포를 도출하기가 매우 어렵게 된다. 이때 유용한 정리가 중심극한정리인데 표본의 크기 n이 충분히 클 때 (n>30), 평균이 μ이고 분산이 σ^2인 임의의 모집단으로부터 추출된 확률표본의 표본평균 $\overline{X}$는 근사적으로 정규분포 $N(\mu, \frac{\sigma^2}{n})$을 따른다. 이것을 표준화시켜서 표본평균의 분포를 쉽게 도출할 수 있게 된다.

7.9) (1) $Z \geq \dfrac{44-40}{3}$ $\qquad Z \geq 1.33$

$\Pr(Z \geq 1.33) = 0.5 - \Pr(Z \leq 1.33) = 0.5 - 0.4082 = 0.0918$

(2) $\dfrac{39-40}{\frac{3}{\sqrt{50}}} \leq Z \leq \dfrac{41-40}{\frac{3}{\sqrt{50}}}$ $\qquad -2.36 \leq Z \leq 2.36$

$\Pr(-2.36 \leq Z \leq 2.36) = \Pr(Z \leq 2.36) + \Pr(Z \leq 2.36) = 0.4909 + 0.4909 = 0.9818$

7.10) $Z \leq \dfrac{15-10}{\sqrt{\frac{80}{40} + \frac{100}{60}}}$ $\qquad Z \leq 2.61 \qquad \Pr(Z \leq 2.61) = 0.9955$

7.11) (1) $Z = \dfrac{X-250}{\frac{45}{\sqrt{30}}} \sim N(0,1)$

(2) $\mu = 250 \times 30 = 7500 \qquad \sigma = 45 \times 30 = 1350$

$\dfrac{7000-7500}{\frac{3500}{\sqrt{30}}} \leq Z \leq \dfrac{8000-7500}{\frac{1350}{\sqrt{30}}}$ $\qquad -2.03 \leq Z \leq 2.03$

$\Pr(-2.03 \leq Z \leq 2.03) = 0.4788 + 0.4788 = 0.9576$

(3) $\mu = 250 \times 45 = 11250 \qquad \sigma = 45 \times 45 = 2025$

$Z \geq \dfrac{12000-11250}{\frac{2025}{\sqrt{45}}}$ $\qquad Z \geq 2.48$

$\Pr(Z \geq 2.48) = 0.5 - \Pr(Z \leq 2.48) = 0.5 - 0.4934 = 0.0066$

7.12) (1) $Z = \dfrac{X-6}{\sqrt{\frac{2.5}{50}}} \sim N(0,1)$

(2) $\dfrac{5.76-6}{\sqrt{\frac{2.5}{50}}} \leq Z \leq \dfrac{6.5-6}{\sqrt{\frac{2.5}{50}}}$ $\qquad -1.12 \leq Z \leq 2.24$

$\Pr(-1.12 \leq Z \leq 2.24) = 0.4875 + 0.3686 = 0.8561$

(3) $Z = \dfrac{X-6}{\sqrt{\frac{2.5}{100}}} \sim N(0,1)$

$\dfrac{5.76-6}{\sqrt{\frac{2.5}{100}}} \leq Z \leq \dfrac{6.5-6}{\sqrt{\frac{2.5}{100}}}$ $\qquad -1.58 \leq Z \leq 3.16$

$\Pr(-1.58 \leq Z \leq 3.16) = 0.4992 + 0.4429 = 0.9421$

7.13) (1) $\overline{X_1} \sim N(12, \frac{4}{3})$, $Z = \dfrac{X_1 - 12}{\sqrt{\dfrac{4}{30}}} \sim N(0, 1)$

(2) $\overline{X_2} \sim N(10, \frac{1}{40})$, $Z = \dfrac{X_2 - 10}{\sqrt{\dfrac{1}{40}}} \sim N(0, 1)$

(3) $Z \le \dfrac{3 - 2}{\sqrt{\dfrac{4}{30} + \dfrac{1}{40}}}$ $\qquad Z \le 2.51 \quad \Pr(Z \le 2.51) = 0.9940$

7.14) $E(\hat{p}) = E\left[\dfrac{X}{n}\right] = \dfrac{1}{n}E(X) = \dfrac{np}{n} = p$

$Var(\hat{p}) = Var(\dfrac{X}{n}) = \dfrac{1}{n^2}V(X) = Var(X) = \dfrac{npq}{n^2} = \dfrac{pq}{n}$

$\hat{p} \sim N(p, \dfrac{pq}{n})$

7.15) $Z \ge \dfrac{0.25 - 0.2}{\sqrt{\dfrac{0.2 \times 0.8}{50}}}$

$Z \ge 0.88 \qquad \Pr(Z \ge 0.88) = 0.5 - \Pr(Z \le 0.88) = 0.5 - 0.3106 = 0.1894$

7.16) $Z \le \dfrac{0.07 - 0.05}{\sqrt{\dfrac{0.3 \times 0.7}{40} + \dfrac{0.25 \times 0.75}{50}}}$, $\qquad Z \le 0.21, \qquad \Pr(Z \le 0.21) = 0.5832$

제 8장

8.1) 불편성 : $\hat{\theta}$이 모수 θ의 추정량일 때 만일 $E(\hat{\theta}) = \theta$이면 $\hat{\theta}$은 θ의 불편 추정량이라고 한다.

효율성 : 표준오차 : 추정량 $\hat{\theta}$의 표준오차라 하고 이를 $S.E.(\hat{\theta}) = \sqrt{V(\hat{\theta})}$으로 나타낸다.

또한 두 불편 추정량 $\widehat{\theta_1}$, $\widehat{\theta_2}$에 대해 $S.E.(\widehat{\theta_1}) < S.E.(\widehat{\theta_2})$이면 추정량 $\widehat{\theta_1}$이 $\widehat{\theta_2}$보다 유효하다고 한다.

일관성 : 1. $\lim\limits_{n \to \infty} P[\widehat{\theta_n} - \theta < \varepsilon] = 1$이면 $\widehat{\theta_n}$은 일관적 추정량이다. 단, ε은 0보다 큰 임의의 변수이다. 또는

2. $\lim\limits_{n \to \infty} MSE(\widehat{\theta_n}) = 0$이면 $\widehat{\theta_n}$은 일관적 추정량이다. 여기서 $MSE(\widehat{\theta_n}) = E[(\widehat{\theta_n} - \theta)^2]$이다.

8.2) $E(\overline{X}) = E(\dfrac{1}{n}\Sigma X_i) = \dfrac{1}{n}\Sigma E(X_i) = \dfrac{1}{n}(\mu_1 + \mu_2 + \cdots + \mu_n) = \dfrac{1}{n}n\mu = \mu$

$\because E(X_i) = \mu_i$이므로

$\therefore$ 표본평균 $\overline{X}$는 모평균의 불편 μ추정량이다.

8.3) $E(S^2) = E\left(\dfrac{1}{n-1}\sum_{i=1}^{n}(X_i - \overline{X})^2\right)$

$\qquad = \dfrac{1}{n-1}E\left(\sum_{i=1}^{n}(X_i^2 - 2X_i\overline{X} + \overline{X^2})\right) = \dfrac{1}{n-1}E\left(\sum_{i=1}^{n}X_i^2 - 2\overline{X}\sum_{i=1}^{n}X_i + n\overline{X^2}\right)$

$\qquad = \dfrac{1}{n-1}E\left(\sum_{i=1}^{n}X_i^2 - 2n\overline{X^2} + n\overline{X^2}\right) = \dfrac{1}{n-1}E\left(\sum_{i=1}^{n}X_i^2 - n\overline{X^2}\right)$

$\qquad = \dfrac{1}{n-1}\left[E(X_i^2) - nE(\overline{X^2})\right]$

$\qquad \{\because \sigma^2 = V(X) = E(X_i^2) - \{E(X_i)\}^2 = E(X_i^2) - \mu^2 \Rightarrow E(X_i^2) = \sigma^2 + \mu^2\}$

$\qquad = \dfrac{1}{n-1}\left(n(\sigma^2 + \mu^2) - nE(\overline{X^2})\right)$

$\qquad \left\{\begin{array}{l} \because \overline{X} \sim N(\mu, \dfrac{\sigma^2}{n}) \Rightarrow \dfrac{\sigma^2}{n} = V(\overline{X}) = E(\overline{X})^2 - \{E(\overline{X})\}^2 = E(\overline{X^2}) - \mu^2 \\ \quad \Rightarrow E(\overline{X^2}) = \dfrac{\sigma^2}{n} + \mu^2 \Rightarrow nE(\overline{X^2}) = \sigma^2 + n\mu^2 \end{array}\right\}$

$\qquad = \dfrac{1}{n-1}\{(n\sigma^2 + n\mu^2) - \sigma^2 - n\mu^2\}$

$\qquad = \dfrac{1}{n-1}(n-1)\sigma^2 = \sigma^2$

그러므로 표본분산 S^2은 모분산 σ^2의 불편 추정량이다.

8.4) (1) $E(\widehat{\mu_1}) = E\left[\dfrac{X_1 + 2X_2 + 3X_3}{6}\right] = \dfrac{1}{6}E[X_1 + 2X_2 + 3X_3]$

$\qquad = \dfrac{1}{6}\left[E(X_1) + 2E(X_2) + 3E(X_3)\right] = \dfrac{1}{6}(\mu + 2\mu + 3\mu) = \mu$

$\quad E(\widehat{\mu_2}) = E\left[\dfrac{X_1 + 4X_2 + X_3}{6}\right] = \dfrac{1}{6}E[X_1 + 4X_2 + X_3]$

$\qquad = \dfrac{1}{6}\left[E(X_1) + 4E(X_2) + E(X_3)\right] = \dfrac{1}{6}(\mu + 4\mu + \mu) = \mu$

$\quad$ (2) $Var(\widehat{\mu_1}) = Var\left[\dfrac{X_1 + 2X_2 + 3X_3}{6}\right] = \dfrac{1}{36}Var[X_1 + 2X_2 + 3X_3]$

$\qquad = \dfrac{1}{6}\left[Var(X_1) + 4Var(X_2) + 9Var(X_3)\right] = \dfrac{4}{36}\sigma^2$

$\quad Var(\widehat{\mu_2}) = Var\left[\dfrac{X_1 + 4X_2 + X_3}{6}\right] = \dfrac{1}{36}Var[X_1 + 4X_2 + X_3]$

$\qquad = \dfrac{1}{36}\left[Var(X_1) + 16Var(X_2) + Var(X_3)\right] = \dfrac{18}{36}\sigma^2$

$\widehat{\mu_1}$이 $\widehat{\mu_2}$보다 더 효율적인 추정량이다.

8.5) $\lim\limits_{n \to \infty} MSE(\overline{X}_n) = 0$

$\quad = \lim\limits_{n \to \infty} E\left[\overline{X}_n - E(\overline{X}_n)\right]^2 = 0$

$\quad <pf> E(X) = \displaystyle\int_0^1 xf(x)dx$

$$= \int_0^1 x\theta x^{\theta-1}dx$$

$$= \int_0^1 \theta x^\theta dx = \frac{\theta}{\theta-1}$$

$E(X) = E(\overline{X})$이므로

$$= \lim_{n\to\infty} E(\overline{X}_n^2) - \left\{E(\overline{X}_n)\right\}^2 = \lim_{n\to\infty} V(\overline{X}_n) + \left\{E(\overline{X}_n)\right\}^2 - E(\overline{X}_n^2)$$

$$\left(\because V(\overline{X}_n) = E(\overline{X}_n^2) - \left\{E(\overline{X}_n)\right\}^2\right)$$

$$= \lim_{n\to\infty} V(\overline{X}_n) = \lim_{n\to\infty} \frac{\sigma^2}{n} = 0$$

$$\therefore \lim_{n\to\infty} MSE(\overline{X}_n) = \lim_{n\to\infty} V(\overline{X}_n) = \lim_{n\to\infty} \frac{\sigma^2}{n} = 0\text{이므로 일관된 추정량이다.}$$

8.6) $\sigma = 0.5$, 신뢰구간 95%이므로 $\alpha = 0.05$ $Z_{\alpha/2} = Z_{0.025} = 1.96$

따라서 $\overline{X} \pm Z_{\alpha/2} \dfrac{\sigma}{\sqrt{n}} = 10.1 \pm 1.96 \times \dfrac{0.5}{\sqrt{100}} = 10.1 \pm 0.098$

$\therefore (10.002,\ 10.198)$

8.7) $s^2 = 6$ 신뢰구간 95%이므로 $\alpha = 0.05$, $t(n-1, \dfrac{\alpha}{2}) = t(7, 0.005) = 3.499$

따라서 $\overline{X} \pm t(n-1, \dfrac{\alpha}{2}) \dfrac{s}{\sqrt{n}} = 11 \pm 2.131 \times \dfrac{\sqrt{6}}{\sqrt{16}} = 11 \pm 1.305$

$\therefore (9.695,\ 12.305)$

8.8) 신뢰구간 90%이므로 $\alpha = 0.01$ $t(n-1, \dfrac{\alpha}{2}) = t(7, 0.005) = 3.499$

따라서 $\overline{X} \pm t(n-1, \dfrac{\alpha}{2}) \dfrac{s}{\sqrt{n}} = 1500 \pm 3.499 \times \dfrac{300}{\sqrt{8}} = 1500 \pm 372.12$

$\therefore (1127.88,\ 1871.12)$

8.9) (표본 9개의 평균 $\overline{X} = 122$이다.)

(1) 신뢰구간 90%이므로 $\alpha = 0.1$, $Z_{\alpha/2} = Z_{0.05} = 1.645$

따라서 $\overline{X} \pm Z_{\alpha/2} \dfrac{\sigma}{\sqrt{n}} = 122 \pm 1.645 \times \dfrac{28.2}{\sqrt{9}} = 122 \pm 15.463$

$\therefore (106.537,\ 137.463)$

(2) 신뢰구간 90%이므로 $\alpha = 0.1$, $t(n-1, \dfrac{\alpha}{2}) = t(8, 0.05) = 1.86$

따라서 $\overline{X} \pm t(n-1, \dfrac{\alpha}{2}) \dfrac{s}{\sqrt{n}} = 122 \pm 1.86 \times \dfrac{22.9}{\sqrt{9}} = 122 \pm 14.198$

$\therefore (107.802,\ 136.198)$

8.10) 정규모집단에서 모분산未知, $n \leq 30$ 소표본인 경우 t_{n-1}분포를 사용하는데 표본의 수가 1개이면 자유도가 0이 되므로 분포를 알 수 없게 된다.

8.11) 신뢰구가 90%이므로 $\alpha = 0.1$, $t(n-1, \dfrac{\alpha}{2}) = t(19, 0.05) = 1.729$

따라서 $\overline{X} \pm t(n-1, \dfrac{\alpha}{2}) \dfrac{s}{\sqrt{n}} = 34000 \pm 1.729 \times \dfrac{300}{\sqrt{20}} = 34000 \pm 115.98$

$\therefore (33884.02,\ 34115.98)$

8.12) $\hat{p} = \dfrac{x}{n} = 0.19$이다. 또한 $n\hat{p} = 15.2$. 즉, $n\hat{p} \geq 5$이므로 정규분포에 근사

신뢰구간 95%이므로 $\alpha = 0.05$, $Z_{\alpha/2} = Z_{0.025} = 1.96$(모비율 p에 대한 사전정보가 없으므로)

따라서 $\hat{p} \pm Z_{\alpha/2} \sqrt{\dfrac{\hat{p}\hat{q}}{n}} = 0.19 \pm 1.96 \times \sqrt{\dfrac{0.19 \times 0.81}{80}} = 0.19 \pm 0.086$

$\therefore (0.104,\ 0.276)$

8.13) $\hat{p} = 0.1$이므로 $n = \dfrac{(Z_{\alpha/2})^2 \hat{p}\hat{q}}{d^2} = \dfrac{(1.96)^2 \times 0.1 \times 0.9}{0.03^2} = 384.16 \doteqdot 385$

따라서 385명 이상의 표본을 추출하여야 한다.

제 9장

9.1) (1) 귀무가설 : 기존에 알려진 사실을 간다하고 구체적으로 표현한 '다르다 않다'라는 의미를 갖는 가설로, 가설 속에 항상 $\leq$, $\geq$, =와 같은 등호가 포함된다.

대립가설 : 귀무가설로 지정되지 않은 모든 경우를 포괄하여 설정되며, 분석자가 표본정보를 이요하여 사실임을 입증하고자 하는 가설.

(2) 1종 오류 : 귀무가설 H_0가 사실인데도 불구하고 귀무가설으 기각하는 오류.

(1종오류의 확률은 유의수준과 일치하며 α로 표시)

2종 오류 : 귀무가설 H_0가 사실이 아닌데도 불구하고 귀무가설을 채택하는 오류.

(2종오류가 발생할 확률은 β로 표시)

(3) 유의수준 α : 귀무가설이 옳은데도 불구하고 이를 기각하는 확률의 크기

검정력 $1 - \beta$: 귀무가설이 허위일 때 이를 제대로 기각할 확률

9.2) 1) 가설의 검정

$H_0 : \mu \geq 340.19 \quad H_1 : \mu < 340.19$

2) H_0하에서 검정통계량 : $T(X) = \dfrac{\overline{x} - \mu_0}{\sigma/\sqrt{n}} = \dfrac{334.66 - 340.19}{11.34/\sqrt{16}} = -1.95$

3) 기각치 : $-Z_\alpha = -Z_{0.1} = -1.282$

4) 검정 : $T(X) = -1.95 < -1.282$이므로 H_0기각

따라서 $\alpha = 0.1$로 포테이토칩 한봉지의 용량이 적어도 평균 $340.19g$ 이상이 된다고 할 수 없다.

9.3) 1) 가설의 설정 : $H_0 : \mu = 55 \quad H_1 : \mu \neq 55$

2) H_0하에서 검정통계량 : $T(X) = \dfrac{\overline{X} - \mu_0}{s/\sqrt{n}} = \dfrac{58 - 55}{\sqrt{125}/\sqrt{50}} = 1.90$

3) 기각치 : $Z_{\alpha/2} = Z_{0.025} = 1.95$

4) 검정 : $T(X) = 1.90 < 1.96$이므로 H_0채택.

따라서 $\alpha = 0.05$에서 평균이 55라고 말할 수 있다.

9.4) 1) 가설의 설정

$H_0 : \mu = 75.4 \qquad H_1 : \mu \neq 75.4$

2) H_0하에서 검정통계량

$$|T(X)| = \left| \frac{\overline{X} - \mu_0}{\sigma / \sqrt{n}} \right| = \left| \frac{73.5 - 75.4}{10.4 / \sqrt{20}} \right| = 0.82$$

3) 기각치: $Z_{\alpha/2} = Z_{0.025} = 1.96$

4) 검정 : $|T(X)| = 0.82 < 1.96$이므로 H_0채택

따라서 $\alpha = 0.05$에서 평균이 75.4라고 말할 수 있다.

9.5) (1) $\overline{X} = \sum_{i=1}^{5} X_i / 5 = \frac{160}{5} = 32$

$$S = \sqrt{\left[\sum_{i=1}^{5} X_i^2 - (\sum_{i=1}^{5} X_i)^2 / 4 \right] / 4} = 8.75$$

(2) ① 가설의 설정 : $H_0 : \mu \geqq 37 \quad H_1 : \mu < 37$

② H_0하에서 검정통계량 : $T(X) = \dfrac{\overline{X} - \mu_0}{S / \sqrt{n}} = \dfrac{32 - 37}{8.75 / \sqrt{5}} = -1.28$

③ 기각치 : $-t(4, 0.01) = -3.747$

④ 검정 : $T(X) = -1.28 > -3.747$이므로 H_0채택

따라서 $\alpha = 0.1$에서 평균은 37보다 크거나 같다고 말할 수 있다.

(3) ① 가설의 설정 : $H_0 : \mu \leqq 40 \quad H_1 : \mu > 40$

② H_0하에서 검정통계량 : $T(X) = \dfrac{\overline{X} - \mu_0}{S / \sqrt{n}} = \dfrac{32 - 40}{8.75 / \sqrt{5}} = -2.04$

③ 기각치 : $t(4, 0.1) = 1.533$

④ 검정 : $T(X) = -2.04 < 1.533$이므로 H_0채택

따라서 $\alpha = 0.1$에서 평균은 40보다 작거나 같다고 말할 수 있다.

9.6) 1) 가설의 검정 : $H_0 : \mu = 40 \quad H_1 : \mu < 40$

$$\overline{X} = \sum_{i=1}^{n} X_i / n = \frac{81}{9} = 9$$

$$S = \sqrt{\left[\sum_{i=1}^{9} X_i^2 - (\sum_{i=1}^{9} X_i)^2 / 9 \right] / 8} = 4.74$$

2) H_0하에서 검정통계량 : $T(X) = \dfrac{\overline{X} - \mu_0}{S / \sqrt{n}} = \dfrac{9 - 10}{4.74 / \sqrt{9}} = -0.63$

3) 기각치: $-t(8, 0.025) = -2.306$

4) 검정 : $T(X) = -0.63 > -2.306$이므로 H_0채택

따라서 월생산라인 중단횟수는 10회 미만이라는 주장은 아무런 근거가 없다.

9.7) 1) 가설의 검정 : $H_0 : P = 0.08 \quad H_1 : P > 0.08$

2) H_0하에서 검정통계량 : $T(X) = \dfrac{\hat{P} - P_0}{\sqrt{P_0(1-P_0)/n}} = \dfrac{0.15 - 0.08}{\sqrt{0.08 \times 0.92 / 100}} = 2.58$

3) 기각치: $Z_{0.05} = 1.645$

4) 검정 : $T(X) = 2.58 > 1.645$이므로 H_0기각

따라서 $\alpha = 0.05$에서 생산을 중단하고 이 공정을 재조정해야 한다.

9.8) 1) 가설의 설정 : $H_0 : \mu = 5$ $H_1 : \mu \neq 5$

2) H_0하에서 검정통계량 : $T(X) = \dfrac{\overline{X} - \mu_0}{S/\sqrt{n}} = \dfrac{5.3 - 5}{1.12/\sqrt{25}} = 1.34$

3) 기각치 : $Z_{0.025} = 1.96$

4) 검정 : $T(X) = 1.34 < 1.96$이므로 H_0채택

　　　　따라서 $\alpha = 0.05$에서 밀가루를 5kg씩 채운다고 말할 수 있다.

9.9) (1)

① 가설의 설정 : $H_0 : \mu_1 - \mu_2 = 0$ $H_1 : \mu_1 - \mu_2 \neq 0$

② H_0하에서 검정통계량 : $|T(X)| = \left| \dfrac{(\overline{X} - \overline{Y}) - (\mu_1 - \mu_2)}{S_p\sqrt{\dfrac{1}{n_1} + \dfrac{1}{n_2}}} \right| = \left| \dfrac{(23 - 26) - 0}{2.65\sqrt{\dfrac{1}{30} + \dfrac{1}{20}}} \right| = 3.92$

　　여기서 $S_p = \sqrt{\dfrac{(n_1 - 1)S_1^2 + (n_2 - 1)S_2^2}{n_1 + n_2 - 2}} = \sqrt{\dfrac{(30 - 1)(7.5) + (20 - 1)(6.3)}{30 + 20 - 2}} = 2.65$

③ 기각치 : $Z_{\alpha/2} = Z_{0.025} = 1.96$

④ 검정 : $|T(X)| = 3.92 > 2.65$이므로 H_0기각

　　　　따라서 $\alpha = 0.05$에서 두 모집단의 평균이 같다는 아무런 근거가 없다.

(2)

① H_0하에서 검정통계량 : $|T(X)| = \left| \dfrac{(\overline{X} - \overline{Y}) - (\mu_1 - \mu_2)}{\sqrt{\dfrac{S_1^2}{n_1} + \dfrac{S_2^2}{n_2}}} \right| = \left| \dfrac{(48 - 53) - 0}{\sqrt{\dfrac{17.3}{50} + \dfrac{22.8}{50}}} \right| = 5.58$

② 기가치 : $T(X) = 5.58 > 1.96$이므로 H_0기각.

　　　　따라서 $\alpha = 0.05$에서 두 모집단의 평균이 같다는 아무런 근거가 없다.

(3)

① H_0하에서 검정통계량 : $T(X) = \dfrac{(\overline{X} - \overline{Y}) - (\mu_1 - \mu_2)}{S_p\sqrt{\dfrac{1}{n_1} + \dfrac{1}{n_2}}} = \dfrac{(17.5 - 14.3) - 0}{3.03\sqrt{\dfrac{1}{12} + \dfrac{1}{13}}} = 2.64$

　　여기서 $S_p = \sqrt{\dfrac{(n_1 - 1)S_1^2 + (n_2 - 1)S_2^2}{n_1 + n_2 - 2}} = \sqrt{\dfrac{(12 - 1)(9.5) + (13 - 1)(8.7)}{12 + 13 - 2}} = 3.01$

② 기각치 : $t(n_1 + n_2 - 2, \alpha/2) = t(23, 0.025) = 2.069$

③ 검정 : $|T(X)| = 2.64 > 2.069$이므로 H_0기각

　　　　따라서 $\alpha = 0.05$에서 두 모집단의 평균이 같다는 아무런 근거가 없다.

9.10) (1)

① 가설의 설정 : $H_0 : \mu_1 - \mu_2 = 0$ $H_1 : \mu_1 - \mu_2 \neq 0$

② H_0하에서 검정통계량 : $T(X) = \dfrac{(\overline{X} - \overline{Y}) - (\mu_1 - \mu_2)}{S_p\sqrt{\dfrac{1}{n_1} + \dfrac{1}{n_2}}} = \dfrac{(4.2 - 3.7) - 0}{0.54\sqrt{\dfrac{1}{40} + \dfrac{1}{50}}} = 4.36$

　　여기서 $S_p = \sqrt{\dfrac{(n_1 - 1)S_1^2 + (n_2 - 1)S_2^2}{n_1 + n_2 - 2}} = \sqrt{\dfrac{(40 - 1)(0.33) + (50 - 1)(0.27)}{40 + 50 - 2}} = 0.54$

③ 기각치 : $Z_{\alpha/2} = Z_{0.025} = 1.96$

④ 검정 : $|T(X)| = 4.36 > 1.96$이므로 H_0기각

　　　따라서 $\alpha = 0.05$에서 두 모집단의 평균이 같다는 아무런 근거가 없다.

(2)

① H_0하에서 검정통계량 : $T(X) = \dfrac{(\overline{X} - \overline{Y}) - (\mu_1 - \mu_2)}{S_p \sqrt{\dfrac{1}{n_1} + \dfrac{1}{n_2}}} = \dfrac{(24.4 - 21.3)}{2.55 \sqrt{\dfrac{1}{15} + \dfrac{1}{15}}} = 3.33$

여기서 $S_p = \sqrt{\dfrac{(n_1 - 1)S_1^2 + (n_2 - 1)S_2^2}{n_1 + n_2 - 2}} = \sqrt{\dfrac{(15 - 1)(7.9) + (15 - 1)(5.1)}{15 + 15 - 2}} = 2.55$

② 기각치 : $t(n_1 + n_2 - 2, \alpha/2) = t(28, 0.025) = 2.048$

③ 검정 : $T(X) = 3.33 > 2.048$이므로 H_0기각

　　　따라서 $\alpha = 0.05$에서 두 모집단의 평균이 같다는 아무런 근거가 없다.

9.11) 1) 가설의 설정 : $H_0 : \mu_1 - \mu_2 = 0$　　$H_1 : \mu_1 - \mu_2 \neq 0$

2) H_0하에서의 검정통계량 : $T(X) = \dfrac{(\overline{X} - \overline{Y}) - (\mu_1 - \mu_2)}{\sqrt{\dfrac{S_1^2}{n_1} + \dfrac{S_2^2}{n_2}}} = \dfrac{(74 - 71)}{\sqrt{\dfrac{9^2}{50} + \dfrac{10^2}{50}}} = 1.58$

3) 기각치 : $Z_{\alpha/2} = Z_{0.025} = 1.96$

4) 검정 : $|T(X)| = 1.58 > 1.96$이므로 H_0기각

　　　따라서 $\alpha = 0.05$에서 두 훈련방법의 효과에 차이가 있다고 볼 수 없다.

9.12) 1) 가설의 설정 : $H_0 : \mu_1 - \mu_2 = 0$　　$H_1 : \mu_1 - \mu_2 \neq 0$

2) H_0하에서의 검정통계량 : $T(X) = \dfrac{(\overline{X} - \overline{Y}) - (\mu_1 - \mu_2)}{\sqrt{\dfrac{S_1^2}{n_1} + \dfrac{S_2^2}{n_2}}} = \dfrac{(10 - 8) - 0}{\sqrt{\dfrac{4.3}{40} + \dfrac{5.7}{40}}} = 4$

3) 기각치 : $Z_{\alpha/2} = Z_{0.025} = 1.96$

4) 검정 : $|T(X)| = 4 > 1.96$이므로 H_0기각

　　　따라서 $\alpha = 0.05$에서 두 체중조절방법의 효과가 동일하다고 할 수 없다.

9.13) 1) 가설의 설정 : $H_0 : \mu_1 - \mu_2 = 0$　　$H_1 : \mu_1 - \mu_2 \neq 0$

2) H_0하에서 검정통계량 : $T(X) = \dfrac{(\overline{X} - \overline{Y}) - (\mu_1 - \mu_2)}{S_p \sqrt{\dfrac{1}{n_1} + \dfrac{1}{n_2}}} = \dfrac{(32.5 - 28.5)}{2.55 \sqrt{\dfrac{1}{14} + \dfrac{1}{14}}} = 4.85$

여기서 $S_p = \sqrt{\dfrac{(n_1 - 1)S_1^2 + (n_2 - 1)S_2^2}{n_1 + n_2 - 2}} = \sqrt{\dfrac{(14 - 1)(5) + (14 - 1)(4.5)}{14 + 14 - 2}} = 2.18$

3) 기각치 : $t(n_1 + n_2 - 2, \alpha/2) = t(26, 0.025) = 2.056$

4) 검정 : $T(X) = 4.85 > 2.056$이므로 H_0기각

　　　따라서 $\alpha = 0.05$에서 두 자판기의 판매량이 같다는 아무런 근거가 없다.

9.14) 1) 가설의 설정 : $H_0 : \mu_1 - \mu_2 = 0$　　$H_1 : \mu_1 - \mu_2 \neq 0$

2) H_0하에서 검정통계량 : $T(X) = \dfrac{(\overline{X} - \overline{Y}) - (\mu_1 - \mu_2)}{S_p \sqrt{\dfrac{1}{n_1} + \dfrac{1}{n_2}}} = \dfrac{(67.75 - 61.75)}{4.32 \sqrt{\dfrac{1}{8} + \dfrac{1}{8}}} = 2.78$

여기서 $S_p = \sqrt{\dfrac{(n_1-1)S_1^2 + (n_2-1)S_2^2}{n_1+n_2-2}} = \sqrt{\dfrac{(8-1)(4.68)^2 + (8-1)(3.92)^2}{8+8-2}} = 4.32$

$S_1 = \sqrt{\left[\displaystyle\sum_{i=1}^{8} X_i^2 - (\sum_{i=1}^{8} X_i)^2/8\right]/7} = \sqrt{[36874 - 542^2/8]/7} = 4.68 \quad S_2 = 3.92$

$\overline{Y} = \displaystyle\sum_{i=1}^{8} X_i/8 = \dfrac{494}{8} = 67.75$

$\overline{X} = \displaystyle\sum_{i=1}^{8} X_i/8 = \dfrac{542}{8} = 61.75$

3) 기각치 : $t(n_1+n_2-2, \alpha/2) = t(14, 0.025) = 2.145$

4) 검정 : $T(X) = 2.78 > 2.145$ 이므로 H_0 기각

　　　　따라서 $\alpha = 0.05$ 에서 두 살충제의 효과가 동일하다는 아무런 근거가 없다.

9.15) 1) 가설의 설정 : $H_0 : \mu = 30 \quad H_1 : \mu > 30$

2) H_0 하에서 검정통계량 : $T(X) = \dfrac{\overline{D} - \mu_0}{S_D/\sqrt{n}} = \dfrac{34-30}{5.44/\sqrt{10}} = 2.33$

여기서 훈련후 생산량에서 훈련전 생상량을 뺀 차를 D 라 하면,

$\displaystyle\sum_{i=1}^{10} D = 340, \quad \overline{D} = \sum_{i=1}^{10} D/n = 340/10 = 340$

$S_D = \sqrt{\left[\displaystyle\sum_{i=1}^{n} D_i^2 - (\sum_{i=1}^{n} D_i)^2/n\right]/(n-1)} = \sqrt{[11826 - 340^2/10]/9} = 5.44$

3) 기각치 : $t(9, 0.05) = 1.833$

4) 검정 : $T(X) = 2.33 > 1.833$ 이므로 H_0 기각

　　　　따라서 $\alpha = 0.05$ 에서 평균생산량이 30보다 더 증가했다.

9.16) 1) 가설의 검정 : $H_0 : P_1 = P_2 \quad H_1 : P_1 > P_2$

2) H_0 하에서 검정통계량 : $T(X) = \dfrac{\hat{P} - \hat{P_0}}{\sqrt{\hat{P}(1-\hat{P})(\dfrac{1}{n_1} + \dfrac{1}{n_2})}}$

$= \dfrac{0.7 - 0.475}{\sqrt{0.5875(1-0.5875)(\dfrac{1}{80} + \dfrac{1}{80})}} = 2.89$

여기서 $\hat{P} = \dfrac{X+Y}{n_1+n_2} = \dfrac{56+38}{80+80} = 0.5875$

3) 기각치 : $Z_\alpha = Z_{0.05} = 1.645$

4) 검정 : $T(X) = 2.89 > 1.645$ 이므로 H_0 기각

　　　　따라서 $\alpha = 0.05$ 에서 새로운 약의 효능이 인정되었다고 볼 수 있다.

9.17) 1) 가설의 검정 : $H_0 : P \geqq 0.4 \quad H_1 : P < 0.4$

2) H_0 하에서 검정통계량 : $T(X) = \dfrac{\hat{P} - P_0}{\sqrt{P_0(1-P_0)/n}} = \dfrac{0.45 - 0.4}{\sqrt{0.4 \times 0.6/200}} = 1.44$

여기서 $\hat{P} = \dfrac{X}{n} = \dfrac{90}{200} = 0.45$

3) 기각치 : $-Z_\alpha = -Z_{0.05} = -1.645$

4) 검정 : $T(X) = 1.44 > -1.645$ 이므로 H_0 채택.

따라서 $\alpha = 0.05$에서 선호도가 40%미만이라는 맥주회사의 주장을 뒷받침할 아무런 근거가 없다.

9.18) 1) 가설의 검정 : $H_0 : P = 0.15 \quad H_1 : P < 0.15$

2) H_0하에서 검정통계량 : $T(X) = \dfrac{\hat{P} - P_0}{\sqrt{P_0(1-P_0)/n}} = \dfrac{0.09 - 0.15}{\sqrt{0.15 \times 0.85/70}} = -1.41$

여기서 $\hat{P} = \dfrac{X}{n} = \dfrac{6}{70} = 0.09$

3) 기각치 : $-Z_{\alpha/2} = -Z_{0.025} = -1.645$

4) 검정 : $T(X) = -1.41 > -1.645$이므로 H_0채택.

따라서 $\alpha = 0.05$에서 오진율이 15%보다 낮다고 할 수 있는 근거가 없다.

9.19) 1) 가설의 검정 : $H_0 : P = 0.5 \quad H_1 : P \neq 0.5$

2) H_0하에서 검정통계량 : $T(X) = \dfrac{\hat{P} - P_0}{\sqrt{P_0(1-P_0)/n}} = \dfrac{0.57 - 0.5}{\sqrt{0.5 \times 0.5/100}} = 1.4$

여기서 $\hat{P} = \dfrac{X}{n} = \dfrac{57}{100} = 0.57$

3) 기각치 : $Z_{\alpha/2} = Z_{0.0.25} = 1.96$

4) 검정 : $T(X) = 1.4 < 1.96$이므로 H_0채택.

따라서 $\alpha = 0.05$에서 홀수와 짝수가 나타날 가능성이 다르다는 아무런 근거가 없다.

9.20) 1) 가설의 검정 : $H_0 : P = 0.35 \quad H_1 : P \neq 0.35$

2) H_0하에서 검정통계량 : $|T(X)| = \left| \dfrac{\hat{P} - P_0}{\sqrt{P_0(1-P_0)/n}} \right| = \left| \dfrac{0.3 - 0.35}{\sqrt{0.35 \times 0.65/50}} \right| = 0.74$

여기서 $\hat{P} = \dfrac{15}{50} = 0.3$

3) 기각치 : $Z_{\alpha/2} = Z_{0.025} = 1.96$

4) 검정 : $|T(X)| = 0.74 < 1.95$이므로 H_0채택.

따라서 $\alpha = 0.05$에서 야구선수의 타율이 0.35와 다르다는 아무런 근거가 없다.

9.21) 1) 가설의 검정 : $H_0 : P_I = P_{II} \quad H_1 : P_1 \neq P_{II}$

2) H_0하에서 검정통계량 : $|T(X)| = \left| \dfrac{\hat{P} - \widehat{P_0}}{\sqrt{\hat{P}(1-\hat{P})(\frac{1}{n_I} + \frac{1}{n_{II}})}} \right|$

$$= \dfrac{0.78 - 0.87}{\sqrt{0.825(1-0.825)(\frac{1}{100} + \frac{1}{100})}} = 1.67$$

3) 기각치 : $Z_{\alpha/2} = Z_{0.025} = 1.96$

4) 검정 : $|T(X)| = 1.67 < 1.96$이므로 H_0 채택.

따라서 $\alpha = 0.05$에서 두가지 수술방법의 효과가 동일하다고 볼 수 있다.

9.22) 1) 가설의 검정 : $H_0 : P_A = P_B \quad H_1 : P_A > P_B$

2) H_0하에서 검정통계량 : $T(X) = \dfrac{\widehat{P}_A - \widehat{P}_B}{\sqrt{\widehat{P}(1-\widehat{P})(\dfrac{1}{n_A} + \dfrac{1}{n_B})}}$

$$= \dfrac{0.6 - 0.4}{\sqrt{0.5(1-0.5)(\dfrac{1}{200} + \dfrac{1}{200})}} = 4$$

여기서 $\widehat{P} = \dfrac{X+Y}{n_A + n_B} = \dfrac{120 + 180}{200 + 200} = 0.5$

3) 기각치 : $Z_\alpha = Z_{0.05} = 1.645$이므로 H_0기각

따라서 $\alpha = 0.05$에서 개발된 바퀴벌레약 A의 효과가 B의 효과보다 더 좋다고 할 수 있다.

9.23) 1) 가설의 설정 : $H_0 : \sigma_1^2 = \sigma_2^2 \quad H_1 : \sigma_1^2 \neq \sigma_2^2$

2) H_0하에서 검정통계량 : $F_0 = \dfrac{S_2^2}{S_1^2} = \dfrac{435}{198} = 2.20$

3) 기각치 : $F(n_2 - 1, n_1 - 1; \alpha/2) = F(23, 18; 0.025) = 2.50$

4) 검정 : $F_0 = 2.20 < 2.50$이므로 H_0채택

따라서 $\alpha = 0.05$에서 두 나라 사람들 간에 혈 중 콜레스테롤 수준에 대한 분산이 동일하다고 볼 수 있다.

제 10장

10.1) 실험용 생쥐 20마리를 랜덤하게 각각 10마리씩 두 집단으로 나눈 후에 첫 번째 집단에는 A약물을 두 번째 집단에는 B약물을 투여.

10.2) 중학교 1학년 학생 30명을 랜덤하게 각각 10명씩 세 집단으로 나눈 후에 첫 번째 집단에는 교육방법 A를 두 번째 집단에는 교육방법 B를 세 번째 집단에는 교육방법 C를 실시.

10.3) (1) 생쥐   (2) 약물(A,B)   (3) 완전 확률화 계획법

10.4) (1) 중학교 1학년 30명 학생 개개인   (2) 교육방법(A,B,C)   (3) 완전 확률화 계획법

10.5) (1) 확률화 블록 계획법   (2) 암 환자 개개인

(3) 치료방법(A,B)   (4) 암이 심한 경우, 암이 초기단계

(5) 환자의 상태에 따라 그 블록으로 나누어 층별하고 각 블록을 2개의 집단으로 나누어

치료방법 A, B를 각 블록마다 각 집단에 랜덤하게 실시

10.6) (1) 밭의 비옥도에 따라 세 블록으로 층별하고 각 블록을 4개의 구역으로 나누어 시험하

려는 4가지 비료(A, B, C, D)를 각 블록마다 각 구역에 랜덤하게 배치

(2) 개개의 콩   (3) 네가지 비료

(4) 비옥함, 보통, 메마름   (5) 확률화 블록 계획법

10.7) 수준 수 : 6수준, 반복수 : 8

10.8) ① 478   ② 2   ③ 95   ④ 39.83   ⑤ 2.385

10.9) $SST = \sum_{i=1}^{4}\sum_{j=1}^{3}(Y_{ij} - \overline{\overline{Y}})^2 = 120.376$

$SS_T = 3\sum_{i=1}^{4}(\overline{Y_i} - \overline{\overline{Y}})^2 = 119.323$

$SS_E = \sum_{i=1}^{4}\sum_{j=1}^{3}(Y_{ij} - \overline{Y_i})^2 = 1.053$

변동요인	제곱합	자유도	제곱평균	F비
처리	119.323	3	39.774	301.318
잔차	1.053	8	0.132	
계	120.376	11		

$H_0 : \mu_1 = \mu_2 = \mu_3 = \mu_4$ $H_1 : H_0$가 사실이 아니다.

검정통계량 값은 $F_0 = 301.318$이고 기각치 $F_{3,8;0.05} = 4.07$이다. 기각치가 검정통계량 값보다 작으므로 귀무가설(H_0)을 기각한다. 촉매의 첨가량에 따른 수율간에는 확실히 유의한 차가 있다는 것을 알 수 있다.

10.10) $SST = \sum_{i=1}^{4}\sum_{j=1}^{3}(Y_{ij} - \overline{\overline{Y}})^2 = 14$

$SS_T = 4\sum_{i=1}^{3}(\overline{Y_i} - \overline{\overline{Y}})^2 = 8$

$SS_E = \sum_{i=1}^{3}\sum_{j=1}^{4}(Y_{ij} - \overline{Y_i})^2 = 6$

변동요인	제곱합	자유도	제곱평균	F비
처리	8	2	4	6
잔차	6	9	0.666	
계	14	11		

$H_0 : \mu_1 = \mu_2 = \mu_3 = \mu_4$ $H_1 : H_0$가 사실이 아니다.

검정통계량 값은 $F_0 = 6$이고 기각치 $F_{2,9;0.05} = 4.26$이다. 기각치가 검정통계량 값보다 작으므로 귀무가설(H_0)을 기각한다. 처리효과 간에는 유의한 차가 있다는 것을 알 수 있다.

10.11) $SST = \sum_{i=1}^{3}\sum_{j=1}^{n_i}(Y_{ij} - \overline{\overline{Y}})^2 = 112.933$

$SS_T = \sum_{i=1}^{3}n_i(\overline{Y_i} - \overline{\overline{Y}})^2 = 45.9$

$SS_E = \sum_{i=1}^{3}\sum_{j=1}^{n_i}(Y_{ij} - \overline{Y_i})^2 = 67.033$

변동요인	제곱합	자유도	제곱평균	F비
처리	45.9	2	22.95	4.108
잔차	67.033	12	5.586	
계	112.933	14		

$H_0 : \mu_1 = \mu_2 = \mu_3$ $H_1 : H_0$가 사실이 아니다.

검정통계량 값은 $F_0 = 4.108$이고 기각치 $F_{2,12;0.05} = 3.89$이다. 기각치가 검정통계량 값보다 작으므로 귀무가설(H_0)을 기각한다. 즉 급여방법에 따라 판매실적에 차이가 있음을 알 수 있다.

10.12) $SST = \sum_{i=1}^{4} \sum_{j=1}^{n_i} (Y_{ij} - \overline{\overline{Y}})^2 = 601.428$

$SS_T = \sum_{i=1}^{4} n_i (\overline{Y_i} - \overline{\overline{Y}})^2 = 310.895$

$SS_E = \sum_{i=1}^{4} \sum_{j=1}^{n_i} (Y_{ij} - \overline{Y_i})^2 = 290.533$

변동요인	제곱합	자유도	제곱평균	F비
처리	310.895	3	103.632	3.567
잔차	290.533	10	29.053	
계	601.428	13		

$H_0 : \mu_1 = \mu_2 = \mu_3 = \mu_4$　　$H_1 : H_0$가 사실이 아니다.

검정통계량 값은 $F_0 = 3.567$이고 기각치 $F_{3,10;0.05} = 3.71$이다. 기각치가 검정통계량 값보다 크므로 귀무가설(H_0)을 기각한다. 즉 공정방법에 따른 제품의 강도가 다르다는 아무런 근거가 없다.

10.13) $SST = \sum_{i=1}^{4} \sum_{j=1}^{4} (Y_{ij} - \overline{\overline{Y}})^2 = 1241.937$

$SS_A = 4 \sum_{i=1}^{4} (\overline{Y_i} - \overline{\overline{Y}})^2 = 143.688$

$SS_B = 4 \sum_{j=1}^{4} (\overline{Y_j} - \overline{\overline{Y}})^2 = 790.188$

$SS_E = \sum_{i=1}^{4} \sum_{j=1}^{4} (Y_{ij} - \overline{Y_i} - \overline{Y_j} + \overline{\overline{Y}})^2 = 308.061$

변동요인	제곱합	자유도	제곱평균	F비
요인 A	143.688	3	47.896	1.399
요인 B	790.188	3	263.396	7.695
잔차	308.061	9	34.229	
계	1,241.937	15		

A요인 : $F_0 = 1.399 > F_{3,9;0.05} = 3.86$이 성립하지 못하므로 A요인의 영향은 유의하지 못하다.

B요인 : $F_0 = 7.695 > F_{3,9;0.05} = 3.86$이 성립하므로 B요인의 영향은 유의하다.

10.14) 잔차의 자유도는 20이다.

10.15) $SST = \sum_{i=1}^{3} \sum_{j=1}^{3} \sum_{k=1}^{2} (Y_{ijk} - \overline{\overline{Y}})^2 = 77.791$

$SS_A = 6 \sum_{i=1}^{3} (\overline{Y_i} - \overline{\overline{Y}})^2 = 61.814$

$SS_B = 6 \sum_{j=1}^{3} (\overline{Y_j} - \overline{\overline{Y}})^2 = 11.964$

$SS_{A \times B} = 2 \sum_{i=1}^{3} \sum_{j=1}^{3} (Y_{ij} - \overline{Y_i} - \overline{Y_j} + \overline{\overline{Y}})^2 = 1.443$

$SS_E = SST - SS_A - SS_B - SS_{A \times B} = 2.57$

변동요인	제곱합	자유도	제곱평균	F비
요인 A	61.814	2	30.907	108.07
요인 B	11.964	2	5.982	20.92
교호작용	1.443	4	0.361	1.26
잔차	2.57	9	0.286	
계	77.791	17		

A요인 : $F_0 = 108.066 > F_{2,9;0.05} = 4.26$이 성립하므로 A요인은 공정온도는 합금에 확실히 유의한 영향을 주는 것으로 나타났다.

B요인 : $F_0 = 20.916 > F_{2,9;0.05} = 4.26$이 성립하므로 B요인은 주조시간도 합금에 확실히 유의한 영향을 주는 것으로 나타났다.

교호작용 : $F_0 = 1.262 > F_{4,9;0.05} = 3.63$이 성립하지 않으므로 A, B 두 요인의 수준 조합에 의한 교호작용이 없다고 할 수 있다.

제 11장

11.1) (1)

(2) $r = \dfrac{\delta_{XY}}{\sqrt{\delta_{XX}\delta_{YY}}}$ 이므로 $\delta_{XX} = \sum_{i=1}^{n}(X_i - \overline{X})^2 = \sum_{i=1}^{n}X_i^2 - \dfrac{(\sum_{i=1}^{n}X_i)^2}{n}$

$$= 55 - \frac{(15)^2}{6} = 17.5$$

$$\delta_{YY} = \sum_{i=1}^{n}(Y_i - \overline{Y})^2 = \sum_{i=1}^{n}Y_i^2 - \frac{(\sum_{i=1}^{n}Y_i)^2}{n}$$

$$= 428 - \frac{(46)^2}{6} = 75.33$$

$$\delta_{XY} = \sum_{i=1}^{n}(X_i - \overline{X})(Y_i - \overline{Y})^2 = \sum_{i=1}^{n}X_iY_i - \frac{(\sum_{i=1}^{n}X_i)(\sum_{i=1}^{n}Y_i)}{n}$$

$$= 151 - \frac{(15)(46)}{6} = 36$$

$$\therefore r = \frac{36}{\sqrt{(17.5)(75.33)}} = 0.9915$$

(3) $H_0 : \rho = 0 \quad H_1 : \rho \neq 0$

$$T(X) = \sqrt{2n} \, \frac{r}{\sqrt{1 - r^2}}$$

$$= \sqrt{4} \, \frac{(0.9915)}{\sqrt{1 - (0.9915)^2}} = 15.24$$

$t_{0.025}(4) = 2.776$

∴ 검정통계량 $T(X) = 15.24 > 2.776$이므로 유의수준 $\alpha = 0.05$에서 귀무가설기각,
즉 두 변수 간에서 선형관계가 존재한다고 볼 수 있다.

11.2)(1)

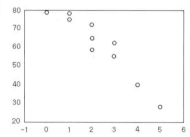

(2) 분산분석

선형회귀	제곱합	자유도	평균제곱	F	유의확률 a
분석	2267.774	1	2267.774	73.532	.000
잔차	246.726	8	30.841		
합계	2514.5	9			

a. 예측값 : (상수), X

b. 종속변수 : Y

∴ 유의수준 $\alpha = 0.05$에서 H_0기각

그러므로 결석한 시간은 통계학 점수에 영향을 준다고 할수 있다.

(3) $\hat{y} = \hat{\beta_0} + \hat{\beta_1} x$
  $E(Y) = 85.930 - 10.622 x = 85.930 - (10.622 \times 2) = 64.686$

분산분석[a]

모형	비표준화 계수		표준화계수	
	B	표준오차	베타	1
(상수)	95.930	3.347		25.676
X	−10.622	1.239	−.950	−8.575

11.3) (1) (3)

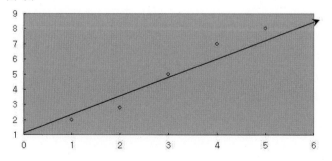

(2)

계수

		비표준화 계수		표준화계수		
		B	표준오차	베타	t	유의확률
1	(상수)	.200	.383		.522	.638
	X	1.600	.115	.992	13.856	.001

a. 종속변수 : Y

11.4) (1)

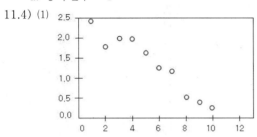

(2) $\hat{y} = \hat{\beta_0} + \hat{\beta_1}x = 2.6 - 0.217x$

계수

모형		비표준화 계수		표준화계수		
		B	표준오차	베타	t	유의확률
1	(상수)	2.600	.131		19.802	.000
	X	-.217	.021	-.964	-10.259	.000

(3) $\hat{y} = 2.6 - 0.217x$

$E(Y) = 2.6 - 0.217 \times 5 = 1.515$

11.5) $n = 15, \bar{x} = 10.8, \bar{y} = 122.7$

$\delta_{(xx)} = 70.6, \delta_{(yy)} = 98.5, \delta_{(xy)} = 68.3$

(1) $\hat{\beta} = \dfrac{\delta_{(xy)}}{\delta_{(xx)}} = \dfrac{68.3}{70.6} = 0.967$

$\hat{\beta_0} = \bar{y} - \hat{\beta}\bar{x} = 122.7 - (0.967)(10.8) = 112.3$

$\therefore \hat{y} = 112.3 + 0.967x$

(2) $r^2 = \dfrac{\delta_{(xy)}^2}{\delta_{(xx)}\delta_{(yy)}} = \dfrac{(68.3)^2}{(70.6)(98.5)} = 0.67$

독립변수와 종속변수 간에는 선형관계가 존재한다고 볼 수 있다.

(3) $E(\hat{y}) = \beta_0 + \beta x = 112.3 + (0.967)(12) = 123.9$

11.6) (1)

모형		비표준화계수		표준화계수	t	유의확률	B에 대한 95% 신뢰구간		상관계수		공선성 통계량	
		B	표준오차	베타			하한값	상한값	0차	부분	공차한계	VIF
1	(상수)	11.9	2.827		4.2	.003	5.404	18.44				
	X1	1.11	.123	.954	9.0	.000	.823	1.397	.95	.954	1.000	1.000

a. 종속변수 : Y

회귀선 ($\widehat{Y_i} = \widehat{b_0} + \widehat{b_1} X_i$)

$$\widehat{b_1} = \frac{S_{XY}}{S_{XX}} = \frac{\sum_{i=1}^{n}(X_i - \overline{X})(Y_i - \overline{Y})}{\sum_{i=1}^{n}(X_i - \overline{X})^2} = \frac{\sum_{i=1}^{n}X_i Y_i - n\overline{X}\,\overline{Y}}{\sum_{i=1}^{n}X_i^2 - n\overline{X}^2} = 1.11$$

$$\widehat{b_0} = \overline{Y} - \widehat{b_1}\overline{X} = 35.4 - (1.11)(21.1) = 11.9 \quad \therefore \widehat{Y_i} = 11.9 + 1.11 X_i$$

(2)

모형	R	R제곱	수정된 R제곱	추정값의 표준오차	통계량 변화량				
------	---	-------	-------------	------------------	R제곱 변화량	F변화량	자유도	자유도	유의확률 F변화량
1	.954[a]	.911	.899	3.4978	.911	81.449	1	8	.000

a. 예측값 : (상수), X

b. 종속변수 : Y

(3)

기술통계량

	평균	표준편차	N
Y	35.4000	11.0272	10
X	21.1000	9.4569	10

(4) $H_0 : \beta_1 = \beta_2 = \beta_3 = \cdots = \beta_i = 0$:

　　$H_1 : H_0$가 사실이 아니다.

분산분석[b]

모형		제곱합	자유도	평균제곱	F	유의확률 a
1	선형회귀분석	996.521	1	.996.521	81.499	.000[a]
	잔차	97.879	8	12.235		
	합계	1094.4	9			

a. 예측값 ; (상수), X

b. 종속변수 : Y

검정통계량

$$F_0 = \frac{MSR}{MSE} = \frac{996.521}{12.235} = 81.448$$

판정 : $F(1,8;0.01) = 11.26 \leq F_0 = 81.448$가 성립하므로 H_0기각.

　　그러므로 β가 0이라고 말할 수 없다.

	X	Y	X^2	Y^2	XY
	0	3	0	9	0
	1	4	1	16	4
	2	7	4	49	14
	3	8	9	64	24
	4	11	16	121	44
$\displaystyle\sum_{i=1}^{n}$	5	13	25	169	65
	15	46	55	428	151

11.7) $\overline{X}= 2.5 \qquad \overline{Y}= 7.67$

(1) 상관계수 $r = \dfrac{S_{XY}}{\sqrt{S_{XX}}\,\sqrt{S_{YY}}} = \dfrac{(35 \times 95)}{\sqrt{(17.5)}\,\sqrt{(75.03)}} = 0.9921$

$$S_{XX} = \sum_{i=1}^{n}(X_i - \overline{X})^2 = \sum_{i=1}^{n} X_i^2 - n\overline{X}^2 = 55 - (6)(2.5)^2 = 17.5$$

$$S_{XY} = \sum_{i=1}^{n}(Y_i - \overline{Y})^2 = \sum_{i=1}^{n} Y_i^2 - n\overline{Y}^2 = 428 - (6)(7.67)^2 = 75.03$$

$$S_{XY} = \sum_{i=1}^{n}(X_i - \overline{X})(Y_i - \overline{Y}) = \sum_{i=1}^{n} X_i Y_i - n\overline{X}\,\overline{Y} = 151 - (6)(2.5)(7.67) = 35.95$$

∴ 강한양의 상관관계다

(2)

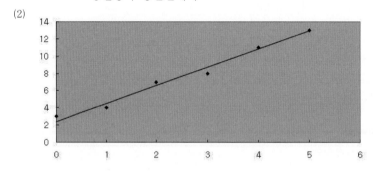

(3) 회귀선($\widehat{Y}_i = \widehat{\beta}_0 + \widehat{\beta}_1 X_i$)

$$\widehat{\beta}_1 = \frac{S_{XY}}{S_{XX}} = \frac{\displaystyle\sum_{i=1}^{n}(X_i - \overline{X})(Y_i - \overline{Y})}{\displaystyle\sum_{i=1}^{n}(X_i - \overline{X})^2} = \frac{\displaystyle\sum_{i=1}^{n} X_i Y_i - n\overline{X}\,\overline{Y}}{\displaystyle\sum_{i=1}^{n} X_i^2 - n\overline{X}^2}$$

$$= \frac{151 - (6)(2.5)(7.67)}{55 - (6)(2.5)^2} = \frac{35.95}{17.5} = 2.05$$

$\widehat{\beta}_0 = \overline{Y} - \widehat{\beta}_1 \overline{X} = 7.67 - (2.05)(2.5) = 2.55$

∴ $\widehat{Y}_i = 2.55 + 2.05 X_i$

(4) 결정계수 $R^2 = \dfrac{SSR}{SST} = \dfrac{S_{xy}^2 / S_{xx}}{S_{yy}} = \dfrac{S_{xy}^2}{S_{xx} S_{yy}} = 0.9853\,(98.43\%)$

11.8) (1)

계수[a]

모형		비표준화계수		표준화계수	t	유의확률	상관계수		
		B	표준오차	베타			0차	편	부분
1	(상수)	-554	196.98		-2.814	.037			
	X_1	-.180	.763	-.057	-.236	.823	.260	-.105	-.053
	Y_1	11.86	3.230	.883	3.672	3.672	.014	.854	.825

a. 종속변수 : Y

회귀선 $\widehat{Y_i} = \hat{b_0} + \hat{b_1}X_1 + \hat{b_2}X_2 = -554 - 0.18X_1 + 11.86X_2$

(2)

분산분석[b]

모형		제곱합	자유도	평균제곱	F	유의확률 a
1	선형회귀분석	6940.195	2	3470.097	7.412	.032
	잔차	2340.884	5			
	합계	9281.079	7			

a. 예측값 : (상수), X_2, X_1

b. 종속변수 : Y

모형 요약[b]

모형	R	R제곱	수정된 R제곱	추정값의 표준오차	통계량 변화량				
					R제곱 변화량	F변화량	자유도 1	자유도 2	유의확률 F변화량
1	.86[a]	.75	.647	21.637	.748	7.412	2	5	.032

a. 예측값 : (상수), X_2, X_1

b. 종속변수 : Y

(3) ∴ β_1의 의미는 공정온도(x_1)의 변화에 따른 제품 강도(y)의 변화율을 의미하고,

  β_2의 의미는 공정압력(x_2)의 변화에 따른 제품 강도(y)의 변화율을 의미한다.

11.9) (1) 회귀선

모형		비표준화계수		표준화계수	t	유의확률	B에 대한 95% 신뢰구간		상관계수			공선성 통계량	
		B	표준오차	베타			하한값	상한값	0차	편	부분	공차한계	VIF
1	(상수)	2.41	1.13		2.1	-.346	-.346	5.164					
	X_1	.070	.013	.841	5.5	.039	.039	.101	.95	.91	.64	.574	1.7
	X_2	-.02	.045	-.085	-.55	-.601	-.134	-.085	-.1	-.2	-.1	.556	1.8
	X_3	.006	.005	.201	1.2	-.290	-.006	-.018	.56	.43	.13	.443	2.3

a. 종속변수 : Y

$\widehat{Y_i} = \hat{b_0} + \hat{b_1}X_1 + \hat{b_2}X_2 = 2.41 + 0.07X_1 - 0.02X_2 + 0.006X_3$

(2) ∴ β_1의 의미는 평균온도(x_1)의 변화에 따른 물소비량(y)의 변화율을 의미하고

β_2의 의미는 작업일수(x_2)의 변화에 따른 물소비량(y)의 변화율을 의미하며,

β_3의 의미는 작업량(x_1)의 변화에 따른 물소비량(y)의 변화율을 의미한다.

(3)

분산분석[b]

		제곱합	자유도	평균제곱	F	유의확률 a
1	선형회귀분석	2.046	3	.682	23.056	.001
	잔차	.178	6	2.959E-02		
	합계	2.224	9			

a. 예측값 ; (상수), X_3, X_1, X_2

b. 종속변수 : Y

모형요약[b]

모형	R	R제곱	수정된 R제곱	추정값의표준오차	통계량 변화량				
					R제곱변화량	F변화량	자유도1	자유도2	유의확률F변화량
1	.959[a]	.920	.880	.1720	.920	23.054	3	6	.001

a. 예측값 ; (상수), X_3, X_1, X_2

b. 종속변수 : Y

(4) $X_1 = 20$ $X_2 = 27$ $X_3 = 60$

$\widehat{Y_i} = 2.41 + 0.07X_1 - 0.02X_2 + 0.006X_3$

$= 2.41 + (0.07 \times 20) - (0.02 \times 27) + (0.006 \times 60) = 3.63\,(1000t)$

제 12장

12.1) 동전 5개의 앞면 횟수

(1) 이항분포

(2) 유의수준 $\alpha = 0.05$에서 검정

① 가설검정 $P_i = \binom{5}{x}(\frac{1}{2})^2(1 - \frac{1}{2})^{(5-x)}$

$H_0 : P(X = x)$가 이항분포를 따른다. $H_1 :$ 이항분포를 따르지 않는다.

② 검정통계량 $\chi_0^2 = \sum_{i=1}^{k} \frac{(o_i - e_i)^2}{e_i}$ 를 계산

앞면수	발생건수 o_i	기대도수 $E_i = np_i$	$(o_i - e_i)^2$	$(o_i - e_i)^2/E_i$
0	12	$0.03125 \times 120 = 3.75$	68.0625	18.15
1	24	$0.15625 \times 120 = 18.75$	27.5625	1.47
2	18	$0.3125 \times 120 = 37.5$	380.25	10.14
3	36	$0.3125 \times 120 = 37.5$	2.25	0.06
4	15	$0.15625 \times 120 = 18.75$	14.0625	0.75
5	15	$0.03125 \times 120 = 37.5$	126.5625	33.75
합계	120	0	618.75	$\chi_0^2 = 64.32$

③ 기각치 $\alpha_{0.05}^2(6-1) = \chi_{0.05}^2(5) = 11.0705$

④ $\therefore$ $\chi_0^2 = 64.32 > \chi_{0.05}^2(5) = 11.0705$이므로 H_0를 기각한다.

　　따라서 이 실험은 이항분포를 따른다고 말할 수 없다.

12.2) ① 가설검정 $H_0 : p_i = 0.1(i = 0, 1, 2, 3, 4, \cdots, 9)$

　　　　H_1 : 적어도 하나의 i에 대하여 $p_i \neq 0.1$이다.

② 검정통계량 $\chi_0^2 = \dfrac{(o_i - e_i)^2}{e_i}$ 값 계산

숫자	발생건수 o_i	기대도수 $E_i = np_i$	$(o_i - e_i)^2 / E_i$
0	21	25	0.64
1	28	25	0.36
2	24	25	0.04
3	33	25	2.56
4	23	25	0.16
5	21	25	0.64
6	23	25	0.16
7	23	25	0.16
8	21	25	0.64
9	33	25	2.56
합계	250	250	$\chi_0^2 = 7.92$

③ 임계값 $\chi_{0.05}^2(10-1) = \chi_{0.05}^2 = 16.919$

④ 의사결정

　　$\therefore$ $\chi_0^2 = 7.92 < \chi_{0.05}^2(5) = 16.919$이므로 H_0를 채택한다.

　　그러므로 이 기계가 무작위로 숫자를 뽑는다고 볼 수 있다.

12.3) ① $H_0 : p_A = p_B = p_C = p_D = \dfrac{1}{4}$가 이항분포를 따른다.

　　　$H_1 : p$중에서 적어도 하나는 H_0가 아니다.

② 검정통계량 $\chi_0^2 = \displaystyle\sum_{i=1}^{k} \dfrac{(o_i - e_i)^2}{e_i}$

도시	관찰도수 o_i	기대도수 e_i	$(o_i - e_i)^2 / e_i$
A	34	28.75	0.9587
B	42	28.75	6.1065
C	21	28.75	2.0891
D	18	28.75	4.0196
합계	115	115	$\chi_0^2 = 13.1739$

③ 임계값 $\chi_{0.05}^2(4-1) = 7.8147$

④ 의사결정

　　$\therefore$ $\chi_0^2 = 13.1739 > \chi_{0.05}(3) = 7.8147$이므로 H_0를 기각한다.

　　그러므로 네 도시의 결핵감염률이 동일하다고 말할 수 없다.

12.4) ① 가설설정 H_0 : 학력고사 점수가 정규분포를 따른다. $H_1 : H_0$가 사실이 아니다.

② 검정통계량 $\chi_0^2 = \sum_{i=1}^{k} \dfrac{(o_i - \widehat{e_i})^2}{\widehat{e_i}}$를 계산

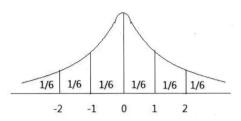

$$-Z_{0.023} \quad -Z_{0.1587} \quad Z_{0.5} \quad Z_{0.1587} \quad Z_{0.023}$$
$$116.04 \quad\quad 180.42 \quad 244.8 \quad 309.18 \quad 373.56$$

$\overline{x} - Z_{0.023}{\cdot}s = 244.8 - (2)(64.3799) = 116.04$

$\overline{x} - Z_{0.158}{\cdot}s = 244.8 - (1)(64.3799) = 180.42$

$\overline{x} + Z_{0.05}{\cdot}s = 244.8 + 0 \qquad\qquad = 244.8$

$\overline{x} + Z_{0.023}{\cdot}s = 244.8 + (1)(64.3799) = 309.1799$

$\overline{x} + Z_{0.023}{\cdot}s = 244.8 + (2)(64.3799) = 116.04$

학력고사 점수	관찰도수 o_i	확률 p_i	기대도수 $\widehat{e_i}$	$(o_i - \widehat{e_i})^2/\widehat{e_i}$
116.04미만	4	0.023	2.3	1.257
116.04~180.42	11	0.1357	13.57	2.202
180.42~244.80	29	0.3413	34.13	0.7711
244.80~309.17	36	0.3413	34.13	0.1025
309.17~373.56	20	0.1357	13.57	3.0468
373.56이상	0	0.023	2.3	2.3
합계	100	1	100	$\chi_0^2 = 9.6794$

③ 임계값 설정 $df = (k-1) - (추정된\ 모수의\ 수=2) = (6-1) - (2) = 3$

$\chi_{0.05}^2(3) = 7.81$

④ 의사결정

∴ $\chi_0^2 = 9.6794 > \chi_{0.05}^2(3) = 7.81$이므로 H_0를 기각한다.

그러므로 위의 자료는 정규분포를 따른다고 말할 수 없다.

12.5) ① 가설설정 $H_0 : P_{ij} - P_i \times P_j$

부모(=i)와 어린이(=j)에 대하여 부모와 자녀의 비만이 서로 관계가 있다.

$H_1 : H_0$가 사실이 아니다.

② 검정통계량 $\chi_0^2 = \sum_{i=1}^{2} \sum_{j=1}^{2} (O_{ij} - \widehat{e_{ij}})^2 / \widehat{e_{ij}}$

부모	어린이	관찰도수 O_{ij}	기대도수 $\widehat{e_{ij}}$	$(O_{ij}-\widehat{e_{ij}})^2/\widehat{e_{ij}}$
비만	비만	34	$(50\times63)/100=31$	0.1984
비만	정상	29	31.5	0.1984
정상	비만	16	18.5	0.3378
정상	정상	21	18.5	0.3378
합계		100	100	1.0724

③ 임계값 설정

자유도 $(r-1)(c-1)=(2-1)(2-1)=2$ $\alpha=0.1$
$$\chi_{0.1}^2(1)=2.706 \quad \chi_{0.05}^2(1)=3.841$$

④ 의사결정

$\chi_0^2=1.0724<\chi_{0.1}^2(1)=2.706$ 이므로 H_0 채택

그러므로 부모와 자녀의 비만이 서로 관계가 있다고 볼 수 있다.

12.6) ① 가설설정 H_0:자동차의 크기와 사고의 치명성의 정도에 서로 관계가 있다

$H_1:H_0$가 사실이 아니다.

② 검정통계량 $\chi_0^2=\sum\limits_{i=1}^2\sum\limits_{j=1}^3(O_{ij}-\widehat{e_{ij}})^2/\widehat{e_{ij}}$

사고유형	자동차크기	관찰도수 O_{ij}	기대도수 $\widehat{e_{ij}}$	$(O_{ij}-\widehat{e_{ij}})^2/\widehat{e_{ij}}$
치명적	소형	67	$(195\times109)/346=61.43$	0.505
치명적	중	26	28.038	0.148
치명적	대	16	19.53	0.638
치명적아님	소형	128	133.57	0.2323
치명적아님	중	63	60.96	0.068
치명적아님	대	46	42.468	0.294
합계		346	346.996	1.8853

③ 임계값

자유도 $(r-1)(c-1)=(2-1)(3-1)=2$ $\alpha=0.1$
$$\chi_{0.1}^2(2)=4.605 \quad \chi_{0.05}^2(2)=5.991$$

④ 의사결정

$\chi_0^2=1.885<\chi_{0.1}^2(2)=4.605$ 이므로 H_0 채택

그러므로 자동차의 크기와 사고의 치명성의 정도에 서로 관계가 있다고 볼 수 있다.

12.7) ① 가설설정 H_0:아황산가스에 노출되어 피해를 입은 정도가 세 종류의 채소에 동일하다.

$H_1:H_0$가 사실이 아니다.

② 검정통계량 $\chi_0^2=\sum\limits_{i=1}^3\sum\limits_{j=1}^2(O_{ij}-\widehat{e_{ij}})^2/\widehat{e_{ij}}$

		관찰도수 O_{ij}	기대도수 $\widehat{e_{ij}}$	$(O_{ij}-\widehat{e_{ij}})^2/\widehat{e_{ij}}$
상추	피해적음	32	$(79\times40)/120=26.33$	1.2210
시금치	피해적음	28	26.33	0.1059
토마토	피해적음	19	26.33	2.0406
상추	피해많음	8	13.667	2.350
시금치	피해많음	12	13.667	0.2033
토마토	피해많음	21	13.667	3.9345
합계		120	119.99	9.8553

③ 임계값

자유도 $(r-1)(c-1) = (3-1)(2-1) = 2$　$\alpha = 0.1$

$$\chi^2_{0.1}(2) = 4.605$$

④ 의사결정

$\chi^2_0 = 9.8553 < \chi^2_{0.1}(2) = 4.605$이므로 H_0기각

그러므로 아황산에 노출되어 피해를 입는 정도가 세 종류의 채소에 동일하다고 볼 수 없다.

12.8) ① 가설설정 H_0:지역에 따라 통조림에 기호에 차이가 없다.

$H_1 : H_0$가 사실이 아니다.

② 검정통계량 $\chi^2_0 = \sum_{i=1}^{4}\sum_{j=1}^{2}(O_{ij} - \widehat{e_{ij}})^2/\widehat{e_{ij}}$

종류	지역	관찰도수 O_{ij}	기대도수 $\widehat{e_{ij}}$	$(O_{ij} - \widehat{e_{ij}})^2/\widehat{e_{ij}}$
통조림 A	전라도	65	58.3218	0.7647
통조림 A	경상도	59	66.7241	0.8942
통조림 A	서울	48	44.4827	0.2781
통조림 A	충청도	43	45.4713	0.1343
통조림 B	전라도	53	59.6782	0.7473
통조림 B	경상도	76	68.2759	0.8738
통조림 B	서울	42	45.5172	0.2718
통조림 B	충청도	49	46.5287	0.1313
합계		435	434.9999	4.0955

③ 임계값

자유도 $(r-1)(c-1) = (4-1)(2-1) = 3$　$\alpha = 0.1$

$$\chi^2_{0.1}(3) = 6.251$$

④ 의사결정

$\chi^2_0 = 4.0955 < \chi^2_{0.1}(3) = 6.251$이므로 H_0채택

그러므로 지역에 따라 통조림의 기호에 차이가 없다고 말 할 수 있다.

12.9) ① 가설검정 H_0: 학생의 반응은 성별과 관계없다.

$H_1 : H_0$가 사실이 아니다.

② 검정통계량 $\chi^2_0 = \sum_{i=1}^{2}\sum_{j=1}^{2}(O_{ij} - \widehat{e_{ij}})^2/\widehat{e_{ij}}$

성별	반응	관찰도수 O_{ij}	기대도수 $\widehat{e_{ij}}$	$(O_{ij} - \widehat{e_{ij}})^2/\widehat{e_{ij}}$
남학생	긍정적	20	18	0.2222
남학생	무관심	10	12	0.3333
여학생	긍정적	19	21	0.1905
여학생	무관심	16	14	0.2857
합계		65	65	1.0317

③ 임계값

자유도 $(r-1)(c-1) = (2-1)(2-1) = 1$　$\alpha = 0.05$

$$\chi^2_{0.1}(1) = 3.841$$

④ 의사결정

$\chi_0^2 = 1.0317 < \chi_{0.05}^2(1) = 3.841$이므로 H_0채택

그러므로 학생의 반응은 성별과 관계가 없다라고 할 수 있다.

12.10) ① 가설설정 H_0:올해의 구매형태가 작년 구매형태와 같다.

$H_1 : H_0$가 사실이 아니다.

② 검정통계량 $\chi_0^2 = \sum_{i=1}^{c}\sum_{j=1}^{r}(O_{ij} - \widehat{e_{ij}})^2/\widehat{e_{ij}}$

기호	차량	관찰도수 O_{ij}	기대도수 $\widehat{e_{ij}}$	$(O_{ij} - \widehat{e_{ij}})^2/\widehat{e_{ij}}$
선호	소형	22	20.9	0.0579
선호	중형	14	13.3	0.0368
선호	대형	2	3.8	0.8526
부선호	소형	33	34.1	0.0355
부선호	중형	21	21.7	0.0226
부선호	대형	8	6.2	0.5226
합계		100	100	1.5280

③ 임계값

자유도 $(r-1)(c-1) = (2-1)(3-1) = 2$ $\alpha = 0.01$
$\chi_{0.01}^2(2) = 9.21$

④ 의사결정

$\chi_0^2 = 1.528 < \chi_{0.01}^2(2) = 9.21$이므로 H_0채택

그러므로 올해의 구매형태가 작년 구매형태와 같다고 볼 수 있다.

12.11) ① 가설설정 H_0 : 지능이 학력에 영향을 끼친다.

$H_1 : H_0$가 사실이 아니다.

② 검정통계량 $\chi_0^2 = \sum_{i=1}^{c}\sum_{j=1}^{r}(O_{ij} - \widehat{e_{ij}})^2/\widehat{e_{ij}}$

학력	지능	관찰도수 O_{ij}	기대도수 $\widehat{e_{ij}}$	$(O_{ij} - \widehat{e_{ij}})^2/\widehat{e_{ij}}$
중졸	상	67	46.41	9.1348
중졸	중	42	57.765	4.3025
중졸	하	10	20.825	5.6269
고졸	상	64	63.57	0.0029
고졸	중	76	70.905	0.3661
고졸	하	23	28.525	1.0701
대졸	상	25	46.02	9.6011
대졸	중	56	51.33	0.4249
대졸	하	37	20.65	12.9454
합계		400	406	43.4748

③ 임계값

자유도 $(r-1)(c-1)(3-1)(3-1) = 4$ $\alpha = 0.01$
$\chi_{0.01}^2(4) = 13.28$

④ 의사결정

$\chi_0^2 = 41.0143 < \chi_{0.01}^2(4) = 13.28$이므로 H_0기각

그러므로 지능이 학력에 영향을 끼친다는 아무런 근거가 없다.

12.12) ① 가설설정 H_0 : 아버지의 직업과 이들의 직업 사이에 관계가 있다.

$H_1 : H_0$가 사실이 아니다.

② 검정통계량 $\chi_0^2 = \sum_{i=1}^{c} \sum_{j=1}^{r} (O_{ij} - \widehat{e_{ij}})^2 / \widehat{e_{ij}}$

아버지의 직업	지능	관찰도수 O_{ij}	기대도수 $\widehat{e_{ij}}$	$(O_{ij} - \widehat{e_{ij}})^2 / \widehat{e_{ij}}$
전문직	전문직	55	34.2	12.6503
전문직	숙련공	38	41.4	0.2792
전문직	비숙련공	7	16	5.0625
전문직	농업	0	8.4	8.4
숙련노동	전문직	79	59.85	6.1274
숙련노동	숙련공	71	72.45	0.0290
숙련노동	비숙련공	25	28	0.3214
숙련노동	농업	0	14.7	14.7
비숙련노동	전문직	22	49.59	15.3500
비숙련노동	숙련공	75	60.03	3.7331
비숙련노동	비숙련공	38	23.2	9.4414
비숙련노동	농업	10	12.18	0.3902
농업	전문직	15	27.36	5.5837
농업	숙련공	23	33.12	3.0922
농업	비숙련공	10	12.8	0.6125
농업	농업	32	6.72	95.1010
합계		500	500	180.8739

③ 임계값

자유값 $(r-1)(c-1) = (4-1)(4-1) = 9$ $\quad \alpha = 0.01$

$\chi_{0.01}^2(9) = 21.67$

④ 의사결정

$\chi_0^2 = 180.8738 < \chi_{0.01}^2(9) = 21.67$이므로 H_0기각

그러므로 아버지 직업과 아들의 직업사이에 관계가 있다는 아무런 근거가 없다.

제 13장

13.1) ① 가설설정 : $H_0 : \Delta = 0$ $\quad H_1 : \Delta < 0$

$n_1 = 6$ $\quad n_2 = 7$

식이요법 A	R_i
2.38	3
4.19	9
1.39	2
3.73	6
2.86	4
1.21	1
합계	w=25

식이요법 B	S_i
4.67	10.5
5.38	13
3.89	7
4.67	10.5
3.58	5
4.96	12
3.98	8
합계	v=66

② 검정통계량 : $U = W - \dfrac{n_1(n_1+1)}{2} = 25 - \dfrac{6 \times 7}{2} = 4$

③ 기각치 : $\alpha = 0.05$

④ 의사결정 : $P(U \leq 4) = 0.0070$은 $\alpha = 0.05$보다 작으므로 H_0는 기각.

그러므로 식이요법 B가 식이요법 A보다 더 많은 체중증가를 가져온다라고 할 수 있다.

13.2) (1) $Z_B \geq z_{0.025}$ 또는 $Z_B \leq z_{0.025}$ $\Rightarrow$ $Z_B \geq 1.96$ 또는 $Z_B \leq 1.96$

(2) $Z_{W^+} \geq z_{0.025}$ 또는 $Z_{W^+} \leq z_{0.025}$ $\Rightarrow$ $Z_{W^+} \geq 1.96$ 또는 $Z_{W^+} \leq 1.96$

(3) $Z_U \geq z_{0.025}$ 또는 $Z_U \leq z_{0.025}$ $\Rightarrow$ $Z_U \geq 1.96$ 또는 $Z_U \leq 1.96$

13.3) (1) 유의수준 $\alpha = 0.05$에서 부호검정

① 가설검정 $H_0 : \theta = 17mg$ $H_1 : \theta < 17mg$

$$- \;\; - \;\; + \;\; + \;\; 0 \;\; + \;\; - \;\; - \;\; + \;\; -$$
$$+ \;\; + \;\; - \;\; - \;\; + \;\; + \;\; - \;\; + \;\; + \;\; -$$
$$- \;\; - \;\; - \;\; +$$

② 검정통계량 : $B = \sum_{i=1}^{n} Y_i = 11$

③ 의사결정 : $P(B \leq 11) = P(B \geq 12) = 0.5$이므로 $\alpha = 0.05$에서 H_0를 채택

즉, 새로 나온 담배의 타르함량이 평균 $17mg$ 미만이라고 볼 수 없다.

(2) 유의수준 $\alpha = 0.05$에서 부호순위검정

$H_0 : \theta = 17mg$ $H_1 : \theta < 17mg$

$\theta = 17$과 같은 값이 1개 있으므로 이 값을 표본에서 제외

D_i를 구하면 $D_i = X_i - 17.0$

-0.1	-0.4	0.3	0.5	0.2	-0.9	-0.6	0.3	-1.1
0.7	1.3	-1.4	-0.2	0.1	0.2	-0.6	1.1	0.4	-0.3
-0.1	-0.1	-0.5	0.8					

D_i	$\lvert D_i \rvert$	ψ_i	R_i^+		D_i	$\lvert D_i \rvert$	ψ_i	R_i^+
-0.1	0.1	0	2		0.1	0.1	1	2
-0.1	0.1	0	2		0.2	0.2	1	5
-0.2	0.2	0	5		0.2	0.2	1	5
-0.3	0.3	0	8		0.3	0.3	1	8
-0.4	0.4	0	10.5		0.3	0.3	1	8
-0.5	0.5	0	12.5		0.4	0.4	1	10.5
-0.6	0.6	0	14.5		0.5	0.5	1	12.5
-0.6	0.6	0	14.5		0.7	0.7	1	16
-0.9	0.9	0	18		0.8	0.8	1	17
-1.0	1.0	0	19		1.1	1.1	1	20.5
-1.1	1.1	0	20.5		1.3	1.3	1	22
-1.4	1.4	0	23		$W^+ = 126.5$			

부록에 n의 값이 15까지 밖에 나와있지 않으므로 정규근사를 이용

$$E(W^+) = \frac{23 \times 24}{4} = 138$$

$$Var(W^+) = \frac{1}{24}\left[23 \times 24 \times 47 - \frac{1}{2}(2(3 \times 2 \times 4) + 3(2 \times 1 \times 3))\right]$$

$$Z_{W^+} = \frac{W^+ - E(W^+)}{\sqrt{var(W^+)}} \simeq N(0,1^2) \qquad Z_{W+} = \frac{126.5 - 138}{\sqrt{1079.625}} ≒ -0.3500$$

$$\therefore Z_{W^+} = -0.3500 > -1.645$$이므로 $\alpha = 0.05$에서 H_0를 채택.

즉, 새로 나온 담배의 타르함량이 평균 17mg미만이라고 볼 수 없다.

13.4) (1) 유의수준 $\alpha = 0.05$에서 부호검정

① 가설 검정 $\quad H_0 : \theta = 0.55 \qquad H_1 : \theta \neq 0.55$

```
+   +   -   +   +   0   -   +   +
-   +   +   -   +   +   -   +   -
```

② 검정통계량 : $B = \sum_{i=1}^{n} - Y_i = 11 \qquad n = 17$

③ 의사결정 : 부록에서 $P(B \geq 11) = 0.1662$이므로 $2 \times 0.1662 = 0.3324$는 유의수준 $\alpha = 0.05$보다 커서 H_0를 채택한다. 그러므로 마찰계수는 평균 0.55라고 볼 수 있다.

(2) 유의수준 $\alpha = 0.05$에서 부호 순위검정

$$H_0 : \theta = 0.55 \qquad H_1 : \theta \neq 0.55$$

$\theta = 0.55$와 같은 값이 1개 있으므로 이 값을 표본에서 제외

D_i를 구하면 $D_i = X_i - 0.55$

```
 0.04    0.01   -0.06    0.01    0.10     0    -0.04    0.05    0.01
-0.08    0.01    0.06   -0.01    0.13    0.01  -0.05    0.02   -0.02
```

D_i	$|D_i|$	ψ_i	R_i^+	D_i	$|D_i|$	ψ_i	R_i^+
-0.01	0.01	0	3.5	0.01	0.01	1	3.5
-0.02	0.02	0	7.5	0.01	0.01	1	3.5
-0.04	0.04	0	9.5	0.01	0.01	1	3.5
-0.05	0.05	0	11.5	0.01	0.01	1	3.5
-0.06	0.06	0	13.5	0.01	0.01	1	3.5
-0.08	0.08	0	15	0.02	0.02	1	7.5
				0.04	0.04	1	9.5
				0.05	0.05	1	11.5
				0.06	0.06	1	13.5
				0.10	0.10	1	16
				0.13	0.13	1	17
				$W^+ = 92.5$			

$$E(W^+) = \frac{17 \times 18}{4} = 76.5$$

$$Var(W^+) = \frac{1}{24}\left[17 \times 18 \times 35 - \frac{1}{2}((6 \times 5 \times 7) + 4(2 \times 1 \times 3))\right] = 441.375$$

$$Z_{W^+} = \frac{W^+ - E(W^+)}{\sqrt{var(W^+)}} \sim N(0,1^2) \qquad Z_{W+} = \frac{92.5 - 76.5}{\sqrt{441.375}} ≒ 0.7616$$

$$\therefore |Z_{W^+}| = 0.7616 < 1.96$$이므로 $\alpha = 0.05$에서 H_0를 채택

즉, 마찰계수는 평균 0.55라고 볼 수 있다.

13.5) (1) 유의수준 $\alpha = 0.05$에서 부호검정

① 가설검정 $\quad H_0 : \theta = 100 \qquad\qquad H_1 : \theta > 100$

$\quad$ + + - + + + - 0 - +

$\quad$ + - + 0 + + + + + +

② 검정통계량 : $B = \sum_{i=1}^{n} Y_i = 14 \qquad n = 18$

③ 의사결정 : $P(B \geq 14) = 0.0154$이므로 유의수준 $\alpha = 0.05$보다 적어서 H_0를 기각

$\qquad\qquad$ 그러므로 평균소득은 100만원을 초과한다고 볼 수 있다.

(2) 유의수준 $\alpha = 0.05$에서 부호 순위검정을 실시

$H_0 : \theta = 100 \qquad\qquad H_1 : \theta > 100$

$\theta = 100$과 같은 값이 2개 있으므로 이 값들은 표본에서 제외

D_i를 구하면 $D_i = X_i - 100$

$\quad$ 10 $\quad$ 40 $\quad$ -25 $\quad$ 50 $\quad$ 25 $\quad$ 30 $\quad$ -5 $\quad$ 0 $\quad$ -15 $\quad$ 60

$\quad$ 55 $\quad$ -30 $\quad$ 10 $\quad$ 0 $\quad$ 15 $\quad$ 5 $\quad$ 20 $\quad$ 30 $\quad$ 45 $\quad$ 70

D_i	$\lvert D_i \rvert$	ψ_i	R_i^+
-5	5	0	1.5
-15	15	0	5.5
-25	25	0	8.5
-30	30	0	11

D_i	$\lvert D_i \rvert$	ψ_i	R_i^+
5	5	1	1.5
10	10	1	3.5
10	10	1	3.5
15	15	1	5.5
20	20	1	7
25	25	1	8.5
30	30	1	11
30	30	1	11
40	40	1	13
45	45	1	14
50	50	1	15
55	55	1	16
60	60	1	17
70	70	1	18
$W^+ = 144.5$			

$$E(W^+) = \frac{18 \times 19}{4} = 85.5$$

$$Var(W^+) = \frac{1}{4}\left[18 \times 19 \times 37 - \frac{1}{2}((3 \times 2 \times 4) + 4(2 \times 1 \times 3))\right] = 526.25$$

$$Z_{W^+} = \frac{W^+ - E(W^+)}{\sqrt{Var(W^+)}} \sim N(0,1) \qquad Z_{W^+} = \frac{144.5 - 85.5}{\sqrt{526.26}} \fallingdotseq 2.5719$$

$\therefore Z_{W^+} = 2.5719 < 1.645$이므로 $\alpha = 0.05$에서 H_0를 기각

그러므로 이 지역에 거주하는 사람들의 한달 평균소득은 100만원을 초과한다고 볼 수 있다.

13.6) $H_0 : \Delta = 0$ $H_1 : \Delta \neq 0$ $\alpha = 0.05$

인플루엔자균 A	S_i
12	13
6	3
13	14
10	9.5
8	5.5
11	11.5
7	4
합계	$V = 60.5$

인플루엔자균 B	R_i
9	7.5
10	9.5
5	2
4	1
9	7.5
8	5.5
11	11.5
합계	$W = 44.5$

따라서 $U = 44.5 - \dfrac{7 \times 8}{2} = 16.5$

$P(U \leq 16.5)$의 값이 없는데 그 보다 작은 $P(U \leq 16) = 0.1588$을 선택

$2 \times 0.1588 = 0.3176$은 유의수준 $\alpha = 0.05$보다 크므로 H_0를 채택.

그러므로 회복에 필요한 날의 수가 동일하다라고 볼 수 있다.

13.7) $H_0 : \Delta = 0$ $H_1 : \Delta \neq 0$

    $n_2 = 10$ $n_1 = 8$

회사 B	S_i
41	13
39	10.5
36	8
47	17
45	16
34	6
48	18
44	15
43	14
33	5
합계	$V = 122.5$

회사 A	R_i
32	4
25	1
40	12
31	3
35	7
29	2
37	9
39	10.5
합계	$W = 48.5$

$U = W - \dfrac{n_1(n_1 + 1)}{2} = 48.5 - \dfrac{8 \times 9}{2} = 12.5$

$P(U \leq 12.5)$의 값이 나오지 않으므로 그 보다 큰값 $P(U \leq 13)$을 찾으면 0.0078이다.

$2 \times 0.0078 = 0.0156$은 유의수준 $\alpha = 0.05$보다 작으므로 H_0를 기각.

13.8) H_0 : 세 종류의 살충제는 살충효과가 동일하다

H_1 : 세 종류의 살충제는 살충효과가 확실히 다르다.

살충제 1	살충제 2	살충제 3
40(10)	38(8.5)	68(18)
28(3)	49(15)	51(16)
31(6)	56(17)	45(13)
38(8.5)	25(2)	75(20.5)
43(12)	37(7)	75(20.5)
46(14)	30(5)	69(19)
29(4)	41(11)	
18(1)		
순위합 $W_1 = 58.5$	$W_2 = 65.5$	$W_3 = 107$

$$n_1 = 8 \qquad n_2 = 7 \qquad n_3 = 6$$

통계량 : $H = \dfrac{12}{21 \times 22} \left\{ \dfrac{(58.5)^2}{8} + \dfrac{(65.5)^2}{7} + \dfrac{(107)^2}{6} \right\} - 3 \times 22 = 76.59 - 66 = 10.59$

동점에 의해 수정된 값은

$$H^* = \dfrac{10.59}{1 - (2(2^2 - 1) + 2(2^2 - 1)/21(21^2 - 1)} = \dfrac{10.59}{0.9987} = 10.60$$

의사결정 : $k = 3$이므로 자유도는 2이고 $\chi^2(2, 0.05) = 5.99$이므로 유의수준 $\alpha = 0.05$를 사용할 경우 H_0가 기각 살충제의 효과는 확실히 다르다라는 충분히 근거가 있다. 참고로 자유도 2일 때 $\chi^2(2, 0.05) = 10.59$이므로 유의확률 $P\{H^* \geq 10.60\}$은 대략 0.005정도이다.

13.9) (1) $D_i = Y_i - X_i$라 두면 D_i는 -8, -6, 1, -9, -7, 2, -6

$\quad H_o : \Delta = 0 \qquad H_1 : \Delta < 0$

$\quad n = 7 \qquad B = 2$

$\therefore$ 유의확률 $P(B \leq 2) = P(B \geq 5) = 0.2266$이므로 $\alpha = 0.05$에서 H_0를 채택한다.

그러므로 두통약 B가 두통약 A보다 효과가 빠르다고 볼 수 없다.

(2) $D_i = Y_i - X_i$라 두면

D_i	$\|D_i\|$	ψ_i	R_i^+
-6	6	0	3.5
-6	6	0	3.5
-7	7	0	5
-8	8	0	6
-9	9	0	7

D_i	$\|D_i\|$	ψ_i	R_i^+
1	1	1	1
2	2	1	2
$W^+ = 3$			

$\therefore$ 유의확률 $\top P(W^+ \leq 3) = P(W^+ \geq 25) = 0.039$이므로 $\alpha = 0.05$에서 H_0기각

그러므로 두통약 B가 두통약 A보다 효과가 빠르다고 볼 수 있다.

13.10) $H_0 : \rho = 0$ $H_1 : \rho \neq 0$

학생	통계학 R_i	실험계획법 S_i	$R_i - S_i$	$(R_i - S_i)2$
기형	5	10	-5	25
용범	8	5	3	9
권성	4	4	0	0
시회	7	6	1	1
광기	2	3	-1	1
걸출	10	11	-1	1
동출	3	1	2	4
현정	11	9	2	4
윤경	6	7	-1	1
설미	9	8	1	1
은하	1	2	-1	1
진호	12	12	0	0
합계				48

$$n = 12 \qquad \sum_{i=1}^{12} (R_i - S_i)^2 = 48$$

$$r_s = 1 - \frac{6}{n(n^2 - 1)} = \sum_{i=1}^{n} (R_i - S_i)^2 = 1 - \frac{6 \times 48}{12 \times 143} \fallingdotseq 0.832$$

$$Z_r = \frac{r_s}{\sqrt{\dfrac{1}{(n-1)}}} \sim N(0,1) \quad Z_r = \sqrt{(n-1)} \times r_s = \sqrt{11} \times 0.832 = 2.7594$$

$\therefore \ Z_r = 2.7594 > Z_{0.025} = 1.96$이므로 유의수준 0.05에서 H_0를 기각

그러므로 두 과목은 서로 관련성이 없다는 충분한 근거가 없다.

$$P(X \le c) = \sum_{x=0}^{c} \binom{n}{x} P^x (1-p)^{n-x}$$

	c	.05	.10	.20	.30	.40	p .50	.60	.70	.80	.90	.95
$n=1$	0	.950	.900	.800	.700	.600	.500	.400	.300	.200	.100	.050
	1	1.000	1.000	1.000	1.000	1.000	1.000	1.000	1.000	1.000	1.000	1.000
$n=2$	0	.902	.810	.640	.490	.360	.250	.160	.090	.040	.010	.002
	1	.997	.990	.960	.910	.840	.750	.640	.510	.360	.190	.097
	2	1.000	1.000	1.000	1.000	1.000	1.000	1.000	1.000	1.000	1.000	1.000
$n=3$	0	.857	.729	.512	.343	.216	.125	.064	.027	.008	.001	.000
	1	.993	.972	.896	.784	.648	.500	.352	.216	.104	.028	.007
	2	1.000	.999	.992	.973	.936	.875	.784	.657	.488	.271	.143
	3	1.000	1.000	1.000	1.000	1.000	1.000	1.000	1.000	1.000	1.000	1.000
$n=4$	0	.815	.656	.410	.240	.130	.063	.026	.008	.002	.000	.000
	1	.986	.948	.819	.652	.475	.313	.179	.084	.027	.004	.000
	2	1.000	.996	.973	.916	.821	.688	.525	.348	.181	.052	.014
	3	1.000	1.000	.998	.992	.974	.938	.870	.760	.590	.344	.185
	4	1.000	1.000	1.000	1.000	1.000	1.000	1.000	1.000	1.000	1.000	1.000
$n=5$	0	.774	.590	.328	.168	.078	.031	.010	.002	.000	.000	.000
	1	.977	.919	.737	.528	.337	.188	.087	.031	.007	.000	.000
	2	.999	.991	.942	.837	.683	.500	.317	.163	.058	.009	.001
	3	1.000	1.000	.993	.969	.913	.813	.663	.472	.263	.081	.023
	4	1.000	1.000	1.000	.998	.990	1.000	.922	.832	.672	.410	.226
	5	1.000	1.000	1.000	1.000	1.000		1.000	1.000	1.000	1.000	1.000
$n=6$	0	.735	.531	.262	.118	.047	.016	.004	.001	.000	.000	.000
	1	.967	.886	.655	.420	.233	.109	.014	.011	.002	.000	.000
	2	.998	.984	.901	.744	.544	.344	.179	.070	.017	.001	.000
	3	1.000	.999	.983	.930	.821	.656	.456	.256	.099	.016	.002
	4	1.000	1.000	.998	.989	.959	.891	.767	.580	.345	.114	.033
	5	1.000	1.000	1.000	.999	.996	.984	.953	.882	.738	.469	.265
	6	1.000	1.000	1.000	1.000	1.000	1.000	1.000	1.000	1.000	1.000	1.000
$n=7$	0	.698	.478	.210	.082	.028	.008	.002	.000	.000	.000	.000
	1	.956	.850	.577	.329	.159	.063	.019	.004	.000	.000	.000
	2	.996	.974	.852	.647	.420	.227	.096	.029	.005	.000	.000
	3	1.000	.997	.967	.874	.710	.500	.290	.126	.033	.003	.000
	4	1.000	1.000	.995	.971	.904	.773	.580	.353	.148	.026	.004
	5	1.000	1.000	1.000	.996	.981	.938	.841	.671	.423	.150	.044
	6	1.000	1.000	1.000	1.000	.998	.992	.972	.918	.790	.522	.302
	7	1.000	1.000	1.000	1.000	1.000	1.000	1.000	1.000	1.000	1.000	1.000

누적이항분포표(2)

$$P(X \le c) = \sum_{x=0}^{c} \binom{n}{x} P^x (1-p)^{n-x}$$

							p					
		.05	.10	.20	.30	.40	.50	.60	.70	.80	.90	.95
	c											
	0	.663	.430	.168	.058	.017	.004	.001	.000	.000	.000	.000
	1	.943	.813	.503	.255	.106	.035	.009	.001	.000	.000	.000
	2	.994	.962	.797	.552	.315	.145	.050	.011	.001	.000	.000
	3	1.000	.995	.994	.806	.594	.363	.174	.058	.010	.000	.000
$n=8$	4	1.000	1.000	.990	.942	.826	.637	.406	.194	.056	.005	.000
	5	1.000	1.000	.999	.989	.950	.855	.685	.448	.203	.038	.006
	6	1.000	1.000	1.000	.999	.991	.965	.894	.745	.497	.187	.057
	7	1.000	1.000	1.000	1.000	.999	.996	.983	.942	.823	.570	.337
	8	1.000	1.000	1.000	1.000	1.000	1.000	1.000	1.000	1.000	1.000	1.000
	0	.630	.387	.134	.040	.010	.002	.000	.000	.000	.000	.000
	1	.929	.775	.436	.196	.071	.020	.004	.000	.000	.000	.000
	2	.992	.947	.738	.463	.232	.090	.025	.004	.000	.000	.000
	3	.999	.992	.914	.730	.483	.254	.099	.025	.003	.000	.000
$n=9$	4	1.000	.999	.980	.901	.733	.500	.267	.099	.020	.001	.000
	5	1.000	1.000	.997	.975	.901	.746	.517	.270	.086	.008	.001
	6	1.000	1.000	1.000	.996	.975	.910	.768	.537	.262	.053	.008
	7	1.000	1.000	1.000	1.000	.996	.980	.929	.804	.564	.225	.071
	8	1.000	1.000	1.000	1.000	1.000	.998	.990	.960	.866	.613	.370
	9	1.000	1.000	1.000	1.000	1.000	1.000	1.000	1.000	1.000	1.000	1.000
	0	.599	.349	.107	.028	.006	.001	.000	.000	.000	.000	.000
	1	.914	.736	.376	.149	.046	.011	.002	.000	.000	.000	.000
	2	.988	.930	.678	.383	.167	.055	.012	.002	.000	.000	.000
	3	.999	.987	.879	.650	.382	.172	.055	.011	.001	.000	.000
	4	1.000	.998	.967	.850	.633	.377	.166	.047	.006	.000	.000
$n=10$	5	1.000	1.000	.994	.953	.834	.623	.367	.150	.033	.002	.000
	6	1.000	1.000	.999	.989	.945	.828	.618	.350	.121	.013	.001
	7	1.000	1.000	1.000	.998	.988	.945	.833	.617	.322	.070	.012
	8	1.000	1.000	1.000	1.000	.998	.989	.954	.851	.624	.264	.086
	9	1.000	1.000	1.000	1.000	1.000	.999	.994	.972	.893	.651	.401
	10	1.000	1.000	1.000	1.000	1.000	1.000	1.000	1.000	1.000	1.000	1.000
	0	.569	.314	.086	.020	.004	.000	.000	.000	.000	.000	.000
	1	.898	.697	.322	.113	.030	.006	.001	.000	.000	.000	.000
	2	.985	.910	.617	.313	.119	.033	.006	.001	.000	.000	.000
	3	.998	.981	.839	.570	.296	.113	.029	.004	.000	.000	.000
	4	1.000	.997	.950	.790	.533	.274	.099	.022	.002	.000	.000
$n=11$	5	1.000	1.000	.988	.922	.753	.500	.247	.078	.012	.000	.000
	6	1.000	1.000	.998	.978	.901	.726	.467	.210	.050	.003	.000
	7	1.000	1.000	1.000	.996	.971	.887	.704	.430	.161	.019	.002
	8	1.000	1.000	1.000	.999	.994	.967	.881	.687	.383	.090	.015
	9	1.000	1.000	1.000	1.000	.999	.994	.970	.887	.678	.303	.102
	10	1.000	1.000	1.000	1.000	1.000	1.000	.996	.980	.914	.686	.431
	11	1.000	1.000	1.000	1.000	1.000	1.000	1.000	1.000	1.000	1.000	1.000

누적이항분포표(3)

$$P(X \le c) = \sum_{x=0}^{c} \binom{n}{x} P^x (1-p)^{n-x}$$

	c	.05	.10	.20	.30	.40	.50	.60	.70	.80	.90	.95
							p					
n = 12	0	.540	.282	.069	.014	.002	.000	.000	.000	.000	.000	.000
	1	.882	.659	.275	.085	.020	.003	.000	.000	.000	.000	.000
	2	.980	.889	.558	.253	.083	.019	.003	.000	.00	.000	.000
	3	.998	.974	.795	.493	.225	.073	.015	.002	.000	.000	.000
	4	1.000	.996	.927	.724	.438	.194	.057	.009	.001	.000	.000
	5	1.000	.999	.981	.882	.665	.387	.158	.039	.004	.000	.000
	6	1.000	1.000	.996	.961	.842	.613	.335	.118	.019	.001	.000
	7	1.000	1.000	.999	.991	.943	.806	.562	.276	.073	.004	.000
	8	1.000	1.000	1.000	.998	.985	.927	.775	.507	.205	.026	.002
	9	1.000	1.000	1.000	1.000	.997	.981	.917	.747	.442	.111	.020
	10	1.000	1.000	1.000	1.000	1.000	.997	.980	.915	.725	.341	.118
	11	1.000	1.000	1.000	1.000	1.000	1.000	.998	.986	.931	.718	.460
	12	1.000	1.000	1.000	1.000	1.000	1.000	1.000	1.000	1.000	1.000	1.000
	0	.513	.254	.055	.010	.001	.000	.000	.000	.000	.000	.000
	1	.865	.621	.234	.064	.013	.002	.000	.000	.000	.000	.000
	2	.975	.866	.502	.202	.058	.011	.001	.000	.000	.000	.000
	3	.997	.966	.747	.421	.169	.046	.008	.001	.000	.000	.000
	4	1.000	.994	.901	.654	.353	.133	.032	.004	.000	.000	.000
	5	1.000	.999	.970	.835	.574	.291	.098	.018	.001	.000	.000
n = 13	6	1.000	1.000	.993	.938	.771	.500	.229	.062	.007	.000	.000
	7	1.000	1.000	.999	.982	.902	.709	.426	.165	.030	.001	.000
	8	1.000	1.000	1.000	.996	.968	.867	.647	.346	.099	.006	.000
	9	1.000	1.000	1.000	.999	.992	.954	.831	.579	.253	.034	.003
	10	1.000	1.000	1.000	1.000	.999	.989	.942	.798	.498	.134	.025
	11	1.000	1.000	1.000	1.000	1.000	.998	.987	.936	.766	.379	.135
	12	1.000	1.000	1.000	1.000	1.000	1.000	.999	.990	.945	.746	.487
	13	1.000	1.000	1.000	1.000	1.000	1.000	1.000	1.000	1.000	1.000	1.000
	0	.488	.229	.044	.007	.001	.000	.000	.000	.000	.000	.000
	1	.847	.585	.198	.047	.008	.001	.000	.000	.000	.000	.000
	2	.970	.842	.448	.161	.040	.006	.001	.000	.000	.000	.000
	3	.996	.956	.698	.355	.124	.029	.004	.000	.000	.000	.000
	4	1.000	.991	.870	.584	.279	.090	.018	.002	.000	.000	.000
	5	1.000	.999	.956	.781	.486	.212	.058	.008	.000	.000	.000
	6	1.000	1.000	.988	.907	.692	.395	.150	.031	.002	.000	.000
n = 14	7	1.000	1.000	.998	.969	.850	.605	.308	.093	.012	.000	.000
	8	1.000	1.000	1.000	.992	.942	.788	.514	.219	.044	.001	.000
	9	1.000	1.000	1.000	.998	.982	.910	.721	.416	.130	.009	.000
	10	1.000	1.000	1.000	1.000	.996	.971	.876	.645	.302	.044	.004
	11	1.000	1.000	1.000	1.000	.999	.994	.960	.839	.552	.158	.030
	12	1.000	1.000	1.000	1.000	1.000	.999	.992	.953	.802	.415	.153
	13	1.000	1.000	1.000	1.000	1.000	1.000	.999	.993	.956	.771	.512
	14	1.000	1.000	1.000	1.000	1.000	1.000	1.000	1.000	1.000	1.000	1.000

누적이항분포표(4)

$$P(X \le c) = \sum_{x=0}^{c} \binom{n}{x} P^x (1-p)^{n-x}$$

		.05	.10	.20	.30	.40	.50	.60	.70	.80	.90	.95
	c											
	0	.463	.206	.035	.005	.000	.000	.000	.000	.000	.000	.000
	1	.829	.549	.167	.035	.005	.000	.000	.000	.000	.000	.000
	2	.964	.816	.398	.127	.027	.004	.000	.000	.000	.000	.000
	3	.995	.944	.648	.297	.091	.018	.002	.000	.000	.000	.000
	4	.999	.987	.836	.515	.217	.059	.009	.001	.000	.000	.000
	5	1.000	.998	.939	.722	.403	.151	.034	.004	.000	.000	.000
	6	1.000	1.000	.982	.869	.610	.304	.095	.015	.001	.000	.000
$n=15$	7	1.000	1.000	.996	.950	.787	.500	.213	.050	.004	.000	.000
	8	1.000	1.000	.999	.985	.905	.696	.390	.131	.018	.000	.000
	9	1.000	1.000	1.000	.996	.966	.849	.597	.278	.016	.002	.000
	10	1.000	1.000	1.000	.999	.991	.941	.783	.485	.164	.013	.001
	11	1.000	1.000	1.000	1.000	.998	.982	.909	.703	.352	.056	.005
	12	1.000	1.000	1.000	1.000	1.000	.996	.973	.873	.602	.184	.036
	13	1.000	1.000	1.000	1.000	1.000	1.000	.995	.965	.833	.451	.171
	14	1.000	1.000	1.000	1.000	1.000	1.000	1.000	.995	.965	.794	.537
	15	1.000	1.000	1.000	1.000	1.000	1.000	1.000	1.000	1.000	1.000	1.000
	0	.440	.185	.028	.003	.000	.000	.000	.000	.000	.000	.000
	1	.811	.515	.141	.026	.003	.000	.000	.000	.000	.000	.000
	2	.957	.789	.352	.099	.018	.002	.000	.000	.000	.000	.000
	3	.993	.932	.598	.246	.065	.011	.001	.000	.000	.000	.000
	4	.999	.983	.798	.450	.167	.038	.005	.000	.000	.000	.000
	5	1.000	.997	.918	.660	.329	.105	.019	.002	.000	.000	.000
	6	1.000	.999	.973	.825	.527	.227	.058	.007	.000	.000	.000
	7	1.000	1.000	.993	.926	.716	.402	.142	.026	.001	.000	.000
$n=16$	8	1.000	1.000	.999	.974	.858	.598	.284	.074	.007	.000	.000
	9	1.000	1.000	1.000	.993	.942	.773	.473	.175	.027	.001	.000
	10	1.000	1.000	1.000	.998	.981	.895	.671	.340	.082	.003	.000
	11	1.000	1.000	1.000	1.000	.995	.962	.833	.550	.202	.017	.001
	12	1.000	1.000	1.000	1.000	.999	.989	.935	.754	.402	.068	.007
	13	1.000	1.000	1.000	1.000	1.000	.998	.982	.901	.648	.211	.043
	14	1.000	1.000	1.000	1.000	1.000	1.000	.997	.974	.859	.485	.189
	15	1.000	1.000	1.000	1.000	1.000	1.000	1.000	.997	.972	.815	.560
	16	1.000	1.000	1.000	1.000	1.000	1.000	1.000	1.000	1.000	1.000	1.000

누적이항분포표(5)

$$P(X \le c) = \sum_{x=0}^{c} \binom{n}{x} P^x (1-p)^{n-x}$$

		.05	.10	.20	.30	.40	p .50	.60	.70	.80	.90	.95
	c											
	0	.418	.167	.023	.002	.000	.000	.000	.000	.000	.000	.000
	1	.792	.482	.118	.019	.002	.000	.000	.000	.000	.000	.000
	2	.950	.762	.310	.077	.012	.001	.000	.000	.000	.000	.000
	3	.991	.917	.549	.202	.046	.006	.000	.000	.000	.000	.000
	4	.999	.978	.758	.389	.126	.025	.003	.000	.000	.000	.000
	5	1.000	.995	.894	.597	.264	.072	.011	.001	.000	.000	.000
	6	1.000	.999	.962	.775	.448	.166	.035	.003	.000	.000	.000
	7	1.000	1.000	.989	.895	.641	.315	.092	.013	.000	.000	.000
$n=17$	8	1.000	1.000	.997	.960	.801	.500	.199	.040	.003	.000	.000
	9	1.000	1.000	1.000	.987	.908	.685	.359	.105	.011	.000	.000
	10	1.000	1.000	1.000	.997	.965	.834	.552	.225	.038	.001	.000
	11	1.000	1.000	1.000	.999	.989	.928	.736	.403	.106	.005	.000
	12	1.000	1.000	1.000	1.000	.997	.975	.874	.611	.242	.022	.001
	13	1.000	1.000	1.000	1.000	1.000	.994	.954	.798	.451	.083	.009
	14	1.000	1.000	1.000	1.000	1.000	.999	.988	.923	.690	.238	.050
	15	1.000	1.000	1.000	1.000	1.000	1.000	.998	.981	.882	.518	.208
	16	1.000	1.000	1.000	1.000	1.000	1.000	1.000	.998	.977	.833	.582
	17	1.000	1.000	1.000	1.000	1.000	1.000	1.000	1.000	1.000	1.000	1.000
	0	.397	.150	.018	.002	.000	.000	.000	.000	.000	.000	.000
	1	.774	.450	.099	.014	.001	.000	.000	.000	.000	.000	.000
	2	.942	.734	.271	.060	.008	.001	.000	.000	.000	.000	.000
	3	.989	.902	.501	.165	.033	.004	.000	.000	.000	.000	.000
	4	.998	.972	.716	.333	.094	.015	.001	.000	.000	.000	.000
	5	1.000	.994	.867	.534	.209	.048	.006	.000	.000	.000	.000
	6	1.000	.999	.949	.722	.374	.119	.020	.001	.000	.000	.000
	7	1.000	1.000	.984	.859	.563	.240	.058	.006	.000	.000	.000
	8	1.000	1.000	.996	.940	.737	.407	.135	.021	.001	.000	.000
$n=18$	9	1.000	1.000	.999	.979	.865	.593	.263	.060	.004	.000	.000
	10	1.000	1.000	1.000	.994	.942	.760	.437	.141	.016	.000	.000
	11	1.000	1.000	1.000	.999	.980	.881	.626	.278	.051	.001	.000
	12	1.000	1.000	1.000	1.000	.994	.952	.791	.466	.133	.006	.000
	13	1.000	1.000	1.000	1.000	.999	.985	.906	.667	.284	.028	.002
	14	1.000	1.000	1.000	1.000	1.000	.996	.967	.835	.499	.098	.011
	15	1.000	1.000	1.000	1.000	1.000	.999	.992	.940	.729	.266	.058
	16	1.000	1.000	1.000	1.000	1.000	1.000	.999	.986	.901	.550	.226
	17	1.000	1.000	1.000	1.000	1.000	1.000	1.000	.998	.982	.850	.603
	18	1.000	1.000	1.000	1.000	1.000	1.000	1.000	1.000	1.000	1.000	1.000

$$P(X \le c) = \sum_{x=0}^{c} \binom{n}{x} P^x (1-p)^{n-x}$$

		.05	.10	.20	.30	.40	*p* .50	.60	.70	.80	.90	.95
	c											
	0	.377	.135	.014	.001	.000	.000	.000	.000	.000	.000	.000
	1	.755	.420	.083	.010	.001	.000	.000	.000	.000	.000	.000
	2	.933	.705	.237	.046	.005	.000	.000	.000	.000	.000	.000
	3	.987	.885	.455	.133	.023	.002	.000	.000	.000	.000	.000
	4	.998	.965	.673	.282	.070	.010	.001	.000	.000	.000	.000
	5	1.000	.991	.837	.474	.163	.032	.003	.000	.000	.000	.000
	6	1.000	.998	.932	.666	.308	.084	.012	.001	.000	.000	.000
	7	1.000	1.000	.977	.818	.488	.180	.035	.003	.000	.000	.000
	8	1.000	1.000	.993	.916	.667	.324	.088	.011	.000	.000	.000
n = 19	9	1.000	1.000	.998	.967	.814	.500	.186	.033	.002	.000	.000
	10	1.000	1.000	1.000	.989	.912	.676	.333	.084	.007	.000	.000
	11	1.000	1.000	1.000	.997	.965	.820	.512	.182	.023	.000	.000
	12	1.000	1.000	1.000	.999	.988	.916	.692	.334	.068	.002	.000
	13	1.000	1.000	1.000	1.000	.997	.968	.837	.526	.163	.009	.000
	14	1.000	1.000	1.000	1.000	.999	.990	.930	.718	.327	.035	.002
	15	1.000	1.000	1.000	1.000	1.000	.998	.977	.867	.545	.115	.013
	16	1.000	1.000	1.000	1.000	1.000	1.000	.995	.954	.763	.295	.067
	17	1.000	1.000	1.000	1.000	1.000	1.000	.999	.990	.917	.580	.245
	18	1.000	1.000	1.000	1.000	1.000	1.000	1.000	.999	.986	.865	.623
	19	1.000	1.000	1.000	1.000	1.000	1.000	1.000	1.000	1.000	1.000	1.000
	0	.358	.122	.012	.001	.000	.000	.000	.000	.000	.000	.000
	1	.736	.392	.069	.008	.001	.000	.000	.000	.000	.000	.000
	2	.925	.677	.206	.035	.004	.000	.000	.000	.000	.000	.000
	3	.984	.867	.411	.107	.016	.001	.000	.000	.000	.000	.000
	4	.997	.957	.630	.238	.051	.006	.000	.000	.000	.000	.000
	5	1.000	.998	.804	.416	.126	.021	.002	.000	.000	.000	.000
	6	1.000	1.000	.913	.608	.250	.058	.006	.000	.000	.000	.000
	7	1.000	1.000	.968	.772	.416	.132	.021	.001	.000	.000	.000
	8	1.000	1.000	.990	.887	.596	.252	.057	.005	.000	.000	.000
	9	1.000	1.000	.997	.952	.755	.412	.128	.017	.001	.000	.000
n = 20	10	1.000	1.000	.999	.983	.872	.588	.245	.048	.003	.000	.000
	11	1.000	1.000	1.000	.995	.943	.748	.404	.113	.010	.000	.000
	12	1.000	1.000	1.000	.999	.979	.868	.584	.228	.032	.000	.000
	13	1.000	1.000	1.000	1.000	.994	.942	.750	.392	.087	.002	.000
	14	1.000	1.000	1.000	1.000	.998	.979	.874	.584	.196	.011	.000
	15	1.000	1.000	1.000	1.000	1.000	.994	.949	.762	.370	.043	.003
	16	1.000	1.000	1.000	1.000	1.000	.999	.984	.893	.589	.133	.016
	17	1.000	1.000	1.000	1.000	1.000	1.000	.996	.965	.794	.323	.075
	18	1.000	1.000	1.000	1.000	1.000	1.000	.999	.992	.931	.608	.264
	19	1.000	1.000	1.000	1.000	1.000	1.000	1.000	.999	.988	.878	.642
	20	1.000	1.000	1.000	1.000	1.000	1.000	1.000	1.000	1.000	1.000	1.000

누적이항분포표(7)

$$P(X \le c) = \sum_{x=0}^{c} \binom{n}{x} P^x (1-p)^{n-x}$$

							p					
		.05	.10	.20	.30	.40	.50	.60	.70	.80	.90	.95
	c											
	0	.277	.072	.004	.000	.000	.000	.000	.000	.000	.000	.000
	1	.642	.271	.027	.002	.000	.000	.000	.000	.000	.000	.000
	2	.873	.537	.098	.009	.000	.000	.000	.000	.000	.000	.000
	3	.966	.764	.234	.033	.002	.000	.000	.000	.000	.000	.000
	4	.993	.902	.421	.090	.009	.000	.000	.000	.000	.000	.000
	5	.999	.967	.617	.193	.029	.002	.000	.000	.000	.000	.000
	6	1.000	.991	.780	.341	.074	.007	.000	.000	.000	.000	.000
	7	1.000	.998	.891	.512	.154	.022	.001	.000	.000	.000	.000
	8	1.000	1.000	.953	.677	.274	.054	.004	.000	.000	.000	.000
	9	1.000	1.000	.983	.811	.425	.115	.013	.000	.000	.000	.000
	10	1.000	1.000	.994	.902	.586	.212	.034	.002	.000	.000	.000
	11	1.000	1.000	.998	.956	.732	.345	.078	.006	.000	.000	.000
$n=25$	12	1.000	1.000	1.000	.983	.846	.500	.154	.017	.000	.000	.000
	13	1.000	1.000	1.000	.994	.922	.655	.268	.044	.002	.000	.000
	14	1.000	1.000	1.000	.998	.966	.788	.414	.098	.006	.000	.000
	15	1.000	1.000	1.000	1.000	.987	.885	.575	.189	.017	.000	.000
	16	1.000	1.000	1.000	1.000	.996	.946	.726	.323	.047	.000	.000
	17	1.000	1.000	1.000	1.000	.999	.978	.846	.488	.109	.002	.000
	18	1.000	1.000	1.000	1.000	1.000	.993	.926	.659	.220	.009	.000
	19	1.000	1.000	1.000	1.000	1.000	.998	.971	.807	.383	.033	.001
	20	1.000	1.000	1.000	1.000	1.000	1.000	.991	.910	.579	.098	.007
	21	1.000	1.000	1.000	1.000	1.000	1.000	.998	.967	.766	.236	.034
	22	1.000	1.000	1.000	1.000	1.000	1.000	1.000	.991	.902	.463	.127
	23	1.000	1.000	1.000	1.000	1.000	1.000	1.000	.998	.973	.729	.358
	24	1.000	1.000	1.000	1.000	1.000	1.000	1.000	1.000	.996	.928	.723
	25	1.000	1.000	1.000	1.000	1.000	1.000	1.000	1.000	1.000	1.000	1.000

$$\sum_{x=0}^{r} p(x \, ; m)$$

r	m								
	0.1	0.2	0.3	0.4	0.5	0.6	0.7	0.8	0.9
0	0.9048	0.8187	0.7408	0.6730	0.6065	0.5488	0.4966	0.4493	0.4006
1	0.9953	0.9825	0.9631	0.9384	0.9098	0.8781	0.8442	0.8088	0.7725
2	0.9998	0.9989	0.9964	0.9921	0.9856	0.9767	0.9659	0.9526	0.9371
3	1.0000	0.9999	0.9997	0.9992	0.9982	0.9966	0.9942	0.9909	0.9865
4		1.0000	1.0000	0.9999	0.9998	0.9996	0.9992	0.9986	0.9977
5				1.0000	1.0000	1.0000	0.9999	0.9998	0.9997
6							1.0000	1.0000	1.0000

r	m								
	1.0	1.5	2.0	2.5	3.0	3.5	4.0	4.5	5.0
0	0.3679	0.2231	0.3153	0.0821	0.0498	0.0302	0.0183	0.0111	0.0067
1	0.7358	0.5578	0.4060	0.2873	0.1991	0.0359	0.0916	0.0611	0.0404
2	0.9197	0.8088	0.6767	0.5438	0.4232	0.3208	0.2381	0.1736	0.1247
3	0.9810	0.9344	0.8571	0.7576	0.6472	0.5366	0.4335	0.3423	0.2650
4	0.9963	0.9814	0.9473	0.8912	0.8153	0.7254	0.6288	0.5321	0.4405
5	0.9994	0.9955	0.9834	0.9580	0.9161	0.8576	0.7851	0.7029	0.6160
6	0.9999	0.9991	0.9965	0.9858	0.9665	0.9347	0.8893	0.8311	0.7622
7	1.0000	0.9998	0.9989	0.9958	0.9881	0.9733	0.9486	0.9134	0.8666
8		1.0000	0.9998	0.9989	0.9962	0.9901	0.9786	0.9597	0.9319
9			1.0000	0.9997	0.9989	0.9967	0.9919	0.9829	0.9682
10				0.9999	0.9997	0.9990	0.9972	0.9933	0.9863
11				1.0000	0.9999	0.9997	0.9991	0.9976	0.9945
12					1.0000	0.9999	0.9997	0.9992	0.9980
13						1.0000	0.9999	0.9997	0.9993
14							1.0000	0.9999	0.9998
15								1.0000	0.9999
16									1.0000

포아송분포표(누적값)(2)

$$\sum_{x=0}^{r} p(x\,;m)$$

r	m								
	5.5	6.0	6.5	7.0	7.5	8.0	8.5	9.0	9.5
0	0.0041	0.0025	0.0015	0.0009	0.0006	0.0003	0.0002	0.0001	0.0001
1	0.0266	0.0174	0.0113	0.0073	0.0047	0.0030	0.0019	0.0012	0.0008
2	0.0884	0.0620	0.0430	0.0296	0.0203	0.0138	0.0093	0.0062	0.0042
3	0.2017	0.1512	0.1118	0.0818	0.0591	0.0424	0.0301	0.0212	0.0149
4	0.3575	0.2851	0.2237	0.1730	0.1321	0.0996	0.0744	0.0550	0.0403
5	0.5289	0.4457	0.3690	0.3007	0.2414	0.1912	0.1496	0.1157	0.0885
6	0.6860	0.6063	0.5265	0.4497	0.3782	0.3134	0.2562	0.2068	0.1649
7	0.8095	0.7440	0.6728	0.5987	0.5246	0.4530	0.3856	0.3239	0.2687
8	0.8944	0.8472	0.7916	0.7291	0.6620	0.5925	0.5231	0.4557	0.3918
9	0.9462	0.9161	0.8774	0.8305	0.7764	0.7166	0.6530	0.5874	0.5218
10	0.9747	0.9574	0.9332	0.9015	0.8622	0.8159	0.7634	0.7060	0.6453
11	0.9890	0.9799	0.9661	0.9466	0.9208	0.8881	0.8487	0.8030	0.7520
12	0.9955	0.9912	0.9840	0.9730	0.9573	0.9362	0.9091	0.8758	0.8364
13	0.9983	0.9964	0.9929	0.9872	0.9784	0.9658	0.9486	0.9261	0.8981
14	0.9994	0.9986	0.9970	0.9943	0.9897	0.9827	0.9726	0.9585	0.9400
15	0.9998	0.9995	0.9988	0.9976	0.9954	0.9918	0.9862	0.9780	0.9665
16	0.9999	0.9998	0.9996	0.9990	0.9980	0.9963	0.9934	0.9889	0.9823
17	1.0000	0.9999	0.9998	0.9996	0.9992	0.9984	0.9970	0.9947	0.9911
18		1.0000	0.9999	0.9999	0.9997	0.9994	0.9987	0.9976	0.9957
19			1.0000	1.0000	0.9999	0.9997	0.9995	0.9989	0.9980
20					1.0000	0.9999	0.9998	0.9996	0.9991
21						1.0000	0.9999	0.9998	0.9996
22							1.0000	0.9999	0.9998
23								1.0000	0.9999
24									1.0000

$$\sum_{x=0}^{r} p(x\,;m)$$

r	m								
	10.0	11.0	12.0	13.0	14.0	15.0	16.0	17.0	18.0
0	0.0000	0.0000	0.0000						
1	0.0005	0.0002	0.0001	0.0000	0.0000				
2	0.0028	0.0012	0.0005	0.0002	0.0001	0.0000	0.0000		
3	0.0103	0.0049	0.0023	0.0010	0.0005	0.0002	0.0001	0.0000	0.0000
4	0.0293	0.0151	0.0076	0.0037	0.0018	0.0009	0.0004	0.0002	0.0001
5	0.0671	0.0375	0.0203	0.0107	0.0055	0.0028	0.0014	0.0007	0.0003
6	0.1301	0.0786	0.0458	0.0259	0.0142	0.0076	0.0040	0.0021	0.0010
7	0.2202	0.1432	0.0895	0.0540	0.0316	0.0180	0.0100	0.0054	0.0029
8	0.3328	0.2320	0.1550	0.0998	0.0621	0.0374	0.0220	0.0126	0.0071
9	0.4579	0.3405	0.2424	0.1658	0.1094	0.0699	0.0433	0.0261	0.0154
10	0.5830	0.4599	0.3472	0.2517	0.1757	0.1185	0.0774	0.0491	0.0304
11	0.6968	0.5793	0.4616	0.3532	0.2600	0.1848	0.1270	0.0847	0.0549
12	0.7916	0.6887	0.5760	0.4631	0.3685	0.2676	0.1931	0.1350	0.0917
13	0.8645	0.7813	0.6815	0.5730	0.4644	0.3632	0.2745	0.2009	0.1426
14	0.9165	0.8540	0.7720	0.6751	0.5704	0.4657	0.3675	0.2808	0.2081
15	0.9513	0.9074	0.8444	0.7636	0.6694	0.5681	0.4667	0.3715	0.2867
16	0.9730	0.9441	0.8987	0.8355	0.7559	0.6641	0.5660	0.4677	0.3750
17	0.9857	0.9678	0.9370	0.8905	0.8272	0.7489	0.6593	0.5640	0.4686
18	0.9928	0.9823	0.9626	0.9302	0.8826	0.8195	0.7423	0.6550	0.5622
19	0.9965	0.9907	0.9787	0.9573	0.9235	0.8752	0.8122	0.7363	0.6509
20	0.9984	0.9953	0.9884	0.9750	0.9521	0.9170	0.8682	0.8055	0.7307
21	0.9993	0.9977	0.9939	0.9859	0.9712	0.9469	0.9108	0.8615	0.7991
22	0.9997	0.9990	0.9970	0.9924	0.9833	0.9673	0.9418	0.9047	0.8551
23	0.9999	0.9995	0.9985	0.9960	0.9907	0.9805	0.9633	0.9367	0.8989
24	1.0000	0.9998	0.9993	0.9980	0.9950	0.9888	0.9777	0.9594	0.9317
25		0.9999	0.9997	0.9990	0.9974	0.9938	0.9869	0.9748	0.9554
26		1.0000	0.9999	0.9995	0.9987	0.9967	0.9925	0.9848	0.9718
27			0.9999	0.9998	0.9994	0.9983	0.9959	0.9912	0.9827
28			1.0000	0.9999	0.9997	0.9991	0.9978	0.9950	0.9897
29				1.0000	0.9999	0.9996	0.9989	0.9973	0.9941
30					0.9999	0.9998	0.9994	0.9986	0.9967
31					1.0000	0.9999	0.9997	0.9993	0.9982
32						1.0000	0.9999	0.9996	0.9990
33							0.9999	0.9998	0.9995
34							1.0000	0.9999	0.9998
35								1.0000	0.9999
36									0.9999
37									1.0000

〈부록 4〉 표준정규분포표

$$P(0 \le Z \le z_0) = \int_0^{x_0} \frac{1}{\sqrt{2\pi}} e^{-\frac{1}{2}z^2} dz$$

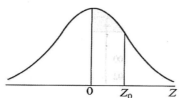

z	.00	.01	.02	.03	.04	.05	.06	.07	.08	.09
0.0	.0000	.0040	.0080	.0120	.0160	.0199	.0239	.0279	.0319	.0359
0.1	.0398	.0438	.0478	.0517	.0557	.0596	.0636	.0675	.0714	.0753
0.2	.0793	.0832	.0871	.0910	.0948	.0987	.1026	.1064	.1103	.1141
0.3	.1179	.1217	.1255	.1293	.1331	.1368	.1406	.1443	.1480	.1517
0.4	.1554	.1591	.1628	.1664	.1700	.1736	.1772	.1808	.1844	.1879
0.5	.1915	.1950	.1985	.2019	.2054	.2088	.2123	.2157	.2190	.2224
0.6	.2257	.2291	.2324	.2357	.2389	.2422	.2454	.2486	.2517	.2549
0.7	.2580	.2611	.2642	.2673	.2704	.2734	.2764	.2794	.2823	.2852
0.8	.2881	.2910	.2939	.2967	.2995	.3023	.3051	.3078	.3106	.3133
0.9	.3159	.3186	.3212	.3238	.3264	.3289	.3315	.3340	.3365	.3389
1.0	.3413	.	.3461	.3485	.3508	.3531	.3554	.3577	.3599	.3621
1.1	.3643	.3665	.3686	.3708	.3729	.3749	.3770	.3790	.3810	.3830
1.2	.3849	.3869	.3888	.3907	.3925	.3944	.3962	.3980	.3997	.4015
1.3	.4032	.4049	.4066	.4082	.4099	.4115	.4131	.4147	.4162	.4177
1.4	.4192	.407	.4222	.4236	.4251	.4265	.4279	.4292	.4306	.4319
1.5	.4332	.4345	.4357	.4370	.4382	.4394	.4406	.4418	.4429	.4441
1.6	.4452	.4463	.4474	.4484	.4495	.4505	.4515	.4525	.4535	.4545
1.7	.4554	.4564	.4573	.4582	.4591	.4599	.4608	.4616	.4625	.4633
1.8	.4641	.4649	.4656	.4664	.4671	.4678	.4686	.4693	.4699	.4706
1.9	.4713	.4719	.4726	.4732	.4738	.4744	.4750	.4756	.4761	.4767
2.0	.4772	.4778	.4783	.4788	.4793	.4798	.4803	.4808	.4812	.4817
2.1	.4821	.4826	.4830	.4834	.4838	.4842	.4846	.4850	.4854	.4857
2.2	.4861	.4864	.4868	.4871	.4875	.4878	.4881	.4884	.4887	.4890
2.3	.4893	.4896	.4898	.4901	.4904	.4906	.4909	.4911	.4913	.4916
2.4	.4918	.4920	.4922	.4925	.4927	.4926	.4931	.4932	.4934	.4936
2.5	.4938	.4940	.4941	.4943	.4945	.4946	.4948	.4949	.4951	.4952
2.6	.4953	.4955	.4956	.4957	.4959	.4960	.4961	.4962	.4963	.4964
2.7	.4965	.4966	.4967	.4968	.4969	.4970	.4971	.4972	.4973	.4974
2.8	.4974	.4975	.4976	.4977	.4977	.4978	.4979	.4979	.4980	.4981
2.9	.4981	.4982	.4982	.4983	.4984	.4984	.4985	.4985	.4986	.4986
3.0	.4987	.4987	.4987	.4988	.4988	.4989	.4989	.4989	.4990	.4990

$$P(t \geq t_\alpha) = \alpha$$

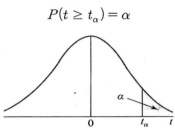

$d.f$	$t_{0.100}$	$t_{0.050}$	$t_{0.025}$	$t_{0.010}$	$t_{0.005}$	$d.f$
1	3.078	6.314	12.706	31.821	63.657	1
2	1.886	2.920	4.303	6.965	9.525	2
3	1.638	2.353	3.182	4.541	5.841	3
4	1.533	2.132	2.776	3.747	4.604	4
5	1.476	2.015	2.571	3.365	4.032	5
6	1.440	1.943	2.447	3.143	3.707	6
7	1.415	1.895	2.365	2.998	3.499	7
8	1.397	1.860	2.306	2.896	3.355	8
9	1.383	1.833	2.262	2.821	3.250	9
10	1.372	1.812	2.228	2.764	3.169	10
11	1.363	1.796	2.201	2.718	3.106	11
12	1.356	1.782	2.179	2.681	3.055	12
13	1.350	1.771	2.160	2.650	3.012	13
14	1.345	1.761	2.145	2.624	2.977	14
15	1.341	1.753	2.131	2.602	2.947	15
16	1.337	1.746	2.120	2.583	2.921	16
17	1.333	1.740	2.110	2.567	2.898	17
18	1.330	1.743	2.101	2.552	2.878	18
19	1.328	1.729	2.093	2.539	2.861	19
20	1.325	1.725	2.086	2.528	2.845	20
21	1.323	1.721	2.080	2.518	2.831	21
22	1.321	1.717	2.074	2.508	2.819	22
23	1.319	1.714	2.069	2.500	2.807	23
24	1.318	1.711	2.064	2.492	2.797	24
25	1.316	1.708	2.060	2.485	2.787	25
26	1.315	1.706	2.056	2.479	2.779	26
27	1.314	1.703	2.052	2.473	2.771	27
28	1.313	1.701	2.048	2.467	2.763	28
29	1.311	1.699	2.045	2.462	2.756	29
inf.	1.282	1.645	1.960	2.326	2.576	inf.

〈부록 6〉 χ^2분포표

$$P(\chi^2 \geq \chi^2_\alpha) = \alpha$$

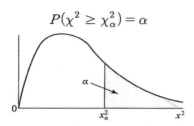

$d.f$	$\chi^2_{0.995}$	$\chi^2_{0.990}$	$\chi^2_{0.975}$	$\chi^2_{0.950}$	$\chi^2_{0.900}$	$\chi^2_{0.100}$	$\chi^2_{0.050}$	$\chi^2_{0.025}$	$\chi^2_{0.010}$	$\chi^2_{0.005}$
1	0.0000393	0.0001571	0.0009821	0.0039321	0.0157908	2.70554	3.84146	5.02389	6.63490	7.87944
2	0.0100251	0.0201007	0.0506356	0.102587	0.210720	4.60517	5.99147	7.37776	9.21034	10.5966
3	0.0717212	0.114832	0.215795	0.351846	0.584375	6.25139	7.81473	9.34840	11.3449	12.8381
4	0.206990	0.297110	0.484419	0.710721	1.063623	7.77944	9.48773	11.1433	13.2767	14.8602
5	0.411740	0.554300	0.831211	1.145476	1.61031	9.23635	11.0705	12.8325	15.0863	16.7496
6	0.675727	0.872085	1.237347	1.63539	2.20413	10.6446	12.5916	14.4494	16.8119	18.5476
7	0.989265	1.239043	1.68987	2.16735	2.83311	12.0170	14.0671	16.0128	18.4753	20.2777
8	1.344419	1.646482	2.17973	2.73264	3.48954	13.3616	15.5073	17.5346	20.0902	21.9550
9	1.734926	2.087912	2.70039	3.32511	4.16816	14.6837	16.9190	19.0228	21.6660	23.5893
10	2.15585	2.55821	3.24697	3.94030	4.86518	15.9871	18.3070	20.4831	23.2093	25.1882
11	2.60321	3.05347	3.81575	4.57481	5.57779	17.2750	19.6751	21.9200	24.7250	26.7569
12	3.07382	3.57056	4.40379	5.22603	6.30380	18.5494	21.0261	23.3367	26.2170	28.2995
13	3.56503	4.10691	5.00874	5.89186	7.04150	19.8119	22.3621	24.7356	27.6883	29.8194
14	4.07468	4.66043	5.62872	6.57063	7.78953	21.0642	23.6848	26.1190	29.1413	31.3193
15	4.60094	5.22935	6.26214	7.26094	8.54675	22.3072	24.9958	27.4884	30.5779	32.8013
16	5.14224	5.81221	6.90766	7.96164	9.31223	23.5418	26.2962	28.8454	31.9999	34.2672
17	5.69724	6.40776	7.56418	8.67176	10.0852	24.7690	27.5871	30.1910	33.4087	35.7185
18	6.26481	7.01491	8.23075	9.39046	10.8649	25.9894	28.8693	31.5264	34.8053	37.1564
19	6.84398	7.63273	8.90655	10.1170	11.6509	27.2036	30.1435	32.8523	36.1908	38.5822
20	7.43386	8.26040	9.59083	10.8508	12.4426	28.4120	31.4104	34.1696	37.5662	39.9968
21	8.03366	8.89720	10.28293	11.5913	13.2396	29.6151	32.6705	35.4789	38.9321	41.4010
22	8.64272	9.54249	10.9823	12.3380	14.0415	30.8133	33.9244	36.7807	40.2894	42.7956
23	9.26042	10.19567	11.6885	13.0905	14.8479	32.0069	35.1725	38.0757	41.6384	44.1813
24	9.88623	10.8564	12.4011	13.8484	15.6587	33.1963	36.4151	39.3641	42.9798	45.5585
25	10.5197	11.5240	13.1197	14.6114	16.4734	34.3816	37.6525	40.6465	44.3141	46.9278
26	11.1603	12.1981	13.8439	15.3791	17.2919	35.5631	38.8852	41.9232	45.6417	48.2899
27	11.8076	12.8786	14.5733	16.1513	18.1138	36.7412	40.1133	43.1944	46.9630	49.9449
28	12.4613	13.5648	15.3079	16.9279	18.9392	37.6159	41.3372	44.4607	48.2782	50.9933
29	13.1211	14.2565	16.0471	17.7083	19.7677	39.0875	42.5569	45.7222	49.5879	52.3356
30	13.7867	14.9535	16.7908	18.4926	20.5992	40.2560	43.7729	46.9792	50.8922	53.6720
40	20.7065	22.1643	24.4331	26.5093	29.0505	51.8050	55.7585	59.3417	63.6907	66.7659
50	27.9907	29.7067	32.3574	34.7642	37.6886	63.1671	67.5048	71.4202	76.1539	79.4900
60	35.5346	37.4848	40.4817	43.1879	46.4589	74.3970	79.0819	83.2976	88.3794	91.9517
70	43.2752	45.4418	48.7576	51.7393	55.3290	85.5271	90.5312	95.0231	100.425	104.215
80	51.1720	53.5400	57.1532	60.3915	64.2778	96.5782	101.879	106.629	112.329	116.321
90	59.1963	61.7541	65.6466	69.1260	73.2912	107.565	113.145	118.136	124.116	128.299
100	67.3276	70.0648	74.2219	77.9295	82.3581	118.498	124.342	129.561	135.807	140.169

〈부록 7〉 F 분포표(1)

$$P(F \geq F_\alpha) = \alpha\,(\alpha = 0.10)$$

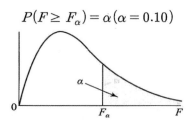

v_2 (d.f)	v_1 (d.f)																		
	1	2	3	4	5	6	7	8	9	10	12	15	20	24	30	40	60	120	∞
1	39.86	49.50	53.59	55.83	57.24	58.20	58.91	59.44	59.86	60.19	60.71	61.22	61.74	62.00	62.26	62.53	62.79	63.06	63.33
2	8.53	9.00	9.16	9.24	9.29	9.33	9.35	9.37	9.38	9.39	9.41	9.42	9.44	9.45	9.46	9.47	9.47	9.48	9.49
3	5.54	5.46	5.39	5.34	5.31	5.28	5.27	5.25	5.24	5.23	5.22	5.20	5.18	5.18	5.17	5.16	5.15	5.14	5.13
4	4.54	4.32	4.19	4.11	4.05	4.01	3.98	3.95	3.94	3.92	3.90	3.87	3.84	3.83	3.82	3.80	3.79	3.78	3.76
5	4.06	3.78	3.62	3.52	3.45	3.40	3.37	3.34	3.32	3.30	3.27	3.24	3.21	3.19	3.17	3.16	3.14	3.12	3.10
6	3.78	3.46	3.29	3.18	3.11	3.05	3.01	2.98	2.96	2.94	2.90	2.87	2.84	2.82	2.80	2.78	2.76	2.74	2.72
7	3.59	3.26	3.07	2.96	2.88	2.83	2.78	2.75	2.72	2.70	2.67	2.63	2.59	2.58	2.56	2.54	2.51	2.49	2.47
8	3.46	3.11	2.92	2.81	2.73	2.67	2.62	2.59	2.56	2.54	2.50	2.46	2.42	2.40	2.38	2.36	2.34	2.32	2.29
9	3.36	3.01	2.81	2.69	2.61	2.55	2.51	2.47	2.44	2.42	2.38	2.34	2.30	2.28	2.25	2.23	2.21	2.18	2.16
10	3.29	2.92	2.73	2.61	2.52	2.46	2.41	2.38	2.35	2.32	2.28	2.24	2.20	2.18	2.16	2.13	2.11	2.08	2.06
11	3.23	2.86	2.66	2.54	2.45	2.39	2.34	2.30	2.27	2.25	2.21	2.17	2.12	2.10	2.08	2.05	2.03	2.00	1.97
12	3.18	2.81	2.61	2.48	2.39	2.33	2.28	2.24	2.21	2.19	2.15	2.10	2.06	2.04	2.01	1.99	1.96	1.93	1.90
13	3.14	2.76	2.56	2.43	2.35	2.28	2323	2.20	2.16	2.14	2.10	2.05	2.01	1.98	1.96	1.93	1.90	1.88	1.85
14	3.10	2.73	2.52	2.39	2.31	2.24	2.19	2.15	2.12	2.10	2.05	2.01	1.96	1.94	1.91	1.89	1.86	1.83	1.80
15	3.07	2.70	2.49	2.36	2.27	2.21	2.16	2.12	2.09	2.06	2.02	1.97	1.92	1.90	1.87	1.85	1.82	1.79	1.76
16	3.05	2.67	2.46	2.33	2.24	2.18	2.13	2.09	2.06	2.03	1.99	1.94	1.89	1.87	1.84	1.81	1.78	1.75	1.72
17	3.03	2.64	2.44	2.31	2.22	2.15	2.10	2.06	2.03	2.00	1.96	1.91	1.86	1.84	1.81	1.78	1.75	1.72	1.69
18	3.01	2.62	2.42	2.29	2.20	2.13	2.08	2.04	2.00	1.98	1.93	1.89	1.84	1.81	1.78	1.75	1.72	1.69	1.66
19	2.99	2.61	2.40	2.27	2.18	2.11	2.06	2.02	1.98	1.96	1.91	1.86	1.81	1.79	1.76	1.73	1.70	1.67	1.63
20	2.97	2.59	2.38	2.25	2.16	2.09	2.04	2.00	1.96	1.94	1.89	1.84	1.79	1.77	1.74	1.71	1.68	1.64	1.61
21	2.96	2.57	2.36	2.23	2.14	2.08	2.02	1.98	1.95	1.92	1.87	1.83	1.78	1.75	1.72	1.69	1.66	1.62	1.59
22	2.95	2.56	2.35	2.22	2.13	2.06	2.01	1.97	1.93	1.90	1.86	1.81	1.76	1.73	1.70	1.67	1.64	1.60	1.57
23	2.94	2.55	2.34	2.21	2.11	2.05	1.99	1.95	1.92	1.89	1.84	1.80	1.74	1.72	1.69	1.66	1.62	1.59	1.55
24	2.93	2.54	2.33	2.19	2.10	2.04	1.98	1.94	1.91	1.88	1.83	1.78	1.73	1.70	1.67	1.64	1.61	1.57	1.53
25	2.92	2.53	2.32	2.18	2.09	2.02	1.97	1.93	1.89	1.87	1.82	1.77	1.72	1.69	1.66	1.63	1.59	1.56	1.52
26	2.91	2.52	2.31	2.17	2.08	2.01	1.96	1.92	1.88	1.86	1.81	1.76	1.71	1.68	1.65	1.61	1.58	1.54	1.50
27	2.90	2.51	3.30	2.17	2.07	2.00	1.95	1.91	1.87	1.85	1.80	1.75	1.70	1.67	1.64	1.60	1.57	1.53	1.49
28	2.89	2.50	2.29	2.16	2.06	2.00	1.94	1.90	1.87	1.84	1.79	1.74	1.69	1.66	1.63	1.59	1.56	1.52	1.48
29	2.89	2.50	2.28	2.15	2.06	1.99	1.93	1.89	1.86	1.83	1.78	1.73	1.68	1.65	1.62	1.58	1.55	1.51	1.47
30	2.88	2.49	2.28	2.14	2.05	1.98	1.93	1.88	1.85	1.82	1.77	1.72	1.67	1.64	1.61	1.57	1.54	1.50	1.46
40	2.84	2.44	2.23	2.09	2.00	1.93	1.87	1.83	1.79	1.76	1.71	1.66	1.61	1.57	1.54	1.51	1.47	1.42	1.38
60	2.79	2.39	2.18	2.04	1095	1.87	1.82	1.77	1.74	1.71	1.66	1.60	1.54	1.51	1.48	1.44	1.40	1.35	1.29
120	2.75	2.35	2.13	1.99	1.90	1.82	1.77	1.72	1.68	1.65	1.60	1.55	1.48	1.45	1.41	1.37	1.32	1.26	1.19
∞	2.71	2.30	2.08	1.94	1.85	1.77	1.72	1.67	1.63	1.60	1.55	1.49	1.42	1.38	1.34	1.30	1.24	1.17	1.00

F 분포표(2)

$$P(F \geq F_\alpha) = \alpha \, (\alpha = 0.05)$$

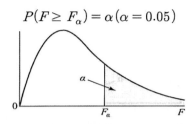

v_2 (d.f)	v_1 (d.f)																		
	1	2	3	4	5	6	7	8	9	10	12	15	20	24	30	40	60	120	∞
1	161.4	199.5	215.7	224.6	230.2	234.0	236.8	238.9	240.5	241.9	243.9	245.9	248.0	249.1	250.1	251.1	252.2	253.3	254.3
2	18.51	19.00	19.25	19.25	19.30	19.33	19.35	19.37	19.38	19.40	19.41	19.43	19.45	19.45	19.46	19.47	19.48	19.49	19.50
3	10.13	9.55	9.28	9.12	9.01	8.94	8.89	8.85	8.81	8.79	8.74	8.70	8.66	8.64	8.62	8.59	8.57	8.55	8.53
4	7.71	6.94	6.59	6.39	6.26	6.16	6.09	6.04	6.00	5.96	5.91	5.86	5.80	5.77	5.75	5.72	5.69	5.66	5.63
5	6.61	5.79	5.41	5.19	5.05	4.95	4.88	4.82	4.77	4.74	4.68	4.62	4.56	4.53	4.50	4.46	4.43	4.40	4.36
6	5.99	5.14	4.76	4.53	4.39	4.28	4.21	4.15	4.10	4.06	4.00	3.94	3.87	3.84	3.81	3.77	3.74	3.70	3.67
7	5.59	4.74	4.35	4.12	3.97	3.87	3.79	3.73	3.68	3.64	3.57	3.51	3.44	3.41	3.38	3.34	3.30	3.27	3.23
8	5.32	4.46	4.07	3.84	3.69	3.58	3.50	3.44	3.39	3.35	3.28	3.22	3.51	3.12	3.08	3.04	3.01	2.97	2.93
9	5.12	4.26	3.86	3.63	3.48	3.37	3.29	3.23	3.18	3.14	3.07	3.01	2.94	2.90	2.86	2.83	2.79	2.75	2.71
10	4.96	4.10	3.71	3.48	3.33	3.22	3.14	3.07	3.02	2.98	2.91	2.85	2.77	2.74	2.70	2.66	2.62	2.58	2.54
11	4.84	3.98	3.59	3.36	3.20	3.09	3.01	2.95	2.90	2.85	2.79	2.72	2.65	2.61	2.57	2.53	2.49	2.45	2.40
12	4.75	3.89	3.49	3.26	3.11	3.00	2.91	2.85	2.80	2.75	2.69	2.62	2.54	2.51	2.47	2.43	2.38	2.34	2.30
13	4.67	3.81	3.41	3.18	3.03	2.92	2.83	2.77	2.71	2.67	2.60	2.53	2.46	2.42	2.38	2.34	2.30	2.25	2.21
14	60	3.74	3.34	3.11	2.96	2.85	2.76	2.70	2.65	2.60	2.53	2.46	2.39	2.35	2.31	2.27	2.22	2.18	2.13
15	4.54	3.68	3.29	3.06	2.90	2.79	2.71	2.64	2.59	2.54	2.48	2.40	2.33	2.29	2.25	2.20	2.16	2.11	2.07
16	4.49	3.63	3.24	3.01	2.85	2.74	2.66	2.59	2.54	2.49	2.42	2.35	2.28	2.24	2.19	2.15	2.11	2.06	2.01
17	4.45	3.59	3.20	2.96	2.81	2.70	2.61	2.55	2.49	2.45	2.38	2.31	2.23	2.19	2.15	2.10	2.06	2.01	1.96
18	4.41	3.55	3.16	2.93	2.77	2.66	2.58	2.51	2.46	2.41	2.34	2.27	2.19	2.15	2.11	2.06	2.02	1.97	1.92
19	4.38	3.52	3.13	2.90	2.74	2.63	2.54	2.48	2.42	2.38	2.31	2.23	2.16	2.11	2.07	2.03	1.98	1.93	1.88
20	4.35	3.49	3.10	2.87	2.71	2.60	2.51	2.45	2.39	2.35	2.28	2.20	2.12	2.08	2.04	1.99	1.95	1.90	1.84
21	4.32	3.47	3.07	2.84	2.68	2.57	2.49	2.42	2.37	2.32	2.25	2.18	2.10	2.05	2.01	1.96	1.92	1.87	1.81
22	4.30	3.44	3.05	2.82	2.66	2.55	2.46	2.40	2.34	2.30	2.23	2.15	2.07	2.03	1.98	1.94	1.89	1.84	1.78
23	4.28	3.42	3.03	2.80	2.64	2.53	2.44	2.37	2.32	2.27	2.20	2.13	2.05	2.01	1.96	1.91	1.86	1.81	1.76
24	4.26	3.40	3.01	2.78	2.62	2.51	2.42	2.36	2.30	2.25	2.18	2.11	2.03	1.98	1.94	1.89	1.84	1.79	1.73
25	4.24	3.39	2.99	2.76	2.60	2.46	2.40	2.34	2.28	2.24	2.16	2.09	2.01	1.96	1.92	1.87	1.82	1.77	1.71
26	4.23	3.37	2.98	2.74	2.59	2.47	2.39	2.32	2.27	2.22	2.15	2.07	1.99	1.95	1.90	1.85	1.80	1.75	1.69
27	4.21	3.35	2.96	2.73	2.57	2.46	2.37	2.31	2.25	2.20	2.13	2.06	1.97	1.93	1.88	1.84	1.79	1.73	1.67
28	4.20	3.34	2.95	2.71	2.56	2.45	2.36	2.29	2.24	2.19	2.12	2.04	1.96	1.91	1.87	1.82	1.77	1.71	1.65
29	4.18	3.33	2.93	2.70	2.55	2.43	2.35	2.28	2.22	2.18	2.10	2.03	1.94	1.90	1.85	1.81	1.75	1.70	1.64
30	4.17	3.32	2.92	2.69	2.53	2.42	2.33	2.27	2.21	2.16	2.09	2.01	1.93	1.89	1.84	1.79	1.74	1.68	1.62
40	4.08	3.23	2.84	2.61	2.45	2.34	2.25	2.18	2.12	2.08	2.00	1.92	1.84	1.79	1.74	1.69	1.64	1.58	1.51
60	4.00	3.15	2.76	2.53	2.37	2.25	2.17	2.10	2.04	1.99	1.92	1.84	1.75	1.70	1.65	1.59	1.53	1.47	1.39
120	3.92	3.07	2.68	2.45	2.29	2.17	2.09	2.02	1.96	1.91	1.83	1.75	1.66	1.61	1.55	1.50	1.43	1.35	1.25
∞	3.84	3.00	2.60	2.37	2.21	2.10	2.01	1.94	1.88	1.83	1.75	1.67	1.57	1.52	1.46	1.39	1.32	1.22	1.00

F 분포표(3)

$$P(F \geq F_\alpha) = \alpha \,(\alpha = 0.025)$$

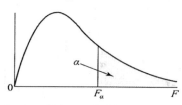

v_2 (d.f)	v_1(d.f)																	
	1	2	3	4	5	6	7	8	9	10	12	15	20	24	30	40	60	120	∞
1	647.8	799.5	864.2	899.6	921.8	937.1	948.2	956.7	963.3	968.6	976.7	984.9	993.1	997.2	1001	1006	1010	1014	1018
2	38.51	39.00	39.25	39.25	39.30	39.33	39.36	39.37	39.39	39.40	39.41	39.43	39.45	39.46	39.46	39.47	39.48	39.49	39.50
3	17.44	16.04	15.10	15.10	14.88	14.73	14.62	14.54	14.47	14.42	14.32	14.25	14.17	14.12	14.08	14.04	13.99	13.95	13.90
4	12.22	10.65	9.60	9.60	9.36	9.20	9.07	8.98	8.90	8.84	8.75	8.66	8356	8.51	8.46	8.41	8.36	8.31	8.26
5	10.01	8.43	7.76	7.39	7.39	6.98	6.85	6.76	6.68	6.62	6.52	6.43	6.33	6.28	6.23	6.18	6.12	6.07	6.02
6	8.81	7.26	6.60	6.23	6.23	5.82	5.70	5.60	5.52	5.46	5.37	5.27	5.17	5.12	5.07	5.01	4.96	4.90	4.85
7	8.07	6.54	5.89	5.52	5.52	5.12	4.99	4.90	4.82	4.76	4.67	4.57	4.47	4.42	4.36	4.31	4.25	4.20	4.14
8	7.57	6.06	5.42	5.05	5.05	4.65	4.53	4.43	4.36	4.30	4.20	4.10	4.00	3.95	3.89	3.84	3.78	3.73	3.67
9	7.21	5.71	5.08	5.72	5.72	4.32	4.20	4.10	4.03	3.96	3.87	3.77	3.67	3.61	3.56	3.51	3.45	3.39	3.33
10	6.94	5.46	4.83	4.47	4.47	4.07	3.95	3.85	3.78	3.72	3.62	3.52	3.42	3.37	3.31	3.26	3.20	3.14	3.08
11	6.72	5.26	4.63	4.28	4.28	3.88	3.76	3.66	3.59	3.53	3.43	3.33	3.23	3.17	3.12	3.06	3.00	2.94	2.88
12	6.55	5.10	4.47	4.12	4.12	3.73	3.61	3.51	3.44	3.37	3.28	3.18	3.07	3.02	2.96	2.91	2.85	2.79	2.72
13	6.41	4.97	4.35	4.00	4.00	3.60	3.48	3.39	3.31	3.25	3.15	3.05	2.95	2.89	2.84	2.78	2.72	2.66	2.60
14	6.30	4.86	4.24	3.89	3.89	3.50	3.38	3.29	3.21	3.15	3.05	2.95	2.84	2.79	2.73	2.67	2.61	2.55	2.49
15	6.20	4.77	4.15	3.80	3.80	3.41	3.29	3.20	3.12	3.06	2.96	2.86	2.76	2.70	2.64	2.59	2.52	2.46	2.40
16	6.12	4.69	4.08	3.73	3.73	3.34	3.22	3.12	3.05	2.99	2.89	2.79	2.68	2.63	2.57	2.51	2.45	2.38	2.32
17	6.04	4.62	4.01	3.66	3.66	3.28	3.16	3.06	2.98	2.92	2.82	2.72	2.62	2.56	2.50	2.44	2.38	2.32	2.25
18	5.98	4.56	3.95	3.61	3.61	3.22	3.10	3.01	2.93	2.87	2.77	2.67	2.56	2.50	2.44	2.38	2.32	2.26	2.19
19	5.92	4.51	3.90	3.56	3.56	3.17	3.05	2.96	2.88	2.82	2.72	2.62	2.51	2.45	2.39	2.33	2.27	2.20	2.13
20	5.87	4.46	3.86	3.51	3.51	3.13	3.01	2.91	2.84	2.77	2.68	2.57	2.46	2.41	2.35	2.29	2.22	2.16	2.09
21	5.83	4.42	3.82	3.48	3.48	3.09	2.97	2.87	2.80	2.73	2.64	2.53	2.42	2.37	2.31	2.25	2.18	2.11	2.04
22	5.79	4.38	3.78	3.44	3.44	3.05	2.93	2.84	2.76	2.70	2.60	2.50	2.39	2.33	2.27	2.21	2.14	2.08	2.00
23	5.75	4.35	3.75	3.41	3.41	3.02	2.90	2.81	2.73	2.67	2.57	2.47	2.36	2.30	2.24	2.18	2.11	2.04	1.97
24	5.72	4.32	3.72	3.38	3.38	2.99	2.87	2.78	2.70	2.64	2.54	2.44	2.33	2.27	2.21	2.15	2.08	2.01	1.94
25	5.69	4.29	3.69	3.35	3.35	2.97	2.85	2.75	2.68	2.61	2.51	2.41	2.30	2.24	2.18	2.12	2.05	1.98	1.91
26	5.66	4.27	3.67	3.33	3.33	2.94	2.82	2.73	2.65	2.59	2.49	2.39	2.28	2.22	2.16	2.09	2.03	1.95	1.88
27	5.63	4.24	3.65	3.31	3.31	2.92	2.80	2.71	2.63	2.57	2.47	2.36	2.25	2.19	2.13	2.07	2.00	1.93	1.85
28	5.61	4.22	3.63	3.29	3.29	2.90	2.78	2.69	2.61	2.55	2.45	2.34	2.23	2.17	2.11	2.05	1.98	1.91	1.83
29	5.59	4.20	3.61	3.27	3.27	2.88	2.76	2.67	2.59	2.53	2.43	2.32	2.21	2.15	2.09	2.03	1.96	1.89	1.81
30	5.57	4.18	3.59	3.25	3.25	2.87	2.75	2.65	2.57	2.51	2.41	2.31	2.20	2.14	2.07	2.01	1.94	1.87	1.79
40	5.42	4.05	3.46	3.13	3.13	2.74	2.62	2.53	2.45	2.39	2.29	2.18	2.07	2.01	1.94	1.88	1.80	1.72	1.64
60	5.29	3.93	3.34	3.01	3.01	2.63	2.51	2.41	2.33	2.27	2.17	2.06	1.94	1.88	1.82	1.74	1.67	1.58	1.48
120	5.15	3.80	3.23	2.89	2.89	2.52	2.39	2.30	2.22	2.16	2.05	1.94	1.82	1.76	1.69	1.61	1.53	1.43	1.31
∞	5.02	3.69	3.12	2.79	2.79	2.41	2.29	2.19	2.11	2.05	1.94	1.83	1.71	1.64	1.57	1.48	1.39	1.27	1.00

F 분포표(4)

$$P(F \ge F_\alpha) = \alpha\,(\alpha = 0.01)$$

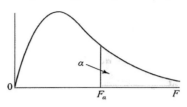

v_2 (d.f)	v_1(d.f)																		
	1	2	3	4	5	6	7	8	9	10	12	15	20	24	30	40	60	120	∞
1	4052	4999	5403	5625	5764	5859	5928	5982	6022	6056	6106	6157	6209	6235	6261	6287	6313	6339	6366
2	98.50	99.00	99.17	99.25	99.30	99.33	99.36	99.37	99.39	99.40	99.42	99.43	99.45	99.46	99.47	99.47	99.48	99.49	99.50
3	34.12	30.82	29.46	28.71	28.24	27.91	27.67	27.49	27.35	27.23	27.05	26.87	26.69	26.60	26.50	26.41	26.32	26.22	26.13
4	21.20	18.00	16.69	15.98	15.52	15.21	14.98	14.80	14.66	14.55	14.37	14.20	14.02	13.93	13.84	13.75	13.65	13.56	13.46
5	16.26	13.27	12.05	11.39	10.97	10.67	10.46	10.29	10.16	10.05	9.89	9.72	9.55	9.47	9.38	9.29	9.20	9.11	9.02
6	13.75	10.92	9.78	9.15	8.75	8.47	8.26	8.10	7.98	7.87	7.72	7.56	7.40	7.31	7.23	7.14	7.06	6.97	6.88
7	12.25	9.55	8.45	7.85	7.46	7.19	6.99	6.84	6.72	6.62	6.47	6.31	6.16	6.07	5.99	5.91	5.82	5.74	5.65
8	11.26	8.65	7.59	7.01	6.63	6.37	6.18	6.03	5.91	5.81	5.67	5.52	5.36	5.28	5.20	5.12	5.03	4.95	4.86
9	10.56	8.02	6.99	6.42	6.06	5.80	5.61	5.47	5.35	5.25	5.11	4.96	4.81	4.73	4.65	4.57	4.48	4.40	4.31
10	10.04	7.56	6.55	5.99	5.64	5.39	5.20	5.06	4.94	4.85	4.71	4.56	4.41	4.33	4.25	4.17	4.08	4.00	3.91
11	9.65	7.21	6.22	5.67	5.32	5.07	4.89	4.74	4.63	4.54	4.40	4.25	4.10	4.02	3.94	3.86	3.78	3.69	3.60
12	9.33	6.93	5.95	5.41	5.06	4.82	4.64	4.50	4.39	4.30	4.16	4.01	3.86	3.78	3.70	3.62	3.54	3.45	3.36
13	9.07	6.70	5.74	5.21	4.86	4.62	4.44	4.30	4.19	4.10	3.96	3.82	3.66	3.59	3.51	3.43	3.34	3.25	3.17
14	8.86	6.51	5.56	5.04	4.69	4.46	4.28	4.14	4.03	3.94	3.80	3.66	3.51	3.43	3.35	3.37	3.18	3.09	3.00
15	8.68	6.36	5.42	4.89	4.56	4.32	4.14	4.00	3.89	3.80	3.67	3.52	3.37	3.29	3.21	3.13	3.05	2.96	2.87
16	8.53	6.23	5.29	4.77	4.44	4.20	4.03	3.89	3.78	3.69	3.55	3.41	3.26	3.18	3.10	3.02	2.93	2.84	2.75
17	8.40	6.11	5.18	4.67	4.34	4.10	3.93	3.79	3.68	3.59	3.46	3.31	3.16	3.08	3.00	2.92	2.83	2.75	2.65
18	8.29	6.01	5.09	4.58	4.25	4.01	3.84	3.71	3.60	3.51	3.37	3.23	3.08	3.00	2.92	2.84	2.75	2.66	2.57
19	8.18	5.93	5.01	4.50	4.17	3.94	3.77	3.63	3.52	3.43	3.30	3.15	3.00	2.92	2.84	2.76	2.67	2.58	2.49
20	8.10	5.85	4.94	4.43	4.10	3.87	3.70	3.56	3.46	3.37	3.23	3.09	2.94	2.86	2.78	2.69	2.61	2.52	2.42
21	8.02	5.78	4.87	4.37	4.04	3.81	3.64	3.51	3.40	3.31	3.17	3.03	2.88	2.80	2.72	2.64	2.55	2.46	2.36
22	7.95	5.72	4.82	4.31	3.99	3.76	3.59	3.45	3.35	3.26	3.12	2.98	2.83	2.75	2.67	2.58	2.50	2.40	2.31
23	7.88	5.66	4.76	4.26	3.94	3.71	3.54	3.41	3.30	3.21	3.07	2.93	2.78	2.70	2.62	2.54	2.45	2.35	2.26
24	7.82	5.61	4.72	4.22	3.90	3.67	3.50	3.36	3.26	3.17	3.03	2.89	2.74	2.66	2.58	2.49	2.40	2.31	2.21
25	7.77	5.57	4.68	4.18	3.85	3.63	3.46	3.32	3.22	3.13	2.99	2.85	2.70	2.62	2.54	2.45	2.36	2.27	2.17
26	7.72	5.53	4.64	4.14	3.82	3.59	3.42	3.29	3.18	3.09	2.96	2.81	2.66	2.58	2.50	2.42	2.33	2.23	2.13
27	7.68	5.49	4.60	4.11	3.78	3.56	3.39	3.26	3.15	3.06	2.93	2.78	2.63	2.55	2.47	2.38	2.29	2.20	2.10
28	7.64	5.45	4.57	4.07	3.75	3.53	3.36	3.23	3.12	3.03	2.90	2.75	2.60	2.52	2.44	2.35	2.26	2.17	2.06
29	7.60	5.42	4.54	4.04	3.73	3.50	3.33	3.20	3.09	3.00	2.87	2.73	2.57	2.49	2.41	2.33	2.23	2.14	2.03
30	7.56	5.39	4.51	4.02	3.70	3.47	3.30	3.17	3.07	2.98	2.84	2.70	2.55	2.47	2.39	2.30	2.21	2.11	2.01
40	7.31	5.18	4.31	3.83	3.51	3.29	3.12	2.99	2.89	2.80	2.66	2.52	2.37	2.29	2.20	2.11	2.02	1.92	1.80
60	7.08	4.98	3.13	3.65	3.34	3.12	2.95	2.82	2.72	2.63	2.50	2.35	2.20	2.12	2.03	1.94	1.84	1.73	1.60
120	6.85	4.79	3.95	3.48	3.17	2.96	2.79	2.66	2.56	2.47	2.34	2.19	2.03	1.95	1.86	1.76	1.66	1.53	1.38
∞	6.63	4.61	3.78	3.32	3.02	2.80	2.64	2.51	2.41	2.32	2.18	2.04	1.88	1.79	1.70	1.59	1.47	132	1.00

F 분포표(5)

$$P(F \geq F_\alpha) = \alpha \, (\alpha = 0.005)$$

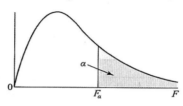

v_2 (d.f)	v_1 (d.f) 1	2	3	4	5	6	7	8	9	10	12	15	20	24	30	40	60	120	∞
1	16211	20000	21615	22500	23056	23437	23715	23925	24091	24224	24426	24630	24836	24940	25044	25148	25253	25359	25465
2	198.5	199.0	199.2	199.2	199.3	199.3	199.4	199.4	199.4	199.4	199.4	199.4	199.4	199.5	199.5	199.5	199.5	199.5	199.5
3	55.55	49.80	47.47	46.19	45.39	44.84	44.43	44.13	45.88	43.69	43.69	43.08	42.78	42.62	24.47	42.31	42.15	41.99	41.83
4	31.33	26.28	24.26	23.15	22.46	21.97	21.62	21.35	21.14	20.97	20.70	20.44	20.17	20.03	18.89	19.75	19.61	19.47	19.32
5	22.78	18.31	16.53	15.56	14.94	14.51	14.20	13.96	13.77	13.62	13.38	13.15	12.90	12.78	12.66	12.53	12.40	12.27	12.14
6	18.63	14.54	12.92	1203	11.46	11.07	10.79	10.57	10.39	10.25	10.03	9.81	9.59	9.47	9.36	9.24	9.12	9.00	8.88
7	16.24	12.40	10.88	10.05	9.52	9.16	8.89	8.68	8.51	8.38	8.18	7.97	7.75	7.65	7.53	7.42	7.31	7.19	7.08
8	14.69	11.04	9.60	8.81	8.30	7.95	7.69	7.50	7.34	7.21	7.01	6.81	6.61	6.50	6.40	6.29	6.18	6.06	5.95
9	13.61	10.11	8.72	7.96	7.47	7.13	6.88	6.69	6.54	6.42	6.23	6.03	5.83	5.73	5.62	5.52	5.41	5.30	5.19
10	12.83	9.43	8.08	7.34	6.87	6.54	6.30	6.12	5.97	5.85	5.66	5.47	5.27	5.17	5.07	4.97	4.86	4.75	4.64
11	12.23	8.91	7.60	6.88	6.42	6.10	5.86	5.68	5.54	5.42	5.24	5.05	4.86	4.76	4.65	4.55	4.44	4.34	4.23
12	11.75	8.51	7.23	6.23	6.07	5.76	5.22	5.35	5.20	5.09	4.91	4.72	4.53	4.43	4.33	4.23	4.12	4.01	3.90
13	11.37	8.19	6.93	6.00	5.79	5.48	5.25	5.08	4.94	4.82	4.64	4.46	4.27	4.17	4.07	3.97	3.87	3.76	3.65
14	11.06	7.92	6.68		5.56	5.26	5.03	4.86	4.72	4.60	4.43	4.25	4.06	3.96	3.86	3.76	3.66	3.55	3.44
15	10.80	7.70	6.48	5.80	5.37	5.07	4.85	4.67	4.54	4.42	4.25	4.07	3.88	3.79	3.69	3.58	3.48	3.37	3.26
16	10.58	7.51	6.30	5.64	5.21	4.91	4.69	4.52	4.38	4.27	4.10	3.92	3.73	3.64	3.54	3.44	3.33	3.22	3.11
17	10.38	7.35	6.16	5.50	5.07	4.78	4.56	4.39	4.25	4.14	3.97	3.79	3.61	3.51	3.41	3.31	3.21	3.10	2.98
18	10.22	7.21	6.03	5.37	4.96	4.66	4.44	4.28	4.14	4.03	3.86	3.68	3.50	3.40	3.30	3.20	3.10	2.99	2.87
19	10.07	7.09	5.92	5.27	4.85	4.56	4.34	4.18	4.04	3.93	3.76	3.59	3.40	3.31	3.21	3.11	3.00	2.89	2.78
20	9.94	6.99	5.82	5.17	4.76	4.47	4.26	4.09	3.96	3.85	3.68	3.50	3.32	3.22	3.12	3.02	2.92	2.81	2.69
21	9.83	6.89	5.73	5.09	4.68	4.39	4.18	4.01	3.88	3.77	3.60	3.43	3.24	3.15	3.05	2.95	2.84	2.73	2.61
22	9.73	6.81	5.65	5.02	4.61	4.32	4.11	3.94	3.81	3.70	3.54	3.36	3.18	3.08	2.98	2.88	2.77	2.66	2.55
23	9.63	6.73	5.58	4.95	4.54	4.26	4.05	3.88	3.75	3.64	3.47	3.30	3.12	3.02	2.92	2.82	2.71	2.59	2.48
24	9.55	6.66	5.52	4.89	4.49	4.20	3.99	3.83	3.69	3.59	3.42	3.25	3.06	2.97	2.87	2.77	2.66	2.55	2.43
25	9.48	6.60	5.46	4.84	4.43	4.15	3.94	3.78	3.64	3.54	3.37	3.20	3.01	2.92	2.82	2.72	2.61	2.50	2.38
26	9.41	6.54	5.41	4.79	4.38	4.10	3.89	3.73	3.60	3.49	3.33	3.15	2.97	2.87	2.77	2.67	2.56	2.45	2.33
27	9.34	6.49	5.36	4.74	4.34	4.06	3.85	3.69	3.56	3.45	3.28	3.11	3.93	2.83	2.73	2.63	2.52	2.41	2.29
28	9.28	6.44	5.32	4.70	4.30	4.02	3.81	3.65	3.52	3.41	3.25	3.07	2.89	2.79	2.69	2.59	2.48	2.37	2.25
29	9.23	6.40	5.28	4.66	4.26	3.98	3.77	3.61	3.48	3.38	3.21	3.04	2.86	2.76	2.66	2.56	2.45	2.33	2.21
30	9.18	6.35	5.24	4.62	4.23	3.95	3.74	3.58	3.45	3.34	3.18	3.01	2.82	2.73	2.63	2.52	2.42	2.30	2.18
40	8.83	6.07	4.98	4.37	3.99	3.71	3.51	3.35	3.22	3.12	2.95	2.78	2.60	2.50	2.40	2.30	2.18	2.06	1.93
60	8.49	5.79	4.73	4.14	3.76	3.49	3.29	3.13	3.01	2.90	2.74	2.57	2.39	2.29	2.19	2.08	1.96	1.83	1.69
120	8.18	5.54	4.50	3.92	3.55	3.28	3.09	2.93	2.81	2.71	2.54	2.37	2.19	2.09	1.98	1.87	1.75	1.61	1.43
∞	7.88	5.30	4.28	3.72	3.35	3.09	2.90	2.74	2.62	2.52	2.36	2.19	2.00	1.90	1.79	1.67	1.53	1.36	1.00

〈부록 8〉 부호검정표(1)

이항분포표 : $p = 0.5$일 때 $P(B \geq b)$

$B - B(n, \frac{1}{2})$일 때 $P(B \geq b) = \alpha$이면 $b(\alpha, n) = b$

b	n							
	2	3	4	5	6	7	8	9
1	.7500							
2	.2500	.5000	.6875					
3		.1250	.3125	.5000	.6563			
4			.0625	.1875	.3438	.5000	.6367	
5				.0313	.1094	.2266	.3633	.5000
6					.0156	.0625	.1445	.2539
7						.0078	.0352	.0195
8							.0039	.0020
9								

b	n							
	10	11	12	13	14	15	16	17
5	.6230							
6	.3770	.5000	.6128					
7	.1719	.2744	.3872	.5000	.6047			
8	.0547	.1133	.1938	.2905	.3953	.5000	.5982	
9	.0107	.0327	.0703	.1334	.2120	.3036	.4018	.5000
10	.0010	.0059	.0193	.0461	.0898	.1509	.2272	.3145
11		.0005	.0032	.0112	.0287	.0592	.1051	.1662
12			.0002	.0117	.0065	.0176	.0384	.0717
13				.0001	.0009	.0037	.0106	.0245
14					.0001	.0005	.0037	.0064
15						.0000	.0005	.0012
16							.0000	.0001
17								.0000

부호검정표(2)

부호검정표표 : $p = 0.5$일 때 $P(B \geq b)$

$$B - B(n, \frac{1}{2})$$일 때 $P(B \geq b) = \alpha$이면 $b(\alpha, n) = b$

b	n							
	18	19	20	21	22	23	24	25
9	.5927							
10	.4073	.50000	.5881					
11	.2403	.3238	.4119	.5000	.5841			
12	.1189	.1796	.2517	.3318	.4159	.5000	.5806	
13	.0481	.0835	.1316	.1917	.2617	.3388	.4194	.5000
14	.0154	.0318	.0577	.0946	.1431	.2024	.2706	.3450
15	.0038	.0096	.0207	.0392	.0669	.1050	.1537	.2122
16	.0007	.0022	.0059	.0133	.0262	.0466	.0758	.1148
17	.0001	.0004	.0013	.0036	.0085	.0173	.0320	.0539
18	.0000	.0000	.0002	.0007	.0022	.0053	.0113	.0216
19		.0000	.0000	.0001	.0004	.0013	.0033	.0073
20			.0000	.0000	.0001	.0002	.0008	.0020
21				.0000	.0000	.0000	.0001	.0005
22					.0000	.0000	.0000	.0001
23						.0000	.0000	.0000
24							.0000	.0000
25								.0000

부호순위 통계량(W^+) 분포표 : $P_0(W^+ \geq x) = \alpha\,(1)$

$$P_0(W^+ \geq x) = \alpha\,\text{이면}\ \ W^+(\alpha,\,n) = x$$

x	3	4	5	6	7	8	9
3	.625						
4	.375						
5	.250	.562					
6	.125	.438					
7		.312					
8		.188	.500				
9		.125	.406				
10		.062	.312				
11			.219	.500			
12			.156	422			
13			.094	.344			
14			.062	.281	.531		
15			.031	.291	.469		
16				.156	.406		
17				.109	.344		
18				.078	.289	.527	
19				.047	.234	.473	
20				.031	.188	.422	
21				.016	.148	.371	
22					.109	.320	
23					.078	.273	.500
24					.055	.230	.455
25					.039	.191	.410
26					.023	.156	.367
27					.016	.125	.326
28					.008	.098	.285
29						.074	.248
30						.055	.213
31						.039	.180
32						.027	.150
33						.020	.125
34						.012	.102
35						.008	.082
36						.004	.064
37							.049
38							.037
39							.027
40							.020
41							.014
42							.010
43							.006
44							.004
45							.002

부호순위 통계량(W^+) 분포표 : $P_0(W^+ \geq x) = \alpha$ (2)

$$P_0(W^+ \geq x) = \alpha \text{이면 } W^+(\alpha,\, n) = x$$

x	n					
	10	11	12	13	14	15
28	.500					
29	.461					
30	.423					
31	.385					
32	.348					
33	.312	.517				
34	.278	.483				
35	.246	.449				
36	.216	.416				
37	.188	.382				
38	.161	.350				
39	.138	.319	.515			
40	.116	.289	.485			
41	.097	.260	.455			
42	.080	.232	.425			
43	.065	.207	.396			
44	.053	.183	.367			
45	.042	.160	.339			
46	.032	.139	.311	.500		
47	.024	.120	.285	.473		
48	.019	.103	.259	.446		
49	.014	.087	.235	.420		
50	.010	.074	.212	.393		
51	.007	.062	.190	.368		
52	.005	.051	.170	.342		
53	.003	.042	.151	.318	.500	
54	.002	.034	.133	.294	.476	
55	.001	.027	.117	.271	.452	
56		.021	.102	.249	.428	
57		.016	.088	.227	.404	
58		.012	.076	.207	.380	
59		.009	.065	.188	.357	
60		.007	.055	.170	.335	.511
61		.005	.046	.153	.313	.489
62		.003	.039	.137	.292	.467
63		.002	.032	.122	.271	.445
64		.001	.026	.108	.251	.423
65		.001	.021	.095	.232	.402
66		.000	.017	.084	.213	.381
67			.013	.073	.196	.360
68			.010	.064	.179	.339
69			.008	.055	.163	.319
70			.006	.047	.148	.300
71			.005	.040	.134	.281
72			.003	.034	.121	.262
73			.002	.029	.108	.244
74			.002	.024	.097	.227
75			.001	.020	.086	.211
76			.001	.016	.077	.195

〈부록 8〉 부호순위 통계량(W^+) 분포표 : $P_0(W^+ \geq x) = \alpha\,(1)$

$$P_0(W^+ \geq x) = \alpha \text{이면 } W^+(\alpha,\ n) = x$$

x	3	4	5	6	7	8	9
3	.625						
4	.375						
5	.250	.562					
6	.125	.438					
7		.312					
8		.188	.500				
9		.125	.406				
10		.062	.312				
11			.219	.500			
12			.156	422			
13			.094	.344			
14			.062	.281	.531		
15			.031	.291	.469		
16				.156	.406		
17				.109	.344		
18				.078	.289	.527	
19				.047	.234	.473	
20				.031	.188	.422	
21				.016	.148	.371	
22					.109	.320	
23					.078	.273	.500
24					.055	.230	.455
25					.039	.191	.410
26					.023	.156	.367
27					.016	.125	.326
28					.008	.098	.285
29						.074	.248
30						.055	.213
31						.039	.180
32						.027	.150
33						.020	.125
34						.012	.102
35						.008	.082
36						.004	.064
37							.049
38							.037
39							.027
40							.020
41							.014
42							.010
43							.006
44							.004
45							.002

부호순위 통계량(W^+) 분포표 : $P_0(W^+ \geq x) = \alpha$ (2)

$$P_0(W^+ \geq x) = \alpha \text{이면 } W^+(\alpha, n) = x$$

x	n					
	10	11	12	13	14	15
28	.500					
29	.461					
30	.423					
31	.385					
32	.348					
33	.312	.517				
34	.278	.483				
35	.246	.449				
36	.216	.416				
37	.188	.382				
38	.161	.350				
39	.138	.319	.515			
40	.116	.289	.485			
41	.097	.260	.455			
42	.080	.232	.425			
43	.065	.207	.396			
44	.053	.183	.367			
45	.042	.160	.339			
46	.032	.139	.311	.500		
47	.024	.120	.285	.473		
48	.019	.103	.259	.446		
49	.014	.087	.235	.420		
50	.010	.074	.212	.393		
51	.007	.062	.190	.368		
52	.005	.051	.170	.342		
53	.003	.042	.151	.318	.500	
54	.002	.034	.133	.294	.476	
55	.001	.027	.117	.271	.452	
56		.021	.102	.249	.428	
57		.016	.088	.227	.404	
58		.012	.076	.207	.380	
59		.009	.065	.188	.357	
60		.007	.055	.170	.335	.511
61		.005	.046	.153	.313	.489
62		.003	.039	.137	.292	.467
63		.002	.032	.122	.271	.445
64		.001	.026	.108	.251	.423
65		.001	.021	.095	.232	.402
66		.000	.017	.084	.213	.381
67			.013	.073	.196	.360
68			.010	.064	.179	.339
69			.008	.055	.163	.319
70			.006	.047	.148	.300
71			.005	.040	.134	.281
72			.003	.034	.121	.262
73			.002	.029	.108	.244
74			.002	.024	.097	.227
75			.001	.020	.086	.211
76			.001	.016	.077	.195

부호순위 통계량(W^+) 분포표 : $P_0(W^+ \geq x) = \alpha$ (3)

$$P_0(W^+ \geq x) = \alpha \text{이면 } W^+(\alpha,\, n) = x$$

x	n					
	10	11	12	13	14	15
77			.000	.013	.068	.180
78			.000	.011	.059	.165
79				.009	.052	.151
80				.007	.045	.108
81				.005	.039	.126
82				.004	.034	.115
83				.003	.029	.104
84				.002	.025	.094
85				.002	.021	.084
86				.001	.018	.076
87				.001	.015	.068
88				.001	.012	.060
89				.000	.010	.053
90				.000	.008	.047
91				.000	.007	.042
92					.005	.036
93					.004	.032
94					.003	.028
95					.002	.024
96					.002	.021
97					.001	.018
98					.001	.015
99					.000	.013
100					.000	.011
101					.000	.009
102					.000	.008
103					.000	.006
104						.005
105						.004
106						.003
107						.003
108						.002
109						.002
110						.001
111						.001
112						.001
113						.001
114						.000
115						.000
116						.000
117						.000
118						.000
119						.000
120						.000

〈부록 10〉 맨-휘트니 U통계량의 분포 $P(U \leq U_0)$ (1)

$$n \leq m \quad 3 \leq m \leq 10$$

$m = 3$

U_0	n		
	1	2	3
0	.25	.10	.05
1	.50	.20	.10
2		.40	.20
3		.60	.35
4			.50

$m = 4$

U_0	n			
	1	2	3	4
0	.2000	.0667	.0286	.0143
1	.4000	.1333	.0571	.0286
2	.6000	.2667	.1143	.0571
3		.4000	.2000	.1000
4		.6000	.3143	.1714
5			.4286	.2429
6			.5174	.3429
7				.4429
8				.5571

$m = 5$

U_0	n				
	1	2	3	4	5
0	.1667	.0476	.0179	.0079	.0040
1	.3333	.0952	.0357	.0159	.0079
2	.5000	.1905	.0714	.0317	.0159
3		.2857	.1250	.0556	.0278
4		.4286	.1964	.0952	.0476
5		.5714	.2857	.1429	.0754
6			.3929	.2063	.1111
7			.5000	.2778	.1548
8				.3651	.2103
9				.4524	.2738
10				.5476	.3452
11					.4206
12					.5000

맨-휘트니 U통계량의 분포 $P(U \leq U_0)$ (2)

$$n \leq m \quad 3 \leq m \leq 10$$

$m = 6$

U_0	n=1	2	3	4	5	6
0	.1429	.0357	.0119	.0048	.0022	.0011
1	.2857	.0714	.0238	.0095	.0043	.0022
2	.4286	.1429	.0476	.0190	.0087	.0043
3	.5714	.2143	.0833	.0333	.0152	.0076
4		.3214	.1310	.0571	.0260	.0130
5		.4286	.1905	.0857	.0411	.0206
6		.5714	.2738	.1286	.0628	.0325
7			.3571	.1762	.0887	.0465
8			.4524	.2381	.1234	.0660
9			.5476	.3048	.1645	.0898
10				.4571	.2143	.1201
11				.5429	.2684	.1548
12					.3312	.1970
13					.3961	.2424
14					.4654	.2944
15					.5346	.3496
16						.4091
17						.4686
18						.5314

$m = 7$

U_0	n=1	2	3	4	5	6	7
0	.1250	.0278	.0083	.0030	.0013	.0006	.0003
1	.2500	.0556	.0167	.0061	.0025	.0012	.0006
2	.3750	.1111	.0333	.0121	.0051	.0023	.0012
3	.5000	.1667	.0583	.0212	.0088	.0041	.0020
4		.2500	.0917	.0364	.0152	.0070	.0035
5		.3333	.1333	.0545	.0240	.0111	.0055
6		.4444	.1917	.0818	.0366	.0175	.0087
7		.5556	.2583	.1152	.0530	.0256	.0131
8			.3333	.1576	.0745	.0367	.0189
9			.4167	.2061	.1010	.0507	.0265
10			.5000	.2636	.1338	.0688	.0364
11				.3242	.1717	.0903	.0487
12				.3939	.2159	.1171	.0641
13				.4636	.2652	.1474	.0825
14				.5364	.3194	.1830	.1043
15					.3775	.2226	.1297
16					.4381	.2669	.1588
17					.5000	.3141	.1914
18						.3654	.2279
19						.4178	.2675
20						.4726	.3100
21						.5274	.3552
22							.4024
23							.4508
24							.5000

맨-휘트니 U통계량의 분포 $P(U \le U_0)$ (3)

$$n \le m \quad 3 \le m \le 10$$

$m = 8$

U_0	n							
	1	2	3	4	5	6	7	8
0	.1111	.0222	.0061	.0020	.0008	.0003	.0002	.0001
1	.2222	.0444	.0121	.0040	.0016	.0007	.0003	.0002
2	.3333	.0889	.0242	.0081	.0031	.0013	.0006	.0003
3	.4444	.1333	.0424	.0141	.0054	.0023	.0011	.0005
4	.5555	.2000	.0667	.0242	.0093	.0040	.0019	.0009
5		.2667	.0970	.0364	.0148	.0063	.0030	.0015
6		.3556	.1394	.0545	.0225	.0100	.0047	.0023
7		.4444	.1879	.0768	.0326	.0147	.0070	.0035
8		.5556	.2485	.1071	0466	0213	.0103	.3352
9			.3125	.1414	.0637	.0296	.0145	.3374
10			.3879	.1838	.0855	.0406	.0200	.0103
11			.4606	.2303	.1111	.0539	.0270	.0141
12			.5394	.2848	.1422	.0709	.0361	.0190
13				.3414	.1772	.0906	.0469	.0249
14				.4040	.2176	.1142	.0603	.0325
15				.4667	.2618	.1412	.0760	.0415
16				.5333	.3108	.1725	.0946	.0524
17					.3621	.2068	.1159	.0652
18					.4165	.2454	.1405	.0803
19					.4716	.2864	.1678	.0974
20					.5284	.3310	.1984	.1172
21						.3773	.2317	.1393
22						.4259	.2679	.1641
23						.4949	.3063	.1911
24						.5251	.3472	.2209
25							.3894	.2527
26							.4333	.2869
27							.4775	.3227
28							.5225	.3605
29								.3992
30								.4392
31								.4796
32								.5204

맨-휘트니 U통계량의 분포 $P(U \le U_0)$ (4)

$$n \le m \quad 3 \le m \le 10$$

$m = 9$

U_0	n								
	1	2	3	4	5	6	7	8	9
0	.1000	.0182	.0045	.0014	.0005	.0002	.0001	.0000	.0000
1	.2000	.0364	.0091	.0028	.0010	.0004	.0002	.0001	.0000
2	.3000	.0727	.0182	.0056	.0020	.0008	.0003	.0002	.0001
3	.4000	.1091	.0318	.0098	.0035	.0014	.0006	.0003	.0001
4	.5000	.1636	.0500	.0168	.0060	.0024	.0010	.0005	.0002
5		.2182	.0727	.0252	.0095	.0038	.0017	.0008	.0004
6		.2909	.1045	.0378	.0145	.0060	.0026	.0012	.0006
7		.3636	.1409	.0531	.0210	.0088	.0039	.0019	.0009
8		.4545	.1864	.0741	.0300	.0128	.0058	.0028	.0014
9		.5455	.2409	.0993	.0415	.0180	.0082	.0039	.0020
10			.3000	.1301	.0559	.0248	.0115	.0056	.0028
11			.3636	.1650	.0734	.0332	.0156	.0076	.0039
12			.4318	.2070	.0949	.0440	.0209	.0103	.0053
13			.5000	.2517	.1199	.0567	.0274	.0137	.0071
14				.3021	.1489	.0723	.0356	.0180	.0094
15				.3552	.1818	.0905	.3454	.0232	.0122
16				.4126	.2188	.1119	.0571	.0296	.0157
17				.4699	.2592	.1361	.0708	.0372	.0200
18				.5301	.3032	.1638	.0869	.0464	.0252
19					.3497	.1942	.1052	.0570	.0313
20					.3986	.2280	.1261	.0694	.0385
21					.4491	.2643	.1496	.0836	.0470
22					.5000	.3035	.1755	.0998	.0567
23						.3445	.2039	.1179	.0680
24						.3878	.2349	.1383	.0807
25						.4320	.2680	.1606	.0951
26						.4773	.3032	.1852	.1112
27						.5227	.3403	.2117	.1290
28							.3788	.2404	.1487
29							.4185	.2707	.1701
30							.4591	.3029	.1933
31							.5000	.3365	.2181
32								.3715	.2447
33								.4074	.2729
34								.4442	.3024
35								.4813	.3332
36								.5187	.3652
37									.3981
38									.4617
39									.4657
40									.5000

맨-휘트니 U통계량의 분포 $P(U \leq U_0)$ (5)

$$n \leq m \quad 3 \leq m \leq 10$$

$m = 6$

U_0	\multicolumn{10}{c}{n}									
	1	2	3	4	5	6	7	8	9	10
0	.0909	.0152	.0035	.0010	.0003	.0001	.0001	.0000	.0000	.0000
1	.1818	.0303	.0070	.0020	.0007	.0002	.0001	.0000	.0000	.0000
2	.2727	.0606	.0140	.0040	.0013	.0005	.0002	.0001	.0000	.0000
3	.3636	.0909	.0245	.0070	.0023	.0009	.0004	.0002	.0001	.0000
4	.4545	.1364	.0385	.0120	.0040	.0015	.0006	.0003	.0001	.0001
5	.5455	.1818	.0559	.0180	.0063	.0024	.0010	.0004	.0002	.0001
6		.2424	.0804	.0270	.0097	.0037	.0015	.0007	.0003	.0002
7		.3030	.1084	.0380	.0140	.0055	.0023	.0010	.0005	.0002
8		.3788	.1434	.0529	.0200	.0080	.0034	.0015	.0007	.0004
9		.4545	.1853	.0709	.0276	.0112	.0048	.0022	.0011	.0005
10		.5455	.2343	.0939	.0376	.0156	.0068	.0031	.0015	.0008
11			.2867	.1199	.0496	.0210	.0093	.0043	.0021	.0010
12			.3462	.1518	.0646	.0280	.0125	.0058	.0028	.0014
13			.4056	.1868	.0823	.0363	.0165	.0078	.0038	.0019
14			.4685	.2268	.1032	.0467	.0215	.0103	.0051	.0026
15			.5315	.2697	.1272	.0589	.0277	.0133	.0066	.0034
16				.3177	.1548	.0736	.0351	.0171	.0086	.0045
17				.3666	.1855	.0903	.0439	.0217	.0110	.0057
18				.4196	.2198	.1099	.0544	.0273	.0140	.0073
19				.4725	.2567	.1317	.0665	.0338	.0175	.0093
20				.5275	.2970	.1566	.0806	.0416	.0217	.0116
21					.3393	.1838	.0966	.0506	.0267	.0144
22					.3839	.2139	.1148	.0610	.0326	.0177
23					.4296	.2461	.1349	.0729	.0394	.0216
24					.4765	.2811	.1574	.0864	.0474	.0262
25					.5235	.3177	.1819	.1015	.0564	.0315
26						.3564	.2087	.1185	.0667	.0376
27						.3962	.2374	.1371	.0782	.0446
28						.4374	.2374	.1577	.0912	.0526
29						.4789	.2681	.1800	.1055	.0615
30						.5211	.3004	.2041	.1214	.0716
31							.3345	.2299	.1388	.0827
32							.3698	.2574	.1577	.0952
33							.4063	.2863	.1781	.1088
34							.4434	.3167	.2001	.1237
35							.4811	.3482	.2235	.1399
36							.5189	.3809	.2483	.1575
37								.4143	.2745	.1763
38								.4484	.3019	.1965
39								.4827	.3304	.2179
40								.5173	.3598	.2406
41									.3901	.2644
42									.4211	.2894
43									.4524	.3153
44									.4841	.3421
45									.5159	.3697
46										.3980
47										.4267
48										.4559
49										.4853
50										.5147

〈부록 10〉 윌콕슨 순위검정의 기각영역

단측검정	양측검정	$n=5$	$n=6$	$n=7$	$n=8$	$n=9$	$n=10$
P=.05	P=.10	1	2	4	6	8	11
P=.025	P=.05		1	2	4	6	8
P=.01	P=.02			0	2	3	5
P=.005	P=.01				0	2	3
단측검정	양측검정	$n=11$	$n=12$	$n=13$	$n=14$	$n=15$	$n=16$
P=.05	P=.10	14	17	21	26	30	36
P=.025	P=.05	1	14	17	21	25	30
P=.01	P=.02	7	10	13	16	20	24
P=.005	P=.01	5	7	10	13	16	19
단측검정	양측검정	$n=17$	$n=18$	$n=19$	$n=20$	$n=21$	$n=22$
P=.05	P=.10	41	47	54	60	68	75
P=.025	P=.05	35	40	46	52	59	66
P=.01	P=.02	28	33	38	43	49	56
P=.005	P=.01	23	28	32	37	43	49
단측검정	양측검정	$n=23$	$n=24$	$n=25$	$n=26$	$n=27$	$n=28$
P=.05	P=.10	83	92	101	110	120	130
P=.025	P=.05	73	81	90	98	107	117
P=.01	P=.02	62	69	77	85	93	102
P=.005	P=.01	55	68	68	76	84	92
단측검정	양측검정	$n=29$	$n=30$	$n=31$	$n=32$	$n=33$	$n=34$
P=.05	P=.10	141	152	163	175	188	201
P=.025	P=.05	127	137	148	159	171	183
P=.01	P=.02	111	120	130	141	151	162
P=.005	P=.01	100	109	118	128	138	149
단측검정	양측검정	$n=35$	$n=36$	$n=37$	$n=38$	$n=39$	$n=40$
P=.05	P=.10	214	228	242	256	271	287
P=.025	P=.05	195	208	222	235	250	264
P=.01	P=.02	174	186	198	211	224	238
P=.005	P=.01	160	171	183	195	208	221
단측검정	양측검정	$n=41$	$n=42$	$n=43$	$n=44$	$n=45$	
P=.05	P=.10	303	319	336	353	371	
P=.025	P=.05	279	295	311	327	344	
P=.01	P=.02	252	267	281	297	313	
P=.005	P=.01	234	248	262	277	292	
단측검정	양측검정	$n=46$	$n=47$	$n=48$	$n=49$	$n=50$	
P=.05	P=.10	389	408	427	446	466	
P=.025	P=.05	361	379	397	415	434	
P=.01	P=.02	329	345	362	382	398	
P=.005	P=.01	307	323	339	356	373	

〈부록 12〉 스피어만의 순위상관계수의 기각치

n	$\alpha = .05$	$\alpha = .025$	$\alpha = .01$	$\alpha = .005$
5	0.900	–	–	–
6	0.829	0.886	0.943	–
7	0.714	0.786	0.893	–
8	0.643	0.738	0.833	0.881
9	0.600	0.683	0.783	0.833
10	0.564	0.648	0.745	0.794
11	0.523	0.623	0.736	0.818
12	0.497	0.591	0.703	0.780
13	0.475	0.566	0.673	0.745
14	0.457	0.545	0.646	0.716
15	0.441	0.525	0.623	0.689
16	0.425	0.507	0.601	0.666
17	0.412	0.490	0.582	0.645
18	0.399	0.476	0.564	0.625
19	0.388	0.462	0.549	0.608
20	0.377	0.450	0.534	0.591
21	0.368	0.438	0.521	0.576
22	0.359	0.428	0.508	0.562
23	0.351	0.418	0.496	0.549
24	0.343	0.409	0.485	0.537
25	0.336	0.400	0.475	0.526
26	0.329	0.392	0.465	0.515
27	0.323	0.385	0.456	0.505
28	0.317	0.377	0.448	0.496
29	0.311	0.370	0.440	0.487
30	0.305	0.364	0.432	0.478

〈부록 13〉 난수표 사용방법

1. 난수표 사용방법 : 난수표(random number table)란 0에서 9까지의 10개의 숫자가 무질서하게 배열되어 있는 표를 말하는데 어떤 숫자가 특히 나오기 쉽거나 특히 나오기 어렵거나 하는 경향이 없고 또한 숫자의 배열에 어떠한 반복성이나 규칙성이 없도록 되어 있다. 〈부록 14〉의 난수표는 한국산업규격 KSA 3151, '난수표의 사용방법'에서 규정하고 있는 난수표에서 일부를 취한 것이다. 이 표의 바깥쪽에 있는 숫자 1~100은 물론 난수가 아니고 행을 가리키는 숫자이다.

난수표를 사용하여 랜덤 추출하는 방법은 여러 가지 방법이 있으나 여기에서는 한국산업규격 KSA 3151를 이용하여 랜덤샘플링하는 방법에 관하여 알아보고자 한다.

1) 출발점 행과 출발점 열을 선정한다. 눈을 감고 연필을 세워서 마음내키는 대로 찍어 가장 가까운 곳으로부터 2개의 숫자를 택한다. 이것이 출발점의 행이다.(이 경우 00은 100으로 간주) 이와 같이 한번 더 실행하여 가장 가까운 곳의 한 숫자를 택한다. 이것이 출발점의 열이다.(이 경우 0은 10으로 간주)

2) 다음 원수열을 만든다. 원수열은 로트의 크기가 한자리 또는 두자리 숫자이며 출발점으로부터 옆으로 읽는 난수가 되고 (오른쪽 끝에 이르면 다음 행의 왼쪽 끝으로 옮긴다.)

로트의 크기가 세자리 숫자 이상이면 출발점으로부터 몇 개씩 밑으로 읽은 난수가 된다.

(열의 맨 밑에 이르면 다음 열의 처음으로 옮긴다. 만약 세자리 숫자이면 4개의 숫자 중 최후의 1개를 버린다.) 여기서 만약 100행 10열에 이르게 되면 1행 1열로 올라가서 난수를 읽어 가면 된다. 물론 중복되는 수가 있으면 버린다.

예를 들어 출발점이 55행 8열이라면 원수열은 로트의 크기에 따라 옆으로

1950　　5127　　7213　　8640　　5085　　5633　　1030　　1884　　1299　　3387…

또는 밑으로

1950

2057

8686

1249

0856

9662

$\vdots$

3) 필요한 로트크기의 범위가 1~N일 때 N의 값에 따라 다음과 같이 변환시켜 샘플을 채취하는 구체적인 방법은 다음과 같다.(여기서 N=10, N=100, N=0…의 경우는 각각 1자리, 2자리, 3자리…로 간주하고 중복된 수가 있으면 버린다.)

(a) $1 \leq N \leq 10$의 경우 : 1자리씩 끊어 사용한다.(0은 10으로 나눈 간주)

(b) $11 \leq N \leq 20$의 경우 : 2자리씩 끊은 다음 20으로 나눈 나머지를 사용한다. (0은 20으로 간주)

(c) $21 \leq N \leq 50$의 경우 : 2자리씩 끊은 다음 50으로 나눈 나머지를 사용한다. (0은 50으로 간주)

(d) $15 \leq N \leq 100$의 경우 : 2자리씩 끊어 사용한다.(00은 100으로 간주)

(e) $101 \leq N \leq 200$의 경우 : 3자리씩 끊은 다음 200으로 나눈 나머지를 사용한다. (00은 100으로 간주)

(f) $201 \leq N \leq 500$의 경우 : 3자리씩 끊은 다음 500으로 나눈 나머지를 사용한다.

(g) $501 \leq N \leq 1000$의 경우 : 3자리씩 끊어 사용한다.

(h) $1001 \leq N \leq 2000$의 경우 : 4자리씩 끊은 다음 2000으로 나눈 나머지를 사용한다.

예문) 출발점을 55행 8열이라고 가정하고 ① 크기 N=43의 로트로부터 크기 n=4의 시료를, ② 크기 N=368의 로트로부터 크기 n=15의 시료를 채취하여 보자.

① 옆으로 읽는 원수열을 다음과 같이 두자리씩 끊은 다음

19   50   51   27   72   13   86   40…

50으로 나눈 나머지를 취하면

19   50   01   17   22   13   36   40…

이 되어 이로부터 N=43이 넘는 것을 버리고 샘플을 채취하면 19번째, 1번째, 27번째, 22번째의 n=4개 제품이 채취될 시료이다.

② 세자리씩 밑으로 읽은 원수열

195

205

868

124

085

966

⋮

를 500으로 나눈 나머지를 취하면

195

205

368

124

085

466

⋮

가 되어 이로부터 N=368이 넘는 것을 버리고 샘플을 채취하면 195번째, 205번째, 368번째, 124번째, 85번째, …의 n=15개 제품이 채취될 시료이다.

1	87	39	03	32	89	57	01	52	93	64	54	51	33	33	05	69	33	92	31	73
2	71	60	26	74	32	43	08	67	72	14	75	67	06	58	40	08	88	27	52	74
3	06	71	36	11	93	46	49	05	79	59	39	26	68	83	62	92	48	83	49	39
4	26	86	24	22	38	30	82	01	56	96	56	54	88	16	38	10	80	63	74	97
5	01	01	65	44	47	66	03	63	16	59	79	90	17	18	88	26	75	56	15	03
6	11	80	13	80	97	69	97	76	77	68	68	87	85	03	92	93	61	24	25	41
7	44	62	62	28	12	83	57	88	61	73	52	89	68	24	86	21	06	47	86	21
8	78	16	36	75	96	77	33	97	49	09	70	93	93	74	10	07	59	92	19	20
9	78	62	73	36	75	17	62	90	37	81	02	65	07	06	32	92	91	61	52	01
10	52	80	96	18	85	89	44	96	02	74	76	35	60	97	71	14	85	70	25	01
11	11	45	22	06	41	71	41	22	74	42	98	56	17	05	26	46	44	57	11	52
12	61	44	64	37	33	70	45	48	21	22	67	64	92	13	50	24	46	33	70	66
13	90	25	70	04	44	17	80	13	13	89	57	28	39	51	82	67	49	26	52	59
14	51	22	60	83	91	28	63	07	09	70	07	78	05	00	28	93	83	95	93	84
15	64	43	19	51	93	21	08	93	60	68	50	23	50	64	37	79	08	36	28	05
16	63	80	86	43	17	46	55	21	23	06	34	89	71	68	24	47	95	47	47	82
17	50	71	68	49	98	08	99	78	55	41	06	99	80	00	04	65	44	32	60	64
18	45	08	84	52	68	09	34	36	32	09	20	93	61	37	67	45	06	47	87	35
19	63	45	60	28	83	55	98	02	96	39	48	86	79	75	25	41	27	89	93	12
20	11	93	02	30	42	60	51	57	47	28	81	44	49	24	40	24	14	86	00	39
21	75	65	50	06	22	14	64	53	20	90	08	13	58	06	04	26	92	02	06	95
22	05	97	46	66	27	96	92	87	60	29	45	25	65	24	06	36	92	11	91	33
23	66	35	89	72	98	29	91	74	46	54	11	42	98	93	60	92	20	79	51	12
24	30	36	92	56	25	46	51	72	04	89	82	35	51	95	48	39	60	76	88	94
25	70	37	97	81	83	19	96	18	07	83	25	60	95	04	20	91	15	27	68	68
26	30	76	68	14	00	62	55	65	97	29	74	20	84	59	53	59	66	52	34	66
27	79	14	14	30	98	47	97	35	11	32	79	62	99	61	78	87	56	69	08	66
28	29	08	5	71	75	78	48	21	44	71	43	34	76	28	70	84	95	43	12	24
29	43	66	82	68	26	42	24	83	92	63	30	01	67	57	08	81	66	73	73	90
30	17	80	91	27	50	20	45	71	71	53	29	97	53	18	43	18	30	59	51	44
31	99	15	28	63	96	86	84	96	31	02	31	79	91	93	65	13	35	98	87	07
32	74	88	00	84	14	22	14	69	63	03	05	16	77	22	80	58	09	85	93	44
33	10	83	19	30	07	25	75	49	28	40	47	92	83	53	22	85	15	22	26	05
34	50	02	25	84	49	43	93	01	59	86	00	96	21	49	81	21	61	61	33	77
35	13	49	64	86	78	30	14	79	53	66	39	46	14	70	88	81	81	37	66	98
36	19	32	71	24	86	65	59	45	94	39	74	59	27	78	10	88	68	18	99	76
37	47	12	36	77	33	41	74	43	91	03	03	13	14	16	41	29	30	78	21	81
38	43	42	39	51	51	79	54	65	11	71	56	50	82	42	32	36	13	65	83	80
39	35	30	77	66	91	22	29	15	70	61	50	51	33	27	31	96	84	77	12	74
40	77	18	24	19	79	70	20	26	20	30	31	94	39	37	09	53	09	66	06	52
41	30	14	52	20	56	80	17	50	41	54	64	44	86	94	18	89	42	92	00	37
42	16	59	01	96	46	72	47	96	17	57	27	69	83	32	45	98	59	21	58	32
43	79	49	52	69	44	47	05	39	65	24	36	78	45	27	17	85	22	66	45	29
44	41	58	85	16	74	20	66	22	97	74	46	98	60	99	83	35	09	37	25	52
45	43	86	32	40	65	39	26	39	51	98	61	35	51	27	49	28	22	18	89	03
46	65	61	44	33	80	16	00	10	49	16	41	21	24	67	16	35	22	12	52	21
47	75	34	75	66	51	35	44	63	49	03	59	42	87	65	04	80	60	73	32	38
48	73	32	14	14	18	01	80	87	74	29	11	69	05	03	95	85	48	77	48	42
49	39	51	41	61	55	33	47	73	52	94	33	06	46	28	00	33	81	06	00	02
50	70	07	23	00	02	20	76	92	80	57	45	39	28	82	68	17	01	83	27	09

난수표

51	90	16	11	24	16	73	97	64	12	68	93	04	14	96	88	13	12	36	75	98
52	43	58	44	50	06	98	58	55	28	03	27	95	31	06	70	20	17	16	64	26
53	69	86	79	10	57	73	05	90	80	86	28	97	82	40	17	24	88	77	04	23
54	42	32	03	29	05	11	31	71	13	41	14	10	35	94	40	92	24	51	45	51
55	04	25	31	45	23	00	25	70	28	98	48	27	01	26	19	50	51	27	72	13
56	86	40	50	85	56	33	10	30	18	84	12	99	33	87	20	57	84	86	48	36
57	43	23	83	82	06	62	86	97	81	69	19	96	56	16	86	86	12	35	18	73
58	19	87	89	47	03	61	61	06	22	20	76	18	34	60	12	49	28	04	88	18
59	84	01	94	59	09	68	33	23	06	61	31	84	12	01	08	56	81	36	84	86
60	22	92	07	85	10	63	47	35	61	46	88	52	82	06	96	62	34	44	44	86
61	82	33	87	15	59	31	07	85	19	40	33	67	00	13	53	74	98	61	69	50
62	08	34	56	35	82	23	04	60	39	06	30	12	46	98	09	45	20	36	80	26
63	78	23	10	47	28	94	23	15	80	17	20	86	71	29	04	03	02	51	70	69
64	07	45	64	24	08	25	49	53	34	48	06	36	02	53	38	38	47	42	29	48
65	60	32	02	77	58	21	42	63	06	94	62	11	90	09	56	12	35	50	52	85
66	07	33	11	09	64	82	94	98	51	79	87	46	40	85	10	16	52	31	83	65
67	90	10	56	18	63	56	73	27	58	85	83	39	40	38	90	76	11	09	84	75
68	12	28	74	31	78	77	52	82	23	01	61	16	63	78	08	77	11	00	84	15
69	27	00	81	26	64	66	11	78	03	09	85	27	78	52	41	78	88	63	62	15
70	76	12	22	22	25	88	19	11	00	54		00	68	10	23	50	00	82	59	23
71	09	96	95	22	39	35	41	09	14	73	75	31	09	13	22	45	23	52	27	96
72	00	14	35	89	56	52	10	78	53	94	55	31	74	31	15	57	18	32	24	44
73	78	97	20	25	64	42	71	23	13	37	19	92	23	74	11	43	48	28	24	04
74	73	60	48	69	44	97	25	36	95	66	06	74	68	84	44	62	89	46	14	52
75	49	60	97	22	54	30	57	90	15	34	42	77	63	06	48	70	62	42	31	10
76	78	43	59	09	76	15	94	47	91	66	87	06	27	17	01	41	53	62	92	05
77	47	81	65	81	44	55	51	93	25	07	45	90	65	29	04	65	96	22	29	43
78	97	58	79	03	26	64	90	92	12	81	31	98	39	17	28	86	58	83	63	61
79	71	65	41	00	66	93	35	75	01	93	35	02	54	23	10	77	51	07	01	36
80	95	82	29	52	75	52	40	80	62	69	87	82	71	24	40	38	96	39	91	55
81	23	04	50	65	50	51	74	29	63	42	22	31	29	09	67	36	50	22	72	51
82	26	06	28	45	33	65	24	99	31	28	25	10	50	24	14	66	90	92	69	09
83	78	07	92	28	26	52	98	10	30	39	73	67	88	59	04	49	27	67	66	27
84	55	23	92	23	45	86	34	10	70	32	87	38	38	12	78	30	05	43	07	57
85	02	03	48	05	22	16	42	81	85	86	03	27	69	40	75	39	95	14	26	45
86	80	29	84	54	35	31	32	42	70	52	14	80	27	24	21	32	08	27	21	49
87	26	74	75	11	09	60	30	70	35	46	74	09	36	06	17	06	16	50	71	00
88	20	33	24	23	65	38	12	97	82	81	22	29	43	17	11	30	58	95	48	19
89	67	54	61	23	82	95	56	92	81	81	62	73	85	72	72	35	82	56	60	99
90	19	88	09	94	94	08	24	06	27	68	89	62	06	29	94	72	56	69	93	83
91	01	15	99	64	85	58	89	90	04	44	70	82	60	20	17	31	49	32	57	23
92	54	17	63	28	38	49	86	53	48	22	93	01	58	53	38	73	95	53	46	27
93	57	45	80	76	20	74	53	06	01	05	96	20	85	91	44	82	83	57	31	70
94	50	77	14	35	44	69	74	04	78	04	13	12	83	51	04	33	76	44	98	83
95	45	14	72	12	69	15	06	16	84	92	63	17	99	31	40	24	97	70	48	45
96	31	87	82	71	51	61	99	88	74	61	76	98	54	59	65	91	49	86	21	59
97	26	54	62	54	05	32	12	09	85	60	54	62	80	56	49	45	33	02	59	70
98	21	07	99	87	36	14	16	86	79	18	00	54	23	54	14	12	53	82	36	86
99	18	05	67	48	84	97	95	54	81	89	33	11	43	75	92	17	47	51	86	92
100	72	59	04	73	24	24	67	26	00	26	70	73	83	67	14	24	51	95	26	68

⟨부록 14⟩ 그리스 문자

대문자	소문자	명 칭
A	α	Alpha
B	β	Beta
Γ	γ	Gamma
Δ	δ	Delta
N	ν	Nu
Ξ	ξ	Xi
O	o	Omicron
Π	π	Pi
E	ϵ	Epsilon
Z	ζ	Zeta
H	η	Eta
Θ	θ	Theta
P	ρ	Rho
Σ	σ	Sigma
T	τ	Tau
Y	υ	Upsilon
I	ι	Iota
K	κ	Kappa
Λ	λ	Lambda
M	μ	Mu
Φ	ϕ	Phi
X	χ	Chi
Ψ	ψ	Psi
Ω	ω	Omega

참 고 문 헌

1. Arnold, S. F. 1990. Mathematical Statistics. Englewood Cliffs, NJ: Prentice-Hall

2. Bain, L. J. and Engelhardt, M. 1987. Introduction to Probability and Mathematical Statistics, Duxbury Press.

3. Berry, D. A., and Lindgren, B. W. 1990. Statistics: Theory and Methods. Pacific Grove, CA: Brooks/Cole.

4. Bowker, A. H. and Lieberman, G. J. 1959. Engineering Statistics, Englewood Cliffs, NJ: Prentice-Hall

5. Bowker, A. H. and Lieberman, G. J. 1972. Engineering Statistics, 2d ed, Englewood Cliffs, NJ: Prentice-Hall.

6. Davies, O. L. 1957. Statistical Methods in Research and Production. 3d ed. Edinburgh, Scotland: Oliver and Boyd.

7. Dixon, W., and Massey, F. 1969. Introduction to Statistical Analysis, 3d ed., New York: Mcgraw-Hill.

8. Dudewcz, E. J., and Mishra, S. N. 1988. Modern Mathematical Statistics, New York: John Wiley and Sons.

9. Freund, J. E. 1992. Mathematical Statistics. 5th ed. Englewood Cliffs, NJ: Pretice-Hall.

10. Hoel, P. G. 1984. Introduction to Mathematical Statistics. 5th ed. New York: John Wiley and Sons.

11. Hogg, R. V., and Tanis, E. A. 1993. Probability and Statistical Inference. 4th ed. New York: Mac-millan.

12. McDonald, G. C., and Strudden, W. J. 1990. Design aspects of regression-based ratio estimatio. Technometrics 32: 417.

13. Moore, D. S., and McCabe, G. P. 1993. Introduction to the Pratice of Statistics. 2d ed. New York: W. H. Freeman and company.

14. Ostle, B., and Malone, L. C. 1988. Statistics in Research. 4th ed. Ames, IA: Iowa State University Press.

15. Snedecor, G. W., and Cochran, W. G. 1980. Statistical Methods. 7th ed. Ames, IA: The Iowa University Press.

16. Tukey, J. W. 1977. Exploratory Data Analysis. Reading, MA: Addison-Wesley.

17. Walpole, R. E. and Myers, R. H. 1978. Probability and Statistics for Engineers and Scientists. 2ed, Macmillan publishing co., Inc.

18. Wilkinson, L. 1989. SYSTAT: The System for statistics. Evanston, IL: SYSTAT, Inc.

19. 고승곤외 1, 일반통계학, 교우사, 2013.

20. 김상익외 4, 통계학의 이해와 응용, 민영사, 2008.

21. 김우철, 수리통계학, 민영사, 2013.

22. 박명섭외 1, 통계학개론, 홍문사, 2000.
23. 성내경외 3, 통계학, 경문사, 1992.
24. 유극렬외1, 통계학, 시그마프레스, 2015.
25. 윤상운외 1, 실용통계학개론, 자유아카데미, 2001.
26. 이용구, 통계학원론, 율곡출판사, 2001.
27. 이창훈외 2, 공업통계학, 사이텍미디어, 1999.
28. 남천현외 1, 현대통계학의 이해, 2005.

저자 약력

동국대학교 산업공학과(학사)
동국대학교 대학원 산업공학과(석사)
동국대학교 대학원 산업공학과(박사)
University of Washington Visiting Scholar
현, 한국교통대학교 산업경영공학과 교수
한국교통대학교 기획처장 역임
대한산업공학회 이사 역임
E-mail : yjbae@ut.ac.kr
저 서 :「현대통계학의 이해와 응용」
　　　　「현대통계학의 이해」
　　　　「실험계획법 실무」
　　　　「품질관리 기사 문제집」
　　　　「실험설계 및 분석」
　　　　「통계적 공정관리」
　　　　「제품개발프로세스」

현대통계학

2017년 2월 20일 초판1쇄 발행
2020년 2월 25일 2판1쇄 발행

저 자 배 영 주
펴낸이 임 순 재
펴낸곳 **한올출판사**(주)

등록 제11-403호
①②① - ⑧④⑨
주　　　　소 서울시 마포구 모래내로 83 한올빌딩 3층
전　　　　화 (02)376-4298(대표)
팩　　　　스 (02)302-8073
홈 페 이 지 www.hanol.co.kr
e-메　　일 hanol@hanol.co.kr
정　　　　가 33,000원

▪ ISBN 979-11-5685-869-0
▪ 이 책의 내용은 저작권법의 보호를 받고 있습니다.
▪ 잘못 만들어진 책은 본사나 구입하신 서점에서 바꾸어 드립니다.